KB270976

52주 종합 대표기도문

한치호 목사의 다른 책들 :

주제별 말씀묵상 심화예화 365

성경1독 사계절 가정예배서

기도, 처음인데 어떻게 하나요?

가족을 축복하는 읽는기도 100일

정시기도-읽는기도문

대(大)심방 능력기도문

52주 종합 대표기도문

한치호 목사 기도

신교횃불

우리는 회중예배에서의 기도에, 우리를 위해 기도하신 예수님으로 임해야 할 것이다. 예배하는 공동체를 중보하여 하나님께 아뢰는 기도이므로 여기에는 마땅히 주님께서 계셔야 한다. 우리의 대제사장께서는 오늘, 어떻게 간구하셨을까. 이 물음을 자신에게 하면서 기도를 준비해야만 한다.

단순히 원고를 쓰는 마음에서의 기도문이라면 그것은 기도로써 쓸모가 없다. 왜냐하면 외식을 조장하는 것이 되기 때문에서다. 비록 책상에 앉아 기도문을 다듬는 것이지만 한 마디, 한 마디의 아룀이 제물이 되어 하나님께 드리는 간구의 자세로 작성되기를 소원하면서 준비하였다. 기도는 하나님께 드림이 아니라면 아무것도 아니다.

교회의 각종 예배에서 기도의 순서를 맡은 이들에게 도움이 될 모범적인 기도문의 준비로서 이 책을 쓰게 되었다. 우리가 교회에서 경험할 수 있는 예배는 형식상으로 열 가지도 더 된다. 그런데 이미 알고 있듯이 우리의 기도는 늘 똑 같다. 그래서 기도의 순서를 맡은 이들에게는 감사와 감격보다도 형식으로 흐르기가 십상이다.

예배마다 갖고 있는 의미와 내용이 다르다. 그렇다면 이 예배에서의 대표로 담당하는 기도 역시 달라야 한다. 이에, 예배에서의 기도자들을 위한 안내가 필요하다. 이것은 기도지남祈禱指南이라 하겠다.

2018년 11월,

한치호 목사

차례

1편」

교회 공예배 대표기도문

01 주일 예배 대표기도

02 찬양 예배 대표기도

03 수요기도회 대표기도

04 구역(셀)모임 대표기도

01

주일 예배 대표기도

그의 권능의 궁창에서 그를 찬양할지어다 – 시 150:1b

그의 권능의 궁창에서

새해를 살도록 주신 하나님,

찬양-감사 | 지금까지 지내오는 동안에, 때마다, 일마다 간섭하신 하나님이십니다. 오늘, 좋은 것으로 만족케 해주신 하나님께 찬양과 경배를 드리게 하시옵소서. 아버지 하나님의 도우심으로 지낸 한 주간의 시간을 기억하면서 감사로 나아가게 하시옵소서. 이 시간에, 무엇보다도 거룩하고 복된 날을 구별하여 예배하는 은혜를 누리게 해주시옵소서.

고백-회개 | 많은 것을 얻은 것 같으나 중요한 것을 잃었음을 깨닫습니다. 어리석은 심령을 불쌍히 여겨주시옵소서. 때로 많은 것을 잃은 것 같지만은 또 중요한 것을 얻을 때도 있었습니다. 처음 사랑을 잃어버리고 어느 사이에 그만 피곤해진 저희들의 모습을 보며, 회개합니다. 죄를 애통해하며 회개하는 심령들을 불쌍히 여기사 건져주시옵소서.

공동의 간구 | 올해에도 하나님께서는 우리를 인도해주심을 믿습니다. 매일, 매일 여호와를 의지하는 중에, 인도하심 속에서 살아가게 하시옵소서. 그것을 기뻐하실 줄로 믿습니다. 이로써 저희들이 갈 길을 미리 아시고 하나하나 성취시켜 나가시는 여호와를 소망하게 하시옵소서. 하나님으로 금년을 시작하는 은혜로 이끌어주시옵소서.

국가와 민족 | 우리나라의 좋은 소식이 교회에서부터 시작되게 하시옵소서. 먼저, 저희들 각자가 가정과 직장, 이웃에서 의로운 삶,

빛과 소금의 삶을 살게 하시옵소서. 교회 안에서부터 초가 되어 녹아져 환하게 밝히고, 소금이 되어 풀어져서 짠 맛을 내는 희생의 아름다움을 보게 하시옵소서. 말씀에 순종하게 하시옵소서.

위로와 회복 | 지난해의 삶은 여호와의 긍휼이었습니다. 날마다 긍휼하심을 받게 하셨음에 찬양을 드립니다. 올해에는 하나님의 일을 성취하시는 은혜를 보게 해주시옵소서. 사람이 마음으로 자기의 길을 계획할지라도 그 걸음을 인도하시는 여호와를 소망하게 하시옵소서.

예배봉사자 | 목사님께서 전해주실 하나님의 말씀에 기름을 부어주시옵소서. 예배위원으로 선택을 받은 종들이 이른 아침부터 수고를 다하게 하시니 감사드립니다. 맡겨진 자리에서 충성스럽게 섬겨, 이 한 시간을 더욱 영화롭게 하도록 하시며, 예배를 섬기는 지체들에게 하나님의 영광 안으로 들어가게 하시옵소서. 찬양으로 시작된 예배, 하나님께 영광으로 마치기를 소원하며 은혜의 보좌로 나아가게 하시옵소서.

응답의 결단 | 날을 지으시는 권능으로 새해의 삶을 살게 하셨으니, 올해, 때를 따라 돕는 은혜로 저희들을 만족하게 하심을 믿습니다. 우리를 도우실 하나님을 기대하도록 확신을 주시옵소서. 하나님께서 저희를 사랑하사 새날을 주셨으니 저희도 하나님을 사랑하게 하시옵소서.

교회의 부흥 | 우리 교회가 부흥의 꿈을 꾸게 하셨음에 감사드립니다. 이 교회의 부흥을 위하여 담임 목사님께 지도력을 더해 주시기를 빕니다. 교회 부흥적인 목회를 하시도록 그에게 탁월함을 주시옵소서. 우리 교회의 부흥이 목사님으로 말미암고, 그 사역의 결과로 부흥을 보게 하시옵소서. 우리 교회의 부흥을 이루어 주심을 기대합니다.

찬양이 되시는 예수님의 이름으로 기도드립니다. 아멘.

천지는 없어지려니와 주는 영존하시겠고—시 102:26a

주는 영존하시겠고

　　예배하라고 불러주신 하나님,

예배하라고 구별해주신 날, 정해주신 시간에, ○○의 지체들이 원근각처에서 모여왔습니다. 머리를 숙인 저희들의 심령을 주장해 주셔서 하나님께서 받으시기에 온전한 예배가 되게 해주시옵소서. 하나님의 살아계심을 경험하는 살아있는 예배의 한 시간으로 만들어 주시옵소서. 주님의 몸 된 교회에서 한 공동체를 이루게 하시옵소서.

하나님께서는 계신 곳 하늘에서 들으시며 저희들이 고백하는 죄를 사유해주시기를 간구합니다. 주님께서 이미 저희들에게 오셨음에도 주님이 없는 이들과 같이 살아온 죄를 용서해주시옵소서. 하나님 앞에서 예수님을 구주로 인정하지 않으면서도 천연덕스러웠던 인간의 교만함을 용서해주시옵소서.

오늘도 사랑하는 주님의 권속들을 은혜의 자리로 불러 주셔서 영과 진리로 예배하게 하셨으니 영광을 드립니다. 베풀어 주시는 신령한 식탁으로 인해 천국 잔치의 기쁨을 누리는 한 시간이 되게 하시옵소서. 이 시간에, 예배드리는 모든 지체들이 진주를 사모함처럼 말씀을 받아서 존귀한 삶을 살게 하시옵소서.

어느 나라보다도 외세의 침략이 많았고, 민족적으로도 부침이 많았던 이 나라를 불쌍히 여겨 주시옵소서. 하나님의 은혜로 지구상에서 부강하고 굳건히 세워지는 나라가 되게 하옵소서. 하나님이 공의가 강물처럼 흐르는 사회가 되어 모든 이들이 하나님을 두려워하게 해주시옵소서. 하나님의 다스리심에 주목하게 하시옵소서.

노아를 의롭게 하셨던 그 손길이 오늘, 예배하는 저희들에게도 나타나도록 해주시옵소서. 노아가 믿음으로 경고를 받아들여서 심판을 면할 수 있었던 것처럼, 저희들은 성경의 말씀을 지키고 순종함으로써 심판을 받지 않게 하시옵소서.

○○의 강단에서 생명의 말씀이 선포되게 기름을 부어주시옵소서. 이 예배를 위해서 일꾼들을 세우셨습니다. 선택을 받은 그들을 영적인 의미에서 레위의 후손으로 삼아주시고, 거룩한 헌신이 되게 하시옵소서. 예배를 도우려는 저들이 먼저 주님께서 받으실 만하게 자신들을 드리게 하시고, 아름다운 수고를 하게 해주시기 원합니다. 저희들에게는 오직 하나님께의 영광만 생각하게 하시옵소서.

새해의 삶을 시작한 빛으로 저희들의 심령을 깨끗하게 하심에 감사드립니다. 이 빛으로 새해를 맞이한 영광을 예배하는 성도들을 벅차게 하시옵소서. 이 빛으로 만물과 사람이 새롭게 되고 있음에 영광을 드립니다. 새로움으로 하나님의 영광을 나타내주시옵소서.

오늘도 ○○ 교회의 부흥을 바라보면서 한 번 더 간구하게 하시니 감사드립니다. 우리 교회의 부흥이 이루어지기 위하여 교회에 속해 있는 각 기관들에서 부흥을 경험하게 하시옵소서. 교회의 여러 기관을 통해서 주님의 몸으로서의 교회가 세상에 드러나게 하시고, 이 땅에서 하나님의 뜻을 이루어드리는 도구가 되게 하시옵소서. 영원하신 주님, 예수님의 이름으로 기도드립니다. 아멘.

내가 주를 높이고 영원히 주의 이름을 송축하리이다-시 145:16

내가 주를 높이고

사모하는 마음을 주시는 하나님

○○의 지체들이 주일을 기억하여 거룩하게 지키기 위하여 모였습니다. 지난 한 주간 동안에도 우리를 지켜 주셨기에, 하나님의 이름을 불러 영광을 드립니다. 하나님의 구속하심에 대한 영광이 저희들에게 머무름을 즐거워합니다. 예배할 때, 여호와께 감사하며, 그 이름을 불러 아뢰며, 하나님의 일하심을 세상에 알리게 하시옵소서.

연약한 인간의 모습 속에서 짐짓 죄를 짓고 말았던 한 주간의 모습이 부끄럽습니다. 십자가의 사랑을 실천하지 못하였고, 진실한 믿음이나 열심을 다하는 생활을 하지 못하고, 형식적으로 지낸 시간들이었습니다. 용서해주시옵소서. 하나님의 나라보다는 자신의 유익을 구하기에 바빴던 저희의 행실을 용서해주시옵소서.

새 생명을 주신 여호와를 예배할 때, 영과 진리로 예배하게 하시옵소서. 구원의 하나님께 예배드림이 마음을 다하고, 뜻을 다하는 생명의 축제가 되게 하시옵소서. 예배의 경험을 통해서 저희들 각자가 신령한 신자로 세워지게 하시옵소서.

저희들에게 조국에 대한 사랑을 다짐하는 거룩함을 주시옵소서. 주님께서 저희들에게 살라고 하신 국가라는 커다란 공동체 안에서 나라를 사랑하며 자기의 역할을 다하게 하옵소서. 나아가, 조국의 내 형제들이 예수를 구주로 믿어 영생에 이르도록 전도에도 힘쓰게 하시옵소서. 민족의 구원을 놓고 기도하게 하시옵소서.

주님의 사랑을 입은 ○○ 교회의 권속들이 말씀을 듣게 하시옵소서. 그 말씀으로 이 땅에서의 삶이 하나님의 방법대로 이루어짐으로써 천국생활의 훈련을 받게 하시옵소서. 하나님께서 우리에게 주신 복은 하나님께 영광이 되도록 진리의 말씀으로 세상을 정복하는 것이라 믿습니다.

저희들, 하나님의 말씀을 듣겠습니다. 말씀을 대언해주시는 목사님을 성령님의 권세와 능력으로 붙들어 주시옵소서. 오늘의 예배를 위해서도 여러 지체들이 수종을 들고 있으니 기쁨으로 봉사하게 하시옵소서. 예배하는 자리에서 찬양을 위하여 부름을 받은 성가대원들에게는 하나님께서 받으실 목소리를 내게 하시옵소서. 온 교회가 청지기로서 충성을 드리게 하시옵소서.

성령님의 도우심은 모든 것에 합력해서 성공으로 인도하심을 믿게 하시옵소서. 저희들의 마음이나 생각에서 부정적인 이미지를 몰아내게 하시옵소서. 막연하게 떠오르는 실패의 두려움을 몰아내어 주심을 믿습니다. 이미 두려움은 예수님께서 짊어져 주셨습니다. 저희 자신을 두려움으로 몰아넣는 주저함과 망설임을 거절하게 하시옵소서. 오직 하나님의 인도하심을 내다보게 하시옵소서.

교회가 부흥되기를 원하니, 하나님의 일하심이 크게 나타나게 하시옵소서. 교회에 있는 여러 기관들과 조직들을 통해서 하나님의 일하심이 많아지게 하시옵소서. 그 일하심으로 말미암아 불신자들이 교회로 초청되고, 주님께로 돌아오는 교회가 되게 하시옵소서.

높음이 되시는, 예수님의 이름으로 기도드립니다. 아멘.

1월 4주_

신들 중에 뛰어난 하나님께

자기 백성에게 예배를 원하시는 하나님,

주일을 구별하게 하사 이른 새벽부터 주님께 집중할 수 있게 하심을 감사드립니다. 오늘, 참으로 예배를 드림으로 신령한 은혜를 누리는 복된 날로 삼게 하시옵소서. 온 성도들이 한 마음을 묶어 예배하는 이 시간에 참 평안과 즐거움을 갖게 하시옵소서. 하나님께서는 영광을 받으시고, 저희들에게는 기쁨이 되게 하시옵소서.

이 시간에, ○○의 지체들이 지은 죄를 고백할 때, 용서해주시고, 십자가의 보혈로 정케 하여 주시옵소서. 육신의 미혹에 자신을 내어주었던 행실을 기억하니 용서해주시옵소서. 하나님 앞에서 감사하며 지내지 못했던 죄를 회개합니다. 항상 성령님의 은혜가 생수의 강같이 흘러넘치게 하셔서, 죄를 이기고 사단을 이기게 하시옵소서.

오늘, ○○의 지체들에게 하늘에 계신 주님을 바라보게 하시옵소서. 이 시간에, 하나님께서 주님을 통하여 만물을 다스리시고 계심을 깨닫게 하시옵소서. 하늘에 계신 주님께서 저희들에게 하늘의 은사를 부어주심을 기다리게 하시옵소서.

이 민족과 나라를 불쌍히 여겨주시옵소서. ○○교회가 민족에 대한 사명을 갖고 이 나라와 백성들을 섬기게 하시옵소서. 저희들은 말씀을 증거하며 민족의 복음화에 앞장서게 하시옵소서. 우리나라에 복을 내려 주시고, 주님의 사랑과 평화가 넘치는 나라로 삼아 주시옵소서. 하나님께서 사랑해주시는 나라로 삼아주시옵소서.

새해를 시작하여 벌써 셋째 주간의 삶을 살아가게 되었습니다. 새 날, 저희들의 한 날, 한 시간이 축복의 사건이라는 것을 확인하게 해주시니 감사드립니다. 주님만을 따르기 위해서 저희들을 얽어매기 쉬운 것들을 버리고, 또 버리면서 하나님의 위대하심에 찬송을 드리게 하시옵소서.

저희들의 심령이 목이 마른 사슴과 같이 되기를 원합니다. 목사님께서 말씀을 전해주실 때, 생수를 마심이 되게 하시옵소서. 예배를 돕기 위하여 일꾼들을 세워주셨습니다. 사회자, 말씀을 전하시는 목사님, 성가대원들, 예배 안내자들, 헌금위원들 모두에게 새로움의 은혜를 주시옵소서. 예배를 위해 부름을 받은 사역자들이 먼저 예배에 도구가 되게 하시고, 저희들 모두에게 본이 되게 하시옵소서.

오직 믿음으로 시작한 금년의 삶에서 벌써 한 달이 지나고 있습니다. 믿음으로 시작했던 것과 같이 예수님만을 삶이 되게 하시옵소서. 제자들이 주님을 따라나섰을 때, 배와 부친을 버려두고 따랐던 삶이 저희들의 것이 되게 하시옵소서. 저희들에게 세상의 즐거움을 버리고 주님을 따르게 하시옵소서.

오늘, 저희들이 예배할 때, 성령님의 역사가 넘쳐서 교회부흥을 이루게 하시옵소서. 그리하여 성령님으로 말미암은 은사의 다양함을 누리게 하시옵소서. 여호와께 존귀한 ○○의 지체들이 성령님의 은사를 통해서 교회를 섬기게 하시옵소서. 복음을 전파하며, 서로 격려하고 돌아보아 부흥의 결실을 보게 하시옵소서.

따르라 하신 예수님의 이름으로 기도드립니다. 아멘.

여호와께서 시온에서 네게 복을 주실지어다−시 128:5a

시온에서 복을 주시고, 예루살렘의 번영을

우리를 복 되게 해주시는 하나님,

찬양-감사 | 죄악을 거절하지 못하고, 잠시 즐거운 낙에 마음을 빼앗겼던 죄를 고백합니다. 사람의 눈이 미치지 않는 곳에서, 때로는 은밀하게 죄를 즐겼던 행실을 용서해주시옵소서. 하나님의 공의를 이루는 성도의 사명을 잊고 살았음을 용서해주시옵소서. 임마누엘 신앙으로 살겠습니다. 주 앞에서 어디든지 피하지 못함을 기억하게 하시옵소서.

고백-회개 | 마음을 다하여 나의 주님께 찬양을 드리는 ○○ 교회 권속들의 찬송을 받으시옵소서. 주님께서 ○○ 교회에 복음을 선물로 주신 사실을 생각합니다. 저희들의 생명을 살리시려고, 각자의 심령에도 복음을 주셨음을 믿습니다.

공동의 간구 | 복음을 전하는 저희들이 되게 하시옵소서. 저희들 한 사람, 한 사람의 전도로 구원에 이르는 것을 보게 하시옵소서. 복음을 듣고, 믿음에 이르는 생명들을 보여 주시옵소서. 하나님께는 영광이 되고, 저희들의 메마른 심령이 성령님의 단비와도 같은 역사로 사막에서 꽃이 피는 것을 보게 하시옵소서.

국가와 민족 | 이 민족을 복 되게 해주셨던 여호와의 손길을 조상 대대로 잊고 지냈음을 회개합니다. 저들이 하나님을 섬기지 않고, 멸망의 가증한 것을 믿고 따랐던 악행을 용서해주시옵소서. 온 성도들이 한 자리에 모여 예배할 때, 민족적인 회개의 영으로 충

만하게 해주시옵소서. 우상숭배의 지난날들을 타파해 주시옵소서.

위로와 회복 | 얼어붙은 눈은 대지의 기온을 빼앗아 가지만 봄이 오고 있음을 느낍니다. 겨울이 긴 것 같았으나 봄을 기다리게 합니다. 이 기다림으로 저희들에게 천국에 소망을 두게 해주시옵소서. 매서운 눈보라 속에서도 대지의 생명들이 움을 트듯, 어떤 고난이 닥쳐와도 충성된 종이 되어 직분을 감당함으로써 이기게 하시옵소서.

예배봉사자 | 목사님께서 전해주실 하나님의 말씀에 기름을 부어주시옵소서. 예배의 순서를 맡아서 담당하는 이들의 봉사와 성가대의 찬양으로 주를 영화롭게 해드리기 원합니다. 성도의 교제를 위하여 주방에서 봉사하는 이들의 수고도 받아주시옵소서.

응답의 결단 | 오늘, 예배하는 시간에, 하나님의 계명에 어긋나는 생각이나 욕망을 추호도 마음에 품지 않기를 결단하게 하시옵소서. 우리는 여전히 죄의 부패로 인해서 온전히 순종할 수 없음을 고백합니다. 저희들의 연약함을 핑계 삼아 죄를 짓지 않게 하시옵소서. 저희들이 살아가는 시간 속에서 하나님께만 영광을 구하게 하시옵소서. 각자가 받은 은사에 따라 섬김을 다하는 삶이 되게 하시옵소서.

교회의 부흥 | ○○의 권속에게 교회부흥의 환상을 갖게 하시고, 기도를 시키신 성령님께서 이 교회를 부흥시켜 주실 것을 확신합니다. 교회는 성령님께서 부흥시켜 주시고, 저희들은 오직 성령님께 순종하여 섬기기를 다하게 하시옵소서. 그리하여 지혜가 필요하면 지혜를, 재정이 요구되면 재정을, 열심을 내어야 한다면 봉사하게 하시옵소서.

시온을 사모하게 하시는 예수님의 이름으로 기도드립니다. 아멘.

여호와께서 집을 세우지 아니하시면 세우는 자의 수고가 헛되며-시 127:1a

수고가 헛되지 않게 하시는

우리를 지키시는 하나님,

○○ 교회를 세우시고, 하나님의 자녀들을 불러 모아 주셨으니 감사드립니다. 여기에 모인 지체들이 우리 하나님의 성호를 자랑하게 하시옵소서. 그 인자하심으로 한 주간의 삶을 다스리시고 예수 안에서 승리하게 하시오니 무한 감사드립니다. 험한 세상을 살아오면서 어렵고 힘들 때마다 하나님의 도우심이 있었음에 감사드립니다.

저희들은 행한 대로 심판하실 하나님을 두려워하기 원합니다. 지난 시간에도 주님을 기쁘시게 못하고, 육신을 위하여 이기적인 욕망과 많은 죄악에서 살아 왔습니다. 죄를 고백할 때, 용서해주시옵소서. 십자가 아래로 나아가니 보혈의 은총을 입게 하시옵소서.

거룩한 시간에 천국의 자녀 됨을 누리면서 하나님과의 인격적인 만남을 경험하는 복을 누리게 하시옵소서. 세상을 위하여 일을 하신 하나님의 손길을 찬양하는 복된 예배로 이끌어 주시옵소서. 여기에 모인 이들이 진실하게 하나님을 구하게 하시옵소서.

이 시간에, 하나님의 사람으로 민족 앞에서 사명을 다하지 못했음을 용서해주시옵소서. 나라를 사랑하여 구국의 제단을 쌓던 선조들의 신앙을 물려받지 못한 죄를 고백합니다. 자신의 행복을 버리고 나라를 위해서 기도했던 애국의 신앙을 저희들의 것으로 삼게 하시옵소서. 하나님만이 이 민족의 구원이 되십니다.

저희들에게 믿음의 역사가 풍성해지게 하시옵소서. 우상이 가득하고 혼탁한 세상에서 믿음으로 만족하게 해주시옵소서. 우상을 버리고 하나님만 섬기는 믿음의 은혜를 누리게 하시옵소서. 또한 사랑의 수고가 풍성하게 하시옵소서. 하나님을 섬기고, 교회에 봉사할 때, 사랑의 수고로 담당하게 하시옵소서.

○○의 강단에서 생명의 말씀이 선포되게 기름을 부어주시옵소서. 이 예배를 위해서 일꾼들을 세우셨습니다. 성령님께서 이 한 시간을 주관해주시옵소서. 예배의 순서가 진행되어질 때, 사람의 의식으로 그치지 않고, 하나님의 영광이 선포되게 하시옵소서. 오늘도 여러 사람들이 교회와 예배를 섬기기 위해서 맡겨진 역할로 봉사합니다. 영과 진리로 담당하게 하시옵소서.

주님의 십자가에서 새 생명의 증인이 되게 하셨음에 감사드립니다. 그 십자가의 생명으로 소망 없이 죽는 이들처럼 두려워하거나 슬퍼하지 않게 하셨음을 기억하게 하시옵소서. 비록, 우리의 몸이 병들더라도, 죽음의 그림자가 다가오더라도 소망 없는 자들처럼 두려워하지 않게 하시옵소서.

저희들에게 하나님의 교회가 부흥해야 한다는 사명을 깨닫게 해주시옵소서. 저희들 각 사람들에게 주신 은사를 활용해서 교회의 부흥을 가져오는 일에 헌신하게 하시옵소서. 오직 부흥의 역사를 일으켜, 하나님의 목적을 달성하는 교회가 되게 하시옵소서. 사람이 알아주는가에 마음을 쓰지 않고 충성을 다하여 섬기게 하시옵소서.

믿음의 주이신 예수님의 이름으로 기도드립니다. 아멘.

내 영혼아 네 평안함으로 돌아갈지어다-시 116:7a

자녀에게 후대하시는 여호와

자기의 편으로 삼아주시는 하나님

여호와 앞에서 존귀한 지체들이 사순절을 맞아드리는 첫째 주일에 여호와의 이름을 높여 드립니다. 예배하러 나온 저희들에게 복을 내려주시옵소서. 이 전에 모인 이들마다 받은 은혜로 입술을 열어 하나님의 높으심을 찬양하게 하시옵소서. 거룩한 아침에 오직, 은혜로만 하나님께 영광을 드리고 예배할 수 있게 하시옵소서.

언제나 나의 주장이나 내 뜻이 관철되기를 좋아했던 죄를 용서해 주시옵소서. 사람들에게 대접을 받는 것을 은근히 바라며 살았던 삶을 고백합니다. 바리새인처럼 남보다 나를 의롭게 여기며 교만하게 살았으니 용서해 주시옵소서. 자신에게 정직하기를 힘쓰겠습니다. 외식하는 삶에 화가 있음을 늘 잊지 않기를 빕니다.

저희들에게 사순절의 신앙을 통해서 교회의 권속에게 감사할 줄 아는 마음을 지니도록 하시옵소서. 감사할 줄 아는 마음을 가지면 모든 것이 감사로 받아들여짐을 믿습니다. 이로써 비가 오면 비가 와서 감사하고, 눈이 오면 눈이 와서 감사할 줄로 믿습니다.

남과 북의 분단으로 오고 가지 못하는 가족을 그리워하다 눈물이 말라버린 이웃들이 있습니다. 다시는 이 땅에 혼란이 오지 않도록 하시옵소서. 민족의 가슴에는 아픔이 생기지 않게 하시옵소서. 조국의 강산이 통일이 되어 서로 얼싸안고 예배하는 그날을 보게 해주시옵소서. 하나님이 이 민족의 소망이십니다.

주님의 권속을 은혜의 자리로 불러 주셔서 영과 진리로 예배하게 하셨으니 영광을 드립니다. 영안이 열려지고, 주님을 만나는 은혜를 경험하게 하시옵소서. 그 만남으로 통해서 저희들이 회복되기 원합니다. 새벽의 바닷가에서 주님을 만난 베드로가 회복의 은혜를 받은 것처럼, 하나님을 예배할 때, 회복의 은혜를 보게 하시옵소서. 예수님께서 죄인들의 구원을 위해 십자가를 달게 지셨음을 찬양하며 예배하는 ○○ 교회의 권속이기를 원합니다.

저희들, 하나님의 말씀을 듣겠습니다. 말씀을 대언해주시는 목사님을 성령님의 권세와 능력으로 붙들어 주시옵소서. 이 예배를 위하여 여러 사람들이 일꾼으로 부름을 받았으니 그들 자신이 제물이 되게 하시옵소서. 우리 자신과 마음의 태도와 우리의 소유를 드리는 한 시간이 되게 하시옵소서.

주님께서 남겨두신 발자취를 따름에 대한 거룩함을 보게 하시옵소서. 주님께서 본을 보이신 그대로 살려는 은혜를 내려 주시옵소서. 주님의 삶이 저희들의 것이 되어, 오늘, 작은 예수로 살아가려는 거룩한 도전을 하게 하시옵소서.

이 시간에도 ○○ 교회의 부흥을 소원합니다. 우리 교회가 복음을 전해서 잃어버린 영혼을 구원하기 원하니 부흥시켜 주시옵소서. 이미, ○○의 권속들은 영혼을 살리는 일에 헌신하기를 다짐하였습니다. 우리 교회가 부흥하여 그만큼 하나님의 나라가 확장되어지기를 바라시는 하나님의 뜻을 이루어 드리게 하시옵소서.

주님의 편으로 삼아주시는 예수님의 이름으로 기도드립니다. 아멘.

여호와께서 내 편이 되사 나를 돕는 자들 중에 계시니—시 118:7a

여호와께서 내 편이 되사

신실하신 주, 여호와 하나님

의의 옷을 입은 주의 자녀들을 성소로 불러 주셨음에 감사드립니다. 왕의 자녀로 살던 저희들, 우리의 발이 영광의 전에 섰으니 한 목소리로 여호와를 송축합니다. 이 시간에, 영광과 권능을 여호와께 돌리게 하시옵소서. 우리의 예배가 여호와의 이름에 합당한 영광을 하나님께 돌리도록 은혜를 내려 주시옵소서.

하늘에 소망을 두지 않고, 하나님이 없는 이들처럼 생각하고 행동해왔던 지난 시간을 회개합니다. 주님의 영광을 나타내어야 하는 성도의 행실을 거절하고 여호와의 이름이 조롱거리가 되게 하였음을 자복합니다. 죄를 자복하는 저희들이 사유하심의 은혜를 받게 해주시옵소서.

우리 민족을 사랑하신 하나님을 경배하며, 이 나라와 이 백성들을 위해 간구하는 예배가 되기 원합니다. 오직 나라의 주권회복을 위해서 헌신했던 선조들을 따르려는 소원을 품게 하시옵소서. 먼저, 이 나라와 백성이 하나님을 경외하며 두려워하게 하시옵소서.

이 나라를 사랑하사 세워주신 지도자들을 축복합니다. 세우신 각료들을 통하여, 이 나라를 다스려 주시옵소서. 하나님의 공의가 각료들에 의하여 나타나고, 그들은 오직 나라와 국민을 섬기는 자세로 충성하는 일꾼들이 되게 하시옵소서. 그들이 직무를 수행하는 동안에 조국을 위하여 헌신하는 일꾼들이 되게 하시옵소서.

주 안에서 나라 사랑하는 저희들이 되기를 다짐하는 지금, 하나님께서 주신 우리 조국에 대한 사랑으로, 저희들의 가슴이 뜨거워지게 하시옵소서. 이 나라와 민족을 불쌍히 여기사 복을 허락하시고 지켜 주시옵소서. 고난과 역경을 거듭해온 민족입니다. 다시는 이 땅에 고난과 분쟁이 없게 하시옵소서.

저희들의 심령이 목이 마른 사슴과 같이 되기를 원합니다. 목사님께서 말씀을 전해주실 때, 생수를 마심이 되게 하시옵소서. 예배를 위해서 배열된 순서마다 성령님의 감동하심으로 인도되게 하시옵소서. 특히, 하나님의 위대하심을 찬양하는 성가대원들의 마음과 성대를 주관해주시옵소서. 예배의 원활한 진행을 위하여 선택받은 일꾼들에게는 섬김을 다하여 진심으로 봉사하게 하시옵소서.

저희들에게 주님의 충성을 따르는 은혜를 주시옵소서. 맡은 자들에게 구할 것은 충성, 충성을 원함이 제일의 간구가 되게 하시옵소서. 죽도록 충성하는 은혜를 내려 주사, 이 충성을 통해서 주님 앞에 섰을 때에 부끄럽지 않기 원합니다. 각자에게 주신 달란트를 잘 감당하여 은혜를 경험하는 역사를 보게 하시옵소서.

우리 교회가 참으로 오랫동안 정체해오고 있음을 고백합니다. 저희들의 심령에 ○○ 교회가 부흥하여 이 지역사회에서 하나님의 일 하심이 크게 나타나기를 소원하게 하시옵소서. 그리하여 부흥하기 위해서 정체라는 벽을 허무는 은혜를 보게 하시옵소서. 게으른 이들에게 주님을 향한 열심을 허락해주시옵소서.

늘 도우심이 되시는 예수님의 이름으로 기도드립니다. 아멘.

나의 도움은 천지를 지으신 여호와에게서로다 –시 121:2

천지를 지으신 여호와에게서

전능하신 하나님,

찬양-감사 | 하나님께서 주일을 복되게 하사, 이 날을 거룩하게 해주셨으니 영광을 받으시옵소서. 저희들의 예배를 받아 주시고, 이 예배를 드린 마음으로 살아가도록 도와주시기 원합니다. 주님의 성령으로 속마음을 더욱 강하게 만들어 주시기 원합니다. 이 예배에서 하나님은 영광을 받으시고, 저희들은 거듭나는 새로움으로 태어나기 원합니다.

고백-회개 | 이 시간에, 회개의 영으로 심령을 만져 주시옵소서. 예수님을 잊고, 자신의 생각에 매달려 지내온 죄를 고백합니다. 예수님의 보혈로 값없이 받은 구원의 감격을 잃어버렸음을 회개하니, 용서해 주시옵소서. 구원의 즐거움을 회복시키시고 자원하는 심령을 주사 붙들어 주시옵소서

공동의 간구 | 사랑하는 ○○의 지체들에게 주님의 의를 덧입혀 주셨음에 감격하게 하시옵소서. 우리가 주 안에서 죄 사함을 통하여 한 몸이 되었으니, 그리스도와 연합하여 그의 모든 부요와 은사들을 공유하기를 소망하기 원합니다. 우리가 서로를 섬기면서 지내게 하시옵소서.

국가와 민족 | 하나님의 품을 떠나서 자유를 잃고 죄의 노예로 신음하는 이 백성에게 생명의 빛을 보여 주시옵소서. 우상을 찾으며, 자신들의 곤고함을 벗어던지려는 불쌍한 이들에게 구원의 빛을

보여 주시옵소서. 그 빛으로 구원을 받고, 인생의 참다운 가치를 발견하게 하시옵소서. 인생의 본질을 하나님 앞에서 깨닫게 하시옵소서.

위로와 회복 | 하나님의 이름을 높이고, 세세무궁토록 영광을 바치는 한 시간이 되게 하시옵소서. 목사님께서 설교를 준비하셨음에 감사드립니다. 성령님의 감동하심으로 말씀을 베푸시도록 하시옵소서. 그 말씀 한 마디도 땅에 떨어지지 않고, 성도들의 마음밭에 새겨져 열매를 맺게 하시옵소서. 진리의 말씀으로 부족함을 가르쳐 주시옵소서.

예배봉사자 | 목사님께서 전해주실 하나님의 말씀에 기름을 부어주시옵소서. ○○ 성가대원들이 거룩한 음악으로 어우러진 최상의 찬양을 드리기를 소망합니다. 오늘도 예배의 진행을 위해서 자원하는 심정을 갖고, 봉사하는 일꾼들이 있습니다. 맡은 자리에서 예배의 진행을 돕는 손길들에게 은혜를 더하여 주시옵소서.

응답의 결단 | 빌립보 교회의 성도들처럼 하늘에 속한 저희들이 되고, ○○ 교회가 되기 원합니다. 십자가로 말미암아 완성된 구속의 은혜를 누리면서 살아가는 지체들이 되게 하시옵소서. 이로써 주님께서 오실 때까지 하늘나라에 마음을 두고 살게 하시옵소서. 저 천국에 소망을 두고 지내는 저희들이 되기 원합니다.

교회의 부흥 | 우리 ○○ 교회가 성령님으로 충만케 되기를 빕니다. 그리고 교회부흥을 소원하는 ○○의 권속이 성령님으로 세워지게 하시옵소서. 어린 아이에서 어르신들까지, 이 교회의 뜰을 밟는 권속이 성령님의 인도를 받게 하시옵소서. 성령님의 역사로 교회부흥의 증거가 되게 하시옵소서.

전능하신 주님, 예수님의 이름으로 기도드립니다. 아멘.

주의 영광이 온 땅에서 높임 받으시기를 원하나이다—시 108:5b

주의 영광이 온 땅에서

봄의 즐거움을 주신 하나님

주님께서는 복된 길을 우리에게 이미 보여주셨는데 그 길을 저버리고 떠난 저희들의 죄를 용서해주시옵소서. 세상적인 지혜를 구하면서 스스로 교만한 가운데 파멸의 길로 치닫고 있음을 불쌍히 여겨 주시옵소서. 주님과 동행하여 찬송으로 영광을 드리는 시간이 많아지게 하시고, 은혜가 풍성하여 신령함으로 세워지게 하시옵소서.

하나님 없이 한시도 살아갈 수 없는 존재임에도 스스로 살아온 것처럼 교만히 굴은 죄를 고백합니다. 하나님을 의지하지 않았던 오만함을 용서해주시옵소서. 하나님만 의지하겠습니다. 주께서 곤고한 백성은 구원하시고 교만한 눈은 낮추심을 기억하게 하시옵소서. 듣기는 속히 하고 말하기는 더디 하는 은혜를 누리게 하시옵소서.

여호와께 존귀한 저희들에게 날마다 우리의 죄성을 깨닫게 하시옵소서. 사죄와 칭의의 보장이 되어주신 주님의 은혜로부터 멀어지지 않게 하시옵소서. 성령님의 은혜로 말미암아 하나님의 형상 안에서 새롭게 지어져가는 것을 소망하게 하시옵소서.

자기 백성을 돌아보시는 하나님이십니다. 지상에 있는 많은 나라들과 더불어 이 나라를 지켜 주시옵소서. 하늘의 문을 여시고, 이 땅의 사람들에게 부하게 하시며, 강건하게 하시는 은혜를 내려 주시옵소서. 오랫동안 분단되어 있는 남쪽과 북쪽이 하나를 이루게 하시옵소서. 이 나라와 백성을 불쌍히 여겨 주시옵소서.

하늘나라에서의 기쁨을 지금, 맛보게 하시는 구원의 하나님을 향하여 즐거이 외치는 예배를 드리게 하시옵소서. ○○의 강단에서 생명의 말씀이 선포되게 기름을 부어주시옵소서. 오늘도 목사님을 단 위에 세우셔서, 하나님의 말씀을 들려주시니 감사드립니다. 목사님의 음성으로 하나님의 말씀을 듣기 원합니다. 말씀을 전해 주실 목사님에게 성령의 능력이 더하시기 바라며, 말씀 속에서 저희들이 거듭나게 하시옵소서.

이 예배를 위해서 일꾼들을 세우셨습니다. 찬양을 위하여 부름을 받은 성가대원들에게는 하나님께서 받으실 목소리를 내게 하시옵소서. 예배의 순서를 맡은 종들과 교회를 위하여 봉사하는 일꾼들에게도 감격함으로 섬기게 하시옵소서. 영광을 받으시기에 마땅한 겸손한 마음으로 예배하게 하시옵소서.

악하고 음란한 이 때, 저희들에게 더욱 부르짖는 간구의 소리가 있게 하시옵소서. ○○교회의 권속들이 성령님의 충만하심을 사모하도록 하시옵소서. 성령님의 역사가 저희들 개인이나 교회에서 기적과 이사로 나타나기를 소원합니다. 120 명의 사람들이 약속하신 성령을 받으려고 간절히 기도했던 다락방의 은혜를 보게 하시옵소서.

이 시간에, ○○ 교회를 부흥시켜 주시고, 구원을 얻을 자들을 모아주시는 현장으로 삼아주시옵소서. 이로써 저주의 길목에서 헤매는 영혼들이 주님께로 돌아오게 하시옵소서. 교회의 부흥을 기뻐하시는 하나님의 소원을 이루어 드리는 저희들이 되게 하시옵소서.

영광이 되어주시는 예수님의 이름으로 기도드립니다. 아멘.

그의 큰 권능을 만인이 알게 하려 하심이로다─시 106:8

그의 큰 권능을 만인이 알게 하려

이 봄에 생명의 신비를 보게 하시는 하나님,

오늘, 거룩하게 함으로써 하나님은 영원히 우리의 아버지가 되시옵소서. 하늘의 만나와 땅의 메추라기로 살던 저희들이 예물을 갖고 나왔습니다. 믿음과 소망, 사랑의 예물을 올려드리게 하시옵소서. 아름답고 거룩한 것으로 여호와를 경배하는 예배가 되게 하시옵소서.

여호와께서는 저희들의 죄를 깨끗이 벗겨주심을 믿습니다. 불의를 일삼으며 진리에 역행하며 저지른 모든 죄를 용서하여 주심을 믿고 죄를 고백합니다. 말에나 행동에나 불신자들과 어울려서 지냈음을 용서해주시옵소서. 거룩한 자리에서 주홍같이 붉은 죄가 눈처럼 희게 씻어지는 은혜를 입게 하시옵소서.

민족들의 경배를 바라시는 하나님을 사랑합니다. 모든 사람의 마음을 하늘과 땅 위에서 오직 하나인 주님의 가족으로 묶어 주시옵소서. 성령의 힘이 각 사람들에게 나타 내사, 저희들이 주님의 가족이요, 하나님의 나라임을 고백하게 하시옵소서.

저희들에게 순국선열들과 전몰장병들의 나라를 사랑하는 실천을 배우게 하시옵소서. 그들이 나라를 위하여 애쓰는 것을 거룩하게 여겼듯이 저희들에게도 내 나라와 내 겨레를 사랑하고 좋게 여기게 하시옵소서. 그리고 하나님 앞에서 이 나라의 강토를 지키려는 결단을 갖게 하시옵소서.

성령님의 충만하심으로 영안이 열려지게 하시옵소서. 부활하신 예수님을 향한 마음으로 새 힘을 누리게 하시옵소서. 미지근해지는 삶의 자세에 새로움을 주시옵소서. 뜨겁든지, 차던지 성령님의 역사를 보게 하시옵소서.

저희들, 하나님의 말씀을 듣겠습니다. 말씀을 대언해주시는 목사님을 성령님의 권세와 능력으로 붙들어 주시옵소서. 성가대원들의 찬양으로 영광이 선포되기를 빕니다. 예배의 순서를 담당한 지체들과 교회를 위하여 봉사를 맡은 이들에게 감사함으로 나아가게 하시옵소서. 저희들 다 함께 아버지 하나님의 자비로우심으로 살아온 날들을 기억하면서, 주님을 경배하게 하시옵소서.

이 시간에, ○○의 공동체에 성령의 바람을 보내주시옵소서. 저희들 각 사람이 부활하신 주님의 영으로 자기의 심령을 채우고자 간절하게 해주시옵소서. 부활하신 주님께서 주시는 은혜로 강하게 세워주시고, 담대하게 하시옵소서. 가슴이 뜨거웠던 엠마오 길의 두 청년이 바로 저희들이기를 원합니다.

저희들에게 이제는 우리 ○○교회의 부흥을 우리의 것으로 삼기 위해서 구체적으로 노력하게 하시옵소서. 교회 밖의 사람들에게 복음을 전하게 하시며, 몇 명의 영혼을 주님께로 인도할지의 목표를 세우게 하시옵소서. ○○의 권속들이 복음의 전파를 위해서 내가 드려야 할 것은 무엇인지를 깨달아 바치게 하시옵소서.

권능이 되시는 예수님의 이름으로 기도드립니다. 아멘.

내 속에 있는 것들아 다 그의 거룩한 이름을 송축하라—시 103:1b

내 속에 있는 것들아

보혈의 은총을 주신 하나님,

감사로 예배를 드리며, 미음의 무릎을 꿇습니다. 주님의 십자가를 생각하면서 지내는 동안에 모든 육체에게 먹을 것을 주셨으니 감사합니다. 주님의 은혜로 모자람을 모르고 지냈습니다. 부족한 저희는 하나님을 잊고 산 적이 많지만, 하나님은 우리를 한 번도 잊지 않으신 인자하신 분이셨음을 믿고, 감사드리며 예배에로 나아가게 하시옵소서.

십자가로 말미암은 구원의 진리에 민감하지 못한 죄를 회개합니다. 자기 백성에게 베푸시는 은혜가 풍성하심에도 그 사랑에 민감하지 못하고, 아직 가지지 못한 것들에만 눈을 고정시킨 죄를 고백합니다. 하나님께서 저희들에게 있어야 할 것을 아시고, 넉넉하게 채워주시고, 부요하게 하셨음을 잊은 죄를 회개하니 용서해주시옵소서.

죄와 멸망으로부터 구원해주시려고 친히 십자가에 달리신 주님께 찬양을 드리게 하시옵소서. 주님의 고난을 통해서 저희들에게 베풀어지는 속죄와 구원의 은총을 감사로 받게 하시옵소서. 이 시간에 영으로 구속의 십자가를 매만지는 은혜를 경험하게 하시옵소서.

오늘도 빠르게 바뀌는 우리 사회에서, 예수님의 가르치심에 복종하는 새로운 사랑의 생활을 건설하게 하시옵소서. 이 땅에서 현실의 모든 병폐가 사라지고 형제와 같이 서로 봉사하는 즐거운 날이 동터오게 하시옵소서. 우리 사회의 어디에서나 예수님의 사랑으로 정의가 꽃을 피우게 하소서.

주님께서 예루살렘에 들어오실 때, 따르는 자들이 흰옷을 입고 손에 종려나무 가지를 흔들었습니다. 종려나무 가지를 길에 깔아 영접하였습니다. ○○교회에 호산나로 찬송하는 소리가 가득하게 하시고, 주의 이름으로 오신 예수님을 찬송하게 하시옵소서.

저희들의 심령이 목이 마른 사슴과 같이 되기를 원합니다. 목사님께서 말씀을 전해주실 때, 생수를 마심이 되게 하시옵소서. 여호와의 영광이 선포되도록 성가대를 세워주셨습니다. 이들이 하나님을 예배하는 저희들을 대신하여 찬양하는 역할을 귀하게 감당하게 하시옵소서. 그리고 예배를 위해서 강단의 꽃꽂이, 안내-봉사위원, 주방에서의 봉사 등으로 수고하는 지체들을 기억해주시옵소서.

저희들의 손과 발을 민첩하게 하사, 주님의 일을 위하여 쓰게 하시옵소서. 고난을 당하고 있는 자들과 외로운 자들에게 위로의 손길을 펼 수 있게 하시며, 타락한 자들을 붙들어 주며, 불쌍한 자들에게 주님의 사랑을 나타내며, 방탕한 자들을 일깨워 주고, 주린 자들을 돌아보며, 약한 자들을 일으켜 주고, 마음이 상한 자들을 위로하게 하시옵소서.

하나님께서 주신 교회부흥의 환상을 이루어 주시옵소서. 먼저, ○○의 지체들이 여호와 앞에서 교회로서 세워지기를 빕니다. 우리가 여호와께 온전히 세워져 부흥을 이루게 하시옵소서. 교회 안에서 자신의 역할에 최선을 다함으로 교회부흥의 열매를 맺게 하시옵소서.

우리의 호산나, 예수님의 이름으로 기도드립니다. 아멘.

하나님께서 그를 사망의 고통에서 풀어 살리셨으니-행 2:24a

사망에서 풀어 살리셨으니

부활에 대한 소망을 주신 하나님,

찬양-감사 | 하나님의 집을 그리워하여 이 날을 기다렸던 주의 자녀들이 여호와를 즐거워하게 하시옵소서. 하나님께서 예배를 받으시는 날에, 여호와를 송축하게 하시옵소서. 하나님을 예배하러 모인 지체들이 그 거룩한 이름을 송축하게 하시옵소서. 이 한 시간의 예배에서 즐거운 소리로 공교히 연주하게 하시옵소서.

고백-회개 | 자신을 지켜 거룩하지 못하였음을 고백합니다. 십자가의 진리를 귀하게 여기지 않은 죄를 용서해주시고, 성결하지 못한 유혹에 자주 넘어졌음을 용서해주시옵소서. 하나님께 주목하여 순결하게 살겠습니다. 하나님의 뜻은 거룩함이라는 사실을 잊지 않게 하시옵소서.

공동의 간구 | 하나님께는 영광을 선포하고, 주님의 부활을 기뻐하면서 예배하기 위해 모인 권속을 축복합니다. 다시 사심으로써 저희들을 억누르고 있는 절망을 거두어주신 예수님을 즐거워하게 하시옵소서. 이 땅이 아무리 어둠이 심하고, 저희들에게 희망이 보이지 않는다 해도, 전혀 낙심하지 않게 해 주셨음에 소망 중에 주님을 바라봅니다.

국가와 민족 | 이 백성에게 뜻을 허탄한 데 두고 살았던 죄악을 회개하게 하시옵소서. 마귀의 유혹에 넘어가고, 헛된 영광을 구하며 지냈던 죄를 고백하게 하시옵소서. 이 민족을 사랑하셔서 저희들

에게 회복을 은혜를 허락해주시고, 민족적으로 하나님께로 돌아 오게 하시옵소서. 하나님을 찾는 우리나라로 만들어 주시옵소서.

위로와 회복 | 다시 사신 주님을 믿어 천국을 소망하게 하심에 감사 드립니다. 어둠을 이기신 주님을 경배하는 복된 은혜를 누리게 하시옵소서. 부활의 영광을 찬송하면서 예배할 때, 영안이 열려 하늘을 보기 원합니다. 스데반이 돌에 맞아 죽을 때 하늘을 바라 보는 눈이 열리게 하셨던 은혜로 저희들에게도 하늘을 보는 눈이 열리기를 소망합니다.

예배봉사자 | 목사님께서 전해주실 하나님의 말씀에 기름을 부어주 시옵소서. 예배를 위하여 여러 사람들이 일꾼으로 부름을 받았으 니 그들 자신이 제물이 되게 하시옵소서. 부름을 받은 그들의 기 도와 찬송이 하늘의 하나님께 합당한 영광이 되게 하시옵소서. 하나님께 쓰임에 감사하면서 최선의 봉사로 섬기는 종들로 삼아 주시옵소서.

응답의 결단 | 저희들이 무엇을 하여 주님의 영광을 나타낼 수 있는 지 알려 주시옵소서. 하나님의 뜻을 이루어 드리는 손과 발이 되 게 하시옵소서. 성경의 사람들이 믿음으로 살았던 것처럼 저도 그 길을 있게 하시옵소서. 세상을 위하여 일을 하신 하나님의 손 길을 찬양하는 복된 예배로 인도해주시옵소서.

교회의 부흥 | 교회의 부흥을 사모합니다. 저희들에게 예배 성공의 은혜를 내려 주시옵소서. 저희들의 예배에 불신자가 초청되고, 그들이 하나님을 만나는 시간이 되게 하시옵소서. 예배의 시간이 감격스럽고, 하나님의 말씀이 달게 느껴지는 기쁨을 주시옵소서. ○○의 예배가 축제적이며 친밀하고, 기대가 되는 분위기로 체험 되게 하시옵소서.

죽음에서 살아나신 예수님의 이름으로 기도드립니다. 아멘.

여호와를 구하는 자들은 마음이 즐거울지로다 — 시 105:36

여호와를 구하는 자들은

천국에 소망을 두게 하신 하나님,

하나님을 기뻐하고 즐거워하는 ○○의 지체들이 여호와의 이름으로 나아갑니다. 성소에 모인 저희들에게 지존하신 주의 이름을 찬송하게 하시옵소서. 여호와를 두려워하는 백성이 입을 벌려 찬송하게 하시옵소서. 하나님을 사모하며, 경외하는 저희들에게서 영광을 취하시옵소서.

여호와를 가까이 하여 말씀대로 살기를 원하였지만 부끄러운 모습으로 살았음을 고백합니다. 긍휼을 베풀어 주시옵소서. 주님의 영광을 가리는 말을 해왔고, 감정에 따라 행동을 했음을 용서해주시옵소서. 이웃의 말을 귀담아 듣고, 경청하겠습니다. 모든 죄를 고백하고 뉘우치오니 주님의 보혈로 용서해주시옵소서.

마음으로 손을 높이 들고, 여호와의 이름에 찬송을 드립니다. 말씀으로 저희에게 여호와 하나님을 사랑하도록 권면하시는 하나님을 바라보게 하시옵소서. 오직 그 말씀에 순종하므로 열매를 맺는 저희들의 삶이기를 원합니다. 성령님의 강권하시는 역사로 여호와를 구하는 것에 주목하게 하시고, 하나님께 드려지게 하시옵소서.

이 나라에 복을 주셔서 백성들은 평안하고, 모두가 즐겁게 지내왔음을 고백합니다. 하나님께서 사랑하시는 나라, 여호와의 손으로 만져주시는 나라로 삼아주시옵소서. 이 나라에 속한 모든 이들이 범사가 잘 되고 강건하여 하나님께 영광을 드리게 하시옵소서.

누리 민족이 여호와를 목자로 삼는 경험으로 인도를 받게 하시옵소서.

예수님의 이름으로 구원받게 하시고, 지금까지 지켜 주시니 감사드립니다. 주님의 크신 사랑에 찬송과 감사로 아버지를 영화롭게 하기 원합니다. 주의 은혜로 새 사람이 되었으니, 제 마음이 말씀으로 채워지게 하시옵소서.

○○의 강단에서 생명의 말씀이 선포되게 기름을 부어주시옵소서. 예배의 인도를 위하여 부름을 받은 사역자들이 겸손한 마음으로 헌신하게 하시옵소서. 아론의 후손이 되어 예배의 진행을 돕는 그들이 먼저 거룩한 모습으로 자신을 바치게 하시고, 여호와의 은혜와 자비로 그들이 세워지고, 모인 성도들이 예배할 때, 온 교회가 주의 영광을 선포하게 하시옵소서.

주님의 몸으로 세워주신 우리 교회, 여기에서 꿇어 엎드린 주의 사랑하는 성도들을 위하여 기도합니다. 눈물 흘리며 기도하는 기도를 들으시고 좋은 것으로 응답해 주시옵소서. 온 성도들이 먼저 하나님 말씀대로 살아가는 믿음을 갖기 원합니다. 저희들을 온전히 이끄셔서 더 굳센 믿음 위에 서게 해주시옵소서.

이 시간에, ○○의 권속의 가슴이 교회부흥이라는 소원으로 불타게 하시옵소서. 반드시 부흥을 보고야말겠다는 결단의 은혜를 내려주시옵소서. 부르심에 합당한 열매를 남기도록 이끌어 주시고, 사랑하는 지체들이 교회부흥을 위한 도구로 사용되게 하시옵소서.

구원의 주님, 예수님의 이름으로 기도드립니다. 아멘.

주는 심히 위대하시며 존귀와 권위로 옷 입으셨나이다-시 104:16

주는 심히 위대하시며

십자가를 바라보게 하시는 하나님,

주를 기뻐하고 즐거워하는 지체들이 나아갑니다. 성소에 모인 저희들에게 지존하신 주의 이름을 찬송하게 하시옵소서. 여호와를 두려워하는 백성들로 입을 벌려 찬송하게 하시옵소서. 하나님을 사모하며, 경외하는 저희들에게서 영광을 취하시옵소서. 영과 진리로 예배할 때, 여호와의 이름에 합당한 영광을 돌리게 하시옵소서.

저희들에게 회개의 은혜를 내려 주시옵소서. 사유하시기를 원하시는 하나님께 죄악을 찾아내어 낱낱이 자복하게 하시옵소서. 오직 저희를 대하여 오래 참으시는 하나님이 사랑에 감사드립니다. 이 시간에 저희들의 죄를 자복할 때, 아무도 멸망치 않고 다 회개하기에 이르기를 원하심을 믿습니다. 사유하시는 은혜로 깨끗케 하시옵소서.

교회를 부흥시키는 영이 저희들에게 충만하게 하시옵소서. 온 교우들이 한 몸이 되어 교회성장을 위해 기도하기를 빕니다. 성령님께서 ○○의 지체들의 생각과 입술을 주장해 주셔서 기도하게 하시옵소서.

국가적 위기 속에서 한국 교회가 일어나 조국을 위해 기도하게 하시옵소서. 기도의 영을 저희들의 심령에 부어주시옵소서. 빛과 소금의 역할을 감당치 못한 것과 나라와 대통령 위정자들을 위해 기도하지 못한 것을 용서해 주시옵소서. 기도를 통해서 사명을 자각하고, 삶의 자리에서 맡겨진 사명을 성실히 감당하게 하옵소서.

영과 진리로 예배하게 하시는 주 여호와이십니다. 지금, 이 자리에 모인 무리들이 경건함과 거룩함으로 예배하게 하시옵소서. 생각과 마음을 모아서 여호와를 공경함으로써 예배하는 시간되게 하시옵소서. 마음을 드려 경배하기 원합니다. 성령님의 충만하심으로 소망의 풍성함에 이르게 해주시옵소서. 이로써 진리에 순종함으로 더욱 의롭도록 이끌어 주시옵소서.

하나님의 말씀을 듣겠습니다. 말씀을 대언해주시는 목사님을 성령님의 권세와 능력으로 붙들어 주시옵소서. 성가대원들의 찬양을 흠향하시고, 저희들은 그 은혜로 들어가게 하시옵소서. 아울러 교회 안에서 여러 모습으로 봉사하는 이들에게도 은혜를 더하시옵소서.

우리 주 예수님께서 십자가에 달려 피를 흘려 죽으시고, 죽음의 권세를 이기셔서 다시 사신 감격으로 살아가게 하시옵소서. 주님께서 사람들에게 죽임을 당하신 것으로 끝났다면, 이 달은 잔인한 계절이겠으나 부활하셨으니 승리의 계절입니다. 죽음을 이겨 부활의 첫 열매가 되신 때에 주님의 승리를 찬송하면서 지내게 하시옵소서.

저희들에게 교회부흥의 환상을 주셨으나 부흥의 결실은 기도로 이루어짐을 믿습니다. 저희들이 하나님의 영광을 구하고, 교회를 위해서도 기도를 쉬지 않았지만, 이제 부흥이라는 거룩한 사명을 갖고 무릎을 꿇게 하시옵소서. 간절함을 주셔서 부르짖게 하시옵소서.

십자가의 주님, 예수님의 이름으로 기도드립니다. 아멘.

여호와가 우리 하나님이신 줄 너희는 알지어다-시 100:3a

여호와가 우리 하나님이신 줄

주님의 고난을 채우게 하시는 하나님,

주의 날을 지켜서 천국 백성의 언약에 들어갔음을 즐거워하는 지체들이 예배하러 나아옵니다. 영광을 받으시기에 마땅한 여호와께 겸손한 마음으로 예배하게 하시옵소서. 부활의 첫 열매가 되신 주님을 바라보며 큰 왕이 되신 하나님을 경배하게 하시옵소서.

자기의 죄를 숨기는 자는 형통하지 못하나 죄를 자복하고 버리는 자는 불쌍히 여김을 받으리라 하신 말씀을 기억합니다. 십자가에서 흘려진 보혈로 저희들의 죄를 깨끗케 해주시옵소서. 하나님의 부르심에 합당한 삶을 살아드리지 못한 연약함을 용서해주시옵소서. 하나님을 기쁘게 해드리는 사람이 되게 하시옵소서.

교회를 위하여 기도드립니다. 아버지 하나님께 기도하는 집이 되게 하시고, 사랑의 교제가 살아 있게 하시며, 하나님의 나라에 대한 꿈과 소망을 잃지 않는 공동체가 되게 하시옵소서. 이 교회에 속한 모든 성도들이 참된 믿음 안에서 살아가도록 이끌어 주시옵소서.

우리나라를 사랑해주시옵소서. 우리나라를 지켜주시고 하나님 앞에서 복스러운 민족이 되게 하시옵소서. 우리 교회의 모든 지체들이 나라를 위하여 기도하게 하시고, 애국의 마음을 갖게 하시옵소서. 민족의 가슴이 주님의 피로 적셔지고, 복음화 되는 나라로 만들어주시옵소서. 불쌍히 여겨 주시옵소서.

○○의 지체들에게 부활의 주님을 믿게 해주심에 감사드립니다. 부활하신 주님께서 하늘에 계시니 하늘을 바라보는 은혜를 내려 주시옵소서. 이 땅에 있는 것에 욕심을 내거나 땅에 있는 것들로 마음에 요동이 일지 않게 하시옵소서. 오직 하늘에서 주님이 상 주실 것을 바라보며 살아가도록 이끌어 주시옵소서.

저희들의 심령이 목이 마른 사슴과 같이 되기를 원합니다. 목사님께서 말씀을 전해주실 때, 생수를 마심이 되게 하시옵소서. 귀한 지체들이 예배의 사역자로 선택되어 이른 아침부터 봉사하고 있습니다. 그들이 감사와 감격으로 자리를 지키게 하시옵소서. 교회를 사랑하고 자원하는 이들에게도 맡겨진 직무를 충성스럽게 섬기게 하시옵소서. 예배의 직분을 위하여 무릎을 꿇게 하시옵소서.

교회의 권속이 하나님께서 주신 시간을 아껴 살게 하시고, 성령님의 열매를 맺는데 사용하게 하심을 즐거워합니다. 오직 착한 행실을 통해서 주님을 영화롭게 해드리기를 사모하게 하시옵소서. 주님의 말씀에 순종하여 하나님을 사랑하고, 이웃을 사랑하는 일에 힘을 써 하나님의 영광이 드러내는 삶을 살게 하시옵소서.

우리 교회가 성령님의 충만하신 역사로 부흥되어, 하나님의 나라가 확장되는 것을 바라봅니다. 성령님께서 우리들 각자에게 주신 은사를 사용하게 하심으로써 하나님의 영이 충만한 ○○ 교회를 만들게 하시옵소서. 저희들에게 주신 것을 나를 위하여 쓰지 않고, 하나님의 교회를 위해서 드릴 수 있는 영광에 감사하게 하시옵소서.

부활의 보증이신 예수님의 이름으로 기도드립니다. 아멘.

주의 크고 두려운 이름을 찬송할지니 그는 거룩하심이로다—시 99:3

주의 크고 두려운 이름을

영광 가운데 경배 받으실 하나님,

하나님을 그리워하는 지체들이 모였습니다. 하나님의 영광을 위하여 구별해 주신 곳으로 나왔으니, 예배를 받으시옵소서. 원근각처에서 모인 ○○의 지체들이 즐거운 소리로 하나님께 외치게 하시옵소서. 오늘, ○○의 지체들이 주님의 한 몸이 되어 찬양을 드리게 하시옵소서. 하나님의 이름에 합당한 영광을 드리게 하시옵소서.

성경이 하나님의 말씀임을 알면서도 성경을 사랑하지 못한 죄를 고백합니다. 바쁘고, 분주하다는 핑계들로 성경 읽는 일에 열심을 내지 않았음을 용서해 주시옵소서. 하나님의 말씀인 성경 읽기에 힘쓰겠습니다. 주의 말씀은 내 발에 등이요 내 길에 빛이라는 것을 늘 기억하게 하시옵소서.

주님께서 부활의 주님이시라는 그 이름을 영원히 찬송하기 위하여 머리를 숙였습니다. 예수님이 무덤을 깨드리게 하신 하나님의 이름에 합당한 영광을 드리기 원합니다. 그리고 저희들에게도 부활할 것에 대한 확신을 주시옵소서. 이 시간에 모인 거룩한 백성들이 아버지 하나님의 이름을 영화롭게 해드리게 하시옵소서.

동족상잔이 비극이 끝이 난지도 오래, 휴전협정이 이후에 반 세기가 지나도록 통일이 되지 않고 있습니다. 헤어진 혈육을 끝내 만나지 못하고 죽어가는 이들을 불쌍히 여겨주시옵소서. 눈물로 북쪽의 가족을 그리워하는 이들에게 가족이 만나는 기쁜 소식을 들려주시옵소서. 오직 하나님께 소망을 둡니다.

이 예배에서 저희들의 영혼이 살아나며 하나님의 은혜를 뜨겁게 체험함이 늘어나게 하시옵소서. 하나님의 자녀가 되었으니 마땅히 그리스도인의 성숙한 지식을 갖춤에 대해서도 소망을 품게 하시옵소서.

오늘도 ○○성가대원들이 하나님의 영광을 찬양하게 하시옵소서. 몸을 드려 준비한 찬양이 이 자리를 하나님의 영광으로 가득하게 하시옵소서. 저희들이 경건을 다해 예배하는 동안에 예배당의 안팎에서 몸을 다 드려서 섬기는 이들이 있음에 즐거워하며, 그들을 들을 축복합니다.

이 땅의 국민은 주님께서 주신 나라에서 지체된 자로서의 역할을 성실하게 감당하기를 소망합니다. 이 나라를 구성하는 모든 이들에게 자신의 역할을 통해 섬기게 하시옵소서. 군인은 군인으로서 , 경제인은 경제인으로서, 근로자는 근로자로서, 학생은 학생으로서 자신의 의무를 성실하게 감당하게 하시옵소서.

이 시간에, ○○ 교회의 부흥을 위하여 간구할 때, 성령님께서 역사해 주심을 기원합니다. 교회부흥을 소원하는 저희들의 마음을 성령님께서 감독해 주시옵소서. 담임 목사님을 비롯해서 ○○의 전 교우들이 오직 성령님의 지시에 다라 순종하게 하시옵소서. 우리 교회의 부흥에 성령님께서 주도자이시며, 전략가가 되어 주시옵소서.

찬송이 되시는 예수님의 이름으로 기도드립니다. 아멘.

5월 1주_어린이주일

보라 자식들은 여호와의 기업이요-시 127:3a

여호와의 기업

어린이들과 함께 살도록 해주신 하나님

찬양-감사 | 주님의 날을 성일로 지키려 부름을 받은 성도들이 모였습니다. 주님의 피로 세운 교회에 주님의 피로 죄를 씻음 받아 의롭게 된 자녀들이 나왔습니다. 아버지 하나님께 예배하기 위하여 모였으니 이 날을 복되게 하시옵소서. 주님을 저희들의 가정에 호주로 초청해드리고, 하나님은 온 땅의 왕이심을 송축하는 예배가 되게 하시옵소서.

고백-회개 | 지난 시간에, 저희들은 이 세상에 깊이 빠져서 지냈습니다. 자녀에게 신앙의 본이 되지 못했던 것들을 고백합니다. 자녀들에게 하나님을 섬기고 신뢰하는 믿음을 우선으로 가르치지 않았던 죄를 용서해 주시옵소서. 자녀들에게 믿음의 유산을 남기겠습니다. 우리 아이들이 하나님의 백성으로 세워짐에 부족함이 없도록 인도해주시옵소서.

공동의 간구 | 어린아이의 순수한 믿음을 갖게 해주시옵소서. 어린아이의 순수한 소원을 갖게 해주시옵소서. 어린아이의 순수한 사랑을 갖게 해 주시옵소서. 주님께서는 불순하게 된 심령을 어린아이의 순수함으로 돌려주심을 믿습니다. 그들의 순수함으로 하나님의 나라를 바라면서 어린이주일의 예배를 드리는 회중에게 은혜를 내려 주시옵소서.

국가와 민족 | 우리 민족이 우상을 숭배하는 일이 죄가 되고 있음을 깨달아 하나님께로 돌아오게 하시옵소서. 생명을 살리시기 위해

서 오신 예수님을 구주로 영접하고, 하나님 앞에서 평안을 누리
게 하옵소서. 진리와 은혜의 풍성함으로 인하여 십자가를 찬양하
도록 이끌어 주시옵소서. 하나님의 소유된 백성을 경험하게 하시
옵소서.

위로와 회복 | 저희들을 사랑하셔서 가정을 주셨으니, 복 되게 인도
해주시옵소서. 모든 복과 은혜를 감사하면서 살아가도록 이끌어
주시옵소서. 저희들의 소원은 주님을 더 잘 알기 위한 것이 되게
하시옵소서. 주님의 가정에서 하나님을 찬양하는 일들만 있게 해
주시기 원합니다.

예배봉사자 | 목사님께서 전해주실 하나님의 말씀에 기름을 부어주
시옵소서. 저희들에게는 들을 귀를 주시옵소서. 예배위원들의 수
고를 통해서, 교회의 곳곳에서 봉사하는 이들의 손길을 통해서
하나님의 자녀로서 사는 은혜에 도전이 되기를 빕니다. 이로써
우리가 서로를 세워주기 위하여 영과 진리로 올려 드리는 예배가
되게 하시옵소서.

응답의 결단 | 사랑하는 ○○의 지체들에게 여호와 앞에서 언제까지
라도 머물려는 소망을 주시옵소서. 5월의 하늘 아래에서 아이들
은 무럭무럭 자라고, 가족의 기쁨을 누림에 감사드립니다. 이 달
에는 가족이 함께 하며 감사로 영광을 드리기 원합니다. 부부가
서로를 대하게 하시고, 자녀들을 자라게 해주심에 감사드립니다.

교회의 부흥 | 저희들 모두에게 ○○ 교회의 부흥에 주체가 되어 봉
사하게 하시옵소서. 그리하여 교회로 모일 교회 밖의 사람들에게
관심을 갖게 하시옵소서. 세상으로 흩어질 때는 교회로 인도하여
주님의 제자를 만드는 사역에 헌신하게 하시옵소서. 주님께서 구
원하시기를 원하시는 사람들에게로 마음을 열어 주시옵소서.

어린이를 사랑하시는 예수님의 이름으로 기도드립니다. 아멘.

네 부모를 공경하라─출 20:12a

네 부모를 공경하라

부모를 주신 하나님,

저희들에게 가정에서 지내게 하시고, 부모를 섬기도록 하심에 찬양을 드립니다. 영광 가운데 계신 하나님의 이름을 높여드립니다. 구별된 이 날에 모든 백성이 주의 전에 나아와 존귀하신 하나님을 경배하며 영광을 돌립니다. 거룩하다고 명명하신 날에, 왕이신 여호와 앞에 즐겁게 소리치는 영광을 받으시옵소서.

부모님께 효도를 다하는 것에 소홀히 하며 살아온 죄를 용서해 주시옵소서. 날마다 소망해야 할 것은 부모님을 기쁘시게 해드림인데, 자신의 유익에만 매달려 살아온 죄를 용서해주시옵소서. 아비에게 청종하고, 어미를 경히 여기지 말라는 말씀으로 살게 하시옵소서.

이 날을 즐거워하며 예배하는 저희들에게 부모를 공경하는 은혜로 충만하게 하시옵소서. 부모를 즐겁게 하며 어미를 기쁘게 하게 하시옵소서. 부모님을 공경하고 부모님의 가르침을 따르는 사람은 잘 되고 아름다운 이름과 존귀를 얻게 하신다는 약속도 원합니다. 오늘, 오직 성령님의 충만하심으로 예배하는 권속이기를 소망합니다.

이 민족의 한 사람으로서 하나님의 뜻에 떠나 있었으며, 이웃을 사랑하기에 무지했던 죄악을 고백합니다. 반목과 갈등으로 위기에 처한 이 땅을 불쌍히 여기사 주님의 용서와 사랑이 넘치도록 도와주시옵소서. 고통을 당하고 있는 북쪽의 형제들을 불쌍히 여겨주시옵소서, 복음이 전해져서 생명으로 소성케 해주시옵소서.

하늘나라에서의 기쁨을 지금, 맛보게 하시는 구원의 하나님을 향하여 즐거이 외치는 예배를 드리게 하시옵소서. 성령님의 충만하심이 있어 춤을 추며 기뻐하는 예배로 영광을 받으시옵소서. 오늘까지 저희들을 지켜 주신 은혜에 감사드리는 공동체가 되게 하시옵소서. 날마다 주님을 섬기며 지내는 복을 주신 하나님을 경배하는 ○○의 가족으로 삼아주시옵소서.

○○의 강단에서 생명의 말씀이 선포되게 기름을 부어주시옵소서. 여러 종들을 세워 예배의 순서를 담당하게 하셨으니 성령님의 은혜를 통해서 감당하게 하시옵소서. 순서를 담당하는 이들의 봉사와 성가대의 찬양으로 주를 영화롭게 해드리기 원합니다. 성도의 교제를 위하여 주방에서 봉사하는 이들의 수고도 받아주시옵소서.

저희들 자신이 원하기만 한다면 하나님께서 이루어 주심을 믿습니다. 살아오면서 붙은 실패에 대한 습성에서 자유하게 하시옵소서. 사람으로는 실패하지만 성령님께서 함께 하시면 성공할 거라는 확신을 갖게 하시옵소서. 성공으로 인도하시는 성령님을 의지하게 하시옵소서.

○○ 교회의 지체들, 오직 교회부흥에 마음을 두게 하심을 생각합니다. 그런데 혹시라도 저희들 중에 교회부흥을 바라면서 사람의 생각이 개입되지 않게 하시옵소서. 만일에 하나, 개인적 만족과 야망의 달성이 교회부흥의 동기가 되지 않게 하시옵소서. 오직 하나님의 뜻을 이루는 교회부흥을 소원하기 원합니다.

부모 공경의 본이 되어주신 예수님의 이름으로 기도드립니다. 아멘.

5월 3주_성령강림주일

베푸신 인자와 성실을

만물을 다스리시는 하나님,

주 하나님의 사랑을 입고 지내던 지체들이 나왔습니다. 구원의 주님이신 나의 하나님께 영광을 드립니다. 교훈의 본을 마음으로 순종하여 예배하게 하시옵소서. 감사하는 목소리로 경배하는 시간이기를 원합니다. 이로써 저희들의 삶은 매순간 여호와 앞에서 예배가 되게 하시옵소서.

여호와께 영광을 돌리지 않았음을 용서해주시옵소서. 작은 것에 감사하고 기뻐하지 않았음을 용서해주시옵소서. 손에 잡은 것들의 부족함만을 보고 하나님을 원망했음이 기억납니다. 주님 앞에 자복하고 저희들이 불신앙으로 살았던 죄악을 고하고 숨기지 않게 하시옵소서. 십자가에서 흘려주신 보혈의 은혜로 촉촉이 적셔주시옵소서.

우리 교회가 하나님 앞에서 천국 일꾼을 키워내는 학교이기를 빕니다. 하나님을 배우기를 즐거워하게 하시며, 주 안에서 양육되는 기쁨을 누리게 하시옵소서. 배우고 가르치는 교회로 인도해주시옵소서. 교회 안에서 가르치고 배움의 사역이 부흥되게 하시옵소서.

이 나라의 역사에는 유난히도 피 흘리는 사건들이 많았습니다. 겨레를 위하여, 자신의 목숨을 버려야만 했던 역사를 갖고 있습니다. 그 피 흘림의 역사를 통해서 이 민족을 보호하셨던 하나님의 은혜를 기억합니다. 나라를 사랑하고, 민족을 위해서 기도하게 하시옵소서. 나라를 사랑하도록 인도해주시옵소서.

오늘, 진심으로 저희들에게 가정에 대한 새로운 다짐을 하게 하시옵소서. ○○ 교회의 권속은 부모님의 가르치심과 말씀을 받들어 순종하는 은혜를 누리게 하시옵소서. 부모를 공경하면서 하나님을 공경하는 것을 배우게 하셨음을 기억합니다. 주님을 호주로 모신 가정이 되어 하나님을 사랑하고, 부모님께는 공경하게 하시옵소서.

하나님을 향한 사랑 안에서 거룩하고 흠이 없는 자세로 예배에 임하게 하시옵소서. 저희들, 하나님의 말씀을 듣겠습니다. 말씀을 대언해주시는 목사님을 성령님의 권세와 능력으로 붙들어 주시옵소서. 오늘의 예배 순서를 통해 먼저 영광을 취하시고, 담당한 종들이 전심을 드려 봉사하게 하시옵소서. 육신의 자녀가 아버지를 통해서 즐거움을 누리듯이 순서를 담당하여 수고하는 이들이 하늘 아버지로 인하여 기뻐하게 하시옵소서.

우리 주 예수님께서 세상에 오셨던 것처럼, 저희 교회와 자신도 세상으로 보내지게 하시옵소서. 세상을 위하여 자신의 모든 것들을 주는 교회가 되게 하시옵소서. 죽어가는 이들에게 거저 줄 수 있게 하시옵소서. 이로써 구원받아야 할 세상 사람들을 위하여 문이 열려진 교회가 되게 하시옵소서.

우리 교회가 부흥되기를 원하셔서 강권적으로 성령님께서 역사하심을 감사드립니다. ○○ 교회에 속한 모든 지체들이 교회부흥을 사모하여 기도하게 하시옵소서. 우리가 이제까지 경험해보지 못했던 성령님의 역사가 나타나 무릎을 꿇는 지체들이 되게 하시옵소서.

성령님을 보내주신 예수님의 이름으로 기도드립니다. 아멘.

의인이여 너희는 여호와로 말미암아 기뻐하며 -시 97:12a

여호와로 말미암아 기뻐하며

자비로우신 하나님,

흩어져 있던 ○○의 성도들이 한 가족으로 모였습니다. 여호와 앞에 거룩한 날로 안식하도록 하셨기에, 주님의 자녀들이 한 자리에 모였습니다. 진심으로 그리고 정성을 바쳐 예배하게 하시옵소서. 하나님께서 저희들에게 명령하신 이 날을 지켜 거룩하게 하셨음을 좋아합니다. 이 시간에, 여호와의 이름을 영화롭게 하시옵소서.

하나님을 사랑한다 하면서도 고의적으로 사랑을 나타내지 못했던 삶을 고백합니다. 하나님을 최우선의 자리로 모시고, 연약한 이웃들을 섬기지 못한 죄를 용서해주시옵소서. 성도로 온전하게 세워지기 위해서 말씀을 가까이 해야 하였지만 부족하였음을 용서해주시옵소서. 단순하게 말씀을 믿고, 따르지 못했음을 용서해주시옵소서.

저희들의 생명이 이생에서 뿐이 아님에 감사하며 지내며, 천국을 바라보고, 나그네의 길을 감사로 지내게 하시옵소서. 하나님께서 저희의 영혼을 찾으시면 주님께로 가며, 주님의 영화스러운 몸과 같이 되어, 하나님을 영원히 찬양하는 소망을 바라보게 하시옵소서.

오늘, 민족적으로 지은 죄를 고백합니다. 하나님을 사랑하지도 않고, 우상을 숭배하던 이 민족이었습니다. 사람들이 국가 앞에서 하나가 되지 못하고, 자신의 이익만을 쫓았던 어리석은 행실을 용서해주시옵소서. 하나님을 두려워하지 않고, 지낸 죄를 용서해주시옵소서. 이 나라를 지켜야 한다는 애국심을 갖기를 원합니다.

한 생명을 구하시려고 오래 참으시는 하나님의 열정을 갖도록 하시옵소서. 저희들이 많은 사람을 옳은 데로 돌아오게 하여 여호와의 뜻을 이루어드리게 하시옵소서. 저희들 자신이 구원을 받은 복음을 한 사람에게라도 더 전하게 하시옵소서. 구원받아야 하는 영혼들에게 저희를 보내주셔서 복음을 전하는 저희들이 되게 하시옵소서.

저희들의 심령이 목이 마른 사슴과 같이 되기를 원합니다. 목사님께서 말씀을 전해주실 때, 생수를 마심이 되게 하시옵소서. 하나님의 위대하심을 선포하려는 ○○ 성가대원들을 보아주시옵소서. 그들이 신령과 진정의 예배와 하나님을 영화롭게 해드리는 음악으로 어우러진 최상의 찬양을 드리기를 소망합니다. 오늘도 봉사하는 일꾼들, 예배의 진행을 돕는 손길들에게 은혜를 더하여 주시옵소서.

하나님을 구하는 저희들로 삼아주시옵소서. 저희들이 기도할 때, 하나님의 뜻에 합당한 것들을 진심으로 구하게 하시옵소서. 저희들의 가난하고 비참한 상태를 인정하고, 겸손히 부르짖게 해주심을 빕니다. 비록 우리는 무가치한 존재일지라도 예수님의 공로에 의지하여 간구하게 하시옵소서.

사랑하는 ○○ 교회가 부흥되기를 원하니 성령님으로 충만하게 하시옵소서. 성령님의 강권하심을 즐거워하며 우리에게 있는 모든 것을 드리게 하시옵소서. 이미, 성령님께서 저희들에게 은사를 주셨으니, 내게 있는 은사를 바치게 하시옵소서. 전 교우들이 합심하여 교회부흥을 이루게 하시옵소서.

하나님의 아들, 예수님의 이름으로 기도드립니다. 아멘.

그 때에 내가 또 내 영을 남종과 여종에게 부어 줄 것이며-욜 2:29

내 영을 부어 줄 것이며

영광 가운데 영광으로 계신 하나님,

찬양-감사 | 오늘, 날을 구별해서 주일을 지켜 예배를 드림은 저희들에게 복입니다. ○○ 교회의 권속들을 불러 주셨으니 마음과 뜻, 목숨을 다하여 예배하게 하시옵소서. 이 예배로 말미암아 저희들에게 삶의 새로움이 있게 하시고, 거룩한 무리로 살게 하시옵소서.

고백-회개 | 겸손한 마음으로 죄를 자복하는 자리가 되게 하시옵소서. 천국의 시민권을 갖고 있으면서도 천국보다는 세상의 열락을 즐겼던 지난날을 고백합니다. 무엇보다도 하늘의 뜻을 이루어드리는 삶을 살지 못했음을 용서해주시옵소서. 주님께 민감하지 못해서 지은 죄를 고백할 때, 용서해주시고, 다시 일으켜주시는 은혜를 내려주시옵소서.

공동의 간구 | 성령님께서 임마누엘로 함께 해주시니 감사드립니다. 예수님처럼 우리를 사랑하시고 인생들에게 오셔서 우리와 함께 계시는 분이심을 믿을진대 더욱 감사드립니다. 예배하는 이 자리에 하나님의 자비하심을 찬양하는 소리가 가득하게 하시옵소서. 이 예배의 은혜로 삶에 지친 이들에게는 소망의 시간이 되게 하시옵소서.

국가와 민족 | 사랑하는 우리의 조국, 이 민족의 가슴마다에 그리스도의 계절이 오게 하시옵소서. 십자가에서 흘리신 예수님의 피로 가슴을 적시게 하시고, 이 땅 가득히 주님의 영광이 나타나기

를 소망합니다. 우리 민족이 인생의 행복이 주님께 있음을 깨달아 여호와의 도우심을 구하게 하시옵소서. 하나님께서 안아주시는 민족이기를 원합니다.

위로와 회복 | 근심과 슬픔과 두려움에 쌓여 있던 제자들에게 약속하셨던 그대로 오신 보혜사를 기뻐하게 하시옵소서. 이미 오신 성령님께서 영원토록 저희와 함께 있으심을 믿을 때, 심령이 든든해짐을 고백합니다. 성령님을 사모하고, 성령님의 인도를 받음에 목말라 하는 저희들의 심령이 되게 하시옵소서.

예배봉사자 | 오늘, ○○의 지체들이 주님의 한 몸이 되어 찬양을 드리게 하시옵소서. 성령님께서 예배의 순서를 주장해 주시고, 순서를 맡은 담당자들의 붙들어 주시옵소서. 예배를 드리며 성도의 교제로 나아가는 지체들을 섬기는 종들에게도 은혜를 더하시옵소서. 예배를 마치고 돌아설 때, 성령님으로 말미암은 새로운 사람이 되게 하시옵소서.

응답의 결단 | 때에 따라 열매를 맺는 ○○의 공동체로 삼아주시옵소서. 여름 실과들이 가지마다 달리면서 농부들을 즐겁게 함과 같이 저희들도 하나님 앞에서 열매를 맺어가기 원합니다. 때를 따라 맺어야 할 열매들이 있어, 여호와를 영화롭게 해드리게 하시옵소서. 예배하는 기쁨으로 이 달의 삶을 살아 소망의 열매로 풍성하게 하시옵소서.

교회의 부흥 | ○○ 교회의 권속들이 늘 부흥을 위하여 부르짖게 하시니 우리 교회의 각 기관에서 부흥을 경험하게 하시옵소서. 우리 교회가 주님의 몸 된 유기체로서 먼저, 교회의 각 기관에서 부흥을 보게 하시옵소서. 어린 아이들의 지체에서 장년부에 이르는 각 기관의 부흥을 보여주시옵소서.

우리를 사랑하시는 예수님의 이름으로 기도드립니다. 아멘.

시를 지어 즐거이 그를 노래하자—시 95:2b

감사함으로, 시를 지어 즐거이

우리 교회를 지켜주시는 하나님,

이 거룩한 아침에 하늘이 하나님의 영광을 선포하고, 땅과 모든 것들은 하나님의 손으로 하신 일을 나타내고 있습니다. 예배하러 모인 성도들에게 하나님의 영광이 임하기를 원합니다. 저희들의 예배를 받으셔서 하나님께 능력을 돌리는 ○○ 교회가 되게 하시옵소서.

지난 주간 동안에도 은혜 가운데서 우리가 살면서도 은혜를 인지하지 못한 죄를 회개합니다. 엄청난 사랑을 받고 지내면서도 그 사랑에 감사하지 못하는 불신앙을 용서해 주시옵소서. 믿음의 사람이라는 건 생각 뿐, 믿음이 없는 행위로 살아가는 죄를 용서해 주시옵소서. 십자가에서 흘리신 주님의 보혈로 가슴을 적시게 하시옵소서.

저희들을 용사로 부르시고, 십자가의 군대가 되게 하셨음을 기억합니다. 세상에서 살아갈 때, 십자가를 높이 들게 하시고, ○○의 지체들은 주님의 용사답게 악과 싸우러 나가게 하시옵소서. 하나님의 영광을 가로막는 사탄의 궤계를 물리쳐 박멸하게 하시옵소서.

죄악으로 멸망을 받는 이들 중에, 여호와의 백성이 있어 교회를 세우셨듯이, 이 땅에 있는 교회로 말미암아 주께로 돌아오게 하시옵소서. 민족의 가슴에 여호와의 소성케 하심이 있어 벅찬 기쁨으로 살아가도록 하시고, 개인과 민족의 장래를 하나님의 손에 맡기게 하시옵소서.

눈을 감을 때마다, 주님의 사랑을 느낌이 밀려드는 것을 고백합니다. 언제나 저희들의 편이 되어 주시고, 연약해질 때 힘을 주시는 은혜에 찬양을 드리게 하시옵소서. 개미처럼, 저희들이 해야 할 일을 잘 할 수 있도록 도와주시옵소서. 하나님께서 주지 않으시면 내일은 결코 오지 않는다는 것을 깨달아, 오늘 해야 할 일을 내일로 미루지 않도록 인도해주시옵소서.

○○의 강단에서 생명의 말씀이 선포되게 기름을 부어주시옵소서. 저희들의 작은 가슴들을 크게 벌려서 아버지의 영광을 찬양하며, 예배드립니다. 하나님의 말씀을 대언하실 목사님께 영력을 더하사 하늘 능력이 나타나게 하시고, 저희들에게는 들을 귀를 경험하게 하시옵소서. 성가대원들이 찬양으로 영광을 선포할 때, 그 영광이 여기에 가득하게 하시옵소서. 오늘도 여러 종들을 세우셔서 예배의 순서를 담당하게 하셨으니 성령님의 은혜로 감당하게 하시옵소서.

우리 교회가 진리의 영으로 충만하기를 소망합니다. 성령님이 믿게 하시는 대로 믿으며, 성령님이 이끌어 주시는 대로 순종하는 교회가 되고, 지체들이 되게 하시옵소서. 저희들의 심령에 성령님의 체험이 있도록 도와주시옵소서.

○○의 지체들에게 교회부흥을 소원이 되어 기도하게 하심을 묵상합니다. 저희들이 홀로 있을 때나 함께 모였을 때, 교회부흥을 위하여 부르짖게 하시고, 저희들에게는 생각하는 것과 말에 교회부흥이 우선이 되게 하시옵소서. 이 소원으로 우리 교회가 부흥의 열매를 맺게 하시옵소서.

구원의 노래이신 예수님의 이름으로 기도드립니다. 아멘.

여호와여 주께서 행하신 일로 나를 기쁘게 하셨으니 –시 92:4a

주께서 행하신 일로

우주만물에 그 이름을 나타내시는 하나님,

오늘, 복된 날을 주셨습니다. 하나님의 날을 하나님께로 드리게 되어 감사드립니다. 이 시간에, ○○의 지체들에게 전심으로 주를 찬송하게 하시옵소서. 영원토록 주의 이름에 영광을 돌려드리기 원합니다. 하나님의 영광을 찬송하는 한 시간이기를 빕니다.

저희들은 생활의 현장에서 거룩하지 못하였습니다. 하나님께서 바라시는 성결의 생활에 힘을 쓰지 못하고, 불신자들과 다름이 없이 지내었던 삶을 회개합니다. 하늘에 소망을 두지 않고, 영생이 없는 삶으로 지내온 것을 용서해주시옵소서. 천국에만 소망을 두겠습니다. 이 세상이 영원하지 않음을 늘 기억하게 하시옵소서.

여호수아가 아말렉과 싸웠듯이 저희들에게는 악의 세력과 싸우도록 하시옵소서. 성령님께서 심령을 담대히 무장시켜 주시옵소서. 하나님을 대적하는 세력들에게 예수님의 피 뿌림으로 나아가게 하시옵소서. 저희들, 영적인 군사로서 조금의 부족함이 없도록 세워 주시옵소서.

우리에게 민족을 위해 기도할 사명이 있음에도 간구하지 못했음을 용서해주시옵소서. 대통령을 위해서 기도하고, 나라의 질서와 평화를 위해 기도하는 책임이 있음을 잊고 지냈음을 회개합니다. 나라와 민족에 대해서 사랑을 품고 기도하는 ○○의 권속으로 삼아 주시옵소서. 기도의 사명을 감당하도록 복을 내려 주시옵소서.

저희들을 사랑하셔서, 한 가지 소원을 주시옵소서. 최선을 다하여 하나님을 사랑하는 저희들이 되게 하시옵소서. 주님을 깊이 사랑하고, 주님을 가장 귀하게 여기도록 감동해 주시옵소서. 하나님을 사랑하는 그 사랑으로 이웃에게로 손을 내미는 저희들이 되기 원합니다. 주님의 사랑이 저희들의 가슴에서 싹이 트고 움이 터지기 원합니다. 그 사랑에 감격하고, 그 은혜 감사하게 하시옵소서.

저희들, 하나님의 말씀을 듣겠습니다. 말씀을 대언해주시는 목사님을 성령님의 권세와 능력으로 붙들어 주시옵소서. 예배를 위하여 여러 모습으로 봉사하는 이들의 심정이 주께 드림이 되게 하시옵소서. 그들의 봉사와 섬김으로 인해, 온 교회가 영과 진리로 예배하게 하시옵소서. 하나님과 함께 하는 시간이 되게 하시옵소서.

저희들은 성령님의 충만하심에 의해서 언제나 어떠한 가능성을 지닌 생각에 찬성을 던지게 하시옵소서. 어떤 가능성이 있는 생각이라면 하나님의 뜻을 물으면서 붙잡기를 워합니다. 혹시, 어려운 문제에 부딪친다 할지라도 하나님의 도와주심을 믿고, 적극적으로 시도하게 하시옵소서.

주님의 교회에 부흥을 사모하는 열심을 허락하심을 감사드립니다. 담임목사님과 마음을 같이해서 한 마음으로 하나님의 역사를 기다려 오고 있습니다. 성령님께서 저희들에게 충만히 임하시어 기도하게 하시옵소서. 또한 교회부흥에 필요한 수고를 기쁨으로 감당하도록 은혜를 내려 주시옵소서.

사랑이 되어주시는 예수님의 이름으로 기도드립니다. 아멘.

우리 영혼이 여호와를 바람이여-시 33:20a

여호와를 바람이여

우리 민족을 지켜주시는 하나님,

지난 시간에 하나님의 보호하심을 심히 기묘하게 나타내셨습니다. 신령과 진정으로 드리는 예배가 되기 원합니다. 오직 하나님께만 영광이 되는 예배의 순서 순서로 이어지기 원합니다. 이 좋은 날에 교회의 각 기관에 준비된 하늘의 은혜를 내려주시기를 원합니다. 이 은혜로 하나님의 영광을 누리는 예배가 되게 하시옵소서.

하나님보다는 사람들 앞에 보이는 삶을 살았던 날들을 고백합니다. 선한 일을 하면서도 사람들에게 칭찬받기를 더 원했던 죄를 용서해 주시옵소서. 자기의 십자가를 지고 주님을 좇게 하시옵소서. 자신을 무익한 종이라 여기겠습니다. 오른손의 하는 것을 왼손이 모르게 하여 은밀한 중에 보시는 하나님을 주목하게 하심을 빕니다.

주님의 십자가가 우리에게 죄에 대하여 죽고, 승리하는 구심점이 되었음을 찬양합니다. 주님께서 우리를 위하여 자기의 몸을 내어주셨기에, 우리가 세상에 대하여 죽고 승리하는 증거를 갖게 해주셨음에 감사드립니다. 그리고 사탄을 대적하여 이기는 보증이 된 것을 잊지 않게 하시옵소서.

한국의 경제상황이 미궁에 빠져 있습니다. 많은 사람들은 실업의 해일이 밀려올지도 모른다는 두려움에 가슴을 쓸어내립니다. 하나님보다 더 세상적인 것에 집착하며 살아 왔던 우리의 어리석고 헛된 습관을 회개합니다. 불쌍히 여겨 주시옵소서. 우리가 처한 어려움에서 벗어나도록 긍휼과 사랑을 베풀어주시옵소서.

한국전쟁일에 하나님께서 받으실만한 영광을 드리게 하시옵소서. 전쟁의 아픔을 갖고 있는 이 백성을 위로해주시기를 원하니 하늘의 위로를 경험하게 하시옵소서. 나라와 민족에 대해서 사랑을 품고 기도하게 하시옵소서. 조국은 삶의 큰 울타리이며, 우리들 자신이라는 것을 깨닫습니다. 조국을 위해 희생하려는 마음도 주시옵소서.

저희들의 심령이 목이 마른 사슴과 같이 되기를 원합니다. 목사님께서 말씀을 전해주실 때, 생수를 마심이 되게 하시옵소서. 예배가 진행되는 순서를 성령님께서 주장하시며, 하늘에 영광을 바치게 하시옵소서. 사역자로 부름을 받아 예배의 진행과 교회의 여러 일들에 헌신하는 종들을 축복합니다. 그들을 은혜와 진리로 인도해주시고, 이 예배에서 구원의 주님을 찬송하게 하시옵소서.

이 시간에, 바라기는 저희들에게 주님과 교회와 선교를 위하여 열정적으로 사명을 감당하도록 이끌어 주시옵소서. 복음을 전하시던 주님의 열심, 주님의 열성, 주님의 열정이 있게 하시옵소서. 저희들이 여호와 앞에서 동일한 부지런을 나타내기 원합니다. 하나님을 위한 열심의 마음을 주시옵소서.

성령님께서 우리 교우들 각 사람에게 주신 은사가 있음에 감사드립니다. ○○의 지체들에게 은사를 통해서 교회부흥을 섬기게 하시옵소서. 교회에 봉사하도록 주신 은사를 사용하게 하시옵소서. 은사를 통해서 주님의 교회를 위하여 일할 때 행복해지기를 빕니다.

구원의 능력이신 예수님의 이름으로 기도드립니다. 아멘.

여호와께 감사하고 그의 이름을 불러 아뢰며—시 105:1a

여호와께 감사하고

전통에 따라 감사하게 하시는 하나님,

찬양-감사 | 복 된 날로 정해주신 시간에, ○○ 교회에 모여 하나님을 예배합니다. 맥추감사절을 맞이하여 거두어들인 것들로 인하여 감사할 때, 여호와의 은혜에 합당한 영광을 드리는 한 시간이 되게 하시옵소서. 저희들의 예배를 받으시어 하나님은 유일하신 주권자이심을 선포하시옵소서. 하나님께 능력을 돌리는 ○○ 교회가 되게 하시옵소서.

고백-회개 | 여호와 앞에서 잘못된 생각과 마음으로 살아온 죄를 고백합니다. 하나님께서 주신 것들에 감사하지 못하고, 오히려 하나님께서 주시지 않으셨다고 여기는 불평이 저희들의 입에 매달려 있습니다. 저희들의 마음에 성령의 불을 붙이어 주시옵소서.

공동의 간구 | 여호와의 은혜로 시작한 한 해의 삶에서 어느덧 여섯 달이 지나고 저희들의 손에는 첫 수확물이 들려졌음에 감사드립니다. 땅은 기름지고, 골짜기마다 비가 내려 농부가 소산물의 즐거움을 누리듯이, 저희들에게도 거두게 하심에 따라 감사하는 무릎을 꿇었습니다. 맥추감사절의 풍성함을 이웃들과도 나누도록 하시옵소서.

국가와 민족 | 하나님의 은혜가 이 민족에게 임하였어도 감사하지 못하고 지내온 것을 고백합니다. 사탄에 미혹되어서 우상을 숭배하며 더러운 양심으로 살아온 죄를 회개합니다. 용서해주시옵소

서. 우리 민족이 하나님께 영광을 드리고, 여호와의 인자하심에 소망을 두고 살게 하시옵소서.

위로와 회복 | 주님의 피로 우리를 구속해주신 은혜를 늘 기억하게 하시옵소서. 저희들이 이 땅에서 하나님의 자녀로 지내는 동안에, 저희들에게 베푸신 모든 은총에 대하여 감사를 드리게 하시옵소서. 하나님의 나라를 기업으로 물려받았음에 벅찬 감격으로 지내는 저희들이기를 원합니다.

예배봉사자 | ○○ 성가대원들이 찬양을 드릴 때, 영광을 받아주시옵소서. 그 찬양으로 실망과 근심으로 좌절에 빠진 사람들은 용기를 갖게 하시옵소서. 이 시간에, 예배의 진행을 돕고, 성도들의 편의를 위하여 봉사하는 지체들을 세워주셨음에 감사드립니다. 예배당의 도처에서, 주방에서 수고하는 그들을 복 되게 하시옵소서.

응답의 결단 | 여름의 햇살을 받으면서 만물이 생기를 더해가는 이때, 말씀과 성령님이 은혜로 생기를 더하기 원합니다. 영혼을 소성케 하시는 은혜를 소망하게 하시옵소서. 마른 땅에 내리는 단비와 같이 성령님으로 촉촉하게 심령이 젖는 이 달의 삶이기를 소망합니다. 하늘의 문을 여시고, 성령님의 강림하심을 누리게 하시옵소서.

교회의 부흥 | 하나님께서 우리 교회가 부흥되기를 원하시어 저희들에게 부흥을 소원하게 하셨으니 이루어 주심을 믿습니다. 하나님의 역사로 나타나서 한 사람이 천을 이루고, 열 사람이 만을 이루어 하나님의 나라가 확장되는 은혜를 내려 주시옵소서. ○○의 권속들이 부흥을 이루기 위해 분주하게 움직이게 하시옵소서.

죄에서 구원해주신 예수님의 이름으로 기도드립니다. 아멘.

하나님이 이르시되 그가 나를 사랑한즉 내가 그를 건지리라 —시 91:14a

내가 그를 높이리라

성소를 사모하게 하신 하나님,

여기에, 하나님의 은혜로 살아온 주님의 백성들이 모여 하나님을 경배합니다. 저희의 작은 가슴들을 크게 벌려 아버지의 영광을 찬양하며, 예배드립니다. 믿음으로 드리는 예배가 되기를 소망합니다. 온전히 영광을 드리는 시간으로 삼아주시옵소서. 예배가 진행되는 순서 순서에서 입술을 열어 하나님의 높으심을 찬미하게 하시옵소서.

하나님 앞에서 저희들의 죄를 자복합니다. 여호와의 은택을 헤아리지 않았고, 감사하지 못했던 삶을 고백합니다. 하나님의 인도하심보다 자신의 생각을 더 신뢰했음을 용서해주시옵소서. 하나님께서 나의 삶을 주관하신다는 생각은 있었으나, 진정으로 맡겨드리지 못하고 경험의 자로 재고 따지면서 살아왔음을 용서해주시옵소서.

오늘, 감사로 예배를 드리게 하시옵소서. 하나님 앞에서 복된 지체들이 풍성한 감사를 드리고 즐거워하게 하시옵소서. 저희들이 억지로나 인색함으로 드리지 않음에서 더욱 감사드립니다. 오, 주님께는 감사하고 저희들에게는 서로가 즐거움으로 기쁘게 하시옵소서.

이 백성에게 회개의 영을 부어주시옵소서. 우리나라를 사랑하시는 하나님의 마음을 아는 것과 나라를 위한 기도에 저희들이 부족했음을 회개합니다. 악하고 음란한 세력의 종이 되어 그 멍에를 메고 있는 이 백성을 위하여 기도를 하지 못했음을 주님의 피로 용서해주시옵소서.

지나온 시간 동안에 크신 팔로 감싸주신 여호와의 은혜를 깊이 새길 수 있게 하시옵소서. 자기 백성을 긍휼히 여기시는 하나님의 은혜로 살아왔음을 이 시간 선포하게 하시옵소서. 광야에서의 이스라엘 백성들이 만나와 메추라기로 배부르게 지냈던 것처럼, 하나님이 자녀들을 보호해 주셨음에 감사드립니다.

○○의 강단에서 생명의 말씀이 선포되게 기름을 부어주시옵소서. 잠들어 있는 자들에게는 깨움이, 죽어있는 자들에게는 살리는 메시지를 경험하기 원합니다. 하나님께 참 예배가 되도록 진행되는 순서 하나, 하나에 몸을 드리는 저희들이기를 빕니다. 예배를 위하여 부름을 받은 사역자들이 겸손한 마음으로 헌신하게 하시옵소서. 주님을 사랑하고, 교회를 위하여 여러 모습으로 섬기는 종들에게 은혜를 내려주시옵소서.

저희들의 나아가는 걸음을 힘차게 하셔서 죄를 멀리하고, 마귀의 유혹을 물리치며, 자신과 싸워서 이기는 오늘이 되게 하시옵소서. ○○ 교회의 권속들이 어디에서, 무엇을 하든지 십자가의 군사가 되게 이끌어 주시옵소서. 예수 이름으로 믿음과 소망 그리고 사랑으로 살게 하시옵소서. 하나님의 사랑으로 완성되는 삶이기 원합니다.

○○의 권속들에게 교회부흥에 대한 비전을 주시며 하나님의 영광을 구하게 하셨음을 믿습니다. 우리 ○○ 교회가 부흥을 통해서 세상을 사랑하시는 하나님의 사랑을 더욱 드러내게 하시옵소서. 한 사람에게라도 더 복음을 전하는 교회로 부흥시켜 주시옵소서.

사랑으로 인도해주시는 예수님의 이름으로 기도드립니다. 아멘.

많은 샘이 있을 것이며 이른 비가 복을 채워 주나이다-시 84:6b

그 곳에 많은 샘이

좋은 것으로 만족하게 하시는 하나님,

저희에게 하나님의 강권하시는 은혜를 누리게 하시고, 성령님의 충만하심을 주시옵소서. 입을 벌려 찬송을 드리게 하시옵소서. 우리를 죄에서 구원해주신 주님의 이름을 높이게 하시옵소서. 저희들의 생각이나 행동이 오직 하나님께만 집중하는 예배가 되기 원합니다.

영에 속한 삶보다는 육에 속한 것에 마음을 빼앗기고 살았음을 고백합니다. 메스미디어의 오락 프로그램, 달콤한 세상 문화에 마음을 빼앗겨 세상의 가치관에 물들었음을 용서해주시옵소서. 무릇 지킬만한 것보다 더욱 마음을 지키는 은혜를 갖게 하시옵소서.

주 안에서 적극적으로 살아가기 위해서 지난 날, 자신을 괴롭히던 불쾌한 기억을 버리게 하시옵소서. 예수님을 모시기 전에 겪었던 쓰라린 시간을 버리도록 도와주심을 빕니다. 오래된 상처와 실망과 좌절과 과거의 실패에 대한 기억으로 인하여 괴로움을 당하지 않게 하시옵소서.

안타깝게도 지금, 우리나라는 화평 대신에 갈등으로 신음하고 있습니다. 지역 간의 갈등이 있습니다. 학연 간의 갈등이 있습니다. 세대 간의 갈등도 있습니다. 진보와 보수의 갈등도 심각합니다. 노사 간의 갈등과 빈부의 갈등은 도를 넘어서고 있습니다. 저마다 고통을 겪고 있는 갈등을 치유하여 주시옵소서.

이 시간에 천국의 자녀 됨을 풍성히 누리면서 하나님과의 인격적인 만남을 경험하는 복을 누리게 하시옵소서. 저희들의 인생의 삶에서, 살아가야 할 길을 열어 주시옵소서. 이제, 저희들은 주님의 뜻에 따라 봉사하고 영광을 드리게 하시옵소서. '소원을 두고 행하게 하시나니' 라고 약속하셨으니, 이 약속이 저희들에도 이루어져서, 인생의 소원을 품기 원합니다.

저희들, 하나님의 말씀을 듣겠습니다. 말씀을 대언해주시는 목사님을 성령님의 권세와 능력으로 붙들어 주시옵소서. 예배의 순서가 진행될 때, 하나님의 영광이 만방에 선포되기를 빕니다. 오늘도 여러 사람들이 교회와 예배를 섬기기 위해서 맡겨진 역할로 봉사합니다. 그들이 여호와께 바쳐질 제물이 되게 하시옵소서. 하늘에 시민권을 둔 백성으로 살아가는 것을 즐거워하면서 예배하게 하시옵소서.

○○의 권속이 하나님을 아버지로 부르게 하신 은혜에 대한 감격이 풍성하게 하시옵소서. 주님으로 말미암아 하나님을 우리의 아버지로 부르게 하셨음을 잊지 않게 하시며, 하늘 아버지로 인하여 기뻐하게 하시옵소서.

○○ 교회에 교회부흥의 영이 역사하기를 원합니다. 생명을 살리는 역사가 나타나 복음이 곳곳마다 전파되어 새 생명을 얻는 역사를 보게 하시옵소서. 성령님의 교회를 세우시는 역사가 임하여 날마다 부흥되는 은혜를 사모합니다. ○○의 지체들이 교회부흥을 반가워하고, 부흥을 위하여 소용되는 모든 것에 헌신하게 하시옵소서.

생명의 삶을 주시는 예수님의 이름으로 기도드립니다. 아멘.

우리의 능력이 되시는 하나님을 향하여 기쁘게 노래하며 -시 81:1a

기쁘게 노래하며, 즐거이 소리를

지극히 높으신 곳에 계신 하나님,

○○의 성도들, 하나님께서 기르시는 백성이 되었음에 영광을 바칩니다. 영원히 멸망당할 수밖에 없었던 저희들이 예배하는 백성이 되게 하셨음을 감사드립니다. 이 자리에 모인 형제들 그리고 자매들이 하나님을 영화롭게 해드리는 예배가 되도록 강권해주시옵소서. 저희들의 예배로 영광을 받으시기를 소원합니다.

주님의 삶을 묵상하지 못하고 자신의 생각과 일에 분주했음을 회개합니다. 이에, 하나님께 구할 오직 한 가지 일이 있으니 여호와의 너그러우심으로 용서해주시옵소서. 오늘부터라도 우리의 속죄를 위해서 자신을 내어주신 주님의 희생과 고난을 당하셨음에 대하여 묵상하게 하시옵소서.

갈보리 언덕의 십자가에서 이루어진 주님의 새 생명을 받게 하셨음에 감사드립니다. ○○의 권속들, 십자가로 말미암아 예수님의 죽으심에 연합하고, 예수님의 부활에 연합하여 새 생명을 가졌음에 감사드립니다. 하나님께서 예수님을 살리셨으니 하나님 앞에서 산 자가 되었음을 확신하게 하시옵소서.

이 나라를 사랑하시는 하나님께 회개합니다. 나라를 사랑하며 살다가 간 선조들의 애국, 애족의 정신을 잊고 지냈습니다. 하나님의 사랑이 그들의 가슴에 조국에의 헌신으로 나타났으나 저희들은 그러하지 못하였습니다. 용서해주시고, 이제라도 호국의 삶을 살게 하시옵소서.

  하나님의 말씀으로 저희들을 향한 주님의 뜻이 무엇인지 분별하여 새로워지게 하시옵소서. 그래서 말씀을 붙잡고 기도하는 생활을 하게 하시옵소서. 말세를 살아갈 때, 하늘의 권능으로 승리하도록 이끌어 주시옵소서. 사랑하는 ○○교회의 지체들이 기도하러 모이고, 열심히 서로 사랑하는 중에 은혜의 풍성함을 보게 하시옵소서. 번성케 하시는 여호와의 손이 임하여 믿음의 부요를 누리게 하시옵소서.

  저희들의 심령이 목이 마른 사슴과 같이 되기를 원합니다. 목사님께서 말씀을 전해주실 때, 생수를 마심이 되게 하시옵소서. 성령님께서 예배의 순서를 주장해주시고, 순서를 맡은 담당자들의 붙들어 주시옵소서. 부르심을 받아 봉사하는 종들이 이른 아침부터 수고를 다하게 하시니 감사드립니다.

  우리의 죄를 마음 깊이 슬퍼하고, 그것을 더욱 더 미워하고 피하는 은혜로 이끌어 주시옵소서. 죄 사함의 감격으로 말미암아 하나님을 기뻐하고, 하나님께서 원하시는 모든 선을 즐거이 행하려는 결단하게 해주시옵소서. 말씀 안에서 믿음으로만 살게 하시옵소서.

  ○○의 지체들이 성령님께 사용되어서 이 교회가 부흥하는 은혜를 보게 하시옵소서. ○○ 교회의 부흥이 성령님의 지도로 이루어지게 하시옵소서. 성령님의 자리에 사람이 오르지 않게 하시옵소서. 성령님의 지시를 따르고, 성령님의 일하심을 도와드리는 ○○의 지체들이 되게 하시옵소서.

  영생을 약속해주신 예수님의 이름으로 기도드립니다. 아멘.

평강의 풍성함이 달이 다할 때까지 이르리로다 - 시 72:7b

평강의 풍성함이 달이 다할 때까지

사랑에 풍성하게 하시는 하나님,

살아계신 주를 찬양하며, 영원토록 감사하며 살 수 있도록 도와주시는 하나님께 감사를 드립니다. 하나님은 저희들을 새롭게 해주셨습니다. 우리 주님 안에서 자녀로 살게 하셨습니다. 이 거룩한 아침에, 하늘의 영광을 버리고 이 땅에 오신 예수님을 바라보게 하시옵소서. 십자가에서 흘리신 피에 적셔지는 예배가 되게 하시옵소서.

이웃을 외면하고 지냈던 날들을 고백합니다. 가난한 이웃들이 우리 곁에 있지만, 그들을 돌아보지 않았음을 용서해주시옵소서. 하나님께서 주신 재물을 이웃에게 나누는 삶을 살겠습니다. 곤란한 자와 궁핍한 자에게 손을 펴라는 말씀을 기억하게 하시옵소서.

오늘도, 예배하는 중에 저희들이 믿음이 말씀의 반석 위에 세워지고, 하나님의 은혜를 바라는 소망을 말씀 안에서 갖게 하시옵소서. 그 소망이 기쁨이 되어 즐거움을 누리게 하시옵소서. 영원한 생명을 주신 그 은총에 마음을 다해 찬양을 드립니다.

우리나라, 한 형제가 적이 되어 대치해온 이 민족을 사랑해주시옵소서. 서로가 어울리고 협력을 하면 아름다운 금수강산에서 행복할 것이지만 분단의 비극으로 남과 북이 어렵게 지내고 있습니다. 다시는 전쟁이 없는, 하나님의 역사하심으로 통일을 이루어 주시옵소서. 서로 부둥켜안고, 하나 됨에 감격하게 하시옵소서.

지구상에서 분단국가로 유일한 이 땅을 불쌍히 여겨 주시옵소서. 남과 북의 분단으로 오고 가지 못하는 가족을 그리워하다 눈물이 말라버린 이웃들이 있습니다. 속히 통일이 되어 서로 얼싸안고 예배하는 그날을 보게 해주시옵소서. 저희들에게 예수님 십자가로 말미암아 죄가 해결되었음을 확인하게 해주시고, 하늘나라의 백성으로 살아가려는 다짐을 새롭게 하게 하시옵소서.

교회의 강단에서 생수가 흘러넘치는 은혜를 보여 주시옵소서. 하나님의 말씀이 대언되는 강단에 하나님의 영광을 선포해주시옵소서. ○○ 성가대를 세워주시고, 오늘도 그들이 마음과 몸을 드려 찬양할 때, 하나님의 은혜를 체험하는 복된 자리로 인도해 주시옵소서. 또한 많은 이들 가운데 예배를 위한 봉사자들이 순종함으로 하나님께 영광을 드리고 있으니 복된 봉사가 되게 하시옵소서.

십자가의 피로 하나님과 화목을 누리게 된 지체들이 구원의 기쁨으로 아름다운 교제를 갖게 하시옵소서. 주님의 십자가로 성도들의 한 몸 된 기쁨을 갖고, 주님을 기쁘시게 해드리게 하시옵소서. 저희들의 삶 전체가 하나님 아버지를 향한 삶이 되게 하시고, 주님을 저희의 희망과 위로로 삼게 하시옵소서.

○○ 교회에 부흥의 복을 주신 여호와의 이름을 찬양합니다. 성령님께서 충만해 교회부흥의 주체가 되어 주시기를 빕니다. 성령님께서 바라시는 대로, 성령님께서 기뻐하시는 교회로 부흥시켜 주시옵소서. ○○의 지체들은 오직 성령님의 인도하심에 따라 봉사하게 하시옵소서.

소망을 주시는 예수님의 이름으로 기도드립니다. 아멘.

주의 귀를 내게 기울이사 나를 구원하소서-시 71:2b

주의 귀를 내게 기울이사

성령님으로 충만하게 하시는 하나님,

찬양-감사 | 오늘, 거룩한 곳에 모인 ○○의 성도들이 하나님께서 기르시는 백성이 되었음에 영광을 바칩니다. 저희들에게, 하나님의 영광과 위엄을 보여 주심을 감사드립니다. 주님의 권세와 영광에 합당한 찬미의 예배를 드리기 원합니다. 종일토록 주님을 찬송하고 영광을 돌리며, 전심으로 여호와께 노래하여, 그 이름을 송축하게 하시옵소서.

고백-회개 | 하나님의 은혜를 잊고 지냈음을 회개합니다. 주인이 되시는 예수님 앞에서 저희들이 스스로 주인 노릇을 했으니 진심으로 용서를 구합니다. '죄인을 불러 회개시키러 왔노라' 라고 하신 예수님을 찬양합니다. 주님의 보혈로 죄를 깨끗이 씻어주시고 새롭게 하시옵소서.

공동의 간구 | 우리 교회에 기도의 은혜를 내려 주시옵소서. 저희들이 기도하기를 즐거워하게 하시고, 오순절의 성령강림의 현장이 되게 하시옵소서. 성령님께서 저희들의 생각과 말과 행동을 지도하셔서 하나님의 이름을 더럽혀지지 않는 삶을 살게 하시옵소서.

국가와 민족 | 이 시간에, 동족상잔의 비극을 휴전으로 끝내주신 여호와의 은혜를 묵상하며, 기도하지 못한 죄를 고백합니다. 북한에서 신앙의 자유를 빼앗기고, 김씨 3대의 우상화에서 신음하는 동포를 위해 기도하지 않았음을 용서해주시옵소서. 민족을 위하

여 기도하기를 계속하게 하시옵소서.

위로와 회복 | 임마누엘의 복을 주셨음에 감사를 드립니다. 이 시간에, 성령님의 깨닫게 하시는 은혜로 말씀의 진리를 풍성하게 얻게 하시옵소서. 그 진리로 말미암아 기도의 무릎을 꿇게 하시며, 기도를 통해서 하나님의 일을 이루어 드리도록 인도해주시옵소서. 온 성도들이 주님의 뜻을 이루기 위해 기도의 무릎을 꿇게 하시옵소서. 세상에 사는 날 동안에 하나님의 일꾼으로서 살기를 결단하게 하시옵소서.

예배봉사자 | 목사님께서 전해주실 하나님의 말씀에 기름을 부어주시옵소서. 성가대원들, 예배 안내자들, 헌금위원들 모두에게 거룩한 감격의 은혜를 주시옵소서. 예배를 위해 부름을 받은 사역자들이 직분을 섬김에 청지기의 자세로 충성을 다하게 하시옵소서. 저희들이 마음으로 엎드려 경배하는 시간이 되기를 빕니다.

응답의 결단 | 불볕의 더위에서도 여호와의 돌보심으로 건강하게 지내고 있음을 감사하면서, 이 여름에 대지가 뜨거운 것처럼, 저희들의 신앙에 대한 열심 역시 뜨겁게 하시옵소서. 하나님을 가까이 함이 뜨겁게 하시고, 뜨거운 기도와 찬송의 시간을 보내게 하시옵소서. 성령의 바람으로 시원하게 해주시기 원합니다.

교회의 부흥 | 우리 교회에 부흥의 비전을 허락하셨으니, 교회를 부흥하게 하시는 성령님의 충만하심을 빕니다. 성령님의 기사와 표적이 나타나 교회를 부흥시켜 주시옵소서. 성령님의 능력으로 말미암아 하나님의 교회가 흥왕케 하여 주시옵소서. 기사와 표적을 동반한 능력 전도, 능력 목회로 교회가 부흥되는 은혜를 보여 주시옵소서.

구원의 문이신 예수님의 이름으로 기도드립니다. 아멘.

여호와께서 우리를 위하여 큰 일을 행하셨으니 —시 126:3a

우리를 위하여, 우리는 기쁘도다

여호와, 우리 하나님,

하나님의 영광이 이 교회에 있으니, 그 보좌는 하늘에 있습니다. 많은 인생들 가운데서 천에 하나, 만에 하나로 뽑아 자녀로 불러 주셨음을 기뻐합니다. 하나님의 친 백성으로 삼아주신 ○○의 지체들이 이제부터 영원까지 여호와를 송축하게 하시옵소서. 저희들이 머리를 숙인 지금, 주님의 ○○ 교회에 영광이 가득하게 하시옵소서.

저희들의 삶이 주님은 흥하시고, 저희는 쇠하는 삶이 아니었음에 회개합니다. 주님의 이름이 영광을 받으시도록 하는 삶이 아니고, 저희들의 유익만 추구하며 살았으니 용서해주시옵소서. 세상과 불의와 타협하며 자신의 죄를 합리화하는 나약한 신앙을 가지고 살아온 것도 용서해주시옵소서.

구원의 주, 예수님께 충성을 바치게 하시옵소서. 주님께서 다시 오시는 그날까지 예수님의 이름만 의지하는 저희들이 되게 하시옵소서. 하나님 한 분 만을 희망과 위로로 삼아 말씀대로 살아가는 믿음을 허락하시고, 주님의 영광을 드러내는 살아있는 믿음을 갖게 하시옵소서.

나라를 사랑하는 저희들이 되기를 소망합니다. 하나님께서 주신 조국을 사랑하게 하옵소서. 조국을 위해 희생하신 분들을 있어서 모델로 삼게 하셨습니다. 하나님 앞에서 나라를 사랑하도록 하시며, 여호와께 존귀한 지체들이 조국의 모든 일에 관심을 갖고, 기도하게 하시옵소서.

광복절을 기념하는 예배를 드리는 이 자리에서, 민족의 죄를 용서해주시라고 회개하기를 원합니다. 그리고 예수님의 사랑이 드리워지도록 전도하지 못하고 있는 저희들의 게으름을 용서해주시옵소서. 저희들에게는 여기에서 하나님을 예배하는 것만 기뻐하지 않고, 아직도 하나님을 섬기지 않는 이들에게 복음을 전하게 하시옵소서.

○○의 강단에서 생명의 말씀이 선포되게 기름을 부어주시옵소서. 예배의 진행으로 이 교회에 하나님의 영광이 가득하게 하시옵소서. 오늘, 예배를 위하여 봉사하는 이들이 아론의 후손이 되어 예배의 진행을 돕게 하시옵소서. 지체들의 교제와 세워주신 각 기관을 위하여 이름 없이 섬기는 일꾼들에게도 주일의 복을 내려 주시옵소서.

저희들의 영혼과 육체를 주님께 드립니다. 저희들의 가슴과 머리를 주님의 뜻으로 채워 주시옵소서. ○○교회의 권속이 주님을 향한 사랑으로 가득 차게 하심을 믿습니다. 이로써, 저희들의 참 기쁨이 주님이게 하시옵소서. 교회를 통해서 무엇에든지 주님의 거룩하신 뜻이 드러나기 원합니다. 저희들 각자에게는 하나님의 뜻을 이루어 드리는 손과 발이 되게 하시옵소서.

○○의 지체들에게 교회 부흥의 환상을 보여주신 하나님을 묵상합니다. 저희들이 기도하는 시간에, 하나님께서 부흥을 이루어주심을 믿습니다. 하나님께서 부흥의 비전을 주셨으니, ○○ 교회의 부흥은 하나님께서 이루실 것을 확신하게 하시옵소서.

오늘도 주님이신 예수님의 이름으로 기도드립니다. 아멘.

의인은 기뻐하여 하나님 앞에서 뛰놀며-시 68:3a

하나님 앞에서 뛰놀며

은혜가 풍성하신 하나님,

주님의 날, 아침부터 여호와의 모든 피조물들이 하나님의 위대하심을 찬양하게 하시옵소서. 각자에게 주신 처소에서 지내다가 예배하라 정해주신 시간에, 한 마음으로 머리를 숙였습니다. 햇빛과 하늘의 파란색은 주님을 찬송하게 합니다. 밤하늘의 달과 아름다운 별처럼 우리 하나님께 경배를 드리게 하시옵소서.

하나님보다는 사람에게 보이는 삶을 살았던 날들을 고백합니다. 땀 흘려 수고해서 얻은 소득에 감사하지 못했던 삶을 고백합니다. 도리어 나보다 재물을 더 많이 소유하는 이들을 부러워하고, 때로는 일확천금을 기대했던 죄를 용서해주시옵소서. 땀을 흘리지 않은 소득을 부끄럽게 여기겠습니다. 일하기를 즐거워하게 하시옵소서.

저희들에게 스데반이 경험했던 은혜를, 하나님의 은혜로 인하여, 주님의 능력이 충만하게 된 스데반의 모습을 닮기 원합니다. 그 충만한 은혜로 복음을 전하는 저희들이 되기 원합니다. 이 자리에 모인 지체들이 믿음의 사람들이 되기를 소원하게 해 주시며, 이 교회가 믿음의 공동체로서 하나님의 일을 나타내게 하시옵소서.

갈등과 분열이 곳곳에 노출되어 있는 이 나라를 불쌍하게 여겨주시옵소서. 나라와 사회를 위하여 지도자로 세워진 이들에게 국가와 사회를 위해서 헌신하려는 마음을 주시옵소서. 그들이 청지기적인 사명을 잘 감당하게 하시옵소서. 사욕과 금욕과 정권보다는 국가와 국민을 조금이라도 먼저 생각하는 지도자가 되게 하시옵소서.

저희들, 하나님의 말씀을 듣겠습니다. 말씀이 선포되어질 때, 주의 영광이 드러나게 하시옵소서. 말씀을 전하시는 목사님은 주님께서 귀히 쓰시는 종으로 삼아 주시기 원합니다. 설교를 통해서 저희들의 심령을 새롭게 하시옵소서. 그 말씀에 회개의 영이 임하여 여호와 앞에서 우는 것을 경험하게 하시옵소서.

하늘의 하나님을 경외하는 저희들에게 예배위원들과 함께 영과 진리로 나아가게 하시옵소서. 성가대원들은 찬양을 위하여 구별된 은혜에 감격하여 하나님의 하나님이 되심을 선포하게 하시옵소서. 저희들이 회중에서 주를 찬송하는 은혜의 한 시간이기를 빕니다.

이 시간에, 예배하러 교회에 들어설 때, 찬란한 별빛은 주 하나님께 찬양을 드리게 합니다. 눈부신 별빛은 저희들을 향하신 하나님의 사랑을 알게 합니다. 어디 그뿐인가요? 저희의 생명을 건강하게 지켜 주는 바람과 공기도 주님의 사랑을 느끼게 합니다. 좋은 자연을 베푸신 하나님께 찬양을 드림으로 지내게 하시옵소서.

저희들에게 교회부흥의 비전을 주시고, 부흥을 소망하게 하셨으니 성령님의 역사를 보여 주시옵소서. 우리가 주님의 이름으로 교회에 모일 때마다 부흥하는 은혜를 보게 불신자들이 예수님을 믿어 구원함에 이르는 기쁨을 주시옵소서. 교회를 반대하고, 저희들을 핍박하던 이들이 주님께로 돌아와 천국의 백성이 되게 하시옵소서.

죄인들의 구주, 예수님의 이름으로 기도드립니다. 아멘.

우리가 주의 집 곧 주의 성전의 아름다움으로 만족하리이다—시 65:4b

주의 뜰에 살게 하신 사람은

은혜로 넘치게 하시는 하나님,

우리를 의롭게 해주신 주님의 보혈을 찬양하면서 예배를 드리기 원합니다. 여기에, 거룩하심의 은혜가 있게 하시고, 하나님께 영광과 존귀를 드리게 하시옵소서. 전심으로 예배할 때, 하나님께는 영광이 드려지고, 우리 교회는 성령님이 역사하시는 공동체가 되게 하시옵소서.

이 시간에 고백하니, 주님의 뜻대로 살지 못하고 주님의 품을 떠나려고 애썼던 교만을 용서해주시옵소서. 주님의 거룩하신 율법을 어겼고 마땅히 해야 할 일들을 하지 않아 영혼의 건강마저 잃은 것을 회개합니다. 주님의 피로 씻음을 받고, 새 힘을 얻게 하시옵소서.

저희들의 심령을 전도의 영으로 충만하게 하시옵소서. 성령님의 능력으로 복음을 전하는 일에 헌신하게 하시옵소서. 우리 교회가 구원선이 되기를 즐거워하게 하시고, 이 일에 자원하여 예물도 바치게 하시옵소서. 전도하여 영혼을 살리는 교회가 되게 하시옵소서.

이 나라의 평안과 안정을 위해 주님의 손길을 구합니다. 하나님께서 친히, 파수꾼이 되셔서 보호해주시옵소서. 저희들은 나라를 위하여 부름을 받은 하나님의 일꾼이 되어, 나라 사랑에 자신을 바치게 하시옵소서. 하나님께서 지켜 주심이 있는 나라를 소망하며 간구합니다. 하나님께서 보호해주시는 민족으로 삼아주시옵소서.

먼저, 이 나라와 백성이 하나님을 경외하며 두려워하게 하시옵소서. 고난과 역경만을 거듭해온 민족입니다. 다시는 이 땅에 고난이 없게 하시고 분쟁이 없게 하시옵소서. 남과 북으로 갈라진 이 땅을 하루 빨리 통일시켜 주셔서 이 민족의 한을 풀어 주시옵소서.

저희들의 심령이 목이 마른 사슴과 같이 되기를 원합니다. 목사님께서 말씀을 전해주실 때, 생수를 마심이 되게 하시옵소서. 이 시간에, ○○ 성가대의 찬송으로 하나님의 영광이 예배당 안에 가득하게 하시옵소서. 오늘도 하나님께서 받으실 만한 예배가 되기 위해서 지명된 이들이 봉사하도록 하셨으니 감사드립니다.

안타깝게도 요즈음, 저희들 주변에는 어려움으로 힘들어 하는 이들이 있으니, 그들을 불쌍히 여겨 주시옵소서. 인생의 광풍을 만난 이들에게 함께 하셔서 풍랑을 다스려주시고, 평안케 하시옵소서. 사랑하는 지체들이 어려움을 겪으면서 하나님의 은혜를 소망하게 하시옵소서. 풍랑으로 훈련시키시는 주님의 손을 기다리게 하시옵소서.

오늘, 교회부흥을 소망하는 중에, ○○의 지체들이 먼저 부흥을 경험하게 하시옵소서. 저희들 각 사람이 성령님께로 충만하게 하사 ○○ 교회에 성령님의 열매를 맺게 하시옵소서. 성령님의 열매가 맺혀지면서 교회가 부흥하는 은혜에 들어가게 하시옵소서. 그리하여 우리 교회가 성령님의 역사로 충만한 공동체가 되기를 빕니다.

교회의 머리이신 예수님의 이름으로 기도드립니다. 아멘.

이와같이 성소에서 주를 바라보았나이다-시 63:2b

성소에서 주를 바라

9월을 맞이하게 하신 하나님,

찬양-감사 | 우리에게 생명을 허락하시고, 삶을 지켜 주신 하나님의 사랑을 생각합니다. 아들 예수까지도 우리의 죄를 위해 아낌없이 내어 주신 구속의 은혜를 만입으로도 다 감사하지 못합니다. 온 성도들이 주님의 이름을 높여드립니다. 주님의 영광이 머무는 이 곳을 사랑하기에 모인 저희들입니다. 영광으로 주를 찬송하게 하시옵소서.

고백-회개 | 하나님의 나라와 의를 구하면서 살아야 했는데, 욕심으로 말미암아 죄를 지으며 살았습니다. 뉘우치오니, 하나님의 인자하심으로 용서하여 주시옵소서. 주님의 사랑은 측량할 수 없으신데, 늘 죄짓는 생활뿐이었음을 용서해주시옵소서. 주님의 피로 씻어 주시옵소서.

공동의 간구 | 주님께서 우리를 위하여 죽으셨고, 우리는 그의 피로 죄 사함을 받아 의인이 되었습니다. 하나님과 원수 되었을 때, 주님께서 나를 위하여 죽으셨음을 늘 기억하여 주님의 십자가에서 하나님과 화목하게 되었고, 천국을 유업으로 받았음에 감사하게 하시옵소서.

국가와 민족 | 나라를 위해 자기 목숨을 내어 던진 선조들을 주셨음에 감사합니다. 이 나라와 민족이 구원받기 위해서 모세와 같이 자기 민족을 사랑하면서 깨어 있는 믿음으로 살아가는 저희들이

되게 하시옵소서. 하나님의 뜻 안에 있는 평화를 꿈꾸며 살아가는 이 백성이 되기를 소망합니다.

위로와 회복 | 위로부터 주시는 생명의 말씀을 받아 저희들이 향기로운 제물이 되기 원합니다. 예배하는 이 자리가 복된 제단이 되어 산 제물을 드리는 은혜를 주시옵소서. 하나님을 영화롭게 해 드리는 시간이 되게 하심을 믿습니다. ○○ 교회가 이 땅에 있는 동안, 향기로운 제물을 드리는 역사가 이어지게 하시옵소서. 거룩한 지체들에게 생명을 주신 시간 동안에, 저희들의 삶이 주님께 드려지는 산 제물로 드려지게 하시옵소서.

예배봉사자 | 오늘, 예배의 사역자들의 헌신을 통해서 더욱 영화롭고, 은혜가 충만한 경배를 바치게 하시옵소서. 주님께서 이 자리에 임하셔서 만나 주시옵소서. 온 성도들은 이 예배로 주님을 맞아드리려 합니다. 하나님께 존귀와 영광을 올려드리는 예배로 이끌어 주시옵소서.

응답의 결단 | 아침과 저녁으로 찬바람이 불어오면서 새 계절이 열리게 하신 것처럼, 저희들에게도 새로운 신앙의 다짐이 있게 하시옵소서. 새 생각과 새 마음으로 주신 사명을 감당하게 하시고, 교회 밖을 향해서는 빛이 되고, 소금이 되어 그들로 주님께 영광을 드리게 하시옵소서.

교회의 부흥 | 하나님의 교회가 부흥하는 것에 대한 소원으로 저희들의 가슴을 뜨겁게 하시는 성령님의 감동을 사랑합니다. ○○의 권속들이 모여 예배하는 시간에 교회의 부흥을 소망하는 목마름을 경험하게 하시옵소서. 성령님께서 저희들의 생각이나 말이 교회부흥에 주목하게 해주시고, 모든 지체들이 하나님의 일을 사모하게 하시옵소서.

위로가 되어주시는 예수님의 이름으로 기도드립니다. 아멘.

하나님이여 내 속에 정한 마음을 창조하시고—시 51:10a

정한 마음을, 정직한 영을

자신을 이기며 지내게 하시는 하나님,

마음 깊은 곳에서 우러나오는 믿음과 감격으로 주님의 이름을 높여드립니다. 간절히 바라기는 하나님의 감동 안에서 사랑으로 하나 되어 영광을 드리는 예배로 진행되게 하시옵소서. 먹고, 살아가는 땅에 것들로 분주하게 지내다 나왔지만 신령한 예배를 드리기 원합니다. 하나님께 자신을 바치는 거룩한 시간이 되게 하시옵소서.

하나님께 드리는 예배에 주목하지 못했던 지난 시간들을 고백합니다. 영과 진리로 하나님을 예배하지 못하고, 형식적으로 임한 죄를 용서해주시옵소서. 하나님을 사랑하는 마음이 없이 행했던 죄를 용서해주시옵소서. 이제는 목숨을 걸고 하나님을 예배하겠습니다. 영이신 하나님을 영과 진리로 예배하기를 다짐하게 하시옵소서.

교회가 이 땅에 세워져있는 것으로 하나님은 우리의 아버지이심을 선포하심에 감사드립니다. 이로써 세상에 대하여 주님을 주님으로 모신 자의 삶이 되게 하시옵소서. 주님의 거룩하신 이름은 우리를 죄와 멸망으로부터 건지시는 능력임을 전하게 하시옵소서.

우리나라와 우리 백성이 하나님을 즐거워하고, 여호와의 인도하심을 소망하게 하시옵소서. 이 나라의 평안이 하나님께 있음을 깨닫지 못하고 나라를 위한 기도에 부족했음을 용서해주시옵소서. 저희들에게 천국만 바라볼 것이 아니라, 지금 여기에서 호국의 믿음을 주시옵소서.

자기 백성을 향해서 임마누엘로 같이 하신 그 은혜를 감사합니다. 저희들에게 복에 복을 더 하사 자신을 부인하는 자리에까지 가게 하셨음에 감사합니다. 이제는 자신의 십자가를 지고, 주님을 따르며, 주님과 복음을 위하여 자신을 내어놓은 저희들과 ○○ 교회가 되도록 이끌어 주시옵소서. 하나님의 일이 이루어지고, 주님의 나라가 어서 속히, 이루어지는데 힘을 다하는 저희들이 되기 원합니다.

저희들, 하나님의 말씀을 듣겠습니다. 예배의 순서가 하나님께 드려지기 원합니다. 하나님의 거룩하심과 그 영광에 합당하게 드리게 하시옵소서. ○○의 강단에서 생명의 말씀이 선포되게 기름을 부어 주시옵소서. 순서를 담당하여 섬기는 종들에게는 성령으로 충만하게 하시옵소서. 저희들이 선택되었을 때, 자원하는 심령을 주셨으니 감사함으로 봉사하게 하시옵소서.

오늘, 우상을 숭배하지 않겠다는 결단의 은혜를 경험하게 하시옵소서. 오직 유일하신 참 하나님만을 올바르게 인정해드리고, 신뢰하게 하시옵소서. 세상에서 살아가는 동안에, 우리 자신의 유익을 위해서 어떠한 형태로든 하나님의 형상을 만들지 않게 하시옵소서.

저희들에게 교회부흥을 소망하도록 하신 하나님 앞에서 ○○의 성도들이 착하고 충성된 종이기를 빕니다. ○○ 교회가 부흥하는 것이 하나님의 소원을 성취해 드리는 작업이 되게 하시옵소서. 성령님께서 우리 지체들, 각 사람의 마음을 주장하셔서 교회부흥에 헌신하게 하시옵소서.

새롭게 해주시는 예수님의 이름으로 기도드립니다. 아멘.

내 백성아 들을지어다 내가 말하리라—시 50:7a

내 백성아, 이스라엘아

인간의 생사화복을 주관하시는 하나님,

오늘 또 한 날의 생명을 주시니 영광을 받으소서. 진실로 하나님의 구원이 그를 경외하는 자에게 가까우니 감사의 찬양을 받으소서. 하나님의 구속하심에 대한 영광이 저희들에게 머무르리이다. 주님의 이름은 언제까지나 묵상해도 가슴을 뜨겁게 하시니 감사드립니다. 험한 십자가에 못 박히신 주님의 얼굴을 보기 원합니다.

주님의 보혈로 말미암아 죄를 씻음을 받았음에도 그 보혈의 은혜를 잊고 살았음을 회개합니다. 하나님께 인생의 소망이 있음을 말하면서도, 저희들의 삶의 자리에서는 눈에 보여 지는 것들에 마음을 두고 지냈습니다. 지금 마음을 돌이켜 주님께 자복하여오니 사유해주시옵소서. 보혈의 은혜에만 주목하며 지내도록 강권해주시옵소서.

저희들은 하나님께 더욱 더 순종할 수 있도록 말씀과 성령으로 다스려 주시옵소서. 악의 세력이 준동해도 하나님의 교회를 보존하시며, 부흥하게 해주시옵소서. 하나님을 대항하는 사탄의 모든 세력과 하나님의 말씀을 거역하는 모든 음모를 분쇄시켜 주시옵소서.

하나님께서 우리 민족을 구해주셨던 은혜를 잊어가면서 다시금 하나님을 배역하는 일들이 횡행하고 있음을 안타까워합니다. 우상을 따르는 이들이 돌아서게 하시고, 부도덕에 빠진 이들이 돌아서게 하시옵소서. 죄악에 있는 백성을 구원하셔서 믿음으로 세우도록 하시옵소서.

　주님의 사랑으로 아버지를 의지하려는 마음을 주셔서 감사드립니다. 영원에 이르도록 해주는 말씀을 붙잡고, 평생을 살아가겠노라는 거룩한 다짐이 있게 하시옵소서. ○○교회의 권속들에게 하나님과의 동행에 대한 소원을 품게 하시옵소서. "에녹이 하나님과 동행했던 삶이 저희들의 것이 되도록 허락해주시기를 빕니다.

　설교를 준비하신 목사님께 성령님의 기름 부으심을 원합니다. 사랑하는 종이 말씀을 대언해주실 때, 살리는 역사를 보게 해주시옵소서. 여기에 모인 지체들로 하여금 우리 주님의 십자가를 묵상하면서 하나님의 영광을 구하게 하시옵소서. 이 한 시간의 예배에 일꾼으로 선택되어 봉사하게 된 종들을 거룩하게 하시옵소서. 저희들은 그들의 수고로 인해 즐겁게 예배에 임하며, 주일을 영화롭게 보내게 하시옵소서.

　저희들에게 실패라는 이름의 영광을 바라보게 하시옵소서. 하나님 앞에서 극복하기 어려운 문제에 도전하려고 애를 씀에 가치를 두기 원합니다. 실패에 대한 두려움으로 말미암아 시도조차 하지 않는 비겁함을 거절하게 하시옵소서.

　성령님의 강한 역사로 말미암아 이 지역에 불의한 세력을 몰아내시고, 복음의 전파가 불타오르기를 빕니다. 바로, 우리 ○○ 교회에 죄인을 구원하시는 성령님의 역사가 임해서 죽어가는 이들이 하나님께로 돌아오게 하시옵소서. 영혼을 구하는 영적 싸움에서 승리하여 부흥의 열매를 거두게 하시옵소서.

　왕의 왕이신 예수님의 이름으로 기도드립니다. 아멘.

하나님이 그의 거룩한 보좌에 앉으셨도다—시 47:8b

뭇 백성을 다스리시는

성전에 계시는 하나님,

주님의 이름을 높여드립니다. 하나님께서 홀로 왕권을 갖고 계시는 아버지 집을 사랑합니다. 거룩한 아침에 짧게 드리는 예배지만, 하나님께 영광을 드리기를 고백합니다. 한 성령님의 충만하심을 받아 한 가족이 된 성도들이 같은 마음으로 영광을 드립니다. 거짓이 없는 진실 된 마음을 주사 신령과 진정으로 예배하게 하시옵소서.

○○의 권속들이 여호와께 죄를 고백하려 하니 회개의 은혜를 내려 주시옵소서. 죄악을 찾아내어 낱낱이 자복하게 하시옵소서. 이 시간에, 저희들의 죄를 자복할 때, 아무도 멸망치 않고 다 회개하기에 이르게 해주심을 믿습니다. 사유하시는 은혜로 깨끗케 하시옵소서.

구원의 문이신 주님께로 들어가서 은혜를 누리는 저희들이 되게 하시옵소서. 주님과 더불어 지내는 중에, 들어가며 나오며 꼴을 얻는 은혜를 보게 하시옵소서. 목자의 음성을 듣고 따르는 양들이 되어 신령한 복을 받아 즐거움을 누리게 하시옵소서.

이 나라에 그리스도의 계절이 오기를 원합니다. 온 국민이 하나님 앞에서 무릎을 꿇고, 주님의 다스리심을 기다리는 나라가 되기 원합니다. 모든 사람들이 지켜주시는 하나님을 찬송하며, 손에 손을 잡고 나라의 앞날을 위해 기도하게 하시옵소서. 이 땅 곳곳에 교회가 세워지고, 하나님의 영광을 선포하는 나라로 삼아주시옵소서.

저희들에게 생명의 삶을 살도록 인도해주심에 감사드립니다. 은혜와 진리 안에서 십자가를 지고 인내의 힘과 변하지 않는 믿음으로 그리스도를 따르게 하시옵소서. 진리의 말씀으로 천국까지 인도하시는 하나님을 바라봅니다. 강단에 세우신 목사님께 강건하게 하시고, 하나님의 말씀을 전하실 때 그 말씀에 기름을 부어주시옵소서. 힘 있는 말씀, 능력이 있는 말씀 되게 하시며, 듣는 성도들이 강단의 메시지에 은혜를 받게 하시옵소서.

저희들의 심령이 목이 마른 사슴과 같이 되기를 원합니다. 주님을 영화롭게 해드리는 ○○ 성가대를 세우셨으니, 예수님을 구주로 믿는 무리들이 한 마음으로 하나님을 찬양하며 예배하도록 하시옵소서. 이 예배가 신령과 진정으로 드려지기 위해서 봉사하는 여러 종들도 있으니, 그들이 더욱 충성스럽게 감당하게 하시옵소서.

주님의 십자가로 말미암아 죄의 문제를 해결해 주시고, 하늘나라의 백성 되게 하신 하나님의 이름을 높이는 고백을 하게 하시옵소서. 예배를 마치고 이 자리에서 떠날 때, 주님의 이름으로 죄를 이기겠다는 다짐으로 세상으로 나아가게 하시옵소서.

○○의 지체들의 심령에 교회부흥을 원하시는 성령님의 마음을 부어 주시옵소서. 사랑하는 성령님께서 부흥의 감독이 되어 주심을 믿습니다. 성령님께 마음을 열고, 영접하기를 빕니다. 성령님께서 원하시는 대로 교회부흥이 이루어지고, 저희들은 다만 성령님의 지시를 따르게 하시옵소서.

하늘 보좌에 앉으신 예수님의 이름으로 기도드립니다. 아멘.

지존하신 이의 성소를 기쁘게 하도다 - 시 46:4b

지존하신 이의 성소를

갈 길을 인도해주시는 하나님,

하나님의 자녀 된 거룩한 옷을 입고, 여호와께 예배하러 나왔습니다. 예배하러 모인 저희들로 주님께 영원히 감사하게 하시옵소서. 벌써 올해의 아홉 달을 살아오고, 금년도 석 달 밖에 남지 않았습니다. 하나님의 시간에 감사함으로 살아가게 하시옵소서.

재물의 청지기적인 삶에 불의했던 죄를 고백합니다. 내가 가진 모든 것이 하나님의 것임에도 탐욕으로 가슴을 채웠음을 회개합니다. 십분의 일도 온전히 드리지 않았음을 용서해주시옵소서. 이후로는 정직한 예물과 십일조를 드리겠습니다. 이로써 하나님을 인정해드리고, 복을 쌓을 곳이 없도록 부어주시는 은혜를 누리게 하시옵소서.

○○의 지체들에게 섬김의 은혜를 내려 주시옵소서. 성령님의 충만하심으로 서로를 섬김으로써 주님의 몸을 이루는 교회가 되게 하시옵소서. 갈보리에서 보여진 섬김의 은혜로 교회를 세우는 저희들이 되게 하시옵소서.

지금 세계는 전쟁과 테러의 위협으로 불안합니다. 어제의 동지가 오늘에는 적이 되는가 하면, 혈맹으로 맺은 관계가 깨어지기도 합니다. 자국의 이익을 위해서라면 원칙이 따로 없으며, 인권의 존엄성조차 무시되곤 하는 세상입니다. 하나님께서 이 나라를 지켜주시

옵소서.

주님을 향한 저희들의 믿음이 굳건해지게 하시고, 주님을 사랑함으로 저의 삶이 채워지게 하시옵소서. 매일, 매일을 살아갈 때, 사람들 앞에서 높아지려는 마음을 버리는 훈련을 받기 원합니다. 저희들은 겸손한 마음으로 있게 하시고, 이웃과는 존경과 관대로서 대하는 삶을 보게 하시옵소서. 결실로 열매를 맺어가는 나무들처럼 저희들도 주님께서 원하시는 열매를 맺게 하시옵소서.

저희들, 하나님의 말씀을 듣겠습니다. ○○ 성가대의 아름다운 찬양이 있는 예배로 하나님께 영광을 돌리게 되며 찬송의 능력을 체험하게 하시옵소서. 누구보다도 이른 시간에 나와서 예배를 돕는 지체들이 있습니다. 저들의 봉사를 하나님은 받으시고 복을 내려 주시옵소서.

가을이 깊어가면서 자연이 하나님을 찬양하는 이 때, 저희들도 자연의 일부로 하나님을 찬양하게 하시옵소서. 높은 하늘의 아름다움이 하나님을 영화롭게 하는 것처럼, 저희들의 거룩하고 흠이 없는 생활이 하나님의 하나님이 되심을 증언함에 결단하게 하시옵소서.

우리 교회부흥의 비전을 주신 하나님을 찬양합니다. 초대 교회가 복음의 전파와 성도들의 양육을 통해서 부흥했던 원리를 저희들도 따르게 하시옵소서. ○○의 권속들이 전도를 통하여 밖으로 뻗어나가게 하시옵소서. 그리고 이미 교회에 등록한 새신자들에 대해서는 양육을 통하여 안으로 다지는 작업을 귀하게 여기게 하시옵소서.

보혈의 주님, 예수님의 이름으로 기도드립니다. 아멘.

주의 빛과 주의 진리를 보내시어 나를 인도하시고-시 43:3a

인도하시고, 이르게 하소서

날마다 지어져가게 하시는 하나님,

찬양-감사 | 자신들의 처소에서 날마다 주님을 섬기던 지체들이 거룩한 날을 맞이하여 주님의 궁정을 찾았습니다. 천국의 백성들이 주님의 발등상 앞에서 경배를 드립니다. 홀로 하나이신 하나님의 거룩하심을 찬양합니다. 저희들이 오늘, 예배함으로써 하나님의 영광을 세상에 선포하게 하시옵소서. 영광을 하늘에 올려 드립니다.

고백-회개 | 하나님께서 나의 나라로 삼게 하신 대한민국입니다. 그러나 저희들은 나라를 사랑하는데 많이 부족하였습니다. 이 나라의 국민으로서 바르고, 정직하게 살지 못한 죄를 고백합니다. 세금을 납부하는데 아까워하였으며, 국민의 의무를 다하려 하지 않은 죄를 용서해주시옵소서. 나라를 사랑하도록 인도해주시옵소서.

공동의 간구 | 저희들에게 다시 한 번 자신의 뜻을 버리고, 하나님께로 나아가겠다고 결단하게 하시옵소서. 겸손히 하나님의 뜻을 따르기를 원합니다. 이로써 하나님의 뜻만이 선하하는 것을 고백하는 저희들이 되고, 하나님의 뜻을 이루어드리는 저희들의 삶이 되게 하시옵소서.

국가와 민족 | 하나님께서 이 민족을 위하여 행하신 역사를 살펴보게 하시옵소서. 하나님을 사랑하는 중에 저희들이 나라와 민족을 가슴에 품기를 원합니다. 저희들에게 나라와 민족을 위하여 헌신

할 수 있는 마음과 능력을 주시옵소서. 하나님께서 주신 나라를 위하여 기도하게 하시옵소서. 한 영혼을 주님께로 인도하고자 결단하게 하시옵소서.

위로와 회복 | 오늘이라는 이 삶이 산 제물로 드려지는 생활이 되게 하시옵소서. 주님께서는 저희들의 영혼을 맡으셨다고 믿습니다. 주님의 소유로 살아가게 하시옵소서. 주님의 품에서 소망 가운데 즐거워하고 사랑으로 불타게 하시옵소서. 그리스도 안에서 저희들의 몸은 주님의 것임을 고백합니다. ○○ 교회 안에서 이루어지는 모든 것들이 하나님의 사랑으로 나타나도록 도와주시옵소서. 주님의 약속에 따라 복을 누리게 하시고, 의에 이르도록 이끌어 주시옵소서.

예배봉사자 | 목사님께서 전해주실 하나님의 말씀에 기름을 부어주시옵소서. 오늘의 예배를 위하여 수고하게 된 종들에게 의와 거룩함과 착함과 경건이 바쳐지게 하시옵소서. 예배의 순서가 진행될 때, 하나님의 영광이 만방에 선포되기를 빕니다. 성가대원들의 찬양으로 여호와의 이름에 합당한 영광을 올려 드리게 하시옵소서.

응답의 결단 | 저희들의 마음 문을 두드려 열게 하시고, 세상 죄를 이기려는 싸움에 승리하게 하시옵소서. 약한 저희들의 상처 입은 심령을 주님께서 십자가를 지시고 피 흘리신 손으로 치유하시옵소서.

교회의 부흥 | ○○의 지체에게 교회부흥의 비전을 주신 그 날부터 하나님께서 부흥시켜 주심을 확신합니다. 눈에 보이는 부흥의 역사가 일어나게 하시옵소서. 저희들이 교회부흥을 이루기 위하여 믿음으로 말하는 것과 생각하는 것 이상으로 넘치게 하시는 하나님을 바라봅니다.

빛이 되어주시는 예수님의 이름으로 기도드립니다. 아멘.

땅에 머무는 동안 그의 성실을 먹을거리로 삼을지어다—시 37:36

그의 성실을 먹을거리로

영생으로 인도해주시는 하나님,

여기에 모인 이들마다 받은 은혜로 입술을 열어 하나님의 높으심을 찬양하게 하시옵소서. 오직, 은혜로만 하나님께 영광을 드리고 예배할 수 있음을 고백합니다. 저희들에게 복을 내려주시옵소서. 그리하여 예배하는 가운데 인간의 문제는 해결함을 받는 귀한 역사를 누리게 하시옵소서. 왕이신 나의 하나님을 높이게 하시옵소서.

돌아보니, 여호와 앞에서 죄송할 뿐입니다. 저희들의 삶이 개인적으로는 거룩함에 이르고, 교회에 유익을 끼치며, 하나님께는 영광이 되어야 하는데, 그러 하지 못하였습니다. 저희들의 태만했던 행실을 용서하시고, 거룩한 삶을 향한 결단을 하게 하시옵소서.

말씀에 의지하는 저희들이 낙심하지 않고 지내게 하시옵소서. 이 시간에, 저희들 자신이 십자가에 장사 지내지는 은혜를 경험하게 하시옵소서. 그 십자가의 죽음을 통해서 여호와를 바라는 의지가 담긴 새 형상으로 거듭나게 하시옵소서.

우리 민족을 위해서 하나님의 백성인 저희들 자신이 바르게 살지 못함을 회개합니다. 소망을 주시는 하나님의 손길이 이 민족에게 있음을 기도하지 못했으니 용서해주시옵소서. 이 민족이 하나님의 보호 속에 살도록 간구하게 하시고, 민족복음화를 위해 부르짖게 하시옵소서.

우리 교회에 속한 권속을 위하여 간구합니다. 예배를 통해서 가정마다 은혜의 강물이 흘러가게 하시옵소서. 성전에서 흘러나오는 생수의 역사가 가정마다 흘러서 한해의 지표를 삼게 하시기 원합니다. 그래서 더욱더 믿은 안에서 굳건히 세워지는 권속이 되어 우리 모두 믿음의 역사를 이어가기 원합니다. 이로써 하나님의 사랑을 드러내기보다 나의 교만함만을 찾았던 저희들을 다시 일으켜 주시기 원합니다.

예배의 순서를 통해서 하나님께 영광을 나타내게 하시옵소서. 순서를 맡은 종들은 먼저 몸으로 예배하게 하시옵소서. ○○의 강단에서 생명의 말씀이 선포되게 기름을 부어주시옵소서. 성가대원들의 찬양을 흠향하시고, 저희들은 그 은혜로 들어가게 하시옵소서. 이 시간에, 여러 모습으로 봉사하는 이들에게도 은혜를 더하시옵소서.

예배를 드림으로써 ○○의 지체들에게 스스로 섬김의 본이 되어주신 예수님을 닮게 하시옵소서. 우리 교회가 하나님과 사람을 섬기는 아름다운 공동체로 인도해주시옵소서. 섬김을 통해서 이웃을 사랑하게 하시옵소서.

○○ 교회의 부흥을 바라시는 하나님의 소원에 순종하는 저희들이 되기를 빕니다. ○○의 성도들에게 교회부흥의 비전을 사모하게 하시며, 이를 위하여 감당할 능력을 허락하시옵소서. 성령님께서 저희들을 교회부흥에 순종하도록 인도해 주시옵소서. 이로써 ○○의 지체들이 교회부흥을 통해서 하나님의 영광을 구하게 하시옵소서.

생수의 근원이신 예수님의 이름으로 기도드립니다. 아멘.

내가 여호와께 간구하매 내게 응답하시고—시 34:4a

응답하시고, 건지셨도다

소망으로 살아가게 하시는 하나님,

여호와의 영광이 이 자리에 있는 것을 보고 엎드려 경배합니다. 성전을 통해서 주의 백성들과 함께 하시는 하나님의 선하심을 찬양합니다. 복된 시간에 인자하심이 영원하심에 대하여 경배를 드립니다. 여호와의 이름을 찬송하면서 예배를 시작하게 하시옵소서.

주님의 은혜는 한 순간도 놓치심이 없는데, 저희들은 주님을 잊고 지낼 때가 너무도 많았음을 회개합니다. 입술로는 위엣 것을 바라보자 하면서, 그 순간에도 땅에 것들에 마음을 두고 지낸 위선의 죄를 용서해 주시옵소서. 더욱이 이 땅을 저희들의 조국으로 주셨지만 내 동포들에게 천국을 전하는데 소홀하였음을 용서해주시옵소서.

저희들의 구원을 위해 성령님을 보내주신 여호와의 이름을 높여드립니다. 성령님의 임재로 은혜의 바다로 나가게 하셨으니, 아버지의 사랑에 촉촉이 잦게 하시옵소서. 이미 오신 성령님께서 영원토록 저희와 함께 있으심을 믿을 때, 심령이 든든해짐을 고백합니다. 오늘 예배하는 저희들에게 진리의 영으로 충만하기를 소망합니다.

하나님께서 주신 이 땅에서, 하나님을 섬기며 평화와 안정을 누리며 살아갈 수 있도록 도와주시옵소서. 이 백성이 하나님을 두려워하고 순종하게 하시옵소서. 여호와께 존귀한 지체들은 하나님 앞에서 정한 마음을 변하지 않게 하시고, 눈물로 금식하며 통회하게 하시옵소서. 이 백성을 위하여 기도하는 저희들이 되게 하시옵소서.

나사로의 기적이 저희들의 것이 되기 원합니다. 죽어 수족이 동여 매졌던 나사로를 살리셨던 주님의 은혜를 보게 하시옵소서. 저희들도 사실 나사로처럼 죽어 있습니다. 매여 있는 것으로부터 풀어주시고, 얽아매고 있는 것들을 주님의 이름으로 푸는 은혜를 누리게 하시옵소서. 염려할 수밖에 없는 두려움을 예수님의 이름으로 풉니다. 근심할 수밖에 없는 삶의 고단함을 예수님의 이름으로 풉니다.

저희들, 하나님의 말씀을 듣겠습니다. 말씀을 대언해주시는 목사님을 성령님의 권세와 능력으로 붙들어 주시옵소서. 오늘, 준비된 예배가 아버지 하나님을 바르게 경배하는 것이 되게 하시옵소서. 예배의 순서를 위해서 헌신된 종들에게 은혜를 더하시고, 저들이 성령님의 감동하심에 따라 섬기게 하시옵소서. 저희를 자녀로 삼아주신 하나님의 이름을 높여드립니다.

저희들의 삶이 올바른 예배가 되게 하시옵소서. 저희들의 심령을 성령님으로 충만하게 하셔서 우리의 삶이 곧 드려지는 예배가 되기를 원합니다. 하루, 하루의 삶을 영과 진리로 인도해주시옵소서. 예배자로 살아가는 저희들이 되게 하시옵소서.

○○ 교회의 부흥을 소망하며 간구하게 하심을 감사드립니다. ○○의 지체들이 한 몸이 되어 부흥을 바라고 있습니다. 저희들 한 영혼, 한 영혼이 먼저 성령님으로 충만해짐에 의해서 우리 교회가 부흥된다는 것을 잊지 않게 하시옵소서. 이에, 교회의 부흥이 저희들 내부로부터 시작된다는 것을 다시금 깨닫게 하시옵소서.

살려주시는 주님, 예수님의 이름으로 기도드립니다. 아멘.

모든 입으로 예수 그리스도를 주라 시인하여-빌 2:11a

예수 그리스도를 주라 시인하여

우리를 돌아보도록 하시는 하나님,

주님의 사랑을 입은 자들이 다시 모였습니다. 주님의 날에 ○○ 교회로 불러주심에 감사합니다. 종교개혁의 의미를 묵상하고, 영광을 드리게 하시옵소서. 저희들이 입술을 벌려 기도하며 찬송할 때, 영광을 받아주시옵소서. 얼굴을 땅에 대고 여호와께 경배하기를 원합니다.

주일을 구별하는 생활에 게을렀던 죄를 고백합니다. 하나님께 예배하고 쉼을 얻는 거룩한 주일을 지키지 못하고 나 개인의 일을 우선시했던 죄를 용서해 주시옵소서. 주일을 거룩히 지키겠습니다. 안식일을 기억하여 거룩히 지키는 것을 목숨처럼 여기도록 인도해 주시옵소서.

예배의 은혜로 말미암아 어떠한 피조물도 의지하지 않고, 오직 하나님만을 의지하려는 믿음이 더욱 굳세어지게 하시옵소서. 하나님만을 바라보며 살아가는 삶이 되게 하시옵소서. ○○의 지체들이 천국의 소망을 갖고 지내도록 성령님으로 충만하게 하시옵소서.

나라와 민족을 위하여 저희들의 마음을 드립니다. 우리 조국을 불쌍히 여겨주시옵소서. 하나님께 호소하오니, 저희들에게 기도의 무릎을 주시옵소서. 이 백성이 가난과 배고픔과 허기진 배를 움켜잡고, 조국의 건설에 몸을 던질 때, 전국의 산봉우리에서 하늘을 향해서 기도하며 목이 터져라 찬송을 부르게 하셨습니다.

저희들의 눈을 뜨게 해 주시기 원합니다. 믿음의 눈을 떠서 하나님을 아버지로 보게 해 주시옵소서. 주님께서는 잠시도 떠나지 않으시고, 늘 계심을 알게 하시옵소서. 주님의 사랑으로 저희들의 심령을 이끌어 주시옵소서. 주님을 향한 마음을 뜨겁게 하시고, 임마누엘의 신앙으로 이기도록 이끌어 주시옵소서.

저희들의 심령이 목이 마른 사슴과 같이 되기를 원합니다. 목사님께서 말씀을 전해주실 때, 생수를 마심이 되게 하시옵소서. 예배의 순서에서 경배의 은혜를 체험하게 하시고, 담당한 이들에게는 자기를 살펴 봉사하게 하시옵소서. 성가대원들의 찬양으로 영광이 하늘에 선포되기를 빕니다. 오늘, 저희들이 주일을 성수하도록 여러 위치에서 수고하는 이들에게도 은혜를 내려 주시옵소서.

이 나라와 민족을 불쌍히 여기사 복을 허락하시고 지켜 주시옵소서. 먼저, 이 나라와 백성이 하나님을 경외하며 두려워하게 하시옵소서. 고난과 역경만을 거듭해온 민족입니다. 다시는 이 땅에 고난과 분쟁이 없게 해주시며 남과 북으로 갈라진 이 땅을 통일시켜 주셔서 이 민족의 한을 풀어 주시옵소서.

지금, 교회를 부흥시키는 영이 저희들에게 충만하게 하시옵소서. 온 교우들이 한 몸이 되어 교회부흥을 위해 기도하기를 빕니다. 성령님께서 ○○의 지체들의 생각과 입술을 주장해 주셔서 기도하게 하시옵소서. 주님의 교회가 그리스도의 장성한 분량에 이르는 부흥으로 인도해 주시옵소서.

주님이 되어주시는 예수님의 이름으로 기도드립니다. 아멘.

찬송은 정직한 자들이 마땅히 할 바로다 - 시 33:1b

여호와를 즐거워하라

여호와께 마땅하기를 원하시는 하나님

찬양-감사 | 가을이 깊어가면서 나무마다 열매를 맺고 있습니다. 과일들은 마지막 남은 뜨거운 태양빛을 한 뼘이라도 더 받아 익어가고 있습니다. 아버지의 뜻대로 살기 위하여 기도하던 저희들을 기억하시고 이같이 거룩한 예배로 인도하셨음에 감사드립니다. 여기에 모인, ○○의 무리에게 감격과 감동으로 예배하게 하시옵소서.

고백-회개 | 이웃과 사회를 위해서 기도하는 시간을 갖지 못했음을 고백합니다. 이 땅에 늘어나는 강력범죄와 흉악범죄의 원인이 기도하지 않았기 때문임을 깨달아 회개하니 용서해주시옵소서. 이웃의 죄악을 품고 기도하겠습니다. 늘 우리 자신의 악과 우리 조상의 죄악을 인정하여 회개하는 중에, 기도하게 하시옵소서.

공동의 간구 | 우리 ○○교회가 이 땅에서, 함께 하는 지역사회에서 섬겨야 할 일을 감당하게 하시옵소서. 죽어가는 죄인들을 구원으로 인도하는 방주가 되게 하시옵소서. 주님의 몸으로써 빛과 소금이 되게 하시옵소서. 이 지역에서 교회의 사명을 감당하게 하시옵소서.

국가와 민족 | 우리에게 조국을 주신 하나님이십니다. 하나님께 이 나라가 영광을 되기를 원합니다. ○○의 지체들에게 나를 염려하게 하시고, 나라를 사랑하게 하시옵소서. 이제, 저희들에게 나라

가 나를 위하여 무엇을 해줄 것인가 보다 나라를 위해서 무엇을 할 것인가를 생각하게 하시옵소서. 나라에 봉사하게 하시옵소서.

위로와 회복 | 아무 것도 염려하지 않고 감사함으로 하나님께 아뢰게 하심에 감사드립니다. 주님 안에서 믿음과 소망 그리고 사랑으로 살아가는 경험을 하게 해주시니 감사드립니다. 그 은혜로 끊임없이 찾아왔던 근심을 기도로 날려 버리게 하시고, 소망을 품게 하시는 하나님께 늘 찬양을 드리게 하시옵소서. 저희들의 심령이 주님의 은혜 안에서 아무 것도 두렵지 않게 하시옵소서.

예배봉사자 | 여기에 모인 이들로 주님을 경배하게 하시옵소서. 목사님께서 전해주실 하나님의 말씀에 기름을 부어주시옵소서. 예배의 순서를 맡아서 섬기는 종들에게 은혜를 내려 주시고, 그들의 헌신으로 예배는 더욱 경건해지고, 성도들은 영광의 자리로 들어가기 원합니다. 영과 진리로 입을 벌려 주님의 위대하심을 찬송하게 하시옵소서.

응답의 결단 | 하나님의 은혜만이 생명의 삶을 사도록 하심을 잊지 말게 하시옵소서. 저희들의 심령이 주님의 품 안에서만 새로워질 수 있음을 찬송으로 기도드리게 하시옵소서. 만일, 주님의 손으로부터 멀어진다면, 죽을 수밖에 없는 모습을 바라보게 하시옵소서.

교회의 부흥 | 주님의 몸 된 교회가 부흥하기를 소원하는 지체들이 되게 하시옵소서. 이 교회를 통해서 하나님의 나라를 확장하게 하시옵소서. 불신자들에게 복음을 전해 그리스도를 영접하게 하는 사역에 헌신하게 하시옵소서. 아울러 예수님을 주님으로 영접한 새 교우들에게는 교회의 책임 있는 지체로 속하도록 돕는 일에 헌신하게 하시옵소서.

찬송을 받으실 예수님의 이름으로 기도드립니다. 아멘.

너희 의인들아 여호와를 기뻐하며 즐거워할지어다-시 32:11a

마음이 정직한 너희들아

우리를 감사의 예물로 삼아주시는 하나님,

하나님의 성호를 자랑하며 그 행사를 선포하기 위하여 모였습니다. 희생 제물이 되신 예수님을 찬양합니다. 그리스도의 보혈로 씻음 받고, 주님 앞으로 나왔습니다. 온 땅이 주의 이름을 찬양한다면, 저희들은 하나님께서 받으시기에 마땅한 경배를 드리게 하시옵소서. 교회와 성도들이 주님의 능력과 사랑으로 충만하게 하시옵소서.

주님께서는 저희들의 마음을 보고 계심을 압니다. 하나님 앞에서 그 누구도 감출 수 없다는 것을 압니다. 그러므로 저희들의 지은 죄를 고백합니다. 알면서도 잠간 동안의 이익 때문에 저지른 죄를 회개합니다. 또한 깨닫지도 못하는 순간에 저지르게 된 죄를 고백할 때, 더러워진 심령을 그리스도의 보혈로 깨끗하게 씻어주시옵소서.

감사절의 예배를 기다리는 지체들을 축복합니다. ○○교회와 이 거룩한 공동체에 속한 지체들이 한 해 동안의 생활 속에서 베풀어주신 복을 누리게 하시옵소서. 때마다, 일마다 간섭하시고 가장 좋은 것으로 만족하게 하신 은혜로 감사의 삶을 살게 하시옵소서. 창성하게 하셨음에 감사하여 머리를 숙입니다.

아직, 우리나라 이 민족에게 전쟁은 종전되지 않았고, 남과 북은 대치상태로 있는데 저희들이 기도에 게으른 죄를 회개합니다. 민족의 파수꾼으로서 여호와의 도우심을 구하지 않고, 지낸 죄를 고백합니다. 삶의 기본적인 권리마저 빼앗기고, 굶주려 있는 이북의 동포들을 구해주시옵소서. 불쌍히 여겨주시옵소서.

하나님께서 주셨음을 생각하여, 작은 일에도 감사하는 심령으로 만들어 주시옵소서. 비록 바라지 않은 일을 하게 되거나, 어려운 일에 부딪치더라도 감사함으로 받아들이며 살게 하시옵소서. 시시때때로 축복을 내리셔서 지켜주시고 건강과 힘을 더하시며, 또한 먹을 것과 입을 것을 주시고, 생활의 모든 안락함을 허락하여 주시니 감사드립니다.

○○의 강단에서 생명의 말씀이 선포되게 기름을 부어주시옵소서. 여기에, 하나님의 은혜로 살아온 지체들이 모여 하나님을 경배합니다. 여러 지체가 교회와 예배를 섬기기 위해서 맡겨진 역할로 봉사합니다. 부르심을 받았음에 감격하여 섬기게 하시옵소서. 예배의 진행을 돕던지, 교회를 위해 수고하던지 기쁨으로 섬기게 하시옵소서.

저희들에게 실패에 대한 두려움보다 시도하지 않음을 두려워하게 하시옵소서. 성공을 원하면서도 끝까지 인내하지 못함을 두려워하게 하시옵소서. 하나님의 일이라면 성령님의 함께 하심을 기대하며, 무엇에든지 끝까지 노력하게 하시옵소서.

우리 ○○ 교회의 권속들에게 교회부흥을 꿈꾸게 하시고, 기도하게 하신 하나님을 찬양합니다. 지금, 저희들 자신만으로는 부흥을 이룰 만한 아무런 조건도 없음을 고백합니다. 그러나 하나님께서 하시면 교회의 부흥이 이루어짐을 믿습니다. 교회부흥에 대한 생각을 믿음으로 바꿔 주시옵소서.

기쁨을 주시는 예수님의 이름으로 기도드립니다. 아멘.

여호와가 우리 하나님이신 줄 너희는 알지어다—시 100:3a

그의 백성이요 그의 기르시는 양

추수 찬송을 부르게 하시는 하나님,

하나님의 성실은 큰 열매를 거두게 해주셨습니다. 저희들에 대한 하나님의 열심 때문에 이루어진 일들로 감사를 드립니다. 베풀어 주신 하늘의 은혜에 대한 응답으로 생명까지도 드리는 예배를 경험하게 하시옵소서. 감사하는 삶을 소망하는 은혜를 내려 주시옵소서.

세상에서 빛과 소금의 사명을 감당하기 위해 힘쓰기 못했던 죄를 고백합니다. 하나님의 은혜를 구하면서 오직 내 자신의 유익만을 위해 달려왔던 죄를 용서해주시옵소서. 하나님의 뜻을 구하는데 자신을 드리게 하시며, 맛을 잃지 않은 소금으로 살도록 하시옵소서.

하나님이 은혜는 밭고랑마다 비로 적셔지게 하셨고, 움을 트인 싹들마다 크게 자라 알곡들이 맺히게 하셨고, 적당한 햇빛과 바람은 나무의 가지마다 열매를 맺게 해주셨습니다. 이로써 추수의 즐거움을 누리게 되었으니 감사드립니다. 여호와의 손이 저희를 흥겹게 하셨으니 이 모든 것들은 다 주님의 것입니다. 영광을 받으시옵소서.

이 민족을 사랑하셔서 죽음 가운데 건져주시고 멸망 가운데 지켜주심을 감사합니다. 서로가 서로를 죽이는 동족상잔의 비극이 있었지만은 우리를 세워주시고 나누어 주게 하심도 감사합니다. 백성들의 마음이 하나가 되고, 나라가 하나가 되고, 민족이 하나가 되게 하시옵소서. 하나님의 사랑으로 하나 되기를 원합니다.

생명의 말씀이 주는 은혜를 받아 죽음의 지옥불로 뛰어가는 불쌍한 영혼들을 향해서 복음을 외치게 하시옵소서. 저희들이 살아가는 자리에서 복음을 전하기를 소원으로 삼게 하시고, 언제나 주님과 동행하도록 이끌어 주시옵소서. 이로써 주님과 친구 된 관계를 누리게 하시옵소서. 주님의 친구는 주님의 말씀을 지킨다고 하셨으니, 온 성도들이 교회를 중심으로 해서 주님의 뜻을 이루어드리는 아름다운 삶을 살게 하시옵소서.

저희들, 하나님의 말씀을 듣겠습니다. 말씀을 대언해주시는 목사님을 성령님의 권세와 능력으로 붙들어 주시옵소서. 이 예배로 말미암아 삶의 새로움이 있게 하시고, 거룩한 무리로 살게 하시옵소서. 이 시간 몸을 드려 섬기는 지체들은 맡겨진 자리에서 충성되게 섬겨 이 예배를 더욱 영화롭게 하게 하시옵소서.

갈보리에서 옛 사람이 죽었고, 무덤을 깨뜨리신 주님과 함께 우리가 새 사람이 되었음에 감사드립니다. 주님의 십자가에서 저희들이 새 사람이 되었으니, 옛 사람을 거절하게 하시옵소서. 전에 좋아하던 행실을 거절하고, 하늘에 속한 행실을 따르게 하시옵소서.

○의 지체가 주님의 이름으로 모인 지금, 성령님의 충만하심을 사모하게 하시옵소서. ○○ 교회의 부흥에 대한 계획을 갖고 계신 성령님께로 나아가게 하시옵소서. 주님을 사랑하여 값비싼 향유를 드렸던 여인과 같이 저희들에게도 드림의 은혜를 내려주시옵소서.

하늘에 속하게 하신 예수님의 이름으로 기도드립니다. 아멘.

나의 고난을 보시고 환난 중에 있는 내 영혼을 아셨으며-시 31:7b

주의 인자하심을 기뻐하며

주님을 닮기를 원하게 하시는 하나님,

주님의 이름의 영광을 구하며 살아가도록 인도하시는 성령님으로 말미암아 감사드립니다. 이 백성을 향하신 여호와의 긍휼로 예배하게 하셨음에 감사드립니다. 성령님께서 저희를 죄에서 이끌어 내시고, 온갖 유혹을 물리치게 하시니 그 즐거움을 노래합니다. 영과 진리로 예배하는 저희들이 되게 하시옵소서.

우리 주변에는 신음하는 이들이 많은데 그들에게 마음을 두지 못한 죄를 고백합니다. 기아와 가난과 차별의 굴레에서 신음하는 이들의 아픔에 무심했음을 용서해주시옵소서. 저들을 위해 기도하겠습니다. 긍휼히 여기는 자는 복이 있다는 약속을 지키게 하시옵소서.

여호와의 권능의 궁창에서 대사를 행하신 손길에 찬양을 드립니다. 주 예수님의 이름에 힘입어 하나님 아버지께 감사드립니다. 감사로 예배하는 여기에 은혜의 빛이 충만하게 하시옵소서. 아기 예수님의 나심을 축하하고, 약속하신 말씀에 따라 다시 오실 재림의 주님을 기다리는 예배가 되게 하시옵소서.

우리 민족을 사랑하시는 여호와를 생각할 때 회개합니다. 공중의 권세를 잡고 있는 악의 영이 지배하고 있는 이 땅을 위해서 대적하는 기도에 게을렀음을 용서해주시옵소서. 우상을 우상인지 모르고 섬기는 이 백성을 불쌍히 여기지 못했음을 고백하니 용서해주옵소서. 이제, 나라를 사랑함을 기도로 증거 하게 하시옵소서.

지난 시간의 삶은 죄와 허물로 얼룩졌으나 오늘, 말씀과 함께 성령님으로 새롭게 해주시옵소서. 하나님의 말씀을 듣는 자들이 새로운 삶을 살고 주님위해 변화된 삶을 사는 역사로 바뀌었던 사실이 저희들의 고백이 되기 원합니다. 사랑의 역사, 유무상통하는 곳에도, 주님의 이름으로 모인 곳에서 말씀으로 새롭게 된 초대교회의 은혜를 저희들도 체험하게 하시옵소서.

저희들의 심령이 목이 마른 사슴과 같이 되기를 원합니다. 강단에 세우신 목사님을 붙잡아 주셔서 진리의 말씀을 준비하신 그대로 선포하게 하시옵소서. 여러 모습으로 예배를 봉사하는 이들의 심정이 주께 드림이 되게 하시옵소서. 하나님께서 찾으시는 것을 드리게 하시옵소서. 그들의 헌신과 봉사가 하나님께 드려지는 것이 되게 하시옵소서.

예수님의 오심으로 메시야에 대한 약속이 성취되었습니다. 하나님은 약속하시고, 그 언약을 이루십니다. 성탄절을 기다리면서 오늘 저희들에게 언약에 대한 은혜를 묵상하기를 원합니다. 언약의 성취를 믿고, 기다리게 하시옵소서. 언약 앞에서 겸손하게 하시옵소서.

○○ 교회의 부흥에 성령님께서 간섭하시고, 성령님의 듯에 따라 부흥을 이루어주시옵소서. 저희들이 성령님을 사모하는 중에, 이 교회가 예수님의 몸으로서 부흥되게 하시옵소서. 이로써 ○○의 권속들이 성령님께로 충만해지면 부흥되는 은혜를 보게 하시옵소서.

왕의 보좌에 계신 예수님의 이름으로 기도드립니다. 아멘.

이새의 줄기에서 한 싹이 나며 그 뿌리에서 한 가지가 나서—사 11:1a

한 싹이 나며, 한 가지가 나서

마음을 열어 주께 드리게 하시는 하나님,

찬양-감사 | 주님께로 나오니 저희들의 죄를 지은 모습이 그대로 드러나고 있습니다. 주님의 뜻대로 살겠다고 기도하고 예배당을 떠났으나 살아온 발자취에는 죄의 걸음이었습니다. 교만한 자아의 무릎을 꿇게 하시고, 강퍅했던 마음은 녹아지게 하시옵소서. 예배를 마치는 시간까지 오직 성령님만이 임재하시기 원합니다.

고백-회개 | 주님을 영화롭게 해드리며 살지 못했던 행실을 고백합니다. 빛과 소금으로의 삶에 사명을 감당하지 못하였고, 옛 사람의 욕심을 버리지 못하여 죄를 지었습니다. 자신을 남들에게 비교해서 그 욕심에 모든 것을 내어주었던 어리석은 행동들을 용서해주시옵소서. 오늘 이후로, 하나님을 예배하는 삶에 최선을 다하게 하시옵소서.

공동의 간구 | 깨우쳐 주시는 말씀으로 새 교훈을 받게 하시고, 종일 묵상하는 저희들이 되게 하시옵소서. 하나님의 말씀에 대해서, 아멘으로 받고, 순종하려는 감격으로 가슴이 뜨거워지게 하시옵소서. 겸손히 주님의 말씀을 받아들이게 하시옵소서. 힘을 다하여 그 말씀을 이루어드리는 아멘의 생활로 인도해 주시옵소서.

국가와 민족 | 참으로 하나님 앞에서 나라를 사랑하는 마음을 지니도록 도와주시옵소서. 이 시간에, ○○의 공동체와 이 나라가 한 마음, 한 목숨으로 연결되어 있음을 고백합니다. 어려서부터 수

없이 불러 왔던 애국가를 새로 부르도록 하시옵소서. 백성이 된 청지기로서 나라를 사랑하고, 나라를 위하여 기도를 쉬지 않게 하시옵소서.

위로와 회복 | 성탄절을 기다리는 심령에 만족한 말씀을 전하실 목사님에게 영력을 더하시기 원합니다. 하나님의 대언자로서 생명력 넘치는, 살아 있는 말씀으로 저희들을 감동케 하시옵소서. 찬양대원들을 축복합니다. 저들의 찬양으로 더욱 영광을 받으시고 이 자리는 은혜로 가득하게 하여 주시옵소서.

예배봉사자 | 예배의 순서를 성령님께서 친히 주장해주시며, 예배를 위하여 봉사하는 손길을 받으시옵소서. 목사님께서 전해주실 하나님의 말씀에 기름을 부어주시옵소서. 오직 하나님을 사랑하여, 향기로운 제사의 예배로 진행되게 하시옵소서. 주님의 이름으로 한 마음, 한 영이 되어서 거룩한 한 묶음임을 경험하기 원합니다.

응답의 결단 | 언약대로 이루어 주시는 참 좋으신 하나님을 찬양합니다. 천국의 백성 모두에게 생명의 말씀을 밝히는 일에 헌신할 것을 다짐하게 하시옵소서. 이 땅에 복음이 들어 올 때 성경을 주셨던 것처럼, 또 다른 이들에게 성경을 주는 일에 관심을 기울이게 하시옵소서.

교회의 부흥 | ○○ 교회의 부흥을 소원하여 간구합니다. 사랑하는 권속들에게 우리 교회가 부흥해야한다는 거룩한 사명에 도전하게 하셨음을 즐거워합니다. 이에, 세상을 향해서 주님의 복음을 전하고, 우리 교회의 새로운 지체가 되도록 인도하는 것에 집중하게 하시옵소서. 온 교우들이 이 일을 기뻐하여 우리 교회가 부흥을 이루게 하시옵소서.

메시야로 오신 예수님의 이름으로 기도드립니다. 아멘.

주의 법도들로 말미암아 내가 명철하게 되었으므로-시 119:100a

주의 법도들로 말미암아

성서주일을 주신 하나님,

이 자리에, 머리를 숙인 ○○의 지체들, 영과 진리로 예배하게 하시옵소서. 소리 높여 찬양하는 저희들의 심령이 기쁨으로 흥겨워지게 하시고, 하나님께 영광을 드리는 것으로 만족하게 해주시기 원합니다. 이 한 시간의 예배로 하나님께 영광을 드리고 세상에는 세상의 하나님의 왕 되심을 선포하게 하시옵소서.

저희들의 죄를 먼저 회개합니다. 주님의 말씀에 순종하기에 게을렀던 행실을 용서해 주시옵소서. 성경을 사랑하며, 말씀을 가까이 하는 삶에 열심을 내지 않았음을 용서해주시옵소서. 하나님의 영광을 구하기에도 부족했던 허물을 용서해주시옵소서. 지금, 상한 마음으로 회개할 때, 정결케 해주시는 여호와의 은혜를 보게 하시옵소서.

하나님의 사랑이 저희들을 거듭나게 해주셨으니, 영원히 찬양을 드리게 하시옵소서. 친히 사랑의 본이 되어 주신 예수님을 따라 사랑으로 살고, 주님 안에서 드러난 하나님의 사랑이 저의 사랑이 되기 원합니다. 사람의 사랑이 아닌, 하나님의 사랑을 하기 원합니다. 독생자를 내어 주셨던 그 사랑으로 모든 이들을 사랑하게 하시옵소서.

하나님께서 사랑하시는 우리나라, 이 땅에 여호와의 인자하심이 강물처럼 흘러 남과 북이 분단의 고통을 겪고 있는 민족을 위로해주시옵소서. 북한에서는 우상화의 정책으로 이미 없어진 예배당이 다시 세워지게 하시옵소서. 한 민족의 한 형제가 손을 잡고 하나님을 경외하는 그날을 보게 해주시옵소서.

세계를 사랑하시는 하나님의 마음이 성경에서 나타나기를 소망합니다. 이 땅에 복음이 들어 올 때 성경을 주셨던 것처럼, 또 다른 이들에게 성경을 주는 일에 관심을 기울이게 하시옵소서. 복음에 나타난 의를 모든 사람들이 믿고 구원함에 이르도록 하는데 헌신하게 하시고, 이 복음이 모든 민족에게, 그들의 말로 전해지기 원합니다.

○○의 강단에서 생명의 말씀이 선포되게 기름을 부어주시옵소서. 예배의 모든 순서가 아버지 하나님을 바르게 경배하는 것이 되게 하시옵소서. 예배의 순서를 위해서 헌신된 종들에게 은혜를 더하시고, 저들이 성령님의 감동하심에 따라 섬기게 하시옵소서. 이제, ○○교회의 온 성도들은 이 예배로 주님을 맞아드리려 합니다.

한국교회에 성서공회를 허락하신 하나님이십니다. 하나님의 뜻에 순종하여, 성서의 보급사업을 위해 기도하게 하시옵소서. 아직까지도 복음이 전해지지 않은 부족들에게도 성경과 함께 생명의 말씀이 선포되기 원합니다. 성서를 전하는 사역에 헌신하게 하시옵소서.

○○ 교회가 부흥되기를 바라시는 하나님의 심장을 저희들이 공유하게 하시옵소서. 지금, 저희들이 구하는 것 이상으로 넘치게 하시는 하나님을 묵상할 때, 더욱 큰 소원을 부르짖는 은혜를 소망합니다. ○○의 지체들이 교회부흥이라는 한 가지의 소원으로 마음이 묶여져서 간구하게 하시옵소서.

영생의 말씀, 예수님의 이름으로 기도드립니다. 아멘.

우리를 위하여 구원의 뿔을 그 종 다윗의 집에 일으키셨으니—눅 1:69

구원의 뿔을 다윗의 집에

메시야의 언약을 성취하신 하나님,

예수님께서 이 땅에 오심으로 아버지의 사랑이 저희에게 나타난 것을 즐거워하게 하시옵소서. 아기 예수님의 나심으로, 인류를 구원하시려는 하나님의 뜻이 이루어졌음에 찬양을 드립니다. 약속대로 메시야가 오셔서 생명의 길을 열어 주시니 감사드립니다. 오늘의 예배로 다시 오실 재림의 주님을 맞이하는 시작이 되게 하시옵소서.

주님께서 아기로 오신 밤에 목자들은 영광을 보았건만 저희들은 하나님의 영광을 보지 못함을 회개합니다. 천사들이 찬송하였건만 저희들은 찬송하는 것도 잊었습니다. 아기 예수님을 경배하지 못함을 용서해주시옵소서. 저희들의 행위를 통해서 아기 예수님께 드릴 예물을 드리지 못함을 고백합니다.

하나님께서 사람으로 오셔서 임마누엘이 되어주셨음에, 영광을 드리게 하시옵소서. 저희들의 죄를 지시려고 오신 예수님을 기뻐하는 ○○교회와 지체들이 되게 하시옵소서. 아기로 나신 예수님께서는 생명의 길이 되셨습니다. 죽어야 마땅한데, 영생이라는 새 소망의 길을 주셨으니 구원의 길이 되어 주신 예수님을 기뻐하게 하시옵소서.

나라가 위기에 처해질 때마다 자기 목숨을 내어놓은 선조들이 있게 하셨습니다. 저희들이 그들의 거룩한 정신을 따르지 못한 죄를 용서해주시옵소서. 지금은 그들의 고귀한 희생으로 평안을 누리건만, 유가족들에게 빚진 자의 심정으로 살지 못했음도 회개하니 용서해주시옵소서. 그들을 위하여 중보하게 하시옵소서.

저희들의 심령을 지극히 은혜로우신 주님의 놀라우신 사랑으로 채우시옵소서. 그리하여 순종 안에서 주님과 함께 살고 주의 사랑 안에서 죽으며, 다시 일어나 주님의 영광 속에서 주님과 함께 영원히 즐거워 할 수 있게 하시옵소서. 이후부터는 주님의 사랑과 뜻에 적합한가를 염려하는 것 외에는 아무 것도 염려하지 말게 하시옵소서.

저희들, 하나님의 말씀을 듣겠습니다. 말씀을 대언해주시는 목사님을 성령님의 권세와 능력으로 붙들어 주시옵소서. 여러 자리에서 봉사하는 종들에게 은혜를 내려 주시옵소서. 예배와 교회의 일을 위하여 맡은 이들이 충성을 다하는 은혜를 보게 하시옵소서. 그들의 수고로 말미암아 이 예배가 더욱 하나님을 영화롭게 해드림이 되고, 하나님의 영광이 선포되기를 소망합니다.

하나님께서 우리를 사랑하셨음에 감사하면서, 이웃을 사랑해야 하는 저희들의 삶이 대림절 기간의 은혜가 되기를 빕니다. 이제까지는 받는 성탄절이었다면 금년에는 주는 성탄절이 되게 하시옵소서. 하나님의 사랑으로 저희들의 손을 펴게 하시옵소서.

우리 ○○ 교회의 부흥을 온 성도들이 소망하게 하셨음에 감사드립니다. 교회부흥을 원하시는 하나님의 소원을 저희들의 소원으로 삼게 하시옵소서. 이 시간에, 교회를 부흥시켜주시는 하나님의 영으로 충만하기를 빕니다. ○○의 권속들이 교회부흥을 원하는 마음으로 간절하게 하시옵소서.

구원의 뿔이 되신 예수님의 이름으로 기도드립니다. 아멘.

야곱의 모든 자손이여 그에게 영광을 돌릴지어다-시 22:23a

야곱의 자손이여, 이스라엘 자손이여

임마누엘을 기다리게 하시는 하나님,

오래 전에 오신 아기 예수님의 나심을 기억하는 대림절을 맞이합니다. 성탄절을 기다리는 저희들에게 여호와를 소망하게 하시옵소서. 죽음과 멸망의 어두움에 있던 인류에게 소망의 빛을 비추어주신 하나님을 바라보게 하시옵소서. 이 거룩한 아침에, 생명의 양식으로 오신 아기 예수님을 기뻐하게 하시옵소서.

하나님께는 긍휼과 사유하심이 있으니 저희의 죄를 회개합니다. 거리마다 성탄절을 기다리는 분위기지만 진정 마음에 왕으로 예수님을 모시지 못한 죄를 고백합니다. 성탄절의 기쁨이 우리의 것이 되지 않게 하시옵소서. 주께 패역한 어리석음을 용서해주시옵소서.

평화의 왕으로 오신 예수님께 마음의 예물을 드리게 하시옵소서. 성탄절의 지키면서 예수님께서 이 땅에 오심이 저희들에게 생명을 주시려 함이셨음을 잊지 않게 하시옵소서. 하나님께서 우리를 사랑하셔서 예수님을 우리에게 내어 주셨음을 기억하게 하시옵소서.

이 나라를 지켜 주시고, 저희들에게 기도하는 애국의 정신을 갖게 하옵소서. 저희들에게 이 나라를 주시고, 이 땅에서 살게 하셨음을 믿습니다. 이 나라와 백성들이 하나님을 즐거워하고, 여호와의 인도하심을 소망하게 하시옵소서. 민족적으로 하나님께로 돌아오게 하시옵소서. 하나님께로 이끌어 주시옵소서.

구주가 나셨던 날의 기쁨으로 즐거워하는 저희들의 찬송과 경배를 받으옵소서. 우리 주님께 드릴 예물은 저희들 자신임을 믿습니다. 하나님은 저희들의 마음과 함께 우리의 몸을 예물로 받으시기를 기뻐하심을 믿습니다. 주님을 만나 경배하는 성탄절이 되도록 도와주시옵소서. 동방의 박사들이 별을 보고 나섰던 여행길의 경험을 주시옵소서.

저희들의 심령이 목이 마른 사슴과 같이 되기를 원합니다. 목사님께서 말씀을 전해주실 때, 생수를 마심이 되게 하시옵소서. 예배를 섬기는 종들에게는 성령님으로 충만하게 하시옵소서. 그들이 선택되었을 때, 자원하는 심령을 주셨으니 감사함으로 봉사하게 하시옵소서. 부름을 받은 종들이 소제를 받으시고, 번제를 거두시는 하나님께 자신을 바치는 예배의 거룩한 시간이 되게 하시옵소서.

성탄의 메시지를 받고 주님을 경배했던 처음 성탄절의 은혜를 저희들도 누리게 하시옵소서. 이미 오신 예수님을 기뻐하고, 주님께 합당한 경배를 드리게 하시옵소서. 최고의 것, 최대의 것으로 예물을 준비하면서 성탄절을 기다리기 원합니다.

이 시간에, ○○ 교회를 하나님께 올려드립니다. 교회부흥을 원하는 저희들의 마음도 올려드립니다. 성령님께서 이 교회에 충만하게 임재하시기를 빕니다. 우리 교회가 주님의 교회라, 주님께서 부흥시키심을 믿습니다. ○○의 지체들은 교회를 부흥시키시는 성령님께 순종하게 하시옵소서.

성탄의 주님, 예수님의 이름으로 기도드립니다. 아멘.

여호와께서 자기 백성에게 힘을 주심이여 - 시 29:11a

힘을, 평강의 복을

날마다 신실하셨던 하나님,

살아왔던 시간, 하나님은 참으로 좋으신 아버지가 되어 주셨습니다. 주님의 넘치는 자비로우심으로 저희들은 살아왔습니다. 날마다 복된 날이 되게 하시고, 그 얼굴로 말미암은 은혜를 베푸셨으니, 그 은혜에 진심으로 머리를 숙여 예배하게 하시옵소서. 한 해 동안에 누렸던 은혜에 감사하게 하시옵소서.

겸손한 마음으로 죄를 자복하는 자리가 되게 하시옵소서. 성령님의 감동하심에 민감하지 못했으며, 성령님을 거스르며 살았던 죄를 고백합니다. 하늘에서 저희의 회개하는 기도와 간구를 들으시고 죄를 씻어 주시옵소서. 성령님께 순종함으로써 영광을 드려야 했건만 그렇게 못한 죄를 용서해주시고, 저희들을 돌아보아 주시옵소서.

하나님께서는 사모하는 영혼을 만족하게 해주셨습니다. 주린 영혼을 위해서는 좋은 것으로 채워주셨습니다. 그 은혜에 진실로 감사하여 마지막의 예배를 드리는 심정으로 경배하게 하시옵소서. 송년주일에 새로운 결단을 함으로써 새해를 맞이하기 원합니다. 저희들도 새롭게 되어 새 해에는 새로운 모습의 삶을 다짐하게 하시옵소서.

우리의 조국 대한민국을 불쌍히 여겨 주시옵소서. 위정자들을 붙들어 주시옵소서. 그들이 하나님의 음성을 듣게 하시며, 공의와 정의를 베풀게 하시옵소서. 이 민족을 누가 구원할 수 있겠습니까? 교회가 이 나라를 위하여 짊어져야 할 십자가가 있다면 지게 하시옵소서. 그 십자가를 감당할 수 있는 힘을 회복시켜 주시옵소서.

한 해가 어김없이 지나가듯이, 저희의 인생도 지나가고 있습니다. 연말이 다가오면 모든 이들이 결산을 하려고 분주한 데, 저희들도 신앙의 결산을 해보도록 이끌어 주시옵소서. 이 결산을 통해서 우리의 인생도 마지막에는 하나님 앞에 나가 결산을 해야 하는 지혜를 갖고, 심판을 준비하면서 살게 하시옵소서.

하나님의 말씀이 선포되는 강단에 말씀의 선포로 하나님께 영광이 되게 하시옵소서. 진리로 풍성하게 하시옵소서. 예배의 순서를 담당한 지체들과 예배의 진행을 돕기 위하여 봉사를 맡은 이들에게 감사함으로 나아가게 하시옵소서. 아름다운 찬양을 준비한 성가대원들에게 성령님으로 더욱 충만하게 하셔서 하나님께 영광을 드리고, 저희들에게도 은혜가 되기를 빕니다.

새 해를 맞이하며, 저희들도 새롭게 되어, 새해에는 사랑이 메마른 곳에서 주님의 인자하심을 드러내는 삶을 다짐합니다. 온갖 미혹된 말들이 넘쳐나는 세상에서 복음을 외치는 삶을 결단합니다. 이를 위해서 기도하고, 복음을 전하는 저희들이 되게 하시옵소서.

교회가 참으로 부흥되기를 원합니다. 성령님의 일하심이 크게 나타나게 하시옵소서. 성령님께 순종해서 부흥을 위하여 헌신하게 하시고, 일이 많아지게 하시옵소서. 이로 말미암아 불신자들이 교회로 초청되게 하시며, 그들이 주님을 영접하는 역사가 나타나기를 빕니다. 많은 이들이 주님께로 돌아오는 교회가 되게 하시옵소서.

날마다 함께 해주신 예수님의 이름으로 기도드립니다. 아멘.

02

찬양 예배 대표기도

네게 임하여 복을 주리라

전능하신 하나님,

새해 첫 시간에, 하나님의 영광이 가득하기를 소망합니다. 새로운 빛을 비추기 시작하였으매 이 빛으로 저희들에게 하늘나라를 바라보는 믿음 주시옵소서. 새해에는 새로운 믿음 갖고 하나님의 은혜를 바라보게 하시옵소서. 믿음이 주는 비전을 꿈꾸게 하시옵소서.

주의 장막에 유할 자, 주의 성산에 거할 자를 물으시는 하나님께 저희들의 죄를 고백합니다. 저희들이 하나님 앞에서 정직하게 행하지 못하였으며, 공의를 일삼지 못한 죄를 회개합니다. 마음으로는, 마음에 진실을 말하며, 혀로 참소치 아니하려 하였으나 순간의 유익 때문에 그렇지 못하였음을 용서해주시옵소서.

하나님 아버지, 저희들은 사나 죽으나 나는 나의 것이 아니고, 몸과 영혼이 모두 주님의 것임을 깨닫습니다. 주님께서 보배로운 피를 흘려 나의 모든 죄 값을 치러주셨고 마귀의 권세로부터 자유롭게 해주셨음을 감사하게 하시옵소서.

말씀을 전하시려고 강단에 세워주신 목사님께 지혜와 성령님의 충만하심이 있으시기를 빕니다. 능력의 말씀을 듣게 하시옵소서.

저희들의 눈을 뜨게 해주시기를 원합니다. 주님의 사랑의 힘으로 저희들의 심령을 이끌어 주시옵소서. 더 이상 흔들리지 않으며, 불신앙의 죄에서 떠나 믿음 안에서 머무르게 하시옵소서. 주님을 향한 마음을 뜨겁게 하시고, 임마누엘의 신앙으로 이기도록 이끌어 주시옵소서.

우리의 기쁨이신 예수님의 이름으로 기도드립니다. 아멘

사나 죽으나 우리가 주의 것

복을 주시는 여호와여,

하늘에 계신 아버지의 뜻이 아니고는 우리의 머리카락 하나라도 상하지 않는 것처럼 주님께서 우리를 지켜주심에 감사드립니다. 갈보리의 피로 구속을 받았기에, 감사함으로 예배합니다.

마음으로는 죄와 싸우되 피 흘리기까지 대항하려 하였으나 마음으로 뿐, 삶의 자리에서는 죄를 용납하였습니다. 죄에게 져서 죄의 종이 되는 순간들이 많았음을 용서해 주시옵소서. 영을 좇는 자는 영의 일을 생각한다고 하셨으나 이 땅에서 유익을 얻는 것에 마음을 빼앗겨 육신의 일을 생각함으로 하나님과 원수가 되었던 순간들을 회개합니다.

하나님 아버지, 머리를 숙인 ○○의 식구들을 복 되게 하시옵소서. 저희들이 세상을 바라보고 두려워하고 낙심하지 않도록 성령님께 충만하게 하시옵소서. 세상의 환경이 두려워보여도 세상보다 더 큰 하나님을 바라보고 믿음으로 일어서게 하시옵소서.

말씀을 전해주실 목사님께 하늘의 영감으로 덧입혀 주시옵소서. 이제까지보다도 더 뜨겁고, 능력이 있는 말씀을 풀게 하시옵소서. 그 말씀이 힘이 되어 온 마음을 다하여 기꺼이 주를 위하여 살게 하시옵소서.

이 시간에, ○○의 권속은 주님을 끝까지 사랑하고 따르기를 원합니다. 이 믿음이 약해지지 않도록 강하게 붙들어 주시옵소서. 이 믿음으로 세상을 이기고, 마귀의 유혹도 물리치게 하시옵소서. 저희들의 연약함을 사탄에게 내어주지 않도록 강하고, 담대하게 하시옵소서.

소망이 되시는 예수님의 이름으로 기도드립니다. 아멘

너희 지체를 의의 무기로

온 땅에 충만하신 하나님,

지나 온 시간, 저희들의 삶을 돌아볼 때, 마음을 다하고 목숨을 다하고 뜻을 다하고 힘을 다하여 하나님을 사랑하지 못하였음을 용서해 주시옵소서. 또한, 이웃을 자신의 몸과 같이 사랑하지 못하였음을 고백합니다.

저희들의 영혼이 늘 살아 계신 하나님을 갈망하게 하시옵소서. 사슴이 시냇물을 찾기에 갈급함 같이 저희들의 영혼이 주님을 찾기에 갈급하게 하시옵소서. 물이 없어 마르고 곤핍한 땅에서 물을 갈망하듯이 저희들의 메마른 영혼이 주님을 갈망하게 하시옵소서.

하나님 아버지, 오늘도 푸른 초장의 은혜를 경험하기 원합니다. 생명의 말씀을 듣게 하시옵소서. 선지자의 가슴으로 말씀을 외치시는 목사님을 성령님께서 붙들어 주시기를 빕니다. 그 말씀을 귀하게 여겨 마음으로 받아 가르침을 그대로 지키겠다는 각오를 갖게 해 주시옵소서.

저희들은 하나님 앞에서 열매를 맺기 원합니다. 금년의 시간을 보내면서 때를 따라 맺어야 할 열매를 맺어 여호와를 영화롭게 해드리게 하시옵소서. 착하고 충성된 종이라는 칭찬의 즐거움을 얻게 하시옵소서.

저희들에게 믿음의 역사가 풍성해지게 하시옵소서. 우상이 가득하고 혼탁한 세상에서 믿음으로 만족하게 해주시옵소서. 우상을 버리고 하나님만 섬기는 믿음의 은혜를 누리게 하시옵소서. ○○의 지체들 모두에게 말씀의 반석 위에 신앙의 집을 짓는 권속이 되게 하시옵소서.

생명의 주님, 예수님의 이름으로 기도드립니다. 아멘

마음과 뜻을 바쳐서

영광으로 계시는 여호와여,

저희들을 세상에서 완전히 자유롭게 하시고, 하나님 앞에서 의로워지도록 하신 예수님의 사랑을 기억합니다. 갈보리에서 죽으신 주님의 보혈로 죄를 씻음 받아 천국의 백성이 되게 하셨음에 감사드립니다.

이 시간에, 주님 앞에서 성도로서의 모자라기 그지없는 모습을 회개합니다. 하나님의 말씀을 순종하면서 빛으로, 소금으로 살았어야 하나 아무 생각 없이 되는대로 살아온 죄를 용서해주시옵소서. 하나님께서 받으시기에 부족함이 없는 자녀가 되게 하시옵소서.

이 시간에, 하나님의 말씀을 준비하신 목사님을 축복합니다. 길이 되고, 진리가 되며, 생명이 되는 말씀을 듣고자 사모하는 심령이 되게 하시옵소서. 그 말씀을 달게 받아, 율례를 쫓으며, 규례를 지키기를 결단하게 하시옵소서.

우리 지체들 중에, 병든 이들을 고쳐 주시옵소서. 그들의 생명을 위험한 지경에서 건지시는 하나님의 은혜를 소망합니다. 사랑하는 환우들에게 찾아가 위로하여 주시옵소서. 어서 속히 저희들과 한 자리에 앉아 주님의 이름을 찬송하게 하시옵소서.

하나님의 말씀으로 저희들을 향한 주님의 뜻이 무엇인지 분별하여 새로워지게 하시옵소서. 그래서 그 말씀을 붙잡고 기도하는 생활을 하게 하시옵소서. 말세를 살아갈 때, 하늘의 권능으로 승리하도록 이끌어 주시옵소서. 기도로 모이는 시간에, 하나님의 뜻을 발견하게 하시옵소서.

선한 목자이신 예수님의 이름으로 기도드립니다. 아멘

우리 하나님의 구원을

인애하신 우리 하나님,

저희들의 찬송에 영광을 받으시고, 또한 죄를 회개할 때 용서해 주시옵소서. 저희들만 아는 곳에 숨겨두었던 죄를 드러내게 하사 하나님께 영광이 되지 않는 죄를 다 고백하고 용서를 받기 원합니다. 지난 시간의 행실에 있어서 주님과 동행하는데 부족했음을 용서해 주시옵소서.

세상을 지으시고, 창조하신 세계를 자신의 경륜과 섭리로 다스리시는 하나님께 영광을 올려 드립니다. 주님의 보혈로 인하여 하나님의 자녀가 되었으니 늘 감사하며 지내게 하시옵소서. 지으신 것들을 보존하시는 은혜로 저희들의 생명을 지켜 주실 것을 믿고, 지내기를 원합니다.

하나님 아버지, 강단의 은혜를 통해서 하나님의 말씀을 듣기 원합니다. 편견이 없이 하나님의 말씀을 지키게 하시옵소서. 하늘나라의 율례를 지켜 행할 것을 다짐하려는 마음으로 진리의 말씀을 받게 하시옵소서. 예배하는 이 자리에 하나님의 영광이 충만히 임재하시기를 빕니다. 그, 영광이 예배하는 이 무리에게 함께 하시어, 하나님께 영광을 드림만 생각하게 하시옵소서. 그 영광에 저희들의 추한 모습을 깨달아 회개하는 한 시간이 되게 하시옵소서.

오늘이라는 이 삶이 산 제물로 드려지는 생활이 되게 하시옵소서. 주님께서는 저희들의 영혼을 맡으셨다고 믿습니다. 주님의 소유로 살아가게 하시옵소서. 주님의 품에서 소망 가운데 즐거워하고 사랑으로 불타게 하시옵소서. 그리스도 안에서 제 몸은 주님의 것임을 고백합니다.

늘 함께 하시는 예수님의 이름으로 기도드립니다. 아멘

여호와의 말씀을 먼 섬에

하늘에 계신 주 여호와여,

저희들의 죄를 고백하니 불쌍히 여겨 주시옵소서. 이 자리에서 저희의 죄 때문에 주님께서 십자가의 고난당하셨던 아픔을 느끼게 하시옵소서. 지은 죄를 뉘우쳐 회개하는 이 자리가 되게 하시옵소서. 자신의 죄를 고백할 때, 용서해 주심을 믿습니다.

오늘도, 자녀 된 저희들에게 필요한 모든 것을 채워주시는 하나님을 바라봅니다. 저희들이 살아가는 시간 동안에, 원하지 않게 닥친 모든 역경도 선으로 바꿔주실 것을 굳게 믿습니다. 좋은 것으로 만족케 하시며, 하나님께 소망을 갖는 ○○의 지체들로 삼아주시옵소서.

지금, 강단에 세워주신 목사님께 성령님의 역사가 크게 나타나기를 소망합니다. 저희들, 하나님께 간절하게 하시옵소서. 간절히 사모하는 심령으로 말씀을 받아 ○○ 교회의 권속들이 평생에 지키고 따를 생명의 약속이 되게 하시옵소서.

예수님께서 자기를 비워 종의 형체를 가져 사람들과 같이 되신 은혜를 저희들의 것이 되게 하시옵소서. 주님을 본받아 자기를 비어 겸손하게 될 수 있도록 해주시옵소서

이 시간 이후에, 저희들은 주님의 이름으로 보내져서 삶의 현장에서 살아갈 것입니다. 삶의 현장으로 나아갈 때, 능력을 입혀주시옵소서. 저희들에게 주신 것으로 하나님께 영광을 드리고 뭇 사람들에게 복음의 증인으로 살게 하시옵소서. 믿음과 사랑, 소망으로 살게 하시옵소서.

자비로우신 주님, 예수님의 이름으로 기도드립니다. 아멘

내 직분을 영광스럽게

자기 백성을 찾으시는 하나님,

연약한 인간의 모습 속에서 짐짓 죄를 짓고 말았던 한 주간의 모습이 부끄럽습니다. 십자가의 사랑을 실천하지 못하고, 진실한 믿음이나 열심을 다하는 생활을 하지 못하였으니 용서하여 주시옵소서.

저희들의 구원이 금이나 은으로 이루어진 것이 아님에 감사드립니다. 오직 예수님의 보배로운 피로 죄를 용서받고, 하나님의 자녀가 되었음에 감사드립니다. 우리의 몸과 영혼을 자신의 소유로 삼으신 하나님께 찬양을 드리게 하시옵소서.

하나님 아버지, 겸손한 마음으로 하나님의 말씀에 귀를 기울이게 하시옵소서. 오늘도 생명의 샘에서부터 흘러나오는 은혜와 진리의 풍성함을 누리면서 주님을 위하여 살고자 하는 마음이 더욱 뜨거워지게 하시옵소서. 하나님께 소망을 두게 하시옵소서.

이제, ○○의 지체들은 더 이상 저희 자신을 위해 살지 않고, 저희를 대신하여 죽으셨다가 다시 사신 주님만을 위해 살게 하시옵소서. 살아도 주를 위해 살고, 죽어도 주를 위해 죽게 하시옵소서. 그 은혜로 말미암아 사나 죽으나 저희가 주님의 것이 되게 하시옵소서.

하늘에 속한 저희들이 되고, ○○교회가 되기를 원합니다. 십자가로 말미암아 완성된 구속의 은혜를 누리면서 살아가는 지체들이 되게 하시옵소서. 저희들의 시민권이 하늘에 있음을 고백하는 ○○교회가 되게 하시옵소서. 주님께서 오실 때까지 천국을 사모하게 하시옵소서.

진리로 이끌어주시는 예수님의 이름으로 기도드립니다. 아멘

너로 땅 끝까지 구원하게

미쁘신 이름의 여호와여,

사순절에 여호와의 이름을 높여드립니다. 저희들의 구속을 위해 하나님께서 하신 일을 즐거워하면서 그 이름을 높이는 이 시간의 예배가 되게 하시옵소서. 구원의 하나님을 경배하면서 나의 능력과 찬송이 되신 여호와께 합당한 영광을 드리기 원합니다.

거룩하게 지낸다고 하면서도 죄를 지은 것을 용서해주시옵소서. 저희들의 상한 마음을 고쳐주시고, 사죄의 은총을 보게 하시옵소서. 하나님의 나라를 구하려 하지 않고, 자신의 유익을 구하기에 바빴던 행실을 용서해주시옵소서.

주님께서 고난으로 우리의 죄에 대한 하나님의 진노를 친히 받으셨음에 감사드립니다. 그 고난을 통해서 하나님의 은혜와 의를 얻게 하셨으니 주님의 고난을 찬양하게 하시옵소서.

하나님 아버지, 병으로 인하여 병상에 누어있는 이들을 위해 간구합니다. 사랑의 주님께서 그들을 찾아가 주셔서, 그들의 모든 죄악을 사하시며, 모든 병을 고쳐 주시옵소서. 주님의 손으로 깨끗하게 치료해주시면, 그들이 주님만 섬기겠다고 굳게 다짐하도록 인도해 주시옵소서.

저희들을 옭아매고 있는 것들을 주님의 이름으로 푸는 은혜를 누리게 하시옵소서. 염려할 수밖에 없는 두려움을 예수님의 이름으로 풉니다. 근심할 수밖에 없는 삶의 고단함을 예수님의 이름으로 풉니다. 주님을 모셔드린 심령마다 자유롭게 하시고, 평안을 경험하게 하시옵소서.

화평이 되시는 예수님의 이름으로 기도드립니다. 아멘

주의 율법을 즐거워하라

홀로 한 분이신 하나님,

사순절의 주님을 만난 기쁨으로 저희들의 가슴이 충만해지게 하시옵소서. 주님의 십자가에서 이루어진 사랑에 감격하여 기쁨으로 충만한 저희들이 되어 하나님의 뜻을 찾게 하시옵소서. 예수는 나의 힘이요 내 기쁨이 되심을 찬송하면서 사순절의 은혜를 누리게 하시옵소서.

여호와의 사유하심으로 저희들을 받아 주시옵소서. 저희들은 어리석어서 부지불식간에 죄를 짓고도 모릅니다. 하나님을 사랑함에 민감하지 못하고, 눈에 보이는 것들에 마음을 주며 지낸 것을 용서하시옵소서. 하나님이 아닌 것들에게 여호와의 자리를 내어준 죄를 고백합니다.

하나님 아버지, 생명의 말씀을 주시려고 목사님을 강단에 세워주셨음에 감사드립니다. 목사님의 대언하시는 말씀 속에서 삼위 하나님의 거룩하심과 전능하심이 선포되게 하시옵소서.

갈보리의 십자가가 떠올려질 때마다 주님을 생각하게 하시옵소서. 우리가 받아야 할 저주를 주님께서 받으시느라 십자가를 지셨습니다. 저주를 대신 죽음으로 받으신 예수님을 바라보게 하시옵소서. 십자가의 그늘 밑으로 다가가 구원의 은혜를 찬송하게 하시옵소서. 주님께서 세상에 오셨던 것처럼, 저희 교회도 자신을 내어 주기 위하여 세상으로 보내지게 하시옵소서. 세상을 위하여 자신의 모든 것들을 주는 교회가 되게 하시옵소서. 죽어가는 이들에게 거저 주며, 구원을 받아야 할 세상 사람들을 위하여 문이 열려진 교회로 삼아주시옵소서.

사랑의 주님, 예수님의 이름으로 기도드립니다. 아멘

주의 진리로 나를

찬송을 받으실 하나님,

저희들 각자가 사순절의 생활을 하다가 성회로 모였으니 하늘로부터 위로가 있기 원합니다. 이 시간에 오직 성령님의 충만하심으로 예배하는 권속들이기를 소망합니다.

하나님의 은혜를 잊고, 자신의 영광을 구해왔던 지난 시간의 생활을 회개합니다. 입으로는 주 예수님을 주인으로 모신다 하면서도 실제는 주님을 섬기지 못했습니다. 저희들이 저지른 죄에 대하여 느꼈던 비탄과 후회와 참회의 순간을 잊지 않게 하시옵소서.

하나님 아버지, 저희들에게 또 다시 생명의 삶으로 이끄시려고 말씀을 주시니 감사드립니다. 오늘 주시는 말씀이 영혼을 치료하는 약이 되기를 소망합니다. 하나님을 사랑하는 저희들이 굳게 자키는 언약의 말씀이 되게 하시옵소서.

우리의 옛 사람이 주님과 함께 십자가에 못 박히고 죽고 묻혔음을 묵상하게 하시옵소서. 주님의 죽으심으로 육신의 악한 욕망이 더 이상 우리를 지배하지 못하게 되었음에 감사드리게 하시옵소서. 우리 자신을 하나님께 감사의 제물로 드리는 삶을 살도록 인도해 주시옵소서.

이제, 말씀에 의지하는 저희들에게 소망을 품고 지내게 하시옵소서. 이 시간에 십자가에 장사 지내지는 은혜를 주시옵소서. 그 십자가의 죽음을 통해서 여호와를 바라는 의지가 담긴 새 형상으로 거듭나게 하시옵소서. 세상의 헛된 욕망을 찾았던 곳에서 새 길을 열어 주시옵소서.

위로가 되어주시는 예수님의 이름으로 기도드립니다. 아멘

그의 사랑 안에 거하는

빛난 보좌에 계신 여호와여,

이 거룩한 아침에 하늘의 영광을 버리고 이 땅에 오신 예수님을 바라봅니다. 저희를 구원해 주시려고 십자가를 지시기 위해서 관의 길을 걸으셔야 했던 주님을 바라보게 하시옵소서. 십자가에서 흘리신 피로 저희들은 죽음에서 생명을 누리게 되었고, 오늘 예배하게 되었습니다.

하나님 앞에 설 때, 죄지은 모습을 숨길 수 없어 고백합니다. 지난주일, 이 예배당을 나서면서 하나님의 영광을 구하며 살겠다고 다짐하였으나 그러하지 못하였습니다. 주님의 뜻보다는 제 마음에 만족하기를 원했습니다. 생각과 말 그리고 행동으로 하나님이 미워하시는 일에만 힘써 왔음을 고백하니 용서해 주시옵소서.

하나님의 말씀을 듣고자 하오니 마음의 문을 열어 주시옵소서. 성령 하나님의 역사하심이 강단에서 전해지는 말씀에 나타나기를 소원합니다. 진리의 말씀으로 새로워지고, 힘을 얻게 하시옵소서.

성령님께서 생각을 주장하심에 따라 이 땅의 것들로 우리의 삶의 목표를 삼지 않게 하시옵소서. 하나님의 나라를 소망하게 하시옵소서. 하늘의 하나님을 바라보고, 그 나라를 삶의 목표를 삼게 하시옵소서.

끊임없이 찾아왔던 근심을 기도로 날려 버리게 하시고, 소망을 품게 하시는 하나님께 찬양을 드리게 하시옵소서. 저희들의 심령이 주님의 은혜 안에서 무엇에나 두렵지 않게 하시옵소서. 모든 일을 아버지께 맡기고 지내게 하심을 감사합니다. 지체들에게 평안을 주심에 감사합니다.

풍성하신 주님, 예수님의 이름으로 기도드립니다. 아멘

여호와의 교훈, 여호와의 계명

평강과 구원의 하나님,

십자가를 통해서 주님을 알고, 믿게 되었으니 그 십자가의 신앙으로 영광을 드리게 하시옵소서. 여기에 모인 권속들이 서로 돌아보고 기쁨으로 섬기면서 하나님 중심, 말씀 중심, 교회 중심의 삶에 힘쓰게 하시옵소서.

이제, 저희들에게 하나님보다 자신을 좋게 하려던 모든 잘못된 행실에서 돌아서는 용기를 주시옵소서. 믿음이 습관이 되었음을 용서하시고, 예배가 의식을 행하는 것처럼 형식이 되었음을 용서하시옵소서. 주님을 사랑함보다 종교적인 행위에 그쳐버린 모습을 용서하시옵소서.

하나님의 음성에 순종하여 주님의 사랑 안에 거하기를 소망합니다. 그 말씀으로 또 다시 시작되는 저희들의 삶이 생명의 활력으로 넘치게 하시옵소서. 주님을 사랑하게 하는 말씀이 되게 하시옵소서.

질병으로 눈물을 쏟고 있는 지체들이 "내가 주께 부르짖으매 나를 고치셨나이다."라고 고백하는 은혜를 받게 하시옵소서. 무릎을 꿇어 기도하는 환우들의 기도를 응답해 주셔서 낫게 하시옵소서. 주님의 긍휼과 능력을 구하는 지체들의 뜨거운 눈물의 기도를 들어주시옵소서.

저희들이 살아가고 있는 삶의 현장에서 30배, 60배, 혹은 100배로 거두게 하시는 여호와의 손길을 바라봅니다. 저희들이 풍성해질 때, 감사함을 잊지 않게 하시옵소서. 그리고 하나님의 의를 찾게 하옵소서. 자기 힘으로 얻은 줄 알고 제 뜻대로 살려하 지 않게 하시옵소서.

강함이 되어주시는 예수님의 이름으로 기도드립니다. 아멘

다시 살아나신 예수 그리스도

살아계신 주 여호와여,

저희들의 모습을 돌아보건대 육신의 삶에 쫓겨 하나님의 은혜를 잊고 지냈음을 회개합니다. 하나님의 나라와 의를 구하면서 살아야 했는데, 욕심으로 말미암아 죄를 지으며 살았습니다. 뉘우치니 하나님의 인자하심으로 용서해주시옵소서.

이 세상에서 살아가는 동안에, 하나님을 바라보는 시간이 많아지게 하시옵소서. 삶의 길을 떠나는데, 높은 산이 앞을 가로막을 때 하나님을 소망하게 하시옵소서. 길을 열어주시는 하나님이십니다.

나의 앞길을 가로막는 산을 치워주실 성령님의 도우심을 바라보게 하시옵소서. 성령님께서 도와주실 것을 기대하면서 결코 단념하지 않게 해주시기를 빕니다. 끝까지 소망을 붙들어서 이기게 하시옵소서.

하나님 아버지, 부활절에 예수님의 십자가로 말미암은 구원의 은혜에는 감사하는 삶을 결단하게 하시옵소서. 사실, 저희들에게 부활에 대한 소망이 없다면 기독교 신앙은 산 신앙이 아닐 것입니다. 주님의 부활하심은 저희들에게도 부활할 것에 대한 확신을 갖게 하셨으니 부활의 신앙으로 살아가게 하시옵소서.

복음을 전하시던 주님의 열심, 주님의 열성, 주님의 열정이 있게 하시옵소서. 저희들에게 주님과 교회와 선교를 위하여 열정적으로 사명을 감당하도록 이끌어 주시옵소서. 우리 교회가 여호와 앞에서 동일한 부지런을 나타내기 원합니다. 하나님을 위한 열심의 마음을 주시옵소서.

부활을 주신 예수님의 이름으로 기도드립니다. 아멘

죽은 자의 부활도

자비로우신 하나님,

예수님께서 죽음의 권세를 무찌르신 것을 기념하는 오늘, 저희들은 주님을 찬송합니다. 베들레헴에 아기로 오셨던 그날보다도, 세상의 권세를 이기신 오늘 영광의 주를 찬미하는 저희들이기를 소원합니다.

받은 은혜 많사오나 구별된 삶을 살지 못했던 것을 회개합니다. 하나님의 은혜는 그 나라와 의를 구하라 주심이었으나, 불신자들과 조금도 다름이 없이 지낸 죄를 용서하시옵소서. 이제, 후로는 절대 방황하지 않으며, 여호와께 주목하여 지내기 원합니다.

하나님 아버지, 이 시간에, ○○의 지체들에게 하나님의 말씀으로 마음을 무장시켜 주시옵소서. 하나님께서 우리를 위하신다고 하신 말씀을 믿어, 누가 나를 대적하랴는 담대함을 품게 하시옵소서. 속박하고 있는 실패와 두려움의 사슬이 성령님의 역사로 풀려지기를 원합니다.

하나님의 우편에 앉아계신 주님께 찬양을 바치게 하시옵소서. 주님께서 성령님을 통하여 저희들에게 하늘의 은사를 부어주심을 기다리게 하시옵소서. 하늘에 계신 그 능력으로 저희들을 모든 원수들로부터 지키고 보호해 주심을 찬양하게 하시옵소서.

안타깝게도 요즈음, 저희들 주변에는 어려움으로 힘들어 하는 이들이 있으니, 그들을 불쌍히 여겨 주시옵소서. 인생의 광풍을 만난 이들에게 함께 하셔서 풍랑을 다스려주시고, 평안케 하시옵소서. 사랑하는 지체들이 어려움을 겪으면서 하나님의 은혜를 소망하게 하시옵소서.

평강을 주시는 예수님의 이름으로 기도드립니다. 아멘

사망의 고통에서 풀어

왕이신 우리 하나님,

저희들의 죄를 고백합니다. 하나님께서 주신 날을, 하루하루 또는 시간 시간을 아무 생각 없이 거저 되는대로 살아온 저희들입니다. 남들이 하니까 나도 따르면서 살아왔음을 회개하니 받아 주시옵소서.

우리에게 힘을 주시는 주님의 품 안에서는 이루지 못할 일이 없음을 깨닫게 하셨습니다. 오직 하나님의 말씀으로 성공의 비결과 힘과 능력을 주실 성령님을 바라보게 하시옵소서. 하나님의 뜻을 위하여 저희로 소원을 두고 행하게 하시는 우리 하나님께 감사와 영광을 바칩니다.

하나님 아버지, 저희들의 갈급한 심령, 굶주린 심령에 영생의 말씀을 주시옵소서. 목사님께서 목숨을 바쳐 말씀을 전하실 때, 그 진리를 따를 것을 다짐하게 하시옵소서. 저희들은 그대로 말씀을 받아 지키는 거룩한 무리가 되기를 소망합니다.

이 시간에, 저희들의 삶을 고달프게 하는 짐을 주님께 맡겨 버리게 하시옵소서. 우리가 주님의 십자가를 바라볼 때, 저희를 붙들어 주심을 경험하게 하시옵소서. 의인의 요동함을 영영히 허락지 아니하시는 주님께로 나아가게 하시옵소서.

간절히 구하니, 진리로 충만한 ○○교회가 되게 하옵소서. 저희들 모두에게 날마다의 삶에서 여리고를 정복해주신 하나님의 은혜를 보게 하옵소서. 이 땅에서의 삶이 하나님의 방법대로 이루어져 천국생활의 훈련을 받게 하시옵소서. 훈련시키시는 시간의 삶이 되게 하시옵소서.

만왕의 왕, 예수님의 이름으로 기도드립니다. 아멘

예수께서 부활하심을 증언할 사람

신실하신 아버지여,

하늘의 은총으로 죄를 보게 하심에 감사드립니다. 먹고 살아가는 문제로 분주했던 일들로 여겨졌던 삶의 곳곳에서 죄의 모습들을 들추어내게 하셨습니다. 지난 한 주간 동안에도 주님을 기쁘시게 못하고, 육신을 위하여 이기적인 욕망과 죄악으로 살아온 죄를 씻어 주시옵소서.

하나님께서 저희들을 사랑하시되, 믿는 자에게는 이루지 못할 일이 없다고 선언해주셨으니, 그 복을 누리게 하시옵소서. 약속의 말씀을 통해서 우리를 속박하고 있는 열등감의 쇠사슬을 풀려질 것을 믿습니다. 우리의 승리를 보장해주시는 약속의 말씀으로 무장하게 하시옵소서.

하나님 아버지, 빈 심령으로 하나님을 찾은 저희들에게 영생의 말씀을 준비해 주시니 감사드립니다. 오늘, 저희 ○○교회의 권속들이 들어야만 하는 생명의 말씀이 선포되기를 간절히 원합니다. 이삭을 줍듯이 겸손한 심정이 되어 말씀에 귀를 기울이게 하시옵소서.

저희들 중에, 병든 지체들을 위하여 부르짖습니다. 질병의 세포를 소멸해주시고 생명세포가 충만해지게 하시옵소서. 이제 그만, 신음하는 환우들의 소리를 거두시고 자비를 베풀어 주시옵소서.

오늘, 예배하는 시간에 영안이 열려지고, 주님을 만나는 은혜를 경험하게 하시옵소서. 주님을 만남으로 말미암아 저희들에게 회복을 경험하는 은혜의 시간을 보게 하시옵소서. 저희의 회복으로 개인의 심령이 소성케 되고, 은혜가 풍성해지며, ○○교회는 부흥을 경험하게 하시옵소서.

온 세상의 주님, 예수님의 이름으로 기도드립니다. 아멘

우리를 다시 살리시리라

뭇 백성을 다스리시는 하나님,
저희들의 더러워진 마음을 살펴셔서, 다시 한 번 속사람을 깨끗하게 하시고, 더러운 것은 성령님의 불로 태워 주시기 바랍니다. 주님의 이름을 부르오니, 죄를 용서하시고, 기도를 들어 주셔서 성령의 충만함이 회복되기 원합니다.

진노 중에라도 긍휼을 잊지 마시고, 저희들에게 사랑과 자비를 베풀어 주시옵소서. 탐욕을 거절하지 못하고, 천국의 백성답게 지내지 못한 죄를 회개합니다. 갈보리에서 흘리신 주님의 피로 용서해 주시옵소서.

이제, 하나님의 말씀으로 저희들의 영을 배부르게 하시옵소서. 목사님을 대언자로 삼으셔서 들려주시는 말씀을 아멘으로 받게 하시옵소서. 그 말씀으로 우리 교회가 성령님의 풍성하심에 들어가게 하시옵소서.

이제부터 새롭게 꿈을 키우게 하시옵소서. 하나님께서 저희를 도우시면 무엇이든지 해낼 수 잇다는 담대함으로 새롭게 시작하기 원합니다. 하나님의 영광을 이루기 위해서 크게 생각하게 하시옵소서. 큰 생각을 갖고 있는 사람만이 이루어낼 수 있음을 잊지 않도록 도와주시옵소서.

저희들에게 주님의 충성을 따르는 은혜를 주시옵소서. 맡은 자들에게 구할 것은 충성이라고 하셨으니, 충성을 원함이 제일의 간구가 되게 하시옵소서. 죽도록 충성하는 은혜를 주시옵소서. 사랑하는 권속이 충성으로 주님 앞에 섰을 때 부끄럽지 않도록 헌신하게 하시옵소서.

자유를 주신 주님, 예수님의 이름으로 기도드립니다. 아멘

우리로 화목하게 하신

영광을 선포하시는 주여,

사랑하는 ○○의 지체들에게 하나님 외에는 다른 신을 섬기지 않고, 그에게 절하지 않겠다는 거룩한 다짐으로 살게 하시옵소서. 오직 하나님만 섬기는 은혜의 즐거움을 누리게 하시옵소서.

하나님 앞에서 먼저 죄를 고백합니다. 지난 시간의 발자취를 돌아볼 때, 부끄럽기 그지없습니다. 저희들의 죄가 주홍 같이 붉을지라도 눈처럼 희게 되는 용서의 기쁨을 주시옵소서. 여호와의 불쌍히 여기시는 은혜로 품어 주시옵소서.

목사님께서 전해주실 말씀에 감격하는 은혜를 누리게 하시옵소서. 한 마디, 한 마디의 말씀에서 진리를 구하게 하시고, 지키고 따를 생명의 길로 받게 하시옵소서. 저희 무리에게 전하시도록 하나님께서 주시는 말씀을 가감 없이 전하시게 성령님께서 역사해 주시기를 소망합니다.

하나님께서 바라시며, 우리가 원하기만 하면 우리들 자신이 원하는 사람이 될 수 있음을 확신합니다. 실패할 수밖에 없으며, 망할 수도 있지만, 하나님은 결코 실패하지 않으심을 믿습니다. 사람으로는 불가능한 것까지 하나님께서 이루어 주실 것을 믿고 기다리게 하시옵소서.

주님의 은혜로 저희들에게 친구가 되게 해주셨음을 믿습니다. ○○교회에는 언제나 임마누엘로 함께 해주시옵소서. 주님의 친구는 주님의 말씀을 지킨다고 하셨으니, 이제, 온 성도들이 교회를 중심으로 해서 주님의 뜻을 이루어드리는 아름다운 삶을 결단하게 하시옵소서.

구주로 오신 예수님의 이름으로 기도드립니다. 아멘

너와 네 집이 구원을

우리의 소망이 되시는 하나님,

저희들의 죄를 고백하오니 용서해 주시옵소서. 주님께서 부활하셨건만, 아직도 부활신앙을 갖지 못하고, 방황하고 있습니다. 저희를 죄에서 용서하시고, 사유하심을 받은 기쁨으로 예배드리게 하시옵소서. 이제, 부활의 그날까지 십자가를 지고서 주님의 뒤를 따라 가게 하시옵소서.

하나님의 영광을 구하는 저희들이 되게 하시옵소서. 삶이 고단하고, 염려와 질고로 인하여 육신의 것을 구하기에 급급한 저희들에게 하늘을 보여 주시옵소서. 땅의 것을 하나님께 맡기고, 하늘의 영광을 구하는 저희들에 되게 하시옵소서.

강단에 목사님을 세우셔서 천국의 음성을 듣게 하셨습니다. 말씀을 주실 때, 그 말씀이 손을 금하여 어떤 모양으로도 악을 금하는 힘이 되게 하시옵소서. 영혼을 살리는 말씀이기를 빕니다.

자기 백성에게 선하시며 환난 날에 산성이 되시는 하나님을 찬양합니다. 저희들 앞에 있는 큰 산 같은 고난도 하나님의 능력과 은혜로 평지같이 되게 해 주시옵소서. 저희들이 고난을 당할 때 잠시 근심하게 되지만 끝내는 크게 기뻐하게 하실 줄을 믿습니다.

예수님을 믿는다고 입으로만 말하는 것이 아니라, 생활 속에서 그리스도인으로 변화되기를 원합니다. 진심으로 예수님의 다스리심을 즐거워하고, 언제나 구원의 은혜를 경험하기 원하여 간구합니다. 하나님의 자녀로서 거룩하도록 하는 지식을 갖춤에 대하여 소망하게 하시옵소서.

임마누엘의 주님, 예수님의 이름으로 기도드립니다. 아멘

각 사람은 부모를 경외하고

이스라엘의 주 여호와여,

하나님으로서 영원히 우리와 함께 하시는 성령님을 찬송합니다. 성령님의 충만하심으로 저희들의 믿음을 참 되게 하시옵소서. 주님 안에서 하늘의 모든 신령한 복에 동참하게 하시옵소서. 성령님의 위로가 ○○의 지체들에게 충만하시기를 빕니다.

이 시간에, 죄를 지은 저희들을 용납해 주시고, 회개할 때, 그리스도의 피로 씻음을 받게 하시옵소서. 주님의 은혜가 없으면 살 수 없는 저희들, 말씀대로 살기를 원하였지만 부끄러운 모습으로 살아온 것을 자복합니다. 주님의 영광을 가리는 말을 해왔고, 감정에 따라 행동을 했던 삶을 용서해 주시옵소서. 긍휼을 베풀어 주시옵소서.

강단에서 증언되는 말씀에 엎드리게 하시옵소서. 천상의 소리로 전해지는 말씀을 오직 은혜로 받는 은혜를 주시옵소서. 온 교회가 말씀의 영으로 충만해져서 진리의 풍성함을 누리게 하시옵소서.

오늘도 저희들의 소망이 되신 하나님을 사랑합니다. 하나님께서 사랑을 받는 자녀라 불러주시고, 그 은혜로 인도해 주시니 감사드립니다. 날마다 시간을 구별해서 주님의 인자한 말씀을 듣게 하시옵소서.

저희들의 인생의 삶에서, 살아가야 할 길을 열어 주시옵소서. 주님의 뜻에 따라 섬기며 영광을 드리게 하시옵소서. "소원을 두고 행하게 하시나니"라고 약속해주셨습니다. 이 약속에 따라서 인생의 소원을 품게 하시옵소서. 하나님의 나라를 위하여 일을 맡겨 주셨음을 믿습니다.

하늘 영광이 되시는 예수님의 이름으로 기도드립니다. 아멘

하나님 앞에 받으실 만한 것

우리를 불러주신 하나님,

성령강림의 거룩한 절기에 ○○ 교회의 권속이 예배합니다. 저희들의 눈을 열어 주시어 보혜사로 오신 성령님을 맞이하게 하시옵소서. 성령님께서 우리 가운데 임하심으로 능력으로 새롭게 하심을 기다립니다.

지난 죄에서 돌이켜 회개하고, 모든 죄에서 떠나는 용기를 주시옵소서. 말과 행동으로 불신앙의 삶을 살았던 죄를 주님의 보혈로 씻어 주시옵소서. 의롭게 해주시는 은혜의 옷을 입게 하시옵소서.

하나님 아버지, 사랑하는 ○○의 지체들이 하나님 앞에서 기도의 사람으로 세워지기를 빕니다. 예루살렘의 다락방에 모였던 이들이 기도에 전혀 마음을 같이했던 은혜가 저희들의 것이 되게 하시옵소서. 우리 교회가 기도에 힘쓰는 교회가 되어 하늘의 문을 여는 능력이 나타나기를 소망합니다.

병으로 신음하는 지체들의 아픔을 나사렛 예수 이름으로 깨끗하게 치료하여 주시고, 영혼을 구원하여 주시옵소서. 그들의 정신과 영혼과 육체가 새로운 활력을 찾게 해주시기를 빕니다. 회복된 건강한 몸과 마음으로 가족들과 화목하고 이웃에게 봉사하는 삶이 되게 하시옵소서.

주님께서 주셨음을 생각하여, 작은 일에도 감사하는 심령으로 만들어 주시옵소서. 비록 바라지 않은 일을 하게 되거나, 어려운 일에 부딪치더라도 감사함으로 받아들이며 살게 하시옵소서. 시시때때로 복을 내리셔서 저를 지켜주시고 건강과 힘을, 안락함을 누리게 하시옵소서.

생명이 되시는 예수님의 이름으로 기도드립니다. 아멘

곤고한 자가 부르짖으매

천지를 지으신 여호와여,

갈보리에서 흘리신 주님의 피가 저희들을 죄로부터 자유하게 하셨음에 감사드립니다. 주님의 속죄로 말미암아 하나님 앞에서 의롭다 인정을 받게 하셨음을 확신하게 하시옵소서. 혹시라도 저희들이 죄를 지었을 때, 주님의 피가 회개의 은혜가 됨을 잊지 않게 하시옵소서.

오늘, 머리를 숙인 지체들에게 진심으로 여호와를 경외하여 섬기게 하시옵소서. 저희들이 하나님께로부터 지혜를 얻으며 교훈을 받게 해 주시옵소서. 땅의 지혜를 거절하고, 하늘의 지혜를 갖게 하시옵소서. 하나님 앞에서 떨며 즐거워하게 하시옵소서.

하나님 아버지, 오늘, 저희들을 불쌍히 여기셔서 말씀의 꼴로 배부르게 하시옵소서. 저희들을 영과 진리로 인도하시는 생명의 말씀을 주시옵소서. 말씀을 선포하시는 목사님께 성령님의 충만하심이 있기 원합니다. 성경을 기록하게 하셨던 성령님의 충만하심이 전하는 자와 그 말씀을 받는 저희들에게 동일하게 역사하기기를 빕니다.

이 시간에, 병상에 있는 교우들을 위하여 간구합니다. 하나님의 인자와 자비로 그들을 치료해 주시옵소서. 속히 건강을 회복하게 하시옵소서.

신앙의 성공으로 세상을 이기는 은혜를 보게 하시옵소서. 세상이 주는 것들보다도 더 좋은 것, 새 생명을 알게 하시옵소서. 저희들에게 이제까지 알지 못하던 것을 알게 하시옵소서. 천국의 아름다움을 사모하도록 이끌어 주시옵소서. 천국을 보고자 하는 마음을 주시옵소서.

말씀이 몸이 되신 예수님의 이름으로 기도드립니다. 아멘

슬퍼하며 애통하며 울라

공의를 펴시는 하나님,

주님의 몸 된 ○○의 교회가 하나님 앞에서 거룩한 공회가 되게 하셨음에 감사드립니다. 갈보리에서 흘리신 주님의 피를 통해서 저희들을 하나가 된 공동체를 모으셨음에 감사드립니다. 성령님께서 이 교회를 보호하시며 보전해 주시옵소서.

하나님을 잊고 지냈던 자신을 회개합니다. 자신의 욕심에 집착하여 도우시는 하나님을 잊었고, 옛 사람의 행실을 즐거워했던 죄를 용서해주시옵소서. 예수님의 보혈로 다시 한 번만 씻어 주시옵소서.

하나님 아버지, 저희들을 사랑하셔서 말씀을 듣게 하시니 감사드립니다. 전해주시는 그 말씀을 사랑하며 살고, 눈동자처럼 그 진리를 지키게 하시옵소서. 이 시간에 한 사람도 거저 왔다가 거저 돌아가는 자가 없도록 말씀을 통하여 은혜를 내려 주시옵소서.

저희들에게 기꺼이 주님을 위해서 목숨을 바침으로 얻을 수 있는 은혜로 나오게 하시옵소서. 주님께서 저희를 위해 목숨을 버리신 사랑을 배우게 하시옵소서. 저희가 이로써 사랑을 깨달아 마땅히 저희가 형제를 위해 목숨을 바치게 하시옵소서.

악하고 음란한 이 때, 저희들에게 더욱 부르짖는 간구의 소리가 있게 하시옵소서. ○○교회의 권속이 성령님의 충만하심을 사모하도록 하시옵소서. 초대 교회가 시작될 때, 120 명의 사람들이 약속하신 성령을 받기 위해서 간절히 기도했던 다락방의 은혜를 지금, 보여 주시옵소서.

평안을 주시는 예수님의 이름으로 기도드립니다. 아멘

내 음성으로 하나님께

우리를 돌아보시는 주여,

이기심이 가득 찬 저희들의 마음을 아버지께 드립니다. 주님의 사랑으로 이기심을 털어내어 주시옵소서. 주님의 뜻대로 산다하면서 그렇게 살지 못한 연약한 의지를 주님께 드리니 이 시간에야말로 새롭게 하시옵소서. ○○의 지체들이 주 안에서 공동체를 즐거워합니다.

하나님 앞에서 지은 죄를 회개합니다. 성령님의 깨닫게 하시는 은혜로 죄를 찾아내게 해 주시고, 고백하게 하시옵소서. 죄악의 찌끼를 청결하게 하며, 더러운 것들을 다 제하여 버리게 하시사 주님 안에서 온전한 새로운 피조물 되게 하시옵소서.

오늘도 은혜와 진리의 말씀을 받게 하시니 감사드립니다. 목사님을 통해서 하나님의 음성을 가까이 하게 하시옵소서. 그리스도 안에 있으면 새로운 피조물이라고 약속하심에 따라 강단에서 선포되는 말씀으로 새로워짐이 경험되고, 말씀에 민감하여 새롭게 살아가게 하시옵소서.

저희들, 주님과 연합하여 주님의 모든 부요와 은사들을 누리게 하시옵소서. 우리 교회에 허락하시는 하늘의 신령한 복에 동참하게 하시옵소서. 또한 저희들 서로가 서로를 위하여 섬김의 삶을 살게 하시옵소서.

한 가지 소원을 주셔서 최선을 다하여 하나님을 사랑하는 저희들이 되게 하시옵소서. 주님을 깊이 사랑하고, 주님을 가장 귀하게 여기도록 감동해 주시옵소서. 주님의 사랑이 저희들의 가슴에서 싹이 트고 움이 터지기 원합니다. 그 사랑에 감격하고, 그 은혜 감사하게 하시옵소서.

품에 안아주시는 예수님의 이름으로 기도드립니다. 아멘

울며 애통하고 마음을 다하여

예배를 받으시는 하나님,

자기의 십자가를 지고 주님을 좇는 것을 즐겁게 하셨습니다. 저희들에게 날마다 자신을 부인하도록 은혜를 내려 주시옵소서. 저희들을 주장하던 자리에 주님의 십자가를 내세우게 하시옵소서. 자신을 부인하고, 십자가를 지기에 조금의 부족함도 없는 지체가 되게 하시옵소서.

말할 수 없이 어리석게 살아온 시간들을 고백합니다. 하나님 앞에서 둔감한 양심으로 살아 죄를 멀리하지 못하였던 삶을 고백합니다. 거룩하고, 참되지 못한 저희들의 마음을 주님 앞에 내어 놓습니다. 주님의 아름다우심으로 그것을 깨끗하게 하시옵소서.

지금, 저희들 무리에게 "상심한 자들을 고치시며 그들의 상처를 싸매시는" 은혜가 있기를 소원합니다. 잠시 질병으로 고통을 당하고 있으나 병 낫기를 기도하면서 십자가 너머에 있는 소망을 바라보는 은혜를 내려 주시옵소서. 하나님께 영광을 돌리게 하시옵소서.

세운 것을 헐기도 하며 심은 것을 뽑기도 하시는 하나님을 두려워합니다. 심은 것마다 하나님께서 심으시지 않은 것은 모두 뽑힐 것이라고 하신 말씀을 묵상하게 하시옵소서.

오직 마음을 다 드리는 지금, 감사로 제사하는 심령의 저희들이 되어 여호와의 영광을 인정하게 하시옵소서. 주님의 은혜가 언제나 저희들의 심령에 머무르기를 원합니다. 저희들의 영혼이 주님의 사랑과 뜻에 적합한가를 염려하는 것 외에는 아무 것도 염려하지 말게 하시옵소서.

돌보시며 지켜주시는 예수님의 이름으로 기도드립니다. 아멘

누구에게서 배운 것을 알며

전능하신 하나님,

오늘, 여호와 앞에 저희들이 얻은 첫 소산물을 드리게 하시니 감사합니다. 좋으신 아버지께서는 지금까지 차고 넘치도록 하셨으며, 풍성한 수확을 보게 하시니 이 모든 영광을 드립니다. 저희들이 감사로 예배할 때, 온 세상에 찬양이 넘치기를 소망합니다.

저희들이 교회에 모이는 것으로 즐거워할 뿐, 빛으로 살지 못한 죄를 고백합니다. 소금이 되어야 할 곳에서 소금이 되려 하지 않았던 죄를 용서해 주시옵소서. 이웃을 제 몸처럼 사랑해야 할 때, 그렇게 하지 못했던 죄를 아파합니다. 이제는 습관처럼 된 회개를 용서해 주시옵소서.

이제, 말씀을 전하시는 목사님께 더욱 성령님의 은혜를 나타내 주시옵소서. 생명을 걸고, 선포하시는 말씀이 온 성도들에게 축복이 되게 하시옵소서. 그 말씀을 마음으로 받아 순종의 다짐이 있게 하시옵소서.

이 시간에, 성령님의 권면을 통해서 저희들에게 열매를 맺음에 주목하게 하시옵소서. 먼저 저희 안을 깨끗하게 하여 좋은 나무가 되는 은혜를 주시옵소서. 이로써 성령님께서 거하심으로써 아름다운 열매를 맺게 하시옵소서.

언제부터였는지 모르나 형식적으로 흐르는 신앙생활에 활력을 주시옵소서. 저희를 불쌍히 여기사 미지근해지는 삶의 자세에 새로움을 주시옵소서. 뜨겁든지, 차던지 성령님의 역사를 보게 하시옵소서. 부활하신 주님께서 주시는 은혜로 강하게 세워주시고, 활기차게 하시옵소서.

영원하신 주님, 예수님의 이름으로 기도드립니다. 아멘

와서 내 말을 들으라

복을 주시는 여호와여,

여호와의 존전에서 주님께 기도하며 자복할 수 있는 은혜를 원합니다. 하나님의 영광을 가릴만한 죄들을 회개하게 하시며, 용서하심의 은혜로 새롭게 하시옵소서. 이제, 저희들이 지은 모든 죄를 고백하고 뉘우치오니 용서해 주시옵소서. 저희들이 주님의 마음을 닮지 못하고 허영과 시기와 미움으로 살아왔사오니, 고쳐주시옵소서.

하나님 아버지, 저희들을 위하여 말씀을 준비하신 목사님께 성령으로 감동해 주시옵소서. 교회의 성도들을 먹이시는 하나님의 은혜가 말씀으로 주어지기 원합니다. 하나님께서 저희를 사랑하셔서 지키고 따라야 하는 말씀을 주시기 원합니다. 저희들의 가슴에 담아두는 약속이 되게 하시옵소서.

이 시간에, 저희들에게 은혜를 베푸셔서 다시 한 번 기도의 영으로 충만하게 하시옵소서. 성령님의 충만하심으로 무릎을 꿇게 하시옵소서. 저희들 자신과 우리 교회의 부흥을 위하여 기도의 자리로 나아가게 하시옵소서. 금식의 은혜를 주시면 금식으로 기도하게 하시옵소서. 금식을 통한 회개로 하나님의 영광을 구하게 하시옵소서.

저희들이 무엇을 하여 주님의 영광을 나타낼 수 있는지 알려 주시옵소서. 하나님의 뜻을 이루어 드리는 손과 발이 되게 하시옵소서. 성경의 사람들이 믿음으로 살았던 것처럼 저희들에게도 그 삶을 잇게 하시옵소서. 선진들의 신앙을 역사에 이어가게 하시옵소서.

확신이 되어주시는 예수님의 이름으로 기도드립니다. 아멘

내가 깨달아 주의 계명들을

온 땅에 충만하신 하나님,

이 세상을 본받지 않고, 심령의 변화를 받게 해주셨음에 감사드립니다. 천국의 백성이 되어 의를 구하게 하시니 그 은혜를 즐거워하게 하시옵소서. 예배할 때, 성령님의 충만하심이 있어 하나님의 선하시고 기뻐하시고 온전하신 뜻이 무엇인지 깨닫게 하시옵소서. 저희들은 하나님의 뜻을 이루어 드리는 자들이 될 것을 결단하게 하시옵소서.

하나님 앞에서 그 누구도 감출 수 없으니 저희들의 죄를 고백하기 원합니다. 알게 혹은 모르게 주님의 영광도 가로챘습니다. 이러한 어리석음을 보혈의 은혜로 깨끗케 하여 주시옵소서.

하나님 아버지, 오늘도 설교하시는 목사님께 영력을 더하셔서 생명의 말씀으로 저희들이 배부르게 해주시옵소서. 하나님의 말씀 앞에서 두려워 할 줄 아는 저희들이 되게 하시옵소서. 말씀이 없어서 방황하는 자들에게 말씀의 위로를 받게 해 주시옵소서.

하나님의 이름을 사모하는 ○○의 지체들에게, 우리의 죄를 위하여 죽으신 주님을 모셔드리게 하시옵소서. 주님께서 우리를 위하여 죽으심은 나를 사랑하시는 하나님의 선물이라는 것을 깨닫게 하시옵소서.

하나님의 말씀을 아멘으로 받고, 순종하려는 감격으로 가슴이 뜨거워지게 하시옵소서. 저희들은 믿음의 눈으로 부활의 주님을 보았으니, 겸손히 주님의 말씀을 받아들이게 하시옵소서. 여호와께 존귀한 지체들, 힘을 다하여 말씀을 이루어드리는 아멘의 생활로 인도해주시옵소서.

우리의 사랑이신 예수님의 이름으로 기도드립니다. 아멘

내 도를 지키는 자가

영광으로 계시는 여호와여,

주님께서는 저희들의 마음을 들여다보고 계시니 죄를 회개합니다. 저희들의 죄가 흉악하지만 용서해 주시옵소서. 알면서도 잠간 동안 의 이익 때문에 저지른 죄를 회개합니다. 은혜로 주신 재물을 남용 하였고, 하나님의 유익을 구하지 못했음을 용서하시옵소서.

살아가면서 뜻을 모를 어려움을 만났을 때, 불평하기보다는 십자가 를 생각하게 하시옵소서. 원하지 않던 일을 만나 곤란하게 될 때도 분노하기에 앞서 십자가를 생각하게 하시옵소서. 주님께서 말씀하 셨던 자기의 십자가를 묵상하는 은혜로 인도해 주시옵소서.

설교를 준비하신 목사님께 성령의 감동하심을 원합니다. 저희들에 게 말씀하시는 하나님의 음성을 듣는 은혜의 시간이게 하시옵소서. '지금, 여기에서' 저희들이 들어야 하는 말씀이 온 교회를 덮게 하 시옵소서.

이 시간에도 병든 지체들에 대하여 안타까운 마음을 갖게 하시니 감 사드립니다. 여호와께서 그들을 모든 더러운 질병으로부터 고쳐 주 시옵소서. 간절히 원하건대 환우들을 치료하시며 주님의 긍휼로 살 려 주옵소서 믿음으로 기도할 때, 치유의 역사가 일어나게 하시옵 소서.

오늘, 저희들에게 성령님의 충만함이 있기를 원합니다. 성령님께로 들어가서 성령님께서 믿게 하시는 대로 믿는 저희들이 되고 싶습니 다. 성령님이 이끌어 주시는 대로 순종하는 교회가 되고, 지체들이 되게 하시옵소서. 저희들의 심령에 성령님의 체험이 있도록 도와주 시옵소서.

보혈을 흘려주신 예수님의 이름으로 기도드립니다. 아멘

그것을 배우며 지켜 행하라

만유의 주 하나님,

성령님께서 임하셔서 생각과 마음을 주님께 집중하고, 하나님의 말씀을 마음에 간직하게 하시옵소서. 오직 하나님의 말씀으로 살아가기를 소원하는 은혜를 주시옵소서. 가지가 나무에 붙어 있어야 하듯이, 우리 예수님께 붙어 있기를 원하셨던 주님의 마음을 묵상합니다.

지난 시간의 삶을 되돌아봅니다. 주님께서 주신 시간들을 어떻게 보냈는지 살펴보는 지혜를 주시옵소서. 저희들의 죄로 주님의 시간들을 얼룩지게 하였사오니 용서해 주시옵소서.

마음의 문을 열어 강단에서 떨어지는 하나님의 말씀을 주목하게 하시옵소서. 주님의 말씀의 교훈과 책망 안에서 날마다 새로워지게 해 주시옵소서. 진리에 순종하고, 진리를 생명처럼 붙잡고 살아가는 ○○ 교회의 성도들이 되게 하시옵소서.

머리를 숙인 ○○의 지체들을 보아 주시옵소서. 저희들 각 지체들이 처해있는 형편을 불쌍히 여겨 주시옵소서. 가난한 모습, 실패한 모습, 낙심될 수밖에 없는 형편을 숨김이 없이 고백하게 하시옵소서. 하나님의 긍휼하심으로 저희들의 상한 심령을 어루만져 주시옵소서.

저희들은 성경을 가까이 하고, 말씀에 순종해서 면류관을 받게 하시옵소서. 하나님의 말씀의 법대로 신앙생활을 하여 영광의 자리에 도달하게 이끌어 주시옵소서. 말씀에 따라 기도하게 해주시며, 순종하여 봉사하게 해주시고, 약속의 말씀이 성취될 것을 소망하게 하시옵소서.

영원하신 친구, 예수님의 이름으로 기도드립니다. 아멘

굳센 데서 떨어질까 삼가라

인애하신 우리 하나님,

죄의 사람은 죽고, 의의 사람으로 살게 하셨음에 감사드립니다. 주님께서 하나님 아버지의 영광으로 부활하심의 은혜가 있기를 소망합니다. 이로써 새 생명 가운데 살게 하시는 은혜를 바라보게 하시옵소서.

주님의 피로 깨끗이 씻어 주시옵소서. 착한 일을 하면서 하나님께 영광을 돌리도록 하는 삶을 살아야 하였으나, 그렇지 못하였습니다. 유혹을 이기지 못하고, 쾌락에 마음을 빼앗겨 주님께서 미워하시는 일도 저질렀음을 고백하니, 용서해 주시옵소서.

하나님 아버지, 목사님의 설교에 성령님의 감동하심이 나타나기 원합니다. 순종의 말씀을 받게 하시며, 선포해주시는 생명의 말씀으로 저희들의 생활이 시작되게 하시옵소서. ○○의 지체들에게 들을 귀, 복된 귀를 주셔서 말씀을 받게 하시옵소서.

저희들의 연약한 실체를 깨닫게 하셨음에 감사드립니다. 저희들이 지키지 못할 것을 아시면서도 계명을 주셔서 우리의 연약함을 잊지 않게 하시니 감사드립니다. 행위로는 하나님께로 나아갈 수 없음을 기억하여 늘 갈보리의 십자가를 바라보게 하시옵소서.

○○교회의 권속이 주님을 향한 사랑으로 가득 차게 하심을 믿습니다. 이로써, 저희들의 참 기쁨이 주님이게 하시옵소서. 저희들을 사용하셔서 무엇에든지 주님의 거룩하신 뜻이 드러나기를 원합니다. 저희들 각자에게는 하나님의 뜻을 이루어 드리는 손과 발이 되게 하시옵소서.

늘 가까이 계시는 예수님의 이름으로 기도드립니다. 아멘

선한 일의 본을 보이며

하늘에 계신 주 여호와여,

여호와 앞에서 예배를 즐거워하게 해 주심을 빕니다. 날마다의 삶에서 예배를 생활의 중심에 두게 하시옵소서. 날마다 하늘의 은혜로 새롭게 하신 하나님을 영화롭게 해드리는 한 시간이 되게 하시옵소서. 하나님의 나라를 바라보게 하셨음을 즐거워하게 하시옵소서. 하나님의 영광 앞에서 여러 가지로 범한 죄와 허물이 그대로 드러남을 고백합니다. 둔감한 양심으로 살아 죄를 멀리하지 못하였던 삶을 고백합니다. 이 모든 것들은 나의 유익만을 앞세운 나머지 더러워진 마음에서 비롯된 삶이었음을 회개하오니 용서해 주시옵소서. 하나님 아버지, 말씀을 전하실 목사님을 성령님의 능력으로 붙잡아 주시기 원합니다. 진리의 말씀에 응답해서 주님의 뜻을 따를 때 우리의 의지를 꺾고 겸손히 주님의 뜻과 계획에 온전히 순종하게 하시옵소서.

예수님께서 흘려주신 보혈의 공로를 힘입어서 하나님 아버지를 바라봅니다. 감히, 하나님을 쳐다볼 수 없으나 예수님의 피가 저희들을 죄로부터 깨끗케 하셨으니, 하나님을 아버지라 부릅니다. 자녀를 위하여 베푸시는 아버지의 은혜를 저희들 모두에게 내려 주시옵소서.

주님의 권속들이 이 거룩한 시간에 하나님의 은혜를 찬송하게 하시옵소서. 오직 마음을 다 드리는 지금, 감사로 제사하는 저희들이 되어 여호와의 영광을 인정하게 하시옵소서. ○○의 권속에게 하나님의 이름을 높이고, 세세무궁토록 영광을 바치는 한 시간이 되게 하시옵소서.

염려를 맡아주시는 예수님의 이름으로 기도드립니다. 아멘

오히려 감사하는 말을 하라

자기 백성을 찾으시는 하나님,

이레 중에서, 한 날을 떼어 거룩한 날로 지키게 하시니 여호와께 영광이 되게 해 주심을 빕니다. 오늘을 주의 날로 구별하고, 종일을 하나님을 예배하는 시간으로 지키게 하시옵소서. 구별하는 그 은혜로 말미암아 자신을 하나님께 드리고, 천국을 소망하며 지내게 하시옵소서.

자신의 욕심에 이끌려 유혹을 분별하지 못하고 쾌락에 빠졌었음을 용서하시옵소서. 생각으로 지은 죄, 손의 행실을 통해서 지은 죄를 용서하시옵소서. 여호와의 지켜보시는 눈동자를 외면했던 죄악을 자복하고 회개하오니 주님의 보혈로 깨끗함을 얻게 하시옵소서.

오늘, 강단에 서서 주님의 말씀을 전하실 목사님에게 신령한 능력과 성령으로 충만케 하시옵소서. 그리하여 말씀을 통하여 주의 영광이 드러나게 하시고, 그 영광이 온 성도들에게 임하게 하시옵소서.

주의 백성들에게 성령님의 은총을 소망하게 하시옵소서. 주님의 교회가 성령님의 충만하심에로 인도되기를 소망합니다. 오직 성령님만이 소망이 되시고, 천국 백성으로 살도록 하는 능력이 됨을 확신합니다. 성령님께서 저희들을 주장하시어 천국 백성으로 살아가게 하시옵소서.

진리의 말씀으로 풍성하게 하심을 믿습니다. 하나님의 말씀으로 ○○교회가 세워져 가기를 소망합니다. 이 시간에, 미쁜 마음으로 말씀을 받아 허망한 것을 물리치게 하시옵소서. 정금보다도 더 간직해야 될 말씀이니, 진리에 순종함으로 더욱 의로워지도록 이끌어 주시옵소서.

평안으로 이끄시는 예수님의 이름으로 기도드립니다. 아멘

낮에와 같이 단정히 행하고

미쁘신 이름의 여호와여,

머리를 숙인 지체들에게 자기를 부인하라는 말씀의 은혜를 내려 주시옵소서. 성령님의 충만하심으로 자기를 거절하기를 즐거워하게 하시옵소서. 생각으로만이 아니라 자기의 거절이 습관이 되게 하시옵소서.

저희들의 지난 시간은 결코 아름답지 못하였음을 회개합니다. 못된 행실을 고치려 하지 않았고, 죄를 지을 생각도 고의로 버리지 않았던 악함의 삶이었습니다. 육신이 연약하고 믿음이 부족하다는 핑계로 주님의 말씀대로 살지 못해서 허물뿐이니 용서해주시옵소서.

하나님 아버지, 이 시간에, 목사님께서 말씀을 선포하실 때, 권능이 있는 강단이 되게 하시옵소서. 주님의 ○○ 교회가 하나님과 동행하는 진리의 말씀이 선포되기 원합니다. 오늘도, 주님의 은혜와 지혜로 채워져야 하는 저희들이 귀를 기울여 말씀을 듣게 하시옵소서.

○○의 지체들 중에, 질병의 환란으로 고초를 겪는 이들이 있어 간구합니다. 여호와를 사랑하고, 주님의 이름을 의지하는 그들에게 치료하는 광선을 비추어지기를 사모합니다. 모든 질병과 고통을 주님의 보혈로 덮으시어 흰 눈보다 더 희게 깨끗케 하시옵소서.

주님의 ○○교회가 날마다 은혜로 풍성하게 해주시고, 이 지역에서 영혼을 살리는 방주가 되게 하시옵소서. 저희들의 소원은 오직 하나, 불신자들에게 복음을 전하는 것이 되게 하시옵소서. 거저 받은 복음으로 구원을 얻은 것처럼, 이 복음을 나누어주는 교회로 사용해주시옵소서.

단정하게 하시는 예수님의 이름으로 기도드립니다. 아멘

다 우리 하나님께 찬송하라

홀로 한 분이신 하나님,

하나님의 자녀들이 주님의 이름을 영화롭게 해드리고, 함께 예배하는 영광을 사모하게 하시옵소서. 이 날, 종일을 예배하는 중에 보내면서, 날마다 입고, 먹으며 생활을 하게 해주시는 은혜가 여호와로 말미암음을 고백하게 하시옵소서.

하나님보다도 자신을 즐겁게 하는 삶에만 관심을 기울인 나머지 죄를 지었던 것을 고백합니다. 마땅히 하나님께 영광을 드려야 할 것을 저희의 기쁨으로 가로챘었습니다. 여러 가지의 일들 속에서 하나님의 도우심을 기억하지 못하고 지나쳤음을 용서하시옵소서.

하나님 아버지, 오늘의 예배에서 하나님의 말씀을 듣게 하시니 감사합니다. 말씀을 듣고 단 위에 서신 목사님과 함께 하셔서 생명을 구원하는 능력의 말씀을 전하실 수 있도록 인도해주시옵소서. 그 말씀이 성도들의 마음 밭에 새겨져 열매를 맺게 하시옵소서.

저희들이 예배할 때, 하나님께서 저희들의 간구에 귀를 기울이실 것을 확신합니다. 하늘의 문을 여시고, 은혜를 부어주실 것을 기대하게 하시며, 자신의 약함을 탄식하는 지체들에게 긍휼을 내려 주시옵소서.

친히 사랑의 본이 되어 주신 예수님을 따라 사랑으로 살게 하시옵소서. 주님 안에서 드러난 하나님의 사랑이 저의 사랑이 되기 원합니다. 사람의 사랑이 아닌, 하나님의 사랑을 하기 원합니다. 독생자를 내어 주셨던 그 사랑으로 저희들은 이제, 모든 이들을 사랑하게 하시옵소서.

짐을 대신 져주시는 예수님의 이름으로 기도드립니다. 아멘

시와 찬송과 신령한 노래들로

찬송을 받으실 하나님,

하나님을 찾고, 기도하게 하시며, 기도의 은총으로 오늘에 이르게 하셨음을 기억합니다. 오직 여호와의 은혜로 살아가기를 소망하는 지체들을 복스럽게 해 주시옵소서. 늘 기도하시며, 하나님의 뜻 안에서 지내셨던 주님의 삶을 사모하게 하시옵소서.

저희들의 죄를 고백합니다. 하나님의 말씀에 따르지 못했던 지난 생활을 회개합니다. 하나님의 나라와 의를 구하면서 살아야 했는데, 유혹에 이끌리고, 욕심으로 말미암아 죄를 지으며 살았습니다. 참으로 뉘우치오니, 하나님의 인자하심으로 받아 주시옵소서.

하나님 아버지, 목사님께서 하나님의 말씀을 선포하실 때 힘 있는 말씀, 능력이 있는 말씀이 되게 하시며, 듣는 성도들이 강단의 메시지에 은혜를 받게 하시옵소서. 말씀을 받음이 이 교회에 복이 되게 하시고, 세상에 나아가 말씀으로 승리하는 삶을 살 수 있도록 도와 주시옵소서.

오늘, 저희들의 심령이 기도의 영으로 인도되기를 소원합니다. 저희들이 입을 벌려 간구할 때, 하나님의 뜻에 합당한 것들을 구하게 하시옵소서. 오직 기도하라 하신 아버지 앞에서 전심으로 구하게 하시옵소서.

제자들이 주님을 따라나섰을 때, 배와 부친을 버려두고 따랐던 삶이 저희들의 것이 되게 하옵소서. 저희들로 부르시며 따르라 하셨으니, 세상의 즐거움을 버리고 주님을 따르게 하시옵소서. 주님만을 따르기 위해서 저희들을 얽어매기 쉬운 것들을 버리도록 인도해 주시옵소서.

사랑의 구주, 예수님의 이름으로 기도드립니다. 아멘

하나님을 찬미하며 칭송을 받으니

빛난 보좌에 계신 여호와여,

이 거룩한 시간에 주님의 은총을 찬양합니다. 저희들의 마음과 입술로 영광을 드리게 하시옵소서. 예수님의 십자가 보혈로 새롭게 된 것을 감사드립니다. 하나님의 사랑이 저를 죽을죄의 몸에서, 영원한 생명과 함께 새 삶에 이르게 하시니 감사드립니다.

주님 앞에 서기만 하면, 저희들을 우리 자신 속에 있는 교만과 미움을 봅니다. 또한 완악함으로 가득 찬 마음을 감출 수 없음을 고백합니다. 저희들에게 증오와 다툼 그리고 죄악이 가득함을 봅니다. 주님의 사랑과 긍휼로 이 더러움을 깨끗이 씻어 주시고, 용서해주시옵소서.

오늘도 진리의 말씀으로 저희들의 심령에 새로움을 주시옵소서. 강단 위에 서신 목사님과 함께 하셔서 생명을 구원하는 능력의 말씀을 전하실 수 있도록 인도하시옵소서.

인생을 긍휼히 여기시는 하나님의 은혜를 소망합니다. 저희들 중에는 곤궁에 빠져서 어찌할 엄두도 내자 못하는 지체들이 있습니다. 우리를 향한 하나님이 사랑으로 그들을 불쌍히 여겨 주시옵소서. 하나님의 인자하심이 그들에게 있어, 이 곤곤한 시간을 견디어 내게 하시옵소서.

오늘도 하나님의 말씀이 위로가 되고, 즐거움이 되기를 원합니다. 이 예배로 인하여 또 다시 삶의 현장에서 살아갈 때, 힘이 되고, 용기가 되도록 이끌어 주시옵소서. 저희들은 은혜와 진리 안에서 십자가를 지고 인내의 힘과 변하지 않는 믿음으로 그리스도를 따르게 하시옵소서.

의지가 되어주시는 예수님의 이름으로 기도드립니다. 아멘

내가 노래하고 내가 찬송하리라

평강과 구원의 하나님,

주님과 함께 자신을 십자가에 못 박은 은혜에 들어가게 하시니 감사
드립니다. 그 십자가로 말미암아 이제는 '내가 사는 것이 아니요 오
직 내 안에 그리스도께서 사시는' 삶을 살게 하시며, '나를 위하여
자기 자신을 버리신 하나님의 아들을 믿는 믿음 안에서' 살아가게
하시옵소서.

승리의 찬송을 불러야 하는 저희들의 마음이 죄로 얼룩져 있음을 고
백합니다. 욕심 때문에 가까운 이들을 시기하며 투기해야 하였고,
자신의 이익 때문에 거짓된 행실도 서슴지 않았음을 용서해 주시옵
소서.

하나님 아버지, 저희들의 심령을 성령님께서 뜨겁게 하셔서 말씀을
기다리게 하시옵소서. 오직 말씀이 생명 열매를 맺게 한다는 것을
기억하게 하시옵소서. 그리고 그 말씀으로 저희들을 향한 주님의
뜻이 무엇인지 분별하여 새로워지게 하시옵소서.

병에 짓눌려 고통을 겪고 있는 지체의 기도를 들어주시옵소서. 병
상을 적시는 안타가운 눈물을 보아 주시옵소서. "내가 너를 낫게 하
리니"라는 음성을 들려주시옵소서. 모든 병과 그 근원을 나사렛 예
수 이름으로 깨끗하게 치료하여 주시옵소서.

주님의 이끌어주심에 따라, 소금처럼 필요한 사람이 되고, 빛이 되
어 여호와의 은혜를 나타내려는 결단을 하게 하시옵소서. 자기의
생명을 내어주시기까지 하신, 주님의 모습을 본받도록 이끌어 주시
옵소서. 착한 행실의 지체들이 되게 하셔서 열매를 맺어드리게 하
시옵소서.

우리를 위하시는 예수님의 이름으로 기도드립니다. 아멘

성도들의 쓸 것을 공급하며

뭇 백성을 다스리시는 하나님,

이 시간에, ○○의 지체들의 생각을 우리의 뜻이 아니라 주님의 뜻으로 채워 주시옵소서. 저희들의 마음이 주님을 향한 사랑으로 가득 차게 하심을 믿습니다. 그래서 우리의 참 기쁨이 주님이게 하시옵소서.

하나님의 거룩하신 뜻에 합당하게 살아오지 못한 저희들의 허물과 죄를 고백합니다. 저희들의 더럽기 짝이 없는 죄를 회개하고, 새 사람으로 태어나려고 모였으니 용서해주시옵소서. 죄로 얼룩진 저희들은 이미 하나님께서 받으실만한 예배를 드릴 자격을 잃었습니다. ○○의 지체들은 무엇을 하든지, 어디를 가든지, 주님의 뜻을 찾는 자들로 인도해주시옵소서. 주님의 사랑으로 살던 주님의 자녀들을 보아 주시기 원합니다. 주님의 뜻을 이루기 위해서 온전한 성도로 세워지게 하시옵소서. 내가 먼저 희생하고, 헌신하기를 감사하게 하시옵소서.

오늘, 저희들에게 십자가를 바라보는 다짐의 은혜를 나의 것으로 삼게 하시옵소서. 매일, 매일의 삶을 사는 동안에, 십자가의 정신으로 살아가도록 인도해 주시옵소서. 십자가가 없는 신앙은 구원에 이르는 믿음이 아님을 잊지 않게 하시옵소서.

구원을 받아야 하는 영혼들에게 저희들을 보내주시옵소서. 구원을 받은 복음을 한 사람에게라도 더 전하게 하시옵소서. 한 생명을 구하시려는 하나님의 열정을 갖도록 하시옵소서. 이제, ○○교회가 많은 사람을 옳은 데로 돌아오게 하여 여호와의 뜻을 이루어드리게 하시옵소서.

십자가의 주님, 예수님의 이름으로 기도드립니다. 아멘

영광스러운 교회로 세우사

살아계신 주 여호와여,

예수 이름으로 구원받게 하시고, 지금까지 지켜 주시니 감사드립니다. 주님의 크신 사랑에 찬송과 감사로 아버지를 영화롭게 해드리기를 원합니다. 생명의 말씀으로 만물을 지으시고, 그 언약하신 말씀대로 복을 누리며 살게 하시는 하나님을 높여드리게 하시옵소서.

저희의 죄가 죄 없으신 하나님의 아들을 죽게 했건만 또 다시 죄를 지은 저희였습니다. 이 시간에, 죄를 고백하면서 저희들을 사랑하시는 주님 앞으로 나옵니다. 참으로 죄 가운데 태어나서, 알면서도 죄를 지어온 저희들을 용서해주시옵소서.

귀한 시간에 목사님을 단에 오르게 하사 말씀을 전하게 하셨습니다. 말씀을 준비하신 목사님께 성령으로 감동해 주시고, 하나님의 뜻이 온전히 선포되기 원합니다. 저희들 모두 순종함으로 듣고 그 말씀을 따르게 하시옵소서. 오늘의 말씀으로 저희를 새롭게 하시옵소서.

우리 지체들 가운데 어려움에 처한 이들이 있다면 그들이 하늘의 위로로 소망에 이르게 하시옵소서. 사람으로는 무력하다는 것을 깨달아 하나님 앞에서 겸손하게 하시옵소서.

이제, 저희들의 나아가는 걸음을 힘차게 하시옵소서. 죄를 멀리하고, 마귀의 유혹을 물리치며, 자신과 싸워서 이기는 오늘이 되게 하시옵소서. ○○교회의 권속은 어디에서, 무엇을 하든지 십자가의 군사가 되게 이끌어 주시옵소서. 하나님의 사람으로 세상에서 담대하게 하시옵소서.

하늘을 보게 하시는 예수님의 이름으로 기도드립니다. 아멘

유대에 사는 형제들에게

자비로우신 하나님,

자기 백성을 눈동자 같이 지키고, 돌보시는 은혜를 주셨습니다. 더 없이 행복한 교회를 중심으로 살게 하심을 감사드립니다. 그 무엇으로도 못다 갚을 크고 놀라우신 은혜를 주시니 감사드립니다.

저희들의 행한 것은 죄 뿐이었음을 고백합니다. 하나님 앞에서 살면서 감사하지 못하였고, 하나님의 것에 대하여 거룩하게 여기지 못했습니다. 시간과 살면서 사용하였던 재물, 저희 자신도 여호와의 것이었음을 잊고 지냈음을 자복하니, 보혈의 은혜로 깨끗하게 해주시옵소서.

십자가상에서 흘려주신 예수님의 보배로운 피에 적심을 받게 하시니 감사드립니다. 주님의 피를 묵상하면서 구원의 하나님을 찬양하게 하시옵소서. 날마다 십자가의 도의 말씀을 생수처럼 마시고 살아가도록 인도해주시옵소서.

늘 주님의 피 뿌린 옷을 믿음으로 입는 저희들이 되기 원합니다. 십자가를 마음의 중심에 두는 삶으로 인도하시옵소서. 주님의 몸을 통해서 한 지체가 된 우리들이 하나님께 영광을 드리게 하시옵소서. 모든 만물이 열매를 맺는데, 저희들은 신앙의 열매를 맺어드리게 하시옵소서.

이 시간에, 저희들에게 진리로 말미암아 기도의 무릎을 꿇게 하시옵소서. 기도를 통해서 하나님의 일을 이루어 드리도록 인도해주시옵소서. ○○교회는 주님 앞에서 기도하는 교회가 되기를 원합니다. 온 성도들이 주님의 뜻을 이루어드리기 위해서 기도의 무릎을 꿇게 하시옵소서.

구원의 문이 되신 예수님의 이름으로 기도드립니다. 아멘

권계하며, 격려하고, 붙들어 주며

왕이신 우리 하나님,

날마다 함께 하시는 주님의 은혜에 감사드립니다. 늘 지내고 보면 더 좋은 것으로 바꾸어 주시는 하나님의 손길을 찬양하게 하시옵소서. 이 시간에, "범사에 감사하라 이는 그리스도 예수 안에서 너희를 향하신 하나님의 뜻이니라"는 말씀을 기억하며 예배로 나아가게 하시옵소서.

주님은 저희들의 어리석음을 아시니, 저희들을 가르쳐 기도하게 하시옵소서. 주님은 저희들의 연약함을 아시니, 저희들을 가르쳐 굳세게 되는 힘을 구하게 하시옵소서.

이 시간에, ○○의 강단에 기름을 부어주시옵소서. 거룩한 강단에서 증거 되는 목사님의 설교는 우리를 배불리 먹이시는 하나님의 손길을 선포하는 말씀이 되게 하시옵소서. 성령님의 충만하심이 그 말씀에 담겨 저희들의 심령을 태우게 하시옵소서.

하나님 앞에서 저희들 자신에게 솔직해지는 은혜를 내려 주시옵소서. 자기 자신의 무기력함과 무능력을 인정하게 하시옵소서. 오직 하나님만이 저희들에게 힘이 됨을 감사하게 하시옵소서. 결코, 하나님 없이 나 혼자서 할 수 있다는 자만심을 갖지 않게 하시옵소서.

저희 성도들 중에, 힘들게 지내시는 분들을 위해 간구합니다. 사람의 힘으로는 어찌해 볼 도리가 없이 지내는 이들에게 여호와의 구원하심을 보여주시옵소서. 주님이 이름으로 일어나는 은혜를 경험하게 하시옵소서. 걷고, 뛰면서 하나님을 찬양하는 주인공들이 되게 하시옵소서.

귀하신 이름, 예수님의 이름으로 기도드립니다. 아멘

그 몸을 자라게 하며

신실하신 아버지여,

주님의 크신 이름을 높여드립니다. 저희들을 불러 주신 하나님의 이름이 세상에 가득하기를 원합니다. 이 자리에 나올 수 있도록 믿음을 주시고, 이끌어 주신 사랑 앞에 영광을 드립니다.

이 시간에, 예배하는 지체들에게 모든 죄악을 깨달아 인정하는 은혜를 내려 주시옵소서. 자신의 죄를 슬퍼하여 자복하게 하시옵소서. 저희들은 죄악 가운데서 출생하여 행하는 모든 것이 죄일 뿐임을 고백합니다. 언행심사에 죄를 지어 주님의 진노가 되었음을 용서해주시옵소서.

말씀을 전해주실 목사님께 성령님의 능력이 더해주시기를 원합니다. 대언해주시는 말씀에서 저희들은 생명을 얻어 소생하고, 거듭남을 경험하게 하시옵소서. 진리의 말씀을 반가워하고, 순종함으로써 열매를 맺는 ○○ 교회의 백성들이 되도록 인도해주시옵소서.

병을 고치는 능력이 예수님께로부터 나와서 모든 사람을 낫게 하셨음을 기억합니다. 이 시간에, 주님께서 ○○의 환우들에게 찾아가 친히 만져주시옵소서. 질병의 통증이 심하여 혼미할지라도 눈동자와 같이 지켜주시고 보호하여 주시옵소서. 치료하여 주시고 위로해 주시옵소서.

하나님께서 불러주셨으니, 거룩한 시간에 천국의 자녀 됨을 풍성히 누리면서 주님과의 인격적인 만남을 경험하게 하시옵소서. 하나님의 은혜에 응답해서 몸과 마음을 하나님의 나라를 이루는데 쓰여 지는 도구가 되도록 결단하게 하시옵소서. 성령님께서 심령을 강권해 주시옵소서.

영원하신 사랑, 예수님의 이름으로 기도드립니다. 아멘

성도의 기업의 부분을 얻기에

영광을 선포하시는 주여,

자기의 좋은 생각에 따라 멋대로 살던 저희들이었습니다. 주님 앞에 서기만 하면, 저희는 자신 속에 있는 교만과 미움을 봅니다. 또한 완악함으로 가득 찬 마음을 감출 수 없음을 고백합니다. 주님의 사랑과 긍휼로 이 더러움을 깨끗이 씻어 주시고, 용서해주시기를 원합니다.

주님의 이름으로 모인 저희들에게 인내의 은혜를 내려주시옵소서. 저희들을 인내의 영으로 충만케 하시옵소서. 하나님께서 허락해주신 인생이라는 경주에서 인내를 통하여 승리의 기쁨을 누리게 하시옵소서.

하나님 아버지, 오늘도 목사님을 강단에 세우셔서, 하나님의 말씀을 들려주시니 감사드립니다. 저희들의 심령에 만족한 말씀을 전하실 목사님에게 영력을 더하시기 원합니다. 믿고, 순종하기를 즐거워하는 말씀으로 받게 하시옵소서.

주님께서 하나님 앞에서 끝까지 하셨던 것처럼 저희들에게도 끝까지 주님을 사랑하는 은혜를 보게 하시옵소서. 성령님께서 늘 저희들의 심령을 다스려 주시기를 빕니다. 어떤 어려운 환경을 만난다 해도, 포기하지 않는 믿음으로 살도록 이끌어 주시옵소서.

저희들은 토기장에 의해서 빚어진 토기로서의 삶에 성실하게 하시옵소서. 토기장이이신 하나님의 뜻을 이루어드리는 피조물의 사명을 다하게 하시옵소서. 여호와의 영광을 드러내게 하시옵소서. 토기장이와 진흙처럼 하나님은 창조주요 우리는 그의 피조물임을 고백합니다.

우리를 불러주시는 예수님의 이름으로 기도드립니다. 아멘

주께서 지으신 모든 것들이

우리의 소망이 되시는 하나님,

여호와의 영광이 이 전에 머무르고 있음을 찬송합니다. 이 전에 모인 이들이 주님의 영광을 찬양하고 영화롭게 해드릴 은혜를 주시옵소서. 마땅히 드릴 영광을 찬미하는 백성이 되게 하시옵소서. 우리를 분주히 지내게 하시다가 다시 모이게 하셨음에 감사드립니다.

지금, 저희들에게 상한 심령의 은혜 안으로 들어가게 하시옵소서. 저희들의 행위가 여호와 보시기에 죄악된 것들을 진실한 마음으로 회개하게 하시옵소서. 성령님의 충만하심으로 지은 죄를 민망히 여겨 통회하도록 인도해 주시옵소서. 저희를 긍휼히 여기사 용서해주시옵소서.

말씀을 준비하여 강단으로 오르신 목사님을 축복합니다. 하나님의 대언자로서 하나님의 말씀이 가감 없이 선포되어, 진리가 이 예배당을 덮기 원합니다. 생명력 넘치는 말씀으로 저희들을 감동케 하시옵소서. 그 말씀으로 우리 교회가 든든히 세워져 가게 하시옵소서.

영과 진정으로 드리는 예배가 되기 원합니다. 이미 찬양과 경배로 시작된 예배를 마칠 때까지 주관해 주시옵소서. 하나님께 영광이 선포되고, 저희들은 주님 앞에서 신부와 같은 단정함을 갖추게 하시옵소서.

올해에도 하나님께서는 저희들을 인도해 주심을 믿습니다. 매일, 매일 여호와를 의지하는 중에, 인도하심 속에서 살아가게 하시옵소서. 그것을 기뻐하십니다. 저희들이 갈 길을 미리 아시고 하나하나 성취시켜 나가시는, 하나님의 일을 성취하시는 은혜를 보여주시옵소서.

늘 붙잡아주시는 예수님의 이름으로 기도드립니다. 아멘

항상 하나님께 감사하며

이스라엘의 주 여호와여,

거두어들인 것들의 즐거움으로 소망을 주시는 손길을 바라봅니다. 여호와의 자비하심으로 수확의 기쁨을 주셨음에 저희들의 풍요가 하나님께만 영광이 되게 하시옵소서. 주님의 도우심을 바라고 살아온 지체들에게 소원의 이룸을 보게 하시니 더욱 여호와를 바라게 하시옵소서.

주님의 사랑은 측량할 수 없으신데, 저희는 늘 죄짓는 생활뿐이었습니다. 이 시간에, 고백하오니 용서하여 주시옵소서. 여호와의 저를 위하심은 단 1초의 시간도 놓치지 않으시지만, 저희들의 게으름은 시간을 거저 보내버리곤 하였으니 용서해주시옵소서.

말씀을 준비하신 목사님께 성령으로 감동해 주시옵소서. 그의 말씀에서 하나님의 뜻이 온전히 선포되기 원합니다. 그 말씀으로 저희들을 향한 주님의 뜻이 무엇인지 분별하여 새로워지는 은혜를 주시옵소서.

이제까지와 같이, 저희들의 삶을 제물로 드리려는 결단이 오늘도 경험되게 하시옵소서. ○○의 지체들이 추수감사의 절기를 보내면서 하나님 앞에서 한 알의 열매가 되어 바쳐지게 하시옵소서. 하나님께 영광을 드리는 감사의 제물이 되게 하시옵소서.

십자가의 피로 하나님과 화목을 누리게 된 지체들입니다. 구원의 기쁨으로 아름다운 교제를 갖게 하시옵소서. 열심히 서로 사랑하는 중에 십자가의 은혜의 풍성함을 보게 하시옵소서. 주님의 십자가로 성도들의 한 몸 된 기쁨을 갖고, 주님을 기쁘시게 해드리게 하시옵소서.

죄의 짐을 져주신 예수님의 이름으로 기도드립니다. 아멘

그의 모든 은택을 잊지 말라

우리를 불러주신 하나님,

죄인들의 구원을 위해서 메시야를 보내 주신 여호와의 이름을 송축합니다. 사람의 몸을 입으신 하나님의 아들이 오심으로써 흑암에 있던 이들이 큰 빛을 보게 되었으니 이 시간에 하나님의 이름을 높이는 예배를 드리게 하시옵소서.

저희들은 열심히 하나님을 사랑해야 했건만 그렇지 못하였습니다. 감사하는 생활이 없었고, 기뻐하는 것도 잊고 지냈습니다. 불신자와 다름없이 살았음을 고백하면서 회개하니 용서하여 주시옵소서.

지금, 말씀을 전해주실 목사님을 붙들어 주시옵소서. 강단에서 선포되는 말씀으로 저희들의 믿음을 더욱 굳게 해주시옵소서. 저희들이 천국의 사람으로 살도록 주시는 말씀이매, 순종하려는 결단으로 받고, 그 은혜에 순종해서 하늘나라의 일에 힘쓰는 성도들이 되게 하시옵소서.

병석에 누워 있을 수밖에 없는 사랑하는 영혼들을 기억해 주시옵소서. 잠을 청할 수 없을 만큼 심한 고통을 덜어 주셔서 편히 잠을 청하게 하시옵소서. 회복시켜 주시는 은혜로 속히 자리를 털고 일어나 영광된 삶으로 변화시켜 주시옵소서.

저희들에게 자신을 부인하는 자리에까지 가게 하셨음에 감사합니다. 이제는 자신의 십자가를 지고, 주님을 따르게 하시옵소서. 주님과 복음을 위하여 자신을 내어놓은 지체들과 ○○교회가 되도록 이끌어 주시옵소서. 하나님의 일이 이루어지는데 힘을 다하는 저희가 되기를 원합니다.

찬송이 되시는 예수님의 이름으로 기도드립니다. 아멘

주 너의 하나님께 경배하고

천지를 지으신 여호와여,

이 시간에, 예배하기 위하여 모인 ○○의 지체들을 하나님의 나라와 영광에 이르게 하시옵소서. 하나님께 합당히 행하는 저희들이기를 빕니다. 창세 전부터 저희를 택하여 하나님의 백성이 되게 하신 것을 늘 기억하게 하시옵소서. 성령님의 거룩하게 하심과 진리를 믿음으로 구원에 이르기를 바라는 소망을 주시옵소서.

주님 앞에서 우리를 돌이켜 볼 때, 부끄럽습니다. 저희들의 추한 모습을 고백하오니 주님의 십자가의 능력으로 용서해 주시옵소서. 바리새인과 조금도 다름없었던 종교적인 신앙을 버리게 하시옵소서.

하나님 아버지, 아기 예수님께서 세상에 오셨던 날을 기다리는 은혜로 인도해 주시옵소서. 하나님께서 사람이 되신 의미를 깨달아 동방의 박사들처럼 예물을 준비하는 저희들이기를 빕니다. 죄인을 구원하시려는 하나님의 약속이 이루어졌으니 메시야의 영광을 기다리게 하시옵소서.

오래 전 옛날의 성도들과 같이 하나님의 약속을 기다리는 심정으로 지내게 해 주시옵소서. 성탄절을 기다리면서, 성탄의 약속을 이루어주신 하나님의 사랑을 찬송하게 하시옵소서.

교만한 자를 물리치시고 겸손한 자에게 은혜를 주시는 하나님이심을 고백합니다. 지금, 저희들이 주님께로부터 사랑을 받는다하여 영적으로 교만해지지 않게 하시옵소서. 그리고 게으름을 피우지 않게 하시옵소서. 사랑을 받음으로 더욱 열심을 내어 여호와를 찾게 하시옵소서.

영화로우신 예수님의 이름으로 기도드립니다. 아멘

그의 발등상 앞에서 엎드려

공의를 펴시는 하나님,

예수님 안에서 믿음과 소망 그리고 사랑으로 살게 하시니 감사드립니다. 이 시간의 예배가 향기로운 제물이 되게 하시옵소서. 비록 작고, 주님의 영광에 미비하다 할지라도 저희들을 받으시옵소서.

저희들의 모자라기 그지없는 모습을 주님께 내어 놓습니다. 저희의 죄를 십자가의 보혈로 씻어 주시옵소서. 하나님께서 지으신 날을, 하루하루 또는 시간 시간을 아무 생각 없이 거저 되는대로 살아온 저희들입니다 사유하시는 은혜로 용서하시고, 정결함을 주시옵소서.

강단에 세워주신 목사님의 설교로 주시는 말씀을 생명의 양식으로 받아 심령이 배부르게 하시옵소서. 그 말씀으로 새 생명을 얻은 기쁨 속에 살아가는 저희들이 되게 하시옵소서. 말씀의 성찬이 베풀어진 거룩한 시간에 온 몸으로 주님께 영광을 드리게 하시옵소서.

이 시간에, 하나님의 너그러우심이 ○○의 지체들에게 있기를 빕니다. 안타깝게도 곤궁에 빠져있는 지체는 어서 속히 일으켜 주시옵소서. 사람으로서는 어지 해보기 어려운 곤란에 처한 지체들에게는 하나님을 소망하게 하시옵소서. 하나님의 이름이 희망이 되게 하시옵소서.

○○교회에 복음을 선물로 주신 은혜를 생각합니다. 저희들의 생명을 살리시려고, 각자의 심령에도 복음을 주셨음을 믿습니다. 이제, 이 지역과 온 세상을 향해서 이 복음을 전하는 저희들이 되게 하시옵소서. 한 사람, 한 사람의 전도로 구원에 이르는 것을 보게 하시옵소서.

살아계신 주님, 예수님의 이름으로 기도드립니다. 아멘

여호와 앞에 엎드려 경배하고

영화로우신 이름의 주여,

아기 예수님의 나심을 기뻐하며 마음으로 엎드려 경배합니다. 하나님의 아들이 죄인들의 구원을 위하여 찾아오신 날은 참으로 기쁜 날입니다. 예수님의 세상에 오셨음을 반가워하는 이 교회에 은혜의 물결이 흐르게 하시옵소서.

저희를 용서해주시옵소서. 교회 안에서는 주님을 사랑하노라 고백하고, 생활현장에서는 눈에 보이는 것에 마음을 내어주는 저희들이 었습니다. 이제, 독생자를 보내주신 사랑, 대속의 은총으로 저희의 죄를 용서해 주시기 원합니다.

성탄절의 메시지를 준비하신 목사님을 성령님께서 함께 해주시옵소서. 오늘, 저희들이 들어야 하는 하나님의 말씀을 대언하시게 하시옵소서. 하나님 앞에 엎드려 말씀을 들으려는 겸손함을 주시옵소서.

오늘, 저희들에게 메시야의 오심이 인류에게 구원이 선포되었음에 대한 복음의 기쁨을 확인하게 해주시옵소서. 하나님의 아들이 우리를 위하여 사람이 되셨음을 기쁨으로 맞이하게 하시옵소서. 이 기쁨을 모든 이들에게 선포하는 날로 성탄절을 지키게 하시옵소서.

예배를 마치고 일어설 때, 구원의 문이신 주님께로 들어가서 은혜를 누리는 저희들이 되게 하시옵소서. 주님과 더불어 지내는 중에, 들어가며 나오며 꼴을 얻는 은혜를 보게 하시옵소서. 목자의 음성을 듣고 따르는 양들이 되어 신령한 복을 받아 즐거움을 누리게 하시옵소서.

지금도 메시야이신 예수님의 이름으로 기도드립니다. 아멘

자기의 관을 보좌 앞에 드리며

알파와 오메가의 하나님,

하나님의 사랑을 누리며 살던 저희들이 예배드림을 즐거워하여 모였습니다. 믿음으로 드리는 예배로 이끌어 주시기 원합니다. 저희들의 기도와 찬송이 하늘의 하나님께 합당한 영광이 되기 원합니다. 주님께서 이 자리에 임하셔서 만나 주시옵소서.

저희들의 죄를 뉘우치며, 회개하오니 용서해주시옵소서. 이 시간에, 저희들이 살아온 삶을 뒤돌아보며 회개합니다. 사람들의 눈을 두려워하면서도, 하나님의 불꽃같으신 눈은 생각하지도 않았습니다. 부끄러운 삶을 회개하는 저희들을 용서해 주시기 원합니다.

강단에서 말씀이 선포될 때, 마음의 문을 활짝 열어주시옵소서. 목사님의 설교를 통해서 주님의 십자가로 죄의 문제가 해결되었음을 확인하게 하시옵소서. 천국의 백성으로 살아가려는 다짐을 하게 하시옵소서.

예수님께서 병든 자에게 사랑의 손을 내미셨던 은혜를 구합니다. 주님께서 병든 자들을 불쌍히 여기셨을 때, 고침을 받았던 이들의 역사가 지금, 질병으로 고통에 처해있던 이들의 것이 되게 하시옵소서. 신체의 각 일부가 떨어져나가는 것같이 아픈 고통을 완화시켜 주시옵소서.

주님의 말씀에 순종하여 하나님을 사랑하고, 이웃을 사랑하는 일에 힘쓰게 하시니 감사합니다. 주님께로부터 거저 받은 시간이므로, 이 시간의 일부에 하나님의 영광이 드러내는 삶을 살게 하시옵소서. 오직 착한 행실을 통해서 주님을 영화롭게 해드리기를 사모하게 하시옵소서.

사랑의 손, 예수님의 이름으로 기도드립니다. 아멘.

하나님께 거룩한 산 제물로

만유의 주 하나님,

저희들을 돌아볼 때, 하나님의 사람으로 살지 못한 죄를 고백합니다. 하나님의 평화와 질서를 선포해야 함에도 불구하고 많은 핑계와 게으름 속에서 무책임한 삶을 살았습니다. 모든 죄를 용서해주시옵소서.

지금, 머리를 숙인 ○○의 지체들에게 하나님께서 말씀으로 계시하신 모든 것이 진실하다는 것을 알고 믿는 은혜를 경험하게 하시옵소서. 죄를 용서받았고, 하나님 앞에서 영원히 의롭게 되었음을 확신하게 하시옵소서.

하나님 아버지, 이 시간에도, 하나님께서 말씀하시고, 저희들은 그 말씀을 감사함으로 받는 은혜를 누리게 하시옵소서. 목사님께서 말씀을 강도하실 때, 미쁘게 듣는 귀를 갖게 하시옵소서. 그 말씀을 듣는 중에, 송이 꿀의 달콤함을 맛보게 하시옵소서.

저희들의 삶이 곤고함을 탄식할 수밖에 없습니다. 이 곤란함에서 저희를 구원해 주시고, 참된 자유를 누리게 해 주시옵소서. 오직 주 예수 그리스도로 옷 입고 세상을 위하여 육신의 일을 도모하지 않음으로써 자유하게 하시옵소서.

○○교회가 이 땅에 있는 동안에, 향기로운 제물을 드리는 역사가 이어지게 하시옵소서. 하나님을 영화롭게 해드리는 삶이 되게 하심을 믿습니다. 거룩한 지체들에게 생명을 주신 시간동안 주님께 드려지는 산 제물이 되게 하시옵소서. 산 제물을 드리는 은혜를 내려 주시옵소서.

오늘도 함께 하시는 예수님의 이름으로 기도드립니다. 아멘

03

수요기도회 대표기도

민족들아 힘을 새롭게 하라

새롭게 하시는 하나님,

삼일 밤에 모인 저희들의 혀에 찬양이 가득 차게 하시옵소서. ○○의 지체들에게 여호와의 이름을 찬송하는 은혜가 그치지 않게 하시옵소서. 지나온 삼일 동안에도 지켜주신 하나님의 자비하심을 찬미하게 하시옵소서.

새해를 시작하신 하나님의 영광에 합당한 경배를 드리고자 예배하러 머리를 숙였습니다. 이 밤에 머리를 숙일 때, 죄가 눈앞을 가리고 있습니다. 하나님의 영광을 막는 것을 알면서도 순간의 욕심에 죄를 지은 것이 있습니다. 저희들의 모든 죄를 자복하고 회개하오니 주님의 깨끗케 하시는 보혈로 씻음 받게 하시옵소서.

이 시간에, 하나님의 인도하시는 음성을 듣고 순종하도록 하시는 은혜를 주시옵소서. 새해 첫날을 맞이해서 하나님의 이름은 높임을 받으시고, 복스러운 시간의 삶으로 들어가게 하시옵소서. 여호와 우리 하나님의 이름을 찬송하며 살아가기 원합니다.

오늘, 저희들에게 하나님의 마음에 합한 한 해를 살고자 하는 결단의 은혜를 주시옵소서. 천국 백성으로서 살아가기를 다짐하게 하시옵소서.

저희를 가르쳐서 기도하는 백성이 되게 하시옵소서. 아침의 해를 보기 전에 무릎을 꿇게 하시고, 하나님께 조아릴 수 있는 은혜를 원합니다. 죄로 말미암은 교만은 종종 하나님께 여쭙는 것을 잊게 합니다. 응답이 여호와께 있음을 기억하여, 무릎을 꿇는 삶으로 이끌어 주시옵소서.

새벽 별이 되시는 예수님의 이름으로 기도드립니다. 아멘

주 하나님께 기도하며 간구하기를

기도와 간구를 들어주시는 하나님,

하나님의 집을 사모하며 지낸 저희들을 삼일 예배로 불러 주시니 감사드립니다. 저희들에게 하나님을 사랑하고, 하나님의 말씀을 지키는 자 되기를 소원하게 하시옵소서. 하나님을 두려워하는 마음으로 섬기는 우리 교회의 공동체가 되게 하시옵소서.

지난 삼일 동안도 어둡고 험악한 세상에서 방황하며 살았습니다. 아버지의 영광과 뜻을 드러내기 보다는 우리의 육신의 안일과 평안만을 추구할 때가 많았습니다. 말씀을 가까이하고 말씀에 순종하며 살기보다는 인간의 생각과 인간의 지혜를 따르는 불신앙의 모습도 있었습니다. 저희들의 죄를 용서해 주시옵소서.

우리가 사는 세상의 모든 것이 아버지의 장중에 있음을 알면서도 우리의 삶의 모습은 그 뜻대로 따르지 못하고 세상을 좇아갈 때가 많습니다. 아버지의 지혜를 허락하시옵소서. 그리하여 선과 악을 분별하게 하시고, 죄는 버리고 의를 취할 수 있는 용기를 허락하시옵소서.

○○의 성도들에게 뜻을 새롭게 하는 은혜를 내려 주시옵소서. 주님의 영광을 위하여 주님의 교회를 위해서 살려는 소원을 갖게 하시옵소서.

○○의 권속에게 절제의 생활에 힘쓰게 하시옵소서. 저희들이 소유하고 있는 모든 것이 주님께서 주신 것이니 하나님의 뜻을 위해 사용하기를 원합니다. 하나님께 쓰여 지는 시간으로 삼아주시옵소서. 천국에 소망을 두고 한 순간, 한 순간을 주님 앞에서 보내도록 하시옵소서.

알파와 오메가이신 예수님의 이름으로 기도드립니다. 아멘

정한 마음을 창조하시고

마음을 정하게 해주시는 여호와여,

예수님의 보혈로 씻어 주시고, 주님의 찬양하도록 교회로 불러 주신 은혜에 감사드립니다. 주님의 이름으로 모였으니, 하나님께 합당한 예배를 드리기 원합니다. 성령님의 인도하심으로 우리 주님을 찬양하게 하시옵소서.

지난 시간의 삶을 되돌아봅니다. 주님께서 주신 시간들을 어떻게 보냈는지 살펴보는 지혜를 주시옵소서. 저희들의 죄로 주님의 시간들을 얼룩지게 하였으니 용서해 주시옵소서. 갈보리의 십자가에서 흘리신 보혈로 저희들을 성결케 하시옵소서.

저희를 돌아보셔서 긍휼하심을 보여 주시옵소서. 이제는 성령님의 인도하심에 예민한 삶을 살기 원합니다. 성령님의 감동하심으로 우리를 인도하시는 아버지 하나님의 손길을 바라보게 하시옵소서. 이로써 단 몇 분 동안이라도 말씀을 묵상하고 찬송하는 삶을 살기를 소망합니다.

정한 마음을 창조하시는 하나님의 은혜를 ○○의 성도들에게 내려 주시옵소서. 여호와 앞에서 정직한 영으로 새롭게 되어, 하나님께 드림이 되는 지체들이 되게 하시옵소서.

저희들이 주님께 찬양을 드리는 이 자리가 하나님의 자녀들에게 기쁨이 있는 잔치의 자리가 되게 하시옵소서. 여호와 하나님을 즐거워하며 찬송할 때, 홀로 하나님께만 영광이 드려지고, 사탄의 궤계가 틈을 타지 않게 하시옵소서. 하늘의 천군과 천사가 화답하게 하시옵소서.

죽임을 당하신 어린 양, 예수님의 이름으로 기도드립니다. 아멘

부르심과 택하심을 굳게 하라

믿음을 굳게 하시는 하나님,

예배를 드리는 이 시간에 온 몸으로 찬양하게 하시옵소서. 우리의 생명이 되신 아버지의 사랑으로 지난 삼일 동안도 우리들을 주님의 은혜 가운데 지켜 주셨음을 감사드립니다.

날마다 주님의 이름을 높이지 못하고, 도와주시는 사랑에 감사하지 못하고 지낸 삶을 회개합니다. 저지른 과오와 미처 행하지 못한 채 남겨진 선에 대한 수치감과 비애감을 뼈 속 깊이 느끼게 하시옵소서. 주님의 뜻에 따라 생활을 고치려는 열망을 더욱 북돋아 주시옵소서.

이 시간에, 드리는 예배를 하나님이 흠향하실 만한 거룩한 예배가 되게 하시옵소서. 여기에 모인 지체들에게 하나님께로부터 큰 은혜를 받게 하시옵소서. 말씀을 전하시는 목사님께 함께 하셔서 하나님의 뜻이 저희에게 전해지게 해 주시옵소서.

우리가 살아가야 하는 현장이 죄악과 고통과 절망 가운데 처해 있을지라도 하나님을 바라보게 하시옵소서. 저희들은 하나님 안에 있음으로써 아버지의 보호하심에 소망을 가집니다. 평안과 기쁨과 소망을 갖게 해 주심을 기다리게 하시옵소서.

저희들에게 사랑의 생활에 힘쓰게 하시옵소서. 주님의 영광을 드러내며, 천국의 일꾼답게 살아가기를 원합니다. 여호와께 재물을 드릴 때도, 하나님을 사랑하는 표현이 되어 값을 치루는 것처럼 드리는 일이 되지 않게 하시옵소서. 저희 자신을 예물로 드리는 표현이 되게 하시옵소서.

창조의 근본이신 예수님의 이름으로 기도드립니다. 아멘

그의 말씀이 단련하였도다

말씀으로 단련하시는 하나님,

주님이 이름 앞에 머리를 숙인 저희들이 전심으로 주님께 감사하게 하시옵소서. 이 밤에 드리는 저희들의 찬송이 만민 앞에서 하나님의 이름에 감사드림이 되기를 빕니다. 우리 하나님께 새 노래로 노래하며, 주님의 구원하심을 찬양하게 하시옵소서.

십자가의 신앙으로 살기에 부족하였음을 용서해 주시옵소서. 주님의 사랑이 뜨겁건만 냉랭해진 마음을 성령님 강한 역사로 소생케 하시옵소서. 비겁한 믿음에서 담대한 용기로 충만케 하시옵소서.

간절히 비오니, 입술로는 주님을 존경하면서도 마음은 멀어져 있는 저희들이 되지 않게 하시옵소서. 여호와 앞에서 한 마디의 간구라도 거짓되게 회개하지 않게 하시옵소서. 상한 마음의 은혜를 주셔서 옷을 찢지 않고 마음을 찢게 하시옵소서.

저희들을 천국 백성으로 삼아주시고, ○○ 교회를 소망의 공동체가 되게 하셨으니 의의 심령으로 단련되게 하시옵소서. 저희들이 옛 사람의 마음이나 행동을 바꾸지 않고는 결코 찬국 백성이 될 수 없음을 잊지 말게 하시옵소서. 하늘에 속한 사람으로 단련시켜 주시옵소서.

○○교회의 성도들, 양선의 생활에 힘쓰는 삶을 누리게 하시옵소서. 여호와 앞에서 착한 행실의 삶을 살게 하시옵소서. 주님의 사랑으로 이웃에게 착한 행실로 섬기게 하시옵소서. 저희들의 착한 행실이 하나님을 섬기려 하지 않는 이들에게 전해지는 복음이 되게 하시옵소서.

참된 증인이 되어주시는 예수님의 이름으로 기도드립니다. 아멘

경건에 이르도록 네 자신을

경건에 이르게 하시는 하나님,

하나님의 사랑을 받는 ○○의 식구들이 정한 시간에 예배당으로 모였습니다. 뜻을 정하여 우상 제물에 자신을 더럽히지 않았던 다니엘의 은혜를 누리게 하셨음에 감사드립니다. 뜻을 정하여 주님만 섬기게 하시고, 결코 우리 교회 공동체가 악에 더럽히지 않게 해주시옵소서.

하나님께서는 잠시도 저희들의 곁을 떠나지 않으셨지만, 저희는 주님의 곁을 떠났었습니다. 저희의 욕심이 주님의 말씀에 순종하기를 거절하게 하였습니다. 저희의 이기적인 사랑이 소금과 빛으로 살아야 하는 생활을 멀리하였음을 용서하시옵소서.

저희들에게 천국을 소망하게 하셨으니 하나님을 아는 것에 자라게 하시옵소서. 늘 주님께 합당히 행함으로써 진리의 지식에 이르게 하시옵소서. 주님을 기쁘시게 해드리는 것이 즐거움이 되기를 빕니다. 모든 선한 일에 맺어야 할 열매를 주시옵소서.

○○의 사랑하는 권속에게 영에 속한 사람으로 자신의 체질을 바꾸기를 사모하게 하시옵소서. 경건의 모양은 있으나 경건의 능력이 없는 허상이 아니라 경건의 능력을 겸비한 은혜 지체들이 되게 하시옵소서.

저희들에게 주님의 가슴으로 이웃을 품게 하시옵소서. 오늘도, 빠르게 바뀌는 사회 질서 속에서, 예수님의 가르치심에 복종하는 새로운 사랑의 생활을 건설하게 하시옵소서. 현실의 모든 병폐가 사라지고 형제와 같이 서로 봉사하는 즐거운 날이 동터오게 하시옵소서.

아멘이신 예수님의 이름으로 기도드립니다. 아멘

연단하려고 오는 불 시험

시험을 이기게 하시는 여호와여,

새해의 첫 날이 엊그제인데 벌써 2월의 한 날을 보내게 하시니 감사드립니다. 저희들을 하나님의 팔로 품어 주시고, 하나님의 발등상에서 교훈을 받게 하심을 기뻐하게 하시옵소서.

○○의 가족들, 어린아이에서 장년에 이르기까지 마음이 부패해지거나 진리를 잃어버리지 않게 하시옵소서. 날마다 구원의 은혜에 감사하는 마음으로 살도록 거룩함을 주시옵소서.

지난 사흘 동안에도 어둡고 험악한 세상에서 방황하며 살았습니다. 아버지의 영광과 뜻을 드러내기 보다는 우리의 육신의 안일과 평안만을 추구할 때가 많았음을 용서해주시옵소서. 말씀을 가까이하고 말씀에 순종하며 살기에 게을렀던 삶을 용서해주시옵소서.

하나님께서 힘을 주시고 평강의 복을 주심에 감사드립니다. 그 은혜로 말미암아 저희들이 평온함을 인하여 기뻐하게 하시옵소서. 하늘의 기쁨을 누리는 중에, 소원의 항구로 인도하시는 하나님의 자비하심을 보게 하시옵소서. 저희를 안전히 거하게 하시는 이는 오직 하나님뿐인 줄을 확고히 깨닫는 지체들이 되게 하시옵소서.

주님의 교회에서 청지기들이 충성을 다하기를 소원하게 하시옵소서. 주님의 은혜에 감사하면서 순종하여 온 교회를 시원하게 하는 봉사가 되게 하시옵소서. 저희들은 겸손한 자세로 자신을 하나님께 전적으로 맡기게 해주시고, 그 손길에 선한 열매들이 많이 쌓이게 하시옵소서.

다윗의 열쇠, 예수님의 이름으로 기도드립니다. 아멘

순금 같이 되어 나오리라

순금의 신앙을 사모하게 하시는 하나님

사순절에 주님의 사랑을 묵상합니다. 죄인들의 구속을 위해서 피를 흘리신 주님의 사랑을 즐거워하며 지극히 높으신 그 이름을 기뻐합니다. 하나님의 아들이 죄인의 옷을 입으시고 십자가에서 죽으셨음을 감사하면서 살아가는 저희들이 되게 하시옵소서.

저희들의 추한 모습을 고백하니 십자가의 보혈로 용서해주시옵소서. 잘못된 일들을 보면서도 불의한 일이라고 용감하게 말하지 못하였음을 용서해 주시옵소서. 한번 가면 다시 오지 않는 주님의 시간에 쓸데없는 일에 몰두하고, 주님의 일을 찾지 않은 죄를 회개합니다.

예수님께서 우리를 위하여 자신의 목숨을 내어주셨던 것처럼 이 땅의 모든 이들을 위해서 저희들을 내어주게 하시옵소서. 내 몸과 같이 사랑해야 될 이웃을 위하여 가져야 할 기도의 시간을 주시옵소서. 주님을 닮기를 간구하게 하시옵소서.

사순절을 보내면서 이웃과 사회 그리고 세계를 향한 책임의식을 드러내는 출발이 되게 하시옵소서. 저희들 자신에게만 향하는데 익숙했던 시선을 이제부터 이웃을 향해서 눈을 돌리게 하시옵소서.

이 시간에, 예배를 마치고 삶의 현장으로 돌아갈 때, 모두의 삶으로 나아갈 때, 입술을 열어 복음을 전하는 삶이 되게 하시옵소서. 저희들이 주 안에서 말한 것은 마음을 다하여 믿게 하시고, 마음을 다하여 믿은 것은 주님의 시간에 생활을 통해서 실천하게 하시옵소서.

검을 가지신 예수님의 이름으로 기도드립니다. 아멘

예수를 하나님이 살리신지라

홀로 한 분이신 하나님,

땅과 거기 충만한 것과 세계와 그중에 거하는 자가 다 하나님의 것이라 이 시간에, 창조주 하나님을 높여드리게 하시옵소서. 하나님의 영원하신 능력과 신성을 찬송하기 원합니다. 여호와의 이름을 사랑하는 지체들의 걸음이 하나님의 길을 떠나지 않게 하시옵소서.

지나온 날들을 생각해 볼 때, 얼굴이 붉어집니다. 하나님께서는 저희들을 사랑하셔서 좋은 시간을 주셨으나, 저희들은 주님 앞에서 살아오지 못하였습니다. 잘못된 일들에 대하여 회개하니 용서해주시옵소서.

주님의 십자가를 바라보면서 이 자리에 모인 저희들에게 하늘의 영광과 권능을 보게 하시니 감사드립니다. 사순절의 시간을 보내면서 예수님의 고난에 담겨져 있는 하나님의 사랑을 누리게 하시옵소서. 그 은혜가 저희를 강권하여 복음을 전하는 증인들이 되기를 빕니다. 갈보리 십자가의 보혈을 불신자들에게 전하게 하시옵소서.

○○의 공동체를 하나님의 말씀에로 인도해주시옵소서. 주님의 삶을 묵상하면서 하루하루를 보내기 원합니다. 우리가 배워야 예수님의 삶, 우리가 따라야 할 예수님의 가르침을 배우게 하시옵소서.

이 시간에, 예배를 마치고 삶의 현장으로 돌아갈 때, 모두의 삶으로 나아갈 때, 입술을 열어 복음을 전하는 삶이 되게 하시옵소서. 저희들이 주 안에서 말한 것은 마음을 다하여 믿게 하시고, 마음을 다하여 믿은 것은 주님의 시간에 생활을 통해서 실천하게 하시옵소서.

임금들의 머리, 예수님의 이름으로 기도드립니다. 아멘.

때를 얻든지 못 얻든지

복음으로 살게 하시는 하나님,

오늘도 어린 양 예수님의 피에 저희들의 더러운 옷을 빨아 흰 옷을 입는 은혜를 경험하게 하시니 감사드립니다. 주일 이후에, 사흘 동안을 지내면서 악을 친근히 하거나 악과 더불어 지내지 않게 하셨음을 즐거워합니다. 하나님을 친근히 하고 하나님과 더불어 지내게 하시옵소서.

약한 저희들의 상처 입은 심령을 주님께서 십자가를 지시고 피 흘리신 손으로 치유해 주시옵소서. 아직도 저희들의 심령에 교만과 사욕이 스며있거든 성령의 불로 죄악을 태우고, 깨우쳐서 회개하게 하시옵소서. 세상의 죄를 이기는 싸움에 승리하게 하시옵소서.

주님의 십자가를 통해서 용서를 받고, 용서의 진리를 배우게 하셨음에 감사드립니다. 여기에 모인 여호와의 권속들이 주님께로부터 용서를 받았듯이 서로를 용서하며 살아가는 은혜를 누리게 하시옵소서. 십자가에서 이루어진 주님의 용서를 귀하게 여기고, 찬양하게 하시옵소서.

우리 교회가 하나님의 사랑을 세상에 전하는 공동체가 되기를 소망합니다. 하나님께서 구원하시기로 작정하신 영혼들을 만나게 해 주시옵소서. 구령의 열정으로 저희들의 가슴을 뜨겁게 하시옵소서.

잃어버린 자들에게로 일꾼을 보내시기 원하시는 하나님의 뜻을 이루어 드리기 위하여 기도하게 하시옵소서. 저희들이 이 땅에서 전도자로 부름을 받았다면 사람들에게로 가도록 하시옵소서. 주님의 가슴을 품고, 죄악의 구덩이에 있는 이들에게 복음을 전하게 하시옵소서.

대 예언자이신 예수님의 이름으로 기도드립니다. 아멘

우리가 그를 전파하여

저희를 전도자로 세워주시는 여호와여,

꽃들이 피어나서 노래하듯이 저희들에게도 신앙의 봄이 오기를 기다립니다. 주 하나님을 사랑하고, 주의 계명을 지키는 자로 살도록 새로움을 주시옵소서. 이 시간의 예배로 하나님만이 온 세계의 지존자로 알게 하시며, 하나님을 두려워하는 마음으로 섬기게 하시옵소서.

하나님의 영광을 위해 살겠다는 말을 얼마나 많이 하였는지요. 주님을 기쁘시게 하겠다는 말을 자신 있게 하기도 하였지요. 그러나 저희들의 삶은 자기 자신을 위해서만 힘쓴 생활이었습니다. 하나님의 사랑은 잊어버리고 지냈습니다. 갈보리의 보혈로 저희들의 죄를 깨끗이 씻어주시옵소서.

십자가에서 이루어진 주님의 사랑을 기억합니다. 죄인들의 구원을 위하여 보혈의 피를 흘리신 그 사랑이 하나님의 은혜였음을 늘 기억하며 지내게 하시옵소서. 천국의 영광을 구하며 살게 하시옵소서. / 자신의 몸을 내어주심으로써 사랑을 나타내신 주님을 세상에 전하게 하시옵소서. 아직도 주님을 모르는 이들이 많은데, 그들에게 하나님의 사랑을 보여주게 하시옵소서. 나를 구원해주신 예수님을 전하게 하시옵소서.

초대 교회의 성도들이 사도의 가르침을 받아 서로 교제하며 떡을 떼며 기도하기를 전혀 힘썼던 것처럼, 저희들도 교회에 모여 가르침을 받게 하시옵소서. 모이기를 기뻐하며, 서로에게 사귐을 갖게 하시옵소서. 교회 안에서 주님의 사랑을 베푸는 저희들의 교회가 되기를 원합니다.

영원히 감독이 되신 예수님의 이름으로 기도드립니다. 아멘

생명의 길과 사망의 길

생명 길로 가게 하시는 하나님,

겸손과 온유로서 주님 가까이로 이끌어 주시며, 우리의 죄를 낱낱이 고백하게 하사 주의 은총 안에 의탁하게 하시고 주안에서 비로소 우리의 피난처와 능력을 발견하게 하시옵소서.

사순절에 생명의 기쁨을 찬송하면서 저희들의 가슴이 사랑으로 벅차게 하시옵소서. 서로 사랑하여 주님의 몸을 이루어 드리기 원합니다. 주님을 본받아 형제를 위하여 목숨을 버리는 데까지 이르게 하시옵소서.

제자들과 마지막 만찬을 하시면서 그들의 발을 씻겨주셨던 주님을 묵상하게 하시옵소서. 우리 ○○의 지체들이 서로 발을 씻겨주지는 못하여도 발을 씻겨주는 섬김의 자세를 배우도록 성령님의 인도하심을 구합니다.

사순절의 긴간이 저희들에게 복이 되기를 빕니다. 주님의 지체들이 사랑을 조금씩 실천하면서 이기적이던 기질이 이타적인 기질로 조금씩 바뀌어 가고, 하나님께 영광을 드리도록 인도해 주시옵소서. 강단에 세워주신 목사님을 성령님으로 충만하게 하시옵소서. 그 말씀으로 저희들은 부활절을 기다리는 신앙의 삶에 도전을 받게 하시옵소서.

여호와의 불이 내려와 저희들이 사는 길이 열리게 하시옵소서. 그 불로 인하여 저희들의 죄가 태워지고, 그릇된 생각들이 불살라져 변화시켜 주시옵소서. 죄악이 태워진 저리에 은혜의 샘물이 솟아나는 것을 보게 하옵소서. 그 생수로 메마른 영혼이 시원해지게 하시옵소서.

선한 목자이신 예수님의 이름으로 기도드립니다. 아멘

먹고 배부를 것이며

만족하게 하시는 하나님,

예수님의 고난 속에서 아름답게 핀 생명의 꽃을 보게 하시니 영광을 드립니다. 만물이 새롭게 피어나는 계절에 저희들의 죽어야 하는 생명도 새롭게 피어나게 하셨습니다. 십자가의 밭에 주님의 보혈이 뿌려져 저희들에게 영생의 생명을 갖게 하셨으니 찬미를 받아 주시옵소서.

주님의 은혜에 감사함이 게으름을 용서해주시옵소서. 감사를 새기는 진정한 자세가 되기 못하고 있음을 고백합니다. 마음으로는 하나님을 사랑하고 감사하는 마음이 넘치기를 원하지만 그렇지 못함을 용서하시옵소서.

주님의 고난으로 말미암아 저희들에게 누리게 하신 은혜를 즐거워합니다. 십자가의 구속을 찬송하는 ○○ 교회의 권속들에게 은혜의 물결이 넘치기를 소망합니다. 주님을 즐거워하는 예배가 되게 하시옵소서. 주의 이름으로 오신 왕에게 찬송을 드리는 한 시간이기를 소망합니다.

말씀을 들고 강단에 서신 목사님을 지혜와 성령님으로 충만하게 하시옵소서. 목사님의 입술에서 떨어지는 생명의 말씀으로 저희들의 영혼이 배부르게 하시고, 하나님께 결단하는 경험을 주시옵소서.

많은 이들 가운데 ○○교회의 성도들에게 세상의 사람들을 향하여 마음이 열리게 하시니 감사드립니다. 주님의 마음과 눈으로 영적인 집이 없는 불신자들을 보게 하셨습니다. 이 마음은 성령께서 주신 것인 줄 믿습니다. 불신자들을 가슴에 품고 기도하도록 이끌어 주시옵소서.

보배로운 산 돌, 예수님의 이름으로 기도드립니다. 아멘.

하나님의 능하신 손 아래에서

능하신 손으로 보호해주시는 하나님,

이 시간을 사모하면서 주님의 이름으로 모인 지체들에게 은총을 내려 주시옵소서. 하나님의 길을 굳게 지켜 실족하지 않도록 성령님으로 충만하게 하시며, 친히 지켜 보호해 주시옵소서. 하나님의 품을 즐거워하고, 오직 주님을 의지하도록 주장하시며, 강권해주시옵소서.

주님의 깨끗하게 하시는 능력으로 악을 이겨내고 옳은 일을 하게 해 주시옵소서. 더욱 주님의 사랑으로 저를 채우셔서 다시는 죄를 짓고자 하는 생각이 들지 않도록 하시옵소서.

주님의 부활로 영생의 생명을 베풀어 주신 은혜를 즐거워합니다. 죽음의 권세를 이기시고, 하나님의 우편에 앉으신 예수님을 경배하면서 하나님만이 우리의 하나님이심을 감사드립니다. 이 시간에 생명의 은혜를 입은 거룩한 백성들이 감사로 예배하게 하시옵소서.

오늘, 하나님의 아들이 사람이 되어 이 땅에 오셨음에 마음을 모아 주시옵소서. 천국 백성이 된다는 것이 하늘의 영광을 바라볼 뿐이 아니라, 여기에서 자기를 낮추는 삶이어야 한다는 것을 알게 하시옵소서. 이웃을 섬기고, 이웃에게 기쁨이 되는 삶으로 살아가게 하시옵소서.

저희들에게 사랑하는 하나님의 이름을 높여드리는 찬송을 바치게 하시옵소서. 원근 각처의 보내심을 받았던 자리에서 살던 주의 백성들이니 하나님을 찬송하게 하시옵소서. 죄를 용사해 주시고, 또한 저희로 하여금 이웃의 죄를 용사하도록 하신 여호와께 찬송을 드립니다.

산 소망이 되어주시는 예수님의 이름으로 기도드립니다. 아멘.

섬기는 자가 되어야

섬기라 하시는 여호와여,

주님께서는 내가 죽어야 할 저주의 죽음을 대신 죽어주셨습니다.
그리고 내가 살아야 할 영원한 부활의 삶을 대신 먼저 사셨습니다.
이로써 주님께 붙어 있는 사람은 죽어도 죽지 않고, 다시 살게 하셨으니 영광을 드리면서 예배하는 ○○ 교회의 권속이 되게 하시옵소서.

주님을 사랑한다고 하면서도 언제나 미련하고 부족하였습니다. 주님을 모른다고 세 번이나 부인한 베드로처럼 언제나 자책 가득한 심령으로 주님 앞에 나아옵니다. 저희들 속에 성령님으로 충만하게 채워 주셔서, 하나님의 영광을 나타내는 삶을 살도록 해 주시옵소서.

저희들이 신분이 빛으로 바뀌었으니 빛의 자녀들처럼 행하게 하시옵소서. 그리하여 주님으로 말미암은 저희들의 빛을 이방 사람 앞에 비취게 하시옵소서. 그래서 이방인들이 저희들의 착한 행실을 보고, 하나님께 영광을 돌릴 수 있게 하시옵소서.

저희의 주변에는 섬김을 받아야 할 이들이 많이 있습니다. 우리 교회가 그들을 섬김으로써 하나님의 사랑을 증언하게 하시옵소서. 외롭게 지내는 이들을 섬김으로써 세상에 소망과 위로가 되게 하시옵소서.

○○교회의 지체들에게 사람으로서는 어찌 해볼 수 없는 어려움들이 있으니, 부르짖게 하시옵소서. 얼굴을 벽을 향하여 주님께 기도하는 권속들이 되게 하시옵소서. 오직 여호와만을 의지하는 간구에 기쁨을 주시옵소서. 눈물을 쏟는 간구에 일일이 응답해주심을 믿습니다.

거룩하게 해주시는 예수님의 이름으로 기도드립니다. 아멘.

오직 겸손한 마음으로

부활의 소망을 주신 하나님,

다시 사신 주님을 믿음으로 천국을 소망하게 하심에 감사드립니다.

어둠을 이기신 주님을 경배하는 복된 은혜를 누리게 하시옵소서.

부활의 영광을 찬송하면서 예배할 때, 하늘을 보도록 영안을 열어 주시옵소서.

이 시간에, 저희들의 죄를 고백하니 용서해 주시옵소서. 십자가의 보혈로 정케 하여 주시기 원합니다. 저희의 영혼에 항상 성령님의 은혜가 생수의 강같이 흘러넘치게 하셔서, 죄를 이기고 사단을 이기는 승리의 삶이 되게 하여 주시옵소서.

저희들이 예수님을 믿기 전의 죄악 된 생활을 그리워하거나 본받지 않도록 성령님의 인도를 받게 해 주시옵소서. 주님께서 베풀어 주신 구원의 큰 은혜를 주목하면서 지내게 하시옵소서. 옛 사람으로 돌아가지 않도록 자신을 지키기에 늘 주의를 기울이게 하시옵소서. 주 안에서 만족하며, 주님만 섬기며 살게 하시옵소서.

하나님 앞에서 ○○의 성도들이 섬김의 공동체가 되기를 원합니다. 저희들 모두에게 하나님을 섬기듯이, 이웃을 섬기려는 겸손을 즐거워하게 하시옵소서. 섬김으로써 사랑하는 지체들이 되게 하시옵소서.

저희들에게 기도의 영을 부으셔서 간절히 구하는 권속이 되게 하시옵소서. 기도의 은혜로 풍성한 복에 참여하게 하시옵소서. 저희들이 구하면 좋은 것으로 허락하시는 하나님이십니다. 복을 주시면, 그 복을 영원히 누릴 것을 믿고 감사하며, 기도를 계속하게 하시옵소서.

믿음의 주님, 예수님의 이름으로 기도드립니다. 아멘.

겸손한 자에게 기쁨이 더하겠고

기쁨을 주시는 여호와여,

이 밤에, 친히 지으신 만물을 다스리시고, 만물을 선대하시니 영광을 드리게 하시옵소서. 4월을 지내면서 지으신 모든 것에 긍휼을 베푸시는 하나님의 자비하심을 묵상하게 하시옵소서. 온 땅이 하나님께 즐거운 소리를 발하게 하시고, 그 이름을 영화롭게 해드리게 하시옵소서. 간절히 비오니, 저희들의 죄를 용서해 주시기 원합니다. 아직도 구원받기 이전의 옛사람을 버리지 못하고 혈기를 부립니다. 세상의 것에 마음을 빼앗겨 천국 백성답게 살지를 못합니다. 이 시간에 십자가에 장사 지냄으로써 주님의 모습이 담긴 새 형상으로 거듭나게 하시옵소서.

이 시간에도, 저희들의 영혼을 사탄의 권세에서 구속하신 주님의 이름을 높이게 하시옵소서. 저희들의 신분이 왕의 자녀로 바뀌었으니 더 이상 사탄에게 종노릇하지 않도록 해 주시옵소서. 마귀의 궤계를 능히 대적하기 위하여 하나님의 전신갑주를 입게 하시옵소서. 저희들에게 스스로 낮아져서 이웃을 섬기는 은혜로 들어가게 하시옵소서. 주님께서 우리를 섬겨주셨던 그 영이 저희들에게 충만하여 섬김을 통해서 지체들을 사랑하고, 주님의 몸이 이루어지게 하시옵소서.

○○교회의 권속에게 주님의 기쁨을 내려 주시옵소서. 그리하여 희락의 삶에 힘쓰게 하시옵소서. 예수님의 보혈로 죄를 씻음 받아서 거룩한 자가 된 기쁨을 갖고 지내기를 원합니다. 하나님을 아버지로 삼아 날마다 만족하게 해주심을 바라보는 기쁨으로 지내게 하시옵소서.

언약의 보증이신 예수님의 이름으로 기도드립니다. 아멘.

너에게 복 주고 복 주며

복의 근원이신 하나님,

하나님을 위하여 지으신 천국의 백성이 모였습니다. 이 시간에, 하나님의 찬송을 부르게 하시옵소서. 날마다 하나님을 송축하게 하며 지냈던 지체들이 예배의 자리로 나왔습니다. 이 밤에, 하나님께 찬미의 제사를 드리게 하시며, 베풀어 주셨던 은혜를 고백하게 하시옵소서.

주님을 의지한다 하면서도 눈에 보이는 것들에 마음을 두고 살았던 시간들이었습니다. 세상 속에서 욕심과 정욕을 따라 살았음을 고백합니다. 믿음보다는 사람의 생각으로, 하나님의 뜻보다는 자신의 일을 이루기 위해서 동분서주하다가 이 시간에 나왔사오니 용서해 주시옵소서.

보이는 소망이 저희들에게 소망이 아님을 깨닫게 하시니 감사드립니다. 이 세상에서 우리의 눈으로 보는 것에 소망의 근원을 삼지 않게 하시옵소서. 소망을 오직 하나님께만 두게 하시옵소서.

○○의 지체들이 어떤 상황에서라도 믿는 도리의 소망을 움직이지 않고 굳게 잡게 하시옵소서. 이 땅에서 사는 것이 저희들에게 에워쌈을 당하게 하고, 곤고한 일들이 쉬지 않고 괴롭힐지라도 주님의 사랑을 놓지 않게 하시옵소서.

거룩하신 하나님의 이름, 그 이름이 저희들에게 생명이 되시고, 영생이 보장이 되셨음에 즐거워하게 하게 하시옵소서. 이제는 저희들이 그 이름에 합당한 영광을 드리고, 그 이름으로 소망을 바라보며 지내게 하시옵소서. 저희들을 만족하게 하실 이름은 오직 하나님이십니다.

주님이 되어주시는 예수님의 이름으로 기도드립니다. 아멘.

내가 너희를 돌보아

우리의 소망이 되시는 하나님,

갈보리 십자가의 은혜로 저희를 새롭게 하셨음을 감사드립니다. 하나님 앞에서 의롭다 변화를 받았으니 예배하는 지금, 저희들의 몸을 하나님께서 기뻐하시는 거룩한 산 제사로 드리게 하시옵소서. 영과 진리로 하나님을 영화롭게 해드리는 한 시간이기를 빕니다.

예배하러 나와 주님의 십자가를 바라보니 눈물이 앞섭니다. 하나님의 사랑을 받기에 합당치 못한 저희들의 삶이었기에 이 시간에 주님 앞에 다 내어 놓습니다. 하나님의 집은 기도하는 곳이건만 저희들은 온갖 욕망과 개인적인 꿈으로 오염시켰음을 용서해 주시옵소서.

저희들의 힘이시며, 저희들의 노래가 되시는 여호와의 이름을 즐거워하게 하시옵소서. 이 시간에, 여기에 모인 지체들로 하여금 구원이 되시는 하나님을 높이게 하시옵소서.

마음이 완악하여 의에서 멀리 떠난 저희들을 불러 모으신 은혜를 묵상합니다. 생명의 말씀을 주시려고 하나님의 말씀을 듣게 하셨으니 감사드리게 하시옵소서. 머리를 숙인 지체들에게 하나님의 의를 가까이 하게 해 주시옵소서. 말씀의 즐거움으로 행복함을 누리게 하시옵소서.

여기에 모인 주님의 백성 모두에게 생명의 말씀을 밝히는 일에 헌신할 것을 다짐하게 하시옵소서. 복음을 모르는 자들에게 성경을 주는 일에 관심을 기울이게 하시옵소서. 아직까지도 복음이 전해지지 않은 이들에게도 성경과 함께 생명의 말씀이 선포되기를 원합니다.

자유하게 해주시는 예수님의 이름으로 기도드립니다. 아멘.

즐거움을 더하게 하셨으므로

즐거움을 주시는 여호와여,

5월의 밤에, 하나님의 이름 앞에 무릎을 꿇습니다. 우리 하나님은 측량치 못할 만큼 광대하시므로 ○○의 지체들로부터 크게 찬양을 받아 주시옵소서. 하나님의 행사를 높이 찬송하는 지체들이기를 빕니다.

이 시간의 예배로 하나님의 능하심을 선포하게 하시옵소서. 하나님의 자녀가 된 행복을 즐거워하며 예배하게 하시옵소서. 짧은 시간이지만 천국 잔치의 신령함으로 기쁘게 하실 하나님을 바라게 하시옵소서.

주님의 은혜가 없으면 살 수 없는 저희들, 말씀대로 살기를 원하였지만 부끄러운 모습으로 살았습니다. 긍휼을 베풀어 주시옵소서. 주님의 영광을 가리는 말을 해왔고, 감정에 따라 행동을 했던 삶을 용서해주시옵소서. 절제하지 못하고, 혈기를 일삼으며 살았던 날들이었습니다.

예배하는 권속들에게 저희를 온전케 하시는 하나님을 바라보는 저희들이 되기를 빕니다. 이로써 세상의 모든 무거운 것과 얽매이기 쉬운 죄를 벗어버리는 은혜로 살아가게 하시옵소서. 오직 성령님의 충만하심으로 믿음의 경주를 잘 경주하게 해 주시옵소서.

지체들이 예비 된 은혜를 누리게 하옵소서. 저희들의 심령의 그릇마다에 하늘의 문이 열리고 쏟아지는 은혜를 받아 누리게 하시옵소서. 누르고 흔들어, 넘치도록 부어주시는 은혜를 받게 하시옵소서. 위에서 내려오는 은총으로 결박하고 있는 문제들이 풀리게 하시옵소서.

정결하게 하시는 예수님의 이름으로 기도드립니다. 아멘.

내가 네게 큰 복을 주고

큰 복을 주시는 하나님,

성령강림절을 맞이하여 크고 위대하심에 영광을 드립니다. 성령님께의 충만하게 하심으로 저희들을 하나님의 품으로 이끄시고, 풍성한 은혜를 누리게 하셨음에 영광을 드립니다. 성령님의 오심으로 말미암은 영광은 하나님의 것이오니, 이 시간에, 영광을 받으시옵소서.

지금, 저희를 죄악이 관영한 곳에 머물지 않게 하심을 감사드립니다. 알면서도 죄를 짓는 연약함에 있으나 하나님께로 불러주신 사랑에 탄복하며 감사드립니다. 주님의 사랑은 측량할 수 없으신데, 저희는 늘 죄짓는 생활뿐이었습니다. 모든 죄를 주님의 피로 씻어 주시옵소서.

○○의 지체들에게 여호와의 전능하신 손으로 영광을 나타내시옵소서. 저희들에게 큰 복을 주시는 하나님을 만나게 하시옵소서. 저희들이 번성해지는 것을 원하시는 하나님의 은혜를 보게 하시옵소서.

오늘, 예배를 통해서 하나님의 말씀을 저희들에게 주시옵소서. 그 말씀을 받을 때, 성령님으로 감동해 주셔서 그 말씀대로 살고자 결단하게 하시옵소서. 그리고 순종을 통해서 하나님의 말씀에 응답하게 하시옵소서.

이 시간에, 하나님의 기적을 보게 하옵소서. 인간의 힘만으로는 어떻게 할 수 없는 일들이 저희들을 힘들게 하고 있으니, 여호와의 기적을 보여 주시옵소서. 저희들의 눈물의 기도가 백만 군대의 함성소리로 들려져 여리고를 무너지게 하신 은혜를 보게 하시옵소서.

하나님의 영광이신 예수님의 이름으로 기도드립니다. 아멘.

우리 발을 평강의 길로

평강의 길로 인도하시는 하나님.

주일을 지난 이후, 삼일 동안을 지내면서 하나님의 영광을 묵상하게 하시니 감사드립니다. 먹든지, 마시든지, 무엇을 하든지 저희가 다 하나님의 영광을 위하여 하게 하셨던 은혜에 감사함을 주시옵소서. 하나님의 영광을 위하여 저희를 창조하신 사실을 잊지 않게 하시옵소서.

회개하고 돌이켜 죄 없이 함을 받으라 하셨으니, 먼저 죄를 고백합니다. 저희들은 어리석어서 부지불식간에 죄를 짓고도 모릅니다. 연약한 인간의 모습 속에서 짐짓 죄를 짓기도 합니다. 저희들의 죄가 주홍 같이 붉을지라도 눈처럼 희게 되는 용서의 기쁨을 주시옵소서. 원근각처에서 흩어져 살던 지체들에게 평강의 길로 인도해주셨음을 묵상합니다. 이 시간의 예배에서, 그 은혜에 감격하는 응답을 주시옵소서. 우리 자신이 저희 것이 아니라 주님의 것임을 새롭게 깨닫습니다.

저희들의 몸으로 하나님께 영광을 돌려드림에 주목하게 하시옵소서. 옛 사람으로 지낼 때, 유익하던 것을 무엇이든지 거절하게 하시고, 주님의 것이 된 삶을 살도록 해 주시옵소서. 저희들의 삶 자체가 예물이 되어 하나님께 봉헌이 되게 하시옵소서.

저희들에게 여호와를 사랑하는 열정을 품게 하옵소서. 하나님을 사랑하기 때문에 자신의 영화보다는 하나님의 영광을 위하여 헌신하게 하시옵소서. 하나님의 영광을 위해서 무엇이라도 하겠다는 소원을 갖게 하시옵소서. 교회에 꼭 필요한 일을 하겠다는 소원을 갖게 하시옵소서.

평생의 중보자, 예수님의 이름으로 기도드립니다. 아멘.

친척과 가까운 친구들을 모아

함께 하도록 하시는 하나님,

하나님 앞에서 머리를 숙인 지금, 저희들의 죄악을 숨기지 않게 하시옵소서. 깨닫지도 못하고, 알지 못하게 저질렀던 죄는 주님의 보혈로 사함을 받게 하시옵소서. 회개의 영으로 저희들의 심령을 충만하게 하시옵소서. 주님의 은혜를 구하도록 상한 심령을 주시옵소서.

저희들은 지난 시간을 지내면서 주님을 기쁘시게 하지 못하고, 저희들의 육신을 위하여 이기적인 욕망과 많은 죄악에서 살아 왔습니다. 저희들의 회개를 들어주시고 용서해 주시옵소서. 이제, 참으로 죄를 거절하며 살 수 있는 믿음의 용기를 주시옵소서.

예수님의 영을 저희들의 마음 가운데 보내셔서 하나님을 아바 아버지라 부르게 하셨음에 감사드립니다. 이제, 하나님의 자녀 된 신분으로 성령님의 충만을 구하게 하시옵소서. 저희들에게 성령님을 보내주셔서 그 충만하심으로 세상을 살게 하시옵소서.

우리 ○○의 공동체에 초청의 은혜가 충만하기를 빕니다. 우리 교회가 멸망으로 죽어가는 이들을 구원의 자리로 초청하는 공동체가 되게 하시옵소서. 생명으로 인도하는 구원선의 교회가 되게 하시옵소서.

○○교회의 성도들에게 화평의 생활에 힘쓰게 하옵소서. 저희들 모두가 작은 예수가 되어, 세상에 대하여서는 십자가를 지는 종으로 살아가기를 원합니다. 저희들의 이웃에 대하여 화평으로 섬기는 착한 행실을 통해서 하나님의 나라를 이루어지는 것을 보게 하시옵소서.

우리에게 생명이 되신 예수님의 이름으로 기도드립니다. 아멘.

다 내게로 오라

위대하신 주 여호와여,

우리 하나님을 예배하기 위하여 머리를 숙인 지금, 저희들에게 저희들 자신의 뜻대로 살지 않고, 하나님의 뜻대로만 살아가겠다는 결단하게 하는 은총의 경험을 주시옵소서. 저희를 붙드시고 의인의 요동함을 영영히 허락지 아니하시는 주님의 은혜를 기뻐하게 하시옵소서. 믿음으로 견고하며 흔들리지 말며 항상 주님의 일에 더욱 힘쓰는 자들이 되게 하시옵소서.

저희들의 죄를 제거해주시고, 그 자비로써 저희들의 마음에 성령의 불을 붙여 주시옵소서. 돌 같은 마음에 새로운 마음을 허락 하셔서 기쁜 마음으로 당신을 따르며 즐거워 할 수 있는 귀한 믿음을 주시옵소서.

○○의 성도들에게 우리 하나님 앞에서 귀히 쓰임을 받는 그릇이 되기를 소망하게 하시옵소서. 주인이 되신 하나님의 쓰심에 합당하도록 성령님의 인도하심을 빕니다. 하나님께서 쓰시려하실 때, 어떤 모습으로든지 드려지도록 준비되게 하시옵소서. 귀하게 쓰임을 받아 착하고 충성된 종이라는 칭탄을 받게 하시옵소서. 그리하여 주님의 사랑을 가지고, 불신자들을 주님의 품으로 초청하는 저희들이 되게 하시옵소서.

사슴이 시냇물을 찾기에 갈급함 같이 내 영혼이 주를 찾기에 갈급해 말씀을 사모하게 하시옵소서. 하나님의 말씀을 좇아 거룩해지게 하시옵소서. 이로써 말씀으로 저희들의 부족함이 채워지기를 원합니다. 한절의 말씀으로 심령을 뜨겁게 하시고, 믿음으로 살아가게 하시옵소서.

믿음의 모퉁잇돌, 예수님의 이름으로 기도드립니다. 아멘.

돈 없이, 값 없이 와서

만왕의 왕이신 여호와여,

오늘 밤에, 이 세상의 모든 피조물들이 창조주이신 하나님께 감사 드리기 원하여 기도합니다. 온 땅이 하나님께 즐거운 소리를 발하게 하시고 그 이름의 영광을 찬양하고 영화롭게 하시옵소서. 모든 나라 위에 높으시며 그 영광이 하늘 위에 높으신 하나님께 저희들이 바쳐야 할 영광을 올려 드립니다.

저희들의 죄를 자복할 수 있는 은혜를 원합니다. 하나님의 영광을 가릴 만한 죄들을 회개하게 하시며, 용서하심의 은혜로 새롭게 하시옵소서. 이제, 지은 모든 죄를 고백하고 뉘우치오니 용서해주시옵소서.

주님의 말씀을 지키는 ○○ 교회 공동체가 되기를 소원합니다. 여기에 모인 이들이 주님의 이름을 배반하지 않으며, 주님의 이름 안에서 의의 열매를 가득히 맺어드리는 저희들이 되기를 빕니다. 오직 여호와의 영광을 구하며, 하늘의 영광을 전하는 자들이 되게 하시옵소서.

우리 교회가 불신자들에게 생명수를 파는 곳이 되게 하시옵소서. 우리 교회를 통하여 죽어가는 자들이 생명의 양식을 사 먹는 은혜를 주시옵소서. 돈 없이 사먹고, 값 없이 사먹는 교회가 되게 하시옵소서.

○○의 권속을 하나님 나라의 일꾼으로 삼아주시옵소서. 이제, 삶의 목표가 하나님의 뜻을 이루어드리는 것이 되게 하시옵소서. 모든 이들이 자신들이 맡은 자리에서 천국을 이루게 하시옵소서. 주님의 일을 기쁨으로 성취하게 하는 하나님의 나라로 이루어짐을 소망합니다.

마지막 아담이신 예수님의 이름으로 기도드립니다. 아멘.

아버지의 온전하심과 같이

하나님을 소원하게 하시는 하나님,

맥추감사절에, ○○ 교회의 권속들이 하나님께 영광을 드리니 받으시옵소서. 한 공동체로 부름을 받은 저희들이 한 목소리로 감사의 신앙을 고백하게 하시옵소서. 예배를 드릴 때, 성도들을 감사의 문으로 인도해 주시옵소서. 하늘의 하나님을 찬양하는 저희들이 되기 원합니다.

안타깝게도 교회를 세우신 하나님의 뜻에 따라 섬기지 못하여 회개합니다. 하나님께서 원하시는 헌신을 하는데 있어서 부족하였음을 용서하시옵소서. 이 지역에서 빛이 되고, 소금이 되는 교회가 되지 못함을 회개합니다. 갈보리의 보혈로 저희들의 죄를 씻어 주시옵소서.

저희에게 드리워져 있는 죽음의 사슬을 십자가의 능력으로 풀어주시옵소서. 저희들의 죄를 묻지 않으시고 한결같은 사랑으로 감싸주시는 주님의 한없는 자비에 의지하여 이렇게 나왔으니 주님의 피 묻은 손으로 저희들의 떨리는 심령을 어루만져 주시옵소서.

오늘, ○○의 지체들에게 주 안에서 온전함에 이름의 소원을 품게 하시옵소서. 하나님의 온전하심을 저희들의 것으로 삼으려는 비전을 주시옵소서. 거룩함을 추구하며, 성장하게 하시옵소서.

우리 주변에는 어려운 이들이 참으로 많이 있습니다. 하나님께서 이들을 불쌍히 여기시고 자비를 베풀어 주시옵소서. 저희들에게 긍휼히 여기는 마음을 주셔서 그들에게 주님의 이름으로 나아가도록 하시며, 하나님의 손길이 되어 은혜를 베풀고 최선을 다해 돕도록 하시옵소서.

구원의 반석이신 예수님의 이름으로 기도드립니다. 아멘.

부르신 부름의 상을 위하여

부름의 상을 바라보게 하시는 하나님,
사랑하는 ○○의 지체들을 다시 불러 모으셔서 하나님의 이름을 찬송케 하시니 감사드립니다. 우리의 능력이 되신 하나님께 즐거이 찬송하게 하시옵소서. 찬송으로 영광을 드리는 한 시간을 주시옵소서. 이 시간에, ○○의 지체들에게서 영광을 받으시옵소서.

저희들이 주님의 뜻대로 살지 못하고, 육체의 욕심에 미혹되어 육체로 떨어졌던 삶을 고백합니다. 주님의 품을 떠나려고 애썼던 교만을 용서해 주시옵소서. 그리고 세상과 불의와 타협하며 자신의 죄를 합리화하는 나약한 신앙을 가지고 살아온 것도 용서해 주시옵소서.

저희들에게 부르심의 소망이 무엇인지를 알게 하시고, 하나님 나라의 영광의 풍성이 무엇인지를 깨닫게 해 주시옵소서. 하나님의 성품을 본받아 하나님의 자녀다운 인격으로 변화되도록 인도해 주시옵소서. 생각과 마음을 어지럽히는 사탄의 영에 미혹되지 않게 하시옵소서.

이 밤에, 저희들에게 성장에 대한 소원을 주시옵소서. 그리스도의 장성한 분량에 이르도록 자람을 즐거워하게 하시옵소서. 어린아이에 머무르지 않고, 성숙함을 나타내게 하시옵소서.

성도들의 슬기로움으로 ○○교회 안에서 보여 지는 크고 작은 허물들이 덮여지고, 교회는 평안해지게 하시옵소서. 사람들이 모인 곳이라, 문제도 생기고, 어려움도 보일 때, 성도들이 교회의 부흥과 지체들의 평안을 위해서 겸손히 섬기는 은혜를 주시옵소서. 섬김의 공동체를 소망합니다.

우리를 위한 어린 양, 예수님의 이름으로 기도드립니다. 아멘.

참 마음과 온전한 믿음으로

온 땅에 충만하신 여호와여,

미천한 자들을 돌아 보사 영원한 안식을 허락하시는 은혜를 소망하여 나왔습니다. 하나님의 존전에서 예배하기 위하여 모였사오니 참 예배를 드리게 하시옵소서. 예배의 순서에서 하나님께 영광이 되기 원합니다. 이 전에 모인 이들로 하여금 주님의 영광을 찬양하고 영화롭게 하시옵소서.

자기의 죄를 숨기는 자는 형통치 못하지만 죄를 자복하고 버리는 자는 주님의 긍휼을 받는다는 말씀의 은혜를 기다립니다. 주님의 이름을 찾는 저희들에게 먼저, 저희의 죄를 숨기지 않고 그대로 자복하는 회개의 영으로 이끌어 주시옵소서. 이 시간에, 지은 죄를 낱낱이 고백하여 주님의 피로 다시 한 번 죄 사함을 얻게 하시옵소서.

광야와 같은 이 세상을 살아가는 저희들에게 생명수를 내려 주셔서 영원히 목마르지 않게 하시옵소서. 여호와 앞에서 상한 심령의 은혜에 들어가 저희들이 악한 길에서 떠나게 하시옵소서. 마음과 영을 새롭게 해 주시옵소서. 죄가 저희의 죽을 몸에서 왕 노릇 하지 못하도록 해 주시옵소서. 스스로 겸비하고 하나님의 얼굴을 구하게 하시옵소서.

보혜사 성령님께서 저희를 위하심에 감사드립니다. 영과 진리로 충만한 예배를 경험하게 하시옵소서. 예배를 드리는 중에 더욱 성령님의 충만하신 임재를 누리게 하시며, 성령님께 마음을 드리게 하시옵소서. 이 시간에, 주님의 옷 가에 손을 대는 은혜를 보게 하시옵소서.

생명의 터가 되신 예수님의 이름으로 기도드립니다. 아멘.

너희의 마음을 여호와께 온전히

여호와께 온전하게 하시는 하나님,

주일을 지나 사흘 동안, 하나님의 행사를 높이 찬송하며, 하나님의 능한 일을 선포하게 하셨음에 감사드립니다. 여름의 뜨거움을 통해서 우리를 위하시는 하나님의 사랑에 감격하게 하시옵소서. 만물을 선대하시며, 그 지으신 모든 것에 긍휼을 베푸시는 하나님의 열심을 이 7월에 느끼게 하시옵소서.

자기의 죄를 숨기는 자는 형통하지 못하나 죄를 자복하고 버리는 자는 불쌍히 여김을 받으리라 하신 말씀을 기억합니다. 잠시의 유익에 마음을 빼앗겨 고의로 지은 죄들을 고백합니다. 하나님의 뜻을 살피지 못하고, 나의 뜻대로 행한 죄를 용서해 주시옵소서. 다시금 다짐하오니, 죄에 대해 죽고, 의에 대해 살도록 하시옵소서.

죄악이 온 땅에 가득 차 있음을 핑계로 죄에 자신을 내어주지 않게 해 주시옵소서. 죄에 대하여 민첩하게 반응하게 하시옵소서. 언제나 죄를 지을 수 있다는 사실에 주목하게 하시며, 몸의 사욕을 거절하게 하시옵소서. 자신을 불법에 내어주지 않도록 성령님께서 붙잡아 주시옵소서. 이로써 주 안에서 날마다 자라가는 기쁨을 누리게 하시옵소서.

○○의 지체들에게 충성의 은혜를 내려주시옵소서. 여호와께 충성을 다하는 생활에 힘쓰게 하시옵소서. 아버지 앞에서 거룩한 자녀의 삶으로 지내는 충성을 보이게 하옵소서. 저희들에게 명하신 말씀들에 순종하는데 충성을 다하므로 반석 위에 세워지도록 도와주시옵소서.

찬양을 받으실 주님, 예수님의 이름으로 기도드립니다. 아멘.

성숙함을 모든 사람에게

성숙함을 보이도록 하시는 여호와여,

성소에서 머리를 숙인 저희들, 높은 데서 찬양하게 하시며 모든 곳에서 주님을 찬미를 드리게 하시옵소서. 저희들이 항상 주님을 송축하기를 즐거워하게 하신 성령님께 감사드립니다. 이 시간에, 주님의 행사를 크게 찬송하며 능한 일을 선포하기를 새롭게 다짐하게 하시옵소서.

저희들의 모든 죄를 자복하고 회개하니 주님의 보혈로 깨끗케 씻음 받게 하시옵소서. 하나님 앞에서 착한 일을 하여 모든 이들로 하여금 영광을 드리게 하시옵소서. 자기 자신을 신으로 여기며, 오만하게 살아왔던 저희들이었습니다. 모든 죄악을 용서해 주시옵소서.

저희들이 살아가는 중에 닥쳐오는 고난은 장차 나타날 영광과 비교할 수 없음을 믿습니다. 고난으로 인해서 주님의 율례를 배우는 시간이 되게 하시옵소서. 이로써 고난이 저희에게 큰 유익이 됨을 고백하고, 고난을 당할 때 결코 원망하지 않고 감사하게 하시옵소서.

저희들이 이 땅에서 살아가는 동안에, 신앙의 진보를 보이도록 인도해 주시옵소서. 말씀과 기도를 가까이 하여 성숙함에 이르게 하시옵소서. ○○ 교회와 하나님 앞에서 유익한 일꾼들이 되도록 세워 주시옵소서.

그리스도 안에서 은혜의 풍성함을 베풀어주신 하나님께 영광을 드리게 하시옵소서. 독생자의 피를 통해서 구속함을 받게 하신 은혜에 영광을 드립니다. 하나님의 자녀로 삼아주시고, 날마다 위로부터 내려오는 은혜로 지내오게 하시니 저희들의 삶에서 영광을 받으옵소서.

만유를 다스리시는 예수님의 이름으로 기도드립니다. 아멘.

거룩한 행실과 경건함으로

거룩함을 따르게 하시는 하나님,

하나님께서 저희를 버리지 않으시고 구원의 선물을 받게 하셨음에 감사드립니다. 이 밤에, 구원의 은혜를 받은 지체들이 찬양을 드리게 하시옵소서. 저희들이 하나님의 도우심을 구할 것도 많으나 먼저 저희들의 입술에 찬양을 담아 주시옵소서.

지난날들의 삶은 결코 아름답지 못하였습니다. 열심을 다하여 저희에게 맡겨진 사명에 충성하지 못했음을 용서해 주시옵소서. 이로써 교회의 사명을 다하지 못하고 말았습니다. 여러 가지의 죄와 허물이 많이 있음을 깨닫습니다.

옥토와 같은 심령으로 살아가도록 인도해 주시옵소서. 하나님의 말씀을 사모하는 심령으로 받게 하시며, 그 말씀을 듣고, 깨달아 결실을 보게 하시옵소서. 그리하여 백 배, 육십 배, 삼십 배의 열매를 맺을 수 있게 하시옵소서. 열매를 맺어 하나님께 영광이 되기를 빕니다.

이 시간에 저희들의 심령에 거룩함의 영이 충만한 은혜를 주시옵소서. 여호와의 친 백성으로서 흠이 없게 하시옵소서. 성결케 하는 성령님으로 말미암아 하나님께 드려지게 하시옵소서.

이제까지 지내오는 동안에, 기도하여 구한 것을 주신 여호와께 찬송을 드립니다. 그 은혜로 말미암아 다시 한 번 기도의 응답을 받는 저희들이 되게 하시옵소서. 오늘도 자신만이 괴로움으로 눈물을 흘리는 권속들이 있습니다. 그들에게 하나님의 위로를 나타내어 보여 주시옵소서.

거룩한 종이 되신 예수님의 이름으로 기도드립니다. 아멘.

경건은 범사에 유익하니

경건을 좇게 하시는 하나님,

삶의 현장에서 바쁘게 살아왔던 저희들이 하나님을 예배합니다. 이 밤에, 하나님을 송축하며 저희 속에 있는 것들이 다 그 성호를 송축하게 하시옵소서. 하나님의 지으심을 받고 그 다스리시는 모든 곳에 있는 저희들이기에, 하나님을 송축하게 하시옵소서. 하나님의 모든 은택을 감사의 찬양으로 송축하도록 은혜를 주시옵소서.

저희들의 악함을 회개합니다. 겉으로 드러나지는 않으나 마음에 품은 죄악을 용서해 주시기 원합니다. 주님을 바란다 하면서도 주님께 대한 목마름이 없이 지내왔습니다. 예배하기 전에, 하나님 은혜와 사랑으로 죄를 씻음 받게 하시옵소서.

세상에 속하지 않으셨던 주님을 묵상합니다. 우리를 천국의 백성이 되게 하셨으니 갈보리의 십자가를 아래로 나아가게 하시옵소서. 오직 주님께 속하고, 세상에 속하지 않게 하시옵소서. 저희들이 주님의 백성으로서 어긋남이 없이 주님의 뜻에 합당한 생활을 하도록 하시옵소서.

○○의 지체들에게 성결함을 사모하는 은혜를 주시옵소서. 거룩한 행실과 경건함으로 온전함에 이르게 하시옵소서.

저희들에게 회개와 자신을 돌아봄의 은혜를 주시옵소서. 아무리 간구를 해도 이루어지지 않는 일들에 대하여 하나님의 응답이 없음을 원망하기 전에 저희들 자신을 돌아보기를 원합니다. 머리에 티끌을 뒤집어쓰는 은혜를 주시옵소서. 자신에게 문제가 있음을 발견하게 하시옵소서.

따르라 하시는 예수님의 이름으로 기도드립니다. 아멘.

아름답고 거룩한 것으로

거룩하기를 원하게 하시는 여호와여,

저희들의 영광이 되시며, 찬송이 되시는 여호와의 이름을 높여드립니다. 이 밤에, 저희들의 입술로 하나님의 영광이 하늘 위에 높으심을 찬양하게 하시옵소서. ○○의 지체들이 주님 앞에 나왔으니 하나님의 이름을 송축하게 하시옵소서. 영과 진리로 예배하게 하시옵소서.

육신이 연약하고 믿음이 부족하다는 핑계로 주님의 말씀대로 살지 못하였습니다. 여러 가지로 범한 죄와 허물이 많이 있습니다. 주님의 보내심으로 빛이요, 소금이 되어야 했던 세상이었건만 그렇게 하지 못하였습니다. 저희들의 모든 죄를 주님께 자복하고 회개하오니 주님의 보혈로 깨끗함을 얻게 하시옵소서.

하나님께서 하나님의 나라를 굳게 세우심에 찬양을 드립니다. 영원토록 공평과 정의로 그 나라를 보존하시는 여호와의 이름을 높여드립니다. 하나님의 열심이 이 땅에서 하나님의 일을 이루게 하시옵소서. 하나님께서는 생각하신 것을 반드시 성취하시며, 하나님의 경영하시는 것이 반드시 이루어지게 하실 줄을 확신합니다.

저희들이 하나님 앞에서 때를 따라 맺어야 할 열매들이 있게 하셨습니다. 열매를 맺어 여호와를 영화롭게 해드리게 하시옵소서. 예배하는 기쁨으로 이 달의 삶을 살아 소망의 열매로 풍성하게 하시옵소서. 저희들은 착하고 충성된 종이라는 칭찬의 즐거움을 얻게 하시옵소서.

의로우신 주님, 예수님의 이름으로 기도드립니다. 아멘.

손을 깨끗이, 마음을 성결하게

미쁘신 이름의 하나님,

8월, 밤하늘의 아름다움이 하나님의 영광을 선포하고 있습니다. 저희들이 머리를 숙인 지금, 그 영광을 하늘 위에 높으시게 하시옵소서. 측량치 못할 만큼 광대하신 하나님을 여기에 모인 이들로, 크게 찬양을 드리게 하시옵소서.

주님 앞에 나오니 저희들의 죄를 지은 모습이 그대로 드러나고 있습니다. 주님의 뜻대로 살겠다고 기도하고 예배당을 떠났으나 살아온 발자취에는 죄의 걸음이었습니다. 교만한 자아의 무릎을 꿇게 하시고, 강퍅했던 마음은 녹아지게 하시옵소서.

이 시간에, 저희들에게 하나님만 바라게 하시옵소서. 지금부터 영원까지 하나님을 바라게 하시옵소서. 이로써 언제나 하나님께서 곁에 계심을 기억하게 하시옵소서. 하나님의 크고 넓으신 사랑을 깨닫게 하시옵소서. 광야와 같은 세상을 살아가는데 소망이 되어 주시옵소서.

사랑하는 ○○의 지체들이 성도라는 이름답게 거룩함에 이르도록 인도해 주시옵소서. 저희들이 여호와께 성결케 하시옵소서. 성령님께서 강권하시는 대로 육신의 일을 거절하고, 하늘에 마음을 두게 하시옵소서.

성령님, 저희들의 심령에 임하시기를 원합니다. 저희를 불쌍히 여기사 단비 같이 부어 주시옵소서. 복스러운 성령의 임하심이 단비처럼 제 심령에 부어지기를 원합니다. 기다리는 이 심령에 베풀어 주시옵소서. 거룩하신 성령과 주님의 기쁨으로 소생시켜 주실 것을 믿습니다.

포도나무이신 예수님의 이름으로 기도드립니다. 아멘.

너희로 온전하고 구비하여

부족함이 없도록 세워주시는 하나님,
여호와 그 이름의 영광을 찬양하고, 영화롭게 찬송하게 하시옵소서. 삼일 예배를 시작하면서 새 노래로 주님께 노래를 드립니다. 이 자리에 모인 지체들에게 온 마음으로 노래하게 하시며, 주님의 이름을 송축하고, 그 구원을 날마다 전파하기를 결단하게 하시옵소서.

하나님의 나라보다는 자신의 유익을 구하기에 바빴던 저희의 행실을 고백합니다. 받은 은혜는 많았음에도 은혜로운 삶을 살지 못했습니다. 십자가의 사랑을 실천하지 못했습니다. 용서해주시옵소서.

여호와 닛시, 승리의 하나님을 불러봅니다. 우리를 위하여 승리가 되어주시는 하나님을 사모하게 하시옵소서. 그 승리가 저희의 것이 되어, 주 안에서 승리하도록 인도해 주시옵소서. 하나님의 승리가 저희들의 승리가 되어 주시옵소서. 하나님께서 미리 가셔서 싸워 주시옵소서.

이 땅 위에 모든 불의의 세력을 도말하시고, 저희들을 악인의 손에서 건지시옵소서. 저희들을 유혹하는 모든 악한 세력과 싸울 때, 이김을 주시옵소서. 이로써 온전히 인내를 이루어 천국에 합당한 자들이 되게 하시옵소서.

여호와의 율법으로 저희를 새롭게 해주시고, 영혼을 소성케 하신 하나님의 이름을 높여 드립니다. 주님의 자녀들에게 여호와의 증거로 지혜롭게 하시며, 진리 안에서 평강을 누리게 하신 그 이름에 영광을 드리게 하시옵소서. 그 이름이 저희에게 위로와 소망이 되기를 원합니다.

진리가 되어주시는 예수님의 이름으로 기도드립니다. 아멘.

주께서 강림하시기까지 참으라

참으라 하시는 하나님,

자기들의 삶의 자리에서 흩어져 지냈던 ○○의 지체들이 주님의 이름으로 머리를 숙였습니다. 주일이 지나고 사흘 밖에 안 되었으나 저희들이 다시 모이니 얼마나 반가운지요. 하나님의 사랑이 저희들을 한 몸이 되게 하셨으니 만민 중에서 우리 하나님께 감사드리며, 열방 중에서 주를 찬송하게 하시옵소서.

알면서도 잠간 동안의 이익 때문에 저지른 죄를 회개합니다. 또한 깨닫지도 못하는 순간에 저지르게 된 죄를 고백할 때, 더러워진 심령을 그리스도의 보혈로 깨끗하게 씻어 주시옵소서. 저희들이 지은 죄를 고백하니 용서해 주시옵소서.

저희들에게 예수님을 주님으로 받게 하셨음을 묵상합니다. 그 은혜를 기억하여 언제나 십자가 아래에서 지내게 하시옵소서. 저희들의 생각이나 말, 행동이 주님의 뜻 안에서 행해지도록 성령님의 인도하심을 빕니다. 이 시간에, 머리를 숙인 지체들이 주님 안에 뿌리를 박음으로 세움을 입게 하시옵소서.

저희들이 버리지 못하고 있는 제 눈의 대들보를 깨닫지 못하고 형제의 눈에 있는 티를 보는 마음을 다스려 주시옵소서. 이 교만함이 서로를 향하여 높은 담을 헐지 못하게 합니다. 자신보다는 이웃을 높일 줄 알게 하시옵소서. 그리고 이웃을 섬기는 겸손을 배우게 하시옵소서.

영생에 이르는 길, 예수님의 이름으로 기도드립니다. 아멘.

하나님의 계명과 예수에 대한 믿음

사랑하게 하시는 여호와여,

원근각처에 흩어져 있던 지체를 불러 주시니 감사드립니다. 이 밤에, 하나님은 광대하시며, 능력이 많으시며, 그 지혜가 무궁하심을 찬송 드립니다. ○○의 지체들이 하나님의 위대하심을 송축하면서 예배하게 하시옵소서. 하나님은 모든 나라 위에 높으심을 자랑하게 하시옵소서.

주님을 기쁘시게 못하고, 육신을 위하여 이기적인 욕망 가운데 살아 왔습니다. 회개를 받으시고 용서해주시옵소서. 각 사람이 행한 대로 심판하실 하나님을 두려워하기 원합니다. 그리하여 죄를 지었던 삶에서 회개하고 모든 죄에서 떠나는 용기를 주시옵소서.

아브라함을 부르시고 그에게 복을 주어 창성케 하신 하나님을 묵상합니다. 믿음으로 아브라함의 후손이 되었으니, 그 복을 받아 누리게 하시옵소서. 하나님을 경외하는 자에게 복을 주신다고 하신 약속으로 들어가기를 빕니다.

○○의 지체들이 여호와께 복 된 자들이 되도록 인도해주시옵소서. 하나님께 복을 받음에 조금도 부족함이 없도록 자기를 지키게 하시옵소서. 하늘의 복을 받아 누리고, 그 복을 전하는 통로가 되게 하시옵소서.

오늘, 열방의 백성이 주의 이름 앞에 무릎을 꿇게 하시옵소서. 주님을 찬양하는 노래가 땅에 가득하게 하시옵소서. 모든 사람의 마음을 주님의 가족으로 묶어 주시옵소서. 성령의 힘이 각 사람들에게 나타 내사, 저희들이 주님의 가족이요, 하나님의 나라임을 고백하게 하시옵소서.

부활을 보증해주신 예수님의 이름으로 기도드립니다. 아멘.

그리스도의 인내에 들어가라

평강과 구원의 하나님,

저희를 보호해 주시며, 저희의 출입을 지금부터 영원까지 지켜 주셨음을 찬송하게 하시옵소서. 오늘, 하나님이 품을 그리워 한 지체들을 지켜 주셔서 악인의 손에 빠지지 않는 은혜를 주시옵소서. 저희들의 연약함을 통해서 유혹을 하는 불의한 자에게서 벗어나게 하시옵소서.

죄를 고백합니다. 저희들의 죄가 주홍 같이 붉을지라도 눈처럼 희게 되는 용서의 기쁨을 주시옵소서. 평안과 안일만을 추구하는 저희들에게 기꺼운 마음으로 고난당하신 그리스도를 따르는 믿음도 허락해 주시옵소서.

이 시간에, 하나님 앞에서 갈급한 심령이 되게 하시옵소서. 성령님의 깨닫게 하시는 은혜로 영혼의 목마름을 발견하게 하시옵소서. 하늘에 대하여 생수를 기다리게 하시옵소서. 마른 땅과 같은 저희들의 심령이 은혜의 단비로 적셔지는 은혜를 주시옵소서.

우리 ○○ 교회에 은혜의 강물이 흐르게 하시옵소서. 우리 지체들 각자의 메마른 심령에는 시내가 흐르게 하시며, 성령님으로 충만케 해 주시옵소서. 그 은혜로 주님의 풍성한 사랑에 들어가게 하시옵소서.

하나님 앞에서 오래 참음의 생활에 힘쓰게 하시옵소서. 저희들이 주님의 참으심을 닮아 하나님의 영광을 나타내려는 소망을 갖게 하시옵소서. 주님의 이름으로 참아 성령님의 열매를 맺게 하시옵소서. 교회 안에서 주님의 영광을 드러내기 위해서 참아야 함을 배우게 하시옵소서.

구원의 문, 예수님의 이름으로 기도드립니다. 아멘.

우리를 주께로 돌이키소서

마음을 돌이키게 하시는 여호와여,

이 백성에게 자비를 베푸시는 하나님의 신실하심을 찬송합니다. 이 밤에, 주님의 이름을 사랑하는 ○○의 지체들을 보아 주시옵소서. 저희들에게 약속하신 것을 끝까지 지키실 하나님을 기대하는 저희들의 심령을 만져 주시옵소서. 저희들은 혹시 하나님을 멀리 할지라도 저희들에게 언제나 신실하신 하나님을 믿으며 살아가게 하시옵소서.

주님을 의지한다 하면서도 눈에 보이는 것들에 마음을 두고 살았던 시간들이었습니다. 바라보아야 할 하나님의 나라보다는 세상 속에서 욕심과 정욕을 따라 살았음을 고백합니다. 믿음보다는 사람의 생각으로, 하나님의 뜻보다는 자신의 일을 이루기 위해서 동분서주하다가 이 시간에 나왔으니 용서해 주시옵소서.

이 밤에, 은혜를 주셔서 과거에 주님을 알지 못할 때에 좇던 세상의 방식대로 살지 않게 해 주심을 빕니다. 이방인이 그 마음의 허망한 것으로 행함같이 저희가 행하지 않게 하시옵소서. 불신앙 가운데 맺었던 열매를 부끄러워하게 하시옵소서. 이후로는 저희들이 온전히 주님께로 돌아가 선한 열매를 맺을 수 있게 하시옵소서.

사랑의 주님께서는 저희들의 구원을 위하여 자신의 몸을 십자가에 내어 주셨습니다. 자신의 희생으로 온유를 가르쳐 주신 주님을 기억하면서 살기를 원합니다. 온유함의 본이 되신 예수님을 따르게 하옵소서. 저희들의 손과 발을 통하여 주님의 온유를 나타내도록 하시옵소서.

생명의 떡이신 예수님의 이름으로 기도드립니다. 아멘

너희 의의 열매를 더하게

열매를 맺게 하시는 하나님,

하나님을 만날 만한 때에 예배하러 나오게 하시니 감사드립니다.

가까이 계실 때에 하나님의 이름을 부르는 ○○의 권속들로부터 영광을 거두시오며 찬송하게 하시옵소서. 지금, 저희들이 귀를 기울여 주님의 말씀을 들어서 영혼이 사는 은혜를 주시옵소서.

긍휼히 여기셔서 용서하여 주시옵소서. 여호와의 인자하심으로 저희들을 죄에서 용서하시고, 사유하심을 받은 기쁨으로 예배드리게 하시옵소서. 이제, 저희들도 부활의 그날까지 십자가를 지고서 주님의 뒤를 따라 가는 은혜를 주시옵소서.

저희들을 지으시고, 저희들을 통하여 영광을 받으시는 하나님을 묵상합니다. 저희들로 하여금 이 땅에서 지내는 동안에, 하나님의 일을 하게 하시옵소서. 저희들이 이 땅에서 살아가는 것이 하나님의 일이 되게 하시며, 그 삶에서 하나님을 영화롭게 해드리는 시간을 주시옵소서.

저희들의 삶이 곧 여호와를 찬양하는 것이 되기를 빕니다. ○○의 지체들에게 여호와를 찬양하는 열매를 많이 맺게 하시옵소서. 저희들의 행실이 하나님께 착한 일이 되어 선한 열매를 맺어드리게 하시옵소서.

예수님으로 말미암아 이 세상에 강림하셨음에 찬양을 드리게 하시옵소서. 세상에 오신 주님의 삶은 저희를 위하여 지극히 거룩한 곳으로 열려진 길이었습니다. 주님의 십자가에 달려 피 흘리시고 돌아가신 그 은혜, 저희의 모든 죄를 대신지고 가시는 사랑에 감사하기를 원합니다.

하늘에서 내려오신 예수님의 이름으로 기도드립니다. 아멘.

오직 성령의 열매는

성령의 열매를 소망하게 하시는 하나님,
하나님께서 저희들에게 생명의 복을 주시고 방패로 함같이 은혜로
저희를 호위해 주셨음에 감사드립니다. 갈보리에서 흘려진 주님의
보혈로 구원을 받게 하셨으니 이 은혜로 살아가는 것을 감사하게 하
시옵소서. 하늘의 뜻을 행하기를 즐거워하게 하시며, 하나님의 말
씀이 저희들의 심중에서 떠나지 않는 은혜를 주시옵소서.
저희들은 어리석어서 부지불식간에 죄를 짓고도 모릅니다. 거룩하
게 지낸다고 하면서도 죄를 짓기도 합니다. 또한, 연약한 인간의 모
습 속에서 짐짓 죄를 짓기도 합니다. 이 모든 죄를 고백하오니, 저희
들이 새롭게 되는 날이 주 앞으로부터 이르기 원합니다.
오늘, 이 한 시간의 예배로 여호와께 찬양을 드리게 해 주시옵소서.
저희들은 하나님의 피조물이라 기쁨으로 여호와를 높여 드리게 하
시옵소서. 찬양을 받으시기에 합당하신 하나님의 이름을 즐거워하
는 은혜를 주시옵소서. 하나님께서 계신 하늘을 향해 높이 드는 손
을 주시옵소서.
사랑하는 지체들이 성령님께 충만하여 열매를 맺게 하시옵소서. 우
리 교회가 맺어야 할 열매를 통해서 하나님께 영광을 드리게 하시옵
소서.
주님께서 아버지의 뜻을 받드셨듯이, 저희에게도 성령이 임하셨으
니 성령의 권능을 받아 "예루살렘과 온 유대와 사마리아와 땅 끝까
지 이르러 내 증인이 되리라"는 주님의 말씀을 따르게 하시옵소서.
하나님께서 구원하시려고 작정된 영혼을 찾아 부지런히 다니게 하
시옵소서.
우리의 임금, 예수님의 이름으로 기도드립니다. 아멘.

그 과실을 먹고

바른 행실로 세워주시는 여호와여,

저희들에게 주신 가정과 일터에서 지내던 지체들이 하나님의 집으로 모였습니다. 주일이 지난 뒤, 사흘 동안 힘써서 일을 하게 하셨음에 감사드립니다. 육신의 일을 잠시 놓고, 하나님을 예배할 때, 저희들의 심령을 영과 진리로 인도해 주시옵소서. 하나님께 겸손하여 자기를 낮추고 예배에 임하게 하시옵소서.

받은 은혜 많사오나 구별된 삶을 살지 못했습니다. 십자가의 사랑을 실천하지 못했습니다. 진실한 믿음이나 열심을 다하는 신앙생활을 하지 못하고, 형식적으로 지낸 시간들도 많았습니다. 용서하시는 은혜를 허락하시옵소서. 하나님의 나라보다는 자신의 유익을 구하기에 바빴던 저희의 행실을 용서해 주시옵소서.

이 시간에, 영혼 없는 몸이 죽은 것같이 행함이 없는 믿음은 죽은 것이라는 말씀을 기억합니다. 성령님의 감동으로 하나님께 가까이 하게 하시며, 말씀에 순종하게 하시옵소서. 이로써 행함이 있어 여호와 앞에 서게 하시옵소서. 행함을 통하여 세상에 대해서는 주님의 편지로 살게 하시옵소서. 언제나 주님을 나타내는 자들이 되게 하시옵소서.

이 시간에, 죄인을 의인으로 만드는 힘 있는 주님의 말씀으로 새로워지기를 원합니다. 저희들 한 사람, 한 사람이 예수님을 인생의 반석으로 삼아 그리스도 위에 집을 짓기를 결단하게 하시옵소서. 길이요, 진리요, 생명이 되시는 예수님의 인도하심에 따라 살아가게 하시옵소서.

다스리시는 주님, 예수님의 이름으로 기도드립니다. 아멘.

너희 착한 행실을 보고

행실에 주목하게 하시는 하나님,

죄인을 구원하기 위해서 죄 있는 육신의 모양으로 이 땅에 오신 주님을 생각하며 이 자리에 나왔습니다. 저희를 하나님의 자녀로 삼아주시려고 독생자를 세상에 보내신 여호와를 묵상하는 은혜를 주시옵소서.

육신의 삶에 쫓겨 하나님의 은혜를 잊고 지냈음을 회개합니다. 입으로는 예수님이 나의 주인이라 하면서도, 행실로는 제가 스스로 주인 노릇을 했었습니다. 진심으로 용서를 구합니다. '죄인을 불러 회개시키러 왔노라' 라고 하신 예수님을 찬양합니다. 주님의 보혈로 죄를 깨끗이 씻어주시고 새롭게 하시옵소서.

저희들에게도 모세가 들었던 여호와의 지팡이를 들게 하시옵소서. 생활 앞에 있는 홍해를 믿음의 지팡이로 가르게 하시옵소서. 앞을 가로막는 역경을 모두 갈라 주시옵소서. 뒤에서 누르는 모든 억압들도 물리치게 하시옵소서. 하나님의 도우심을 의뢰하여 평안하게 하시옵소서.

○○의 권속에게 하늘의 보좌를 버리시고, 사람의 모습으로 오신 주님의 은혜를 잊지 않게 하시옵소서. 저희들을 구속함에 이르게 해주신 은혜에 감사하여 이웃을 사랑하는 저희들이 되게 하시옵소서.

"오직 심령으로 새롭게 되어 하나님을 따라 의와 진리의 거룩함으로 지으심을 받은 새 사람을 입으라"는 약속의 말씀으로 살도록 도와주시옵소서. 과연 올해는 ○○교회의 권속들 모두가 신령한 복을 받아 범사가 잘 되고, 강건케 되는 역사를 보게 하시옵소서.

돋는 해가 되신 예수님의 이름으로 기도드립니다. 아멘.

죄를 자복하고 버리는

죄를 거절하게 하시는 하나님,

우리를 긍휼히 여기시사 하나님을 아는 마음을 주신 성령님을 찬송합니다. 성령님의 충만하심으로 저희들이 전심으로 주님께 돌아와 하나님의 백성이 되게 하셨으니 이 은혜를 묵상하게 하시옵소서. 오늘도 하나님께서 저들의 하나님이 되어 주심을 감사드리게 하시옵소서.

저희들의 죄를 고백합니다. 욕심에 사로잡혀 분별력을 잃고 잘못된 길을 가고 있으면서도 깨닫지 못한 어리석은 저희들이었습니다. 스스로를 속이며 타협하다가 걸려 넘어지기도 하였습니다. 용서하시옵소서.

자기를 사랑하고, 자기를 높이려는 자아의 바벨탑을 쌓지 않도록 하시옵소서. 자기를 하나님보다 더 사랑하지 않게 하시고, 혹시라도 주님보다 더 귀한 것이 있다면, 무너뜨려 주시옵소서. 그리고 주님보다 저희들의 자아를 사랑하려는 충동을 거절하게 하시옵소서.

우리 ○○의 지체들에게 오직 주님만 사랑하는 마음으로 충만하게 하시옵소서. 하나님을 사랑했던 것에 모자랐던 자신의 삶을 고백하게 하시고, 주님 앞에서 정직하게 하시옵소서. 자기의 죄를 자복하여 버리는 공동체가 되게 하시옵소서.

저희들의 가슴마다에, 하나님의 의로우심이 뜨거워지게 하시옵소서. 잠시의 이익을 즐기고자, 옳지 않은 일을 좋아하던 옛 사람의 행실을 버린 저희들, 그리고 거룩한 교회가 되기를 원합니다. 주님의 영광이 선포되고, 이 땅 곳곳에서 하나님의 뜻을 이루어 드리게 하시옵소서.

인자가 되신 예수님의 이름으로 기도드립니다. 아멘.

하나님 아버지께 영광을

우리의 소망이 되시는 하나님,

금년에도 저희들을 향하신 은혜를 묵상하는 시간에, 주님의 이름을 찬송하게 하시옵소서. 우리의 찬송에 화답해서 하늘이 노래하며, 땅도 기뻐하며, 산들이 즐거이 노래하는 은혜를 주시옵소서. 머리를 숙인 지체들이 하나님을 광대하시다 하며 함께 그 이름을 높이게 하시옵소서.

저희들의 죄를 고백합니다. 말씀에 따르지 못했던 지난 생활을 회개합니다. 하나님의 나라와 의를 구하면서 살아야 했는데, 오히려 유혹에 이끌리고, 욕심으로 말미암아 죄를 지으며 살았습니다. 참으로 뉘우치오니, 하나님의 인자하심으로 용서해 주시옵소서.

구속하신 백성을 은혜로 인도하시는 하나님의 은혜를 보게 하시옵소서. 성령님의 충만하심이 있어, 하나님의 성결한 처소에 들어가도록 이끌어 주시옵소서. 그곳에서 하나님의 평안과 기쁨을 누리게 하시옵소서. 오늘, 하나님을 만나게 하시고, 하늘의 평안을 누리게 하시옵소서.

저희들에게 지키고 따라야 하는 말씀을 주셨으니 여호와 앞에서 정직하게 행하게 하시옵소서. 한 순간도 거짓이 없이 진실하게 하시옵소서. 하나님께 영광을 드리는 고백적인 삶이 되게 하시옵소서.

인생을 향한 주 예수님의 사랑이 크셔서 죄를 용서받고 예배하러 나오게 하셨음에 감사드립니다. 하나님의 은혜로 건강한 삶을 살아가니, 주님이 원하실 때 드리게 하시옵소서. 저희들의 이 몸은 주님의 것이오니, 언제나 주님을 위해 쓰여 지기를 소망하게 하시옵소서.

만물의 주인이신 예수님의 이름으로 기도드립니다. 아멘.

악함을 회개하고 기도하라

회개의 은혜를 주시는 여호와여,

이 시간에 이르기까지 필요한 것을 모자람이 없이 공급해주신 은혜에 감사드립니다. 머리를 숙인 ○○ 교회의 성도들마다 기쁨과 감사로 한 해 동안에 베풀어 주신 은혜에 합당한 예물을 갖고 왔으니 받으시옵소서. 예배를 드리면서 감사의 제단을 쌓을 때 영광을 받으시옵소서.

말씀대로 살기를 원하였지만 부끄러운 모습으로 살았습니다. 주님께 합당하지 못한 삶을 살았습니다. 긍휼을 베풀어 주시옵소서. 절제하지 못하고, 혈기를 일삼으며 살았던 날들이었습니다. 주님의 영광을 가리는 말을 해왔고, 감정에 따라 행동을 했던 삶을 용서해 주시옵소서.

지금, 하나님 안에서와 그 힘의 능력으로 강건하여지는 은혜 안으로 들어가게 하시옵소서. 성령님의 충만하심으로 하나님의 전신 갑주를 입게 하시옵소서. 이로써 마귀의 궤계를 능히 대적하도록 하시옵소서. 하나님께 뿌리를 박으며 세움을 입게 하시옵소서.

○○의 지체들에게 은총을 더하셔서 믿는 도리의 소망을 움직이지 않고 굳게 잡으며, 견고해지는 은혜를 주시옵소서. 오직 하나님을 사랑하는 삶의 고백이 믿음의 행위로 드려지게 하시옵소서.

찬양으로 주님과 함께 걷는 하루하루가 되게 하시옵소서. 주님의 영화로우심, 주님의 아름다우심을 찬양하면서 자신의 일에 힘을 쏟게 하시옵소서. 찬송의 삶으로 인해 의롭게 해 주시고, 부활하심으로 말미암아 승리의 보장이 도어 주신 주님께 찬양을 드리기를 원합니다.

왕의 보좌에 계신 예수님의 이름으로 기도드립니다. 아멘.

그의 안에 거하시고

우리를 불러주신 하나님,

흑암으로 가득 찬 이 세상에 생명을 구원할 빛으로 오신 예수님을 즐거워합니다. 죄인들을 위하여 평강의 왕으로 오셨던 아기 예수님을 기뻐하면서 오늘 예배를 드리게 하시옵소서. 죄악과 전쟁과 사망의 땅에 평화를 가져오시는 왕으로 나신 아기 예수님을 경배하게 하시옵소서.

이 시간에, 자복할 수 있는 은혜를 원합니다. 하나님의 영광을 가렸다면 회개하게 하시며, 용서하심으로 새롭게 하시옵소서. 이제, 저희들이 지은 모든 죄를 뉘우치니 용서해 주시옵소서. 저희들이 주님의 마음을 닮지 못하고 허영과 시기와 미움으로 살았으니, 고쳐 주시옵소서.

해골 골짜기의 마른 뼈와 같은 저희들을 불쌍히 여겨 주시옵소서. 영적으로 메말라 있는 저희들에게 주님의 생기를 넣어 주시옵소서. 하나님의 은혜로 다시 살아나게 하시옵소서. 저희들과 ○○ 교회에 큰 군대로 일어나는 역사가 있게 하시옵소서.

성령님의 충만함이 부어져 저희들의 심령을 흡족케 하시옵소서. 우리를 사랑하시는 하나님의 은혜를 찬송으로 고백하게 하시옵소서. 하나님이 우리의 도우심이 되심을 감사로 고백하게 하시옵소서.

마음과 성품 그리고 힘을 다하여 주님께만 이끌려지게 하시옵소서. ○○교회의 성도들에게 여호와를 가까이 하고 그 계명을 지켜 순종함에 이르기를 소망하게 하시옵소서. 계명을 지켜 하나님을 향하게 하시고, 심령의 어두운 눈을 열어 주님과 동행하는 삶을 살게 하시옵소서.

우리를 위한 한 싹, 예수님의 이름으로 기도드립니다. 아멘.

모든 선한 일에 열매를

선한 일을 주시는 하나님,

12월의 시간에 하나님을 사모하는 ○○의 권속들에게 주님을 찬양하게 하시옵소서. 이 밤에도 우리 하나님은 하늘 위에 높이 들리시며, 그 영광은 온 세계 위에 높아지기를 원합니다. 이로써 온 땅이 하나님을 경배하고 여호와의 이름에 합당한 영광을 찬양하게 하시옵소서.

지난 시간의 발자취를 돌아볼 때, 부끄럽기 그지없습니다. 발람처럼 어그러진 길이었고, 요나처럼 거역하는 길이었음을 용서해주시옵소서. 갈보리 언덕의 십자가에서 쏟으신 주님의 피로 죄악을 씻어주시옵소서.

저희들 앞에 가로놓인 역경의 상황을 역전시켜 주시옵소서. 극한 고난에 처해 있던 욥의 상황을 역전시키시고, 그에게 갑절이나 복을 주신 하나님이 저희들의 하나님이심을 믿습니다. 하나님의 은혜는 저희에게도 그런 역전의 상황을 보게 하심을 믿습니다.

○○의 권속들 가운데 고난당하는 자들이 있으면 그들에게 상황을 역전시키는 은혜를 주시옵소서. 역전의 은혜가 저희들에게 열매가 되어 하나님께 영광이 되게 하시옵소서. 주님의 보혈이 세상을 이기는 능력이 되어, 저희들이 하나님께 합당하게 살게 하시옵소서.

○○의 지체들에게 이웃을 향해서 자비를 베푸는 삶을 주시옵소서. 예수님의 사랑이 저희의 가슴과 가슴을 이어 주시기를 원합니다. 성령의 충만하심으로 온 지체들이 한 몸을 이루는 경험을 누리게 하시옵소서. 하나님의 사랑이 저희들의 닫혀 진 마음을 열어 주실 줄로 믿습니다.

지극히 높으신 예수님의 이름으로 기도드립니다. 아멘.

그리스도와 함께 살리셨고

천지를 지으신 하나님,

하나님의 아들이 사람이 되심으로써 저희들에게 새롭고 산 길로 걷게 하셨음을 묵상합니다. 새 포도주는 새 부대에 담는 것처럼, 저희들의 심령이 변화를 받아 주님을 모시고 살아가게 하시옵소서. ○○의 지체들이 새 사람을 입었으니 하나님의 형상을 좇아 지식에까지 새롭게 하심을 받는 자 되게 하시옵소서.

저희들의 죄를 주님의 피로 씻어주옵소서 대림절을 보내면서 갈보리의 십자가를 바라보아야 하였건만, 살아가는 일로 분주했었습니다. 알게 혹은 모르게 주님의 영광도 가로챘습니다. 주님께 드려야 하는 감사를 잊고, 나의 수고만을 생각했었습니다. 이러한 어리석음을 보혈의 은혜로 깨끗케 하여 주시옵소서.

저희들을 빛의 아들이라 불러주시고, 낮의 아들이라 하셨음을 기억합니다. ○○의 지체들을 거룩하게 하시며, 밤이나 어둠에 속하지 않도록 인도해 주시옵소서. 오직 깨어 근신하게 함으로써 천국 백성의 삶에 부족함이 없게 하시옵소서. 진리를 믿고 불의를 싫어하는 지체들이 되게 하시며, 주님의 바른 교훈을 거스르지 않게 하시옵소서.

아버지 하나님 앞에서 자녀 된 청지기로 살기를 원합니다. 지혜의 청지기로 살게 하시옵소서. 아는 것이 많아질수록 그 놀라운 지식을 펴신 하나님을 발견하게 하시옵소서. 지혜와 함께 복음의 청지기가 되기 원합니다. 복음을 전하는 일에 몸을 내어 주게 하시옵소서.

영존하시는 아버지, 예수님의 이름으로 기도드립니다. 아멘.

은혜로우시며 인자하심이

약속을 성취하시는 여호와여,

성탄절의 거룩한 시간에 찬양을 드리며 경배합니다. 하나님의 아들이 저희들에게 오셨음에 감사하며 하늘의 하나님께 영광을 드리는 한 시간이 되게 하시옵소서. 하나님이 사람의 모습을 갖고 이 땅에 오신 기쁨을 서로 나누면서 예배로 영광을 드리게 하시옵소서.

말할 수 없이 어리석게 살아온 시간들을 고백합니다. 하나님 앞에서 둔감한 양심으로 살아 죄를 멀리하지 못하였던 삶을 고백합니다. 이 모든 것들은 나의 유익만을 앞세운 나머지 더러워진 마음에서 비롯된 삶이었음을 회개하오니 용서해주시옵소서.

하나님의 아들이 우리에게 오셨음을 기뻐합니다. 아기 예수님의 나심으로 저희들에게 구원을 선물해 주셨음에 감사드립니다. 성탄절에 우리를 위하시는 하나님의 사랑을 찬양하는 입술을 주시옵소서. 예수님의 이름을 사랑하게 하시옵소서.

하나님의 아들이 우리에게 오심이 은혜였음에 감사드립니다. 죄와 저주로 죽을 수밖에 없던 저희들에게 생명의 선물을 주셨으니 그 은혜를 찬미하게 하시옵소서. 성탄절의 은혜를 세상에 선포하게 하시옵소서.

주님께서 하늘로 올라가시면서, 이 땅의 사람들에게 맡기신 선교의 사명을 사랑하는 저희들이 되기를 원합니다. 복음이 땅 끝까지 전해지기를 원하셔서 성령을 보내신 주님의 뜻을 깨닫게 하시옵소서. 천하보다도 귀한 생명을 구원하는 일에 헌신하는 저희들로 삼아 주시옵소서.

영광의 왕이신 예수님의 이름으로 기도드립니다. 아멘.

우리 주의 은혜가

공의를 펴시는 하나님,

이 시간에, 머리를 숙인 지체들에게 저희들의 마음을 하나님께 주목하게 하시옵소서. 우리를 복 있는 사람이 되게 하시려는 하나님의 은혜에 감사하여 하나님의 말씀을 청종하는 은혜를 주시옵소서. 우리 자신의 의를 세우려고 신앙생활에 열심을 내지 않게 하시옵소서.

저희들의 죄를 고백합니다. 주님의 피로 깨끗이 씻어 주시옵소서. 착한 일을 하면서 하나님께 영광을 돌리도록 하는 삶을 살아야 하였으나, 그렇지 못하였습니다. 유혹을 이기지 못하고, 쾌락에 마음을 빼앗겨 주님께서 미워하시는 일도 저질렀음을 고백하오니, 용서해 주시옵소서.

오늘, 저희들을 구원해주시는 하나님의 은혜를 보여 주시옵소서. 자기 백성에게 자비를 베푸시는 아버지의 은혜를 기다리게 하시옵소서. 저희들을 압제하는 고난과 에워싼 고통을 벗겨 주시옵소서. 어려움과 고난이 있을 때 염려하거나 좌절하지 않게 하시옵소서. 사랑하는 ○○의 지체들에게 구원과 소망이 하나님에게서 나온다는 것을 체험할 수 있도록 해 주시옵소서. 오직 하나님의 뜻이 저희들의 삶을 통해서 드러나도록 하려는 열심을 주시옵소서.

예배를 마치고, 다시 세상으로 들어가서 살 때, 보냄을 받은 일꾼처럼 순종하기 원합니다. 저희들의 입으로, 손이나 발로 하나님의 나라가 이 땅에서 이루어지도록 쓰임을 받는 일꾼들이 되게 하시옵소서. 옛사람의 생활을 거절하는 용기를 갖고 교회의 문을 나서게 하시옵소서.

영원한 선지자, 예수님의 이름으로 기도드립니다. 아멘.

마당에는 밀이 가득하고

세초부터 세말까지의 여호와여,

12월의 마지막 때를 살아가는 저희들에게 왕이신 주님을 사랑하게 하시옵소서. 저희들이 주님을 높여서, 그 이름을 송축하는 한 시간이기를 빕니다. 금년도의 남은 시간에, 시시로 저희가 날마다 하나님의 자비하심을 기억하여 감사드리게 하시옵소서.

저희들은 주님의 뜻대로 살지 못하였습니다. 주님의 품을 떠나려고 애쓰며 세상과 불의와 타협하고, 자신의 죄를 합리화하는 삶으로 살아왔음을 용서하시고, 오늘에, 새로움을 받는 은혜를 내려주시옵소서.

금년 한 해를 살아오는 동안에 주님의 말씀이 저희들을 새롭게 하셨으니, 이 진리에서 떠나지 않게 하시옵소서. 오늘의 결산을 통해서 우리의 인생도 마지막에는 하나님 앞에 나가 결산을 해야 하는 지혜를 갖고, 심판을 준비하면서 살도록 은혜를 주시옵소서.

금년 일 년을 살아온 저희들에게 하나님을 기대하게 하시옵소서. 이제, 저희들에게 또 한 해의 삶을 선물해 주시고, 그 시간을 살도록 하실 하나님의 사랑을 묵상하는 마음을 주시옵소서. 하나님 자신이 저희들에게 은혜였음을 새해에도 누리게 하시옵소서.

이제와 같이 앞으로도 주님의 피로 우리를 구속해주신 은혜를 늘 기억하게 하시옵소서. 저희들이 이 땅에서 하나님의 자녀로 지내는 동안에, 저희들에게 베푸신 모든 은총에 대하여 감사를 드리게 하시옵소서. 하나님의 나라를 기업으로 물려받았음에 벅찬 감격으로 지내는 저희들로 삼아주시옵소서.

사랑에 끝이 없으신 예수님의 이름으로 기도드립니다. 아멘.

04

구역(셀)모임 대표기도

심령에 하나님을 그리워함을

그리워합니다. 하나님,

구역(셀)으로 모인 저희들의 모습이 하나님께 기억이 되게 하시니 감사드립니다. 사랑하는 지체들에게 주님께서 십자가에서 대신 지불해주신 피 값을 통해서 의롭게 하셨지만 날마다 그 은혜를 찬송하며 지내지 못하였음을 용서해주시옵소서.

이 세상에서 지내는 동안에, 우리는 넘어지거나 자빠질 수 있음에도 하나님의 붙들어 주심을 믿으며 소망을 갖습니다. 세상의 삶이 때로는 어렵고 고달프더라도 낙심하지 않게 하시옵소서.

오늘의 말씀을 공부할 때, 지체들의 심령에 하나님을 그리워함을 주시옵소서. 말씀을 배우고자 하는 마음을 뜨겁게 하시옵소서. 어긋난 딴 길로 간 것을 확인하여 하나님께로 돌아오는 은혜를 주시옵소서.

저희를 사랑하셔서 주의 이름으로 거룩한 가족이 되게 하시니 감사드립니다. ○○의 권속이 되어 한 몸을 이루게 하셨으니 서로 사랑하며 섬기게 하시옵소서. 자신의 유익 밖에 모르던 옛 사람의 생각이나 행실은 십자가에 못 박게 하시옵소서. 우리를 한 몸이 되게 하신 십자가의 진리를 붙잡게 하시옵소서.

사람의 힘과 능력으로는 되지 않지만, 오직 하나님의 신으로는 될 것을 믿고 소망을 갖게 하시옵소서. 성령님께서 감동해 주신 꿈을 잃지 않는 저희들이 되게 하시옵소서. 주님의 은혜는 저희들에게 꼭 이루어짐으로 나타날 줄 믿습니다. 여호와의 이름으로 승리하게 하시옵소서.

우리 주 예수님의 이름으로 기도드립니다. 아멘.

여호와의 이름을 높여드리고

이름을 높여드리게 하시는 여호와여,

우리 구역(셀)의 지체들이 살아가는 삶의 자리가 선교현장이 되게 하시옵소서. 이웃에서 만나는 이들에게 하나님의 자녀로 다가가게 하시며, 그들을 섬기도록 하셨으나 그것이 저희들의 사역임을 깨닫지 못한 죄를 용서해주시옵소서. 저희들이 주님의 이름으로 이웃을 섬김으로 전도자의 사명을 잘 감당하게 하시옵소서.

사랑하는 ○○○ 님과 오늘, 여기에 모인 지체들에게 여호와의 임재를 소망하게 하시니 감사드립니다. 주님의 피로 세우신 믿음의 가정에 구역(셀)로 모인 저희들이 찬양을 드립니다. 이 가정에서 여호와의 이름을 높여드리고, 찬송으로 즐거워하기를 원합니다.

여기에 모인 이들로 주님의 이름을 높이게 하시옵소서. 저희들이 소망은 늘 하나님께 영광이 되는 지체가 되는 것이기를 빕니다. 오늘, 성령님의 충만이 강물처럼 넘치는 것을 보기 원합니다.

그 은혜로 말미암아 아쉬울 것이 없게 하시는 하나님의 손길이 저희 지체들의 가정에도 임하게 하시옵소서. 언제나 모든 일에 넉넉하게 하셨던 하나님의 사랑으로 조금도 부족함이 없게 하심을 믿습니다.

각양각색의 모양으로 위기를 만난 지체들에게 은혜를 내려 주시옵소서. 개인적으로, 가정에, 직장에 위기가 닥쳐왔지만 지체들이 바울처럼 굳건히 서서, 믿음으로 이겨내는 인내의 승리를 경험하게 하시옵소서. 오늘, 절대적인 하나님의 능력을 신뢰하도록 이끌어 주시옵소서.

우리 주 예수님의 이름으로 기도드립니다. 아멘.

천성에서의 삶을 누리게

사랑이 많으신 하나님,

오늘, 구역(셀)으로 모여서 주님의 몸을 경험하게 하셨음에 감사드립니다. ○○ 교회의 지체들이 주님의 몸이 되어 천성에서의 삶을 누리게 하셨지만 사랑하며 섬기지 못하였음을 용서해주시옵소서.

이 시간에, 저희들에게 이 모임으로 만족하지 않게 하시고, 주님을 뒤따라서 세상을 섬기게 해 주시옵소서. 그러므로 저희들이 세상에서 하나님의 자녀로 살아가야 한다면 세상을 섬기기 위한 주님의 능력을 내려 주시옵소서.

하늘의 능력으로 세상을 이기며 살아가는 종들이 되게 하시옵소서. 사랑하는 지체들이, 말씀을 배우면서 자기를 위하시는 하나님의 사랑을 배우게 하시옵소서. 성경의 말씀으로 우리를 사랑하시는 하나님의 마음을 보게 하시고, 즐거워하게 하시옵소서.

주님께서 하늘의 보좌를 버리시고, 가난하게 되셨음의 진리를 배우게 하시옵소서. 오늘, 여호와의 가난하게 하심으로 말미암아 우리 주님을 만나기를 소망합니다. 저의 역경으로, 주님을 더 배우고, 주님의 뜻대로 살아가기를 다짐하는 은혜를 누리도록 해주시기를 빕니다.

저희들에게 ○○교회 안에서 한 몸을 이루게 하셨음에 감사합니다. 저희들 각자가 지체로서 한 몸을 이루기 위해서 짐을 서로 지는 은혜를 주시옵소서. 주님께서는 구역에서, 교회 안에서, 나아가 삶의 현장에서 짐을 지되, 혼자 감당하기를 원하지 않으심을 믿고 감사드립니다.

우리 주 예수님의 이름으로 기도드립니다. 아멘.

여호와의 부요케 하심으로

만유에 계신 하나님,

지금, 구역(셀)의 지체들을 축복하며 간구합니다. 이 자리에 모인 지체들의 생애에 무한한 복을 허락해 주시옵소서. 저희들의 앞에 시온의 길이 열려지고, 손을 대는 것마다 풍성한 결실을 보게 하셨음에도 그것이 하나님의 은혜임을 깨닫지 못하고 지냈음을 용서해주시옵소서.

주님의 팔에 의지하여 살아가도록 인도해 주시옵소서. 사랑하는 지체들이 여호와의 이름을 즐거워하게 하시옵소서. 하나님 앞에서 어린 아이와 같은 심령으로 여호와를 찾는 저희들이기를 빕니다. 결코, 한 지체라도 종교적인 형식으로 하나님을 찾지 않게 하시옵소서.

삶이 어렵고, 고달픈 이들이 주변에 있습니다. 여호와의 부요케 하심으로 그들을 돕게 하시고, 물질을 통하여 받으실 영광을 드리게 하시옵소서. 궁핍에 처한 이들에게 자비를 베풀어 주시옵소서.

○○○ 님의 가정에 하늘의 문을 여시고, 큰 복을 내려 주시옵소서. 여호와 앞에서 복 된 자들이 이 집을 성전 삼아 교제합니다. 예배 가운데내려주시는 복이 이 가정에 임하기를 빕니다. 저희들이 구역(셀)으로 모여서 하나님께 영광을 드릴 때, 복 된 응답을 받게 하시옵소서.

오늘, 하나님을 두려워하는 심령을 주시옵소서. 성령님의 감동 속에서 하나님을 두려워하는 삶을 다짐하도록 인도해주시옵소서. 하나님을 두려워하여 성경 말씀에 순종하고, 여호와의 뜻을 이루어 드리기를 바라게 하시옵소서. 저희들에게 왕 앞에서의 신하가 된 자세를 주시옵소서.

우리 주 예수님의 이름으로 기도드립니다. 아멘.

모일 때마다 단 마음을

단 마음을 주셨습니다. 하나님,

오늘은 구역(셀)의 모임으로 한 자리에 모이도록 하신 은혜에 감사 드립니다. 천에 하나, 만에 하나로 선택되어 ○○ 교회의 지체가 된 것을 즐거워하도록 하셨는데도 모일 때마다 단 마음을 갖지 못하고, 서로를 섬기는데 모자랐음을 용서해주시옵소서.

지체들이 서로 셀(구역)을 위하여 헌신하게 하시옵소서. 성령님의 충만하심이 저희들에게 있기를 빕니다. 그래서 이 시간에도 사랑하는 지체들이 배우는 말씀으로 그 안에 뿌리를 박는 은혜를 누리게 하시옵소서. 그 말씀으로 세움을 받는 체험을 하게 하시옵소서.

이로써 교훈을 받은 그대로 믿음에 굳게 서게 하시옵소서. 오직 말씀의 진리에 자기의 믿음을 세워나가게 하시옵소서. 사랑하는 지체들이 되도록, 사람의 생각이나 사람의 말을 버리게 하시옵소서.

성령님의 감동하심에 자신을 맡겨서 저희들의 인격이 송두리째 바꾸어지기 원합니다. 이로써 이 세상에 오셔서 자기의 생명을 내어 주시기까지 하신, 주님의 모습을 본받도록 이끌어 주시옵소서. 빛과 소금이 되는 모습으로 착한 저희들이 되게 하시고, 열매를 맺게 하시옵소서.

저희들을 불쌍히 여겨 주시옵소서. 세상의 삶에서 힘이 들고 지친 이들에게 은혜를 내려 주시옵소서. 상한 심령이 치료를 받고, 낙심된 심령에게는 주님의 다시 일으켜 세워주심을 보게 하시옵소서. 낙심되었던 마음에 용기를 갖게 하시고, 하나님의 나라를 바라보게 하시옵소서.

우리 주 예수님의 이름으로 기도드립니다. 아멘.

주님의 십자가를 바라보게

십자가를 바라보게 하시는 여호와여,

하늘의 평안함이 삶에 지친 저희들의 마음에 위로가 되었음에 감사드립니다. 지체들에게 아버지의 품에 안긴 달콤함의 시간을 누리게 하셨는데 저희들은 하나님의 품을 사모하지 못하였으니 용서해주시옵소서.

오늘도 우리에게 복을 주시고, 좋은 일들로 만족하게 하실 여호와를 사랑합니다. 사랑하는 지체들에게 예배하는 의한 시간이 복이 되게 하시고, 지체들을 서로 섬기게 하시옵소서. 이로써 성령님으로 충만한 예배의 한 시간이 되기를 빕니다.

이 시간에, 말씀을 공부하는 지체들에게 주의 십자가를 바라보게 하시옵소서. 그리스도의 보혈이 저희들에게 하나님의 말씀을 받게 하셨음을 깨닫습니다. 그리고 배운 진리에 의해서 믿음을 강하게 하시옵소서. 성령님의 감동하심 따라 담대하게 하시옵소서.

집에서든, 병원에서든 병마와 싸우며 고통 중에 있는 자들에게 치료와 회복의 은혜를 내려 주시옵소서. 가정의 여러 문제와 경제적인 문제로 고민하며 간구하는 기도를 주께서 들어 주시고 친히 응답해 주시옵소서. 절망할 수밖에 없는 이들에게 소망으로 살게 하시옵소서.

저희들 가운데는 원하지 않게 황무지를 만난 지체가 있으니 도와주시옵소서. 막막하고, 답답하지만 이 경우를 진보의 기회로 만들도록 하시옵소서. 어려운 일을 당할 때, 담력을 얻게 하심을 믿습니다. 때로는 고통의 황무지, 실패의 황무지, 일터의 황무지를 기회로 바꾸어주시옵소서.

우리 주 예수님의 이름으로 기도드립니다. 아멘.

진리의 권세를 가지고

사랑이 많으신 하나님,

오늘, 구역(셀)을 위하여 가정을 주님께 드린 ○○○ 님을 축복합니다. 저희들에게 지체를 축복하는 권세를 주셨으나 축복의 권세에 관심이 없었음을 용서해주시옵소서. 오늘, 꼭 필요한 은혜를 내려 주시고, 평소에 간구하던 기도의 응답을 보는 복을 받게 하시옵소서.

오늘도 겸손한 마음으로 여호와께 주목하게 하시옵소서. 구역 강사(구역장)님을 통해서 성경을 공부하는 시간이 지체들에게 복이 되게 하시옵소서. 하나님의 말씀을 배우면서 권능을 받게 하시옵소서.

오늘 배우는 진리의 권세를 가지고 세상의 유혹을 물리치게 하시옵소서. 스스로를 미혹에 빠뜨리는 것들도 물리치는 능력을 얻게 하시옵소서. 저희들이 공부를 하는 중에, 스스로 성경을 펼쳐 읽으려는 마음을 갖게 하시고, 성경에서 지혜를 구하게 하시옵소서.

세상에서 지내는 동안에, 어려움을 주신 의도도 깨닫게 하시옵소서. 곤경을 통하여 저희들의 인격적인 품성들을 고쳐 주시옵소서. 역경의 터널을 지난 후에, 새로워지는 모습을 내다보게 하시옵소서. 그리하여 ○○의 지체들이 어려움도 하나님의 은혜임을 보게 하시옵소서.

저희들에게 죽어가는 이들의 생명을 보게 하시옵소서. 하나님께서 구원하시려고 작정하신 영혼들을 보게 하시옵소서. 죄와 저주의 사슬에 매여 신음하고 있는 불신자들의 안타까움을 보게 하시옵소서. 그들을 천국 백성으로 삼으시려는 하나님의 마음을 알게 하시옵소서.

우리 주 예수님의 이름으로 기도드립니다. 아멘.

십자가에서 모든 것을 다 이루신

만유에 계신 하나님,

사랑하는 구역(셀)의 지체들에게 자기 십자가를 가까이 하도록 하셨으나 십자가를 지고 주님을 따르는데 부족하였음을 용서해주시옵소서. 오늘, 하늘로부터 자기를 부인하고, 제 십자가를 지는 은혜를 경험하게 하시옵소서.

십자가 위에서 모든 것을 다 이루신 예수님을 찬양합니다. 사랑의 완성을 십자가에서 이루신 주님을 주님이라 고백하게 하시옵소서. 갈보리의 십자가만이 진정으로 저희들의 지혜요, 능력이기를 빕니다.

하나님 앞에서 복된 날에, 이 민족을 불쌍히 여기셔서 독립에의 의지를 불태우게 하신 하나님의 도우심을 기억하게 하시옵소서. 하나님께서 불꽃같은 눈으로 보호하시는 이 나라를 사랑합니다. 느헤미야와 같이 조국의 상황에 예민하게 하시고, 가슴으로 안게 하시옵소서.

하나님의 교회를 위해서 아름답게 섬기도록 하셨으니 평생을 주님과 동행하기를 사모하게 하시옵소서. 성령님께 충만해서 주님의 복음을 전하고, 각종 이시와 기적도 나타내기를 원합니다. 주님의 말씀대로 날마다 소성케 되는 은총을 내려 주시옵소서.

오늘, 지체들에게 헌신에 대한 은혜를 내려 주시옵소서. 하나님의 것을 하나님께 돌려드리는데 정직한 저희들이 되게 하시옵소서. 하나님께 드림에 즐거워하는 마음을 갖기를 원합니다. 저희들에게 주신 것을 다 드리되, 이미 내려주신 복에 대한 감사함으로 드리게 하시옵소서.

우리 주 예수님의 이름으로 기도드립니다. 아멘.

영생에 이르는 지식을 갖게

영생에 이르는 지식을 원합니다. 하나님,
사랑하는 지체들이 여기에 모이게 하신 은혜에 감사드립니다. 저희
들을 맞아준 이 가정을 축복하라 하셨지만, 자기의 가정을 성소로
삼아 하나님께 드린 이 가정을 축복하는데 게을렀음을 용서해주시
옵소서.

이 가정의 축복이 여호와를 경외하는데서 출발함을 믿고 있으니, 온
가족이 주일을 온전히 지키는 데서 복을 누리게 하시옵소서. 가족이
한 마음으로 주일을 지킴에서 신령한 복을 누리게 하시옵소서.

이 시간에, 저희들에게 성경을 사모하는 마음을 주시니 감사드립니
다. 생명의 말씀에 대한 기대를 품고 공부에 임하게 하시옵소서. 사
랑하는 지체들이 짧은 시간에 성경을 공부하지만 영생에 이르는 지
식을 갖게 하시옵소서. 지체들에게 진리에 따라 행하도록 은혜를
내려 주시옵소서. 그리고 저들의 가정에도 그 은혜가 흘러들어가도
록 하시옵소서.

오늘도 자기 백성을 만나와 메추라기로 먹이셨던 그 은혜가 저에게
있어서 옷이 해어지지 않게 하시고, 양식이 떨어지지 않게 하시며,
이웃에게 후히 대접하는 손길이 되게 하시옵소서. 저희 가정에서는
풍성한 재정으로 주님을 더욱 존귀케 하시옵소서.

입술의 열매, 말의 은혜를 보게 하시옵소서. 산을 바다에 던지는 말
을 하게 하시옵소서. 하나님의 영광을 위해서 기적을 나타내는 말
을 하게 하시옵소서. 저희들의 말 속에 믿음이 있어서 기적을 보게
하시옵소서. 저희들의 말이 허공을 치는 소리에 불과하지 않게 하
시옵소서.

우리 주 예수님의 이름으로 기도드립니다. 아멘.

진리를 사모하는 마음을 주시고

진리를 사모하게 하시는 여호와여,

하나님의 말씀을 배우기 위해서 모인 지체들을 축복합니다. 저희들에게 진리를 사모하는 마음을 주시고, 말씀의 반석에 자기를 세우고 싶어 하는 소망을 갖게 하셨지만 그러하지 못하였음을 용서해주시옵소서. 저희들은 세상에서 살아가는 것에만 분주했습니다.

주님의 은혜 안에서 존귀한 지체들이 모였습니다. 오늘은 하나님께서 ○○○ 님의 가정에서 여호와의 이름에 찬양을 드립니다. 여호와의 속량을 통해서 ○○○ 님과 이 가정이 복 되게 하시옵소서. 성소로 드려진 이 가정이 예비 된 복을 받게 하시옵소서. 그리하여 죄와 사망과 질병과 망하는 것과 가난해지는 저주에서 놓여남을 믿습니다.

사랑하는 지체들이 성경을 공부할 때, 가슴으로 말씀을 대하게 하시옵소서. 성령님의 깨닫게 하시는 은혜로 말씀을 읽게 하시옵소서.

이 세상에서 마지막 남은 한 사람에게 복음이 전해질 때까지 저희 교회를 보호해 주시옵소서. 우리 모두에게 하나님께서 구원하시기로 작정된 영혼들을 보게 하시옵소서. 그리하여 저희들에게 오직 복음을 전하는 소망을 갖게 하시옵소서.

인생을 낮출 때도 있고 높일 때도 있으신 하나님이십니다. 부하게도 하시지만 가난하게도 하시는 하나님이심을 믿습니다. 저희들 가운데는 지금, 골짜기를 지나는 지체들이 있습니다. 그들이 여호와의 함께 하심과 보호하심을 믿고, 여호와의 손을 의지하게 하시옵소서.

우리 주 예수님의 이름으로 기도드립니다. 아멘.

종려나무 가지를 흔들게

하나님 우리 아버지,

저희들을 구역(셀)으로 정하셔서 한 가족이 되게 하셨음에 감사드립니다. 주님의 보혈로 한 가족이 되었기에, 서로 한 몸을 이루는 공동체가 되라 하셨지만 한 몸으로 사는 것에 주목하지 못한 죄를 회개합니다. 용서해주시옵소서.

저희들 각 사람에게 구역(셀)을 사랑하는 마음을 주시고, 늘 보고 싶어서 견딜 수 없는 마음으로 인도해 주시옵소서. 서로가 섬기면서 마음의 평안을 누릴 수 있게 하시옵소서.

사순절을 보내면서 믿음으로 종려나무 가지를 흔들게 하시옵소서. 예수님께서 구원의 주로 오셨으니 기쁨으로 맞아들이게 하시옵소서. 주님께서 고난을 당하셨음이 우리를 위함이시기에, 주님의 고난이 저희들을 믿음의 반석에 세워주시는 은혜가 되게 하시옵소서.

오늘, 예배하는 중에, 여호와께 드릴 새 노래를 부르게 하시고, 저희들에게 베풀어 주신 은혜로 말미암아 무릎을 꿇게 하시옵소서. 영생에 이르는 생수가 되어 주신 예수님을 찬양합니다. 영원히 목마르지 않는 은혜를 주셨으니, 더욱 풍성한 은혜를 소망하게 하시옵소서.

저희들에게 깨어짐의 은혜를 내려 주시옵소서. 영적으로 깨어져지는 거룩함을 맛보게 하시옵소서. 교만함이 깨어지고, 이기심이 깨어지고, 옛 사람의 행실이 깨어지기 원합니다. 저희들 자신이 깨어져 나의 지식 중심에서 은혜 중심의 신앙으로 바뀌어 지도록 이끌어 주시옵소서.

우리 주 예수님의 이름으로 기도드립니다. 아멘.

우리 대신 저주를 당하시므로

하나님 우리 아버지,

사랑하는 ○○ 교회의 식구들에게 영육 간에 건강한 삶을 살아가도록 하셨으나 신령한 생활에 주목하지 못하고 지냈음을 용서해주시옵소서. 이 시간에, 저희들에게 하나님께 주목하기를 결단하게 하시고, 여호와께서 선물로 주신 하루를 제자로 사는 날이 되게 하시옵소서.

주님께서 부활하신 영광이 온누리에 충만하게 하셔서 감사드립니다. 우리 예수님의 부활은 지옥의 세력을 깨뜨린 놀라운 사건이었습니다. 주님께서 우리 대신 지옥에 가서 우리 대신 저주를 당하시므로 지옥의 저주를 도말하셨습니다.

부활하신 주님을 나의 주님으로 고백하는 저희들에게 지옥의 세력을 이기는 복을 누리게 하시옵소서. 흑암의 권세를 물리치는 부활 신앙으로 세상을 이기는 성도가 되게 하시옵소서.

우리 구역(셀)의 지체들로 말미암아 예수님의 이름이 나타나기를 소원합니다. 주님의 이름이 알려지는 것에 기뻐하는 저희들이 되기 원합니다. 오늘, 예배로 말미암아 예비 된 은혜를 ○○○님께 내려주시옵소서. 하나님께서 선택해 주신 가정에 복을 내리시는 은혜를 사모합니다.

마음을 내어놓고 간구하는 이 시간에, 주님을 절대 소망하게 하시옵소서. 눈물로 간구할 때, 하늘에 상달될 줄로 믿습니다. 저희들의 연약함을 아시는 여호와의 은혜로 위로의 응답, 복의 응답이 임하기를 소원합니다. 30배, 60배, 100배로 이루어주심을 믿고 구하게 하시옵소서.

우리 주 예수님의 이름으로 기도드립니다. 아멘.

깨닫는 진리의 말씀으로

진리를 구합니다. 하나님,

오늘, 이 모임에 예수님께서 주님이시기를 빕니다. 저희들이 예수님을 부를 때, 이 부름이 호칭이 아니라 참으로 주님으로 모시도록 하셨지만 그러하지 못하였습니다. 종교적인 습관으로 주님을 불렀던 죄를 용서해주시옵소서. 예수님의 이름이 주님이 되어 주시옵소서.

이 시간에, 저희 구역(셀)이 주님의 구역(셀)이 되게 하시고, 저희들은 주님의 지체가 되게 하시옵소서. 짧은 시간이지만 오직 주님의 몸을 이루어드리는 저희들이 되게 하시옵소서.

오늘도 말씀을 통해서 우리를 사랑하시는 하나님의 사랑을 확인하게 하시며, 위로의 기쁨을 즐거워하게 하시옵소서. 공과를 가르치는 이나 배우는 지체들이 하나님께로 더욱 깊이 안기게 하시옵소서. 깨닫는 진리의 말씀으로 지체들의 가슴에 하늘을 담게 하시옵소서. 말씀이 주는 의미를 통하여 그 지혜로 살아가게 하시옵소서.

오늘은 사랑하는 ○○ 교회에 전도의 영을 부어주시옵소서. 이 교회에 속한 지체들이 전도의 영으로 충만하기를 빕니다. 장년에서 어린이에게 이르기까지 전 권속이 전도에 헌신하게 하시옵소서.

성도로 살아가라 주신 사명에 감격하며, 그 사명에 따라서 살게 하시옵소서. 착하고 충성된 종이라는 칭찬을 소망하며 열심을 내게 해 주시고, 약속해주신 면류관을 바라보게 하시옵소서. 저희들의 생명보다 사명이 귀함을 깨달아 사명을 붙잡고, 진력하도록 이끌어 주시옵소서.

우리 주 예수님의 이름으로 기도드립니다. 아멘.

성령님의 도우심을 체험하게

성령님의 도움을 체험하게 하시는 여호와여,

우리 구역(셀)의 지체들이 주님의 이름으로 이 가정에 방문했으니 하늘의 복을 내려 주시옵소서. 여호와의 간섭으로 특별한 은혜와 은총이 이 가정에 주어지기 원합니다. 이 가정에 준비하신 복을 넘치도록 부으셔서 하나님의 영광을 나타내도록 간섭해주시옵소서.

우리 교회에 기사와 표적이 많이 나타나 믿는 이들이 함께 있기를 사모하게 하시옵소서. 성령님의 도우심을 체험하게 하시며, 성도들이 처한 형편에 따라서 기사와 이적을 보게 하시옵소서. 성도들의 착한 행실로 성령님의 열매들이 맺혀지기를 빕니다.

이로써 ○○ 교회에 하나님이 계신다는 소문이 지역사회에 퍼지게 하시옵소서. 하나님의 도와주심을 바라고 교회를 찾는 불신자들이 많아지게 하시옵소서.

세상으로부터 저 자신을 깨끗하게 하도록 하시고, 예수님을 사랑하는 데 방해가 될 만한 것들은 거절하는 담대함을 주시옵소서. 여호와께서 저희를 부르심은 거룩하게 하심이라 하셨으니, 주님을 가까이 하는 심령으로 살도록 이끌어 주시옵소서.

○○교회가 복음을 전하는 사명을 다하기 위해 기도하는 시간을 갖게 하시옵소서. 예배당 밖에 나가기만 하면, 불신자들을 만나게 되는데, 그들에게 복음을 전하는 교회가 되게 하시옵소서. 영혼을 구언하는 교회, 불신자들이 구원에 이르기 위해 우리 교회를 찾도록 해주시옵소서.

우리 주 예수님의 이름으로 기도드립니다. 아멘.

말씀을 믿음으로 받아서

복 주시는 주 여호와여,

주님의 몸 된 교회에서 구역(셀)으로 묶어 주신 지체들을 축복합니다. 저희들 각 사람이 주님과 하나 되듯이, 우리 셀(구역) 안에서 하나 되는 은혜를 누리라 하셨지만 그러하지 못하였음을 용서해주시옵소서.

사랑하는 지체들 모두가 그리스도의 향기로 피어나게 하시옵소서. 저희들이 사랑의 공동체를 이루게 하시고, 교회의 머리되신 주님의 뜻을 온전히 이루어 드리는 지체들이 되게 하시옵소서. 그리하여 이 은혜가 저희들의 각 가정에까지 흐르게 하시옵소서.

오늘, 새로운 말씀을 학습할 때, 새 진리에 대한 기대로 공부에 임하게 하시옵소서. 지난 시간과 같이 열린 마음으로 말씀을 대하게 하시고, 공부할 때 성실히 임하게 하시옵소서. 이 말씀을 믿음으로 받아서 자유를 얻게 하시며, 평안을 누리게 하시옵소서.

우리 구역(셀)의 지체들에게 "사도의 가르침을 받아 서로 교제하며 떡을 떼며 기도하기를 전혀 힘썼던" 것을 기억하게 하시옵소서. 지체들이 모이는 것을 즐거워하게 하시며, 모여서 가르침을 받고, 서로 사귐을 갖게 하시옵소서.

거짓을 버리고 각각 그 이웃으로 더불어 참된 것을 말하는 저희들이 되게 하시옵소서. 서로를 향해서는 축복하는 입술의 은혜를 주시옵소서. 혹시 거짓말은 아니지만 남의 마음에 상처를 주는 말을 하지 않게 하시옵소서. 덕을 끼치는 말을 하고, 말에 실수가 없기를 원합니다.

우리 주 예수님의 이름으로 기도드립니다. 아멘.

천국에서의 삶을 소망하는

사랑이 많으신 하나님,

지나온 시간에도 우리 구역(셀)의 지체들에게 성도의 본분을 다하기를 원하셨지만 불신자들과 조금도 다를 바 없이 살아온 죄를 뉘우칩니다. 용서해주시옵소서. 지금, 다시 성도의 본문을 사모하게 하시고, 그 거룩한 삶을 결단하게 하시옵소서.

지체들이 기도하면서 서로 열심히 사랑하게 하시고, 한 마음이 되어 모이기에 힘쓰게 하시옵소서. 기도에 힘쓸 때, 오순절 성령 강림을 경험하게 하시고, 그 능력으로 땅 끝까지 복음을 전하게 하시옵소서. 세상에서 살아가는 동안에 주님을 전하는 증인으로 지내게 하시옵소서.

오늘, 지체들이 성경을 공부하게 하셨음에 감사드립니다. 이 시간에, 하나님의 말씀을 다루면서 진리 안으로 들어가게 하시옵소서. 영생이 약속되어 있고, 천국에서의 삶을 소망하는 진리로 인도해주시옵소서.

저희 ○○ 교회가 민족에 대한 사명을 갖고 이 나라와 백성들을 섬기게 하시옵소서. 주의 자녀들이 사회와 국가와 온 세계에까지 뜨겁게 주의 말씀을 증거하며 복음화에 앞장서게 하시옵소서. 저희에게 복을 내려 주셔서 주님의 사랑과 평화가 넘치게 하시옵소서.

하나님께서 저희들 가운데 거하심을 확실히 믿게 하시옵소서. 성령님께서 ○○의 지체들과 함께 하심을 확신합니다. 하나님께서 함께 하시니 구할 바를 다 아뢰는 복된 은혜를 주시옵소서. 하나님께서 함께 하시니 감사로 기도하게 하시옵소서. 그 사랑에 감격하게 하시옵소서.

우리 주 예수님의 이름으로 기도드립니다. 아멘.

주님께서 다시 오시는 날까지

만유에 계신 하나님,

옛 사람의 옷을 버리고, 하늘로부터 주시는 새 옷을 입혀주셨음에 감사드립니다. 우리 구역(셀)의 지체들이 예수님의 본과 자취를 본받아 따르게 하셨지만 그 삶에 부족하였음을 용서해주시옵소서.

주님께서 걸으셨던 길을 걸어가도록 인도해 주시옵소서. 이로써 저희들에게서 주님의 모습이 나타나게 하시옵소서. 사랑하는 지체들에게서 하나님의 나라가 이루어지도록 도와주시옵소서.

오늘, 모인 셀(구역)의 지체들이 공부하는 말씀에 도전을 받아 살아도 주를 위하여 살고, 죽어도 주를 위하여 죽는 인생의 비전을 허락해 주실 것을 믿습니다. 그리하여 무엇을 하면서 주님께서 세상에 다시 오시는 날까지 살아야 하는지 밝히 보여 주시옵소서. 오직 하나님의 말씀이 즐거움이 되게 하시고, 믿음 안에서 살아가도록 하시옵소서.

우리 ○○ 교회에 속한 지체들은 모두 전도자로 세워져서 주님의 증인이 되게 하시옵소서. 늘 가까이에서 지냈던 사람이든지, 전혀 몰랐던 사람이던지 만나는 이에게 주님의 십자가를 전하게 하시옵소서. 주님의 피가 아직도 뜨거운 십자가를 전함에, 한이 맺히게 하시옵소서.

생각해보건대, 지난 닷새 동안에 저희들이 주님께 보여드린 모습은 허물 뿐이었음을 고백합니다. 먹고 사는 일에 매달려 하나님의 뜻을 찾기에 고의로 게을렀습니다. 저희들이 세워놓은 계획에 몰두했었음을 회개합니다. 결단하여 어그러진 시간을 보낸 생활을 청산하게 하시옵소서.

우리 주 예수님의 이름으로 기도드립니다. 아멘.

그리스도 안에서 성장하여

그리스도 안에서 자람을 원합니다. 하나님,

하나님 앞에서 정한 시간에 구역(셀)의 지체들을 모아주시니 감사드립니다. 저희들의 삶에서 하나님의 뜻이 이루어지도록 자신을 포기하라 하셨지만, 지난 시간을 돌아보니 여전히 자신을 붙잡고 살아왔던 죄를 고백합니다. 용서해주시옵소서.

우리 구역(셀)의 지체들에게 하나님 나라의 일을 구하게 하시옵소서. 주님의 십자가를 바라보면서 자기를 거절함에 이르게 하시옵소서. 주님의 이름으로 우리 셀(구역)을 축복합니다. 이 모임을 통하여 지체들이 하나님의 백성으로 자라가게 하시옵소서.

저희들에게 하나님을 공부하게 하셨음에 감사드립니다. 우리 구역(셀)의 지체들이 공부에 소망을 두기를 원합니다. 하나님의 말씀을 갖는 은혜를 맛보게 하시옵소서. 사랑이 없는 세상에서 주님의 참 사랑을 풍성히 누리게 하시옵소서.

사람이 행함으로도 의롭다 하심을 받는다는 고백이 저의 것이 되어, 거룩함의 온전함에 이르도록 도와주시옵소서. 성령님의 충만한 임재를 통해서 거룩해짐을 사모하게 하시고, 영광의 삶이 되게 하시옵소서.

저희들에게 베풀어주신 은총을 일일이 헤아리기 어렵습니다. 심은 대로 거두게 해주신다는 그 약속의 말씀에 순종해서 살아왔더니, 과연 여호와의 손길이 크셨음에 감사드리게 하시옵소서. 심은 만큼보다도 넘치게 하셨으니, 영광을 드리는 시간을 기다리게 하시옵소서.

우리 주 예수님의 이름으로 기도드립니다. 아멘.

생명의 샘이 솟아나와

생명에서 생명을 이끌어주시는 여호와여,

저희들의 모임 가운데 성령님께서 함께 해 주심을 사모하게 하시옵소서. 성령님께서 저희들에게 충만하셨지만 성령님을 주목하지 못하고 지내온 것을 용서해주시옵소서.

이 예배를 통해 하나님이 원하시고 기뻐하시는 것이 무엇인지 깨닫게 하시옵소서. 이 시간에, 구역(셀)의 지체들이 주 안에서 한 몸이 되었음을 경험하기를 빕니다. 성령님의 강력한 역사하심으로 예배드리는 모든 사람들이 다 성령님의 충만하심을 받게 하여 주시옵소서.

성령님의 인도하심에 따라 진리를 보게 하시고, 생명의 샘이 솟아나와 마른 목을 축이는 은혜를 누리게 하시옵소서. 저희들에게 은혜를 더하셔서 주님의 편에 서게 하시옵소서. 자기의 평안을 바라기보다는 주님의 고난에 참여하기를 바라게 하시옵소서.

사랑하는 구역(셀)의 지체들이 여호와의 은혜에 바라고, 가족들이 축복의 언어로 자내게 하시옵소서. 축복의 말에 마귀는 한 길로 왔다가 도망가게 하시고, 하늘의 신령한 은혜와 땅에서 얻는 소득으로 감사가 넘치기 원합니다.

저희들이 가장 무력하고 두려울 때, 하나님의 도우심을 믿게 하시옵소서. 뜻대로 되지 않을 때, 하나님의 불쌍히 여기심을 기대하게 하시옵소서. 길이 없을 때, 그 길을 나타내 주시는 하나님을 의지하게 하시옵소서. 여호와께서 함께 하심을 믿고, 간구하게 하시옵소서.

우리 주 예수님의 이름으로 기도드립니다. 아멘.

주님의 온전하심을 닮아가도록

사랑이 많으신 하나님,

부요케 하시는 하나님의 손길을 구합니다. 저희들의 가정을 천에 하나로, 만의 하나로 선택해서 복되게 하셨으니, 그 은혜를 소중히 여기지 못하고 지내왔습니다. 회개하오니 용서해주시옵소서.

사랑하는 지체들이 공과를 공부하려 합니다. 하나님의 말씀을 배우면서 주님의 온전하심을 닮아가도록 하시옵소서. 저희들이 성경을 읽는 가운데 하나님만을 섬기는 사람으로 자라기를 소망합니다. 그리스도의 말씀이 풍성히 거하는 은혜를 즐거워하게 하시옵소서.

이 시간에, 구역(셀)의 지체들에게 혹시라도 역경이 다가올 때, 하나님의 영광을 가리지 않도록 은혜를 내려 주시옵소서. 신령한 은혜와 필요한 물질을 넉넉하게 하시옵소서.

아울러 자녀들도 이제까지 키워주셨으매, 저들의 생애를 복되게 하시옵소서. 하나님께서 어려움을 사용하셔서서 온전하게 하심에 소망을 품게 하시옵소서. 인내로 환난을 견디어내어 승리하게 하시옵소서.

이 어려움이 피할 수 없었던 현실이라면, 필시 여호와의 섭리가 있음을 믿습니다. 하나님께서 저희들에게 소망이 되어 주시옵소서.

주님을 사랑합니다. 저희들에게 주님을 사랑하는 것을 가슴으로만 갖고 있지 않고, 행동을 통해서 나타내게 하시옵소서. 주님을 사랑하기 위해서 자신을 낮추는 겸손함도 주시옵소서. 주 예수님을 생각하고, 향유를 드리기 위해 수많은 날을 기다렸을 마리아의 마음을 주시옵소서.

우리 주 예수님의 이름으로 기도드립니다. 아멘.

순종을 통하여 믿음에서 믿음에

만유에 계신 하나님,

하늘의 문이 열리는 시간에, 저희들은 여호와께 머리를 숙였습니다. 지체들에게 하나님을 기쁘게 하는 데 매진하라 하셨지만 하나님보다 저희들 자신을 위해 살아온 것을 뉘우칩니다. 용서해주시옵소서.

오늘, 다시 한 번 주님을 따랐던 이들을 본받아 생명을 기꺼이 주님께 바치려는 결단의 은혜를 내려 주시옵소서. 새 영을 허락하셔서 하나님 말씀에 순종하는 삶을 사모하게 하시옵소서.

구역(셀)의 지체들에게 성경을 공부하는 시간을 즐거이 여기게 하심을 감사드립니다. 저희들이 하나님의 말씀을 배워 그대로 순종하기를 소망하게 하시옵소서. 이 말씀을 배우는 목표를 오직 순종에 두게 하시옵소서. 순종으로 믿음에서 믿음에 이르게 하시옵소서.

이 시간에, 저희들이 예배를 드릴 수 있도록 수고를 아끼지 아니한 이 가정에 복을 내려 주시옵소서. 이 가정의 모든 일들을 주께서 친히 담당하여 주셔서 눈동자와 같이 이 가정을 지켜주시옵소서. 고통의 멍에를 벗어버리기 위하여 이렇게 주 앞에 모인 이들을 주님의 크신 날개 아래 보호하여 주시옵소서.

하나님의 지바하심에 따라 은혜의 길을 열어 주셨음에 감사드리고, 간구하게 하시옵소서. 십자가를 통해서 하나님께로 나아가는 길을 열어주시고, 때를 따라 도와주셨습니다. 보혈의 은혜였습니다. 하나님의 은혜가 십자가로 나타나 저희들에게 구원의 은혜를 보게 하시옵소서.

우리 주 예수님의 이름으로 기도드립니다. 아멘.

주님의 제자로 세워주셨음에

제자로 세워주셨습니다. 하나님,

우리 구역(셀)의 지체들에게 하나님의 음성을 사모하는 거룩함으로 인도해 주시옵소서. 날마다의 생활이 분주하지만 따로 시간을 내어 하나님의 말씀을 듣기를 즐거워하게 하시옵소서. 하나님 앞에서 말하기는 더디 하고, 듣기를 속히 하는 은혜로 들어가게 하시옵소서.

주님의 구원을 즐거워하여 감사로 성경을 공부하는 지체들이 되게 하시옵소서. 오늘, 하나님의 이름에 영광을 드리게 하시옵소서.

현충일을 맞이하면서 이 민족을 사랑하셔서 나라를 위하여 자신을 희생한 이들이 있게 하신 여호와를 바라봅니다. 조국을 위하여 자신의 목숨을 바친 이들의 호국정신을 본받게 하시옵소서. 주님의 백성들을 거룩하게 하시고, 마음을 다 바쳐 예배하도록 인도해주시옵소서.

우리 구역(셀)의 지체들이 주님의 몸 된 ○○ 교회로 말미암아 세상을 향해서 하나님이 보여 지게 하시기를 빕니다. 하나님의 은혜가 뭇 사람들의 눈에 보이게 하시옵소서. 우리 교회가 지역사회에서 생명의 길이 되게 하시옵소서. 이 지역에서 구원으로 인도하는 방주의 사명을 아름답게 감당하게 하시옵소서.

하늘 은혜로 살아가는 여호와의 권속입니다. 도전과 결단의 시간을 주시옵소서. 주님께 부르짖어 기도하고, 사모하여 매달리게 하시옵소서. 이로써 저희들은 모두 주 안에서 승리하는 삶의 주인공들이 되게 하시옵소서. 어른들은 일터에서, 아이들은 학교에서 승리하게 하시옵소서.

우리 주 예수님의 이름으로 기도드립니다. 아멘.

십자가의 피로 심령이 적셔지기를

십자가의 보혈로 적셔주시는 여호와여,

십자가의 은혜가 구원을 받은 저희들에게 하나님의 능력이심을 확신합니다. 사랑하는 지체들에게 갈보리의 십자가를 사랑하게 하시며, 십자가에서 흘리신 주님의 피를 바라보게 하셨으나 주님의 피를 잊고 지낸 죄를 회개합니다. 용서해주시옵소서.

죄인들을 위하여 흘리신 예수님의 피에 저희들의 심령이 적셔지기를 빕니다. 십자가를 간직하게 하시옵소서.

자기 백성들을 향하여 선하신 여호와의 은혜를 찬미하며 드려지는 공부의 한 시간이 되기를 소망합니다. 여호와의 백성들에게 영안을 열어 성부 하나님의 손길을 보게 하시고, 성자 하나님의 가르심을 즐거워하게 하시며, 성령 하나님의 도우심을 기뻐하게 하시옵소서.

예수님께서 말씀을 하심과 그 말씀을 받은 이들의 순종을 통해서 하나님의 영광이 나타난 진리를 깨닫게 하시옵소서. 그 영광이, 저의 삶에서도 나타나기를 바라시는 하나님의 뜻을 묵상합니다.

하나님의 말씀을 받고, 그대로 순종하는 은혜를 내려 주시옵소서. 그 은혜가 구역(셀)의 지체들에게 순종의 열매로 맺혀지기를 빕니다.

지금은 잠깐 고난을 당하고, 서러운 시간을 보내기도 하지만, 영광이 약속되어 있음에 감사하게 하시옵소서. 천국이 우리에게 보장되어 있으니, 여기에서 잠시 당하는 어려움을 이기게 하시옵소서. 사랑하는 구역의 지체들과 함께 그 소망 가운데, 풍성한 삶을 지내기를 원합니다.

우리 주 예수님의 이름으로 기도드립니다. 아멘.

하나님의 은총이 크게 나타나

복 주시는 주 여호와여,

사랑하는 지체들에게 복을 주사, 하나님의 은혜 안에서 ○○○님의 가정에서 모임을 갖게 하시니 감사드립니다. 그 은혜로 말미암아 스스로 지혜롭게 여기지 않으며, 악에서 떠나라 하셨는데 그러하지 못하고 지냈습니다. 용서해주시옵소서.

이 시간에, 하늘의 문을 열어주시옵소서. 이 가정과 함께 저희들에게 복을 주시기 위해서 셀(구역)의 이름으로 모이게 하셨으니 영광을 받아 주시옵소서. 사랑하는 구역(셀)의 지체들이 영과 진리로 예배하고 말씀을 나눌 때, 하나님의 은총이 크게 나타나게 하시옵소서.

오늘, 성경을 공부하면서 새롭게 깨닫게 된 진리가 저희들의 것이 되게 하시옵소서. 성령님께서 깨달아 알게 하시는 대로 자기의 것으로 삼아 율례를 행하는 성도들이 되게 하시옵소서. 이로써 이 신앙의 열매를 저희들의 가정에서도 보게 하시옵소서.

저희들이 예수님의 이름으로 기도할 때, 사탄의 권세를 능히 물리치게 해주실 것을 믿으니 감사드립니다. 한 번도 사탄을 대적하여 싸워보지 못하였지만, 천국 백성이 되어 사탄을 대적하게 하시니 감사드립니다.

구원은 유일하신 하나님께만 있음을 믿게 하시옵소서. 하나님 외에 다른 신, 다른 곳에는 절대로 구원이 없음을 확신하게 하시옵소서. 주님을 의지하며 사는 사람들만이 구원의 참된 복을 얻을 수 있음에 감사하게 하시옵소서. 주님께서 베풀어주신 구원을 잊지 않게 하시옵소서.

우리 주 예수님의 이름으로 기도드립니다. 아멘.

보혈의 피로 구속함을 입은

사랑이 많으신 하나님,

주님의 이름으로 매일, 매일을 살도록 하셨습니다. 오늘, 하루의 생활이 전도자의 삶이기를 원하는 마음을 주셨으나 저희들은 그 명령에 순종하기를 지체하였습니다. 용서해주시옵소서.

저희들이 복음을 전하는 것이 하나님께서 구역(셀)의 지체들에게 맡기신 일이라 받아들이게 하시옵소서. 잃어버렸던 하나님의 자녀를 찾아오는 일이 시대적인 요청이라는 것을 기억하게 하시옵소서.

여호와 앞에서 존귀한 지체들에게 그들의 형편에 따라 은사와 복으로 충만케 하시옵소서. 몸이 약한 자에게는 강하게 만들어 주시옵소서. 슬픔을 당한 자에게는 하늘의 위로를 받게 하시옵소서. 근심과 탄식의 지체들이 찬송의 사람으로 변화되게 하시옵소서.

주님의 백성들을 거룩하게 하시고, 마음을 다 바쳐 예배하도록 하심에 감사드립니다. 보혈의 피로 구속함을 입은 하나님의 자녀들에게 생명의 말씀으로 은혜를 내려 주시옵소서. 구역 강사님께서 진리의 말씀으로 저희들을 인도하실 때, 의의 열매를 거두겠다는 거룩한 다짐을 하게 하시옵소서.

우리 민족 모두의 가슴마다에 사랑으로 채워주시옵소서. 서로 함께 설 수 있게 위로하며, 권면하도록 도와주시옵소서. 스스로 겸손의 띠로 허리를 동이고 복음의 신발을 신어 화해와 평화의 사도가 되게 하시옵소서. 민족이 주님으로 인하여 살도록 회개의 영을 부어 주시옵소서.

우리 주 예수님의 이름으로 기도드립니다. 아멘.

그 말씀대로 순종해서

말씀에 순종합니다. 하나님,

시온에서 복을 받으며, 날마다 예루살렘의 번영을 보게 하셨음에 감사드립니다. 이미, 여기에서 이루어진 천국의 삶을 살아가라 하셨지만 여전히 옛 사람의 행실 속에서 지내왔습니다. 용서해주시옵소서.

사랑하는 구역(셀)의 지체들은 천국의 백성으로서 옛 사람의 행실은 거절하고, 하나님의 영광을 구하게 하시옵소서. 그리하여 진리를 따라 살게 하시는 은혜를 내려 주시옵소서. 성경을 공부하면 할수록 하나님의 은혜가 절실히 요구된다는 것을 깨닫게 하시옵소서. 말씀을 대할 때, 지식의 축적으로 간주하지 않게 하시옵소서.

거룩한 모임을 위하여 복된 가정에 찾아왔으니, 하늘의 문을 여시고, 큰 복을 내려 주시옵소서. 성경의 진리를 깨달아 그 말씀대로 순종해서 자기의 것으로 삼는 지체들이 되게 하시옵소서. 교제할 때, 이 가정을 영광의 처소로 구별해 주시고, 영과 진리로 예배하게 하시옵소서.

저희들은 잘 알지 못하지만 ○○○님께서 눈물로 간구하는 소원이 이루어지게 하시며, 이 가정의 복된 삶을 훼방하는 사탄의 역사를 물리쳐 주시옵소서. 성령의 충만하심으로 세상을 이기게 하시옵소서.

오늘, 거룩한 모임을 마친 후에는 세상으로 보내어지게 하시옵소서. 하나님의 아들이 죄인이 되사, 낮고 천한 자리에 오셨습니다. 인류를 죄악과 저주로부터 구원하시려고 하나님과 동등 됨을 스스로 버리신 주님의 사랑에 감격하게 하시옵소서. 그 감격을 전하게 하시옵소서.

우리 주 예수님의 이름으로 기도드립니다. 아멘.

자신의 영혼에 유익이 되는

영혼에의 유익을 주목하게 하시는 여호와여,

오늘, 저희들의 걸음을 이 가정으로 인도하셔서 예배하게 하셨음을 즐거워합니다. 사랑하는 ○○○님과 이 가정의 지체들에게 여호와의 임재를 충만히 경험하게 하시옵소서.

저희들이 하늘의 뜻은 모두 이해할 수는 없더라도, 하나님의 뜻에 순종하게 하시옵소서. 하나님께서 우리의 왕이심으로 인해 기뻐하시옵소서. 사라하는 지체들이 더욱 깊은 은혜 안으로 들어가게 하시옵소서.

오늘, 공부를 하는 중에, 지체들이 자신의 영혼에 유익이 되는 것을 놓치지 않게 해 주심을 빕니다. 말씀의 내용에서 선한 본을 발견하게 하시고, 그 본을 따르려는 결단을 하게 하시옵소서. 말씀으로 자기를 세워가는 지체들이 되게 하시옵소서.

교회에서 일을 맡은 직분으로 섬기실 때, 봉사의 향기를 드리게 하시옵소서. 저의 마음으로부터 여호와를 사랑하는 데서 나오는 봉사를 통해서 교회에는 부흥을 가져오고, 성도들은 평안을 누리게 하시옵소서.

오늘, 공부의 장소를 제공해주신 ○○○님께서는 더욱 풍성한 사랑에 들어가도록 하시는 하나님의 일하심을 보게 하시옵소서.

말세의 때가 되어, 심판의 시기가 점점 다가오는 지금, 영적인 잠에서 깨어나게 하시옵소서. 말씀에 귀를 기울이고 기도하여 영적인 신앙인이 되도록 이끌어 주시옵소서. 성령님께 충만하기를 소원합니다. 세속적이고 유혹적인 데서 돌이켜 거룩하게 살기에 힘을 쓰게 하시옵소서.

우리 주 예수님의 이름으로 기도드립니다. 아멘.

삶이 부요해지는 성장을

복 주시는 주 여호와여,

저희들을 영혼이 잘 됨 같이 범사가 잘 되고, 강건하기를 원하시는 하나님의 은혜를 소망합니다. 성령님께 충만하여 육체의 욕망, 안목의 정욕, 이생의 자랑에 빠지지 말라 하셨지만 성령님을 사모하지 못하고 지내온 것을 뉘우칩니다. 용서해주시옵소서.

오늘, ○○○님의 가정으로 모이게 하셨으니, 이 자리에 성령님의 충만을 내려 주시옵소서. 그리하여 셀(구역)의 지체들이 모두 성령님의 충만케 하심에 들어가게 하시옵소서.

우리 교회의 성장을 원하시는 하나님의 마음으로 저희들을 충만하게 하시옵소서. 교회가 구원의 방주가 되어 불신자들이 주님께로 돌아오게 하시옵소서. 구원을 받는 수가 날마다 많아져서 숫자의 성장을 보게 하시고, 온 성도들의 신앙과 삶이 부요해지는 성장을 주시옵소서.

아직도 많은 이들이 죄 때문에, 하나님을 하나님으로 깨닫지를 못하고 있습니다. 영적으로 눈이 어두워 예수님을 하나님의 아들로 보지 못하고 있습니다. 그럼에도 저에게는 하나님을 깨닫게 해주시고, 주님께서 저의 죄 때문에 십자가에 달려 죽으셨음을 믿게 해주셨습니다.

저희들의 마음을 주님의 사랑으로 불붙여 주실 것을 믿고 간구합니다. 그리하여 구역을 섬기며, 하나님께서 받으시고자 하시는 열매를 맺게 하시옵소서. 사랑하는 지체들의 간구를 들어주시고, 추수를 기다리시는 주님의 밭에서 자원하는 심정이 되어 봉사하여 섬기게 하시옵소서.

우리 주 예수님의 이름으로 기도드립니다. 아멘.

우리 주님의 크신 사랑에

사랑이 많으신 하나님,

셀(구역)으로 모인 저희들에게 성령님의 충만하심을 보게 하시옵소서. 하나님을 경외하며, 나라와 민족을 위해서 간구하는 삶을 살아야 하였으나 그러하지 못하고, 저희들 자신을 염려하며 살기에 바빴던 허물을 고백합니다. 용서해주시옵소서.

저희들의 가슴에 구할 바를 품게 하시고, 믿음으로 간구하게 하시는 하나님을 바라보게 하시옵소서. 오늘, 셀(구역)의 지체들이 공과를 공부할 때, 우리 주님의 크신 사랑에 젖기를 원합니다. 말씀을 배울수록 우리를 위하시는 하나님의 사랑에 감격하게 하시옵소서.

오늘도 예비하신 하늘의 복으로 ○○○님과 이 가정을 둘러 주시옵소서. ○○○님께서 이 모임을 통해서 주님의 몸 된 교회를 사랑하고, 성도의 사명을 감당하도록 은혜를 주시옵소서. 사랑하는 셀(구역)의 지체들이 주님의 사랑을 나누게 하시옵소서.

하나님의 은혜로, 구역의 지체들이 재물을 얻을 능력을 허락해 주시옵소서. 재물이 없는 환난으로 어그러졌던 삶은 옳은 자리로 옮겨지게 하시옵소서. 재물에 대한 불신앙적인 삶이 바로 잡혀지게 하시옵소서.

하나님의 은혜가 천국의 백성이 되게 하셨습니다. 이제, 저희들에게 하나님의 은혜를 사모하게 하시며, 그 은혜로 살아가도록 인도해주시옵소서. 다른 이들과의 삶에서도 옳고, 그름의 잣대보다는 하나님의 은혜로 바라보게 하시고, 주님의 온유하심으로 이웃을 대하게 하시옵소서

우리 주 예수님의 이름으로 기도드립니다. 아멘.

신앙의 집을 잘 짓게

만유에 계신 하나님,

저희들, 셀(구역)의 지체들에게 주님을 사랑하게 하시옵소서. 저희들에게 주님을 본받아 걸으라 하시고, 주님의 발자국을 따를 수 있는 은총을 주셨지만 저희들의 유익만을 좇으며 지내왔음을 용서해 주시옵소서.

매일, 십자가를 질 수 있는 은혜를 내려 주셔서 고난도 참을 수 있게 하시옵소서. 나 자신을 부인하지 않으려는 감각, 욕망, 열정을 부인하는 연습을 하게 하시옵소서.

사랑하는 지체들이 반석 위에 터를 닦는 심정으로 공과를 대하게 하시옵소서. 하나님의 말씀을 배워 신앙의 집을 잘 짓게 하시옵소서. 지체들이 말씀을 배워서 가르침에 따라 살게 하시는 하나님의 은혜가 필요하다는 것을 깨닫게 하시옵소서. 오늘, 성경을 공부하면서 저희들에게 하나님의 은총이 절대적으로 필요함을 깨닫게 하시옵소서.

여호와께 존귀한 구역(셀)의 지체들에게 하나님을 위하여, 자신을 위하여 봉사사하는 일에 소망을 갖게 하시옵소서. 예배를 영화롭게 하는 일과 성도들을 도와주는 일, 교회를 굳게 하는 일 등에 참으로 많은 손길들이 필요하니, 성도님의 가슴을 뜨겁게 해주시옵소서.

하나님을 사랑하도록 하셨으니 합력해서 선을 이루어주심에 소망을 두게 하시옵소서. 저희들이 오래 참으면 이루심을 믿으니, 잠시 고난의 길을 간다 해도 소망을 놓지 말게 해 주시옵소서. 여호와를 바라보고, 주님의 뜻을 이루어드리려는 소망으로 가슴이 뜨거워지게 하시옵소서.

우리 주 예수님의 이름으로 기도드립니다. 아멘.

훈계를 받는 은혜를

은혜를 기다립니다. 하나님,

저희들을 향하신 하나님의 계획이 오늘도 이루어짐을 봅니다. 저희들에게 믿음에서 믿음으로 이르는 복을 취하라 하셨지만 믿음에 이르는 삶에 민감하지 못하였음을 고백합니다. 용서해주시옵소서.

사랑하는 지체들이 하나님의 말씀을 대하게 하셨음에 감사드립니다. 진리의 말씀을 깨달을 때, 은혜를 더하여 주시옵소서. 성령님의 깨닫게 하시는 은혜로 진리를 배우게 하시옵소서. 이어서, 죄의 소욕을 물리치고, 선을 추구하게 하시옵소서.

여호와로 말미암아 기쁨을 감출 수 없고, 즐거워하게 하셨으니, 내 하나님은 위대하시다고 말하게 하시옵소서. 오늘, 친히 하나님의 말씀으로 사셨던 예수님의 삶을 묵상합니다. 하나님의 말씀이 저의 삶이 되도록 은혜를 내려 주시옵소서.

지체들의 가정마다 성령님의 인도하심의 은혜가 있어서 희락이 넘치게 하시옵소서. ○○의 식구들 중에, 가난한 지체들을 돌아보아 주시옵소서. 지금 그들이 겪고 있는 재정의 곤란으로 연단의 시간을 보내고 있음에 감사드립니다.

이스라엘 백성들이 십계명을 사랑했던 것처럼, 오늘도 말씀을 귀중히 여기는 믿음을 저희들이 갖기를 원합니다. 하늘에서 조각구름이 흐르는 것을 보기만 해도 하나님의 위대하심을 찬양하게 하시옵소서. 시냇가에서 흐르는 물소리 들을 때, 주님의 손길을 바라보게 하시옵소서.

우리 주 예수님의 이름으로 기도드립니다. 아멘.

하나님의 말씀으로 흥왕함을

말씀을 흥왕을 사모하게 하시는 여호와여,

주님의 몸을 이루고 있는 구역(셀)의 지체들에게 주님을 따르게 하시옵소서. 예수님께서 짊어지고 가셨던 십자가의 길을 따르라 하셨지만 저희들은 주님보다 저희들 자신이 취하고자 하는 것에 마음을 두고 지내왔음을 회개합니다. 용서해주시옵소서.

십자가에 못을 박히셨던 주님의 손, 주님의 발을 사모하게 하시옵소서. 그 길을 가려는 마음을 달게 해 주시옵소서. 십자가를 따름이 기쁨이 되기를 빕니다.

한 공동체로 부름을 받은 저희들이 한 목소리로 광복절에의 신앙을 고백하게 하시옵소서. 오늘 말씀을 공부하면서 구역장님, 구역 강사님, 그리고 저희들에게 이 나라를 창성케 해 주시는 하나님을 바라보게 하시옵소서.

이 주간에도 모든 것에 넘치게 해 주실 주님을 찬양합니다. 율법의 저주에서 속량해 주신 은혜로 재정에 부한 삶을 살게 하시옵소서. 때마다, 일마다에 풍성하게 채워주시는 여호와의 손을 보게 하시옵소서. 살아가는 날 동안에 수치를 당하지 않고, 영광을 보게 하시옵소서.

하나님의 넘치는 자비를 통해서 저희들에게 내려 주신 그 은혜를 기억하게 하시옵소서. 하늘의 신령한 은혜로 말미암은 심령의 복이 주님께로부터 왔음에 감사드립니다. 또한 지나온 날들을 건강하게 보낼 수 있도록 육체의 복을 주심을 생각할 때 무한한 감사를 드립니다.

우리 주 예수님의 이름으로 기도드립니다. 아멘.

보혈의 은혜가 생명수의 강수로

사랑이 많으신 하나님,

주님의 보혈의 은혜가 생명수의 강수로 우리 구역(셀)의 지체들에게 흐르게 된 것에 감사드립니다. 저희들에게 은혜를 사모하면서 날마다 하나님께로 가까이 하라 하셨는데, 하나님의 은혜보다는 세상의 것들에 대한 집착을 버리지 못하고 지내왔습니다. 용서해주시옵소서.

이 시간에, 성령님께 충만하게 하셔서 여호와께로 나아가게 하시옵소서. 우리를 사랑하시는 은혜가 임하여 구역(셀)의 지체들에게 때마다 놀라운 일을 행하시는 하나님이 되어 주시옵소서. 우리 구역의 가족은 오늘도 승리하게 하시옵소서.

저희들의 발걸음을 ○○○님의 가정으로 인도해 주신 시간에 여호와의 이름을 찬양하게 하시니 감사드립니다. 사랑하는 ○○의 권속에게 예배하는 시간을 사모하시고, 즐거워하게 하셨으니 영광을 올려드립니다. 하나님 앞에서 기다림의 은혜를 즐거워하게 하시옵소서.

하나님의 말씀을 즐거움으로 받아 성경에 계시되어 있는 하나님을 만나게 하시며, 지체들은 자기들에게 배우게 하시는 진리를 얻고자 하시옵소서. 하나님께 더욱 가까이 이르는 은혜를 누리게 하시옵소서.

저희들이 기도할 때, 죽음의 권세가 물러가는 것을 보기를 원합니다. 사탄은 어둠을 가져왔으나, 이 어둠이 변해서 광명으로 바뀔 줄로 믿습니다. 또한 절망은 변해서 희망으로 변하게 하시옵소서. 우리 구역의 지체들이 주님의 부활로 말미암은 생명의 권세를 누리게 하시옵소서.

우리 주 예수님의 이름으로 기도드립니다. 아멘.

거룩하게 살기를 기도하게

만유에 계신 하나님,

이 시간에, 구역(셀)으로 모여 영광을 드리니 감사드립니다. 저희들이 세상에 사는 동안에 하늘의 은혜를 즐거워하게 하셨지만 하나님보다 세상에서의 일들에 매달려 살아왔음을 뉘우칩니다. 용서해주시옵소서.

저희들에게 늘 기도와 찬송으로 살아가고자 결단하게 하시옵소서. 그리고 오늘의 모임을 통해서 저희들의 믿음은 더욱 굳건해지고, 거룩하게 살기를 기도하게 하시옵소서.

하나님의 말씀을 나누려는 지체들에게 은혜를 내려 주시옵소서. 구역장님, 구역 강사님, 저희들 모두가 말씀의 공동체가 되어, 말씀을 공부하면서 이 말씀이 살아있는 말씀임을 깨달아 즐거워하게 하시옵소서.

오늘, 공부하는 말씀이 저희들에게 힘이 되어줌을 확신하게 하시옵소서. 말씀의 은혜로 말미암아 저희들의 심령이 새로워지고, 저희들의 가정에도 진리의 생명수가 흘러들어가게 하시옵소서.

사랑하는 지체들에게 주님의 이름에 합당한 영광을 돌리는 삶이 되도록 이끌어 주시옵소서. 저희들이 주님께 해드리는 심정으로 누구에게나 손을 펼칠 때, 하나님께서 받으시는 제물이 되기 원합니다. 하나님의 이름 앞에서 손을 들어 기도하게 하시옵소서. 여호와의 얼굴 앞에서 간구하는 지체들의 기도에 응답의 은혜를 주시옵소서. 부르짖는 기도를 하나님이 들어주심을 믿습니다. 무릎을 꿇고, 하늘을 향해, 손을 펴서, 간구로 나아가는 저희를 긍휼히 여기사 응답을 주시옵소서.

우리 주 예수님의 이름으로 기도드립니다. 아멘.

성경을 공부하러 모인 지체들을

지체들을 사랑합니다. 하나님,

오늘도 주님의 교회, ○○ 교회에 복을 내려주시고, 저희들이 ○○○님의 가정에 모여서 구역(셀)의 교제를 나누도록 하시니 감사드립니다. 복 된 시간이 되게 하시옵소서.

이 가정과 저희들에게 하나님의 손을 움직이는 열쇠를 주시옵소서. 세상에서 지내는 동안에, 하나님의 붙들어 주심을 믿으며 소망을 갖습니다. 삶이 때로는 어렵고 고달프더라도 낙심하지 않게 하시옵소서.

이 시간에, 성경을 공부하러 모인 지체들을 축복합니다. 시시때때로 저희들을 미혹하는 세상의 지식들로부터 지켜 주시는 진리의 가르침이 되게 하시옵소서. 저희들이 성경을 공부하는 중에, 하나님의 영이 저희들을 붙들어 주심을 경함하게 하시옵소서. 이 패역한 삶 속에서 도사리고 있는 수많은 위험들로부터 보호해 주시옵소서. 저희들의 영혼을 위해서, 여호와 앞에서 말씀에 순종하는 지체들이 되게 하시옵소서. 성령님의 충만하심 아래로 인도되기 위한 성실함을 소망하도록 이끌어 주시기를 빕니다. 저를 향한 하나님의 사랑이 성실하신 것처럼, 성도님도 성실히 신앙생활을 하도록 인도해 주시옵소서.

지금까지 생명을 허락하신 것과 가정을 주신 것, 일할 수 있는 재능과 재물 주신 것에 감사합니다. 힘을 다하여 감사하는 지체들에게 더욱 감사가 풍성케 하시옵소서. 베풀어 주신 은혜에 자원하여 예물을 드리고, 봉사하기를 원합니다. 기쁨으로 감사하는 저희로 삼아주시옵소서.

우리 주 예수님의 이름으로 기도드립니다. 아멘.

의의 길로 인도하시는

의의 길로 인도해주시는 여호와여,

구역(셀)의 모임을 정해주시고, 정한 시간에 모이게 하시니 감사드립니다. 저희들의 기도가 하나님의 뜻에 일치되고, 하나님의 영광을 위하여 간구하라 하셨는데, 저희들의 기도는 여전히 저희들 자신의 유익을 위한 것이었음을 고백합니다. 용서해주시옵소서.

오늘, 저희들이 모일 수 있도록 우리를 초대해주신 ○○○님께 하늘의 문이 열리고, 성령님의 충만하심에 들어가게 하시옵소서. 이 가정에 속해 있는 식구들에게도 하나님께서 주시는 기쁨의 충만을 주시옵소서.

우리에게 말씀을 주신 하나님을 찬양합니다. 이 시간에 의의 길로 인도하시는 하나님의 말씀을 공부하려 하니, 말씀을 사모하는 마음을 주시옵소서. 성경을 배워서 깨달은 진리에 이르는 지체들이 되게 하시옵소서. 이 진리가 죄를 이기고, 세상을 이기는 능력이 되게 하시옵소서.

예수님께서 온 갈릴리에 두루 다니사 그들의 회당에서 가르치시며 천국 복음을 전파하시며 백성 중의 모든 병과 모든 약한 것을 고치셨던 은혜가 오늘, 병들어 고통 중에 신음하는 내 형제와 자매들에게 임하여, 치료의 광선을 쪼여 주시옵소서.

저희들 각자는 "네 믿음대로 될지어다."라는 주님의 음성을 듣기 원합니다. 기도의 응답을 경험하는 한 시간이 되게 하시옵소서. ○○ 교회에 속해 있는 모든 이들이 말씀에 의한 은혜로 살게 하옵소서. 그래서 사랑하는 지체들이 주님의 불쌍히 여겨주시는 복을 누리게 하시옵소서.

우리 주 예수님의 이름으로 기도드립니다. 아멘.

진리의 말씀을 붙잡고

복 주시는 주 여호와여,

광야에서도 만나의 양식을 주셨듯이 저희들을 먹이셨음을 고백합니다. 이 세상을 살아갈 동안에, 양식으로 먹이심을 확신하라 하셨으나 믿음이 없어 늘 염려하며 지내는 저희들을 용서해주시옵소서. 저희들을 불쌍히 여기시어, 하늘의 양식과 땅의 양식을 공급해 주심을 기다리게 하시옵소서. 그 은혜에 감사하면서 지내게 하시옵소서. 하나님의 말씀을 공부할 때, 지식의 말씀에 귀를 기울이며, 진리의 말씀을 붙잡고 살아가게 하시옵소서. 사랑하는 지체들이 하나님의 말씀을 대할 때, 성령님의 충만하신 임재를 빕니다. 여호와께 존귀한 지체들이 하나님의 영광을 위한 소원을 갖게 하시옵소서.

생명의 빛 가운데서 성도의 기업의 부분을 얻게 하셨으니, 아버지께 충성을 다하기를 원합니다. 주님의 나라를 이루어드리게 하시옵소서.

지체들의 식구들에게도 하나님의 자녀가 되는 권세가 있음에 감사드립니다. 주님의 이름의 권세로 죄를 물리치고, 사탄의 유혹에도 너끈히 이기게 하셨음을 믿습니다. 주님의 이름으로 귀신을 쫓아내고, 새 방언을 말하고, 병든 자에게 손을 얹어 낫는 것을 보게 하시옵소서.

저희들에게 어려운 밤의 시간이 닥쳐왔지만 하나님의 손길을 바라보게 하시옵소서. 밤의 찬송을 통해서 하나님께 영광을 드리고, 구원하시는 여호와를 소망하게 하시옵소서. 견디기 힘든 밤의 시간이지만, 주님께서 함께 해 주심에 찬송으로 말미암아 소망으로 나아가게 하시옵소서.

우리 주 예수님의 이름으로 기도드립니다. 아멘.

살아가기에 부족함이 없는 양식

사랑이 많으신 하나님,

오늘, 하나님의 친 백성을 받아주시옵소서. 저희들에게 여호와께 자신을 내려놓는 은혜로 살아가라 하셨지만 내려놓지 못하고 지내온 것을 용서해주시옵소서. 이제, 저희들 자신의 삶과 목숨까지 여호와와 이름 앞에 내려놓는 은혜를 경험하게 하시옵소서.

오늘, 구역(셀)의 지체들의 성경공부는 잘 차려진 식탁이 되기를 빕니다. 하나님의 사람으로 살아가기에 부족함이 없는 양식이 되게 하시옵소서. 가르치는 이와 배우는 지체들 모두에게 풍성한 양식이 되게 하시옵소서. 진리의 풍성함으로 인도해주시옵소서.

며칠 있으면 추석입니다. 사랑하는 지체들이 추석에도 하나님께 영광을 드림에 주목하게 하시옵소서. 우리 셀(구역)의 식구들에게 민족 고유의 정서와 부딪쳐서 하나님 앞에서 죄를 짓는 경우가 생기지 않도록 도와주시옵소서.

지금, 재정으로 어려움에 처한 지체들에게 가난하게 하시는 하나님의 의도에 집중하게 하시옵소서. 궁핍함이 주는 곤란함이 고통스럽게 하지만, 하나님의 뜻을 깨닫는, 은혜를 캐내는 시간이 되게 하시옵소서.

구역의 지체들, 여호와께 존귀한 성도들입니다. 저희들에게 하나님께의 영광을 위해서 봉사할 일을 찾게 해 주시옵소서. 구원의 기쁨을 주셨음을 감사합니다. 주님께서 길러 주시는 교회의 가족들을 위하여 섬기는 직분을 사랑으로 감당하시는 지체들이 되도록 이끌어 주시옵소서.

우리 주 예수님의 이름으로 기도드립니다. 아멘.

말씀을 공부하는 복된

만유에 계신 하나님,

우리를 주님의 피 값으로 사셨음에 감사드리게 하시옵소서. 저희들에게 우리가 우리 자신으로 살지 않고, 하나님의 은혜로 살라 하셨는데 그러하지 못하였음을 회개합니다. 용서해주시옵소서.

오늘, 셀(구역)의 모임을 갖기 위해서 복된 가정에 찾아왔으니 감사드립니다. 하늘의 문을 여시고, 큰 복을 내려 주시옵소서. 오늘의 모임을 위하여 봉사를 담당하신 ○○○님을 축복합니다. 하나님께로부터 받은 지혜를 사용해서 섬기는 일에 다하는 아름다운 종이 되게 하시옵소서.

사랑하는 지체들에게 말씀을 공부하는 복된 시간을 주시니 감사드립니다. 오늘, 공과를 배우면서 성경의 기록이 저희들의 삶에 그대로 적용되기를 빕니다. 지체들에게 예수님을 향한 사랑과 자기를 향한 사랑에 대한 묵상의 은혜를 주시옵소서.

구역(셀)을 복 되게 하시며, 지체들의 각 가정에도 복의 은혜가 흐르게 하시옵소서. 그리하여 저희들이 하나님께 무흠하여 그 칭찬과 덕스러움이 교회에 유익이 되게 하시옵소서. 존귀한 지체들마다 열매를 맺어가는 귀한 가정으로 새로워지며, 하나님께 영광이 되게 하시옵소서.

저희들에게 하나님의 일에 대한 소망과 열심을 주시옵소서. 씨를 뿌리기 어려운 환경에서도 울며 씨를 뿌리는 은혜를 보게 하시옵소서. 그 은혜로 씨를 뿌릴 때, 반드시 기쁨의 단을 거둘 줄 믿습니다. 저희들의 간구에 응답하셔서, 위로부터 내려주실 은혜를 기다리게 하시옵소서.

우리 주 예수님의 이름으로 기도드립니다. 아멘.

사랑의 수고를 다하는 즐거움을

사랑으로 살게 하셨습니다. 하나님,

한 가지의 소원으로 하나님을 사랑하고, 기도에 쉬지 않으며 예배하는 삶을 살아가라고 하셨지만 저희들의 삶은 그러하지 못하였음을 뉘우칩니다. 용서해주시옵소서. 아침마다 하나님의 은혜를 구하게 하시고, 하루를 지내면서 구한대로 응답을 받아 복되게 살아가게 하시옵소서.

저희들의 삶은 여호와께서 목자가 되어주셨다고 고백하는 삶이었습니다. 여호와께서 지금도 저의 하나님이심을 고백합니다. 비록, 가난이 죽음의 음침함으로 에워싸지만 성령님의 충만하심으로 재물의 궁핍을 이기게 하시고, 하나님의 은혜를 바라보게 하시옵소서.

여호와 앞에서 하늘에 속한 백성으로 자라갈 것을 바라게 하시옵소서. 하늘에 속한 믿음과 소망, 사랑에 대하여 깨닫게 하시옵소서. 말씀을 가르치시는 강사님께 지혜의 영으로 충만하게 하시옵소서.

우리 셀(구역)의 지체들을 사랑하고, 대접하기를 즐거워하여 이 가정으로 초대해주신 ○○○님을 축복합니다. 하나님께서 예비해주신 복을 풍성하게 내려 주시옵소서. 셀(구역)의 지체들에게도 주 예수님을 본받아서 누구에게든지 사랑의 수고를 다하는 즐거움을 주시옵소서.

저희들 모두에게 서로를 사랑하는 마음을 주시옵소서. 이제까지도 서로 사랑하여 섬기며, 구역과 교회를 위해서 간구해 온 것을 기뻐합니다. 이제와 같이 앞으로도 더욱 사랑하는 지체들이 되기를 소망합니다. 주님의 이름을 위해, 교회를 위해 섬기는 종들이 되게 하시옵소서.

우리 주 예수님의 이름으로 기도드립니다. 아멘.

선한 것을 본받게 하시며

선한 것을 소망하게 하시는 여호와여,

주일을 지키고, 지난 닷새 동안에도 함께 해주신 은혜에 감사드립니다. 저희들에게 악한 것을 본받지 않고, 선한 것을 본받으라 하셨음에도 죄의 습관을 버리지 못하고 살아왔음을 용서해주시옵소서. 오직 주님을 본받을 수 있게 하시옵소서. 저희들이 누리게 될 영적인 은혜가 저희들 각 지체들이 축복의 통로로 사용되어 가정에까지 흘러가게 하시옵소서.

말씀을 배우는 중에, 교훈하시는 하나님의 음성을 듣게 하시옵소서. 저희들이 진리 안에서 온전히 세워지게 하시옵소서. 우리 셀(구역)의 지체들에게 성장을 경험하는 한 시간이 되게 하시옵소서.

우리 셀(구역)의 지체들을 ○○○님의 가정으로 모아주신 하나님을 찬양합니다. 여호와께 존귀한 지체들을 대접하시는 이 가정을 복되게 하시옵소서. 하나님의 은혜를 ○○○님과 이 가정에 내려 주시옵소서.

지체들에게 물질의 권세도 주셨음을 믿습니다. 교회를 섬기고, 저희들이 섬겨야 할 것들에 헌신하고, 재정으로도 넘쳐나게 하시옵소서. 주님의 영광을 드러내게 위해서 물질을 베풀도록 은총을 더하시옵소서.

우리 구역의 식구들의 심령이 주님의 크신 사랑으로 채워지기를 원합니다. 서로서로 사랑하고 섬기는 지체들이 되게 하시옵소서. 하나님의 나라를 공유하는 삶을 경험하게 하시옵소서. 하나님의 사랑으로 서로를 중보하고, 때로는 권면하면서 천국에서의 날들을 보게 하시옵소서.

우리 주 예수님의 이름으로 기도드립니다. 아멘.

깨닫는 말씀의 한 구절에서

사랑이 많으신 하나님,

저희들에게 여호와를 향한 사랑을 나타내기를 즐거워하게 하시옵소서. 주님께서는 하나님의 이름을 기뻐하여 그 영광을 찬미하는 드림의 삶을 소원하기를 원하셨으나 그러하지 못하였습니다. 용서해주시옵소서.

주님을 위하여 무엇이든 드림의 손이 되게 하시옵소서. 이로써 신앙의 성장을 위해 기도하고 참회하도록 하시옵소서. 자신과 이웃을 돌아보는 영적인 훈련기간으로 삼도록 하시옵소서.

오늘, 하나님의 말씀을 배우는 중에, 의롭게 되기를 소망하게 하시옵소서. 감각적이며, 쾌락을 쫓으려는 생각을 버리게 하시고, 저희들의 심령에 계시는 주님께 집중하게 하시옵소서.

사랑하는 셀(구역)의 지체들이 진리를 배우게 하시옵소서. 깨닫는 말씀의 한 구절에서 생명의 은혜를 누리게 하시옵소서.

○○의 지체들을 더 많은 이들에게로 흩어주시고, 복음을 전하여 생명을 나누게 하시옵소서. 저희 교회 지체들의 활동들이 전도에 초점을 두게 하시옵소서. 이로 말미암아 주님께서 다시 오시는 그 날까지 하나님의 다스리심 속에 부흥되기를 소망합니다.

아무리 어려운 일이 있어도 하나님만 의지하는 믿음을 갖기 원합니다. 어려움을 당할 때에 믿음이 떠난 생활을 하지 않도록 이끌어 주시옵소서. 평생 하나님을 의지한다는 믿음으로 살아가도록 도와주시옵소서. 오직 하나님만을 신뢰하는 중에, 저희들의 일생이 승리할 줄로 믿습니다.

우리 주 예수님의 이름으로 기도드립니다. 아멘.

생명의 복을 거저 받았으니

만유에 계신 하나님,

우리 교회는 예수님의 피로 세워졌음을 확실히 믿습니다. 저희들은 모일 때마다 주님의 몸을 생각하고, 주님께서 우리 구역(셀)을 세워 가심을 믿었어야 하였으나 부족하였음을 용서해주시옵소서. 저희 들이 모일 때, 사람이 주장하는 모임이 되지 않기를 기도하게 하시 옵소서.

이 시간에, 저희들이 공부할 때, 사랑하는 지체들의 영적인 눈이 열 려 지게 하시옵소서. 저희들에게 이 말씀을 하시는 하나님의 의도 를 보게 하시옵소서. 깨닫게 하시는 성령님의 은혜에 감사드리게 하시옵소서.

오늘, 순서에 따라서 ○○○님의 가정에서 셀(구역)로 모이도록 하 신 하나님께 찬양을 드립니다. 예배의 성소로 가정을 드린 ○○○ 님께 복을 내려 주시옵소서. 거룩한 가정에서 부르짖는 소리를 들 으시고, 응답해주시는 하나님이시기를 원합니다.

우리 교회가 구원받아야 할 세상 사람들을 위하여 문이 열려진 교회 가 되게 하시옵소서. 저희들이 누리는 생명의 복을 거저 받았으니 평안이 필요한 이들에게 거저 줄 수 있게 하시옵소서. 이 땅에서 감 당해야 할 종의 직분에 충성을 다하게 하시옵소서.

새 결심으로 새로운 소원을 품게 하시옵소서. 무엇보다도 먼저, 주 일 예배를 잘 드릴 것을 다짐하게 하시옵소서. 여호와 앞에서 좋은 것은 빨리 내 것으로 하고 나쁜 것은 빨리 버려는 은혜를 보여 주시 옵소서. 믿음으로 시작한 금년의 삶이 한 내내 믿음으로 충만하게 하시옵소서.

우리 주 예수님의 이름으로 기도드립니다. 아멘.

반석 같은 믿음의 처소를

반석 같은 신앙을 갖게 하셨습니다. 하나님,

여기에 모인 지체들에게 날마다 하늘의 신령한 은혜와 이 땅에서의 기름진 것으로 배불리는 삶을 살아가는 은혜를 주시옵소서. 옥토의 심령을 지니고, 반석 같은 믿음의 처소를 이루어 가게 하시옵소서.

오늘, 함께 한 저희들에게 함께 공부하는 즐거움을 누리게 하시옵소서. 서로를 존중하면서 공부하는 한 시간의 은혜를 보게 하시옵소서. 주님의 사랑을 받으면서 서로 화목하게 공부하도록 이끌어 주시옵소서. 성령님의 은혜로 하나 되게 하시는 주님의 뜻에 순종하게 하시옵소서.

저희들을 이곳으로 모아주셨으니, 하나님 앞에서 ○○○님과 이 가정에 속해있는 지체들이 믿음의 가정을 이루어 나가도록 해주시옵소서.

사랑하는 지체들에게 가난의 역경 중에, 여호와를 묵상하게 하시옵소서. 가난이 아니면 깨달을 수 없는 은혜를 묵상하게 하시옵소서. 이로써 저희 셀(구역)의 지체들은 가난이라는 상황을 넘어서 우리를 복 되게 하시는 하나님을 사모하게 하시옵소서.

필요할 때마다 채워주셔서 사랑의 공급자가 되신 하나님이십니다. 언제나 선한 목자이셨던 하나님을 찬양합니다.

영원히 갚을 수 없는 구속의 은혜를 기뻐합니다. 주님의 은혜와 하나님의 사랑하심으로 이제 우리의 신분이 바뀌어졌고 우리의 삶도, 질도 바뀌어 졌으니, 기도로 살아가게 하시옵소서. 그 은혜의 풍성함을 따라 기도하며, 상황에 관계없이 구속의 은총을 즐거워하게 하시옵소서

우리 주 예수님의 이름으로 기도드립니다. 아멘.

자녀들이 잘 자라게 하시고

신앙의 후손을 주신 여호와여,

하나님의 사랑의 입은 저희들의 가정이 복되고 형통한 은혜를 보게 하심에 감사드립니다. 때마다, 일마다 성령님의 역사가 나타나고, 도우시는 은혜를 바라게 하셨지만 하나님을 기다리는데 게을렀던 죄를 고백합니다. 용서해주시옵소서.

날마다 저희 지체들을 보호하시고, 은혜를 베푸시는 하나님을 사랑합니다. 우리 ○○ 교회의 지체들이 셀(구역) 모임으로 함께 하게 하셨음에 감사드립니다. 적은 지체들이 모여 주님의 몸이 되었음을 고백하는 이 자리가 하나님께 영광이 되기를 소원합니다.

추수감사절에 지체들이 하나님의 자비로우심에 감사하여 예배를 드리려고 모여왔습니다. 저희들은 거두어들인 것이 많음에 감사드립니다. 그리고 성도들의 가정마다 선물로 주신 자녀들이 잘 자라게 하시고, 자녀들 때문에 행복하게 지내게 하셨음을 기뻐합니다.

마음에 감사함으로 저희들에게 감사의 기쁨을 경험하게 하시옵소서. 셀(구역)로 모인 이 모임에서 시작된 기쁨을 온 지체들이 누리게 하시고, 저희들 각 사람이 주님의 기쁨에 대한 전달자가 되게 하시옵소서.

이제, 육신의 신을 벗게 하시옵소서. 옛사람의 신도 벗게 하시옵소서. 인간의 신을 벗고, 여호와의 인도하심 안으로 자신을 맡기는 우리 구역의 지체들이 되게 하시옵소서. 저희들의 일상의 삶에서 하나님의 일하심이 드러나고, 성령님께 순종하는 도구의 삶이 되게 하시옵소서.

우리 주 예수님의 이름으로 기도드립니다. 아멘.

마음으로 깨닫는 말씀

사랑이 많으신 하나님,

우리 구역(셀)의 지체들에게 꿈을 꾸게 해주시옵소서. 저희들의 생각이 하나님의 뜻으로 가득 차고, 그 일을 이루어드리려는 설렘으로 가슴이 뜨겁게 되기 원합니다. 하나님의 영광을 바라보게 하시옵소서.

오늘도 성경을 공부하면서 진리를 깨달아 저희들의 가슴이 뜨거워지기를 빕니다. 진리의 깨달음을 통하여 하나님을 향해 살며, 영적인 사람으로 자기를 세워가려는 거룩한 결단을 하게 하시옵소서. 사랑하는 지체들이 하나님께 세워져 자기 몫의 일을 감당하게 하시옵소서.

귀하고도 중하신 하나님의 말씀을 대하려 하니, 성령님께서 저희들의 마음을 주장해 주시옵소서. 눈으로 읽는 말씀이 아니고, 마음으로 깨닫는 말씀이 되게 하시옵소서. 오늘의 공부를 통해서 저희들을 훈계하시는 하나님의 음성을 듣게 하시옵소서.

구하기도 전에, 저의 마음을 헤아리시고, 모든 것에 부족함이 없도록 하셨음을 기억합니다. 갑작스럽게 재물의 곤경을 느끼고, 수입보다도 지출되어야 할 돈이 더 많은 염려로부터 건져 주시옵소서. 하늘의 문을 여시고, 재정을 풍성하게 하시옵소서.

이미 저희들에게 복의 열쇠를 지니고 있음을 믿습니다. 이 시간에도 천국의 문을 열게 하시옵소서. 하는 일마다 형통과 물질의 복을 약속해주신 열쇠의 열림을 보게 하시옵소서. 저희들이 하나님의 도우심을 믿고 구할 때, 흔들어 누르고 차고 넘치도록 받음을 믿게 하시옵소서.

우리 주 예수님의 이름으로 기도드립니다. 아멘.

예비해 주신 생명의 풍성함으로

만유에 계신 하나님,

저희들이 셀(구역) 모임을 갖도록 가정을 내놓으신 ○○○님을 축복합니다. 이제, ○○○님께서 이 집안에 축복의 통로가 된 사명을 감당하도록 은총을 내려 주시옵소서.

늘 하나님을 사랑하고, 범사에 여호와를 인정하는 사람이 되어서 하나님의 인도하심을 받는 가정이 되게 하시옵소서. 오늘의 말씀을 공부하며 하나님께서 예비해 주신 생명의 풍성함으로 들어가게 하시옵소서.

저희들이 함께 신령한 은혜를 누리는 잔치의 시간이 되게 하시옵소서. 오늘의 말씀에서, 여호와께 착한 사람이 되기를 다짐하게 하시옵소서. 말씀이 가르쳐 주는 대로 순종하여 하나님의 뜻을 따르게 해 주심을 빕니다.

우리 구역의 지체들에게 사랑의 말을 주신 하나님을 찬양합니다. 저희 부부가 사랑의 말을 통해서 이 가정을 만들게 하셨음에 감사드립니다. 하늘과 땅, 모든 만물이 하나님의 말씀으로 지어진 것을 믿습니다. 창조의 능력과 권세를 갖고 있는 말을 통해서 서로 대화를 할 때, 이 가정에 놀라운 창조의 역사가 일어나게 하시옵소서.

저희들에게 부활신앙을 확실히 갖게 하시옵소서. 주님께서 죽음을 이기시고, 저주를 물리치셨던 그 능력이 저희들에게 있음을 믿고 담대하게 하시옵소서. 영생의 말씀으로 저희들 각자를 부활신앙으로 굳게 하시옵소서. 부활 신앙으로 세상을 이기도록 성령님께서 강권해주시옵소서.

우리 주 예수님의 이름으로 기도드립니다. 아멘.

하늘의 문을 여시고

하늘의 문을 열어주셨습니다. 하나님,

여호와께 존귀한 ○○○ 님과 이 가정을 축복합니다. 저희들이 이 가정에서 하나님의 말씀을 공부하도록 하셨으니 귀한 가정이 되게 하시옵소서. 이 시간에, 주님의 이름으로 평안과 복을 빌 때, 하늘의 문을 여시고 응답해 주시옵소서. 흔들어 누르고, 차고 넘치도록 풍성하게 하시는 하나님의 자비하심을 바라봅니다.

셀(구역)로 모인 지체들이 사랑하는 책을 공부하게 하셨음을 즐거워합니다. 주님을 사랑하므로, 주님의 이야기가 기록된 성경을 사랑하게 하시니 감사드립니다. 오늘, 겸손한 마음으로 진리를 깨닫고자 하게 하시옵소서.

기도하는 심정으로 공부하는 지체들이 되게 하시옵소서. 새롭게 깨달은 진리의 말씀으로 저희들 각자가 살아가기를 원합니다. 그리고 그 은혜가 저희들의 각 가정에까지 흘러들어가게 하시옵소서.

오늘, 구역(셀)의 지체들에게 은혜를 더하여 주시옵소서. 저희들의 가족을 사랑하시는 은혜가 임하여 먹되 풍족히 먹도록 하시고, 때마다 일마다에서 놀라운 일을 행하신 하나님을 즐거워하게 하시옵소서.

사람들은 겉으로 드러난 것을 보지만, 우리 주님께서는 그 사람의 중심을 보신다는 것을 기억합니다. 저희 구역의 모든 지체들에게 하나님의 마음에 드는 일꾼들이 되려는 마음을 주시옵소서. 저희들은 모일 때마다 하나님의 영광을 소망하고, 하나님께 영광이 되게 하시옵소서.

우리 주 예수님의 이름으로 기도드립니다. 아멘.

구원하시기로 작정하신 은혜가

구원으로 이끌어주신 여호와여,

우리 구역(셀)의 지체들이 여호와 앞에서 깨어 있게 하시옵소서. 저희들은 하나님의 자녀로서 부지런히 하나님을 섬기려는 마음을 가져야 하였으나 그러하지 못한 죄를 고백합니다. 용서해주시옵소서. 오늘, 저희들이 하나님의 말씀을 공부해야 하는 이유에 대한 깨달음을 주시옵소서. 하나님의 말씀 앞에서 함께 하나님께 귀를 열도록 인도해주시옵소서. 진리의 말씀으로 생명의 풍성함을 누리게 하시옵소서.

저희들의 모임을 ○○○님의 가정에서 갖게 하시니 감사드립니다. 세상이 지어지기 전부터 ○○○님을 구원하시기로 작정하신 은혜가 나타났음에 감사드립니다. 우리 주님께서 십자가에서 대신 지불해주신 피 값을 통해서 의롭게 되었으니, 날마다 그 은혜를 찬송하며 지내는 ○○○님이 되시도록 인도해 주시옵소서.

지금, 곤란을 당하고 있는 이들의 삶에 오셔서 말씀 한 마디, 손짓 한 번으로 어려움의 풍랑을 잔잔하게 해주시옵소서. 혹시, 가난하여 여호와의 영광을 가리지 않도록 넉넉함의 은혜를 받게 하시옵소서. 그들의 비어 있는 주머니를 채워 주시어, 가난의 두려움에서 건져 주시옵소서.

○○교회의 지체들이 하나가 되어 주님의 몸을 경험하기를 원합니다. 저희들을 공격해 오는 세력들의 무너뜨림을 위해 한 마음으로 기도하게 하시며, 복된 삶을 위하여 온 교우가 하나로서 간구하게 하시옵소서. 전 성도들이 목숨을 바치는 하나 됨이 있도록 인도해 주시옵소서.

우리 주 예수님의 이름으로 기도드립니다. 아멘.

구주가 나셨던 그 밤의 은혜를

복 주시는 주 여호와여,

주님께서 십자가에 달리셨던 그 날을 기억하며 모였습니다. 예배할 때마다 갈보리 십자가의 보혈로 저희들의 심령이 적셔져야 하였으나 그러하지 못하였음을 뉘우칩니다. 용서해주시옵소서.

멸망을 받을 수밖에 없는 세상을 위하여 구원의 뿔을 다윗의 집안에 일으키셨던 하나님의 은혜를 찬미하게 하시옵소서. 저희 인생들을 돌아 보사 속량하시려고 구주가 나셨던 그 밤의 은혜를 찬미합니다.

○○ 교회에 여러 구역(셀)들이 있게 하셨음에 감사드립니다. 오늘, 저희 교회의 권속들이 흩어져 있는 자리에서 주님의 이름을 영화롭게 할 때, 받아주시고, 구역(셀)마다 영생에 이르는 은혜가 넘쳐나게 하시옵소서. 이로써 사랑하는 지체들이 교제하러 모일 때마다 하나님의 자녀로 자라며, 교회는 부흥을 경험하게 하시옵소서.

율법의 저주에서 저희들을 속량해 주셨음에 감사드립니다. 이제, 속량의 은혜로 제가 부한 삶을 살도록 도와주시옵소서. 그 은혜를 통하여 하나님께 더욱 큰 영광을 드리게 하시옵소서. 이 가족이 살아가는 날 동안에 수치를 당하지 않게 하시고, 오히려 영광을 보게 하시옵소서.

저희들에게는 권세와 능력이 주어진 것을 확신합니다. 모든 병과 모든 약한 것을 고치는 권능을 주셨습니다. 모든 병과 모든 약한 것을 고치는 권능을 행사하게 하시옵소서. 병이 든 지체들을 위해서 기도하며, 연약한 이들이 강해지도록 기도하는 저희들로 삼아주시옵소서.

우리 주 예수님의 이름으로 기도드립니다. 아멘.

성령님의 충만하신 임재를

사랑이 많으신 하나님,

성탄절의 주간에 구역(셀)의 지체들을 모아주셨음에 감사드립니다. 이 시간에, 또 하나의 교회로 모인 지체들입니다. 저희들에게 정해진 예배의 순서에 따라 하나님을 경외하게 하시옵소서.

이 시간의 순서를 인도하시는 하나님의 종에게 영력을 더하여주시옵소서. 오늘의 모임을 위해서 봉사하는 손길에도 은혜를 더하여 주시옵소서. 성령님의 충만하신 임재를 경험하며, 지체로서의 화목을 즐기게 하시옵소서.

예수님의 나심을 축하하는 시간에 기쁘고 복된 날을 기리게 하시옵소서. 성탄절에, 주님의 사랑을 받는 모든 사람들이 다 나와 예배드리기 원합니다. 예배하러 모인 저희들은 마음을 다하여, 하나님을 경배하고 나신 아기께 영광을 드리게 하시옵소서.

하나님 앞에서 ○○의 지체들이 전도자로 살아가게 하셨음에 감사드립니다. 오늘도 자신이 섬겨야 하는 삶의 자리에서 복음 속으로 들어가게 하시옵소서. 하나님 앞에서 복음의 증인으로 살아드리게 하시옵소서. 이로써 죄를 이기고, 승리를 거두도록 이끌어 주시옵소서.

언제나 우리보다 앞서 준비해 놓으시고 그것을 믿기만 하면 주심에 감사합니다. 미리 대책을 세워주시는 자비하심이 저희들의 것이 되게 하시옵소서. 언제나 간섭해주시고, 도움의 손을 펴시는 하나님을 찬양합니다. 여호와의 산에서 준비하시는 은혜를 저희들이 보게 하시옵소서.

우리 주 예수님의 이름으로 기도드립니다. 아멘.

하나님을 사랑함으로 이어지게

만유에 계신 하나님,

오늘, 구역(셀)의 권속을 한 해 동안에 지켜주셨음에 감사드립니다. 주님의 날을 교회에서 보내고 헤어져 자신의 자리에서 지내던 지체들이 다시 모이게 하셨음에 영광을 올려 드립니다. 저희들을 주님의 피로 형제가 되게 하시고, ○○교회의 한 권속이 되어, 구역(셀)으로 모이게 하셨음을 묵상합니다.

저희들이 오늘 모여서 하나님의 말씀을 공부할 때, 이 책은 세상의 지식을 전해 주는 책이 아니라는 것을 잊지 않게 하시옵소서. 이 시간에, 사랑하는 지체들이 말씀을 배움이 하나님을 사랑하는 것으로 이어지게 하시옵소서.

우리 셀(구역)에 속한 지체들이 날마다 하늘의 양식으로 배부르게 하셨음에 감사드립니다. 저희들의 가정이 복된 터전이 되게 하셨음에 감사드립니다. 누구보다도 열심을 내어 주님을 사랑하게 하시옵소서.

여호와 앞에서 존귀한 지체들을 축복합니다. 저희들 각자의 가정에서 한 솥으로 밥을 먹는 식구들은 성령님의 충만하심을 바라게 하시옵소서. 성령님의 도우시는 손길로 승리하게 하시옵소서.

사랑하는 지체들에게 소망을 잃지 않고, 하나님의 약속을 굳게 잡도록 하시옵소서. 천국을 바라보고, 하나님의 인도하심을 바라는 소망을 갖기를 원합니다. 처음 가졌던 소망을 나중까지 계속 갖고 있게 하시옵소서. 때로는 어렵게 하고, 힘들지만 소망으로 이기게 하시옵소서.

우리 주 예수님의 이름으로 기도드립니다. 아멘.

2 편」

교회 행사 대표기도문

대림절 첫째 주일 1

인애하신 우리 하나님,

대림절을 맞이하게 하신 하나님의 은혜를 묵상합니다. 하나님께서 우리에게 오셨음을 감사하면서 예배하게 하시옵소서. 하나님께서 우리에게 오셨던 은혜로 성탄절을 기다리게 하시옵소서. 그래서 금년의 성탄절에는 하나님의 사랑을 이웃에게 베풀도록 인도해주시옵소서.

하나님께서 우리를 사랑하셨음에 감사하면서, 이웃을 사랑해야 하는 저희들의 삶이 대림절 기간의 은혜가 되기를 빕니다. 이제까지는 받는 성탄절이었다면 금년에는 주는 성탄절이 되게 하시옵소서. 하나님의 사랑으로 저희들의 손을 펴게 하시옵소서.

오늘부터 시작되는 대림절의 절기를 사랑의 계절로 만들게 하시옵소서. 하나님께서 우리에게 오심이 하나님의 사랑이셨던 거처럼 저희들에게 사랑으로 살게 하시옵소서. 이로써 저희들에게 대림절을 지키게 하시는 하나님의 뜻이 열방에 선포되게 하시옵소서.

메시야가 오심을 기다렸던 대림절의 은혜를 세상을 향해서 나누게 하시옵소서. 주님께서 찾아가실 그들에게 저희들을 보내 주시옵소서. 우리가 사랑으로 섬겨야 될 이들을 찾아보게 하시고, 그들을 내 몸처럼 사랑하게 하시옵소서. 사랑의 계절을 살게 해주시옵소서.

|대림절을 지킬 때, 교회의 비전에 대한 은총을 간구한다.|

예수님의 이름으로 기도드립니다. 아멘

대림절 첫째 주일 2

하나님 아버지,

저희들을 교회로 부르시고 예배하게 하심을 감사드립니다. 성탄절을 기다리는 절기를 보내면서 하나님께 영광을 드리게 하시옵소서. 저희들이 예배할 때, 하늘에서 천사들의 화답이 있기를 소망합니다. 이 시간에 메시야를 기다리던 그날의 은혜를 누리게 하시옵소서.

아기 예수님의 나심으로 이 땅에 평강의 빛이 왔습니다. 주님께서는 인간과 하나님과의 평화를 이루셨고, 또한 사람과 사람 사이에 평화를 이루셨습니다. 오늘, ○○의 지체들에게 흑암에 행하던 백성이 큰 빛을 보고 사망의 그늘진 땅에 거하던 자에게 빛이 비추게 된 성탄절을 기다리면서 영과 진리로 예배하게 하시옵소서.

죄인들을 위하여 평강의 왕으로 오셨던 아기 예수님을 기뻐하면서 오늘, 예배를 드리게 하시옵소서. 죄악과 전쟁과 사망의 땅에 평화를 가져오시는 왕으로 나신 아기 예수님을 경배하게 하시옵소서.

예배하는 한 시간 동안에, 아기 예수님이 나심으로 저희들에게 소망을 주시는 하나님의 손길을 바라봅니다. 성탄절을 기다리는 저희들에게 여호와를 소망하게 하시옵소서. 죽음과 멸망의 어두움에 있던 인류에게 소망의 빛을 주신 하나님을 바라보게 하시옵소서.

이 거룩한 아침에 하나님의 말씀을 사모합니다. 베들레헴에서 나신 예수님을 기뻐하면서 하나님의 음성에 귀를 기울이게 하시옵소서. 대림절을 주신 하나님께 성가대의 찬양이 영광이 되기를 소원합니다.

예수님의 이름으로 기도드립니다. 아멘

성탄절 1

자기 백성을 찾으시는 하나님,

만일, 하나님께서 우리에게 오시지 않으셨다면 금년 한 해는 매우 어두웠을 것입니다. 그리고 저희들의 삶은 매우 무미건조하고 지루했을 것입니다. 그러나 우리에게 오신 하나님께서 저희들과 함께 해주셨으니 감사드립니다. 저희들의 삶을 간섭해주시고, 크고 작은 일에 도움이 되어주셨던 은혜를 기억하게 하시옵소서.

성탄절 아침에, 하나님은 여전히 살아계시며, 저희들과 함께 하심을 감사하게 하시옵소서. 그리고 살아계신 하나님께 동방의 박사들과 같이 영광의 예물을 드리게 하시옵소서. 우리를 사랑하시는 하나님의 은혜를 가슴에 품고 12월의 마지막 날들을 보내게 하시옵소서.

성탄절의 시간을 지키면서 예수님께서 이 땅에 오심이 저희들에게 생명을 주시려 함이셨음을 잊지 않게 하시옵소서. 하나님께서 우리를 사랑하셔서 예수님을 우리에게 내어 주셨음을 기억하게 하시옵소서. 이 영광의 시간에 하나님의 약속을 이루셨음에 감사하게 하시옵소서.

세상은 아직도 우리의 구원자로 오신 주님을 모릅니다. 이 날을 보내면서 불신자들에게 구원의 주님을 선물하도록 하시옵소서. 이로써 열방에 하나님의 사랑이 선포되게 하시옵소서.

| 성탄절을 지킬 때, 교회의 비전에 대한 은총을 간구한다. |

예수님의 이름으로 기도드립니다. 아멘

성탄절 2

하나님 아버지,

영화로우신 그 이름을 영원히 찬송하기 위하여 머리를 숙였습니다. 저희들을 죄에서 구해주셨으니 그 은혜의 이름을 찬송합니다. 영생을 주시고, 천국에 대한 즐거움을 주셨으니 주님의 이름에 영광을 드립니다.

저희 인생들을 자기들의 죄로부터 구원해 주시려고 메시야를 보내주시고, 약속을 성취하셨음에 감사드립니다. 이제, 저희들은 구주를 기다렸으니 주님께서 저희를 죄에서 구원해 주심을 믿습니다. 성탄절 아침에, ○○의 지체들은 구원을 기뻐하고 즐거워하게 하시옵소서.

주님의 오심으로 땅에서는 기뻐하심을 입은 사람들 중에 평화라고 하셨습니다. 평화의 왕으로 오신 예수님을 두 팔을 벌려 맞아들이게 하옵소서. 주님의 은혜로 하나님과의 평화를 회복하고 사람들과의 평화를 회복하게 되었으니 감사드립니다.

거룩한 날의 아침에 아기 예수님을 경배하며 찬양을 드립니다. 우리의 구속주로, 평화의 왕으로 오신 주님을 기뻐합니다. 우리 ○○에 속해있는 모든 지체들로부터 영광을 취하시옵소서.

이 교회를 위하여 주의 종을 세워주셨으니, 그에게 기름을 부어주시옵소서. 이 시간에 진리와 은혜의 말씀을 듣게 하시옵소서. 목사님께 성령님의 충만하심과 지식을 더하셔서 천국의 말씀을 선포하게 하옵소서. 저희들은 마음을 다하여 순서, 순서에 임하게 하시고, 임마누엘의 은혜를 소망하게 하시옵소서.

예수님의 이름으로 기도드립니다. 아멘

송년주일 1

미쁘신 이름의 여호와여,

한해, 하나님은 참으로 좋으신 아버지가 되어 주셨습니다. 주님의 넘치는 자비로우심으로 저희들은 살아왔습니다. 저희에게 베풀어 주신 그 모든 은혜를 생각할 때, 끝이 없는 감사를 드립니다.

때를 따라 돕는 은혜로 도우시며, 저희들의 삶이 물댄 동산과 같이 모자람이 조금도 없게 하셨으니 감사드립니다. 오늘, 감사하면서 새로운 시간, 새로운 삶을 결단하는 은혜로 이도해주시옵소서. 감사와 각오로 하나님께 영광이 되는 ○○의 지체들로 삼아주시옵소서.

저희들의 죄를 고백합니다. 저희들을 불쌍히 여겨 주시옵소서. 하나님의 이름을 부를 때마다 죄가 기억나게 하셨음에 감사드립니다. 이 자리에서 저희의 죄 때문에 주님께서 십자가의 고난당하셨던 아픔을 함께 느끼기 원합니다. 지은 죄를 뉘우쳐 회개하고자 하는 형제와 자매들이 되게 하시옵소서. 겸손한 마음으로 모인 자리로 삼아주시옵소서.

송년 주일의 예배는 주님께서 주신 그 모든 것들을 헤아려 보는 시간이기 원합니다. 올해를 살아왔던 시간들은 진실로 하나님의 선물이었습니다. 하루, 하루가 그 날대로 저희들에게 즐거움이었고, 기쁨이었습니다. 벅찬 시간들을 맞이하게 하셨던 은혜를 새롭게 하시옵소서.

| 송년주일을 지킬 때, 교회의 비전에 대한 은총을 간구한다. |

예수님의 이름으로 기도드립니다. 아멘

하나님 아버지,

감사드립니다. 시간을 주관하시고, 시간 속에서 영광을 취하시는 하나님을 배우며 살아온 일 년의 시간을 마감 짓게 하셨습니다. 금년의 첫 날부터 이 시간에 이르도록 저희들을 인도해주신 여호와의 이름에 합당한 찬송을 드리게 하시옵소서.

지난 한 해 동안에 교회의 성도들에게 나타났던 여호와의 은혜에 감사합니다. 그 은혜로 저희들 모두가 나의 형제요 함께 수고하고 함께 군사 된 자로 주님을 섬기게 해 오셨음을 기억하게 하시옵소서. 저희들 각 사람이 하나님께 꼭 필요한 사람으로 드려지기를 결단하게 하시옵소서.

감사로 예배를 드리지만, 저희들의 죄를 고백합니다. 이 시간에, 저희들을 불쌍히 여겨 주시옵소서. 이 자리에서 저희의 죄 때문에 주님께서 십자가의 고난당하셨던 아픔을 함께 느끼기 원합니다. 주님 앞에서 자신을 내어 놓고 죄를 고백할 때, 용서해 주심을 믿습니다.

이 시간에, 목사님의 설교에 기름을 부으심이 있기를 소원합니다. 종의 입술을 사용하사, 하나님의 말씀으로 저희들의 심령을 새롭게 해주시옵소서. 그리고 저희들의 삶에도 새롭게 되기를 원합니다.

새 해에는 사랑이 메마른 곳에서 주님의 인자하심을 드러내는 삶을 다짐하게 하시옵소서. 죽음의 소리로 탄식하는 이들을 위해 기도하고, 복음을 전하는 저희들이 되게 하시옵소서.

예수님의 이름으로 기도드립니다. 아멘

송구영신 1

인애하신 하나님,

오늘까지 베풀어 주신 은혜와 사랑으로 인하여 머리를 숙입니다. 여호와의 얼굴을 이 백성들에게 비추셔서 풍성함을 누리며 살아왔음을 오늘의 예배를 통해 영광을 드리게 하옵소서.

지금, 겸손한 마음으로 죄를 자복하는 자리가 되게 하옵소서. 지난 한 해의 시간에 하늘의 뜻을 이루어드리는 삶을 살지 못했음에 회개합니다. 죄를 뉘우쳐 회개하고자 하는 형제와 자매들이 되게 하옵소서.

저희들이 감사에 겨워 예배할 때, 성도들의 기도와 예물이 향기롭기를 소망합니다. 금년 365일을 날마다 복된 날이 되게 하시고, 그 얼굴로 말미암은 은혜를 베푸셨으니, 사랑하는 ○○의 지체들과 함께 저희들이 섬길 이는 여호와 밖에 없음을 고백합니다.

지금까지 지내온 삶을 회계하면서 시간의 매듭을 짓고 새 해를 맞이하는 슬기로움을 누리기 원합니다. 금년이 남은 시간에 말씀을 읽고 묵상하면서 하나님의 은혜를 헤아리게 하옵소서. 또한 성경을 통해서 주님이 주시는 기쁨을 맛보기를 소망합니다.

저희들에게 은혜를 주시려고 목사님을 단에 세우셨음에 감사드립니다. 그의 입술을 성령님께서 주관하셔서 말씀을 듣게 하시옵소서. 하나님의 말씀으로 새로운 삶을 시작하게 하시옵소서.

| 송구영신을 지킬 때, 교회의 비전에 대한 은총을 간구한다. |

예수님의 이름으로 기도드립니다. 아멘

하나님 아버지, 알파와 오메가가 되시는 하나님이십니다. 새로운 해를 여시고, 새 날을 주심을 감사합니다. 지난해는 하나님보시기에 참으로 부끄러운 삶이었으나, 나무라지 않으시고 새날을 맞게 하시니 감사드립니다.

복된 시간의 한 해를 보내고, 새해의 첫 시간을 기다라는 의 지체들에게 여호와 하나님은 기쁨이 되어주시옵소서. 지난 시간의 삶에서 은혜의 하나님이셨듯이 새로 오는 시간에 누릴 하나님의 은혜를 기다립니다. 저희들의 누림으로 하나님께서는 영광을 받으시옵소서.

○○ 교회의 성도들 모두 예배를 제일로 여기는 한 해의 삶을 살게 하시옵소서. 새로 떠오른 해를 바라보면서, 하나님의 마음에 합한 삶의 시간들로 이 한 해를 살아가게 하시옵소서.

새날을 주시는 시간에, 하나님의 말씀을 사모합니다. 강단에서 흘러나오는 축복의 말씀으로 한 해를 시작하게 하시옵소서. 그 말씀의 은혜와 권세로 작년의 실패했던 시간들에 매이지 않으며, 새 일을 이루실 하나님을 바라보게 하시옵소서.

이 시간에 저희들의 심령을 새롭게 지어 주셨으니, 지난해의 삶처럼 유혹의 욕심을 따르지 않도록 강권해주시옵소서. 저희의 신분이 그리스도 안에서 새로운 피조물이 되었음을 기억하며 살기를 원합니다. 갈보리의 십자가 은혜로 성결케 되게 하시옵소서. 보혈의 은혜로 말미암은 새 옷을 입혀 주시옵소서.

예수님의 이름으로 기도드립니다. 아멘.

신년감사주일 1

전능하신 하나님,

새해 아침에, 새롭게 하는 영으로 충만하게 하시옵소서. "오직 심령으로 새롭게 되어 하나님을 따라 의와 진리의 거룩함으로 지으심을 받은 새 사람을 입으라"는 약속의 말씀으로 살도록 도와주시옵소서.

오늘, 새해의 주일에 ○○의 권속의 심령도 새 사람으로 여호와를 만나게 하시옵소서. 이 시간에, 새 예배의 경험을 주시기를 소원합니다.

제일 먼저 드릴 말씀은 그 무엇으로도 지울 수 없는 죄악된 행실을 용서함 받고자 함입니다. 마음으로는 주님을 사랑하지만, 아직도 옛사람의 행실을 끊지 못하는 연약함을 용서해주시옵소서.

진실로 바라기는 지금까지의 모든 죄를 예수님의 피로 씻음을 받고, 새해의 사람, 깨끗한 마음으로 출발하기 원합니다. 이제, 저희들은 더 이상, 옛 사람들이 아님을 믿습니다. 지난 시간의 사람이 아니라 새 시간의 사람이 되었음을 확신하게 하시옵소서.

새 사람이 되어, 새해의 첫 예배를 드리게 하셨음에 감사드립니다. 하나님께서 새롭게 지어 주셨으니, 지난해의 삶처럼 유혹의 욕심을 따르지 않도록 도와주시옵소서. 저희들의 신분이 그리스도 안에서 새로운 피조물이 되었음을 기억하며 살게 하시옵소서.

| 신년감사주일을 지킬 때, 교회의 비전에 대한 은총을 간구한다. |

예수님의 이름으로 기도드립니다. 아멘

신년감사주일 2

신실하신 하나님,

알파와 오메가의 하나님을 기뻐합니다. 새해 아침에 만물을 새롭게 하시는 하나님의 손길을 즐거워합니다. 날과 시간이 새로운 것처럼 저희들의 심령도 새롭게 하옵소서. 여호와 앞에서 손을 깨끗이 하고, 하나님의 거룩하심으로 옷을 입게 하옵소서.

새 아침을 시작한 빛으로 저희들의 심령을 깨끗하게 하심에 감사드립니다. 이 빛으로 새해를 맞이한 영광으로 예배하는 성도들을 벅차게 하옵소서. 이 빛으로 만물과 사람이 새롭게 되어 영광을 드립니다. 죄악으로 인해서 더러워지고 부패해진 것들을 새롭게 하시옵소서.

이제, 새롭게 된 마음, 새롭게 된 심령으로 날과 시간이 새로운 새해의 삶을 시작하게 하시옵소서. 부드러운 마음을 주시기를 바랍니다. 교만한 마음을 제하여 주시고 겸손한 마음을 주시기를 바랍니다. 복잡한 마음을 제하시고 단순한 마음을 주시기를 바랍니다.

담임 목사님을 붙드셔서 ○○ 교회의 권속들에게 하나님의 말씀을 전하게 하시옵소서. 오늘 아침에도 살아있는 말씀으로 저희들의 심령을 새롭게 하여 새 옷을 입혀 주시기를 바라는 결단이 되게 하시옵소서.

○○ 성가대원들이 예배하는 회중을 대표해서 하나님의 영광을 찬양하게 하옵소서. 귀한 지체들이 몸을 드려 준비한 찬양이 이 자리를 하나님의 영광으로 가득하게 하시옵소서. 거룩한 예배로 오직 하나님께 영광이 되고, 마귀가 틈을 타지 않게 하시옵소서.

예수님의 이름으로 기도드립니다. 아멘.

삼일절 1

복을 주시는 여호와여,

의인을 사랑하시는 하나님의 이름을 높여 드립니다. 압박당하는 자를 위하여 공의로 판단하시는 하나님을 온 세상에 선포합니다. 고아처럼 되어버린 이 민족을 구원하시기 위해 대한독립만세를 외치게 하셨던 하나님의 놀라우심을 찬양합니다.

믿음의 선조들이 일제의 총과 칼 앞에서 조금의 굽힘이 없이 독립운동을 하게 하셨던 것을 기억하기 원합니다. 우리 민족을 사랑하신 하나님을 경배하며, 이 나라와 이 백성을 위한 예배가 되기 원합니다.

주 안에서 나라를 사랑하는 저희들이 되기를 다짐하는 이 시간이 되게 하시옵소서. 하나님께서 주신 우리 조국에 대한 사랑으로, 저희들의 가슴이 뜨거워지게 하소서, 이 나라, 이 백성들을 사랑하사, 하나님께 소망을 두었던 선조들의 자세를 본받게 하시옵소서.

저희들에게 나라를 사랑하여 눈물을 흘리게 해주시옵소서. 나라와 민족을 사랑하는 길은 눈물로 갈 수 밖에 없음을 깨닫습니다. 바벨론의 강가에서 시온을 생각하며 흘렸던 이들의 눈물이 저희들의 것이 되게 하시옵소서. 이로써 그리스도인은 자기의 나라를 사랑하는 사람이라는 사실dl 열방에 알려지게 하시옵소서.

|삼일절을 지킬 때, 교회의 비전에 대한 은총을 간구한다.|

예수님의 이름으로 기도드립니다. 아멘

삼일절 2

하나님 아버지,

머리를 숙인 ○○의 지체들, 갇힌 자를 해방시켜 주시는 하나님을 찬양합니다. 고아처럼 되어버렸던 이 민족을 구원하시기 위해 대한 독립만세를 외치게 하셨던 하나님의 놀라우심을 찬양합니다.

우리 민족을 사랑하신 하나님을 경배하며, 이 나라와 이 백성들을 위해 간구하는 예배가 되기 원합니다. 나라를 사랑하는 저희들이 되기를 다짐하는 이 시간이 되게 하시옵소서. 하나님께서 주신 우리 조국에 대한 사랑으로, 저희들의 가슴이 뜨거워지게 하시옵소서.

지난날에는 선조들이 구국운동에 몸을 던졌으나, 오늘에는 저희들이 기도로 나라를 구하게 하시옵소서. 강제로 일본에 나라를 빼앗겼지만 다른 힘을 의지하지 않고, 하나님께서 나라를 불쌍히 여겨주심을 바라던 선조들의 기도를 기억합니다.

주 안에서 나라를 사랑하고, 나라를 위하여 목숨을 내던지게 하신 하나님의 손길을 찬양했던 그 모습을 간직하기 원합니다. 저희들은 나라를 사랑하는 일에 자신을 드리게 해주시옵소서.

이 좋은 시간에 ○○ 교회의 권속들이 하나님의 영광만을 나타내려 머리를 숙였습니다. 우리 교회의 강단에 하늘의 문을 여시고 기름을 부어주시옵소서. 주의 종을 강단에 세워주셨습니다. 그에게 성령님의 충만하심과 지식을 더하셔서 천국의 말씀을 선포하게 하옵소서. 저희들은 귀를 열어 진리의 말씀을 듣게 하시옵소서.

예수님의 이름으로 기도드립니다. 아멘.

사순절 1

온 땅에 충만하신 하나님,

저희들의 허물 때문에 예수님께서 찔리셨음을 감사하며, 구원을 베풀어 주신 하나님을 찬양합니다. 오늘은 하나님의 아들이 고난당하셨음을 기억하며 예배드리니 오직 하나님만 영광을 받으시기 원합니다.

 저희들의 죄악 때문에 상하신 주님을 기억하며 예배드리려 합니다. 그런데, 저희의 죄가 없으신 하나님의 아들을 죽게 했건만 또 다시 죄를 지을 수밖에 없던 저희였습니다. 참으로 죄 가운데 태어나서, 알면서도 죄를 지어온 저희들을 용서해주시옵소서.

거룩한 날의 아침에, 죄를 고백하면서 저희들을 사랑하시는 주님 앞으로 나옵니다. 여기에, 죄를 지은 사실을 애통해 하며, 주님을 사랑해드리는 제자가 되고자 모였습니다.

겸손한 마음으로 예배드리니 받아주시고, 사순절에 주님의 사랑에 감격하여 사랑으로 살려는 결단을 하게 하시옵소서. 사랑을 받은 사람은 그 사랑의 빚을 갚을 의무가 있음을 깨닫습니다.

이제, 받은 사랑을 실천하기 위해 주님을 사랑하고, 형제를 사랑하고 이웃을 사랑하도록 인도해주시옵소서. 오늘, ○○의 지체들은 이 땅의 백성을 사랑하여 사순절에 경험해야 될 선물로 삼게 하시옵소서.

|사순절을 지킬 때, 교회의 비전에 대한 은총을 간구한다.|

예수님의 이름으로 기도드립니다. 아멘

사순절 2

하나님 아버지,

사순절을 맞이하게 하셨습니다. 하나님의 크고 위대하심에 영광을 드리게 하시옵소서. 이 시간에, 십자가에서 이루어진 구속의 은혜를 감사하면서 예배하는 저희들이 되게 하옵소서. 주님의 십자가로 저희들의 구원을 이루신 하나님께 영광의 예배가 되게 하시옵소서.

이 자리에 모인 저희들에게 사순절의 신앙을 통해서 교회의 권속들에게 감사할 줄 아는 마음을 지니도록 하시옵소서. 감사할 줄 아는 마음을 가지면 모든 것이 감사로 받아들여짐을 믿습니다. 그리하여 비가 오면 비가 와서 감사하고, 눈이 오면 눈이 와서 감사하게 될 줄로 믿습니다. 이로써 하나님께 영광을 드리는 삶으로 이어지게 하시옵소서.

저희들에게 말씀을 대언하실 목사님께서 단에 오르셨으니 생명과 진리의 말씀을 선포하게 하시옵소서. 이 예배를 아름답게 하는 ○○ 성가대의 찬양을 통해서 하나님께는 영광이 드려지고, 혹시 찬송의 힘을 잃은 회중들은 힘을 얻기를 원합니다.

지금, 저희들이 예배하는 동안에 귀한 지체들의 섬김으로 예배를 아름답게 하시니 종들이 은총을 입게 하옵소서. 하나님의 영광을 바라보고, 교회와 예배를 위하여 수고하는 종들을 거룩하게 하시옵소서.

주님의 삶을 닮기를 다짐하는 한 시간으로 삼아주시옵소서. ○○교회를 지켜 주심에 감사드립니다. 오늘도 하나님의 뜻을 이루어 드리고, 구원의 방주 역할을 다하게 하시옵소서.

예수님의 이름으로 기도드립니다. 아멘.

영광으로 계시는 여호와여,

저희들이 이 시간에 참여하므로 주님의 겸손한 제자가 되게 하시옵소서. 이 시간에, 주님의 고난에 참여함으로 주님의 참 제자가 될 수 있도록 도와주시옵소서. 저희들의 손과 발이 깨끗하고 마음이 겸손하게 하여 주시옵소서. 오늘은 하나님의 아들이 고난당하셨음을 기억하며 예배드리니 오직 하나님만 영광을 받으시기 원합니다.

저희들의 죄악 때문에 상하신 주님을 기억하며 예배드리려 합니다. 그런데, 저희의 죄가 죄 없으신 하나님의 아들을 죽게 했건만 또 다시 죄를 지을 수밖에 없던 저희였습니다. 참으로 죄 가운데 태어나서, 알면서도 죄를 지어 온 저희들을 용서해주시옵소서.

저희들의 허물 때문에 예수님께서 찔리셨음을 감사하며, 구원을 베풀어 주신 하나님을 찬양합니다. 죄인을 용서하시는 사랑을 통해서 주님께서 저희들에게 오셨음에 감사드립니다. 죄인을 구속해주시기 위한 주님의 고난을 묵상하게 하시옵소서.

이제, 저희들이 변화된 손과 발, 마음으로 불쌍한 이웃에게로 가게 하시옵소서. 저희들의 몸은 주께로부터 받았으니 세상을 향하여 나아가게 하시옵소서. 저희들에게 나아감을 실천할 수 있는 용기를 주시옵소서. 이 삶으로 종려주일을 보내게 하시옵소서.

| 종려주일을 지킬 때, 교회의 비전에 대한 은총을 간구한다. |

예수님의 이름으로 기도드립니다. 아멘

오늘, 거룩한 날을 종려주일로 지킵니다. 이 시간에, ○○의 지체들에게 주의 이름으로 오신 예수님을 찬송하게 하시옵소서. 주님께서 예루살렘에 들어오실 때, 앞에서 가고 뒤에서 따르는 자들이 소리를 지르며 찬송하였습니다.

그들은 흰옷을 입고 손에 종려나무 가지를 흔들었습니다. 종려나무 가지를 길에 깔아 영접하였습니다. 시간이 흘렀고, 장소는 바뀌었어도 저희들에게 마음의 흰옷을 입고 예배하도록 하시옵소서. 그리고 종려나무 가지를 흔들게 하시옵소서.

예수님께서 구원의 주로 오셨으니 기쁨으로 맞아들이게 하시옵소서. 주님의 고난을 당하셨음이 우리를 위함이시기에 환영하는 마음을 갖게 해 주옵소서. 주님의 고난이 저희들을 믿음의 반석에 세워 주시는 은혜가 되게 하옵소서.

오늘, 종려주일에 하나님의 말씀을 기다립니다. 생명의 말씀을 대언하시려고 준비하신 목사님께 기름을 부어주시옵소서. 목사님께서 입을 여실 때, 하나님께서 친히 말씀해주시옵소서. ○○ 성가대의 찬송으로 하나님의 영광이 예배당 안에 가득하게 하시고, 저희들은 그 은혜로 하나님께 더욱 가까이 나아가도록 하시옵소서.

오늘도 하나님께서 받으실 만한 예배가 되기 위해서 예배위원들로 하여금 봉사하도록 하셨으니 감사드립니다. 마귀의 훼방을 멸하시고, 오직 하늘의 하나님을 영화롭게 해드리는 순서로 진행되게 하시옵소서.

예수님의 이름으로 기도드립니다. 아멘.

고난주간 1

겟세마네의 하나님,

주님의 대속이 죽으심으로 구속을 이루신 위대하심에 영광을 드립니다. 저희들의 구원하심과 영광이 하나님께 있음을 고백합니다.

골고다 언덕의 십자가를 보면서 지내지 못했던 죄를 회개합니다. 하나님을 버리고 얼굴을 돌이켜 여호와의 성소를 등지고 살았던 죄를 용서해 주옵소서.

저주와 멸망으로부터 저희들을 구속하시려고 독생자를 버리신 은혜가 새롭습니다. 이 시간에, 갈보리 산의 십자가를 바라보게 하옵소서.

자기를 십자가에 못 박는 로마 군병들을 향해서 '저희를 사하여 주옵소서' 라고 간구하신 주님을 생각합니다. 주님의 간구는 저희들을 위한 것이셨음을 고백합니다. 그 기도로 저희들은 죄 사함과 구원의 은혜를 받고 지금 이곳에 앉아 있게 되었습니다.

저희들이 받아야 할 고난을 주님께서 대신 받아주셨습니다. 주님께서 당하신 고난을 묵상하면서 갈보리의 십자가를 바라보게 하시옵소서.

고난주간을 맞이해서 오직 성령 충만함으로 예배하는 권속들이기를 소망합니다. 목사님을 단에 세우셨음에 감사드립니다. 그의 입술을 성령님께서 주관하셔서 이 백성에게 말씀을 들려주시옵소서.

| 고난주간을 지킬 때, 교회의 비전에 대한 은총을 간구한다. |

예수님의 이름으로 기도드립니다. 아멘

고난주간 2

하나님 아버지,

지금, 사랑하는 ○○의 지체들이 주님께서 대속의 죽으심으로 구속을 이루신 위대하심에 영광을 드립니다. 죄인들의 구원을 위한 주님의 고난을 당하셨음에 감사합니다. 예배하러 모인 이 백성에게 저주와 멸망으로부터 구속하시려고 독생자를 버리신 은혜를 새롭게 하시옵소서.

주님께서 고난의 잔을 거절하지 않으시고, 받으심으로써 저희들은 영생에 이르게 되었습니다. 저희들에게 갈보리 산의 십자가를 바라보게 하시옵소서. 십자가 아래로 나아가 저희들의 심령이 보혈에 흠뻑 적셔지게 하시옵소서.

하나님의 은혜로 값없이 의롭다하심을 얻게 되었으니 주님의 십자가를 찬양하게 하시옵소서. 골고다의 길은 주님께 치욕이었지만 저희들은 그곳에서 영생의 소망을 갖게 되었으니 감사드립니다. 저희들의 눈을 밝게 해 준 영광의 십자가로 나아가게 하시옵소서.

목사님을 강단에 세우셨음에 감사드립니다. 그의 입술을 성령님께서 주관하셔서 이 백성이 말씀을 듣게 하옵소서. 십자가에서 흘리신 주님의 피를 느끼게 하시옵소서. ○○ 성가대원들이 신령과 진정의 예배와 수준이 있는 음악으로 어우러진 최상의 찬양을 드리기를 소망합니다.

오늘도 자원하는 심정을 가지고 봉사하는 일꾼들이 있습니다. 맡은 자리에서 예배의 진행을 돕는 손길들에게 은혜를 더하여 주시옵소서. 우리 모두에게 주님께서 달게 지신 그 십자가를 사랑하게 하시옵소서.

예수님의 이름으로 기도드립니다. 아멘.

부활절 1

만유의 주 하나님,

우리 예수님께서 죽음의 권세를 이기신 이 아침에, 승리의 찬송을 불러야 하는 저희들의 마음이 죄로 얼룩져 있음을 고백합니다. 저희를 위해 수난을 당하셨던 그날들을 생각하면서 지냈어야 했건만 그렇지 못하였던 한 주간의 삶이었음을 고백합니다. 세상의 즐거움과 헛된 만족에 마음을 빼앗겨 또 다시 주님을 십자가에 못 박는 시간을 보낸 죄를 용서해주시옵소서.

욕심 때문에 친구를 시기하며 투기해야 하였고, 자신의 이익 때문에 거짓된 행실도 서슴지 않았음을 용서해주시옵소서. 언제나 주님의 마음에 드시는 시간들로 삶을 채울 수 있을까요? 마음은 원하지만 몸이 그렇게 따르지 못하는 저희들을 불쌍히 여겨주시옵소서.

예수님을 십자가에 달려 죽게 하신 하나님이십니다. 그리고 부활하셨습니다. 이로써 죄에서 승리하셨습니다. 이 사실을 전하게 하시옵소서.

주님께서 이기신 것처럼 저희들에게도 승리가 있기 원합니다. 예수님의 이름으로 세상의 죄악 된 일들과 싸워 이기게 하시옵소서. 주님의 부활이 저희에게 이김을 확증하오니 겁내지 말고, 마귀의 유혹을 물리치게 하시옵소서. 승리한다는 담대함으로 나아가게 하심을 믿습니다.

|부활절을 지킬 때, 교회의 비전에 대한 은총을 간구한다.|

예수님의 이름으로 기도드립니다. 아멘

부활절 2

하나님 아버지,

승리의 날을 주셨습니다. 저희들을 위하여 주님께서 다시 살아나셨음을 감사하며, 머리를 숙인 ○○의 지체들에게 부활의 주님을 영원부터 영원에까지 찬양하는 복된 시간이 되게 하시옵소서.

이 시간에 예수님의 이름만이 높여지는 경배를 드립니다. 부활절의 아침에 찬양을 드리며 경배를 드리게 하시옵소서.

이 땅에 있는 것에 욕심을 내거나 땅에 있는 것들로 마음에 요동이 일지 않게 하시옵소서. 오직 하늘에서 주님이 상 주실 것을 바라보며 살게 하시옵소서. ○○ 교회의 성도들이 한 마음으로 머리를 숙인 이 시간이 하나님께 영광이 되기를 소망합니다.

하나님께서 세워주신 종을 통해서 전해지는 말씀에 귀를 기울이게 하시옵소서. ○○ 성가대원들이 성령님께 감동되어서 드리는 찬양으로 온 교회에 영광이 넘치기를 원합니다. 이 시간에도, 예배의 진행을 돕고, 성도들의 편의를 위하여 봉사하는 지체들의 헌신을 받으시고, 예배의 시종에, 사탄의 세력이 얼씬거리지 못하게 하시옵소서.

하나님께는 영광을 선포하고, 주님의 부활을 기뻐하면서 예배하기 위해 모인 권속을 축복합니다. 다시 사심으로써 저희들을 억누르고 있는 절망을 거두어주신 예수님을 즐거워하게 하시옵소서. 이 땅이 아무리 어둠이 심하고, 저희들에게 희망이 보이지 않는다 해도, 전혀 낙심하지 않게 해 주셨음에 소망 중에 주님을 바라봅니다.

예수님의 이름으로 기도드립니다. 아멘.

자기 백성을 찾으시는 하나님,

오순절 그날에, 성령을 받은 제자들이, "다 성령의 충만함을 받고 성령이 말하게 하심을 따라 다른 방언으로 말하기를" 시작했던 것처럼, 오늘, 저희들도 성령의 말하게 하심대로 말하기를 원합니다. 성령이 이끌어 주시는 대로 순종하는 저희들이 되게 하시옵소서.

저희들의 심령에 성령에 대한 새로운 체험이 있도록 도와주시옵소서. 성령을 보내 주신 하나님의 거룩한 이름을 찬양하며, 성령이 믿게 하시는 대로 믿는 저희들이 되고 싶습니다. 성령이 사랑하라는 대로 하나님을 사랑하고, 이웃을 사랑하는 저희들이 되고 싶습니다.

오순절에 성령의 강림으로 새로워진 제자들을 생각합니다. 오늘, 성령강림절에 성령님의 충만하심을 내려 주시옵소서. 성령님의 능력으로 믿음이 더욱 굳건해지고, 하나님을 아는 지식에 자라가며, 하나님의 뜻을 깨달아 실천하는데 지혜롭게 하심을 믿습니다.

○○ 교회의 사랑하는 가족에게 하나님의 약속을 기다리게 하시옵소서. 저희들, 마음을 같이 하여 전혀 기도에 힘을 쓰는 지체들이 되기를 원합니다. 하나님께서 저희들에게 약속하신 복을 기다리게 하시옵소서. 이로써 세상을 향하여 성령강림의 은혜를 선포하게 하시옵소서.

| 성령강림절을 지킬 때, 교회의 비전에 대한 은총을 간구한다. |

예수님의 이름으로 기도드립니다. 아멘

성령강림절 2

하나님 아버지,

성령강림절을 맞이하여 크고 위대하심에 영광을 드립니다. 성령님께의 충만하게 하심으로 저희들을 하나님의 품으로 이끄시고, 풍성한 은혜를 누리게 하셨음에 감사하면서 예배로 나아가게 하시옵소서. 성령님의 오심으로 말미암은 영광을 받으시옵소서.

이 복된 자리에서 하나님을 향한 찬송과 간구가 샘물이 되어 솟아나기를 소망합니다. 저희들의 심령에 은혜가 가득히 넘치게 해주시옵소서. 그 은혜로 성령님을 기쁘시게 해드리는 종들이기를 소망합니다.

성령님께서 임마누엘로 함께 해주시니 감사드립니다. 예수님처럼 우리를 사랑하시고 인생들에게 오셔서 우함께 계시는 분이심을 믿을진대 더욱 감사드립니다. 예배하는 이 자리에 하나님의 자비하심을 찬양하는 소리가 가득하게 하시옵소서.

예배하는 한 시간, 우리 교회에 기름을 부으심이 넘치기를 빕니다. 예배하는 공동체에 성령님으로 말미암은 충만으로 들어가게 하시옵소서. 담임 목사님을 붙드셔서 ○○의 권속에게 하나님의 말씀을 전하게 하시옵소서. ○○성가대원들이 예배하는 회중을 대표해서 하나님의 영광을 찬양하게 하시옵소서.

저희들이 경건을 다해 예배하는 동안에 몸을 다 드려서 섬기는 이들이 있음에 즐거워하며 그들을 축복합니다. 이 예배의 은혜로 삶에 지친 이들에게는 소망의 시간이 되게 하시옵소서.

예수님의 이름으로 기도드립니다. 아멘.

삼위일체주일 1

성삼위의 하나님,

저희를 죄에서 구원해 주셨음에 찬양을 드리며 경배합니다. 이 좋은 시간에 여호와를 찬양하며 경배하게 하시옵소서. 어리석음 때문에 삼위일체 하나님의 영광을 가리고, 그 거룩하심을 나타내지 못하게 하였음을 회개합니다. 믿음의 순결을 지키지 못하였음을 용서해주시옵소서.

삼위의 신비함으로 저희들을 보호해주심에 감사드립니다. 그 은혜로 말미암아 기쁨과 평안과 자유를 즐기며 지내던 지체들이 예배를 드립니다. 원근 각처에서 삼위 하나님의 은혜를 누리던 저희들이 머리를 숙일 때, 영광을 받으시고 영원히 찬양을 드리게 하시옵소서.

죄인이었던 저희들이 믿음으로 의로움을 얻어 하나님의 영광에 참여하게 되었습니다. 성령님의 확증으로 저희들의 마음에 부어진 하나님의 사랑이 천국을 소망하게 하시옵소서.

예배에 성령님의 역사하심을 원합니다. 삼위일체주일에 주님의 백성들을 위해서 말씀을 준비해 주셨음에 감사드립니다. 말씀을 전하실 목사님께 영력을 더하여 주셔서 성삼위 하나님의 은혜로 인도해주시는 복된 시간으로 삼아주시옵소서. ○○ 교회와 이 거룩한 공동체에 속한 지체들이 성삼위 하나님으로 말미암는 복을 누리게 하옵소서.

| 삼위일체주일을 지킬 때, 교회의 비전에 대한 은총을 간구한다. |

예수님의 이름으로 기도드립니다. 아멘

삼위일체주일 2

성삼위의 하나님,하나님 아버지,

삼위 하나님의 역사하심으로 베풀어 주신 은혜를 즐거워합니다. 오늘, 삼위일체주일로 지키는 저희들을 보아주시옵소서. 아버지 하나님의 창조의 은혜와 아들 하나님의 구속의 은혜, 성령 하나님의 도우시는 은혜로 이 자리에 나왔습니다.

사람이 생각으로 따라잡을 수 없는 하나님의 신비함에 겸손히 무릎을 꿇는 저희들이 되게 하시옵소서. 예배로 온전히 영광을 드립니다. 이제로부터 ○○ 교회의 성도들에게 때마다 일마다 거룩하신 삼위 하나님께 감사하게 하옵소서.

하나님의 신비스러움을 느낄 때마다 찬양으로 영광을 나타내게 하옵소서. 그 신바함이 하나님을 더욱 우러러 뵙게 할 때마다 고백의 기도로 나아가게 하시옵소서.

오늘을 거룩하게 하시며, 기름을 부어주시는 교회로 삼아주시옵소서. 말씀을 들고 단 위에 서신 목사님을 위하여 간구합니다. 귀한 종에게 사자의 권위와 감화하는 말씀의 능력을 나타내 주시옵소서. ○○성가대의 아름다운 찬양이 있는 예배로 하나님께 영광을 돌리게 되며 찬송의 능력을 체험하게 하시옵소서.

부르심에 응답하여 교회로 모였으니 영광을 드리게 하시옵소서. 그리고 삼위일체 하나님의 거룩하심을 찬양하는 저희들에게 기쁨이 충만하게 하시옵소서. 마음을 다해 하나님의 영광을 선포합니다.

예수님의 이름으로 기도드립니다. 아멘.

현충일 1

인자하신 하나님,

이 나라를 사랑하사, 젊은이들이 나라를 위하여 희생함으로써 숭고함의 의미를 깨닫게 하시니 감사합니다. 조국을 위하여 불의와 싸우다 자신의 목숨을 바친 이들의 정의를 본받으면서 하나님께 나왔습니다.

전쟁터에서 숨져간 이들의 유가족을 위로하여 주시기 원합니다. 지금, 저희들은 이 예배로 말미암아 그들의 죽음에 대한 보답된 삶을 다짐하기 원합니다. 그리하여 하나님께서 보시기에 좋아하시는 나라를 만드는 일에, 몸과 마음을 바치고자 다짐하게 하시옵소서.

나라와 민족을 위하여 간구하오니, 이 나라의 평안과 안정을 선물해 주시기 바랍니다. 하나님께서 친히, 파수꾼이 되셔서 보호해 주시옵소서. 그 크신 팔로 국방을 지켜주시고, 사람들이 편히 지낼 수 있도록 도와주시옵소서. 저희들은 나라를 위하여 부름을 받은 하나님의 일꾼이 되어, 나라를 사랑하는 일에 자신을 바치게 하시옵소서.

이 나라는 이제, 뒤에 오는 후손들에게 물려주어야 하는 아름다운 금수강산입니다. 하나님께서 보호하시고, 우리는 서로 사랑하는 영광스러운 조국을 후손에게 물려주어야 함을 잠시라도 잊지 말게 하시옵소서. 이 나라를 하나님이 왕국으로 보존해주시옵소서.

| 현충일을 지킬 때, 교회의 비전에 대한 은총을 간구한다. |

예수님의 이름으로 기도드립니다. 아멘

현충일 2

하나님 아버지,

○○의 지체들에게 현충일 주일로 지키게 하시니 감사드립니다. 이 시간에, 하나님의 백성들이 여호와를 송축하게 하시옵소서. 모든 영광을 드립니다. 오직 영과 진리로 예배하기를 원합니다.

국민으로서 우리가 할 일을 지체로서 주어진 환경에서 성실하게 살아가며 하나님의 도우심이 있기를 항상 기도하며 하늘나라에만 관심을 갖지 말고 내가 몸담고 살고 있는 이 땅, 이 민족에도 관심을 갖는 성도들이 되게 하옵소서.

이 나라를 구성하는 모든 이들에게 자신의 역할로 섬기게 하옵소서. 군인은 군인으로서, 경제인은 경제인으로서, 근로자는 근로자로서, 학생은 학생으로서 자신의 의무를 성실하게 감당하게 하옵소서. 이로써 대한민국이라는 국가가 평안에 이르게 될 줄 믿습니다.

자신의 의무를 아는 사람들이 애국하는 사람들임을 믿습니다. 자신의 자리를 지키는 이들은 언제 어디서나 유용한 사람들이며 이웃에게 기쁨을 주는 사람들임을 믿습니다. 이런 이들이 많이 나오게 하시옵소서.

예배의 영으로 충만하게 하시옵소서. 현충일의 주님을 묵상하는 저희들에게 말씀을 대언하실 목사님께서 단에 오르셨으니 생명과 진리의 말씀을 선포하게 하시옵소서. 이 시간의 예배에 성령님의 역사하심이 나타나기를 소망합니다. ○○ 교회의 성도들이 한 마음으로 머리를 숙인 지금, 하나님께 영광이 되기를 소망합니다.

예수님의 이름으로 기도드립니다. 아멘.

한국전쟁일 1

자비로우신 하나님,

다시 또 6. 25 사변일을 맞이해서 영광과 찬미를 드립니다. 저희에게 평안을 누리게 하셨습니다. 하나님의 도우심과 지켜주셨음에 머리를 조아려 즐거움의 예배로 영광을 나타내게 하시옵소서.

여호와께서 주신 이 땅, 이 민족 한국이 사는 길은 의인들의 수가 많아지는 데 있는 줄 알게 하시옵소서. 지난날의 전쟁에 대하여 누구의 탓을 하지 말고, 하나님 앞에서 새롭게 살려는 다짐이 이 민족에게 부흥의 불길처럼 번지기 원합니다.

우리나라의 좋은 소식이 교회에서부터 시작되게 하시옵소서. 먼저, 저희들 각자가 가정이나 직장, 이웃에서 의로운 삶, 빛 과 소금의 삶을 살게 하시옵소서. 의의 열매가 나타나게 되리라 믿습니다.

주님의 백성을 거룩하게 하시고, 마음을 다 바쳐 예배하게 하셨습니다. 보혈의 피로 구속함을 입은 하나님의 자녀들에게 6 · 25 사변일의 은혜를 내려 주시옵소서. 목사님께서 진리의 말씀으로 저희들을 인도하실 때, 의의 열매를 거두겠다는 거룩한 다짐을 하게 하시옵소서.

○○ 성가대의 찬송으로 하나님의 영광이 예배당 안에 가득하게 하시고, 저희들은 그 은혜로 하나님께 더욱 가까이 나아가도록 하시옵소서.

| 한국전쟁일을 지킬 때, 교회의 비전에 대한 은총을 간구한다. |

예수님의 이름으로 기도드립니다. 아멘

예배를 받으시는 하나님,

우리 민족을 전쟁의 재화에서 건져내어 주셨음에 감사하는 마음으로 엎드렸습니다. 이 나라를 폐허와 가난에서 구하시고 복된 나라가 되도록 구원해 주신 은총과 사랑을 감사합니다. 예배를 드리는 이 자리에서, 민족의 죄를 용서해 주시고 평안하게 하셨음에 감사드립니다.

공산군의 남침으로 발발한 전쟁에 많은 이들이 피를 흘리며 숨져갔습니다. 6.25 사변에 참전한 용사들의 피 흘림을 대대손손 기억하게 하시옵소서. 이름 없이 이역만리에서 자유의 수호를 위해 파송된 16만의 UN연합군을 보내주셔서 이 민족을 구하게 하셨음에 감사드립니다.

주님의 백성들을 거룩하게 하시고, 마음을 다 바쳐 예배하도록 하심에 감사드립니다. 보혈의 피로 구속함을 입은 하나님의 자녀들에게 6 · 25 사변일의 은혜를 내려 주시옵소서.

하나님의 말씀을 기다립니다. 목사님께서 진리의 말씀으로 저희들을 인도하실 때, 의의 열매를 거두겠다는 다짐을 하게 하시옵소서.

○○ 성가대의 찬송으로 하나님의 영광이 예배당 안에 가득하게 하시고, 저희들은 그 은혜로 하나님께 더욱 가까이 나아가도록 하옵소서. 오늘도 예배위원들로 하여금 봉사하도록 하셨으니 감사드립니다.

하나님께 거룩한 이 교회가 하나님께 영광이 되기를 소원합니다. 마귀의 훼방을 멸하시고, 오직 하늘의 하나님을 영화롭게 해드리는 순서로 예배가 진행되게 하시옵소서.

예수님의 이름으로 기도드립니다. 아멘.

맥추감사절 1

홀로 한 분이신 하나님,

여호와께서 샘으로 골짜기에서 솟아나게 하시고 산 사이에 흐르게 하셔서 밭의 곡식들을 거두게 하시니 감사드립니다. 그렇게 춥던 겨울에도 보리를 자라게 하사 거두어들이는 풍요로움을 주시니 참 감사드립니다.

주님께서 철따라 땅의 소산을 저희들에게 값없이 허락하심에 감사합니다. 저희들이 일을 한 것보다도 더 좋은 것으로 좋은 결실을 주시는데 저희들은 주님 앞에 떳떳하게 내놓을 만한 결실을 맺지 못했음을 고백합니다. 믿음을 갖지 못하고, 게을렀던 저희들을 용서하시옵소서.

우리 하나님께서 먹이시기 위하여 각종 좋은 것들로 밭을 채우셨으니, 그 놀라우신 사랑을 모든 이들과 나누는 예배가 되기 원합니다. 목사님의 설교는 우리를 배불리 먹이시는 하나님의 손길을 선포하는 말씀이 되게 하시고, 첫 열매를 거두었으니 감사의 예물을 하늘나라의 창고에 들이는 저희들이 되기 원합니다.

오늘, 이 예배는 감사하라는 율법 때문이 아니라, 거저 받은 하나님의 은혜를 기억하여 드리는 감사의 축제가 되기 원합니다. 주신 복을 헤아리면서 감사의 한 시간을 드리게 하시옵소서.

| 맥추감사절을 지킬 때, 교회의 비전에 대한 은총을 간구한다. |

예수님의 이름으로 기도드립니다. 아멘

맥추감사절 2

하나님 아버지,

맥추감사절을 지키도록 하셨음에 감사드립니다. 우리 하나님의 이름이 위대하심에 영광을 드리는 ○○의 지체들이 되게 하시옵소서. 자기 백성을 돌아보시는 자비로우심이 크셨음에 영광을 드리고 저희들은 무한 감사로 즐거워하게 하시옵소서.

오늘, 저희들이 거두어들인 것들로 인하여 감사할 때, 여호와께 합당한 영광을 드리는 한 시간이 되게 하시옵소서. 감사의 고백을 예배하는 한 시간에 다 드리게 하시옵소서.

맥추감사절에 ○○교회로 하여금 우리를 사랑하시는 주님을 세상에 전하는 공동체가 되게 하시옵소서. 수고의 땀을 흘린 대로 첫 열매를 거두게 하셨음을 세상에 드러내게 하시옵소서.

우리 교회에 주의 종을 보내셨으니, 진리와 은혜의 말씀을 듣게 하시옵소서. ○○성가대원들이 하나님을 찬양할 때, 예배당이 천상의 자리가 되기를 원합니다. 그 찬양으로 저희들에게는 예배하려는 마음이 더욱 간절해지게 하시옵소서. 예배를 위하여 여러 모양으로 수종을 드는 종들을 세우셨음에 감사드립니다.

하나님 앞에서 복된 지체들이 풍성한 감사를 드리고 즐거워하게 하시옵소서. 저희들이 억지로나 인색함으로 드리지 않음에서 더욱 감사드립니다. 오늘, 우리 교회의 공동체에 주님께는 감사하고 저희들에게는 서로가 즐거움으로 기쁘게 하시옵소서.

예수님의 이름으로 기도드립니다. 아멘.

광복절 1

우리를 사랑하시는 하나님,

일본의 침략으로 고난당하던 이 민족을 구해주심으로써, 하나님께서 이 나라에 사랑을 나타내셨음을 감사드립니다. 주님의 이름으로 모인 오늘은 이 민족에게 자유를 주신 하나님께 영광을 드리고자 합니다.

주님께서 지켜주시는 이 나라를 사랑하는 마음에서 정성껏 예배하는 한 시간이기 원합니다. 광복절을 기념하는 이 예배의 자리에서, 민족의 죄를 용서해 달라고 회개하는 기도를 드리기 원합니다.

신령과 진정을 예배할 때, 하나님의 응답은 이 민족의 평안이라 믿습니다. 목사님께서 말씀을 전하실 때, 성령님의 감동하심의 역사가 나타나고 저희들은 눈물을 흘리게 하시옵소서.

하나님은 언제나 자기 백성들을 사랑하시기 때문에 성도들의 눈물 어린 기도를 들어 주신 하나님이심을 오래오래 기억하기 원합니다. 이 나라를 사랑하사, 예수님의 이름으로 대한독립만세를 외치게 하셨던 하나님의 섭리를 되새기기 원합니다.

저희들이 여기에 모여 하나님을 예배하는 것만 기뻐하지 않고, 아직도 하나님을 섬기려 하지 않는 이들에게 복음을 전하게 하시옵소서. 오늘의 예배로 이 나라를 위기로부터 구하는 은총이 시작되게 하시옵소서.

| 광복절을 지킬 때, 교회의 비전에 대한 은총을 간구한다. |

예수님의 이름으로 기도드립니다. 아멘

광복절 2

큰 일을 행하신 하나님,

여호와께서 이 민족을 사랑하셔서 광복의 은혜를 허락하셨고, 오늘은 광복 ○○ 년을 맞이해서 예배를 드립니다. 대한독립만세를 외치게 하시고 광복을 주신 하나님의 섭리를 되새기기 원합니다. 이 민족을 위한 여호와의 열심 때문에 온 겨레가 평안히 살아가고 있습니다.

저희들이 광복절을 기념하는 예배를 드릴 때, 저희들의 죄를 용서해 주시기를 간구합니다. 아름다운 우리 금수강산에 예수님의 사랑이 드리워지도록 전도하지 못하고 있는 게으름을 용서해 주옵소서.

이 시간에, 이 나라의 해방을 위한 많은 몸부림들이 교회를 중심으로 일어나도록 하신 하나님의 일하심을 기억하게 하옵소서. 여호와의 구원하심이 민족적으로, 국가적으로 나타났음을 마음에 새기에 하옵소서. 신앙 선배들의 국가관을 저희들의 것으로 삼게 하옵소서.

이 시간에, 한 공동체로 부름을 받은 저희들이 한 목소리로 광복절에의 신앙을 고백하게 하시옵소서. 예배를 드리면서 이 나라를 창성케 해 주시는 하나님을 바라보게 하시옵소서. 강단에서 생명과 진리로 이끄실 목사님께 성령님과 지혜에 충만케 하셔서 우리 교회가 하나님의 말씀으로 흥왕함을 보게 하시옵소서.

광복을 기념하면서 우리가 사랑해야 할 대상이 하나님과 이웃임을 확인하게 하옵소서. 하나님께서 우리에게 주신 조국도 사랑해야 할 이웃이라는 사실을 늘 기억하며 지내기를 소망합니다.

예수님의 이름으로 기도드립니다. 아멘

자신과 가르침을 살피도록 해주시는 하나님,

이 시간에, 말씀으로 오셔서 새롭게 지어 주시옵소서. 하나님 앞에 낱낱이 드러 내놓아, 참마음으로 뉘우치며 기도하게 하시옵소서. 이제는 자신의 개혁이 일어나 하나님의 말씀으로 새롭게 지어지기 원합니다. 여기에 모인 형제들 모두 하나님의 품 안에서 걸어가게 하시옵소서. 그리고 자매들 또한 주님의 뜻을 구하며 나아가게 하시옵소서.

저희들의 믿음은 습관이 되었음을 용서하시옵소서. 예배를 드리는 것은 마음을 떠나 의식을 치루는 것처럼 형식이 되었음을 용서하시옵소서. 예수님을 사랑함보다 종교적인 행위에 그쳐버린 저희들의 믿음 생활을 용서하시옵소서.

오늘, 저희들의 신앙을 하나님의 말씀으로 돌아보게 하시옵소서. 만에 하나라도 저희들의 삶이 인습이 되어 성경보다 앞서고 있지는 않은지를 돌아보게 하시옵소서. 하나님의 성령님의 감동을 소홀히 하고 있지는 않은지를 살피게 하시옵소서.

사랑하는 교회의 지체들에게 성경을 배우도록 하시옵소서. 성령님의 충만하심에 자기를 맡기도록 하시옵소서. 우리의 행위보다 하나님의 뜻을 먼저 찾아 부단히 자기를 개혁하게 하시옵소서.

| 종교개혁을 기념할 때, 교회의 비전에 대한 은총을 간구한다. |

예수님의 이름으로 기도드립니다. 아멘

자비로우신 하나님,

저희들에게 종교개혁의 은혜를 누리게 하시니 감사드립니다. 오늘을 지키면서 개혁되어야 할 저희들의 모습을 보게 하셨습니다. 종교개혁의 신앙을 배우게 하셨고, 개혁의 자세로 살아가게 하시니 오늘, 영광을 드리게 하시옵소서.

하나님 앞에 설 때, 죄지은 모습을 숨길 수 없어 고백합니다. 지난 주일에, 예배당을 나서면서 하나님의 영광을 구하며 살겠다고 다짐하였으나, 그것은 거짓말이 되고 말았습니다. 주님의 뜻보다는 제 마음에 만족하기를 원했습니다. 생각과 말 그리고 행동으로 하나님이 미워하시는 일에만 힘써 왔음을 고백하니 용서하시옵소서.

예수님을 사랑함보다 종교적인 행위에 그쳐버린 저의 믿음 생활을 용서해주시옵소서. 이 시간에 말씀으로 오셔서 저의 심령을 새롭게 지어 주시옵소서. 하나님 앞에 낱낱이 드러 내놓아, 참마음으로 뉘우치며 기도하게 하시옵소서.

강단에서 선포되는 하나님의 말씀에 마음을 쏟습니다. 하나님의 말씀으로 새롭게 지어지기를 사모하게 하시옵소서. 하나님께 행실을 바꿈으로써 영광을 드리게 하시옵소서.

하나님께서 합당하지 않게 여기시는 것들은 단호하게 거절하도록 담대함을 주시옵소서. 무엇보다도 하나님보다 자신을 좋게 하려던 모든 잘못된 행실에서 돌아서는 용기를 주시옵소서.

예수님의 이름으로 기도드립니다. 아멘.

추수감사절 1

옥토를 주신 하나님,

저희들이 마련해 온 감사의 예물이 주님을 기쁘시게 하는 것이 되어서, 받으시는 예배가 되어 지기 원합니다. 감사로 찬양을 불러도, 못다 부를 감사의 노래가 있게 하신 주님을 경배합니다. 저희들의 제단이 형식적으로 만들어진 것이 되지 않게 하여 주시옵소서.

저희들이 눈물 골짜기로 통행할 때에, "그 곳으로 많은 샘의 곳이 되게 하며 이른 비로 은택을 입히신" 하나님을 찬양하는 예배가 되게 하시고, 주님의 손길을 느끼게 하여 주시옵소서. 참으로 주님의 손길을 놀라워하며 주님의 품에 안기게 하시옵소서.

주님께로부터 받은 것들을 헤아릴 때 감사하지 않을 수 없어 이렇게 모였습니다. 참으로 위대하신 손길로 저희들을 만족하게 하신 하나님의 인자하심을 찬양합니다. 하나님께서 저희들에게 수확의 기쁨을 주셨음을 기억하게 하시옵소서.

또한 이 절기를 지키게 하심으로써 추수감사절의 주인이 하나님을 알게 하시옵소서. 만물을 통하여 저희들에게 기쁨을 주신 하나님을 생각하는 이 절기로 삼게 하시옵소서.

|추수감사절을 지킬 때, 교회의 비전에 대한 은총을 간구한다.|

예수님의 이름으로 기도드립니다. 아멘

추수감사절 2

하나님 아버지,

추수감사절을 주셨습니다. 하나님께 감사하는 자리에 ○○의 지체들을 불러주셨으니, 오직 영광을 드리게 하시옵소서. 온 성도가 우러러 하늘을 바라보며 여호와의 이름에 경배합니다. 추수감사절에 하나님께서 받으실만한 영광을 드리게 하시옵소서.

마음으로 감사하는 저희들에게 예배의 기쁨을 경험하게 하시옵소서. 거두어들임의 은혜에 찬송을 부르며 예배하러 모인 성도들을 받으시옵소서. 베풀어주신 것들에 대하여 믿음으로 감사의 예물을 드리고, 하나님의 영광을 드러내게 하시옵소서.

목사님을 강단에 세워주시고, 그의 입술을 통해서 말씀을 전하시려는 하나님께 주목하게 하시옵소서. ○○성가대원들이 찬양을 드릴 때, 영광을 받아주옵소서. 이 시간에, 예배의 진행을 돕고, 성도들의 편의를 위하여 봉사하는 지체들에게 몸을 드려 헌신화게 하시옵소서.

추수감사절에, 하나님의 은총을 사모하는 지체들을 축복합니다. ○○ 교회와 이 거룩한 공동체에 속한 지체들이 한 해 동안의 생활 속에서 베풀어 주신 복을 누리게 하시옵소서. 때마다, 일마다 간섭하시고 가장 좋은 것으로 만족하게 하신 은혜로 감사의 삶을 살게 하시옵소서.

감사의 예배로 말미암아 실망과 근심으로 좌절에 빠진 사람들은 용기를 갖게 하시옵소서. 그리고 육신적으로 연약한 사람들에게 치유의 은혜를 입게 하시옵소서.

예수님의 이름으로 기도드립니다. 아멘.

총회주일 1

온 회중에게 말하되 거룩하라 하신 하나님,

하나님께 영광을 돌려 드립니다. 총회주일을 맞이 하였습니다. 하나님께서 함께 하셔서 우리 총회가 어려운 여건과 힘든 상황 속에서도 많은 성장과 발전을 이루게 하시니 진심으로 감사를 드립니다.

우리 교단의 총회가 더욱 발전하며 성숙할 수 있도록 하나님 앞에서 간절히 기도드립니다. 우리 총회에 기름을 부어주시고, 총회가 더욱 새로운 모습으로 변화되도록 강권해주시옵소서. 총회가 진정으로 이 백성을 위로하며 생명의 샘물이 되게 하시옵소서.

총회에서 주님의 몸이 세워지기를 소망합니다. 총회의 모든 구성원이 하나님 앞에서의 공동체임을 기억하며 지역의 차이, 규모의 차이, 성별과 세대의 차이를 떠나 연대와 사랑으로 하나 되는 은총을 허락하여 주시옵소서.

총회와 각 노회 모든 지 교회와 성도들, 산하 기관과 단체들까지 사명으로 하나 되고, 총회를 향한 하나님의 부르심에 응답하게 하시옵소서.

총회를 섬기는 일꾼들을 거룩하게 하시옵소서. 총회장을 비롯한 모든 임원들과 각 노회장과 임원들 각 산하 기관의 일꾼들에게 지혜를 더하시고 능력을 더하셔서 주님께서 원하시는 사역을 감당케 하시옵소서.

| 총회주일을 지킬 때, 교회의 비전에 대한 은총을 간구한다. |

예수님의 이름으로 기도드립니다. 아멘

우리를 지켜 주시는 하나님,

○○○회를 금년 한 해 동안에 지켜주신 하나님이십니다. 여호와이 도우심으로 금년에는 선한 일을 많이 했음에 감사드립니다. 지금은 일 년 동안을 지내온 것에 대한 정리를 하고, 새로운 임원을 선출하려 합니다. 새해의 사역을 위하여 새로운 일꾼을 세우게 하시옵소서.

지나온 한 해를 돌아볼 때, 맡은 자들이 구할 것은 충성이었음에도 충성하지 못한 모습을 회개합니다. ○○○회가 부흥되지 않았음을 회개합니다. 지금 예수님의 피로 깨끗케 하시옵소서. 임원의 직분을 맡은 이들과 평회원으로 섬겼던 이들 모두가 회개하는 심정으로 있습니다.

귀한 종들이 하나님의 일을 맡아 한 해 동안에 수고하게 하셨음에 감사드립니다. 주님께서 저희 ○○○회를 복 주셔서 좋은 일꾼들이 선출되게 하옵소서. 교회에 일꾼을 세우는 것이 중요한데, 주님의 마음에 합한 자가 일꾼으로 세워지게 하시옵소서.

일곱 집사를 세운 초대 교회는 일꾼들로 말미암아 더욱 크게 부흥하였음을 보여주셨습니다. 저희 교회에도 그런 역사를 보여 주옵소서. 성령님께 충만한 사람을 세워주시옵소서. 하나님의 일은 사람의 힘으로가 아니라 성령의 힘으로 하기 때문입니다.

○○ 교회의 ○○○ 회원들이 한 마음으로 머리를 숙인 이 시간이 하나님께 영광이 되기를 소망합니다. 총회를 시작하기 전에 주님의 백성들이 말씀을 듣게 해 주셨음에 감사드립니다.

예수님의 이름으로 기도드립니다. 아멘

죄인을 불러 자기 백성을 삼아 주시는 하나님,

이 땅에 주님의 피로 교회를 세우시고, 오늘까지 지켜 주심을 감사 드립니다. 이 지역 사회에서 하나님의 말씀을 전하는 파수군의 역할을 감당하게 하심을 감사드립니다. 어두운 세상에 한 줄기 빛이 되어서, 방황하는 이들이 하나님의 품으로 돌아오게 하였습니다.

저희들이 살고 있는 이곳에 구원을 받아야 하는 택한 백성들이 있음을 믿습니다. 그들에게 복음을 전학기 위해서 ○○ 교회를 세우셨으니, 오늘 창립 기념일의 예배로 사명을 더욱 깨닫게 하시옵소서.

저희들은 이 교회로 모여서 주님께 합당한 영광을 드리게 하시옵소서. 저희들의 예배 속에 하나님의 권세가 드러나고, 하나님의 말씀이 조금도 가감 없이 선포되는 교회로 이끌어 주시옵소서.

세상의 끝 날이 가까워만 오는 마지막 때, 이 교회가 세워진 뒤, 지금까지 노아와 같이 세상 사람들에게 하나님의 사랑과 심판을 전하였습니다. 그리하여 많은 이들이 구원함에 이르게 하심을 감사드립니다.

존경하는 장로님들과 권사님들, 집사님들의 기도로 날로, 날로 아름다운 교회가 되어감에 감사드립니다. 주님께 구하오니 인류를 구원하시려는 하나님의 뜻이 더욱 더 이루어지는 교회로 삼아주시옵소서.

| 교회창립주일을 지킬 때, 교회의 비전에 대한 은총을 간구한다. |

예수님의 이름으로 기도드립니다. 아멘

하나님 아버지,

이 땅에 주님의 피로 교회를 세우시고, 오늘까지 지켜 주심을 감사드립니다. 세상을 향해서 구원의 방주역할을 다하게 하셨습니다. 저희들에게 교회를 위하여, 하나님께의 영광을 위해서 헌신하게 하셨으니, 우리 교회로 말미암아 주님의 나라를 이루어주시옵소서.

주님의 교회가 오늘까지 이 지역사회에서 하나님의 말씀을 전하는 파수군의 역할을 감당하게 하심을 감사드립니다. 하나님의 열심은 저희들을 전도자로, 봉사자로 사랑을 전하는 자로 세워주셨습니다.

오늘, 창립 기념일의 예배를 통하여 지역사회에 대한 교회의 사명, 세계 열방에 대한 사명을 더욱 깨닫게 하시옵소서. 저희들은 이 교회로 모여서 주님께 합당한 영광을 드리게 하시옵소서.

○○교회의 영혼을 살리는 일을 위하여 담임 목사님을 비롯해 여러 일꾼들이 수고하게 하셨음을 감사드립니다. 장로님들과 권사님들, 집사님들의 기도로 날로, 날로 아름다운 교회가 되어 감을 감사드립니다. 주님께 구하니 인류를 구원하시려는 하나님의 뜻이 더욱더 이루어지는 교회가 되게 하시옵소서.

오늘 이후로, 세상의 마지막 날까지 하나님의 심판을 예비하는 방주와 같은 교회로 붙들어 주시옵소서. 주님께서 다시 오시는 날까지, 세상 사람들에게 하나님의 사랑과 심판을 전하게 하시옵소서. 그리하여 많은 이들이 구원함에 이르게 하시옵소서.

예수님의 이름으로 기도드립니다. 아멘.

주님의 날에 자랑할 것이 있게 하시는 하나님,

복음을 전하게 하시는 여호와의 이름을 높여드립니다. 전도주일을 맞이해서 생명을 구원하는 일에 수동적이고, 뒤따르던 모습을 뉘우칩니다. 잃은 자식을 도로 찾으시려는 하나님의 심령을 사모하며, 주님의 손이 되어, 죽어가는 생명을 구해내는데 헌신하게 하시옵소서.

하나님께서 전도할 문을 우리에게 열어 주사 그리스도의 비밀을 말하게 하시기를 구하라고 말씀하셨음을 기억합니다. 전도자를 위해서 기도하라 하신 말씀을 저희 교회가 받게 하시옵소서. 이 교회가 이 땅에 있는 동안에 지옥불로 던져지는 이들을 구하게 하시옵소서.

초대 교회의 시도들이 전도의 위대한 일생을 살게 하셨음에 찬양합니다. 이제부터는 전도가 저희 교회가 헌신할 사역임을 믿습니다. 성도들마다 교회로 모일 때, 죽어가는 자들을 예수님의 이름 앞으로 데려오게 하시고, 그들이 주님을 믿어 영생에 이르는 것을 보게 하시옵소서.

전도주일에 주님을 묵상하는 저희들에게 말씀을 대언하실 목사님께서 기름을 부어주시옵소서. 성령님께서 능력과 권능을 주사 생명과 진리의 말씀을 선포하게 하시옵소서. 예배를 아름답게 하는 ○○ 성가대, 예배의 진행을 돕는 손길들에게 은혜를 더하여 주시옵소서.

| 여전도회주일을 지킬 때, 교회의 비전에 대한 은총을 간구한다. |

예수님의 이름으로 기도드립니다. 아멘

교회를 다스리시는 하나님,

교회를 세우시고, 제직회를 만들어 주님의 일을 섬기도록 하셨습니다. 목사님께서 오직 교회를 위하여 기도하시고, 말씀을 전하시는 일만 하시도록 여러 일꾼들을 뽑아 주셨으니 저희들은 충성을 다하여 섬기게 하시옵소서.

하늘나라의 일을 담당하도록 여전도회를 세워 주신 줄로 믿고, 서로 협력하게 하시는 하나님께 찬양을 드립니다. 여전도회원들이 기쁨으로 교회를 섬기기 원합니다. 그들이 하나님의 나라를 위하여 수고하는 동안에, 온 교회는 그들을 위해 기도로 협력하게 하시옵소서. 오늘도 성령님께서, 그들의 마음을 다스리시고, 어떤 명예를 위한 제직이 되지 않도록 도와주시옵소서.

저희 교회의 권사님들과 집사님들이 성령님께 충만하기 원합니다. 성령님이 섬기게 하심을 따라 교회와 성도들을 위하여 봉사하게 하시옵소서. 그들의 심령을 성령님께서 강권해주시고, 성령의 이끄시는 대로 섬기는 지체들로 삼아주시옵소서. 마음을 드려 기도드리니 믿음과 성령님이 충만한 제직회가 되어서, 교회를 부흥시키게 하시옵소서.

제직들의 마음을 주의 사랑으로 불붙여 주실 것을 믿고 간구합니다. 그리하여 교회를 통하여 하나님께서 받으시고자 하시는 열매를 맺게 하시옵소서. 저의 기도를 들으시고, 추수를 기다리시는 주님의 밭에서 보다 많은 일군들이 봉사하게 하시옵소서.

예수님의 이름으로 기도드립니다. 아멘.

남전도회주일 1

사랑의 하나님,

하늘나라의 모형으로 교회를 허락하신 하나님을 찬양합니다. 예수님의 피 흘리신 터 위에, 이 교회를 세우셔서 오늘도 구원받을 사람들을 불러 주시니 감사드립니다. 교회의 복음사역을 위해 일꾼들을 세우셔서 남전도회로 섬기게 하시니 감사드립니다. 저희 교회의 남전도회 회원들이 목사님을 도와서 복음을 전하는 일에 헌신되기를 원합니다.

교회에 일을 맡기시는 하나님, 오늘도, 세상 사람들에게 빛과 소금의 사명을 감당하는 저희 교회가 되기 원합니다. 이 일을 위하여 부름받으신 집사님들이 기쁨으로 봉사할 수 있도록 도와주심을 믿습니다. 충성된 일꾼들이 되어서 하나님의 일을 잘 하실 수 있게 하옵소서.

이 시간에, 남전도회 회원들이 믿음으로 자신들을 세우기 원합니다. 하나님의 교회를 위해서 일꾼으로 부름을 받았사오니, 저들에게 주님을 위한 열심의 소망을 주옵소서. 그리하여 전도회원 한 사람, 한 사람으로 말미암아 교회가 부흥되게 하심을 믿습니다.

사람들은 겉으로 드러난 것을 보지만, 우리 주님께서는 그 사람의 중심을 보신다는 것을 기억합니다. 원하기는, 저희 교회의 모든 집사님들이 하나님의 마음에 드는 일꾼들이 되게 해주시옵소서.

| 남전도회주일을 지킬 때, 교회의 비전에 대한 은총을 간구한다. |

예수님의 이름으로 기도드립니다. 아멘

생명을 주시는 하나님,

남전도회주일을 맞이해서 하나님께 영광을 드리게 하시옵소서. 오늘을 남전도회주일로 지키게 하셨으니, 하나님께 영광이 되기를 소원합니다. 교회와 천국을 위하여 부름 받은 종들에게 은혜를 더하여 주시옵소서.

우리 남전도회의 지체들에게는 주님께서 십자가를 지셔야 했던 의미를 묵상하도록 하시옵소서. 우리 주님은 죄악 가운데 있던 영혼들을 구원하시기 위해서 이 땅에 오셨습니다. 하나님이셨던 예수님께서 친히 인간이 되셔서 우리에게 오신 것입니다. 인간의 죄를 짊어지시려고 오셨음을 감사드립니다.

생명의 열매를 맺혀드리는 것을 귀하게 여기지 않았던 죄를 고백합니다. 주님께서는 새 생명의 날로 이 날을 구별하시고, 죄악으로 말미암아 죽어가는 이들을 구원해 내시려는데, 그 사랑을 잊고 지냈던 저희들입니다. 부득불이라도 복음을 전해야했건만 그리하지 못한 죄를 회개합니다. 용서해주시고, 전도자로 세워 주시옵소서.

본질상 진노의 자녀였던 저희들을 하나님의 자녀로 삼아주셨으니 그 사랑에 감격하여 그 은혜의 주님을 전파하게 하옵소서. 오늘, 십자가에서 이루어진 사랑을 불신자들에게 전하는 구령의 열정을 주시옵소서.

이제, 남전도회원들을 격려해주시는 하나님의 말씀을 기다립니다. 그 말씀으로 사랑하는 지체들에게 거룩한 결단을 갖게 하시옵소서. 여호와 앞에서 헌신을 다짐하게 하시옵소서.

예수님의 이름으로 기도드립니다. 아멘.

평신도주일 1

교회를 다스리시는 하나님,

오늘, ○○의 지체들에게 평신도주일을 지켜 하나님께 영광을 드리게 하셨습니다. 저희들에게 이 교회를 맡기시고, 청지기가 되어 섬기도록 하셨으니, 교회를 세워가는 일에 헌신하게 하시옵소서.

저희 교회의 평신도들이 기쁨으로 교회를 섬기기 원합니다. 하나님 앞에서 평신도의 직분을 갖고, 충성을 다하는 성도가 되도록 기도하게 하시옵소서. 교회를 세워나가는 사역에 몸과 마음을 드립니다.

성령님께서, 저희들의 마음을 다스리시고, 종교적인 신자가 되지 않도록 도와주시옵소서. 하나님의 열심을 저희들의 것으로 삼게 하시고, ○○의 권속에게 위임해주신 신자로서의 사명을 감당하게 하시옵소서.

이에, 저희들 공동체가 성령님께 충만하기 원합니다. 성령님이 섬기게 하심을 따라 교회와 성도들을 위하여 봉사하게 하시옵소서. 성령님께서 주관하사, 그 성령의 이끄시는 대로 생각하게 하시고, 성령님이 인도하시는 입술로 말을 하게 하소서.

오늘, 예배를 위하여 섬기는 종들에게 거룩함을 더해주시옵소서. 특별히 하나님의 말씀을 들고 강단에 서신 목사님께 성령님이 감동을 더해주시옵소서. 그 말씀에 저희들은 아멘으로 화답하게 하시옵소서.

| 평신도주일을 지킬 때, 교회의 비전에 대한 은총을 간구한다. |

예수님의 이름으로 기도드립니다. 아멘

평신도주일 2

하나님 아버지,

생명의 근원이 되시는 하나님을 찬양합니다. 저희들을, 하나님 나라의 동역자로, 몸 된 교회의 일꾼으로 불러 주셔서 주님을 경배할 수 있는 특권과 기쁨을 주시니 감사드립니다.

오늘, 주님의 날을 평신도주일로 지키게 하셨습니다. 평신도 주일을 맞이하여 예배드릴 수 있게 하심을 감사드립니다. 이 예배를 통하여 특별히 헌신을 다짐을 하는 시간이 되게 하시옵소서.

성령님의 음성을 좇지 않고 연약한 육신을 따라 행함으로 주님이 기뻐하시는 일을 제대로 감당하지 못하고, 맡겨 주신 일에 충성하지 못한 저희들을 용서하여 주옵소서. 영적인 일보다는 세상의 일에 눈이 어두워 주님 일을 소홀히 한 저희를 용서해주시옵소서.

교회의 공동체를 이루고 있는 평신도들, 사회 각 분야에서 맡겨 주신 일들을 감당할 때에 주님께서 친히 찾아가 복 내려 주시고, 맡은 일들을 통하여 그리스도의 향기가 드러나며 전도의 문이 활짝 열릴 수 있도록 은총을 내려 주시옵소서.

이 시간에 강단에서 선포되는 말씀으로 모든 성도들이 성령님의 살아 계시며 역사하시는 은혜를 체험하기를 원합니다. 평신도주일에, 맞는 말씀을 전하시는 목사님께 기름을 부어주시옵소서. 찬양으로 영광을 드리는 성가대원들 한 사람, 한 사람을 붙들어주시옵소서. 오늘의 은혜로 평신도들이 하나님의 교회를 세워나가게 하시옵소서.

예수님의 이름으로 기도드립니다. 아멘.

청년주일 1

영광을 받으실 하나님,

청년들이 주님의 이름으로 모이게 하시니 감사드립니다. 그들이 인생의 황금시기에 하나님을 섬기고, 새벽이슬 같은 아름다운 신앙을 고백하게 하심을 즐거워합니다. 청년들의 섬김으로 교회는 더욱 힘이 세어지고, 주님께 영광을 드리게 하시옵소서.

일찍이, 청년들을 부르셔서 주님을 따르게 하셨으니, 그들이 자신의 일생을 헌신하도록 이끌어 주시옵소서. 그들이 주일학교 교사를 비롯하여, 성가대원 등으로 하나님의 일을 함으로써 교회가 더욱 부흥되게 하시기 원합니다. 그들이 교회 안에서 아름다움이 되게 하시옵소서.

청년들 자신을 다스려 주시기 원합니다. 왕성한 젊음, 육체의 욕망으로 말미암아 고민하는 경우도 많을 것입니다. 젊은 혈기의 감정이 앞서서 하나님의 말씀에서 떠나는 경우도 있을 것입니다. 청년들이 주님 앞에서 괴로워 할 때마다 하나님께서 힘이 되어 주시옵소서.

먼저 청년회의 모임에서 굳건한 믿음으로 무장시킬 수 있는 은혜를 허락하시옵소서. 그들 한 사람, 한 사람이 진리로 허리 띠를 두르고, 의의 흉배를 붙인 승리의 생활을 하게 하시고, 믿음의 방패를 가짐으로 모든 악한 것들과 대적하여 이기게 하시옵소서.

| 청년주일을 지킬 때, 교회의 비전에 대한 은총을 간구한다. |

예수님의 이름으로 기도드립니다. 아멘

청년주일 2

하나님 아버지,

오늘, 거룩한 날을 청년주일로 정해주시고, 저희들은 여기에 모이도록 하셨습니다. 우리 ○○ 교회로 말미암아 청년을 부르시는 하나님께 응답하는 교회가 되기를 원합니다.

청년을 사랑하시는 하나님이십니다. 청년을 부르시고, 천국의 일을 이 땅에서 섬기도록 하시는 하나님이십니다. 성령님의 충만함 속에서 예배드리는 시간이 되게 하시옵소서.

저희들은 진정, 새벽이슬이 되어서 청년의 때에 창조주 되시는 주님을 기억하게 하시옵소서. 여기에 모이도록 하신 청년들로 말미암아 하나님의 나라를 이루어 가시옵소서.

청년들이 살아가고 있는 현실은 우울합니다. 하나님도 아시지요? 혼란스럽고 어지러운 이 세상 속에서 우리 청년들은 소망을 갖기보다는 절망하고, 현실의 벽 앞에서 미래를 기대하기보다는 좌절하고 있습니다.

○○의 사랑하는 청년들을 붙들어 주시옵소서. 하나님의 나라를 경험하고, 다니엘과 같이 꿈을 꾸게 하시고, 오직 믿음으로 살아가는 청년들 되게 해주시옵소서. 청년들이 학업과 진로, 취업과 결혼의 문제를 두고 기도할 때에 응답하셔서 길을 열어주시고 준비된 때에 하나님의 뜻대로 나아가게 하시옵소서.

함께 머리를 숙인 성도들을 기억하여 주사, 이 예배가 온 성도들이 은혜 받는 복된 시간 되게 하시옵소서.

예수님의 이름으로 기도드립니다. 아멘.

신학대학 주일 1

자신을 하나님 앞에 드리도록 하시는 하나님,

오늘, 신학대학 주일을 맞이하여 감사의 찬양으로 영광을 드립니다. 하나님께서 천에 하나, 만에 하나로 구별하신 이들을 종으로 세우셔서 하나님을 공부하게 하시니 감사드립니다.

○○의 지체들에게 선지학교를 통해서 하나님의 일꾼들을 따로 세우시고, 하나님의 나라를 이루어 가시는 하나님을 깨닫게 하시옵소서. 우리 교단의 신학대학을 통해서 좋은 목회자들이 배출되게 하심을 반가이 여기게 하시옵소서.

일찍이 이 땅에 교회를 세워주시고, 하나님의 종들을 양성하는 교육기관을 세우셔서 교회로 하여금 기도하게 하시니 감사드립니다. 신학대학을 통해서 바른 신앙으로 교회를 지도하는 사역자들이 배출되어 이 나라의 민족복음화가 이루어지게 하시옵소서.

신학대학의 사명을 깨닫고 학교를 위하여 기도와 재정으로 헌신하게 하시옵소서. 신학대학을 위하여 기도하는 종들로 삼아주시옵소서.

신학대학에서 학생들을 가르치는 교수들에게 지혜와 성령님의 충만하심이 더해지기를 빕니다. 그들이 하나님의 뜻을 발견하여 학생들에게 가르치고, 친히 교수들로부터 사역자의 본이 전달되게 하시옵소서.

| 신학대학주일을 지킬 때, 교회의 비전에 대한 은총을 간구한다. |

예수님의 이름으로 기도드립니다. 아멘

신학대학 주일 2

하나님 아버지,

오늘, ○○의 지체들에게 신학대학주일을 지키게 하셨습니다. 하나님께 종으로 부름을 받은 이들이 공부를 하는 캠퍼스를 위하여 기도하고, 헌신하는 주일로 지키기를 원합니다. 하나님께서 영광을 받으시는 선지학교가 되게 하시옵소서.

하나님께서 천에 하나, 만에 하나로 구별하신 이들을 종으로 세우셔서 하나님을 공부하게 하시니 감사드립니다. 오늘을 지키면서 저희들은 선지학교를 통해서 하나님의 일꾼들을 따로 세우시고, 하나님의 나라를 이루어 가시는 하나님을 깨닫게 하시옵소서.

우리 교단의 신학대학을 통해서 좋은 목회자들이 배출되게 하심을 반가이 여기게 하시옵소서. 신학대학을 통해서 바른 신앙으로 교회를 지도하는 사역자들이 배출되어 이 나라의 민족복음화가 이루어지게 하시옵소서.

신학대학이 바로 우리의 교회의 모습입니다. 예배하는 한 시간 동안에, 신학대학을 위해서 사명감을 갖게 하시옵소서. 우리 교회가 헌신해야 될 거룩한 부담도 반가워하게 하시옵소서. 저희들은 신학대학의 사명을 깨닫고 학교를 위하여 기도와 재정으로 헌신하게 하시옵소서.

신학대학에서 학생들을 가르치는 교수들에게 지혜와 성령님의 충만하심이 더해지기를 빕니다. 그들이 하나님의 뜻을 발견하여 학생들에게 가르치고, 친히 교수들로부터 사역자의 본이 전달되게 하시옵소서.

예수님의 이름으로 기도드립니다. 아멘.

세계선교주일 1

복음을 전하게 하시는 하나님,

영화로우신 그 이름을 영원히 찬송하기 위하여 머리를 숙였습니다. 세계선교주일에 뭇 사람들이 여호와께로 돌아오는 모습을 바라보면서 주님의 이름을 찬송합니다. 먼 데, 또는 가까운 데서 하나님을 아버지로 부르며 구원을 받는 일들이 불 일듯 일어나게 하시옵소서.

저희들을 대신하여 남의 나라, 남의 땅에서 지내는 선교사들을 위한 기도에 게을렀음을 고백합니다. 그들이 주님께서 주신 비전대로 사역을 할 수 있도록 그 나라의 정세가 조성되도록 기도하지 못했음을 회개합니다. 복음을 편만하게 전할 수 있기 위해 간구하게 하시옵소서.

오늘, 선교의 은혜가 복음으로 인한 것일진대, 이 복음을 듣고 싶어도 들을 수 없는 이들에게 전하게 하시옵소서. 하나님의 구원하심을 선포하기 위해서 저희들의 것을 아낌없이 드리기를 소망합니다. 한 생명이라도 더 구원하기 위해서 몸이라도 내어놓는 은혜를 주시옵소서.

이제, 목사님께서 진리의 말씀으로 저희들을 인도하실 때, 선교에 불타는 마음을 갖고 아멘으로 듣게 하시옵소서. 이 시간에, ○○ 성가대의 찬송으로 하나님의 영광이 예배당 안에 가득하게 하시고, 저희들은 그 은혜로 하나님께 더욱 가까이 나아가도록 하시옵소서.

| 세계선교주일을 지킬 때, 교회의 비전에 대한 은총을 간구한다. |

예수님의 이름으로 기도드립니다. 아멘

세계선교주일 2

하나님 아버지,

세계선교를 원하시는 하나님 앞에서 이 날을 지킵니다. 이 지구상에는 아직도 예수 그리스도의 복음을 듣지 못한 사람들이 많습니다. 세계선교주일로 예배하는 시간에, 모든 교회의 사명이며, 성도들에게 주어진 지상명령에 순종하여 충성하는 저희들로 삼아주시옵소서.

저희 ○○ 교회에 선교의 비전을 주셨으니 헌신하게 해주시기를 간구합니다. 아직도 복음을 듣지 못한 미전도 종족들에게 복음을 전하기 위해 기도하게 하옵소서. 그들에게 복음을 전하고 있는 선교사들을 위하여 기도를 계속하게 하옵소서. 필요한 물질도 드리게 하시옵소서.

아울러 열방의 도처에서 목숨을 아끼지 않고 선교 사역을 감당하는 선교사들을 위해 기도합니다. 어려운 현지 상황을 극복하며 희생하는 그들을 위로하시고 함께하셔서 하나님의 큰 역사를 이루시옵소서.

주님께서 분부하신 땅 끝까지와 만민에게' 복음을 전파하라는 지상명령에 순종하는 저희들이 되기 원합니다. 아직도 복음을 받아들이지 않는 이웃에게 복음을 전하는 교회가 되게 하옵소서. 저희들의 선교 열정으로 인하여 이 지구상에 성령님의 역사가 넘치기를 소원합니다.

목사님께서 대언해주시는 하나님이 마음을 배우기 원합니다. 한 사람의 생명도 멸망받기를 원치 않으시는 하나님 아버지의 사랑에 감격하게 하시옵소서. 한국 교회에 넘치게 채우신 하나님의 축복을 감사하며, 해외선교에 적극적인 참여로 보답하게 하시옵소서.

예수님의 이름으로 기도드립니다. 아멘.

해외로 보내시는 하나님,

한국 교회와 이 민족에 복을 주사 먼 땅을 밟게 하시니 감사드립니다. 한국 교회를 세계의 열방으로 보내시는 하나님의 손길이십니다. 주일을 해외한인선교주일로 지키면서 영광을 드리게 하시옵소서.

우리 자손을 열방으로 보내셔서 복음의 증인이 되게 하셨습니다. 영어권 2세대를 양산함으로 세계선교의 국제화와 서구선교단체들과의 교류와 사역의 네트워킹을 가능케 하셨습니다. 나아가 모국어와 영어를 동시에 사용하는 선교의 새로운 인적 자원을 한국 교회의 선교에 제공해주셨습니다. 하나님의 섭리라 믿고, 감사드립니다.

이로써 한국선교의 국제화와 세계화에 기여하는 효과를 얻게 하셨습니다. 선교동원의 측면에서 제3세계 소위 선교대상 지역의 한인 공동체와 한인교회는 초문화 사역을 위한 현지 인력을 제공해주신 것입니다. 한국 교회를 세계로 보내시려는 하나님의 일에 주목하게 하시옵소서.

해외에서 주님의 교회로서의 사명을 담당하고 있는 교회들, 열방에 증인으로 세워져 있는 이들에게 조국 교회가 무엇을 할 것인가를 생각하게 하시옵소서. 한국 교회는 우리에게 왔던 선교사들의 선교적 삶과 정신을 계승하게 하시옵소서.

| 해외한인선교주일을 지킬 때, 교회의 비전에 대한 은총을 간구한다. |

예수님의 이름으로 기도드립니다. 아멘

오늘, 주님의 날에 해외한인선교주일로 영광을 드리게 하시옵소서. 하나님께서 뜻하신 바가 있으셔서 천국 백성을 해외의 열방으로 흩으셨습니다. 하나님의 보내심으로 세계의 땅 곳곳으로 보내어진 이들, 그들로 인해서 선교의 사명을 감당하게 하신 하나님이십니다.

디아스포라, 보내어진 선교사로서 사명을 감당하는 종들을 붙잡아 주시옵소서. 언어가 다르고, 생각이 다른 곳에서 주님의 사랑을 전하는 그들에게 하늘의 능력과 권세를 내려 주시옵소서.

이 지상에는 아직도 복음이 전해지지 않은 땅이 많이 있습니다. 사탄의 지배 아래 놓여 있는 사람들이 많이 있사오니, 그들에게 주님의 사랑을 전해야 하는 비전을 허락하소서. 모슬렘 국가들에서는 지금도 사탄의 지배로 복음이 전해지지 못하고 있습니다.

주님의 교회에 선교회를 조직해주시고, 해외선교에도 헌신하게 하셨습니다. 사랑하는 지체들의 기도와 헌신을 통해서 우리 교회에 맡겨진 사명이 아름답게 감당되게 하시옵소서. 종들이 헌신을 결단하는 이 시간에, 성령님으로 충만한 교회 되게 하시옵소서.

오늘, 목사님께서 대언해주시는 말씀에서 하나님의 음성을 듣기를 원합니다. 해외한인들의 선교에 동참하려는 결단을 경험하게 하시옵소서. 해외한인선교를 위하여 하나님께 드림을 기뻐하게 하시옵소서. 그리고 미전도지역의 가엾은 영혼들에게로 복음을 들고 가야 한다는 선교의 소명에 불타게 하시옵소서.

예수님의 이름으로 기도드립니다. 아멘

농어촌선교주일 1

농어촌을 사랑하시는 하나님,

오늘, 주님의 날을 농어촌선교주일로 구별해주셔서 감사드립니다. 하나님께서 지으신 에덴동산이 바로 농어촌이라는 사실을 기억합니다. 살아가라고 축복해주신 농어촌, 이 땅에 주목하며 예배하게 하시옵소서.

오늘날, 농어촌의 들녘에서 볼 수 있는 사람은 허리가 고부라진 할머니, 할아버지뿐이 되었습니다. 가끔은 귀농–귀촌한 은퇴자, 인생의 질곡을 겪은 병든 이들을 보게 합니다. 많은 이들이 자신이 태어난 땅을 떠나 여러 이유로 도시로 옮겨 가서 살고 있습니다.

하나님, 보십시오. 농어촌 마을은 아직 해가 넘어가지 않은 시간인데도 아이들의 노는 소리가 없는 적막강산입니다. 지금, 농어촌에서 살고 계신 분들은 일이 힘든 것보다 더 힘든 것은 불러도 대답이 없는 가족 때문일 것입니다.

농어촌교회의 목회자가 주님을 향한 목양의 본질을 잊지 않고 한 영혼을 구원하는 목회에 진력한다면 하나님은 크고 놀라운 지혜로 목양사역의 새로운 터전을 보여주시리라 믿습니다. '내가 선 곳이 거룩한 주의 나라가 세워지는 주님의 땅' 임을 인식하게 하시고, 열정을 회복하게 하시옵소서. 그들의 목회지를 축복해주시옵소서.

|농어촌선교주일을 지킬 때, 교회의 비전에 대한 은총을 간구한다. |

예수님의 이름으로 기도드립니다. 아멘

농어촌선교주일 2

하나님 아버지,

오늘도 우리의 농촌과 어촌은 하나님의 선물이라 믿습니다. 이 거룩한 시간에, 농어촌중심로 하나님을 예배하려 합니다. 저희들에게 농어촌을 주시고, 거기에서 나는 작물들을 양식으로 주셨으니, ○○의 권속에게 감사로 예배하게 하시옵소서.

들에 핀 이름 모를 꽃, 그리고 하늘을 나는 새들은 하나님의 영광이십니다. 들판에서 만나는 모든 곡식과 채소와 과일들은 하나님께 영광이 되라고 권면해줍니다. 농어촌이 바로 하나님을 예배해야 하는 이유가 되게 하시옵소서.

지금의 농어촌은 참으로 어려운 현실을 맞이하고 있습니다. 농사와 어업을 포기하도록 내몰아치는 작금의 농어업 정책과 농산물의 수입개방은 농어업을 포기하게 하고, 그들을 삶에 터전에서 몰아내고 있습니다. 이제라도 ○○ 교회가 농어촌을 가슴 깊이 품게 하시옵소서.

오늘 예배하면서 농어촌을 위하여 간구하는 사건이 저희들에게 있기를 원합니다. 하나님을 영화롭게 찬양하면서 이 땅에 대한 사명을 새롭게 하게 하시옵소서. 이미 시작된 예배입니다. 마치는 시간에까지 하나님께서 홀로 영광을 받으시고, 농어촌에 대한 마음을 품게 하시옵소서.

하나님의 말씀을 준비하신 목사님께 기름을 부어시옵소서. 저희들에게는 말씀을 사모하는 영으로 충만하게 하시옵소서. 그 말씀에서 주님과 교제하며, 응답하는 공동체로 나아가게 하시옵소서.

예수님의 이름으로 기도드립니다. 아멘.

오늘, ○○의 권속에게 환경선교주일을 지키도록 하셨으니 감사드립니다. 아담과 하와에게 "생육하고 번성하여 땅에 충만하라"고 하신 말씀을 오늘 새롭게 주목하게 하시옵소서. "모든 생물을 다스리라"고 하신 말씀에 청지기가 되게 하시옵소서.

하나님께서 다스림과 주관의 위임을 주셨습니다. 이 명령에는 하나님께서 지으신 것들에 대한 질서의 보전이 있다는 것을 깨닫게 됩니다. 환경선교주일을 지키면서 보전에 대한 의무를 새롭게 해주시옵소서.

저희들은 하나님께서 만들어 놓으신 에덴동산을 관리하도록 부름받은 청지기라는 것에 동의하게 하시옵소서. 하나님께서 만드신 사람으로 말미암아 더욱 심히 좋게 만드시려고 하시는 하나님의 뜻을 헤아리게 하시옵소서.

저희들이 피조물의 세상을 잘 보존해야 하는 것을 사명으로 여기게 하시옵소서. 환경을 잘 지켜가는 것은 다음 세대인 우리의 후손들을 위한 선물을 마련한 것이라 깨닫습니다. 만일, 땅이 오염되면 평화가 깨지고 변종이 태어나면 그것이 우리에게 재앙이 될 것입니다.

저희들이 후손을 사랑한다고 하면 다음 세대를 위해서 선물을 주는 마음으로 환경을 지킬 것을 생각하게 하시옵소서.

|농어촌선교주일을 지킬 때, 교회의 비전에 대한 은총을 간구한다.|

예수님의 이름으로 기도드립니다. 아멘

환경선교주일 2

하나님 아버지,

저희들에게 환경선교주일로 지키게 하시고, 환경으로 하나님께의 영광을 구하게 하셨습니다. 오늘, 환경으로 영광을 받으시옵소서. 저희 인생들에게 살아가도록 환경을 주신 하나님께 응답의 예배를 드리기 원합니다. 환경이 곧 하나님을 찬양함이 되게 하시옵소서.

선물로 받은 환경을 지키지 못하고 있음을 회개합니다. 인간의 욕심이 환경에 대한 청지기로 섬기지 못하게 하고, 우리의 죄성은 환경을 다스리려 해서 이로써 저희들은 오히려 불안으로 떨어지고 말았습니다.

요즈음에는 밝은 빛으로 하루를 기쁘게 맞이하지 못하고, 뿌연 먼지와 잿빛 하늘을 바라보며 한숨으로 시작 할 때가 많이 있습니다. 그리하여 생명의 위협이 되고 있습니다.

유전자 조작으로 양적으로만 풍성한 먹거리는 저희들에게 생명의 위협이 되었고, 유전자 조작 원료 성분을 교묘하게 속여 판매하는 식품들이 우리를 고통스럽게 하고 있습니다.

오늘, 환경선교주일을 지키면서 하나님께로 돌아가는 경험을 누리게 하시옵소서. 환경을 이용하려 했던 교만에서 돌이켜, 환경의 주인이 되신 하나님께 감사하면서 환경을 다스리려는 각오를 주시옵소서.

예배를 위하여 봉사하는 손길들을 주셔서 감사드립니다. 목사님께 하늘의 문이 열려져 말씀을 전하게 하시옵소서. 전하는 자와 받는 무리가 모두 여기에 오신 주님을 만나게 하시옵소서.

예수님의 이름으로 기도드립니다. 아멘.

사회봉사주일 1

자비함으로 지내게 하시는 하나님,

객과 고아와 과부들을 보살펴 주시는 여호와를 즐거워합니다. 가난하여 삶에 지친 이들에게 하나님의 은혜를 나누게 하심을 기뻐합니다. 저희들에게 주신 것들에서 일부를 어렵게 지내는 지체들과 나누게 하시며 이웃을 섬기게 하심에 찬송을 드립니다.

이 땅의 죄인들에게 구원의 은총을 주신 주님의 마음으로 이웃에게 봉사하지 못하였음을 용서해주시옵소서. 주님의 말씀 따라 십리의 길도 같이 가주고, 겉옷까지도 내주어야 하였으나 인색하였습니다.

오늘, 저희들에게 교단의 총회가 사회봉사주일을 정하여 지키게 하심을 즐거워합니다. 나눔의 은혜를 주셔서 교회 안과 지역 사회의 소외되고 고통을 당하는 이웃들을 찾아 베풀게 하시옵소서.

저희들 주변에는 아직도 장애인과 노인, 실직자와 노숙자, 외국인과 조선족 근로자들, 소년소녀가장과 가난한 여성들이 있습니다. 가난과 소외 가운데 고통을 당하는 이웃들을 섬기게 하시옵소서. 저희들의 봉사적 사명에 대한 요청이 더욱 절실하니 잘 감당하게 하시옵소서.

사회봉사주일을 지키면서 주님을 영화롭게 해드리게 하시옵소서. 교회를 위해서 세워주신 담임 목사님께 신령한 은혜를 더하여 주시옵소서.

|사회봉사주일을 지킬 때, 교회의 비전에 대한 은총을 간구한다.|

예수님의 이름으로 기도드립니다. 아멘

사회봉사주일 2

하나님 아버지,

사회봉사주일을 지키게 하셨습니다. 하나님의 사랑과 인자하심을 전하는 일에 헌신하는 교회가 되게 하시옵소서. 오늘, 예배하면서 하나님이 마음으로 사회를 섬기기를 결단하게 하시옵소서. 사회가 급변하는 이 시대에 소외되어 가는 이웃은 오히려 더 많아지고 있습니다.

저희들에게 지역사회를 열린 눈으로 바라보며 구체적이고 적절한 봉사를 실천하는 은혜를 주시옵소서. 성도들이 개인적으로 주머니를 열어 사회봉사를 위해 사용하도록 하시옵소서.

소외되고 고통을 받는 이웃을 위한 자원봉사에 적극적으로 나서는 ○○ 교회로 이끌어 주시옵소서. 외면당하고 멸시받는 가난한 이들과 어울리시며 은혜를 베푸신 그리스도를 본받아 도움이 필요한 곳에 적극적으로 참여하게 하시옵소서.

사회봉사주일을 맞이해서 저희들에게 세상과 인류를 사랑하시는 하나님의 손길이 되게 하심을 기뻐합니다. 사회봉사는 교회와 그리스도인의 본질적 사명임을 깨닫고 적극적으로 참여하게 하시옵소서. 진정한 섬김과 나눔의 길을 걸어가신 주님을 본받기를 소망합니다.

오늘, 사회봉사에 대하여 말씀하시는 하나님의 음성을 기다립니다. 말씀을 통해서 소외되어 고통을 받는 이웃들을 섬기는 저희들이 되도록 은혜를 더하시옵소서. 이 시간에, 진행되는 순서에 따라 성도들이 사회봉사주일의 영광을 예배하게 하시옵소서.

예수님의 이름으로 기도드립니다. 아멘.

이웃과 더불어 지내게 하시는 하나님,

복된 날 거룩한 아침에 하나님 여호와의 이름을 찬송합니다. 날마다 믿음의 성도들이 오늘 주의 이름으로 다시 모여, 장애인선교주일로 지키려 하니 받아주시옵소서.

하나님은 지난 주간에도 저희들과 함께 하셨습니다. 그러나 저희들은 하나님보다도 자신을 즐겁게 하는 삶에만 관심을 기울이고, 죄를 지었던 것을 고백합니다. 마땅히 하나님께 영광을 드려야 할 것을 저희의 기쁨으로 가로챘었습니다. 용서해주시옵소서.

오늘, 저희들은 장애인들을 사랑하면서 예배드리기 원합니다. 다른 사람의 도움이 없이는 살아가기 힘든 고아와 과부를 돌아보시는 하나님을 저희는 알고 있습니다.

저희들로 하여금 장애인들을 돌아보게 하시고, 작은 사랑으로 그들을 섬기게 하시니 참 감사드립니다. 함께 살아갈 이웃으로서 그들을 섬기게 하시니 참 감사합니다. 우리들이 주님께로부터 받은 사랑으로 그들에게 나아가기 원합니다.

짧은 시간의 예배의식으로만 장애인들을 사랑하려 하지 않기 원합니다. 그들을 나의 이웃으로 섬기게 하시옵소서.

| 장애인선교주일을 지킬 때, 교회의 비전에 대한 은총을 간구한다. |

예수님의 이름으로 기도드립니다. 아멘

자기 백성을 찾으시는 하나님,

장애우들의 삶을 통하여 오늘도 하나님께서 영광을 찾으시며, 복을 내려주심을 찬송합니다. 장애인주일을 정하시고, 이 날에 받으셔야 될 영광을 기다리시는 하나님을 예배하는 저희들이기를 원합니다.

오늘, 저희들이 장애인주일을 지키는 것이 여호와를 기쁘시게 해드리는 행실이기를 빕니다. 저희들과 함께 장애우들이 살아가도록 하신 하나님이십니다. 늘 그들을 생각하게 하시며, 저희들에게 그들을 위하여 기도를 놓지 않게 하신 하나님을 기억하게 하시옵소서.

여호와의 동산 같은 이곳에서 지내는 장애우들을 축복합니다. 저희들에게 그들에 대한 편견이 없게 하시옵소서. 이들도 우리와 함께 어울리고, 서로 섬겨야 할 대상이라는 것을 깨닫게 하시옵소서. 장애우들이 저희들에게 선물이 되게 하셨음을 묵상하면서 이들을 더욱 사랑하게 하시옵소서.

하나님의 말씀을 사모하는 심정으로 강단을 바라봅니다. 목사님께 말씀의 기름 부으심이 충만하기를 빕니다. 하나님께서 대언지로 세워주신 종을 사용하사 저희들에게 말씀을 주시옵소서.

○○ 교회의 지체들과 장애우들이 여호와 앞에서 한 가족으로 삶을 나누는 기쁨을 주시옵소서. 위로하려는 자와 위로를 받는 자가 아니라, 하나님의 사랑 안에서 형제와 자매로 은혜를 나누게 해주시기를 빕니다. 천국의 백성이 된 한 날의 삶을 누리게 하시옵소서.

예수님의 이름으로 기도드립니다. 아멘

순교자기념주일 1

순교의 신앙으로 살라 하시는 하나님,

오늘, 거룩한 날을 순교자기념주일로 지키게 하셨습니다. 하나님께서 우리 조국과 교회를 사랑하사 순교자들을 허락해주셨고, 이들을 기리게 하시니 감사드립니다. 순교자들을 통로로 사용하사 순교적 신앙을 한국 교회에 주심에 찬양과 영광을 드립니다.

어느 누구라고, 자신이 원하여 순교자가 될 수 있겠습니까? 하나님께서 한국 교회에 순교자가 필요하다 여기시고, 순교에 선택해주셨기 때문에 그 영광을 받는다고 믿습니다. 한국 교회에는 우리나라의 정지적인 상황에 따라 순교자를 많이 보는 은혜를 주셨습니다.

한국 교회의 흐름에 순교의 피가 흐르게 하시니 감사드립니다. 순교자들을 내셔서 이 민족을 사랑하시고, 교회를 지켜주셨습니다. 이 땅 곳곳을 순교자들의 피로 적셔주시고, 그들이 흘린 피를 제물로 받으신 하나님을 주목합니다.

오늘, 예배하면서 순교적 신앙에 대한 하나님의 음성을 듣기 원합니다.

목사님께 성령님으로 기름을 부으셔서 순교를 요구하시는 하나님의 뜻을 담대히 전하게 하시옵소서. 우리 교회의 공동체가 하나님 앞에서 순교적 신앙을 잇게 하시옵소서.

|순교자기념주일을 지킬 때, 교회의 비전에 대한 은총을 간구한다.|

예수님의 이름으로 기도드립니다. 아멘

순교자 기념 주일을 지켜 하나님께 영광을 드리게 하셨습니다. 이 시간에 ○○의 지체들은 순교자를 기억하게 하신 하나님께 영광이 되게 하시옵소서. 저희들 각 지체가 하나님께 올려드리는 '산 제물'이 되게 하시고, 천군과 천사도 이에 화답하게 하시옵소서.

여기에 모인 저희들에게 순교신앙, 순교자의 영성, 순교자의 신앙을 갖게 해주시옵소서. 우리 교회와 민족을 위하여 순교라는 선물을 이미 주셨습니다. 대한민국, 곳곳을 순교의 땅으로 삼아주셨습니다. 복음을 위해, 주님의 십자가를 위해 죽어간 순교자들처럼 저희들에게도 주님의 십자가를 위해 죽을 수 있게 하시옵소서.

이 시간에, 주일을 영화롭게 하기 원하는 저희들, 순교자들의 신앙을 물려받기를 결단하기 원합니다. 순교신앙으로 예배하는 ○○ 교회로 삼아주시옵소서. 철저하게 순교신앙으로 주님 앞에 머리를 숙이게 하시옵소서. 바울처럼 날마다 죽는 경험을 갖게 하시옵소서.

사랑하는 ○○의 지체들에게 순교자라는 이름을 갖게 해주셨습니다. 주님과 하나님의 나라를 위하여 순교신앙으로 세워져야 한다는 것을 새롭게 하시옵소서. 하나님께 모든 것을 내어 맡기고, 죽음에까지 기꺼이 받아들일 수 있는 믿음을 주시옵소서.

예배하는 한 시간이 하나님께 영광이 되도록 진행되기를 원합니다. 예배의 모든 순서기 진행될 때, 순교의 영성으로 충만해지게 하시옵소서. 순교자들의 뒤를 이어서, 죽지 못한 순교자로 예배하게 하시옵소서.

예수님의 이름으로 기도드립니다. 아멘.

교회교육주일 1

하나님을 아는 지식으로 세워주시는 하나님,

오늘, 교회교육주일로 지키면서 교회의 교육에 대해 묵상하는 시간을 주셨음에 감사드립니다. 교회의 가르치는 사역으로 많은 주의 일꾼들이 길러지게 하시니 영광을 받으시옵소서.

교육진흥주일에 하나님은 영광을 받으시고, 저희들에게는 교회에서의 교육에 대한 사명을 다시 한 번 확인하게 하시옵소서. 자기 백성을 하늘에 속한 사람으로 세우시려고 선지자들의 입을 통해서 가르치셨던 하나님의 열심을 저희들에게 주시옵소서.

저희들의 기도와 헌신으로 말미암아 이 교회 안에서 자라는 이들이 그리스도를 닮는 온전함의 분량에까지 성장하기를 원합니다. 가르치는 일로 교회 밖에 있는 이들에게도 주님을 따르게 하시옵소서.

교사들을 위하여 간구합니다. 사람을 복음의 증인으로 세우는 귀한 사역에 쓰임을 받는 교사들을 먼저 세워주시옵소서. 그들이 가르치기에 조금도 부족함이 없는 그리스도의 인격을 갖추게 하시옵소서.

교사들의 인격이 주는 그리스도이심을 고백하는 것이 될 때, 그렇게 배우게 될 것입니다. 이 예배로 더욱 교육하는 교회가 되게 하시옵소서. 저희 교회의 성도들이 하나님을 아는 지식에 자라게 하시옵소서.

| 교회교육주일을 지킬 때, 교회의 비전에 대한 은총을 간구한다. |

예수님의 이름으로 기도드립니다. 아멘

주일을 기다려 온 저희들에게 교회교육주일로 지키도록 하셨습니다. 하나님께서 우리 교회에 교육이라는 은혜를 주시고, 교육으로 ○○의 공동체를 세워주시니 감사드립니다. 교회교육주일로 하나님께 영광이 되게 하시고, 저희들은 교육에 대한 소명을 더하게 하시옵소서.

갈릴리 호숫가에서 고기 잡던 시몬 베드로를 택하여 사람 낚는 어부를 만드시고, 내 어린양을 먹이라고 말씀하셨던 주님이십니다. 부족한 저희들을 택하여 교회에서 교육에 헌신하게 하시니 감사드립니다.

오늘, 예배하면서 우리 교회에 교육을 주신 하나님을 영화롭게 해드리게 하시옵소서. 교육의 열매를 드리게 하시옵소서. 교육으로 이 교회를 더욱 굳게 하고자 결단하게 하시옵소서. 교육에 대한 사명감을 새롭게 경험하게 하시옵소서.

교육을 섬기라고 교사로 불러주신 하나님이십니다. 세움을 받은 저희 교사들이 주님의 뜻에 합당한 사명을 감당할 수 있도록 은총을 내려주옵소서, 천국 일군을 양성할 수 있는 능력을 갖게 하시옵소서.

선택을 받은 교사들에게 성령이 충만하고, 말씀이 충만한 일군이 되기를 사모하게 하시옵소서. 하나님의 말씀을 하나님의 뜻대로 바로 가르치려는 마음을 주시옵소서. 말씀의 영과 분별의 영을 주시고 가르치는 은사를 더하여 주시옵소서.

강단에 오르신 목사님께 성령님으로 강하게 해주시옵소서. 예배를 위하여 봉사하는 지체들에게도 감사함으로 섬기게 하시옵소서.

예수님의 이름으로 기도드립니다. 아멘.

하늘에의 영광과 찬송을 주시는 하나님,

하나님께 구별된 이날, 군선교주일로 지키게 하셨습니다. 이 나라의 군인들을 바라보면서 머리를 숙였습니다. 우리 조국을 사랑하셔서 군인들과 부대를 허락하신 하나님이심을 믿습니다.

자기 아들을 십자가에 내어 주신 아버지의 사랑이 국군 장병들에게도 전해지기 원해서, 간절히 기도드립니다. 하나님께서 그들을 사랑하시기에 이 땅에 군복음화를 위한 기관도 세우신 줄로 믿습니다.

이 땅을 밤낮없이 지키는 군인들의 가슴이 예수님의 사랑으로 뜨거워지게 하시옵소서. 예수님의 십자가 정병이 되어서, 먼저 하나님을 섬기며 나라를 사랑하는 군인들로 만들어 주시옵소서. 이제는, 저희들이 십자가를 달게 지고 주님께 몸과 마음을 드리게 하시옵소서.

하나님께서 군인들을 지켜 주심도 믿습니다. 힘을 다하여 나라를 위해 헌신하는 국군 장병들을 하나님께서 위로해주시옵소서.

이 시간에, 자신의 사랑하는 가족을 군대에 보낸 이들에게 감사한 마음을 지니도록 해주시옵소서. 자기의 생명과도 같은 아들과 딸을 군대에 보낸 부모들을 축복합니다. 자기의 자녀를 나라에 보낸 그들에게 하나님의 위로를 내려 주시옵소서.

|군선교주일을 지킬 때, 교회의 비전에 대한 은총을 간구한다.|

예수님의 이름으로 기도드립니다. 아멘

군선교주일 2

하나님 아버지,

○○의 지체들에게 나라를 사랑하게 하시고, 오늘은 군선교주일로 하나님을 찾게 하셨습니다. 하나님께서 우리나라를 사랑하시고, 국민의 생명과 재산, 영토와 주권을 든든히 지킬 수 있는 막강한 대군을 세워 주심에 감사드립니다.

우리 교회에 군선교에 대한 사명을 갖게 하시고, 오늘, 감사함으로 예배하게 하셨습니다. 하나님께 영광을 드리는 한 시간으로 삼아주시옵소서. 조국의 부름을 받아 헌신하는 국군 장병들을 위로하시고, 격려해 주시며 복을 내려주옵소서.

군목제도를 허락하신 하나님의 섭리에 영광을 드립니다. 목회자로서 군인들의 신앙적인 지도와 군대에서의 목양에 비전을 갖고 군인이 된 군목들을 위로해 주시옵소서. 그들에게 "여호와 하나님은 우리의 산성이시요, 방패시요, 구원이심을" 믿고, 고백하게 하시옵소서.

군부대 내의 교회들은 큰 부흥을 이루게 하시옵소서. 함께 군인이 되었으면서도, 병사들의 목회를 위해 헌신하는 종들에게 능력을 더하여 주시옵소서. 그들이 하나님 앞에서 사명감을 더하게 하시옵소서.

군목들의 섬김으로 대한민국의 육, 해, 공 전군을 온전히 복음화 시켜 주시옵소서. 그들이 때를 따라서 병사들과 상담을 하며, 불신자들에게도 목회자로서 섬김의 사역자가 되게 하시옵소서. 군선교주일을 지킴을 군복음화에 대한 사명을 감당하는 시간으로 삼게 하시옵소서.

예수님의 이름으로 기도드립니다. 아멘

남북평화공동기도주일 1

자비로우신 하나님,

오늘을 남북평화공동기도주일로 주신 하나님께 경배와 찬양을 드립니다. 고난의 역사를 살아가는 이 민족을 사랑의 손길로 돌보시는 여호와이십니다. 저희들에게 이 민족을 위하여 머리를 숙이게 하셨으니 마음을 드려 기도하게 하시옵소서.

이 땅에는 7천만이 함께 지는 십자가가 있습니다. 지구상에서 유일하게 분단된 나라라고 하는 십자가입니다. 말로 형언할 수 없는 아픔이 그 위에 얹혀 있습니다. 분단으로 말미암은 민족적인 고통을 안아주시옵소서. 안타깝게도 분단된 조국 앞에서 갈등을 겪고 있습니다.

이 민족을 불쌍히 여겨주시옵소서. 남과 북의 지도자들이 상대의 아픔에 귀를 기울이고, 한 몸을 회복하기 위한 노력을 보이게 하시옵소서. 여기에, 주님의 뜻을 이루기 위하여 더욱 자주 만나고, 더욱 많이 사랑하고 더욱 깊이 이해하도록 인도해주시옵소서.

하나님을 향한 저희들의 믿음이 7천만 민족을 향한 사랑으로 열매 맺게 하시옵소서. 7천만 개의 고통이 7천만 개의 기쁨으로 나타나게 하시옵소서. 대한민국, 이 민족에게 평화와 통일의 그 날을 기대하도록 하시옵소서.

| 남북평화공동기도주일에, 교회의 비전에 대한 은총을 간구한다. |

예수님의 이름으로 기도드립니다. 아멘

하나님 아버지,

저희를 사랑하사 남북의 평화를 위하여 기도하게 하셨습니다. 오래 전에, 일제 강점기의 모진 박해를 견뎌내고 해방을 맞이하였을 때, 우리의 선조들은 해방의 노래를 불렀습니다. 그런데 지금, 우리는 남과 북이 증오심을 품고, 적대적인 분단 상태로 살아가고 있습니다.

주님, 우리를 불쌍히 여겨 주시옵소서.

우리는 곧 오리라는 통일의 소망조차 품지 못하고 살아갑니다. 식민지 시대에도 임의로 오갔던 육로도, 철도도, 뱃길도 지금은 모두 막혀있습니다. 우리 민족을 사랑하사 삼천리금수강산 온 누리에서 통일의 합창을 준비하게 하옵소서.

이 민족이 스스로 살 길은 서로 교류하고 왕래하며, 함께 화해와 협력을 높이는 일인데, 어리석게도 우리는 담을 더욱 견고히 쌓고 있습니다. 지난 시간에, 반복되어 온 갈등과 대결의 역사를 속히 끝내 주시옵소서. 우리 민족 화해의 소문이 동해와 서해 사방으로 물결치게 하시옵소서. 남과 북이 하나가 되는 소원을 꼭 이루어주옵소서.

오늘, 예배하면서 화해와 평화를 원하시는 하나님의 음성에 순종하게 하시옵소서. 이로써 남과 북의 교회가 한 마음으로 통일을 염원하며 기도하게 하시옵소서. 이 시간에, 이 땅에 있는 교회들을 평화의 사도로 삼아주시옵소서. 우리 모두에게 화목하게 하는 직분을 주신 것에 감사하면서 온전히 감당하게 하시옵소서.

예수님의 이름으로 기도드립니다. 아멘.

나라를 위한 기도주일 1

나라를 세우시는 하나님,

사람들이 살아가는 이 땅에 많은 나라를 세우신 하나님의 위대하심을 찬양합니다. 오늘, 주일을 나라를 위한 기도주일로 지키게 하시니 감사드립니다. 그 많은 나라들 가운데 우리나라를 세워주셨습니다.

사계절의 땅에 대한민국을 세우신 하나님께 감사드리는 민족이 되기 원합니다. 반만년의 오랜 역사를 가진 이 나라에 하나님의 특별하신 사랑이 있어 왔음을 기억합니다.

예로부터 우리 민족은 온순하였고 더불어 살기를 좋아한 착한 백성들이었다고 배웠습니다. 그러나 하나님께서 미워하시는 우상숭배로 역사를 이어 온 백성이었습니다.

이 시간에, 민족적으로 저지른 우상숭배의 죄를 회개하오니 용서해 주시옵소서. 하나님께서 선택해주신 땅에 나라가 세워졌으나, 이 나라의 백성은 우상숭배를 버리지 못하고 있습니다. 이 민족을 불쌍히 여기사 어서 민족적인 회개가 있게 하시옵소서.

민족적으로 하나님께로 돌아오는 나라가 되게 하시옵소서. 우리나라의 앞길에 시온의 길이 열리게 하심을 믿습니다. 모든 이들이 하나님을 예배하며, 하나님의 뜻이 펼쳐지는 나라가 되도록 도와주시옵소서.

| 나라를 위한 기도주일에, 교회의 비전에 대한 은총을 간구한다. |

예수님의 이름으로 기도드립니다. 아멘

나라를 하나님 아버지,

이 땅을 지으시고, 대한민국을 세우셨으며ㅑ, 저희들이 여기에서 살아가도록 하셨음에 감사드립니다. 오늘, ○○의 지체들에게 나라를 위하여 기도하도록 거룩한 시간을 주셨습니다. 기도하라고 불러 주셨으니 하나님께 영광을 드리게 하시옵소서.

하나님의 은혜로 우리나라는 부강한 나라가 되었고, 선교 강국이 되었습니다. 하나님의 은혜와 사랑이 아니고서 이런 일이 일어날 수가 없습니다. 놀라운 하나님의 은혜로 이 땅에 부흥을 허락하여 주시고 은혜를 베풀어 주셨음에 예배로 영광을 드리게 하시옵소서.

이 나라의 위정자들을 기억하여 주시옵소서. 그들로 하여금 스스로 백성의 공복임을 알게 하시고, 공의와 정의를 위해 바른 정치를 이루어갈 수 있도록 그들의 마음과 생각을 지켜주시옵소서. 대통령과 위정자들이 하나님의 공의를 이루어가게 하시옵소서. 입법하는 국회의원들도 국민들의 아픔과 고통을 위해 봉사하는 자들로 삼아주시옵소서.

검찰과 경찰을 불쌍히 여겨 주시옵소서. 법을 집행하는 자들로서 공의를 저버리지 않게 하옵소서. 이 땅에 법이 바로 서며, 돈과 권력이 법보다 앞서지 않음을 알게 하옵소서.

모든 위정자들이 하나님을 알고 하나님의 뜻대로 정치하게 하여 주옵소서. 그리하여 '오직 정의를 물같이, 공의를 마르지 않는 강같이 흐르게'(암 5:24) 하는 나라 되게 하여 주시옵소서.

예수님의 이름으로 기도드립니다. 아멘!

성경을 주신 하나님,

생명의 말씀으로 영원히 살게 된 저희들, 성서 주일을 기념하여 예배드리고자 머리를 숙였습니다. 세상이 지어지기 전부터 저를 택해주시고, 예수님의 사랑을 받게 하시니 감사합니다. 언약하신 말씀대로 이루어 주시는 참 좋으신 하나님을 찬양합니다.

이 시간에 저희들에게 우리말로 된 성경을 주셨음을 생각하며 감사드립니다. 이 지구상에는 오늘도 2억이 넘는 이들이 살아가고 있습니다. 그리고 약 6천 여 곳의 방언으로 말을 하고 있습니다. 하나님의 말씀이 모든 민족에게, 그들의 말로 전해지기 원합니다.

성서공회를 허락해주신 하나님이십니다. 저희들에게 성서의 보급에 마음을 갖게 하시니 감사드립니다. 하나님의 뜻에 순종하여, 성서의 보급사업을 위해 기도하기를 계속하게 하시옵소서. 아직도 복음이 전해지지 않은 부족들에게도 성경과 함께 생명의 말씀이 선포되기 원합니다.

오늘, 저희들은 성경의 반포사업을 위해 특별히 헌금을 마련했습니다. 이 작은 헌신으로, 한 부족의 성경이 더 만들어지기 원합니다. 말은 있으나, 글이 없는 이들을 위해, 글을 만들고 성경을 번역하는 이들에게도 지혜를 더하여 어서 빨리 성경이 전해지게 하시옵소서.

| 성서주일을 지킬 때, 교회의 비전에 대한 은총을 간구한다. |

예수님의 이름으로 기도드립니다. 아멘

성서주일 2

하나님 아버지,

말씀으로 저희들에게 오신 하나님을 찬양합니다. 죽음에 갇혀 있던 저희들, 그 말씀이 빛과 생명이 되어 찾아오심을 감사드립니다. 말씀이 와서 저희들에게 빛으로 인도해주시고, 생명이 되어주셨습니다.

하나님께 거룩한 날을 성서주일로 지키게 하셨습니다. 오늘, 하나님을 예배하는 ○○의 지체들에게 성경을 주신 하나님께 영광을 드리게 하시옵소서. 영생에 이르게 하는 진리를 성경으로 주셔서 저희들은 진리를 알고 구원의 길을 보게 되었습니다.

그런데 이 지상의 역사에서 사탄의 세력은 성경을 없애기 위해 죽이고 유혹하고 탄압했습니다. 그러나 말씀을 지키기 위하여 믿음의 선진들은 죽음을 두려워하지 않았고, 옥에 갇히는 것을 마다하지 않았습니다.

그들의 수고로 지금 저희들은 아주 편하게 성경책을 대하고 있습니다.

피로 물들어 있고, 배척과 버림받음으로 오늘, 저희들에게 성경이 전해진 역사를 회상하면 정말로 가슴이 떨립니다. 성서주일을 맞이해 다시 한 번 하나님의 말씀을 반포하는 일에 기도하기를 원합니다. 주님의 말씀의 모든 이들의 마음과 생각을 지배하게 하시소서. 생명의 말씀을 따라 살아가기를 다시 한 번 결단하게 하시옵소서.

저희들은 성경의 반포사업을 위해 특별히 헌금을 마련했습니다. 이제, 말씀을 들고 서신 목사님을 붙들어 주옵소서. 선포된 말씀의 온 성도들의 심령 속에 잘 박힌 못이 되어 말씀의 삶이 되게 하시옵소서.

예수님의 이름으로 기도드립니다. 아멘.

당회-항존직 1

일을 맡기시는 하나님,

교회를 위해서 기름을 부어 세움을 받은 이들로 구성된 당회를 축복합니다. 교회가 교회되도록 섬기는 일에 방향을 제시하고, 공동체를 인도하는 기관으로서 중요한 기구인 당회를 위해 간구합니다.

하나님의 권위로 ○○ 교회를 치리하도록 당회를 세워주셨으니, 성도들의 신령적 유익을 도모하며, 연약한 지체들을 심방할 때, 은혜를 끼치게 하시옵소서. 그리고 교회에서 성경을 가르치는 일과 교회의 각 기관을 감독할 때, 여호와의 은혜를 보게 하시옵소서.

오늘도, 세상 사람들에게 빛과 소금의 사명을 감당하는 저희 교회가 되기 원합니다. 이 일을 위하여 부름 받은 당회원들이 기쁨으로 봉사할 수 있도록 도와주심을 믿습니다. 충성된 일꾼들이 되어서 하나님의 일을 잘 하실 수 있도록 인도해주시옵소서. 당회원으로 말미암아 교회가 부흥되게 하심을 믿습니다.

찬양예배 시간인 이 저녁에는 저희 당회원들이 헌신예배를 드릴 수 있도록 불러 모아 주신 은혜를 감사드립니다. 마음을 드려 간절히 기도드리니 믿음과 성령이 충만한 당회가 되어서, 교회를 부흥시키게 하시옵소서. 하나님의 영광을 위해서 모인 모임이 되게 하시옵소서.

| 교회 안에서 당회-항존직의 비전에 대한 은총을 간구한다. |

예수님의 이름으로 기도드립니다. 아멘

당회-항존직 2

하나님 아버지,

교회와 목사님의 사역을 위해 당회를 만들어 주시니 감사드립니다. 목사님께서 오직 교회를 위하여 기도하시고, 말씀을 전하시는 일만 하시도록 여러 일꾼들을 뽑아 주셨으니 감사드립니다. 하늘나라의 일을 담당하도록 당회를 세워 주신 줄로 믿고, 서로 협력하게 하시는 하나님께 찬양을 드립니다.

사람들은 겉으로 드러난 것을 보지만, 우리 주님께서는 그 사람의 중심을 보신다는 것을 기억합니다. 당회원들이 하나님의 마음에 드는 일꾼들이 되게 해 주시기 바랍니다. 하나님께서 지금도 일하시니, 당회원들 역시 이 교회를 위해서 일한다는 거룩한 소망을 품게 하시옵소서.

오늘, 헌신을 결단하는 예배를 드리면서 당회원들에게 그들의 직분이 하나님께 영광이라는 것을 확인하게 하시옵소서. 이 시간에, 함께 하는 ○○의 지체들은 당회와 당회원들을 위해 기도를 다시 시작하게 하시옵소서. 당회가 하나님의 영광을 위해서 모인 모임이 되게 하시고, 이 모임이 하나님을 영화롭게 해드리도록 이끌어 주심을 믿습니다.

말씀을 전해주시려고 저희 교회에 오신 강사 목사님께 성령님이 기름 부으심이 충만하시기를 빕니다. 하나님께서 준비해주신 말씀으로 저희들은 미스바에서 있었던 은혜를 경험하게 하시옵소서. 예배를 더욱 거룩하게 하려고 세워진 성가대원들에게도 기름을 부어주시옵소서.

예수님의 이름으로 기도드립니다. 아멘

제직회 1

제직의 직무를 주신 하나님,

이 시간에, 제직회로헌신예배로 모인 이 자리가 하나님께 영광이 되게 하시옵소서. 하나님의 교회를 위해서 제작이 된 저희들에게 주님을 영화롭게 해드리는 소원을 품게 하시옵소서.

주님의 ○○ 교회를 위해서 충성을 다하지 못하였음을 뉘우칩니다. 저희들의 생활에 골몰하다가 제직의 직분에 소홀했음을 회개합니다. 저희들이 죄를 고백할 때, 용서하심을 믿고 감사드립니다.

○○ 교회의 제직들이 한 마음으로 머리를 숙였으니 하나님께 영광을 드립니다. 이 교회를 위하여 담임 목사님을 세워주셨습니다. 저희들은 그를 도와 교회가 해야 될 일들을 아름답게 수종을 들게 하시옵소서.

저희들을 제직으로 세워 이 교회가 하나님의 영광을 나타내게 하셨음에 감사드립니다. 거룩한 공동체의 일꾼들이 되었음에 저희 제직들은 서로의 부족을 보충하는 일꾼이 되는 은혜를 누리게 하시옵소서. 그 은혜로 인하여. 제직들이 서로서로서로의 부족을 채워 줌으로써 조화와 협력을 이루어 나가기를 소망합니다.

순서에 따라, 목사님께서 말씀으로 격려하실 때, 진리와 은혜의 말씀을 듣게 하시옵소서. 예수님의 이름으로 기도드립니다.

|교회 안에서 제직회의 비전에 대한 은총을 간구한다.|

예수님의 이름으로 기도드립니다. 아멘

제직회 2

하나님 아버지,

여기에 ○○ 교회를 세우시고, 이제까지 사명을 감당하게 하시니 감사드립니다. 이 땅에 교회가 세워진 날부터 이제까지 제직들의 기도와 헌신으로 교회의 사명을 감당하게 하셨습니다. 교회가 바로 제직이며, 제직이 바로 교회인 것을 깨닫게 해주셨습니다.

저희 교회의 제직회원들이 여호와께 드려지는 산 제물을 경험하게 하시옵소서. 사랑하는 지체들이 기쁨으로 교회를 섬기기 원합니다. 사랑하는 지체들이 주님의 일에 거룩한 봉사자로 부름 받았다는 사실 앞에서 열심을 다하게 하시옵소서.

저희 교회의 권사님들과 집사님들이 성령이 충만하기 원합니다. 그래서 성령이 섬기게 하심을 따라 교회와 성도들을 위하여 봉사하게 하시옵소서. 이로써 하나님께 영광이 되는 교회가 되어지기를 소원합니다.

찬양예배 시간인 이 저녁에는 저희 직분자들이 헌신예배를 드릴 수 있도록 불러 모아 주신 은혜를 감사드립니다. 말씀으로 권면해주시는 강사 목사님께 능력을 더해주시옵소서. 이 시간에, 마음을 드려 간절히 기도드리니 믿음과 성령이 충만한 제직회가 되어서, 교회를 부흥시키게 하시옵소서.

지난해에도 게으름과 핑계 사업과 가정에 대한 핑계로 주님 앞에서 충성을 다하지 못하고 주의 일을 성실히 하지 못한 저희들이온데 책망하지 않으시고, 금년에 또다시 직분을 맡겨 주시니 감사드립니다.

예수님의 이름으로 기도드립니다. 아멘.

남전도회 1

남전도회로 구별해주신 하나님,

저희 교회를 사랑하셔서, 장년 성도들의 모임으로 남전도회를 만들어 주심을 감사드립니다. 그들의 기도로 교회가 부흥되고, 저희 동네 사람들로부터 칭찬받는 교회가 되게 하신 은혜에 찬양을 드립니다.

오늘도 남전도회 회원들이 주님의 자녀가 된 기쁨 속에서 봉사할 일을 찾게 해 주시기 원합니다. 기쁨을 주셨음을 감사합니다.

주님께서 길러 주시는 교회의 가족들을 위하여 섬기는 직분을 사랑으로 감당하시는 분들이 되도록 이끌어 주시옵소서. 알아주는 사람 없이, 드러나는 일 없이 수고하는 그들을 주님의 격려해주시옵소서.

남전도회원들이 주님의 교회에서 소금과 빛이 된 사명을 섬기도록 도와주시기를 원합니다. 여호와께 존귀한 지체들이 모여서 일을 하실 때, 사랑이 넘쳐나는 사귐을 나눌 수 있게 하시옵소서. 혹시 어떤 사람이라도 마음의 편협됨이나 자만심을 갖지 않도록 도와주시옵소서.

생명의 말씀을 전해주시는 목사님을 강건하게 하시옵소서. 귀한 종의 입술을 통해서 남전도회원들에게 소망을 갖게 하시고, ○○ 교회를 살리는 말씀이 전해지게 하시옵소서. 남전도회 회원들이 목사님을 돕는 종들이 되게 하시옵소서.

| 교회 안에서 남전도회의 비전에 대한 은총을 간구한다. |

예수님의 이름으로 기도드립니다. 아멘

하나님 아버지,

주께서 지으신 모든 민족이 와서 주의 앞에 경배하며 주의 이름에 감사를 돌립니다. 남전도회 헌신예배를 드리게 하신 날에, 그리스도 예수 우리 주님의 성호를 높이 드는 저희들이 되게 하시옵소서.

저희들은 지난 한 주간 동안에 세상에 살면서 주님을 기쁘시게 하지 못하고, 저희들의 육신을 위하여 이기적인 욕망과 많은 죄악에서 살아 왔습니다. 저희들의 회개를 들어주시고, 용서해주시옵소서. 이제, 참으로 죄를 거절하며 살 수 있는 믿음의 용기를 주시옵소서.

하나님께서 존귀하게 여겨주시는 남전도회 회원들이 헌신을 다짐합니다. 사랑하는 지체들이 오늘, 예배를 드리는 마음으로 주어진 사명을 감당하여 교회가 참으로 하나님의 살아계심을 선포하게 하시옵소서.

교회와 하나님의 나라를 위하여 수고하게 하셨음에 감사드립니다. 어려운 이들을 섬기는 구제와 지역 사회에 착한 일을 하는 봉사의 열매를 많이 맺게 하시옵소서.

영화로운 시간에 주님의 자비를 입고 있는 남전도회 회원들을 축복합니다. 그들의 헌신예배를 즐거워하는 가운데 함께 모인 성도들을 축복합니다. 이 시간을 저희들에게 천국 잔치로 삼아주시옵소서.

귀한 지체들은 하늘의 은총으로 구별된 자들이 되었으니 거룩한 전에서 찬양과 경배로 영광을 드리게 하시옵소서. 오직 하늘의 하나님의 은혜가 충만한 이 전이 되게 하시옵소서.

예수님의 이름으로 기도드립니다. 아멘.

거룩한 소망을 품게 하시는 하나님,

주님의 ○○교회를 사랑하셔서, 어머니들의 모임으로 여전도회를 만들어 주심을 감사드립니다. 여전도회 회원들의 기도로 교회가 부흥되고, 저희 동네 사람들로부터 칭찬받는 교회가 되게 하신 은혜에 찬양을 드립니다.

오늘도 여전도회 회원들이 주님의 자녀가 된 기쁨 속에서 봉사할 일을 찾게 해 주시기 원합니다. 기쁨을 주셨음을 감사합니다. 주님께서 길러 주시는 교회의 가족들을 위하여 섬기는 직분을 사랑으로 감당하시는 분들이 되도록 이끌어 주시기 바랍니다. 그리고 알아주는 사람 없이, 드러나는 일 없이 수고하는 그들을 주님의 격려해 주시옵소서.

소금과 빛 된 사명을 갖고 섬기려는 소망을 지니기 원합니다. 하나님께서 지금도 일하시니, 여전도회원들 역시 이 교회를 위해서 일한다는 거룩한 소망을 품게 하시옵소서.

주님의 귀한 말씀을 듣는 저희들이 주님의 음성을 듣는 시간이 되게 하여 주시옵소서. 하나님의 말씀에 도전을 받아 다시 한 번 결단할 수 있는 이 밤이 되게 하여 주시옵소서. 여전도회원들이 온전히 제물로 드려짐을 체험하게 해주시옵소서.

| 교회 안에서 여전도회의 비전에 대한 은총을 간구한다. |

예수님의 이름으로 기도드립니다. 아멘

하나님 아버지,

하나님의 영광과 위엄을 보여 주심을 감사드립니다. 주님의 권세와 영광에 합당한 찬미의 예배를 드립니다. 구별해서 선택받은 무리들이 헌신예배로 모였으니 주님을 찬송하고 영광을 돌리게 하시옵소서.

주님의 십자가를 바라보니 눈물이 앞섭니다. 바라보아야 할 하나님의 나라보다는 세상 속에서 욕심과 정욕을 따라 살았음을 고백합니다. 하나님의 뜻보다는 자신의 일을 이루기 위해서 동분서주하다가 이 시간에 나왔사오니 용서해주시옵소서.

주일을 마감하는 시간에, 여전도회의 헌신예배로 영광을 드리려 합니다. 여전도회 지체들이 헌신을 결단하려고 무릎을 꿇었습니다. 하나님의 은총을 받고 있는 여호와의 백성을 받아주시옵소서.

오늘 헌신을 새롭게 하는 ○○○ 여전도회 회원들을 축복합니다. 복스러운 지체들의 헌신으로 이 지역에 구원을 받아야 할 하나님의 백성들이 많이 주님께로 돌아오기 원합니다. 그들의 기도와 사랑으로 교회가 지역을 섬기게 하옵소서.

교회를 세우시는 하나님, 먼저, 저희 교회를 비롯해서 한국 교회를 위해 간구합니다. 하나님은 이 땅에 복음의 풍성한 열매를 맺게 하셨습니다. 그리고 사회의 아픔에 동참하는 참으로 의로운 교회가 되게 하시옵소서. 세계를 향한 교회, 사랑 안에서 서로 연합하고 교제하는 교회, 성령님의 질서와 말씀이 흥왕하는 교회가 되게 하시옵소서.

예수님의 이름으로 기도드립니다. 아멘.

청장년회 1

헌신하기를 기뻐하시는 하나님,

주님의 피 흘리신 터 위에, 이 교회를 세우셔서 구원받을 사람들을 불러주시니 감사드립니다. 교회의 복음사역을 위해 일꾼들을 세우셔서 청장년회로 섬기게 하셨습니다. 저희 교회의 청장년들이 하나님의 일을 도와서 복음을 전하는 일에 헌신되게 하시옵소서.

오늘도, 세상 사람들에게 빛과 소금의 사명을 감당하는 저희 교회가 되기 원합니다. 이 일을 위하여 부름 받으신 청장년들이 기쁨으로 봉사할 수 있도록 도와주심을 믿습니다. 충성된 일꾼들이 되어서 하나님의 일을 잘 하실 수 있게 하시옵소서.

이 시간에, 청장년회 회원들이 믿음으로 자신들을 세우기 원합니다. 하나님의 교회를 위해서 일꾼으로 부름을 받았사오니, 저들에게 주님을 위한 열심의 소망을 주시옵소서. 청장년회원들 한 사람, 한 사람으로 말미암아 교회가 부흥되게 하심을 믿습니다.

사랑하는 청장년 지체들이 강사 목사님을 대언자로 세우신 하나님께 주목하게 하시옵소서. 강단에서 들려지는 하나님의 말씀을 깨우쳐 주시는 말씀으로 새 교훈을 받게 하시옵소서. 하나님의 말씀에 대해서, 아멘으로 받고, 순종하려는 감격으로 가슴이 뜨거워지게 하시옵소서.

| 교회 안에서 청장년회의 비전에 대한 은총을 간구한다. |

예수님의 이름으로 기도드립니다. 아멘

청장년회 2

하나님 아버지,

성도들이 교회에 모일 때마다 하나님을 찬양하는 소리로 가득해지기를 원합니다. 주님의 교회가 신앙의 공동체를 이루어 하나님의 영광을 선포하게 하시옵소서. 또한, 서로를 향해서 봉사하는 교회되어 주님의 영광을 드러내게 하시옵소서.

이 시간에, 청장년회 헌신예배로 머리를 숙이니 저희들의 죄를 떨쳐 버릴 수 없어 용서를 구합니다. 하나님의 교회를 맡은 청장년들뿐만 아니라, 저희들 각자가 주님의 보내심으로 빛이요, 소금이 되어야 하지 못하였음을 용서해 주시옵소서.

하늘로부터 은혜가 내리는 시간에 청장년 헌신예배에 임하게 하옵소서. 사랑하는 지체들이 귀한 직분 앞에서 마음을 새롭게 할 때, 충성을 다하여 사명을 감당하는 힘을 누리기 원합니다.

청장년들을 축복합니다. 위로부터 내려주시는 은총으로 승리하는 종들이 되게 하옵소서. 주님의 성소에서 하나님을 찬양하며, 그의 권능의 궁창에서 그를 찬양합니다.

하나님의 자비로우심으로 청장년들이 맡겨진 직무를 잘 감당하는 아름다운 종으로 살게 하시옵소서. 그들의 헌신이 교회로 하여금 빛과 소금이 되라 하신 주님의 뜻대로 봉사하는 공동체가 되게 하시옵소서. 그리하여 악을 물리치고 하나님을 기쁘시게 하는 것을 사모하는 주님의 몸으로 삼아주시옵소서.

예수님의 이름으로 기도드립니다. 아멘.

구역장 · 셀 리더 1

구역장을 세워주신 하나님,

주님의 ○○ 교회를 위하여 구역회가 조직되게 하심을 감사드립니다. 성도들을 섬기도록 구역장님들을 세우셨으니 헌신하는 이들이 되기 원합니다. 그분들이 하나님의 영광과 교회의 부흥을 위하여 기도드리는 일꾼들이 되게 하시옵소서.

구역원들을 보살펴야 하는 구역장들에게 하늘나라의 힘을 내려 주시기 원합니다. 그래서 그분들이 사람의 지혜나 꾀로 맡은 직분을 섬기지 않고, 오직 하나님의 은혜로 충성하게 하시옵소서.

구역원들에게 즐거움을 주고, 하나님의 마음에 드는 일꾼들이 되게 하시옵소서. 한 사람, 한 사람의 구역장들이 사랑과 은혜가 풍성하신 하나님을 알게 하시고, 주님의 놀라우신 섭리에 순종함으로 귀한 직분을 섬기게 하시옵소서.

혹시 생활의 여러 문제로 구역을 제대로 돌보시지 못하는 일이 없도록 이끌어 주시옵소서. 구역회를 통하여, 서로서로에게 격려가 되게 하시고, 교회의 성도들에게 믿음의 본을 보이는 기관이 되게 하시옵소서.

주님의 영광을 위하여 열매를 맺는 구역장들이 되시도록 인도해주시기 바랍니다. 교회의 덕을 세우는 훌륭함을 지니게 하시옵소서.

|교회 안에서 구역장 · 셀 리더의 비전에 대한 은총을 간구한다.|

예수님의 이름으로 기도드립니다. 아멘

하나님 아버지,

저희 교회를 위하여 구역회가 조직되게 하심을 감사드립니다. 이 시간에, 구역장(셀 리더) 헌신예배로 하나님께 영광을 드리고 있습니다. 성도를 섬기도록 구역장을 세우셨으니 헌신하는 이들로 삼아 주시옵소서.

부름을 받은 지체들이 하나님의 영광과 교회의 부흥을 위하여 기도드리는 일꾼들이 되게 하시옵소서. 우리에게 사명을 주시고 능력을 주시는 하나님이십니다. 충성을 다하게 하시옵소서.

사랑하는 지체들은 교회에서 가장 기본이 되는 조직을 섬기고 있습니다. 구역의 지체들과 구역장들에게 은혜를 더하셔 주셔서 하나님의 나라를 구하는데 부족함이 없게 하시옵소서. 구역마다 기도가 불같이 일어나게 하여 주시고, 전도의 문이 열려지게 하시옵소서.

오늘, 헌신예배로 나아가는 구역장들마다 말씀의 능력을 주시고, 사랑을 허락하여 주사 구역을 돌보기에 부족함이 없게 하시옵소서.

간절히 빕니다. 한 구역, 한 구역의 모든 사정을 아시는 주님께서 필요한 것들을 채워 주사주님의 일을 하기에 부족함이 없게 하시옵소서. 줄로 재어주신 구역의 지체들은 구역예배를 드리기에 게으르지 말게 하시고, 부지런히 주님을 섬기게 하시옵소서.

저희를 격려하시려고 강사 목사님을 세워주셨습니다. 사랑하고 존경하는 목사님께 말씀의 영을 더해주시옵소서. 저희들 모두에게 아멘으로 받는 말씀을 주시옵소서.

예수님의 이름으로 기도드립니다. 아멘.

성가대 1

찬양을 영광을 받으시는 하나님,

하나님의 교회에서 예배드리는 성도들의 찬양을 인도하게 하셨음을 감사드립니다. 많은 성도들 가운데 특별히 음악적인 재능과 봉사에의 섬김을 허락하셔서 성가대원들을 불러 주신 은혜에 찬양을 드립니다.

이 시간에, 머리를 숙여 기도드림은, 성가대원들이 찬양이라는 직분 앞에 겸손해지기를 원함에서입니다. 지체들 중에 누구도 자신의 음악적인 재능을 과시하려는 이들이 단 한 사람도 없게 하시옵소서. 오직, 교회에 모인 성도들과 함께 주님의 영광을 찬양하게 하시옵소서.

찬양을 드리는 시간이 하나님께 자신을 드리는 기회라는 사실을 품고, 성가대의 자리에 앉게 하시옵소서. 그리하여 주님의 은혜에 감사하는 가슴으로, 주님을 사랑하기 때문에 찬미의 노래를 드리게 하시옵소서. 주님께서 몸을 내어 주신 것처럼, 성가대원들은 주님을 사랑하므로 아름다운 선율을 바치는 제사를 드리게 하시옵소서.

성가대원들은 언제나, 음악을 즐기고 이해할 수 있는 재능을 주신 은혜에 감사드리게 하시옵소서. 예배의 영광을 위하여 쓰임을 받게 되었음에 겸손함으로 나아가게 하시고, 음악을 창조하는 능력을 주신 선물에 감사하여 온 몸으로 찬양하게 하시옵소서.

| 교회 안에서 성가대의 비전에 대한 은총을 간구한다. |

예수님의 이름으로 기도드립니다. 아멘

성가대 2

하나님 아버지,

오늘, 거룩한 날을 지키고, 황혼의 시간에 성가대 헌신예배로 불러 주시니 감사드립니다. 우리 교회가 이 땅에 세워지고, 이제까지 성가대를 세워서 영광을 받아주셨습니다.

찬양사역에 부름을 받은 종들이 헌신을 다짐하게 해 주심에 감사드립니다. 이 시간의 예배로 말미암아 저들에게 성가대원으로서의 섬기는 일이 무릎으로 하는 것임을 깨닫게 하시옵소서. 예배하는 직분으로 부름을 받은 이들을 구별해주시고, 성가대원들이 바로 예배가 되게 하시옵소서.

귀한 지체들이 여호와께 봉사하는 동안에, 어떤 경우에도 주일을 범하는 일이 없게 해 주심을 빕니다. 하나님의 은혜로 주일을 성수하는 것에 모범이 되게 하시옵소서. 귀한 직분을 맡아서 교회를 세우고 있다는 것을 늘 기억하게 하시옵소서.

오늘도 강단에 세워주신 강사 목사님을 성령의 능력으로 붙들어 주시옵소서. 하나님께서 ○○ 교회의 성가대원들에게 하실 말씀을 남김이 없이 전하는 은혜를 보게 하시옵소서.

주님의 귀한 말씀을 듣는 저희들이 주님의 음성을 듣는 시간이 되게 하여 주시옵소서. 하나님의 말씀에 도전을 받아 다시 한 번 결단할 수 있는 이 밤이 되게 하여 주시옵소서. 성가대원들이 온전히 제물로 드려짐을 체험하게 해주시옵소서.

예수님의 이름으로 기도드립니다. 아멘

예배위원회 1

교회를 주관하시는 하나님,

우리 교회에서 여성 성도들의 어머니에 속하는 지체들이 헌신을 다짐합니다. 어느덧, 한 시대의 삶을 살았으나 기도하는 여종들의 모습을 보이면서 이 교회를 지키게 하시니 감사드립니다. 노년의 아름다움을 보이는 귀한 지체들에게 헌신을 결단하는 은혜를 주시옵소서.

여전도회 회원들이 목사님을 도와 우리 교회가 교회의 사명을 다하는 데 헌신하는 종들이 되게 하시옵소서. 하나님의 나라를 위하여 믿음으로 봉사하는 전도회원들이 되게 하시고, 그들의 소망의 수고로 말미암아, 사랑이 가득한 교회가 되게 하시옵소서.

하나님께서 세우시고 축복하시는 우리 교회 위에 항상 하나님의 은혜로 함께 하시어 기쁨과 찬양이 넘치는, 하나님이 보시기에 심히 좋은 교회, 사람들이 보기에 모든 아름다움으로 본이 되는 교회로 섬김과 나눔이 있는, 상식이 통하는 교회로 인도해주시옵소서.

말씀을 준비하신 목사님께 성령님의 충만하심이 더하시기를 소망합니다. 자기 백성을 돌아보시는 주님의 사랑이 말씀을 통해서 생명의 메시지로 들려지게 하시옵소서. 그 말씀의 한 마디로 저희들이 고쳐지고, 다듬어지며, 하나님의 영광을 구하는 일꾼들로 준비되게 하시옵소서.

| 교회 안에서 예배위원회의 비전에 대한 은총을 간구한다. |

예수님의 이름으로 기도드립니다. 아멘

예배위원회 2

하나님 아버지,

주일을 거룩하게 지내는 저희들에게, 이 시간에는 예배위원회 헌신 예배로 머리를 숙이게 하셨습니다. 예배위원회의 회원들은 이제까지도 헌신으로 여호와를 섬기고, 교회에 봉사하던 지체들입니다. 다시금 헌신을 결단하는 지체들로 삼아주시옵소서.

여호와께 예배위원들이 기쁨으로 섬기기를 원합니다. 저희들은 늘 그분들이 하나님께 충성을 다하는 일꾼들이 되도록 기도하게 하시옵소서. 오늘도 성령께서, 그들의 마음을 다스리시어, 어떤 명예를 위한 제직이 되지 않도록 도와주시옵소서. 그들이 주님의 일에 거룩한 봉사자로 부름 받았다는 사실 앞에서 열심을 다하게 하소서.

직분을 주시면서 성령을 보내 주신 하나님이십니다. 예배위원들이 성령이 충만하게 하시옵소서. 그래서 성령이 섬기게 하심을 따라 교회와 성도들을 위하여 봉사하게 하시옵소서.

그들의 심령을 성령님께서 주관하사, 그 성령의 이끄시는 대로 생각하게 하시고, 성령이 인도하시는 손이 되어서 섬기는 중에, 교회를 부흥시키게 하시옵소서. 오직 하나님께 드림을 경험하게 하시옵소서.

오늘, 예배의 한 시간이 하나님을 영화롭게 해드리기를 빕니다. 말씀을 전해주시려고 저희 교회에 오신 강사 목사님께 능력을 더하시옵소서. 예배위원들에게 말씀을 주시려고 강사 목사님을 준비시켜 주셨습니다. 예배위원들과 온 교회가 감사하면서 말씀을 받게 하시옵소서.

예수님의 이름으로 기도드립니다. 아멘.

선교위원회 1

땅 사방으로 흩어 복음을 전하시는 하나님,

하나님이 교회에 선교회를 세워주셨음에 감사드립니다. 복음을 들고 땅 에까지 달려가고, 먼 섬에 전파하려는 소망을 품고 기도하는 지체들을 묶어 주셨음에 감사드립니다. 이 밤에 선교를 위하여 조직된 이들이 헌신을 결단합니다.

우리 교회의 선교사명을 앞에서 감당하는 선교회원들을 축복합니다. 사랑하는 지체들의 기도와 헌신을 통해서 우리 교회에 맡겨진 사명이 아름답게 감당되게 하시옵소서. 종들이 헌신을 결단하는 이 시간에, 성령님으로 충만한 교회 되게 하시옵소서.

이 지상에는 아직도 복음이 전해지지 않은 땅이 많이 있습니다. 사탄의 지배 아래 놓여 있는 사람들이 많이 있사오니, 그들에게 주님의 사랑을 전해야 하는 비전을 허락하시옵소서. 모슬렘 국가들에서는 지금도 사탄의 지배로 복음이 전해지지 못하고 있습니다.

오늘, 세워주신 강사 목사님의 말씀으로 선교위원들이 격려를 받게 하시옵소서. 그 말씀을 은혜로 받아 교회의 안과 밖에서 주님의 일꾼 된 모습을 잘 보여줄 수 있는 일꾼들이 되기를 결단하게 하시옵소서. 담임 목사님께 좋은 동역자들이 되어서 ○○ 교회를 받들게 하시옵소서.

| 교회 안에서 선교위원회의 비전에 대한 은총을 간구한다. |

예수님의 이름으로 기도드립니다. 아멘

하나님 아버지,

○○교회에 선교위원회를 허락해주신 하나님이십니다. 선교위원회에서 한국과 세계의 선교를 위하여 헌신하게 하시고, 온 교회가 동참하게 하셨습니다. 오늘, 저희들을 헌신예배로 불러주셨으니 영광을 드리게 하시옵소서.

교회의 복음사역을 위해 일꾼들을 세우셔서 선교위원회로 섬기게 하시니 감사드립니다. 사랑하는 지체들이 목사님을 도와서 복음을 전하는 일에 헌신되기를 원합니다. 예수님의 피 흘리신 터 위에, 이 교회를 세우셔서 오늘도 구원받을 사람들을 불러 주시니 감사드립니다.

오늘도, 세상 사람들에게 빛과 소금의 사명을 감당하는 저희 교회가 되기를 원합니다. 이 일을 위하여 부름을 받으신 집사님들이 기쁨으로 봉사할 수 있도록 도와주심을 믿습니다. 충성된 일꾼들이 되어서 하나님의 일을 잘 하실 수 있게 하옵소서.

이제까지도 충성을 했던 종들에게 위로와 격려의 시간으로 헌신예배를 드리게 하셨다고 믿습니다. 예배의 한 시간이 오직 하나님께 영광으로 드려지기를 빕니다. 말씀을 전해주시는 목사님께 기름을 부어시옵소서. 존경하는 종의 입술에서 하나님의 말씀이 선포되게 하시옵소서.

이 시간에 드려지는 예배의 순서마다 하나님을 영화롭게 해드림이 넘치기를 빕니다. 성가대원들을 비롯해서 각양 모양으로 세워진 종들에게 복되게 하시옵소서.

예수님의 이름으로 기도드립니다. 아멘.

섬김의 손이 되게 하시는 하나님,

주님의 교회에 찬양으로 하나님을 찬송하고, 예배를 돕는 성가대를 세워 주심에 감사드립니다. 많은 성도들 가운데 특별히 음악적인 재능과 봉사에의 섬김을 허락해 성가대원들을 불러 주신 은혜를 찬양합니다.

주님의 은혜에 감사하는 가슴으로, 찬양하려는 그들에게 찬미의 노래를 주시옵소서. 주님께서 귀한 몸을 내어 주신 것처럼, 성가대원들은 주님을 사랑하므로 아름다운 선율을 바치는 제사를 드리게 하시옵소서. 받은 은혜를 헤아려 찬양하는 지체들이 되기를 빕니다.

귀한 지체들이 헌신을 결단합니다. 오늘, 이 예배로 말미암아 몸과 마음을 드리게 하시옵소서. 그들은 오직 주님의 영광에 찬양을 드리며 살아가기를 다짐하게 하시옵소서.

저희들, 교회 앞에서 일꾼으로 부르신 여호와의 마음을 시원케 하는 일꾼이 되게 하시옵소서. 주님께로부터 받은 바의 사명을 감당할 때, 서로 섬기면서 각자의 마음을 시원하게 하는 종들로 삼아주시옵소서.

저희들에게 하나님의 말씀을 주시려고 강사 목사님을 보내주신 하나님을 찬양합니다. 목사님께서 복된 말씀을 전해주실 때, 축복과 위로가 되게 하시옵소서.

|교회 안에서 구제위원회의 비전에 대한 은총을 간구한다.|

예수님의 이름으로 기도드립니다. 아멘

구제위원회 2

하나님 아버지,

우리 주 예수님께서 세상에 오셨던 것처럼, 저희 교회도 자신을 내어 주기 위하여 세상으로 보내지게 하시옵소서. 이 시간에, 구제위원회 헌신예배로 하나님께는 드림, 세상을 향해서는 내어줌의 결단을 드리게 하시옵소서. 이 시간을 기다려 온 지체들과 온 성도들에게 축복의 사건이 되게 하시옵소서.

세상을 위하여 자신의 모든 것들을 주는 교회가 되게 하시옵소서. 저희들에게 있는 생명의 말씀은 주님께로부터 거저 받았사오니, 죽어가는 이들에게 거저 줄 수 있게 하시옵소서.

지금, 누리는 이 고요함과 평안도 은혜로 받았으니, 평안이 필요한 이들에게 거저 줄 수 있게 하시옵소서. 이로써 구원받아야 할 세상 사람들을 위하여 문이 열려진 교회 되게 하시옵소서.

저희 교회가 사명을 다함에 있어서, 아무리 어렵더라고 순종하기 원합니다. 저희들이 주님의 목적을 깨달아 받들어서 끝까지 따르게 하시기 원합니다. 순간순간 어려움에 부딪칠지라도 그것을 지탱할 용기를 주시며, 나아가서는 예비 된 상급을 바라보게 하시옵소서.

지체들이 서로 머리를 맞대고, 저희들이 봉사할 일터를 찾을 때, 주님께서 인도해주시기를 원합니다. 성령께서 좋은 곳으로 저희들의 마음과 생각을 이끄셔서, 사람들 앞에 착한 행실을 나타내게 하시옵소서.

예수님의 이름으로 기도드립니다. 아멘

장학회 1

다음 세대를 일으키시는 하나님,

우리 교회에 육영사역의 비전을 주셨음에 감사드립니다. 장학회 사역에 많은 성도들이 동참하여 풍성한 장학기금이 마련되게 하시고 많은 학생들에게 인생역전의 디딤돌이 되게 하시옵소서.

이 시간에, 장학회 헌신예배로 하나님께 영광을 드리게 하시옵소서. 저희들이 십시일반의 마음으로 학생들의 학업을 돕게 하시니 이것이 바로 주님의 일이심을 깨닫습니다. 이 예배로 말미암아 저희들에게 장학회에 대한 애정과 수고를 더하게 하시옵소서.

말씀을 대언하실 목사님께 성령님께서 역사하여 주시옵소서. 갈급한 저희들의 심령에 성령님의 은혜를 단비처럼 내려 주시옵소서. 독수리 날개 쳐 올라감 같은 새 힘과 결단의 시간되게 하여 주시옵소서.

우수한 인재가 경제적 어려움으로 학업을 포기하는 일이 없도록 장학금을 지급하는 우리 교회가 되기를 빕니다. 어려운 계층의 교육비 부담을 덜어주고 우수한 인재를 길러내는 일에 헌신하게 하시옵소서.

말씀을 전해주시려고 ○○○ 목사님을 저희 교회에 보내주셨음에 감사드립니다. 하나님의 사자를 통하여 저희 교회와 장학회원들에게 꼭 필요한 메시지를 선포해주시옵소서.

| 교회 안에서 장학회의 비전에 대한 은총을 간구한다. |

예수님의 이름으로 기도드립니다. 아멘

장학회 2

하나님 아버지,

주님의 교회에 장학회를 설치하셔서 다음세대를 양육하는 일에 헌신하게 하셨습니다. 이 시간에 장학회를 섬기고 있는 종들에게 하나님 앞에서 헌신을 재결단하는 은혜를 주셨습니다. 이제까지도 섬겨온 지체들이 더욱 충성할 것을 다짐하니 복되게 하시옵소서.

장학으로 말미암은 영광은 오직 하나님의 것이 되기를 소원합니다. 찬양과 영광을 받으시옵소서. 이로써 수혜를 받는 학생들이 믿음의 자녀, 소망의 자녀 그리고 사랑의 자녀로써 온전히 성장하여 이후 세상의 선한 일을 행함에 부족함이 없게 하여 주옵소서

장학부의 충성을 통해서 수혜를 받아 자라나는 지체들이 하나님의 사람으로 온전히 성장하여 그 믿음의 뿌리가 굳건하게 자라길 소망합니다. 아울러 장학부에서 경영되는 모든 재물의 사용과 분배에 있어 하나님의 방식으로 진행되게 하시옵소서.

거룩한 시간에 하나님의 말씀으로 저희들을 심령을 새롭게 해주시옵소서. 오늘을 위하여 준비된 종을 저희 교회에 보내주셨으니 감사드립니다. 강사 목사님께서 섬기시는 교회에도 이 시간에, 동일한 은혜를 부어 주시옵소서.

강사 목사님의 입을 성령님의 능력으로 붙들어 주시옵소서. 주님의 말씀을 사랑하여 간절한 마음으로 듣게 하시고, 진리를 배워 보화를 지니게 하시옵소서. 장학회에 성령님으로 충만케 하시옵소서.

예수님의 이름으로 기도드립니다. 아멘.

주일학교 교사회 1

교사의 직분을 주신 하나님,

교사들에게 자신의 직분을 가지고, 헌신을 결단하게 하셨음에 감사드립니다. 주님께서 그들의 마음을 주관하셔서, 교사들의 마음을 하나님의 사랑으로 불붙여 주실 것을 믿고 간구합니다.

그리하여 교회를 통하여 하나님께서 받으시고자 하시는 열매를 맺어드리게 하시옵소서. 추수를 기다리시는 주님의 밭에서 보다 많은 일군들이 봉사하게 하시옵소서.

교사들이 모여서 주일학교의 사역에 대하여 논의할 때, 성령님께서 도와주시옵소서. 한 분, 한 분의 교사들이 사랑과 은혜가 풍성하신 하나님을 알게 하시고, 하나님의 섭리에 순종함으로 귀한 직분을 섬기게 하시옵소서. 이로써 교회에서 자라나는 어린이들이 믿음의 사람으로 커 가게 하시옵소서.

이제, 간절히 바라기는 강사 목사님을 대언자로 세우신 하나님께 주목하게 하시옵소서. 하나님의 손에 붙들려 쓰임을 받으시는 종의 메시지가 교사들의 심령을 태우는 불이기를 원합니다. 깨우쳐 주시는 말씀으로 새 교훈을 받게 하시옵소서. 하나님의 말씀에 대해서, 아멘으로 받고, 순종하려는 감격으로 가슴이 뜨거워지게 하시옵소서.

|교회 안에서 교사회의 비전에 대한 은총을 간구한다.|

예수님의 이름으로 기도드립니다. 아멘

하나님 아버지,

불 꽃 같은 눈동자로 지켜주셔서 여기에 모이게 하신 하나님께 찬양을 드립니다. 우리 교회에 교사를 세우셔서 다음 세대를 일으키시는 하나님께 온 마음으로 경배하는 예배가 되기를 원합니다.

헌신을 다시 결단하는 주일학교 교사들로부터 영광을 받으시옵소서. 이 예배로, 하나님은 영광을 받아주시고, 그리스도의 형상을 닮아가기를 다짐하기 원합니다. 주일학교 교사들과 우리 교회에 오늘의 예배가 평생의 사건으로 기억되게 하시옵소서.

오늘 헌신을 확인하는 교사들도 사실, 저들을 위해서 수고한 교사들로 말미암아 자랐습니다. 그들의 수고로 지혜가 자랐고, 하나님께 사랑스럽게 성장하는 은혜를 경험하였습니다. 그리고 하나님과 교회를 위해서 교사로 세워졌습니다.

교사를 세우셔서 온전한 인격의 사람들을 길러내시는 하나님의 계획을 찬양합니다. 그들의 기도와 수고를 통해서 미숙한 지체들이 하나님의 마음에 합한 인격으로 자라가게 하심을 감사합니다. 교사로 말미암아 하나님께서 취하실 영광을 드리는 저희들이 되기 원합니다.

우리 ○○교회의 교육기관에서 자라는 어린이들이 교사들의 수고에 의해 훌륭하게 성장하도록 도와주시옵소서. 사람을 통해서 사람이 길러지는 하나님 앞에서 교사를 세우셔서 앞날을 준비하는 영광이 되게 하시옵소서.

예수님의 이름으로 기도드립니다. 아멘

청년회 1

청년들을 받아주시는 하나님,

청년들이 주님의 이름으로 모이게 하시니 감사드립니다. 그들이 인생의 황금시기에 하나님을 섬기고, 새벽이슬 같은 아름다운 신앙을 고백하게 하심을 즐거워합니다. 청년들의 섬김으로 교회는 더욱 힘이 세어지고, 주님께 영광을 드리게 하시옵소서.

저희를 부르셔서 주님을 따르게 하셨으니, 그들이 자신의 일생을 헌신하도록 이끌어 주시옵소서. 그들이 주일학교 교사를 비롯하여, 성가대원 등으로 하나님의 일을 함으로써 교회가 더욱 부흥되게 하시옵소서.

청년들을 다스려 주시옵소서. 그들은 왕성한 젊음 때문에 혈기를 이기지 못할 때도 있습니다. 더욱이 통제하기 힘든 육체의 욕망으로 말미암아 고민하는 경우도 많을 것입니다. 때로는 젊은 혈기의 감정이 앞서서 하나님의 말씀에서 떠나는 경우도 있을 것입니다. 청년들이 주님 앞에서 괴로워 할 때마다 하나님께서 힘이 되어 주시기 원합니다.

먼저 청년회의 모임에서 굳건한 믿음으로 무장시킬 수 있는 은혜를 허락하시옵소서. 그들 한 사람, 한 사람이 진리로 허리 띠를 두르고, 의의 흉배를 붙인 승리의 생활을 하게 하시고, 믿음의 방패를 가짐으로 모든 악한 것들과 대적하여 이기게 하시옵소서.

|교회 안에서 청년회의 비전에 대한 은총을 간구한다.|

예수님의 이름으로 기도드립니다. 아멘

"

청년회 2

하나님 아버지,

청년들이 주님의 이름으로 모이게 하셨습니다. 사랑하는 지체들에게 젊어서 자신의 인생을 하나님께 드리게 하시니 영광을 취하시옵소서.

새벽이슬이 되어 하나님을 영화롭게 해드리게 하시옵소서.

청년들의 섬김으로 하나님의 나라가 이 땅에서 이루어지기를 소원합니다. 교회는 더욱 힘이 세어지고, 주님께 영광을 드리게 하심을 찬양을 드립니다.

젊은이들이 혈기에 따르지 않고, 바른 길로 걷게 하시는 하나님을 기뻐합니다. 저들이 자신의 일생을 헌신하도록 이끌어 주시옵소서. 청년들이 저희 교회와 어린이들과 중, 고등학생들을 위해서 이끌어 주는 역할을 거룩하게 감당하게 하시옵소서.

저희 교회의 청년들을 다스려 주시옵소서. 그들은 왕성한 젊음 때문에 혈기를 이기지 못할 때도 있습니다. 더욱이 통제하기 힘든 육체의 욕망으로 말미암아 고민하는 경우도 많을 것입니다.

때로는 젊은 혈기의 감정이 앞서서 하나님의 말씀에서 떠나는 경우도 있을 것입니다. 청년들이 주님 앞에서 괴로워 할 때마다 하나님께서 힘이 되어 주시옵소서.

오늘, 예배하는 시간이 오직 한 분, 하나님께 영광이 되기를 빕니다. 말씀을 대언해주실 목사님께 성령님의 기름 부으심을 내려 주시옵소서. 그 말씀으로 하나님께의 순종을 다짐하게 하시옵소서.

예수님의 이름으로 기도드립니다. 아멘.

대학부 1

새벽이슬이 되게 하시는 하나님,

대학부의 젊은이들이 자신들의 몸을 불의의 병기로 죄에 들이지 않고, 의의 병기로 들이니 참으로 감사드립니다. 그들이 젊었을 때 주님을 위하여 땀을 흘리는 십자가 군병들이 되기를 결단하게 하시옵소서.

대학부를 세우시는 하나님의 열심히 나타나 그들의 아름다운 신앙이 전통이 되어 교회를 더욱 든든히 세워가게 하시옵소서. 하나님께는 영광을 드리고 교회에는 유익한 기관이 되도록 이끌어 주시기 원합니다.

대학부의 회원들에게 믿음과 지혜를 더욱 주시기 원합니다. 그래서 그들이 하나님께 영광된 일이라면 자신 있게 헌신하며 봉사하도록 이끌어 주시기 원합니다.

간절한 마음으로 대학부를 위해 기도드리오니, 하나님의 나라와 저희 교회에 꼭 필요한 기관이 되게 하는 능력과 용기를 주시옵소서. 또한 배우고 연구하는 학생신분의 그들에게 건강과 함께 지혜와 총명을 허락하시옵소서.

저희들에게 생명의 말씀을 전해주시는 목사님을 강건하게 하시옵소서. 귀한 종의 입술을 통해서 대학부의 지체들에게 소망을 갖게 하시고, ○○ 교회를 살리는 말씀이 전해지게 하시옵소서.

| 교회 안에서 대학부의 비전에 대한 은총을 간구한다. |

예수님의 이름으로 기도드립니다. 아멘

대학부 2

하나님 아버지,

이 시간에, 대학부 헌신예배로 모이게 하셨습니다. 저희 교회에 대학부를 조직하게 해주시고, 이 기관을 통해서 많은 젊은이들이 하나님을 섬기고, 학문을 사랑하게 해주심에 감사드립니다. 하나님 앞에서 지성을 가까이 하는 젊은이들에게 먼저, 성령님께 충만하게 하시옵소서.

하나님 앞에서 대학부의 지체들이 자신들의 몸을 불의의 병기로 죄에 들이지 않고, 의의 병기로 드리니 참으로 감사드립니다. 그들의 삶이 어린 저희들에게 본이 되게 하시고, 젊었을 때 주님을 위하여 땀을 흘리는 십자가 군병들이 되기 원합니다.

대학부의 아름다운 신앙이 전통되어 후배들에게 그대로 물려지는 삶이 되게 하시기 원합니다. 대학부에서는 언제나 자신들을 본받는 후배들이 있다는 것을 살펴서, 하나님께는 영광을 드리고 교회에는 유익한 기관이 되도록 성령께서 이끌어 주시기 원합니다.

오늘, 예배에서 말씀을 주시려고 목사님을 강단에 세워주셨습니다. 사랑하는 지체들과 ○○ 교회가 들어야 될 말씀을 전해주시옵소서. 예배를 거룩하게 하는 성개대원들의 찬양에 기름을 부어주시옵소서.

대학부의 회원들에게 믿음과 지혜를 더욱 주셔서 그들이 하나님께 영광된 일이라면 자신이 있게 헌신하며 봉사하도록 이끌어 주시기 원합니다. 대학부가 교회에 꼭 필요한 기관이 되게 하시옵소서. 그들이 오늘도 서로를 섬기면서 겸손을 배우게 하시옵소서.

예수님의 이름으로 기도드립니다. 아멘.

신실하신 하나님,

청소년들을 믿음 안에서 자라게 하심을 감사드립니다. ○○ 교회에 중, 고등부를 허락하셔서 그리스도의 장성한 분량에까지 자라가도록 하신 은혜에 찬양을 드립니다.

귀한 지체들이 어려서부터 주님을 알게 하셨으니, 고귀하고 성스러운 믿음으로 주님을 향한 사랑을 소중히 간직하기 원합니다. 내적으로는 사춘기를 겪으면서 한 사람의 인격체로 다듬어져 가는 청소년들에게 은혜를 더하여 주시옵소서. 외적으로는 육체의 변화를 통해서 성인의 모습으로 자신을 준비시켜 가는 그들이 평안을 누리게 하시옵소서.

청소년부의 지체들이 교육을 받는 세대로서 공부를 하는 중에 있으니, 저들이 결코 허탄한 데 마음을 두지 않게 하시옵소서. 청소년부는 가르치고 배우는 기관이 되어, 내일의 일꾼들이 길러지게 하시옵소서. 그들이 여기에서 자라가는 동안에, 저희의 삶을 주님의 거룩하심으로 채우도록 이끌어 주시옵소서.

청소년부의 헌신예배를 위하여 우리 교회로 보내주신 목사님의 말씀으로 사랑하는 지체들이 위로와 은혜를 받게 하시옵소서. 하나님께서는 저희들에게 하시려는 말씀을 다 전하시도록 인도해주시옵소서.

| 교회 안에서 청소년부의 비전에 대한 은총을 간구한다. |

예수님의 이름으로 기도드립니다. 아멘

우리를 돌아보시는 하나님우리 교회에 청소년부를 허락하셔서 저희들이 그리스도의 장성한 분량에까지 자라가도록 하셨음에 감사드립니다. 오늘, 청소년들이 하나님께 헌신을 다시 한 번 더 다짐하고자 모였습니다. ○○의 성도들과 함께 거룩한 제물로 드려지는 예배로 인도해주시옵소서.

이 시간에, 하나님께 드려짐의 은혜가 저희들에게 거룩한 사건이 되기를 원합니다. 예배 중에, 말씀을 전해주시는 목사님께 진리의 기름 부으심이 충만하게 하시옵소서. 헌신을 재결단하는 그들과 함께 한 성도들에게 하나님께의 산 제물을 경험하게 하시옵소서.

청소년부의 지체들이 헌신을 결단하게 해주신 은혜를 기억하게 하시옵소서. 이들에게 어려서부터 주님을 알게 하셨으니, 주님을 향한 사랑을 소중히 간직하기 원합니다. 청소년부의 교육활동으로 하나님께는 영광을 드리고, 학생들은 거룩한 십대로 성장하게 하시옵소서.

청소년부 학생들에게는 하나님의 말씀으로 마른 심령이 적셔지는 은혜를 허락하시옵소서. 그래서 그들이 주일학교를 통하여 주님의 하나님의 사람으로 자라가게 하시옵소서. 이로써 그들이 아름다운 한 그루 백향목 되어, 주님의 청소년부를 지키는 기둥이 되게 하시옵소서.

우리 교회의 청소년부가 가르치고 배우는 기관이 되어서, 내일의 일꾼들이 길러지게 하시옵소서. 하나님의 나라와 우리나라에 꼭 필요한 인물이 되려는 소망을 품게 하시옵소서.

예수님의 이름으로 기도드립니다. 아멘.

어린이들의 하나님,

어린이들을 축복합니다. ○○ 교회에서 어린이들을 하나님의 사람으로 양육시키게 하셨음에 감사드립니다. 이들이 성도들의 기도와 부모의 가르침, 교회의 교육을 통해서 천국의 백성으로 자라게 하시옵소서.

이 시간에, 귀한 생명들이 어려서부터 하나님만 사랑하기를 원합니다. 예수님께서 어린이들을 받아주셨던 은혜가 오늘, 저희 교회의 아동부에 그대로 나타나기를 소망합니다.

　주님을 닮아가면서 자라게 하시고, 죄를 짓지 않고 살아갈 수 있도록 이끌어 주시옵소서. 예수님을 반듯하게 믿는 아이들이 되게 하시며, 하나님의 마음에 들게 해 주시옵소서.

저희 교회의 아동부에서 자라는 심령들이 온 마음과 정성으로 하나님을 섬기며 살아갈 수 있도록 도와주시옵소서. 어린 날부터 하나님과 동행하는 삶에 대하여 예민하게 해 주시고, 주님께 집중하도록 이끌어 주시옵소서. 구원의 삶을 즐기고, 예배생활을 사모하게 하시옵소서.

은혜와 진리의 말씀을 전해주시려고 ○○○ 목사님을 단에 세워주셨습니다. 강단에서 선포되는 말씀을 받고, 거룩한 삶에 도전하는 청장년들이 되게 하시옵소서.

| 교회 안에서 아동부의 비전에 대한 은총을 간구한다. |

예수님의 이름으로 기도드립니다. 아멘

하나님 아버지,

여호와께 영광을 드리는 날에, 아동부 헌신예배로 다시 모였습니다. 교회에서 자라는 어린이들이 지혜와 키가 자라가며 하나님과 사람에게 더 사랑스러워 가시는 예수님처럼 자라도록 하시기 위해서 아동부를 두게 하셨습니다.

아동부에서 자라는 아이들이 천국을 누리며 지내도록 헌신하는 교사들을 세워주시옵소서. 어린이들이 하나님 앞에서 친절하고 지혜로우며, 헌신되고 건강한 다음세대로 친히 빚어 하나님과 사람에게 기쁨이 되도록 하는 것에 교사들이 충성을 다할 것을 다짐하기를 원합니다.

○○의 아동부가 어린 학생들에게 하나님의 학교이며 인생학교가 되게 하시옵소서. 어린이들이 세상의 가치관에 편승하지 않고 시대를 역류하는 건강하게 세워주는 것에 헌신하는 사랑하는 교사들로 삼아 주시옵소서.

우리 교회의 아동부에서 세상의 유일한 희망이신 주 예수님을 닮게 하시옵소서. 어린이들은 한 영혼마다 하나님의 사랑을 체험케 하시며, 성경말씀에 살아있는 신앙의 인물처럼 꿈과 비전의 사람으로 성장하도록 인도해주시옵소서.

이 시간에, 영과 진리로 예배가 진행되게 하시옵소서. 결단의 은혜와 충성을 다짐하는 거룩함으로 하늘의 하나님께 영광을 드리고 저희들은 종들로 부름을 받았음에 감사하는 예배이기를 원합니다.

예수님의 이름으로 기도드립니다. 아멘.

목사 임직식

하늘에 계신 주 여호와여,

오늘, 하나님의 일꾼으로 선택되어지는 ○○○ 목사님께 복을 내려 주시옵소서. 하늘의 사명이 있어, 목사로 세우셨으니 그 사명을 잘 감당할 수 있도록 믿음을 더하여 주시옵소서.

임직을 하시는 목사님의 영혼이 물댄 동산 같이, 물이 끊어지지 않는 샘같이 되게 하시옵소서. 시냇가에 심은 나무같이 시절을 좇아 성령의 열매들을 주렁주렁 맺게 하시옵소서.

그에게 말씀의 능력을 주시고, 하나님의 사랑과 그리스도의 인내로 들어가서 교회에 덕을 세우게 하시옵소서. 예수의 사랑으로 성도의 마음을 녹이며 세상 사람들을 그리스도의 제자로 만들게 하시옵소서.

이제 자기를 부인하고 자기 십자가를 지고 주님을 따르게 하시고, 부모와 처자와 혹은 자신의 생명도 부인하기까지에 이르게 하시옵소서. 그가 누릴 수 있는 모든 소유를 버리고, 주님을 따라가게 하시옵소서.

다만 하나님의 나라가 그의 전부가 되게 하시며, 하나님의 사랑을 받는 목회자가 되게 하시옵소서. 오늘 이후로 그의 평생에 하나님의 쓰임을 받는 종이 되게 하시옵소서. 임직을 하시는 오늘, 성령님의 기름을 부어주심이 충만하게 하시옵소서.

| 임직자의 개인적인 상황에 대하여 간구한다. |

예수님의 이름으로 기도드립니다. 아멘

장로 안수식

유익한 자를 찾으시는 하나님,

우리 교회에 하나님의 일꾼을 세우는 예식을 허락해 주셨습니다. 하나님께서 모세를 세우실 때 아론과 훌을 세워주신 것처럼 담임 목사님을 보필하며, ○○의 성도들을 권면할 종을 세워주시니 감사드립니다.

이 시간에, 우리 교회의 목회 사역에 더 큰 하나님께 영광을 돌리기 위한 예식이 되기 원합니다. 안수를 받으시는 ○○○ 장로님께는 하나님께서 친히 안수하시는 은혜를 경험하게 하시옵소서.

오늘, 안수를 받으시는 장로님께 성직을 받으심과 은혜를 내리셔서 달려 갈 길을 마치고 믿음을 지키겠다는 결단을 하게 하시옵소서. 주님께서 다시 오실 그 날에 의의 면류관을 차지할 장로님이 되게 하여 주시옵소서,

○○○ 장로님께서 말씀과 성령으로 충만하게 하시며, 지혜와 권능이 넘치게 하사 교회를 섬기게 하시옵소서. 장로님의 발걸음이 이르는 곳곳마다 하나님의 크신 뜻을 성취하게 하시옵소서.

우리 교회가 날마다 부흥하게 하시며, 안수를 받으시는 장로님의 가정에 복을 주시옵소서. 하나님께서 그에게 주신 생업에 함께 하셔서 그가 신령한 직분을 수행하는 일에 큰 유익이 되게 하여 주시옵소서.

|안수를 받는 자의 개인적인 상황에 대하여 간구한다.|

예수님의 이름으로 기도드립니다. 아멘

집사 안수식

봉사의 일을 맡기시려는 하나님,

우리를 구별해 교회로 불러 주시며 주의 거룩한 일에 동역하는 영광을 주신 것을 감사드리옵고, 특히 그간 오랫동안 기도와 사랑의 봉사로 섬겼던 지체를 집사로 세울 수 있게 하심을 감사드립니다.

신약시대에 교회가 설립된 후에 직분자를 세워 성도들을 온전케 하며, 봉사의 일을 할 수 있도록 무장하여 그리스도의 몸을 세우게 하셨듯이, 사랑하는 지체를 집사로 안수하여 직분을 감당케 하려고 합니다.

오늘, 안수와 함께 ○○○ 집사님께 이 직분을 감당하기에 필요한 은혜들을 주시고 환경들을 인도해 주시옵소서. 집사의 직분이 세상의 어떤 직분보다 더 귀한 직분으로 알아 주님의 교회를 잘 섬길 수 있게 하시옵소서.

○○○ 집사님께서 이 직분을 잘 감당할 때 역시 성경에 약속하신 대로 하나님과 교제하는 은혜를 주시고, 사회적인 지위도 높여 주시옵소서. 그의 가정에도 신실하신 하나님의 은총이 임하게 하시옵소서.

○○○ 집사님께서 이 직무를 잘 감당함으로, 그가 섬겨야 하는 ○○ 교회의 성도들이 복을 받게 하시고, 또한 그를 만나는 사람들이 기쁨과 행복을 누리게 하시옵소서.

|안수를 받는 자의 개인적인 상황에 대하여 간구한다.|

예수님의 이름으로 기도드립니다. 아멘

권사 취임식

홀로 한 분이신 하나님,

하나님의 나라와 교회를 위하여 헌신해 오시던 여종이 귀한 직분을 받게 되어 감사드립니다. ○○ 교회를 위하여 기도를 쉬지 않으시고, 우리 교회가 빛과 소금으로서의 역할을 감당하는 일에 충성을 다해 오셨던 여종을 권사로 취임하게 하셨으니, 하나님께 영광이 되기를 빕니다.

오늘, 취임을 통해서 ○○○ 권사님이 받으신 사명을 잘 감당할 수 있도록 해주시기를 진심으로 간구합니다. 권사님께 모든 신령한 지혜와 총명함으로 하나님의 뜻을 아는 것으로 채워 주시옵소서.

이제까지와 같이 앞으로도 ○○○ 권사님이 모든 선한 일에 열매 맺게 하시옵소서. 여종의 모든 꿈과 소원을 주 안에서 이루어지게 도와주시옵소서. 임직되는 권사님께 크신 은혜와 복을 내려 주시옵소서. 무엇보다 인품과 능력의 성령님의 충만을 입혀 주시옵소서.

사랑하는 여종에게 오늘, 취임을 통하여 기름부음이 넘치게 하시옵소서. 맡겨 주신 사역들을 잘 감당하도록 각별한 은사를 내려주시옵소서. 권사님께서 개인적으로도 가정과 교회와 사회에서 하나님 아버지의 샬롬을 온전히 나누고 실천하도록 각별하신 은총으로 인도하여 주시옵소서. 예수님의 이름으로 기도드립니다. 아멘.

| 취임하는 자의 개인적인 상황에 대하여 간구한다. |

예수님의 이름으로 기도드립니다. 아멘

세례예식

새 생명을 주시는 하나님,

○○ 교회에 거룩한 행사를 허락하심을 감사드립니다. 하나님의 사랑을 입은 이들이 믿음으로 잘 자라서 세례를 받게 되었습니다. 이제, 이들은 교회 앞에서 하나님의 자녀가 되었음을 공표하게 되었으니, 천국에 더 가까이 간 심정으로 반석 같은 믿음으로 살아가기 원합니다.

삼위일체 하나님의 이름으로 세례를 받는 이들에게 하늘의 문을 여시고 은혜를 베풀어 주시옵소서. 이들이 늘 성령님으로 충만하고, 주님을 잘 섬기도록 기도로 돕게 하시옵소서.

예수님을 구주로 고백하고, 하나님 앞에서 다짐한 이들이 세례를 통해서 새 생명을 받음을 즐거워합니다. 이제, 이들은 물과 성령으로 거듭나서 이미 예수님을 주로 고백했던 저희와 한 몸을 이루었습니다. 이들이 하나님을 사랑하고 예수님을 섬기기로 작정했으니 교회 앞에서 그 신앙을 표시할 때 담대하게 하시옵소서.

세례예식이 거행되는 시간에 하나님의 영광만을 바라봅니다. 한 공동체로 부름을 받은 저희들이 신앙을 고백하고, 세례를 받는 새 식구들을 기쁨으로 맞이하게 하시옵소서. 이제, 귀한 지체들이 하나님의 은혜를 사모하면서 살도록 도고하는 저희들이 되게 하시옵소서.

| 세례를 받는 자의 개인적인 상황에 대하여 간구한다. |

예수님의 이름으로 기도드립니다. 아멘

성찬예식

주님의 살과 피를 주신 하나님,

이 시간에 예수님께서 언약하신 말씀을 지키기 위해 모이게 하시니 감사드립니다. 갈보리 십자가의 피로 구속받은 하나님의 백성들이 여호와의 전에 모였습니다. 우리 주님을 십자가에 못박아 죽으시도록 했던 죄인들이지만, 주님의 살과 피를 기념하러 모이게 하시니 감사합니다.

오직 우리 주 하나님께만 영광을 드리는 시간이 되게 하여 주시옵소서. 이 성찬으로 말미암아 우리를 위해 십자가에 달리셔서 몸을 찢기신 주님을 모든 이들이 알게 하시옵소서. 인류를 위해 자신의 몸을 내어주신 그 사랑이 온 세상에 선포되기 원합니다.

저희들은 주님의 살과 피를 기념하고, 하늘에서는 하나님만 영광을 받으시는 예배가 되기 원합니다. 이 예배를 드리면서 저희들은 흠이 없으신 주님께서 죄인들을 위한 속죄의 제물이 되셨음을 모두가 알기 원합니다.

이로써 주님 앞에 나와 무릎을 꿇고 하나님의 사람으로 새롭게 태어나기를 소망합니다. 그 피의 은혜로 괴로운 이들은 위로를 받게 하시고, 삶에 지쳐서 낙심 가운데 있는 이들은 소망을 품고 소원에 불타오르게 하시옵소서.

| 성찬예식과 관련해서 교회의 비전에 대하여 간구한다. |

예수님의 이름으로 기도드립니다. 아멘

제직회

하늘의 하나님,

이 시간에, 제직회로 모이게 하신 여호와의 이름을 높여드립니다. 이 자리가 하나님께 영광이 되게 하시옵소서. 주님의 교회를 위해서 제작이 된 저희들에게 주님을 영화롭게 해드리는 소원을 품게 하시옵소서.

이 모임의 시간에 성도들을 섬기고 교회를 위해서 충성하겠다는 결단의 은혜를 내려 주시옵소서. 주님의 ○○ 교회를 위해서 충성을 다하지 못하였음을 뉘우칩니다.

거룩한 공동체의 일꾼들이 되었음에 저희 제직들은 서로의 부족을 보충하는 일꾼이 되는 은혜를 누리게 하시옵소서. 그 은혜로 인하여. 제직들이 서로서로서로의 부족을 채워 줌으로써 조화와 협력을 이루어 나가기를 소망합니다.

주님께로부터 받은 사명을 감당할 때도, 제직들이 서로 섬기면서 각자의 마음을 시원하게 하는 모습을 나타내게 하시옵소서. 이로써 함께 있을 때 기쁨을 주는 제직이 되고, 하나님께 영광이 되게 하시옵소서.

○○ 교회의 제직들이 한 마음으로 머리를 숙였으니 하나님께 영광을 드립니다. 여호와의 은혜로 제직회를 시작하면서 교회의 좋은 일꾼이 되어 다 참여하게 하시옵소서.

| 제직회에 의한 교회의 비전에 대하여 간구한다. |

예수님의 이름으로 기도드립니다. 아멘

전도기관의 월례회

증인으로 삼으시는 하나님,

사랑하는 주님의 ○○ 교회에 복음을 맡겨 주시고, 저희들에게 이 복음을 전하도록 하셨음에 감사드립니다. 하나님께서 구원하시려고 작정허신 이들에게 생명에 이르는 회개를 전하게 하시기 위하여 오늘도 ○○ 교회에 구령의 열정을 주셨음을 묵상합니다.

믿음이 약해질 때 더욱 엎드려 기도하는 저희들이 되게 하시고, 주님이 맡겨주신 귀한 직분을 억지로 감당 하거나, 말과 지식이 앞서는 직분 감당이 되지 않게 하시옵소서. 우리 주님의 희생과 섬김의 사역을 본받아 진정한 봉사를 실천할 수 있는 저희들 되게 하여 주시옵소서.

월례회의를 위해서 모인 이 자리에, 초대 교회 집사들 같이 생명을 다하여 사명 감당하는 모습이 있기를 원합니다. 교만과 나태함으로 주님의 영광을 가리 우는 일이 없도록 겸손과 신앙의 덕을 겸비한 부지런한 일꾼이 되게 하시옵소서.

교회의 비전과 목사님의 목회 방침에 발맞추어 가는 저희들이 되기를 원합니다. 교회의 일을 긍정적으로 보고, 말하고, 듣고, 행동하는 일꾼들이 되게 하시옵소서. 전도기관에 위임해주신 사명을 감당하느라 기쁨으로 수고하는 지체들로 삼아주시옵소서.

| 전도기관에 의한 교회의 비전에 대하여 간구한다. |

예수님의 이름으로 기도드립니다. 아멘

특별 새벽기도회

새벽에 만나주시는 하나님,

저희 교회에 새벽의 은혜를 베푸시려고, 특별새벽기도회를 허락해 주셨음에 감사드립니다. ○○ 교회와 성도들의 생명을 지켜 주시고, 은혜로 함께 하신 그 이름에 영광을 드립니다.

여호와의 이름을 부르도록 새벽에 깨워주신 하나님을 찬양합니다. 이 새벽에 갈급한 심령으로 나아온 저희들이 온전히 채움을 받는 시간이 되게 해주시옵소서. 이 시간에 무릎을 모은 ○○의 지체들에게 기도의 영으로 충만하게 하시옵소서.

주님의 이름은 저희들의 소망이었고, 즐거움이었기에 송축합니다. 성령님의 강권하심에 따라 특별 새벽기도회로 모였으니, 이 집회에 약속하신 복을 누리는 하루의 첫 시간이기 되게 하시옵소서.

이 시간, 기도하는 자리에 성령님의 기름을 부어주심을 경험하게 하시옵소서. 예루살렘의 초대교회를 세워주셨던 그 역사가 특별새벽기도회에 나타나기를 소망합니다.

그 은혜로 저희들을 새롭게 하시옵소서. 하나님의 영으로 충만하지 못한 결과, 옛 사람의 모습만 나타내었던 저희들이 용서받고 거듭남의 역사를 경험하게 하시옵소서. 기도하는 교회로 회복시켜주시옵소서.

| 특별새벽기도회로 말미암은 교회의 비전에 대하여 간구한다. |

예수님의 이름으로 기도드립니다. 아멘

사경회(부흥회)

가르침 받기를 사모하게 하시는 하나님.

진리의 잔치를 베풀어 주셨습니다. 메마른 저희들의 심령을 위해 하나님께서 사경회를 계획하셨으니 감사할 따름입니다. 말씀으로 말미암은 진리의 은혜가 충만하기를 소망합니다.

이 시간에, 저희들의 심령이 옥토와 같아지기를 소망합니다. 아무리 좋은 밭도 가만히 버려두면 잡초가 나는 것을 압니다. 저희들에게 영생의 말씀으로 생명을 누리게 하시려고 집회를 예비하셨으니, 은혜를 사모하는데 전혀 힘쓰게 하시옵소서.

시간, 시간마다 찬송으로 무딘 심령을 갈아엎게 하시옵소서. 시간, 시간마다 애통하는 기도로 심령을 갈아엎게 하시옵소서. 강단에서 떨어지는 말씀을 가지고 성령의 능력으로 갈아엎기를 소망합니다.

주님의 백성에게 초대 교회에 부어졌던 오순절의 은혜를 경험하게 하시옵소서. 오직 진리의 말씀으로 세워지게 하시옵소서.

주님의 백성을 거룩하게 하시고, 마음을 다 바쳐 예배하게 하심에 감사드립니다. 사경회에 모인 저희들이 가르침을 받기를 사모하면서 예배에 임하게 하시옵소서. 저희들을 깨우시려고 강사 목사님을 보내주셨으니, 은혜를 더하여서 생명의 말씀으로 저희를 새롭게 하시옵소서.

| 사경회로 말미암은 교회의 비전에 대하여 간구한다. |

예수님의 이름으로 기도드립니다. 아멘

전교인 출석주일

은혜 받을 만한 때를 주시는 하나님,

오늘은 전교인 출석주일로 지킵니다. 주일로 우리 ○○ 교회 안에서 이루어지는 일들이 하나님께 영광이 되게 하시며, 저희들에게는 주님의 몸이 된 자부심을 더하게 하셨음에 감사드립니다. 영혼의 구원을 위해 총동원 준비를 하게 하심을 감사합니다.

오늘의 전교인 출석주일에 많은 영혼들이 구원받게 하시옵소서. 초청을 받은 이들이 주님을 만나기 원합니다. 주님을 나의 구주로 영접하게 하시고, 만유의 오직 한분 하나님만이 참된 우리의 주인이심을 고백하게 하시옵소서.

하나님 없이 세상 우상에 빠진 영혼들을 불쌍히 여겨 주시옵소서. 주님께서는 천하보다 한 생명이 귀하다고 하셨습니다. 이 자리에, 예배드리는 그 어느 한 생명도 그냥 왔다 가지 않게 해주시옵소서. 겨자씨만한 믿음 주시어서 후일 창대케 하여, 주님의 일꾼이 되게 하시옵소서. 그들 한 사람, 한 사람을 하나님의 성도로 세워주시기를 빕니다.

오늘, 부족한 종들을 세워주시어 ○○ 행사를 여호와 앞에 드리게 하셨으니, 거룩함으로 감당하게 하시옵소서. 이로써 우리 교회가 복음을 전하여 잃은 자를 찾기를 기뻐하시는 주님의 교회 되게 하시옵소서.

| 전교인출석으로 말미암은 교회의 비전에 대하여 간구한다. |

예수님의 이름으로 기도드립니다. 아멘

전교인 야외 친교

하나 되게 하시는 하나님,

화창한 날씨와 좋은 장소를 허락하시어서 온 교우들이 한자리에 모이게 하심을 감사드립니다. 이 자리도 하나님께서 거룩하게 하신 성소입니다. 선물로 주신 대 자연 속에서 예배를 드리게 하시고 성도의 교제를 뜨겁게 나누게 하심을 즐거워하게 하시옵소서.

맑은 공기와 시원한 바람, 말로 다 형용할 수 없는 주님의 솜씨를 대하면서도 주님께 감사하지 못했던 저희들이었습니다. 야외로 나와 주님이 창조하신 아름다운 대자연을 마주하니 저희들을 향하신 주님의 사랑이 얼마나 놀랍고, 깊고, 큰지를 다시 한 번 피부로 느끼게 됩니다.

이제, 야외 예배로 한자리에 모여 친밀한 성도의 교제를 나누는 데만 마음을 쏟지 않게 하시옵소서. 주님이 창조하신 이 아름다운 자연을 보며 하나님을 향하여 주목하게 하시옵소서. 자연이 하나님의 영광을 드러내듯이 저희들도 하나님께 영광이 되기를 도전받게 하시옵소서.

복되고 아름다운 자리에 함께 하지 못한 성도들이 있습니다. 그들의 안타까운 마음을 헤아려 주시옵소서. 함께 하지 못한 지체들이 어디에서 무엇을 하든지 주님께서 함께 하시는 복된 자리가 되게 하시옵소서. ○○의 지체들에게 하늘의 하나님과 교제하게 하시옵소서.

| 야외 친교로 말미암은 교회의 비전에 대하여 간구한다. |

예수님의 이름으로 기도드립니다. 아멘

전교인 체육대회

주 안에서 즐거움을 주시는 하나님,

오늘, ○○ 교회의 지체들에게 천국의 행사를 맡겨 주셨음에 감사
드립니다. 한 믿음으로 사랑하는 ○○의 식구들이 모이도록 하셨으
니 하나 되는 시간이기를 빕니다. 맑은 날씨를 허락하시어 체육대
회를 개최하였으니 우리 자신을 영적으로 단련하는 은혜로 인도하
시옵소서.

이 행사를 위하여 한 마음으로 충성하고, 봉사하는 지체들을 축복
합니다. 하나님의 은혜가 임하여 같은 생각, 같은 마음, 같은 말, 같
은 행동으로 오늘을 맞게 하셨음을 묵상합니다. 주님께서 홀로 영
광을 받으시옵소서. ○○의 권속, 거룩한 공동체를 경험하게 하시
옵소서.

오늘, 경기에 선수로 출전하는 지체들의 마음을 주장해 주시옵소
서. 저희들이 지나친 승부욕에 집착하지 않게 하시며, 서로 용납하
는 마음으로 교회를 세워가는 아름다움을 보게 하시옵소서.

경기가 진행되는 과정에서 규칙을 어기거나 다투는 일 또한 발생하
지 않게 해 주시고, 지체들 한 사람, 한 사람은 몸을 다치는 일이 없
도록 성령님께서 보호하여 주시옵소서.

전교인 체육대회에서 오직 성도의 교제가 이루어지게 하시옵소서.
하나님께서 채워주시는 큰 은혜가 더욱 넘치게 하시옵소서.

| 체육대회로 말미암은 교회의 비전에 대하여 간구한다. |

예수님의 이름으로 기도드립니다. 아멘

어린이주일

인애하신 하나님,

베풀어주신 은혜를 기뻐합니다. 어린이들을 키우는 순간, 순간에는 힘들고 지칠 때도 있으나 그들이 주는 인생의 기쁨을 즐거워합니다. 아이들로 말미암아 언제나 웃음이 넘치는 가정을 주셨음에 감사하여 예배하는 이 시간이 되게 하시옵소서.

오늘, 어린이주일을 지키면서 하나님의 마음을 품고 어린이를 섬기는 은혜를 주시옵소서. 저희들에게 어린이들을 주시고, 어린이와 같아 천국을 소망하게 하셨음에 감사드립니다. 어린이들의 가슴을 통해서 저희들에게 하나님의 나라를 보게 하시고, 저희들 또한 하나님 앞에서 어린 자녀가 된 모습으로 살게 하시니 찬양을 받으옵소서.

이제, 아이들이 부모로부터 신앙을 유산을 물려받는 복을 주시옵소서. 저희들은 부모 된 마음에서 자녀들에게 좋은 옷 입히고, 기름진 음식 먹이고 많은 교육시키려 애를 씁니다. 그러나 이보다도 우선하여 성경을 가르치고 신앙심을 심어주도록 결단하는 부모가 되게 하시옵소서.

어린이주일에 영광을 드리게 하심을 즐거워합니다. 목사님을 대언자로 세우셔서 하늘 양식을 진설하게 하심을 감사드립니다. 그 말씀으로 성경을 부지런히 배우는 삶에 도전을 받게 하시옵소서.

| 어린이주일로 말미암은 교회의 비전에 대하여 간구한다. |

예수님의 이름으로 기도드립니다. 아멘

어버이주일

부모를 공경하게 하시는 하나님,

하나님의 사랑이 부모를 통해서 저희들에게 나타났습니다. 효도하면서 하나님의 영광을 나타내게 하시옵소서. 그분들의 사랑과 희생으로 오늘의 저희들이 있음을 고백할 때, 하나님께 영광을 드립니다.

어버이주일을 즐거워하며 예배하는 저희들에게 부모를 공경하는 은혜를 주시옵소서. 육신의 부모에 의해서 하나님께로 나아가게 하시고, 여호와 우리 하나님을 공경하고, 온전히 영광을 드리게 하시옵소서.

부모를 섬기고 모시는 것에 마음을 다하지 못한 것을 회개합니다. 부모가 무엇을 해주었는가에만 집중을 했지, 효도해야 하는 저희들의 의무에는 어리석었던 죄를 용서해 주시옵소서.

부모를 즐겁게 하며 어미를 기쁘게 하게 하시옵소서. 부모님을 공경하고 부모님의 가르침을 따르는 사람은 잘 되고 아름다운 이름과 존귀를 얻게 해주신다는 약속도 소망하게 하시옵소서.

어버이주일에 오직 성령님의 충만하심으로 예배하는 권속들이기를 소망합니다. 성령님께서 주관하셔서 이 백성들이 부모를 통해서 받아 누리게 되는 복을 주시는 예배의 한 시간이 되게 하시옵소서. 오늘, 성삼위 하나님만이 영광을 받으시옵소서.

|어버이주일로 말미암은 교회의 비전에 대하여 간구한다.|

예수님의 이름으로 기도드립니다. 아멘

어린이 성경학교

사랑으로 길러주시는 하나님.

여호와의 이름을 높여드립니다. 저희 교회에서 자라는 어린이들을 위하여 ○○ 성경학교를 열게 하신 주님의 이름을 찬송합니다. 이 귀한 사역에 목사님을 비롯해서 교사들과 여러 모양을 섬길 일꾼들을 준비시키셨으니 참 즐겁습니다. 하늘의 지혜로 충만하게 하시옵소서.

어린이들이 생활 속에서 하나님의 말씀을 선택하고, 여호와의 인도하심을 바라도록 가르치지 못했음을 고백합니다. 어린이들이 예배당의 문 밖에서 하나님의 말씀이 자신을 다스림을 체험하지 못하게 되고 그들이 믿음으로 살도록 하지 못했음을 용서하시옵소서.

금번 성경학교의 경험으로 말미암아 어린이들이 하나님을 가까이 하게 하시옵소서. 우선적으로 하나님을 사랑하여 지혜에 풍성하게 하시옵소서. 여기에 모인 어린이들이 하나님만을 사모하고 하나님의 뜻을 알고자 할 때, 세상이 감당하지 못하는 지혜를 주실 것으로 믿습니다.

주님을 영화롭게 해드리는 예배로 진행되도록 성령님께서 권능을 나타내시옵소서. 마귀의 훼방을 멸하시고, 오직 하늘의 하나님을 영화롭게 해드리는 순서로 예배가 진행되게 하시옵소서. 말씀을 전해주실 목사님께 기름을 부어주시옵소서.

|어린이 성경학교와 관련된 교회의 비전에 대하여 간구한다. |

예수님의 이름으로 기도드립니다. 아멘

청소년 수련회

말씀을 사모하게 하시는 하나님,

예배 드림으로 ○○ 수련회를 시작합니다. 주님의 사랑을 입은 학생들이 은혜의 동산에서 하나님을 사모하도록 인도해 주시옵소서. 성령이 충만을 경험하게 하시고, 수련회가 진행되는 동안 하나님의 이름에 합당한 영광을 바치게 하시옵소서.

하나님께서 은혜를 주시려고 예비하신 땅에 모인 ○○ 지체들을 축복합니다. 모이게 하셨으니 준비된 은혜를 내려주시옵소서.

귀한 지체들이 하나님의 성회에서 하나님을 보다 더 배우고 사모하기를 소망합니다. 시간 시간에 베풀어주시는 말씀을 공부하게 하시옵소서. 말씀을 배우면서 하나님을 바로 알고, 자신을 알게 하시옵소서.

은혜를 사모하며 집회의 시간을 기다려 온 지체들에게 기도의 입을 넓게 열게 하시옵소서. 그래서 하나님의 크고 비밀한 것도 깨닫는 은혜의 삶을 살게 하시옵소서.

○○부의 지체들를 위하여 주의 종을 보내셨으니, 이 시간에 진리와 은혜의 말씀을 듣게 하시옵소서. 그에게 성령님의 충만하심과 지식을 더하셔서 천국의 말씀을 선포하게 하시옵소서. 이 한 시간의 예배에 여러 모양으로 수종을 드는 종들을 세우셨음에 감사드립니다.

| 청소년 수련회와 관련된 교회의 비전에 대하여 간구한다. |

예수님의 이름으로 기도드립니다. 아멘

교회기관 총회

교회를 든든하게 하시는 하나님,

○○○회의 총회로 모인 주님의 자녀들에게 은혜를 내려 주시옵소서. 오직 은혜로만 봉사의 일을 감당했던 이들이 새로운 일꾼들에게 바톤을 넘기려 합니다. 선한청지기 같이 서로 봉사하는 삶을 살기로 준비된 지체들이 새 일꾼으로 선출되는 아름다운 총회로 인도하시옵소서.

하나님 앞에서 신실한 일꾼이지 못했던 지난 시간들을 봅니다. 게으름과 세상의 가시덤불로 말미암아 스스로를 옥토로 가꾸지 못하여 알곡을 맺지 못한 죄를 고백합니다. 주님의 보혈에 씻음을 받아 새롭게 섬기기를 다짐하는 복된 총회의 자리가 되게 하시옵소서.

성총회로 모인 저희들로 말미암아 영광을 받으시옵소서. 해마다 좋은 일꾼이 선출되어 교회에 봉사하고 하나님의 나라가 확장되는 일에 헌신하게 하셨습니다. 계속해서 주님의 역사가 날마다 새롭게 되어서 저희 교회가 큰 부흥을 보기 원합니다.

저희 ○○○회에 하나님께서 원하시는 일꾼들을 세워주시옵소서. 성경이 말하는 조건을 가진 일꾼을 세우게 하시옵소서. 이 시간을 주님의 손에 드립니다. 총회를 시작하면서 드리는 예배에서 하나님을 만나게 하시옵소서. 갈보리 십자가의 보혈로 심령을 적셔주시옵소서.

| 총회와 관련된 교회의 비전에 대하여 간구한다. |

예수님의 이름으로 기도드립니다. 아멘

교육기관 졸업예식

여호와를 경외하기를 원하시는 하나님

하나님 앞에서 성도로서의 온전함을 갖추게 하셨음에 만족해합니다. 이들이 말씀을 잘 배우고, 신앙인격을 구비하도록 하셨으니, 하나님께 영광을 드리고 이 땅에서 하나님의 뜻이 더욱 이루어지기를 소망합니다. 교회와 성도들에게 졸업예배의 기쁨을 주신 주님께 감사드립니다.

졸업예배의 영광을 보면서 회개합니다. 말씀을 배우면서 자라는 아이들이나 이들을 위해서 수고하는 교사들에게 제대로 협력하지 못했음을 용서하시옵소서. 교회 안에서 되어져야 하는 일들이 많아 다음 세대를 키워야 하는 중요성을 알면서도 헌신하지 못했음을 고백합니다.

○○ 교회에 영광의 시간을 주셨으니 감사드립니다. 저희 교회가 금년에도 기도와 헌신으로 다음 세대를 하나님 앞에서 준비하게 하셨습니다. 주일학교에서 생활하는 동안 진리를 깊게 배우고, 은혜의 풍성함을 누리게 하셨음을 즐거워합니다. 저희들은 졸업예배를 드리면서 이들을 통해서 하나님이 받으실 영광의 일들을 내다봅니다.

주님의 말씀으로 격려를 받았으며, 주님께서 계신 곳에 이들이 서 있게 되었습니다. 이들이 배운 진리에 순종을 다하면서 주님을 더욱 따르게 하시고, 거룩하신 이름을 찬양하게 하시옵소서.

| 졸업예식과 관련된 교회의 비전에 대하여 간구한다. |

예수님의 이름으로 기도드립니다. 아멘

전도를 위한 행사

영생을 주시기로 작정하신 하나님,

주님의 피로 세워진 ○○ 교회가 오직 전도에 헌신하여 지금까지 달려갈 길을 달려온 데 대하여 감사드립니다. 여호와의 열심을 저희들의 심령에 품게 하셔서 전도의 문이 열려지기를 기도하게 하셨습니다. 생명을 구원함에 이르게 하는 십자가의 도를 전할 수 있게 하셨으니 ○○○○ 행사를 잘 감당하게 하시옵소서.

이 시간에, 우리 ○○ 교회가 세상을 향하여 복음을 전하는 공동체가 되기를 간구합니다. 오늘의 행사에 초대된 영혼들을 주님께로 인도하는 저희들이 되기를 빕니다. 세상을 사랑하시는 하나님의 사랑으로 오늘의 행사를 섬기게 하시옵소서.

하나님께서 구원받을 이들을 부르셨으니, 오늘의 천국잔치에서 예수님을 구주로 영접하는 심령들이 되게 하시옵소서. 이제까지 예수님을 알지 못하고 지냈으나, 우리 주님을 만나 새 생명으로 거듭나게 하시옵소서. 선포되는 말씀에서 생명을 위하시는 하나님의 은혜를 발견하게 하시옵소서. 구원의 복음을 받아들이게 하시옵소서.

하나님의 사랑에 즐거워하면서 천국의 백성이 되기를 다짐하게 하시옵소서. 저희들의 수고를 통해서 하나님의 사랑을 전하게 하시옵소서.

| 전도행사로 말미암은 교회의 비전에 대하여 간구한다. |

예수님의 이름으로 기도드립니다. 아멘

봉사를 위한 행사

남을 윤택하게 하로 삼아주시는 하나님.

우리 ○○ 교회가 이 땅에 있는 동안에 하나님의 나라가 이 땅에서 이루어지게 하셨음에 감사드립니다. ○○의 권속들에게 하나님을 사랑하고, 이웃을 사랑하며 지내오게 하신 은혜에 찬양을 드리게 하시옵소서.

우리 교회에 속해 있는 권속들은 하나님을 위하여, 세상을 위하여 한 가지 이상의 일에 헌신하게 하셨으니, 충성을 다하는 지체들이 되게 하시옵소서. 예배와 전도, 구제와 봉사를 하라고 이 땅에 교회를 존재하게 하신 하나님의 뜻을 이루어 드리는 저희들이 되기를 빕니다.

저희들에게 이웃을 향해서 손을 내밀게 하셨음에 감사드립니다. 선을 베풀만한 힘이 있거든 마땅히 받을 자에게 베풀기를 아끼지 말라 하신 말씀을 기억합니다. 주님께 드리는 손길이 되어 맡겨진 대로 감당하는 행사가 되게 하시옵소서.

오늘, ○○○ 행사를 하도록 하셨으니 성령님의 충만하심을 내려 주시옵소서. 하나님의 사랑과 은혜를 풍성하게 나누는 축제의 한 자리가 되게 하시옵소서. 하나님의 사랑을 풍성하게 하시옵소서.

이 행사로 말미암아 봉사하는 이들과 봉사를 받는 지체들 모두에게 천국의 즐거움을 맛보게 하시옵소서.

| 봉사행사로 말미암은 교회의 비전에 대하여 간구한다. |

예수님의 이름으로 기도드립니다. 아멘

군부대 위로 방문

나라를 세우고 지키시는 하나님,

나라와 민족을 위해서 부름을 받은 젊은이들을 축복합니다. 저희들을 이곳에 보내셔서 장병들 한 사람, 한 사람이 저희들의 아우이며, 자녀 같게 하시니 감사드립니다. 사랑하는 장병들을 만나게 하셨으니, 천국의 은혜를 나누게 하시옵소서.

인생의 시기에서 가장 중요한 시간을, 또한 가장 피가 뜨거운 시간을 나라에 바치고 있습니다. 이들의 숭고한 희생과 봉사로 말미암아 국방은 든든하고, 국민들은 편안히 살아가고 있음에 즐거워합니다.

국군 장병을 하나님께 올려드립니다. 그들을 지켜 주시옵소서. 저희들은 이제까지와 같이 앞으로도 이들을 위해서 기도하게 하시옵소서.

선물 주기를 좋아하는 자에게는 사람마다 친구가 되게 하시겠다는 말씀을 기억합니다. 오늘, ○○ 교회의 지체들에게 ○○ 부대의 장병들을 친구로 삼게 하셨음에 감사드리게 하시옵소서.

주님의 이름으로 이 부대를 방문하게 하셨으니, 오늘의 행사를 하나님께서 주관해주시옵소서. 저희들 모두에게 오로지 성령님의 충만하심에 따라 장병들을 위로하는 한 날이 되게 하시옵소서. 성령 하나님께서 장병들 한 사람, 한 사람을 어루만져 주시옵소서.

| 군부대의 방문으로 말미암은 교회의 비전에 대하여 간구한다. |

예수님의 이름으로 기도드립니다. 아멘

어린이 시설 방문

자비로우신 하나님,

어려운 환경에 놓여 져 있지만, 고아처럼 버리지 않으시고, 어린이들을 사랑하시는 여호와의 이름을 부릅니다. ○○ 교회의 지체들에게 이 아이들을 품게 하시고, 이곳을 찾아오게 하셨으니 저희들의 발걸음이 하나님께 영광이 되게 하시옵소서.

구제를 좋아하는 자는 풍족하여질 것이라는 하나님의 말씀에 순종해서 방문한 저희들에게 은혜를 나누게 하시옵소서. 남을 윤택하게 하는 자는 자기도 윤택하여지리라는 약속을 소망하여 더욱 이 아이들에게 사랑을 베풀게 하시옵소서.

하나님께서 친히 이들의 보호자가 되어 주시고, 그 은혜로 자라가는 아이들을 보니, 감사의 찬양을 올려 드립니다. 아이들이 공부하면서 지내는 동안에, 성령님께서 더욱 지혜롭게 해주시며, 하늘에서 임하는 행복을 누리게 하시옵소서.

이곳에 있는 어린 친구들이 여러 아이들과 더불어 지낼 때, 하나님의 품을 경험하게 하시옵소서. 화목하게 하시며, 이곳에서 수고하시는 도자들의 가르침을 잘 받게 하시옵소서. 이 좋은 기관을 세워 주셨으니, 여기에 소용되는 모든 것들에 풍족하게 채워주시옵소서.

| 시설의 방문으로 말미암은 교회의 비전에 대하여 간구한다. |

예수님의 이름으로 기도드립니다. 아멘

노인 보호 시설 방문

노인의 얼굴을 공경하게 하시는 하나님,

오늘, 저희들의 걸음을 이곳으로 인도해주셨습니다. 어르신들을 뵙게 하시니 감사드립니다. 이곳에서 우리가 깨닫지 못하였던 하나님의 은혜를 느끼게 하시니 감사드립니다. ○○ 교회의 지체들에게 이곳을 찾아오도록 인도해 주신 하나님의 뜻을 찾게 하시옵소서.

저희들이 어르신들과 함께 하는 시간이 짧지만, 여호와께 영광을 드리고 천국의 은혜를 누리는 시간이 되게 하시옵소서. 여호와를 경외하는 행위의 모습으로 어르신들을 위로해드리는 저희들이 되기를 빕니다. 함께 지내는 시간에 천국에서의 시간을 경험하게 하시옵소서.

여기의 어르신들께서 젊은 날에 수고를 다하셨기에, 이 나라와 이 사회가 이만큼 행복하게 된 것을 생각합니다. 지난 시간에 땀을 흘려 일을 하시고, 사회에 공헌을 하신 결과로 다음 세대인 저희들이 살아가고 있음을 생각합니다.

어르신들께 감사한 마음으로 즐겁게 해드리는 저희들이 되게 하시옵소서. 어렵게 지내시는 아르신들을 위로해 드리러 온 저희들에게 사람들이 사는 동안에, 기뻐하며 선을 행하는 것보다 더 나은 것이 없음을 새롭게 깨닫게 하시옵소서.

|시설의 방문으로 말미암은 교회의 비전에 대하여 간구한다.|

예수님의 이름으로 기도드립니다. 아멘

교회시설의 건축착공

교회를 인도하시는 하나님,

주님의 교회를 여기에 세우시고, 지금까지 영광을 받으신 하나님께 찬양과 경배를 드립니다. 성령님과 동행하는 교회로 섬겨온 ○○의 지체들에게 또 한 번 하나님의 일을 하게 해주셨습니다.

우리 교회가 지상에서 더욱 사명을 감당하고자 시설을 신축하게 되었음에 감사드립니다. 이로써 있는 자에게는 더욱 있도록 하시는 주님의 말씀을 경험하게 해주셨음에 더욱 충성을 다짐하게 하시옵소서. 저희들에게 교회의 사명에 목마르게 하시옵소서.

주님의 ○○ 교회가 지상에 존재하는 동안에, 날마다 구원의 역사가 일어나게 하시옵소서. 지금, 머리를 숙인 저희들은 열정을 품고, 하나님의 뜻을 받들어 교회를 섬기게 하시옵소서.

하나님께서 저희들을 ○○ 교회의 권속이 되게 하셨으니, 교회의 사역에 힘쓰는 저희들 되게 하시옵소서. 교회의 시설이 더해질 때마다, 저희들의 다짐도 더해져서 더욱 든든히 서 갈 수 있게 하시옵소서.

세상 사람들에게 하나님을 보여주는 교회로, 복음을 전파하는 교회로, 이 시대를 구원하는 교회가 되도록 기도하며, 헌신하는 저희들로 만들어 주시옵소서. 주님께서 다시 오시는 그날까지 지켜주시옵소서.

| 교회시설의 건축과 관련된 교회의 비전에 대하여 간구한다. |

예수님의 이름으로 기도드립니다. 아멘

교회시설의 입당예식

자원하여 예물을 드리게 하시는 하나님.

'여호와의 전'을 준비하는 심정으로 ○○ 시설의 공사를 마치게 하셨습니다. 이로써 하나님의 교회는 하나님께서 행하신다는 사실을 다시 깨닫게 해주시니 저희들은 오직 겸손하게 하시옵소서.

성도들이 한마음 한뜻이 되게 하셨음에 감사드립니다. 하나님을 사랑하고, 새 성전을 사모하는 마음을 주셔서 새로운 시설을 지음에 있어 아무리 어렵고 힘들더라도 헌신하게 하셨습니다. 이 시설은 하나님께서 지으셨습니다.

새 시설의 건축을 위해 하나님이 미리 예비하신 사람들을 많이 일으켜 주셔서 기적의 일이 넘치게 하여 주셨음에 찬양을 드립니다. 오늘, 입당 예배를 드림으로써 모든 성도들이 기쁜 마음으로 정성을 다하게 하셨음에 감사드리게 하시옵소서.

시설이 지어져 가는 과정에서 마지못해서 드리거나 억지로 드리는 자가 한 사람도 없게 하셨음을 즐거워합니다. 헌신에 참여한 ○○ 의 지체들이 다 크게 복을 받아 심령마다 감사가 넘치게 하여 주시옵소서. 오직 겸손한 마음과 헌신 가운데 각자의 소명을 이루며 소리 없이 지어지는 시설이 되게 하셨음을 추억하게 하시옵소서.

|교회시설의 건축과 관련된 교회의 비전에 대하여 간구한다.|

예수님의 이름으로 기도드립니다. 아멘

교회시설의 헌당예식

인애하신 우리 하나님,

교회에 새 시설을 세우는 동안에, 재정의 어려움을 당하지 않도록 채워 주신 하나님의 손을 기억합니다. 시설의 건축을 위하여 성도의 가정과 기업이 오병이어의 축복을 받아 누리게 하셨습니다.

많은 성도들이 옥합을 깨뜨리는 심정으로 건축헌금에 동참하게 하셨음에 감사드립니다. 필요한 재정이 공사가 진행되는 과정에 충족되고도 남는 은혜를 부어 주셨습니다.

의 성도들 가운데 단 한 사람도 이로 인하여 시험에 들지 않게 하시고 기쁨으로 동참하게 하셨음을 감사드립니다. 저희들의 헌신에 감사하면서 영광이 되기를 간절히 기도합니다.

새로 지어진 시설을 하나님께 드립니다. 이제, 이 전을 통하여 이 지역의 사람들이 가정을 회복하고, 지역에 복음의 문화를 심는 터전이 되게 하시옵소서. 상처를 받은 가정을 치유하고, 하나님의 풍성한 은혜를 누리게 하는 일에 크게 쓰임 받게 하시옵소서.

새로 지어진 주님의 집에서 우리의 자녀들이 하나님을 바로 믿고, 말씀으로 세워지는 다음 세대를 소망합니다. ○○의 자녀들이 복음으로 잘 다듬어져 세상을 변화시키는 영적 일꾼들이 되게 하시옵소서.

| 교회시설의 건축과 관련된 교회의 비전에 대하여 간구한다. |

예수님의 이름으로 기도드립니다. 아멘

3 편」

각종 예배 대표기도문

1월 1주_신년주일

하나님 아버지,

사랑하는 ○○의 지체들이 주님께서 베풀어주신 은혜를 생각하며 힘이 미치는 대로 감사하게 하시옵소서. 여호와 앞에 서원한대로 예물을 구별해서 드리게 하시옵소서. 감사의 예물을 드릴 때, 거룩하게 구별하는 법을 따라 바치게 하시옵소서.

베풀어주신 은혜를 헤아려볼 때, 감사함이 저희로 하여금 견딜 수 없게 하여 하나님께로 가져왔습니다. 위로부터 받은 은혜에 비하면 감사의 예물이라 할 것도 못 되지만 모두 드리는 은혜를 주시옵소서. 예수님의 이름으로 봉헌 기도드립니다. 아멘.

1월 2주_

하나님 아버지,

저희들이 살아오는 시간에 하나님은 쓸 것을 채워주시는 여호와이셨습니다. 자기 백성에게 일어나 지켜주시는 여호와를 경험하게 해주셨습니다. 사랑하는 ○○의 백성이 감사의 노래를 드리며, 그 성문으로 들어가는 심정으로 예물을 바칩니다. 영광이 되게 하시옵소서. 지난 주간의 생활은 여호와의 풍성하심 그대로 은혜를 누린 삶이어서 감사의 예물을 드립니다. 모든 쓸 것을 채워주신 손길에 감사하여 예물을 드릴 때, 저희 자신을 바침이 되게 하시옵소서. 예수님의 이름으로 봉헌 기도드립니다. 아멘.

<h2 style="text-align:center">1월 3주_</h2>

하나님 아버지,

이 시간에, 여호와를 위하여 펴는 손의 복을 경험하게 해주셨습니다. 새벽마다 도움이 되시는 하나님께 온갖 좋은 것들을 구별해서 드리게 하시옵소서. ○○의 성도들, 한 사람도 빈손으로 나오지 않게 해주셨음에 감격하고, 감격합니다.

주님께서 이루신 일을 즐거운 노래로 널리 퍼뜨리는 예물이 되기를 원합니다. 사랑하는 지체들에게 기근이 임하지 않게 하심을 즐거워합니다. 이에, 기쁨으로 섬기며 여호와를 위하여 손을 펴게 하시옵소서. 예수님의 이름으로 봉헌 기도드립니다. 아멘.

<h2 style="text-align:center">1월 4주_</h2>

하나님 아버지,

이 시간에, 감사로 하나님께 제사를 드리기 원합니다. 지난 한 주간 동안에 저희들을 모든 더러운 데서 구원해주셨음에 감사드립니다. 여호와께서는 영영히 견고하게 해주셨습니다. 주의 백성에게 베푸신 주님의 놀라운 은혜에 감사하게 하시옵소서.

저희들에게 해주신 일들을 증언하게 하시옵소서. 주님께서 베풀어주신 것들이 하도 많으나, 하나님의 것을 구별하여 돌려드리고 주신 복에 감사함이 상달되게 하시옵소서. 믿음으로 드리는 예물을 받으시옵소서. 예수님의 이름으로 봉헌 기도드립니다. 아멘.

<h2 style="text-align:center">2월 1주_</h2>

하나님 아버지, 출입을 지켜주시는 하나님의 자비하심에 감격하여 예물을 드리는 저희들이 되기를 원합니다. 감사의 노래로, 감사의 예물을 드려 하나님의 위대하심을 누리게 하시옵소서. 저희들에게 주신 것들에서 일부를 구별하는 거룩함으로 바침을 기뻐합니다.

지금 주님의 자녀들이 자신이 가진 모든 것을 우리 아버지 앞에 내어놓습니다. 아무 흠이 없는 온전한 것이 되게 하시옵소서. 그 받은 귀한 선물을 다 주님께 바치기를 소망합니다. 드림에 복을 내려 주시옵소서. 예수님의 이름으로 봉헌 기도드립니다. 아멘.

❧

2월 2주_주님의 산상변모 주일, 설날(16일)

하나님 아버지,

심은 대로 거두게 하시는 하나님을 묵상하게 하셨습니다. 수고한 대로 받아 누림의 삶으로 지내온 지난 시간들, 감사하여 예물을 준비하였습니다. 주님께서 베풀어주신 것이 많아 감사, 감격하여 예물을 드립니다. 자기 백성을 감격하게 하시는 아버지께 정성을 드리게 하시옵소서. ○○의 지체들은 하늘의 은혜에 보답하고자 예물을 준비했습니다. 받으시고 하나님께 영광이 되기 원합니다. 지금, 저희들이 하늘의 원리에 따라 많이 심어 많이 거두는 복에 참여하게 하시옵소서. 예수님의 이름으로 봉헌 기도드립니다. 아멘.

2월 3주_사순절 첫째 주일

하나님 아버지, 기쁨으로 단을 거두게 하신 하나님,

심는 자에게 씨와 먹을 양식을 주시는 여호와의 은혜에 감사드립니다. 하나님께서 심을 것을 주사 풍성하게 하셨으니 감사의 예물로 영광이 되기 원합니다. 주님의 이름을 부르는 자들에게 예물을 준비하게 하셨으니 영광을 드리는 감사가 되게 하시옵소서.

주님께서 이루신 그 놀라운 일들, 그 은총으로 의의 열매를 더하게 하시고, 부족함이 없는 재물을 통해서 풍성한 은혜를 받게 하시옵소서. 예수님의 이름으로 봉헌 기도드립니다. 아멘.

2월 4주_삼일절 기념주일

하나님 아버지,

여호와의 위로하는 품에서 만족하게 하셨기에 감사의 예물을 드립니다. 감사하는 마음으로 제물을 바치는 사람이 나에게 영광을 돌리는 사람이라고 하셨습니다. 하나님께서 베풀어 주신 그 영광의 풍성함을 인하여 즐거워합니다.

그 놀라우신 은총에 감사하여 예물을 바쳐 주님께 돌려드립니다. 저희들의 사랑을 받으시고, 이 예물로 하나님의 나라는 부흥되기를 소망합니다. 주님의 교회에 하나님의 영광이 나타나기를 소망합니다. 예수님의 이름으로 봉헌 기도드립니다. 아멘.

3월 1주_

하나님 아버지,

지금, ○○의 지체들이 여호와께 감사 찬송을 드립니다. 주님의 백성이 예물을 드리면서 은혜와 사랑을 찬송합니다. 하나님께서는 어미의 품으로 저희를 보호해주셨습니다. 감사의 예물을 올려드립니다. 여호와께서 내려주신 은혜를 영원토록 기리려고 예물을 드릴 때, 받아주시옵소서. 무릇 즐거운 마음으로 내는 저희들의 손길이 되게 하시고, 하나님이 도우셨음을 만방에 알리게 하시옵소서. 저희들의 손에 있는 것이 다 주님께로부터 왔으니 받으시고, 영광을 취하시옵소서. 예수님의 이름으로 봉헌 기도드립니다. 아멘.

3월 2주_

하나님 아버지,

시와 찬미와 신령한 노래로 나온 저희들에게 힘을 다하여 감사하게 하셨습니다. 드려지는 예물마다 받으시고, 영광을 드리게 하시옵소서. 주님께서 그 백성을 위로해주셨음에 감사로 예물을 드립니다. 시온에서 복을 주시는 여호와께 그 은혜에 대한 응답으로 아낌이 없이 드리게 하시옵소서. 고난당한 자를 긍휼히 여겨주신 은혜를 기억하며, 거룩한 날에 여호와 잎에서 감사의 예물을 드립니다. 이 예물을 드릴 때, 받으시고 영광을 나태시옵소서. 예수님의 이름으로 봉헌 기도드립니다. 아멘.

하나님 아버지,

만군의 여호와의 은혜로 지난 시간, 저희들의 생활은 풍요로웠습니다. 오늘, 드림의 은총을 내려주셨습니다. 예물을 바친 지체들마다 "진실로 주님은 선하시며, 진실로 그의 인자하심 영원히 변함이 없으시다"는 것을 고백하게 하시옵소서.

홀로 큰 기사를 행하시는 하나님 앞에서 비록 가난하고, 어렵기도 하였으나 감사가 넘친 한 주간의 삶이었습니다. 저희들을 안위해 주신 여호와의 은혜에 감사하여 예물을 드리니 받으시옵소서. 예수님의 이름으로 봉헌 기도드립니다. 아멘.

3월 4주_종려주일, 고난주간

하나님 아버지, 여호와께서는 지난 시간에, 저희들에게 선하시며 그 인자하심이 영원하셨습니다. 그 은총을 지내온 주님의 백성들이 하나님 여호와로 인하여 기뻐하게 하셨음에 감사드립니다. 영광을 드리게 하시옵소서. 저희를 위하여 비를 내리시되 이른 비를 너희에게 적당하게 주신 여호와를 찬송합니다. 드리는 손길에 겸손의 은혜를 내려 주시옵소서. 이 헌금이 쓰여 질 때, 교회는 하나님께 영광이 되고, 이 땅에서 하나님의 나라가 확장되기를 원합니다. 저희들의 예물을 사용해주시옵소서. 예수님의 이름으로 봉헌 기도드립니다. 아멘.

4월 1주_부활절

하나님 아버지,

○○의 지체들에게 여호와는 선하셨으며, 저희를 향하신 인자하심이 영원하심에 찬양을 드리게 하시옵소서. 베풀어주신 은혜에 감사함을 헤아리게 하시며, 감사함에 맞는 예물로 응답하게 하시옵소서. 저희들은 하나님께 복을 받은 증인들입니다. 지금, 저희들에게 복을 주셔서 기름지고 맛있는 것 배불리 먹은 듯이 지냈음에 감사하며 예물을 바칩니다. 저희들의 입술이 기쁘고 또한 입이 흥겨워 예물을 드리는 손이 즐겁습니다. 예수님의 이름으로 봉헌 기도드립니다. 아멘.

4월 2주_

하나님 아버지,

지난 한 주간의 시간은 하나님의 기적이었습니다. 때를 따라 식물을 주시고, 저희를 영화롭게 해주셨습니다. 그 은총을 받은 무리들이 받은 은혜에 대한 반응으로 예물을 준비해 왔습니다.

하늘에서 내려 온 복을 누린 지체들이 그 사랑에 보답하여 예물을 드렸습니다. 저희들 각자의 삶의 자리에서 받은 은혜에 따라 자원하여 바칩니다. 주님께 바칠 예물을 구별하게 해주셨으니, 사랑하는 구주 앞에 모두 드리는 예물이 여호와께 영광이 되기를 소망합니다. 예수님의 이름으로 봉헌 기도드립니다. 아멘.

4월 3주_

하나님 아버지,

저희들의 지난 한 주간의 삶을 지켜주셨음에 감사드립니다. 모든 일에 부요하게 하셨기에 예물을 드림이 너그럽게 하셨습니다. 베풀어주신 은혜입니다. 저희들 각 사람이 하나님을 즐거워하며 지냈기에 그 은혜에 드리는 예물을 받으시옵소서. 이 예물을 통해서 하나님께 감사하는 마음은 열납이 되고, 저희들 자신을 바침이 되기 원합니다. 이제, 하나님의 교회를 위해서 예물을 다루는 종들에게도 은혜를 주시옵소서. 예수님의 이름으로 봉헌 기도드립니다. 아멘.

4월 4주_

하나님 아버지,

여호와를 기쁨으로 섬기며 지내는 중에 소산이 넘치게 하시고 좋은 것들로 채우셨기에 마음을 다하여 예물을 드리니 받으옵소서. 은혜를 받은 권속들이 여호와를 위하여 손을 펴게 하시옵소서.

○○의 지체들, 한 사람도 빠짐이 없이 다 드리게 하시니 감사합니다. 넘치도록 베풀어주셨으니, 이 시간에 여호와의 자비로우심을 선포하게 하시옵소서. 드린 것은 하나님의 것이었으니, 귀한 예물이 하나님의 나라와 교회를 위해 쓰여 지게 하시옵소서. 예수님의 이름으로 봉헌 기도드립니다. 아멘.

<h2 align="center">4월 5주_</h2>

하나님 아버지,

여호와께서 베풀어주신 것이 셀 수 없이 많아 감사의 예물을 드립니다. 측량할 수 없는 은혜에 감사를 드리게 하시니 감사합니다. 저희들이 드리는 예물이 성소에서 찬양을 드림이 되게 하시옵소서.

여호와의 은혜를 노래하여 그 행사를 선포하는 예물이 되게 하시옵소서. 지금, 하나님의 것을 구별하여 돌려드리고 주신 복에 감사할 때, 영광을 받으옵소서. 이 헌금이 쓰여 짐으로써 주님께 영광이 되기 원하며, 예물을 다루는 일에 쓰임을 받는 종들을 복 주시옵소서. 예수님의 이름으로 봉헌 기도드립니다. 아멘.

<h2 align="center">5월 1주_어린이주일</h2>

하나님 아버지,

주님의 자녀들에게 복을 주셔서 지난 주간에도 복된 삶을 살아왔습니다. 하늘의 신령한 복과 땅의 기름진 것으로 만족하게 하셨습니다. 이 시간에, 예물을 드림으로써 하늘에 계시는 하나님께 감사하는 은혜에 들어가게 하시옵소서. 무엇을 하든지, 어디로 가든지 복되었던 사실에 감사하여 예물을 드립니다. 생육하고 번성하여 땅에 충만했던 생활에 감격해서 드리니 받으옵소서. 주님을 사랑하여 몸도 함께 드리게 하시옵소서. 예수님의 이름으로 봉헌 기도드립니다. 아멘.

5월 2주_어버이주일

하나님 아버지,

자기 백성에게 인자하심이 영원하신 하나님을 사랑합니다. ○○의 지체를 즐겁고 기뻐하게 하신 여호와께 예물을 드려 응답하게 하시옵소서. 저희들을 향하신 여호와는 은혜로우시며 자비하셨습니다. 온 마음으로 감사하는 저희들로 이끌어주시옵소서.

지난 주간에 저희들에게 다가오신 하나님은 인자하심이 크신 아버지이셨습니다. 이에, 은혜가 크고, 감사함이 넘쳐서 예물을 드립니다. 주신 것에 비하여 보잘 것이 없으나, 하나님의 영광을 드러내게 하시옵소서. 예수님의 이름으로 봉헌 기도드립니다. 아멘.

5월 3주_성령강림주일

하나님 아버지,

오늘, 저희들이 하나님을 사랑하며 구별한 예물로 세상에서 복을 주신 하나님을 전하게 하시옵소서. 지친 사람에게 마음껏 마실 물을 주는 것과 같은 은혜로 살아왔음을 고백합니다. 아무리 많은 것을 드린다 해도 하나님의 사랑에는 응답할 수 없습니다.

지난 시간 동안에 저희들에게 베풀어진 하나님의 은혜는 허기진 사람에게 배불리 먹을 양식을 주시는 것이었기에 그 크고 넓으신 은혜에 감사해서 예물을 바치니 받으시옵소서. 예수님의 이름으로 봉헌 기도드립니다. 아멘.

5월 4주_삼위일체주일

하나님 아버지,

동서남북의 사방에서 하나님께서 모아주신 백성이 여호와의 이름 앞에 감사드립니다. 저희들의 삶은 곧 여호와의 자비로우심이셨습니다. 이 시간에, 주님의 긍휼이 그치지 않게 하셨음을 본 주님의 백성들, 믿음으로 구별한 예물을 바칩니다. 삶의 현장에서 저희들 각 사람이 인자와 진리로 보호하시는 하나님의 손길을 보았습니다. 그 은혜가 넘쳐 예물을 드리도록 하였으니, 받아 주시옵소서. 드려진 예물이 사용될 때, 여호와의 영광을 나태시옵소서. 예수님의 이름으로 봉헌 기도드립니다. 아멘.

6월 1주_현충일 주일

하나님 아버지,

여호와께서는 ○○의 백성에게 기근 시에도 살게 하셨습니다. 이에, 모든 은혜를 넘치게 하신 여호와께 감사하여 예물을 드립니다. 오늘, 성소에서 저희들에게 예물을 드리게 하사, 최상의 기쁨을 주셨습니다. 억지로나 인색함으로 드리지 않게 하시니 진실로 감사합니다. 사랑하는 지체들이 힘에 넘치도록 드리는 예물을 받으시고, 여호와의 나라는 영원하기 원합니다. 예물을 드림을 통해서 모든 일, 모든 것이 넉넉하여 모든 착한 일을 넘치게 하게 하심을 보게 하시옵소서. 예수님의 이름으로 봉헌 기도드립니다. 아멘.

하나님 아버지,

지난 한 주간에도 저희들의 창고와 손으로 하는 모든 일에 복을 내리셨음에 감사드립니다. 여호와께서 주신 삶의 자리에서 땀을 흘리며 지내게 하시고, 소득도 얻게 하셨기에 감사의 예물을 바칩니다. 하나님의 은혜는 저희들에게 풍성함이었습니다.

예배하는 시간에, ○○의 지체들에게 손을 내어 드리게 하시옵소서. 예물을 드림으로써 하나님은 선하시며, 그 인자하심이 영원하심을 선포하게 하시옵소서. 저희들을 풍성하였으니 영광을 받으옵소서. 예수님의 이름으로 봉헌 기도드립니다. 아멘.

6월 3주_

하나님 아버지,

오늘, "자기 백성을 광야에서 인도하여 주신 분께 감사하라." 말씀을 기쁨으로 받습니다. 지난 시간에도 밀의 아름다운 것으로 저희에게 먹이셨음에 감사드립니다. 반석에서 나오는 꿀로 만족케 하셨음을 즐거워하며 예물을 드립니다.

○○의 지체들이 주신 것들의 일부를 거룩하게 구별해서 하나님의 것을 모두 드리게 하시옵소서. 그리고 주신 복에 감사의 찬송을 부르게 하시옵소서. 이 헌금이 쓰여 져서 영광이 되게 하시옵소서. 예수님의 이름으로 봉헌 기도드립니다. 아멘.

6월 4주_한국전쟁일

하나님 아버지,

복락의 강수로 마시게 하신 하나님이십니다. 이 시간에, 주님의 자녀들을 고아처럼 버리지 않고, 보호해주셨음에 감사하면서 예물을 드리게 하시옵소서. 이로써 "언제나 나의 하나님께 감사하는" 저희들로 삼아주시옵소서. 마땅히 받으실 주의 예물입니다.

우리 하나님의 사랑에 감격하여 마땅히 경외할 이에게 예물을 드리니 받으시옵소서. 지금 저희들의 손에 있는 것이 다 주님께로부터 왔으니 받으시고, 이 땅에 있는 것들의 주인이 하나님이심을 공표하시옵소서. 예수님의 이름으로 봉헌 기도드립니다. 아멘.

7월 1주_맥추감사절

하나님 아버지,

오늘, 저희들은 주님께 감사하면서, 그의 이름을 부르기를 원합니다. 가장 높으신 하나님, 주님께 감사를 드리는 ○○의 지체들로 삼아주시옵소서. 감사로 예물을 드리면서 하나님께서 하신 일을 만방에 알림이 되게 하시옵소서.

지난 주간에, 저희들의 삶은 날마다 여호와의 얼굴을 보는 것이었습니다. 그 얼굴을 주님의 백성들에게 비취셔서 번성으로 복된 삶을 살았습니다. 이에, 예배하러 나오면서 예물을 준비했으니, 드리는 손길, 예수님의 이름으로 봉헌 기도드립니다. 아멘.

하나님 아버지,

하나님은 자기 백성에게 힘과 방패가 되시는 하나님이셨습니다. 여호와께서 쓰고도 넘치도록 풍족하게 하셨음을 즐거워합니다. 마른 땅에 단비를 내리신 하나님의 손에 영광을 돌려 드립니다. 하나님의 이름을 높여드리고 영원히 찬송하게 하시옵소서.

언제나 처음의 복보다 더 하게 하신 긍휼을 찬송합니다. 예물을 바치는 손길로 기쁨으로 섬기며 여호와의 이름을 높이게 하시옵소서. 저희들은 받은 것으로 손을 움키지 않고, 펴는 손이 되게 하시옵소서. 예수님의 이름으로 봉헌 기도드립니다. 아멘.

7월 3주_

하나님 아버지,

저희들의 생활을 통해서 초장에는 양떼가 입혔고 골짜기에는 곡식이 덮였음을 보게 하셨음에 감사드립니다. 받은 복을 세어보도록 하시며 하나님의 이름을 노래하게 하셨습니다. 아버지께로부터 받은 것들에서 일부를 돌려드려, 하나님께 응답을 드리게 하시옵소서. 세세하게 간섭하시고, 도우신 하나님이십니다. 그 은혜에 저희가 다 즐거이 외치고 또 감사의 예물을 바치게 하시옵소서. 하나님의 것을 구별하여 돌려드릴 때, 영광을 받으옵소서. 예수님의 이름으로 봉헌 기도드립니다. 아멘.

7월 4주_

하나님 아버지,

주님의 자녀들에게 약속하셨던 그대로 복을 내려주셨음에 감사드립니다. 여호와께서는 저희들에게 응답하시고, 구원을 베풀어주셨습니다. 주의 백성에게 평생 은총을 베풀어주신 하나님을 자랑하게 하시옵소서. 이에, 모든 것을 주님께 다 드려도 부족할 뿐입니다.

이 시간에, 의 지체들은 주님께 감사제를 드리고 여호와의 이름을 부르게 하시옵소서. 귀한 것을 주님께 다 드려도 그 크신 은혜에는 부족할 뿐입니다. 사랑하는 지체들에게 감사로 영광을 드리게 하시옵소서. 예수님의 이름으로 봉헌 기도드립니다. 아멘.

❧

7월 5주_

하나님 아버지,

○○의 지체들에게 "육신을 가진 모든 사람에게 먹거리를 주시는 분께 감사하라."고 하셨습니다. 여호와께 감사의 예물을 드리니 주님을 기쁘시게 해드리기 원합니다. 입을 열어 우리 하나님께 크게 감사하게 하시옵소서. 바쳐지는 예물과 저희를 받아주시옵소서.
지난 주간에 저희들에게 나타내주신 은혜를 이 희생으로 다 갚을 수 없으나 모든 것을 우리 아버지 앞에 내어놓을 때, 받으옵소서. 이 헌금이 교회 안에서 쓰여 질 때, 영광이 되기를 소망합니다. 예수님의 이름으로 봉헌 기도드립니다. 아멘.

8월 1주_

하나님 아버지,

때마다, 일마다 도우시는 여호와께 찬송과 영광을 드립니다. 하나님은 저희들이 낮아졌을 때, 기억해주셨습니다. 곤고한 시간에, 외롭고 힘이 들던 시간에, 함께 해주셨으니, 그 은혜를 기억하며 감사합니다. 주님의 긍휼히 여기심이 저희들에게 임하여 지난 한 주간의 생활도 부요하였습니다. 모자람이 없고, 넉넉함 속에서 주신 은혜를 찬송하며 지내던 저희들이 예물을 드리니 받으옵소서. 이 예물을 드릴 때, 받으시고 만유의 주인이 되시는 하나님의 영광을 나타내시옵소서. 예수님의 이름으로 봉헌 기도드립니다. 아멘.

8월 2주_광복절주일

하나님 아버지,

의의 길로 인도해주시는 여호와이셨습니다. 저희들의 삶은 주님의 은혜였음에 감사하게 하시옵소서. 그 은총에 감격하여 마리아와 같은 심정으로 나왔으니 옥합을 깨뜨렸던 심정으로 예물을 드리게 하시옵소서. 옥합을 깨뜨리는 심정으로 예물을 드리게 하시옵소서.

주님을 기쁘시게 해드리고, 하나님의 영광이 이루어지는 예물이 되기 원합니다. 여기에 모인 이들이 주님을 사랑하여 아낌없이 드리게 하시옵소서. 이 예물로 하나님의 교회에 큰 영광이 되게 하시옵소서. 예수님의 이름으로 봉헌 기도드립니다. 아멘.

8월 3주_

하나님 아버지,

자비로우신 하나님의 손길로 먹고 배부른 한 주간을 살았습니다. 염려와 근심을 주님께 맡기고, 위로부터 내려주신 은혜로 지냈기에 감사의 예물을 드립니다. 빈손으로 나오지 않게 하셨음을 기뻐합니다. 이 시간의 예물이 찬송을 받으실 여호와께 마땅히 드리는 것이 되게 하시옵소서. 여호와께 만물의 주인이 되심을 증거 하는 예물이 되게 하시옵소서. 믿음과 소망, 사랑의 자세로 드리니 받아주시고, 하나님의 나라는 더욱 든든해지기를 소망합니다. 예수님의 이름으로 봉헌 기도드립니다. 아멘.

8월 4주_

하나님 아버지,

지금은 ○○의 지체들이 여호와 앞에 예물을 드리려 합니다. 하늘의 문을 여시고 베풀어주신 은혜에 마음이 감동되어 예물을 준비해 온 손길들에 복을 더하여 주시옵소서. 이 적은 예물로 하나님의 성실에 대한 거룩한 응답이 되게 하시옵소서.
하나님께 드림에 자원하여 예물을 바치게 하셨으니 받으옵소서. 사랑하는 구주 앞에 모두 드리는 은혜를 보게 하시고, 이 헌금으로 주님의 나라가 확장되게 하시옵소서. 예수님의 이름으로 봉헌 기도드립니다. 아멘.

<h2 style="text-align:center">9월 1주_</h2>

하나님 아버지,

지난 이레 동안에 여호와의 품에서 인도함을 받아 감사로 예물을 드립니다. 주님의 이름을 예배할 때, 드리는 예물을 열납해 주시옵소서. 저희들의 삶이 오직 주님의 공로를 인함이라, 힘을 다해서 예물을 드리게 하시옵소서. 저희들이 바치는 것으로 영광을 받으옵소서. 죽어서는, 아무도 주님을 찬양하지 못한다는 사실을 기억하게 하시옵소서. 살아있는 시간에 마음을 다하여 예물을 드려서 하나님께 영광이 되게 하시옵소서. 몸과 함께 드리는 헌신의 제물로 받아 주시옵소서. 예수님의 이름으로 봉헌 기도드립니다. 아멘.

<h2 style="text-align:center">9월 2주_</h2>

하나님 아버지,

주님의 은혜로 살아온 지체들이 각각 그 마음에 정한대로 예물을 드립니다. 저희들의 마음을 다하여 우리 하나님께 감사하는 예물이 되게 하시옵소서. 이 적은 헌금의 예물로 영원토록 주님의 이름에 영광을 돌리게 하시옵소서. 하나님께의 응답으로 삼아주시옵소서.

성령님의 감화에 인색함으로나 억지로 바치지 않게 하시니 영광을 받으옵소서. 하나님께서는 즐겨 내는 자를 사랑해 주시고, 그 받은 귀한 선물을 다 주님께 바치기를 소망하게 하시옵소서. 예수님의 이름으로 봉헌 기도드립니다. 아멘.

9월 3주_

하나님 아버지,

여호와께 존귀한 백성에게 은혜를 베풀어 주셨으니 이 시간에 영광을 드립니다. ○○의 지체들에게 감사를 드리는 기회를 주셨습니다. 예물을 드리면서 여호와의 이름을 찬양하는 저희들로 삼아주시옵소서. 저희들의 예물이 베풀어주신 은총에 응답이 되게 하시옵소서. 하늘의 위로하심을 받은 주님의 자녀들이 빈손으로 나오지 않게 하셨음에 감사드립니다. 부족함이 없는 재물을 통해서 풍성한 은혜를 받았으니 그 일부를 돌려드릴 때, 받으옵소서. 예수님의 이름으로 봉헌 기도드립니다. 아멘.

✦

9월 4주_추석(24일)

하나님 아버지,

주님의 자녀들에게 구하는 그대로 주셨음에 감사하여 예물을 드립니다. ○○의 지체들에게 예물을 드려 감사하도록 하셨으니 영광을 받아주시옵소서. 예물을 드림에 의해서 노래를 불러 하나님께 찬양과 감사를 드림이 되게 하시옵소서.

기쁜 하늘의 잔치에 참여한 지금, 귀한 예물을 드리게 하시옵소서. 이 복된 예물로 저희들을 만족케 하신 하나님을 선포하게 하시옵소서. 그 베풀어주셨음에 감사하여 주님께 돌려드리니 받으옵소서. 예수님의 이름으로 봉헌 기도드립니다. 아멘.

<h2 align="center">9월 5주_</h2>

하나님 아버지,

여호와의 이름에 합당한 영광을 예물을 통해서 돌려드리게 하시옵소서. 아름다운 복으로 채우시는 하나님께 감사의 예물로 받아주시옵소서. 복되게 하셨음에 감사한 예물을 드림으로써 주님을 경배합니다. 사랑하는 ○○의 지체들에게 예물을 드림의 은혜를 주셨습니다. 즐거운 마음으로 드리는 제물로 삼아주시옵소서. 감사와 감격에 찬 예물을 가지고 여호와 앞에 내려놓게 하시옵소서. 이 모든 것이 다 주님께로부터 왔으니 받으시옵소서. 예수님의 이름으로 봉헌 기도드립니다. 아멘.

<h2 align="center">10월 1주_</h2>

하나님 아버지,

주님의 자녀들에게 소망의 하나님을 누리게 하셨음에 감사드립니다. 예배하러 나오면서 예물을 준비했으니 여호와를 높임이 되게 하시옵소서. 예물을 드려 감사하려는 것은 하나님이 저희들의 아버지이시기 때문이십니다. 온 마음을 다 드리는 정성을 받아주시옵소서. 모든 기쁨과 평강을 믿음 안에서 충만케 하셨던 은혜에 예물로 영광을 드리니 받으시옵소서. 성령의 능력으로 소망이 넘치게 하심을 즐기며 몸과 마음을 묶어서 드리는 예물이 되기 원합니다. 예수님의 이름으로 봉헌 기도드립니다. 아멘.

<h2 style="text-align:center">10월 2주_</h2>

하나님 아버지,

우리 주님의 은혜가 누르고 흔들어 차고 넘치는 한 주간이었습니다. 하나님 앞에서 거룩하게 구별된 백성들, 헌금을 드림이 하나님의 자녀라는 증거가 되게 하시옵소서. 하나님의 것을 누리고 살다가 그 일부를 따로 구별해서 드림이 되게 하시옵소서.

믿음과 사랑과 함께 부요한 삶을 살게 해주신 은혜를 기리고자 예물을 드립니다. 그리스도 안에서 넘치도록 풍성하였으니, 기쁨으로 섬기며 여호와를 위하여 손을 펴게 하시옵소서. 예수님의 이름으로 봉헌 기도드립니다. 아멘.

<h2 style="text-align:center">10월 3주_</h2>

하나님 아버지,

여호와께서 저희들에게 주신 것들은 넘치도록 즐겁게 하였습니다. 우리 주 예수 그리스도를 통하여 우리에게 승리를 주시는 하나님이셨습니다. 이에, 저희들에게 예물을 준비할 마음을 주셔서 감사합니다. 마음에 내키는 대로 드리니 받으시고, 영광으로 삼아주시옵소서. 베풀어주신 모든 은혜를 무엇으로 보답할까 기도하며 예물을 드립니다. 이 예물을 거룩하게 하시고, 교회의 사명이 이루어지게 하시옵소서. 예물을 다루는 일에 쓰임 받는 종들에게도 복이 되게 하시옵소서. 예수님의 이름으로 봉헌 기도드립니다. 아멘.

10월 4주_종교개혁기념주일

하나님 아버지,

때마다, 일마다 주님의 손이 함께 하셨던 삶을 살아왔습니다. 이 제, 마음을 드려 예물을 바칩니다. 드리는 저희들의 만족을 위해서 가 아니라 하나님께서 기쁨으로 받으시도록 드리는 예물이 되게 하시옵소서. 받은 은혜로 말미암아 잠잠할 수 없어서 여호와를 찬양하는 마음으로 드리기를 원합니다. 이 예물을 받으시고, 은혜를 더해 주시옵소서. 구별해서 드린 예물로 주님의 나라는 더욱 영원하기 원합니다. 하나님의 교회와 하나님의 일에 크게 쓰여 지게 하시옵소서. 예수님의 이름으로 봉헌 기도드립니다. 아멘.

11월 1주_

하나님 아버지,

긍휼에 풍성하신 하나님이 우리를 사랑하셨음에 귀한 예물로 감사드립니다. 여호와의 큰 사랑을 인하여 저희들의 삶은 풍요했습니다. 비록 적은 것이지만 예물을 드림으로 하나님을 찬양하는 저희가 되게 하시옵소서. 하나님의 은혜를 헤아림이 되게 하시옵소서.

그 은혜와 사랑에 감사하여 이 예물을 드릴 때, 받으시고 영광을 나태시옵소서. 하나님께 구별할 것을 구별하게 하시옵소서. 이 헌금이 쓰여 질 때, 주님을 위해 쓰이게 하시옵소서. 예수님의 이름으로 봉헌 기도드립니다. 아멘.

하나님 아버지,

새끼가 어미의 품에서 젖을 빠는 것 같이 여호와의 품에서 부족함이 없었기에 감사드립니다. 젖을 넉넉히 빤 것 같이 그 영광의 풍성함을 인하여 즐겁게 지낸 저희들입니다. 이에, 그 사랑에 보답하여 예물을 드릴 때, 받으시옵소서. 하나님께만 드리는 예물이기 원합니다. 오늘, 감사의 시간에 참여함으로 가르침을 받은 대로 믿음을 굳게 하는 은혜를 경험하게 하시옵소서. 하나님께서 요구하셨던 드림의 언약에 참여하는 저희들로 삼아주시옵소서. 거룩하게 해주시옵소서. 예수님의 이름으로 봉헌 기도드립니다. 아멘.

11월 3주_추수감사절

하나님 아버지,

하나님의 은혜로 아름다운 집을 짓고 거하던 저희들입니다. 돌아보니 저희들이 살아온 시간은 먹어서 배불린 날들이었습니다. 먹어서 배부른 삶을 살아왔기에 감사함으로 드리는 예물을 받으옵소서. 저희들의 기도를 들어주시고, 간구에 응답해주셨기에, 이렇게 예물을 드립니다. 아무것도 염려하지 말고, 모든 일을 오직 기도와 간구로 살아오게 하셨습니다. 하나님의 영광을 위해서 드리는 손에 겸손의 은혜를 주시옵소서. 이 예물이 쓰여 주님의 뜻이 더욱 이루어지게 하시옵소서. 예수님의 이름으로 봉헌 기도드립니다. 아멘.

11월 4주_왕이신 그리스도 주일

하나님 아버지,

여호와께서 복을 주신대로 살아온 날들이라 감사의 예물을 준비했습니다. 예물을 드리면서 찬송과 영광과 지혜와 감사와 존귀와 권능과 힘이 우리 하나님께 영원무궁 하도록 있음을 고백하게 하시옵소서. 이 시간에 저희들의 힘을 헤아려 드리는 자원하는 예물입니다. 영광중에 받으시고, 저희들은 구주 앞에 모두 내어드리는 은혜를 누리게 하시옵소서. ○○의 지체들 중에 누구라도 자기를 위하여 예물을 드리지 않게 하시니 감사합니다. 이 예물로 교회도 부흥을 보게 해주시옵소서. 예수님의 이름으로 봉헌 기도드립니다. 아멘.

12월 1주_대림절 첫째 주일

하나님 아버지,

하나님께서 저희들을 사랑하시되 끝까지 사랑해 주셨음에 감사하여 주님의 자녀들이 자신이 가진 모든 것을 우리 아버지 앞에 내어놓습니다. 오늘, 이 거룩한 시간에 참여하여, 영원히 감사를 드리고, 대대로 주님께 찬양을 드리려는 저희들의 결단이 되게 하시옵소서. 여호와께 저희들 자신이 열납되기 원하여 예물을 드렸습니다. 복 되게 받아주시고, 주님께 영광을 드리게 하시옵소서. 이로써 경건함과 두려움으로 하나님이 기뻐하시도록 여호와를 섬김이 되게 하시옵소서. 예수님의 이름으로 봉헌 기도드립니다. 아멘.

12월 2주_성서주일

하나님 아버지,

지난 한 주간의 삶이 시냇가에 심은 나무가 시절을 좇아 과실을 맺음과 같게 하셨기에 감사드립니다. 잎사귀가 마르지 않게 하신 은혜에 감격하여 그 받은 귀한 선물을 다 주님께 바치게 하시옵소서.

무엇을 하든지, 모든 것을 주 예수의 이름으로 하라하신 말씀에 따라 주님의 이름으로 헌금에 참여하게 하시옵소서. 의 지체들이 가장 아름다운 것을 하나님께 드릴 때, 저희들에게 존귀와 영화가 넘칠 것입니다. 이 헌금으로 하늘에는 영광이며, 교회는 부흥되게 하시옵소서. 예수님의 이름으로 봉헌 기도드립니다. 아멘.

12월 3주_대림절 셋째 주일

하나님 아버지,

주님의 은혜를 입은 자녀들에게 바침의 은혜를 주셨습니다. 하나님께서 재물과 부요를 주셨음을 감사하여 예물을 드립니다. 여호와께로부터 분복을 받아 수고하며 산 것에 합당한 예물이 되게 하시옵소서. 하나님의 것으로 누렸으니, 기쁨으로 드리게 하시옵소서.

부족함이 없는 재물을 통해서 풍성한 은혜를 받았습니다. 그 일부를 여호와께 돌려드리니 받으시옵소서. 종들의 예물로 말미암아 많은 사람들로 하여금, 하나님께 감사를 넘치게 드림이 되게 하시옵소서. 예수님의 이름으로 봉헌 기도드립니다. 아멘.

12월 4주_대림절 넷째 주일, 성탄절(25일)

하나님 아버지,

이 시간에, 하나님의 자비하심을 증거 하게 하셨습니다. 주께서 주신 즉 저희가 취하여 넉넉하게 살아왔음에 감사드립니다. 적은 헌금이지만 자기를 사랑하지 않고, 돈을 사랑하지 않음을 고백하게 하시옵소서. 주께서 ○○의 지체들을 위하여 손을 펴신 즉 저희가 좋은 것으로 만족하였기에 감사로 예물을 드립니다. 이 시간에, 그 베풀어주신 은총에 감사하여 저희들이 쓰기 전에 주님께 돌려드립니다. 영광중에 받아주시고, 바쳐진 예물은 오직 주님을 위해 쓰이게 하시옵소서. 예수님의 이름으로 봉헌 기도드립니다. 아멘.

12월 5주_송년주일

하나님 아버지,

하나님의 은혜로 살아온 ○○의 지체들, 예물을 가지고 주님의 품으로 나아가기 원합니다. 억지로나 혹은 인색함으로 드리지 않게 하심에 감사드립니다. 예물을 드릴 시간을 주셨으니, 여호와의 이름에 합당한 영광을 돌리게 하시옵소서. 저희들의 예물을 거룩하게 하시옵소서.지금 저희들의 손에 있는 것이 다 주님의 것이니 받아주시옵소서. 금년의 시간에서, 주님께서 하신 일이 놀라워, 이 모든 일로 감사를 드리는 저희들이 되게 하시옵소서. 하나님은 저희들에게 감사이십니다. 예수님의 이름으로 봉헌 기도드립니다. 아멘.

1월 1주_신년주일

새 첫 시간의 하나님,

새해의 첫 주일을 열어주시고, 하나님의 백성을 예배의 자리로 이 끌어 내셨습니다. 사랑하는 중·고등부 지체들, 사람의 걸음을 정 하시고, 인도해주시는 하나님께 찬송과 경배를 드립니다.

하나님 앞에서 살기를 다짐하며, 저희들의 죄를 고백합니다. 사랑 하고, 섬기는 삶을 살지 못하던 죄를 용서해주시옵소서. 저희들이 작은 예수로서의 모습을 드러내지 못한 것을 회개합니다.

지금, 예배의 자리로 나온 친구들, 영과 진리로 예배하게 하시고, 산 제물로 받으옵소서. 하나님께서 말씀으로 저희를 새롭게 하심을 믿고 목사님의 설교에 마음을 내려놓게 하시옵소서. 듣는 귀와 보 는 눈을 열게 하셔서 주님의 말씀으로 깨달음을 얻게 하시옵소서.

올해에도 하나님께서는 우리를 인도해 주심을 믿습니다. 매일, 매 일 여호와를 의지하는 중에, 인도하심 속에서 살아가게 하시옵소 서. 저희들의 갈 길을 미리 아시고 성취시켜 가시는 여호와를 소망 합니다.

하나님의 일을 성취하시는 은혜를 보기 원합니다. 사람이 마음으로 자기의 길을 계획할지라도 그 걸음을 인도하시는 여호와를 소망하 게 하시옵소서.

| 중·고등부의 비전과 지체들의 상황을 간구한다. |

예수님의 이름으로 기도드립니다. 아멘.

1월 2주_

하늘에 계신 하나님,

거룩한 날로 구별해주신 시간에, 중·고등부 지체들이 여호와의 이름을 높이 부릅니다. 구원에 이르는 믿음을 갖도록 하신 하나님의 은혜에 감사하며 영광을 드리게 하시옵소서.

주일을 보내고 삼일 동안의 저희들은 말 그대로 죄와 허물의 삶이었습니다. 단호하게 불의를 거절하지 못한 비겁했었습니다. 이 시간에, 가슴을 치면서 회개했던 세라의 가슴을 주시옵소서.

오늘도 사랑하는 주님의 친구들을 은혜의 자리로 불러 주셔서 영과 진리로 예배하게 하셨으니 영광을 드립니다. 베풀어 주시는 신령한 식탁으로 인해 천국 잔치의 기쁨을 누리는 한 시간이 되게 하시옵소서.

노아를 의롭게 하신 하나님, 그 손길이 저희들에게도 나타나도록 해 주시옵소서. 노아가 믿음으로 경고를 받아들여서 심판을 면할 수 있었던 것처럼, 저희들은 성경의 말씀을 지키고 순종함으로써 심판을 받지 않게 하시옵소서.

금년에도 우리 친구들은 여호와 앞에서 노아의 믿음을 본받아 신앙의 방주를 예비해하도록 이끌어 주시옵소서. 저희들의 생활이 하나님의 뜻이 이루어지도록 예비하는 삶이 되게 하시옵소서.

|중·고등부의 비전과 지체들의 상황을 간구한다.|

예수님의 이름으로 기도드립니다. 아멘.

1월 3주 _

주일을 주신 하나님,

오늘을 거룩하게 하사 주일로 정하시고, 예배하도록 하신 하나님께 찬양으로 영광을 드립니다. 중고등부 지체들을 거룩한 삶으로 인도해주시고, 지켜주신 하나님이십니다.

이 시간에, 받으셔야 하실 영광을 취해주시옵소서. 예배하러 모인 저희들에게 먼저 자신을 돌아보며 죄를 기억하게 하시옵소서. 돌이켜보니, 하나님께 영광을 드리도록 보내진 생활의 현장에서 그리스도를 믿지 않는 자들처럼 행동했던 것을 회개합니다. 주님께 드림보다 자신의 유익을 구했던 죄를 용서해 주시옵소서.

이 복된 자리에서, 저희들에게 새 생명을 주신 여호와를 예배할 때, 신령과 진정으로 예배하게 하시옵소서. 구원의 하나님께 예배드림이 마음을 다하고, 뜻을 다하는 생명의 축제가 되게 하시옵소서. 주님의 사랑을 입은 중·고등부 지체들이 말씀을 듣게 하시옵소서.

저희들 모두에게 올 한 해의 삶에서 여리고를 정복해주신 하나님의 은혜를 보게 하시옵소서. 금년 365일을 하나님의 방법대로 사는 은혜를 누리게 누리기 원합니다. 이 땅에서의 삶이 하나님의 방법대로 이루어짐으로써 천국생활의 훈련을 받게 하시옵소서.

|중·고등부의 비전과 지체들의 상황을 간구한다.|

예수님의 이름으로 기도드립니다. 아멘.

1월 4주_

전능하신 하나님,

자기 백성에게 긍휼을 베푸시는 여호와의 이름을 즐거워합니다. 사랑하는 지체들을 거룩하게 하시고, 오늘 예배하게 하시니 하나님의 성호를 찬미하게 하시옵소서.

성령님께서 저희들의 죄를 보여 주심에 감사드립니다. 여호와께로 나왔으니 받아주시옵소서. 순간의 이익을 얻으려 거짓된 관계를 맺고, 하나님께는 교만했음을 회개하니 용서해주시옵소서.

이 시간에, 하늘의 문이 열려 구원의 은혜와 평강의 복이 넘치게 하신 하나님의 이름에 합당한 영광을 드리는 예배가 되게 하시옵소서. 주님의 영으로 충만하여 축제의 기쁨으로 예배하게 하시옵소서. 귀한 말씀을 받아 저희들의 영혼이 더욱 푸르기를 소망합니다.

오직 믿음으로 시작한 금년의 삶에서 벌써 한 달이 지나고 있습니다. 믿음으로 시작했던 것과 같이 예수님만을 중심으로 하는 삶이 되게 하시옵소서.

제자들이 주님을 따라나섰을 때, 배와 부친을 버려두고 따랐던 삶이 저희들의 것이 되게 하시옵소서. 주님만을 따르기 위해서 저희들을 얽어매기 쉬운 것들을 버리도록 인도해주시옵소서.

| 중·고등부의 비전과 지체들의 상황을 간구한다. |

예수님의 이름으로 기도드립니다. 아멘.

늘 돌보아주시는 하나님,

마음을 다하여 나의 주님께 찬양을 드리는 ○○ 교회 친구들의 찬송을 받으시옵소서. 하나님께서는 불꽃같으신 눈동자로 보호해 주셨으나 그 품을 떠나 있었던 죄를 회개합니다. 생활 속에서 하나님을 찾아야 했고, 돌려드려야 하는 영광을 구해야 하였지만, 전혀 그렇게 지내지 못한 죄를 용서해 주시옵소서.

영과 진리로 예배하는 지금, 이 자리에 모인 친구들에게 경건함과 거룩함으로 예배하게 하시옵소서. 저희들의 생각과 마음을 모아서 여호와를 공경함으로써 예배하는 저희들이 되게 하시옵소서.

오늘도 목사님께 성령님의 기름 부으심을 원합니다. 설교를 준비하신 목사님께 성령님의 역사를 더하셔서 권세 있는 말씀을 선포할 수 있게 하시옵소서. 그 말씀에 의해 더욱 하나님께로 나아가게 하시옵소서. 주님께서 ○○ 교회의 중·고등부에 복음을 선물로 주신 사실을 생각합니다. 저희들의 생명을 살리시려고, 각자의 심령에도 복음을 주셨음을 믿습니다. 이제, 이 복음을 전하는 저희들이 되게 하시옵소서. 저희들 한 사람, 한 사람의 전도로 구원에 이르는 것을 보게 하시옵소서. 복음을 듣고, 믿음에 이르는 생명들을 보여 주시옵소서.

|중·고등부의 비전과 지체들의 상황을 간구한다.|

예수님의 이름으로 기도드립니다. 아멘.

2월 2주_

이름이 아름다우신 하나님,

만유를 다스리시는 영원하심에 찬송을 드리니 받으옵소서. 하나님의 말씀에 순종함이 부족했던 지난 사흘 동안의 삶을 회개합니다. 주님의 은혜에 감사함이 게으름을 용서해주시옵소서. 감사를 새기는 진정한 자세가 되기 못하고 있음을 고백합니다.

거룩한 시간에 하나님과의 인격적인 만남을 경험하는 복을 누리게 하시옵소서. 하나님의 손길을 찬양하는 복된 예배로 인도해주시옵소서. 말씀이 살아있는 ○○ 교회와 우리 중·고등부 지체들이 되도록 인도해주시옵소서.

사랑하는 친구들이 오늘의 예배에서 신앙적 삶에 도전을 받게 하시옵소서. 그리하여 말씀의 반석 위에 신앙의 집을 짓도록 하시옵소서.

저희들에게 믿음의 역사가 풍성해지기를 원합니다. 우상이 가득하고 혼탁한 세상에서 믿음으로 만족하게 해주시옵소서. 우상을 버리고 하나님만 섬기는 믿음의 은혜를 누리게 하시옵소서.

사랑의 수고가 풍성해짐을 경험하기를 원합니다. 하나님을 섬기고, 교회에 봉사할 때, 사랑의 수고로 담당하게 하시옵소서. 위로부터 받은 사랑을 가지고 주님을 위하여 수고하는 손길이 되게 하시옵소서.

|중·고등부의 비전과 지체들의 상황을 간구한다.|

예수님의 이름으로 기도드립니다. 아멘.

끝까지 사랑하시는 하나님,

인생의 죄를 속하시고, 구원의 은혜를 누리게 하셨음에 그 이름을 높여 찬송합니다. 지금, 저희들의 허물을 보게 하심에 감사드립니다. 쌓인 허물의 얼룩으로 감히 얼굴을 들지 못함을 용서해주시옵소서. 죄를 변명하기 위해서 또 다른 죄를 짓는 어리석음을 용서해주시옵소서.

오직 마음을 다 드리는 지금, 감사로 제사하는 중·고등부 지체들이 되어 여호와의 영광을 인정하게 하시옵소서. 하나님의 이름을 높이고, 세세무궁토록 영광을 바치는 한 시간이 되게 하시옵소서.

오늘, 강단에 성령님의 기름을 부어주시옵소서. 설교를 준비하신 목사님을 주님의 손으로 붙잡아 주시옵소서. 오늘 저희들에게 하나님의 말씀이 온전히 선포되게 하시옵소서.

이 시간에, 빌립보 교회의 성도들처럼 하늘에 속한 저희들이 되고, ○○ 교회가 되기 원합니다. 십자가로 말미암아 완성된 구속의 은혜를 누리면서 살아가는 지체들이 되게 하시옵소서. 저희들의 시민권이 하늘에 있음을 고백하는 ○○ 교회가 되게 하시옵소서.

주님께서 오실 때까지 하늘나라에 마음을 두고 살게 하시옵소서. 저 천국에 소망을 두고 지내는 저희들이 되기를 원합니다.

|중·고등부의 비전과 지체들의 상황을 간구한다.|

예수님의 이름으로 기도드립니다. 아멘.

은혜를 주시는 여호와여,

오늘도 이 백성들에게 승리를 주신 그 은혜에 찬양으로 보답합니다. 저희들을 돌아볼 때, 욕심을 구하는 삶이었음을 회개합니다. 하나님께서 주시는 것에 만족하려 하지 못하고, 욕심을 채우기 위해 쫓아다닌 모습이었습니다. 용서해주시옵소서.

지금, 생명과 빛으로 오신 주님을 즐거워하면서 예배의 자리로 나아가기 원합니다. 영과 진리로 예배하게 하시고, 머리를 숙인 친구들을 산 제물로 받으옵소서. 하나님께 영광이 되게 하시옵소서.

단 위에 세우신 목사님께서 하나님의 말씀 증거하실 때 힘 있는 말씀, 능력의 말씀 되게 하시며, 듣는 우리 교우들이 강단의 메시지에 은혜를 받게 하시옵소서.

충성을 귀하게 보시는 하나님, 주님의 충성을 따르는 은혜를 주시옵소서. 맡은 자들에게 구할 것은 충성이라고 하셨으니, 충성을 원함이 제일의 간구가 되게 하시옵소서. 죽도록 충성하는 은혜를 주시옵소서.

사랑하는 중·고등부 지체들이 충성을 통해서 주님 앞에 섰을 때에 부끄럽지 않기를 원합니다. 각자에게 주신 충성의 달란트를 잘 감당하여 오늘도 ○○ 교회는 부흥을 경험하는 역사를 보게 하시옵소서.

| 중·고등부의 비전과 지체들의 상황을 간구한다. |

예수님의 이름으로 기도드립니다. 아멘.

<h2 style="text-align:center">3월 1주_</h2>

시온에 계신 하나님,

이 시간에, 저희 중 · 고등부 지체들의 아름다운 찬송을 통하여 여호와의 이름이 높아지기를 소망합니다. 지난 며칠 동안에도 저희들의 삶에 허물만이 있었음을 보게 됩니다. 부디 주님의 깨끗하게 하시는 능력으로 악을 이겨내고 옳은 일을 하게 해 주시옵소서.

오늘도 사랑하는 주님의 친구들을 은혜의 자리로 불러 주셔서 영과 진리로 예배하게 하셨으니 영광을 드립니다. 베풀어 주시는 신령한 식탁으로 인해 천국 잔치의 기쁨을 누리는 한 시간이 되게 하시옵소서.

예배하는 공동체에 하나님의 영광이 가득하게 하시옵소서. 이로써 하늘의 문이 열리고, 영생의 말씀을 듣기 원합니다. 중 · 고등부 친구들은 만나를 주우러 갔던 이들의 심정이 되어 생명의 양식을 거두는 마음으로 말씀을 대하게 하시옵소서.

말씀을 받는 중에, 영안이 열려지고, 주님을 만나는 은혜를 경험하게 하시옵소서. 그 만남으로 통해서 저희들이 회복되기 원합니다.

새벽의 바닷가에서 주님을 만난 베드로가 회복의 은혜를 받은 것처럼, 하나님을 예배할 때, 주님을 만나 회복의 은혜를 보게 하시옵소서. 저희들의 회복으로 중 · 고등부는 부흥의 역사를 갖게 하시옵소서.

|중·고등부의 비전과 지체들의 상황을 간구한다. |

예수님의 이름으로 기도드립니다. 아멘.

만족하게 하시는 하나님,

성령님의 충만하심으로 날마다 새롭게 하신 은혜를 찬송합니다. 지금, 주님의 피가 죄를 씻어주심을 믿고 담대히 회개합니다. 죄로 인하여 주님께 얼굴을 들지 못하고 주님의 자비를 잊어야 했던 지난 시간들이었습니다. 용서해주시옵소서.

저희들의 모든 허물을 씻어 주시고 교만한 생각과 헛된 욕망에서 구해 주시옵소서. 그리하여 지금, 하늘나라에서의 기쁨을 맛보게 하시는 구원의 하나님을 향하여 즐거이 외치는 예배를 드리게 하시옵소서.

성령님의 충만하심이 있어 춤을 추며 기뻐하는 예배로 영광을 받으옵소서. 복된 밤에 말씀을 듣고 단 위에 서신 목사님과 함께 하셔서 생명을 구원하는 능력의 말씀을 대언하실 수 있도록 인도하시옵소서.

악하고 음란한 이 때, 저희들에게 더욱 부르짖는 간구의 소리가 있게 하시옵소서. 중·고등부의 친구들이 성령님의 충만하심을 사모하도록 하시옵소서. 성령님의 충만으로 새롭게 세워주시옵소서.

성령님의 역사가 저희들 개인이나 중·고등부 공동체에 기적과 이사로 나타나기를 소원합니다. 120명의 사람들이 약속하신 성령을 받기 위해서 간절히 기도했던 다락방의 은혜를 보여주시옵소서.

|중·고등부의 비전과 지체들의 상황을 간구한다.|

예수님의 이름으로 기도드립니다. 아멘.

3월 3주_

은총으로 돌보시는 하나님,

한 주간의 삶을 예수 그리스도의 이름으로 살았습니다. 죽음의 권세를 이기시고 다시 살아나신, 주님의 능력을 힘입어 지내온 저희들입니다. 하나님의 성령께서 죄를 피하게 하셨음을 감사드립니다.

오늘, 저희들의 예배로 영광을 받으시옵소서. 이제, 마음을 모아 찬송을 드림으로 주님께만 영광을 드리기 원합니다. 여기에 모인 중, 고등부 지체들이 마음으로, 정성으로 하나님만을 경배하는 예배가 되게 하시옵소서. 하나님의 영이 여기에 충만하게 하시옵소서.

저희들의 몸과 마음을 강건하게 하시니 감사드립니다. 주님 앞에 믿음을 더욱 굳게 하며, 흔들리지 않는 삶을 살기 원합니다. 시간이 주어지는 대로 더욱 하늘나라의 일에 힘쓰는 청소년들이 되게 하시옵소서. 비록 어리지만 주어진 사명에 헌신할 수 있는 능력을 주시옵소서. 저희들은 늘 신앙과 생활에 대한 반성하기를 원합니다. 그래서 저희들의 시간이 하나님께 거룩하게 쓰여 져서 시간의 올바른 청지기가 되게 하시옵소서.

저희들은 과실을 고백하여 용서를 경험하게 하시옵소서. 예배의 순서를 다스려 주시옵소서. 저희들이 순서에 따라 주님을 경배하게 하시옵소서. 하나님을 높이는 예배를 드리게 하시옵소서.

| 중·고등부의 비전과 지체들의 상황을 간구한다. |

예수님의 이름으로 기도드립니다. 아멘.

3월 4주_종려주일, 고난주간

십자가를 바라보게 하시는 하나님,

저희들의 허물 때문에 예수님께서 찔리셨음을 감사하며, 구원을 베풀어 주신 하나님을 찬양합니다. 오늘은 하나님의 아들이 고난당하셨음을 기억하며 예배드리니 오직 하나님만 영광 받으시기 원합니다.

저희들의 죄가 죄 없으신 하나님의 아들을 죽게 했건만 또 다시 죄를 지을 수밖에 없던 저희였습니다. 참으로 죄 가운데 태어나서, 알면서도 죄를 지어온 저희들을 용서해주시옵소서.

이 아침에, 죄를 고백하면서 저희들을 사랑하시는 주님 앞으로 나옵니다. 여기에, 죄를 지은 사실을 애통해 하며, 주님을 사랑해드리는 제자가 되고자 모였습니다. 겸손한 마음으로 예배드리니 받아주시고, 저희들을 불쌍히 여겨 주시옵소서.

우리; 친구들이 예배에 참여하므로 주님의 겸손한 제자가 되게 하시옵소서. 주님의 고난에 참여함으로 주님의 참 제자가 될 수 있도록 도와주시며, 저희들의 손과 발이 깨끗하고 마음이 겸손하게 하시옵소서.

주님께서 저희들에게 오신 것처럼, 저희들은 손과 발, 마음으로 불쌍한 이웃에게로 가게 하시며 저희들의 몸은 주께로부터 받았으니 세상을 향하여 나아가게 하시옵소서.

| 중·고등부의 비전과 지체들의 상황을 간구한다. |

예수님의 이름으로 기도드립니다. 아멘.

4월 1주_부활절

예수님을 죽음에서 살리신 하나님,

이기신 주님을 찬양하면서 부활절의 아침을 열기 원합니다. 그리스도께서 죽은 자 가운데서 다시 살아 잠자는 자들의 첫 열매가 되셨음을 찬양합니다. 오늘, 저희 모두의 입술로 영광을 받으실 주님을 기뻐하며 찬양하는 가운데 예배가 드려지기 원합니다.

우리 예수님께서 죽음의 권세를 이기신 아침에, 승리의 찬송을 불러야 하는 저희들의 마음이 죄로 얼룩져 있음을 고백합니다. 저희를 위해 수난 당하셨던 그날들을 생각하면서 지냈어야 했건만 그렇지 못하였던 한 주간의 삶이었음을 고백합니다.

욕심 때문에 친구를 시기하며 투기해야 하였고, 자신의 이익 때문에 거짓된 행실도 서슴지 않았음을 용서해주시옵소서. 언제나 주님의 마음에 드시는 시간들로 삶을 채울 수 있을까요? 마음은 원하지만 몸이 그렇게 따르지 못하는 저희들을 불쌍히 여겨 주시옵소서.

주님께서 이기신 것처럼 저희들에게도 승리가 있기 원합니다. 예수님의 이름으로 세상의 죄와 싸워서 이기게 하시옵소서. 주님의 부활이 저희에게 이김을 확증하오니 겁내지 말고, 마귀의 유혹을 물리치게 하시옵소서. 저희도 승리한다는 담대함으로 나아가게 하시옵소서.

|중·고등부의 비전과 지체들의 상황을 간구한다.|

예수님의 이름으로 기도드립니다. 아멘.

4월 2주_

찬송과 영광의 주인이 되시는 하나님,

오늘, 중·고등부의 지체들을 불러주신 하나님을 높여 드립니다. 예배로 나오도록 하시고, 이끌어 주신 사랑 앞에 저희들 자신을 드립니다. 그 무엇보다도 저희들의 모습 그대로가 예물로 드려지기 원합니다.

저희들의 모자라기 그지없는 모습을 주님께 내어 놓습니다. 매일의 시간을 아무 생각 없이 거저 되는대로 살아온 저희들입니다. 남들이 하니까 나도 따르면서 살아왔습니다. 용서해주시옵소서.

이 시간의 예배에서 저희를 받으시고, 주님의 사람으로 변화되어 성도로 세상으로 보내질 수 있도록 만들어 주시옵소서. 주님의 영광을 드러내며, 천국의 일꾼답게 살아가도록 하시옵소서.

목사님께서 말씀을 준비하게 하신 것 감사드립니다. 그분의 입을 빌려서 선포되는 주님의 말씀을 듣게 하시기 원합니다. '아멘'으로 받고 결단으로 새롭게 거듭나는 설교가 되게 하시옵소서. 그에게 성령의 능력이 더하여, 여기에 모인 모두가 귀히 듣게 하시옵소서.

저희들이 순서에 따라 헌금을 드릴 때, 하나님을 사랑하는 표현이 되게 하시옵소서. 값을 치루는 것처럼 드리는 일이 되지 않게 하시옵소서. 저희 자신을 예물로 드리는 표현이 되게 하시옵소서.

|중·고등부의 비전과 지체들의 상황을 간구한다.|

예수님의 이름으로 기도드립니다. 아멘.

참으로 좋으신 하나님,

주님의 교회, 중 · 고등부의 친구들이 주의 이름으로 다시 모이게 하시니 감사드립니다. 위대하신 주님을 찬양하면서 예배를 엽니다. 오직 크신 주님께 영광을 드리는 예배가 되게 하시옵소서.

하나님은 지난 주간에도 저희들과 함께 하셨습니다. 그러나 저희들은 하나님보다도 자신을 즐겁게 하는 삶에만 관심을 기울이고, 죄를 지었던 것을 고백합니다. 마땅히 하나님께 영광을 드려야 할 것을 저희의 기쁨으로 가로챘었습니다. 학교에서의 공부와 여러 가지의 일들 속에서 하나님의 도우심을 기억하지 못하고 지나쳤음을 용서해주시옵소서.

오늘, 저희들은 장애인들을 사랑하면서 예배드리기 원합니다. 다른 사람의 도움이 없이는 살아가기 힘든 고아와 과부를 돌아보시는 하나님을 저희는 알고 있습니다.

저희들로 하여금 장애인들을 돌아보게 하시고, 작은 사랑으로 그들을 섬기게 하시옵소서. 오늘, 짧은 시간의 예배의식으로만 장애인들을 사랑하려 하지 않기 원합니다. 하나님께서 끝없이 저희를 사랑하심처럼, 저희들 또한 그들을 나의 이웃으로 섬기게 하시옵소서.

말씀을 전해주실 목사님께 성령님의 능력을 내려주시옵소서.

|중·고등부의 비전과 지체들의 상황을 간구한다.|

예수님의 이름으로 기도드립니다. 아멘.

4월 4주_

여전히 사랑해주시는 하나님,

분주히 살던 지체들이 모였습니다. 학교에서의 점수가 저희들을 참 사람으로 만들어 주는 것이 아님을 알면서도, 점수에 매달리며 살았던 저희들의 모습을 봅니다. 허전한 마음을 무엇으로라도 채우려고 뛰어다니던 저희들을 불쌍히 보아 주시기 원합니다.

여기에, 사랑을 입은 아버지의 자녀들이 나아갑니다. 모두 함께 거룩한 예배의 자리로 나왔습니다. 목소리 합하여 전능하신 하나님을 찬양하고, 우리들의 부끄러운 죄를 고백하고 용서 받기 원합니다.

성령님께서 이 자리에 오셔서, 저희들이 내어 놓는 짐을 받아 주시옵소서. 어디에선가 참으로 사는 의미를 맛보고 싶었습니다. 그러나 아주 짧은 순간에 잠깐 스치는 신기루와 같았음을 고백합니다.

저희들을 가엾게 여기시고, 삶의 참된 의미를 주시려고 이 자리로 불러 주신 하나님을 예배하게 하시옵소서. 참삶의 맛을 주시고자 부르신 주님을 경배하게 하시옵소서.

주님께서 마련해 주신 예배의 자리에서 기쁨의 공동체를 이루게 하시옵소서. 사랑하는 친구들이 하나님의 말씀에 귀를 기울이게 하시옵소서. 이 자리에서 주님의 자녀 된 신앙 공동체를 체험하게 하시옵소서.

|중·고등부의 비전과 지체들의 상황을 간구한다. |

예수님의 이름으로 기도드립니다. 아멘.

여호와 우리 하나님,

주님의 피로 구속함을 받은 중·고등부의 지체들이 여호와를 경배하며 예배합니다. 거룩한 날에, 오직 십자가에서 흘려지신 보혈의 공로로 나왔으니 하늘의 신비에 들어가게 하시옵소서. 예배하는 친구들을 복 되게 하시옵소서.

늘 자신을 돌아보아 죄와 잘못을 찾아내어 회개해야 했건만 죄에 대하여 무디었던 것을 용서해주시옵소서. 입술로는 복음을 믿는다고 하면서도 자신의 생각을 앞세웠던 죄를 회개하니 용서해주시옵소서.

오늘도 하나님을 예배하기 위해서 섬기는 일꾼들을 세워주셨음에 감사드립니다. 거룩한 예배를 더욱 거룩하게, 영광의 예배를 더욱 영광스럽게 하기 위해서 수고하는 지체들에게 예배의 은혜를 더하시옵소서. 그들의 헌신으로 더욱 영과 진리로 드려지는 예배가 되기를 빕니다.

이 귀한 예배에서 목사님의 말씀으로 썩어진 부분들을 도려내는 은혜를 체험하게 하시옵소서. 저희들이 다 함께 주를 위하여 사는 삶의 도전을 받게 하시옵소서. 그래서 버릴 것은 거절하고, 가져야 할 것은 더욱 힘을 주어서 붙잡게 하시옵소서.

거룩하신 하나님께만 영광을 드리는 예배가 되기를 원합니다.

| 중·고등부의 비전과 지체들의 상황을 간구한다. |

예수님의 이름으로 기도드립니다. 아멘.

5월 1주_어린이주일

어린이들 자라게 하시는 하나님,

어린이를 천국의 주인이라 여기시며 그들을 통하여 겸손을 배우게 하시는 예수님의 이름을 찬양합니다. 오월의 푸른 하늘처럼 맑은 가슴의 어린이들이 뛰어 놀게 하신 하나님께 경배를 드립니다.

저희를 용서해주시옵소서. 어린 아이 같이 되라는 주님의 말씀과는 멀어져 있는 모습을 감출 수 없습니다. 정직함은 온데간데없이 사라져서 얕은꾀와 거짓된 마음으로 꽉 차 있을 뿐입니다. 주님을 닮지 못한 죄의 모습을 용서해 주시옵소서.

어린이 주일에 영광을 받으시기 원하시는 하나님이십니다. 저희들은 다시 어린 아이로 돌아갈 수 없지만 하나님 앞에서는 늘 어린 아이가 되게 하시옵소서.

예수님의 만져 주심을 바라서 예수님께 달려오기를 좋아하였던 어린이의 마음으로 저희의 가슴을 채워주시옵소서. 바르지 못한 거짓으로 자신을 꾸미지 않는 어린이만의 천진스러움으로 살아가게 하시옵소서.

어린이의 모습은 저희들에게 모범입니다. 어린이로부터 겸손을 배우며 주님과 함께 하게 하시옵소서. 그들의 마음을 본받아 벳세다의 소년처럼 헌신하는 믿음으로 살게 하시옵소서.

|중·고등부의 비전과 지체들의 상황을 간구한다.|

예수님의 이름으로 기도드립니다. 아멘.

5월 2주_어버이주일

부모님을 주신 하나님,

오늘은 어버이 주일로 모였습니다. 세상에 태어난 저희들에게 아버지와 어머니를 부모님으로 섬기게 하신 하나님의 은혜를 찬양합니다. 그 무엇과도 바꿀 수 없는 만남을 주신 하나님께 감사드립니다.

이 거룩하고 복된 날에, 저희들을 낳으시고 길러 주신 어머니와 아버지의 은혜를 새롭게 기억하며, 하나님을 예배하기 원합니다. 사랑하며 존경하는 부모님을 주신 하나님을 경배하면서, 아버지와 어머니께 기쁨을 드리는 자식들이 되게 하시옵소서.

오늘도 목사님께서 준비하신 말씀을 아멘으로 받으며, 말씀에 순종하고자 하는 다짐이 있기 원합니다. 그리하여 저희들에게 좋으신 부모님을 허락해 주신 하나님의 크신 사랑을 기억하며, 위대하신 하나님을 경배하는 예배가 되기 원합니다.

이 시간에, 드려지는 어버이 주일의 예배가 형식에 머무르지 않게 하시옵소서. 어버이의 모습이 오늘의 예배 안에서 저희들에게 새롭게 보여 지기를 원합니다. 성가대원들이 이 예배를 더욱 거룩하게 할 수 있도록 성령께서 성가대원들의 마음과 입술을 다스려 주시옵소서.

이 자리에 성령님의 기름을 부으심이 충만하게 하시옵소서.

| 중·고등부의 비전과 지체들의 상황을 간구한다. |

예수님의 이름으로 기도드립니다. 아멘.

5월 3주_성령강림주일, 교사주일

만남의 복을 주신 하나님,

오늘 저희들은 교사 주일로 모였습니다. 하나님은 좋으신 분이시라, 저희들을 위하여, 선생님들을 세워 주셨건만, 저희들은 그분들의 사랑을 잊고 지냈습니다.

예배를 드리면서 먼저, 용서를 구합니다. 그분들의 가르치심을 소홀히 여겼었습니다. 공과 학습 시간은 형식적이었고, 저희들끼리 잡담하다가 집으로 돌아가기 일쑤였음을 고백합니다.

사실, 저희들은 그릇된 제자들이었음을 고백하니 용서하여 주시옵소서. 이 모든 과실은 저희들의 어리석음이었습니다. 교사 주일 예배에 저희의 회개가 먼저 드려지기 원합니다.

불꽃같은 눈동자로 지켜 주사, 오늘 여기에 모이게 하신 하나님을 경배합니다. 들의 백합화를 돌보시듯이 지난 한 주간의 생활을 이끌어 주신 하나님의 사랑을 어떻게 표현하면 좋을까요? 사랑하는 중·고등부의 지체들은 미련하여 크신 주님께 무슨 말로 영광을 나타내야 할지 모릅니다. 다만 주님을 온 마음으로 경배하는 예배가 되기 원합니다.

이 예배로, 하나님은 영광을 받으시고 저희들은 선생님들을 본받아 그리스도의 형상을 닮아가기를 다짐하도록 강권해주시옵소서.

|중·고등부의 비전과 지체들의 상황을 간구한다.|

예수님의 이름으로 기도드립니다. 아멘.

5월 4주_삼위일체주일

거룩하신 삼위의 하나님,

하늘과 땅을 지으신 날부터 좋은 것으로 중 · 고등부의 지체들을 채우시는 하나님을 찬양합니다. 하나님은 참으로 하늘의 영광을 드러내셨으니, 그 훌륭하신 솜씨를 찬양하기 원합니다.

사랑의 약속을 성취하셔서 새 말을 주셨음을 감사드립니다. 저희들의 말이 하나님을 영화롭게 하지 못하고, 죄로 얼룩지자, 하늘의 말을 주신 하나님을 기억합니다.

오순절에 성령님의 강림으로 새로워진 제자들을 생각합니다. 오늘, 성령강림절에 저희들에게도 성령의 충만함이 있기 원합니다. 그날에, 성령을 받은 제자들이, "다 성령의 충만함을 받고 성령이 말하게 하심을 따라 다른 방언으로 말하기를" 시작했던 것처럼, 오늘, 저희들도 성령님의 말하게 하심대로 말하기를 원합니다.

성령님이 이끌어 주시는 대로 순종하는 저희들이 되게 하시옵소서. 성령님이 믿게 하시는 대로 믿는 저희들이 되고 싶습니다. 성령이 사랑하라는 대로 하나님을 사랑하고, 이웃을 사랑하게 하시옵소서.

이 예배로 말미암아 이제, 저희들의 심령에 성령에 대한 새로운 체험이 있도록 도와주시옵소서.

| 중·고등부의 비전과 지체들의 상황을 간구한다. |

예수님의 이름으로 기도드립니다. 아멘.

6월 1주_현충일 주일

나라와 민족의 하나님,

저희들에게 나라와 자기의 목숨을 바꾼 선배들을 허락해주셨습니다. 조국을 위하여 불의와 싸우다 목숨을 바친 이들의 정의를 본받게 하시옵소서. 지금, 고인들을 추모하며, 하나님께로 나왔습니다.

저희들의 기도가 나라를 위한 일이 되게 하시고, 저희의 믿음이 나라를 사랑하는 것으로 드러나기 원합니다. 전쟁터에서 숨져간 이들의 유가족을 위로하여 주시기 원합니다.

지금, 저희들은 그들의 죽음에 대한 보답으로, 하나님께서 보시기에 좋아하시는 나라를 만드는 일에, 몸과 마음을 바치고자 다짐하게 하시옵소서. 하나님께서 친히, 이 나라의 파수꾼이 되셔서 보호해주시옵소서.

저희들은 나라를 위하여 부름을 받은 하나님의 일꾼이 되어, 나라를 사랑하는 일에 자신을 바치게 하시옵소서. 선배들의 죽음으로 물려받은 이 나라의 자유를 지키고, 국민들이 편안하게 살아가는 나라를 만들고자 애쓰는 저희들이 되게 하시옵소서.

이 나라, 하나님께서 보호하시고, 국민들은 서로 사랑하는 영광스러운 조국을 후손에게 물려주어야 함을 잠시라도 잊지 말게 하시옵소서. 오직 하나님의 지켜 주심이 있는 나라를 소망합니다.

| 중·고등부의 비전과 지체들의 상황을 간구한다. |

예수님의 이름으로 기도드립니다. 아멘.

만유의 주 하나님,

주님의 보혈로 구원을 받은 지체들이 예배당에 모였습니다. 십자가의 은총을 통해서 주의 백성들과 함께 하시는 하나님의 선하심을 찬양합니다. 이 거룩한 날에 인자하심이 영원하심을 예배하게 하시옵소서.

중 · 고등부의 지체들이 감당해야 하는 일들이 많았지만, 정작 주님의 일은 놓쳐버렸음을 회개합니다. 하나님의 일을 생각지 아니하고 도리어 사람의 일을 생각하기에 바빴음을 용서해주시옵소서.

오늘의 예배를 위해서 사랑하는 지체들이 수고를 다하고 있음에 감사드립니다. 그들이 예배하는 저희들을 위해서 봉사하기를 즐거워할 때, 감사하게 하시옵소서.

이 시간에도, 복을 주시는 하나님의 말씀을 전하시는 목사님께 은총을 더하시옵소서. 그 말씀을 즐겁게 받고, 저희의 작은 가슴들을 크게 벌려서 아버지의 영광을 찬양하는 예배를 드리도록 하시옵소서.

지금, 저희들의 심령에 도전하셔서 기도를 계속하는 은혜를 내려주시옵소서. 안타깝게도 중 · 고등부의 의 친구들 중에는 어려움으로 힘들어 하는 친구들이 있습니다. 그들이 겪고 있는 형편에 따라 하나님의 손길로 도움을 받게 하시옵소서.

| 중·고등부의 비전과 지체들의 상황을 간구한다. |

예수님의 이름으로 기도드립니다. 아멘.

만물을 지으시고, 다스리시는 하나님,

우리의 인생이 내 것이 아님에도 마음대로 살다가 주님께로 나옵니다. 주님의 곁을 떠나 혼자서는 살아갈 수 없음에도 불구하고, 자신을 의지하던 삶이었습니다. 실패를 겪은 다음에야, 연약한 자신을 발견하고 이 시간에 주님 앞에 나아왔습니다.

저희들의 지난 모습은 혼자 이루어 보겠다는 교만함이었습니다. 자기 자신을 신으로 여기며, 건방지게 살아왔던 저희들이었습니다. 삶의 계획을 이루시는 분은 살아계신 하나님이시건만, 하나님을 외면한 채로 성취해 보려고 교만한 머리를 내어 흔들었습니다.

하나님을 떠났던 자신의 외롭고, 실패한 모습 속에서 주님을 깨달았습니다. 여기, 주님 앞에 엎드립니다. 사랑과 자비로 용서하시고, 참된 생명과 용기를 허락하여 주시옵소서.

하나님의 자비로우심으로 저희를 받아 주시옵소서. 저희들은 하나님만을 의지할 수밖에 없음을 고백합니다. 중·고등부의 친구들의 자기의 삶의 모든 것을 맡기려 하오니 받아주시옵소서.

예배할 때, 주님의 능력과 은혜 속에서 새로운 인생을 설계하게 하시옵소서. 역사를 이루시는 하나님의 뜻에 삶을 맡기게 하시옵소서.

|중·고등부의 비전과 지체들의 상황을 간구한다.|

예수님의 이름으로 기도드립니다. 아멘.

6월 4주_한국전쟁일

그 이름이 높으신 하나님,

우리 민족을 붙드시고, 아름다운 국가로 빼어나게 하신 여호와의 손길을 찬양합니다. 현충일의 감사로 말미암아 하나님의 이름을 기리게 하시옵소서. 이 시간에, 주의 백성들이 송축하게 하시옵소서.

주님의 자비로우심에 감사하면서 예배하는 중·고등부의 지체들이 되게 하시옵소서. 이 날은 주님께서 구별하신 날이니 기뻐하는 은혜를 주시옵소서. 영과 진리로 예배의 자리에 나아가게 하시옵소서. 하나님을 예배하는 것에 즐거워할 수 있는 은혜를 주시옵소서.

우리 여호와의 이름 앞에 모든 영광을 드립니다. 영과 진리로 예배하게 하시며, 이 민족과 함께 하시는 하나님께 영광을 드리게 하시옵소서. 그 이름의 영화로움을 찬미하고, 우리를 돌보시는 은혜에 합당한 찬송을 드리게 하시옵소서.

이제, 은혜와 진리의 말씀을 받게 하시니 감사드립니다. 목사님께 말씀에 대한 성령님의 기름을 부어주시옵소서. 그를 대언자로 하셔서 저희에게 복을 주시고, 하나님의 위로의 음성을 듣게 하시옵소서.

오늘, 예배하면서 여호와의 이름을 의뢰하는 지체들이 되게 하시옵소서. 친구들 중에는 하나님의 은혜가 없이는 낙심될 수밖에 없는 이들이 있으니 그들에게 더욱 크신 은혜를 내려 주시옵소서.

|중·고등부의 비전과 지체들의 상황을 간구한다.|

예수님의 이름으로 기도드립니다. 아멘.

7월 1주_맥추감사절

기쁨을 주시는 하나님,

여호와께서 샘으로 골짜기에서 솟아나게 하시고 산 사이에 흐르게 하셔서 밭의 곡식들을 거두게 하시니 감사드립니다. 올해의 첫 소출로 사람의 마음을 힘 있게 하는 양식을 주신 하나님께 감사의 예배를 드리려 모였습니다.

오늘, 여기에 모인 저희들이 종일 아버지 하나님께 찬송을 드리기 원합니다. 우리 하나님께서 먹이시기 위하여 각종 좋은 것들로 밭을 채우셨으니, 그 놀라우신 사랑을 모든 이들과 나누는 예배가 되게 하시옵소서. 맥추감사절의 축제를 저희들 함께 즐기게 하시옵소서.

목사님의 설교는 우리를 배불리 먹이시는 하나님의 손길을 선포하는 말씀이 되게 하시고, 첫 열매를 거두었으니 감사의 예물을 하늘나라의 창고에 들이는 저희들이 되기 원합니다.

이 예배는 감사하라는 율법 때문이 아니라, 거저 받은 하나님의 은혜를 기억하여 드리는 감사의 축제가 되기 원합니다.

저희들은 도시에서 생활하기에 보리를 거두어들임에는 직접 참여하지 못하나, 사랑하는 친구들 모두가 첫 열매의 감사를 드리게 하시옵소서.

|중·고등부의 비전과 지체들의 상황을 간구한다.|

예수님의 이름으로 기도드립니다. 아멘.

예배하게 하시는 아버지,

○○의 친구들의 삶을 돌아보셔서, 그 은혜로 오늘 예배하러 나왔습니다. 베풀어 주셨던 사랑과 은혜에 대한 응답으로 예배하는 지체들이 되게 하시며, 하나님은 찬송과 영광이 세세무궁하시기를 빕니다.

죄를 용서해주시고, 저희를 버리지 않으시는 하나님의 긍휼하심에 이름을 높여드립니다. 저희들을 주님의 백성으로 삼아주셨으니 영광을 받으옵소서. 여호와께 존귀한 ○○의 친구들이 죄인을 구원하셔서 의롭게 하시고, 그 이름을 송축하게 하시옵소서.

저희들은 이미 믿음의 눈으로 주님께서 흘리신 땀과 피를 보았습니다. 이는 모두 저희들의 죄와 허물 때문이었습니다. 남과 비교하고 다투며, 남의 눈치만을 살펴 왔던 저희들을 죄인들이었습니다.

성령님께서 감동하사 육신의 정욕을 버리게 하시옵소서. 욕망이 저희들을 노예로 삼으려 할 때, 대적하게 하시옵소서.

오늘, 예배를 위해서 여러 모습으로 순서를 맡은 지체들이 영광을 드리게 하시옵소서. 그들의 수고가 여호와 앞에 몸으로 드리는 제물이 되기를 원합니다. 이제, 저희들이 하나님을 말씀을 들을 때, 목사님의 말씀이 축복과 격려의 메시지가 되게 하시옵소서.

| 중·고등부의 비전과 지체들의 상황을 간구한다. |

예수님의 이름으로 기도드립니다. 아멘.

천국 백성을 불러내시는 하나님,

부르심을 받은 중·고등부의 친구들이 예배로 나오게 하심을 감사 드립니다. 자녀들을 잊지 않고 부르시는 하나님께 경배합니다. 주 님의 이름으로 하나 된 지체들이 온 마음과 정성으로 예배드리려 합 니다.

돌이켜 보면, 저희들에게 분에 넘치는 복을 내려 주셔서 평안과 기 쁨 속에서 한 주일을 살아가게 하심을 감사합니다. 그렇지만 그 크 신 사랑에 감사하지 못한 저희들의 이기심을 회개하기 원합니다. 무엇이 저희들로 하여금 위대하신 사랑을 느끼지 못하게 하였는지, 무감각했던 시간들을 고백하게 하시옵소서.

돌아온 둘째 아들의 심정되어서 회개하오니, 널리 용서하시옵소서. 지금, 흐르는 눈물 대신에, 주님의 은혜를 새로운 기쁨 속에서 받을 수 있게 하시옵소서. 일곱 번에 일곱 번이라도 용서하시는 인자하 심으로 저희들의 하나님께서 지으신 이 땅이 얼마나 넓고, 오묘하 며 신비스러운지 감격할 뿐입니다.

하나님의 시간 속에서 탐심만 가득한 채 살았던, 저희들의 모습은 얼마나 부끄러운지 괴로움의 눈물만 흘립니다. 이 예배로 저희들의 삶이 아름다운 주님의 세계와 하나 되게 하시옵소서.

| 중·고등부의 비전과 지체들의 상황을 간구한다. |

예수님의 이름으로 기도드립니다. 아멘.

지극히 높으신 곳에 계신 하나님,

무엇으로 비교할 수 없도록 전능하신 하나님께 친구들이 찬양을 드립니다. 참으로 좋으신 하나님은 저희들의 찬미와 영광이 되십니다. 여기에 모인 저희들, 존귀함을 주님께 돌리니 받아 주시옵소서.

주님께서 지으신 모든 피조물들이 하나님의 위대하심을 찬양하고 있습니다. 어제 밤, 잠자리에 들면서 보았던 밤하늘의 달과 별은 주를 찬송하게 합니다. 높이 떠서 명랑하고 사랑스럽게 비치는 달과 아름다운 별들처럼 주님을 찬양하게 하시옵소서.

이 시간에, 예배하러 교회에 들어설 때, 찬란한 햇빛은 주 하나님을 찬양을 드리게 합니다. 눈부신 햇빛은 저희들을 향하신 하나님의 사랑을 알게 합니다.

어디 그뿐인가요? 저희의 생명을 건강하게 지켜 주는 바람과 공기도 주님의 사랑을 느끼게 합니다. 좋은 자연을 베푸신 하나님께 찬양을 드립니다. 사랑을 받는 주님의 자녀들이 모여 찬양을 드리게 하시옵소서.

오늘, 예배로 하나님은 영광을 받으시고, 저희들은 더욱 겸손히 무릎을 꿇게 하시옵소서. 이 자리에 모인 형제들 그리고 자매들이 하나님을 영화롭게 해드리는 예배가 되도록 힘쓰게 하시옵소서.

|중·고등부의 비전과 지체들의 상황을 간구한다.|

예수님의 이름으로 기도드립니다. 아멘.

예배를 받으시는 하나님,

사랑하는 친구들이 하나님을 영화롭게 해드리려 모였습니다. 피와 같이 붉은 죄를 씻어내시고, 흰 눈보다 더 희게 해주시려고 십자가를 지셨던 주님을 바라보기 원합니다. ○○의 지체들에게 구속의 은혜를 받게 해 주신 주님의 보혈을 찬양하게 하시옵소서.

저희들의 죄를 회개합니다. 지난 한 주간을 돌이켜 볼 때, 고의적으로 주님의 말씀을 외면하였고, 천국의 백성으로서 살아야 하는 의무가 있음에도 순종하지 못했음을 용서하시옵소서. 오히려 세상 사람들이 저희들로부터 멀어질까를 염려하기도 했던 어리석음을 용서하시옵소서.

지체들이 영과 진리로 예배하게 하시며, 온 몸으로 예배하게 하시옵소서. 귀한 자리에서 선포되는 말씀이 하나님께 영광을 선언하고, 저희들에게는 격려의 메시지로 주시옵소서. 목사님께서 말씀을 준비하셨음에 감사드립니다. 그에게 기름을 부어주시옵소서.

○○의 지체들에게 부활 신앙을 갖게 해 주셨음에 감사드립니다. 죄와 죽음의 권세를 이기신 주님의 승리가 저희들의 것이 되었음을 확신합니다. 오늘의 예배를 통해서 우리 친구들의 믿음을 반석 위에 세워주시는 강한 성령님의 역사를 체험하게 하시옵소서.

|중·고등부의 비전과 지체들의 상황을 간구한다.|

예수님의 이름으로 기도드립니다. 아멘.

시작과 끝이 되시는 하나님,

하나님께서 시작하게 하신 지난 월요일부터 어제까지의 삶을 돌아보면서 주님께 찬양을 드립니다. 친구들이 이 자리에 모인 것은 주님을 영화롭게 해드리기 위함입니다. 여기에 모인 저희들을 주님의 백성으로 삼으시고, 영광을 받아 주시옵소서.

저희들을 이처럼 사랑하사, 한 주간의 삶을 주셨고, 복된 첫날을 주셨으니 감사드립니다. 하나님을 예배하면서, 저희들의 시간을 주님께 드리고자 합니다. 이 예배로 하나님과 함께 하는 시간들이 되게 하시고, 주님의 다스리심에 저희들의 모든 것을 맡기게 하시옵소서.

여기에 모인 사랑하는 지체들이 주님을 영접하기를 원합니다. 저희들 한 사람, 한 사람이 예수님을 인생의 반석으로 삼아 그리스도 위에 집을 짓게 하시옵소서. 저희들 모두에게 새로워짐이 경험되는 예배를 드림으로써, 새롭게 살아가는 삶을 결단하게 하시옵소서.

죄인을 의인으로 만드는 힘 있는 주님의 피로, 새로워지기 원합니다. 저희들이 예배하는 이 시간이, 저희를 새롭게 해주시는 축복된 순간이기 원합니다. 몸도, 마음도, 생각도, 영도 새롭게 해주시는 주님의 은총을 받게 하시옵소서.

| 중·고등부의 비전과 지체들의 상황을 간구한다. |

예수님의 이름으로 기도드립니다. 아멘.

8월 2주_광복절주일

우리를 사랑하시는 하나님,

일본의 침략으로 고난당하던 이 민족을 구해주심으로써, 하나님께서 이 나라에 대한 자신의 사랑을 나타내셨음을 감사드립니다. 나라를 빼앗겨 노예처럼 살던 저희에게 나라를 찾게 하신 하나님을 찬양합니다.

광복절을 기념하는 예배를 드리는 이 자리에서, 민족의 죄를 용서해 달라고 회개하는 기도를 드리기 원합니다. 아름다운 우리 금수강산에 예수님의 사랑이 드리워지도록 전도하지 못하고 있는 저희들의 게으름을 용서해주시옵소서.

오늘, 이 민족에게 자유를 주신 하나님께 영광을 드리려 합니다. 우리 민족을 일본의 압제에서 구해 주셨음을 감사드립니다. 하나님은 언제나 자기 백성들을 사랑하시기 때문에 성도들의 눈물 어린 기도를 들어 주신 하나님이심을 오래오래 기억하게 하시옵소서.

하나님께로 돌아오지 않고 있는 이들이 많이 있어 안타깝습니다. 저희들의 가슴에 주님의 마음을 주시옵소서. 이로써 아직도 하나님을 섬기려 하지 않는 이들에게 복음을 전하게 하시옵소서.

사실, 예수님을 믿는 저희들도, 온전히 주님께로 돌아오고 있지 못함을 고백합니다. 주님을 영접해드리고, 하나님을 모시게 하시옵소서.

|중·고등부의 비전과 지체들의 상황을 간구한다.|

예수님의 이름으로 기도드립니다. 아멘.

하늘에 계신 하나님,

이 아침에, 전능하신 하나님을 예배합니다. 하나님은 저희들의 찬미와 영광이 되십니다. 사랑하는 지체들이 존귀함을 주께 돌리니 받아 주시옵소서. 이 예배로 하나님과 함께 하는 시간들이 되게 하시옵소서.

주님께서 저희들을 위하여 피를 흘려주시고, 구원에 이르게 하셨음을 감사하며 지낸 지체들이 머리를 숙였습니다. 하나님께서 거룩하게 구별하신 ○○ 교회를 사모하며 이 자리에 나왔습니다. 영과 진리로 예배하기를 원하며 그 은혜에 감사드리니 받으시옵소서.

지난 엿새 동안에 저마다 힘써서 공부했던 친구들을 보아 주시옵소서. 오늘을 거룩하게 구별해서 하나님의 이름을 부르는 친구들에게 영과 진리로 이끌어 주시옵소서. 오늘 예배를 드림으로써, 영원한 생명의 말씀으로 살아가는 축제의 삶이 되게 하시옵소서.

예배가 진행되는 동안에 영과 진리가 우리 교회에 가득하게 하시옵소서. 주님의 다스리심에 저희들의 모든 것을 맡기고 순서, 순서를 귀하게 여기게 하시옵소서. 목사님께서 전하시는 말씀에 감격하는 은혜를 누리게 하시옵소서. 한 마디, 한 마디의 말씀에서 진리를 구하게 하시고, 지키고 따를 생명의 길로 받게 하시옵소서.

|중·고등부의 비전과 지체들의 상황을 간구한다.|

예수님의 이름으로 기도드립니다. 아멘.

8월 4주_

영원히 찬양받으실 하나님,

그리스도의 보혈로 씻음 받은 지체들이 주님께로 나왔습니다. 온 땅이 주의 이름을 찬양한다면, 저희들은 하나님께서 받으시기에 마땅한 경배를 드리게 하시옵소서.

주님께서는 저희들의 마음을 들여다보고 계심을 압니다. 이 시간에, 저희들이 지은 죄를 고백하기 원합니다. 죄를 고백할 때, 더러워진 심령을 예수 그리스도의 보혈로 깨끗하게 씻어 주시옵소서.

하나님을 바르게 경배하는 예배이기 원합니다. 저희를 죄와 죽음으로부터 구원해 주신 주님의 이름을 높여드리는 예배이기 원합니다. 저희를 깨닫게 하시고, 의와 진리로 이끌어 주시는 성령을 찬미하는 예배이기 원합니다. 거룩하신 삼위 하나님께서 영광을 거두어 주시옵소서.

오늘도 목사님을 단 위에 세우셔서, 하나님의 말씀을 들려주시니 감사드립니다. 목사님의 음성으로 하나님의 말씀을 듣기 원합니다. 말씀을 전해 주실 목사님에게 성령의 능력이 더하시기 바라며, 말씀 속에서 저희들이 거듭나게 하시옵소서.

이 예배를 더욱 거룩하게 하기 위하여 성가대원들이 찬양을 마련하였습니다. 그들과 함께 저희들도 주님의 이름을 찬양하게 하시옵소서.

|중·고등부의 비전과 지체들의 상황을 간구한다.|

예수님의 이름으로 기도드립니다. 아멘.

자비로우신 하나님,

중ㆍ고등부의 지체들이 예수님의 십자가로 하늘의 가족이 되었음에 감사드립니다. 저희의 예배를 받으시고, 거룩한 모임을 통하여 하나님의 영광은 영원까지 이어지게 하시옵소서.

여호와께 머리를 숙이니 죄를 감출 수 없음을 고백합니다. 돌아온 둘째 아들의 심정이 되어서 회개합니다. 주님의 은혜를 새로운 기쁨 속에서 받을 수 있게 하시옵소서. 일곱 번에 일곱 번이라도 용서해주시는 인자하심으로 저희들의 모습이 변화되기를 원합니다.

하나님을 아버지라 부르는 거룩한 가족을 보아 주시옵소서. 저희들에게는 교회에서 예배로 보내는 하루가 다른 곳에서 지내는 천 날보다 나음을 깨닫게 하시옵소서. 우리를 위해서 큰일을 이루신 여호와의 이름을 기립니다.

목사님께서 말씀을 들려주실 때, 미쁘게 듣는 귀를 갖게 하시옵소서. 하늘나라의 율례를 지켜 행할 것을 다짐하려는 마음으로 진리의 말씀을 받게 하시옵소서.

영광을 받으시옵소서. 친구들이 이 날을 지켰으니 날마다 저희들의 삶에서 큰일을 이루시는 하나님을 바라보는 은혜를 누리게 하시옵소서.

|중·고등부의 비전과 지체들의 상황을 간구한다.|

예수님의 이름으로 기도드립니다. 아멘.

전능하신 하나님,

여기에, 하나님의 은혜로 살아온 형제들 그리고 자매들이 모여 하나님을 경배합니다. 저희의 작은 가슴들을 크게 벌려서 아버지의 영광을 찬양하며, 예배드립니다. 믿음으로 드리는 예배를 받아 주시옵소서.

저희들의 죄를 고백합니다. 하나님께서는 저희를 사랑하셔서, 지키고 따라야 하는 말씀을 주셨으나, 말씀에 따르지 못했던 지난 생활을 회개합니다. 참으로 뉘우치니 용서해주시옵소서.

이 자리에 모인 저희들에게, 신령과 진정으로 예배드릴 수 있게 하시옵소서. 하나님의 거룩하심에 맞는 경배를 드리게 하시옵소서. 예배의 순서를 통하여 하나님께만 거룩함을 나타내게 하시옵소서.

주님을 찬양할 때, 이 자리는 하나님의 자녀들에게 기쁨이 있는 잔치의 자리가 되게 하시옵소서. 여호와 하나님을 즐거워하며 찬송할 때, 홀로 하나님께만 영광이 드려지기 원합니다.

사탄의 궤계가 틈을 타지 않게 하시고, 이 성전 가득히 하나님의 영광으로 채워지게 하시옵소서. 그리고 예배하는 저희들에게는 위에서 보호해 주시고, 아래에서는 받쳐 주시며 그리고 앞에서는 끌어 주시고 뒤에서 밀어 주시는 하나님의 손길을 느끼게 하시옵소서.

|중·고등부의 비전과 지체들의 상황을 간구한다.|

예수님의 이름으로 기도드립니다. 아멘.

9월 3주_

영원하신 하나님,

주님을 사랑하려는 저희들이 여기에 모였습니다. 이 시간에, 저희들의 가슴에 더욱 주님을 사랑하게 하시기 원합니다. 오직 하나님을 사랑하고, 주 안에서만 만족하는 마음을 갖게 하시옵소서. 또한 저희의 영혼은 하나님께만 예배드리려는 열망을 주시옵소서.

저희들의 찬송에 귀를 기울여 영광을 받아 주시옵소서. 주님의 영화로우심을 찬미하는 기도를 받아 주시옵소서. 예배의 모든 순서가 아버지 하나님을 바르게 경배하는 것이 되게 하시옵소서.

이 예배에 주님께서 찾아 와주시기 바랍니다. 저희들은 이 예배로 주님을 맞아드리려 합니다.

주님께서 저희들의 어리석음을 아시니, 저희들을 가르쳐 기도하게 하시옵소서. 주님은 저희들의 연약함을 아시니, 저희들을 가르쳐 굳세게 되는 힘을 구하게 하시옵소서. 주님은 저희들의 교만을 아시니, 저희들을 가르쳐 겸손을 배우게 하시옵소서.

저희들은 어느 곳에 있든지, 마음과 성품 그리고 힘을 다하여 주님께만 이끌려지게 하시옵소서. 고요하고 은밀한 가운데, 어두운 눈을 열어 주님을 맞이하게 하시옵소서. 예수님의 이름으로 기도드립니다. 아멘.

|중·고등부의 비전과 지체들의 상황을 간구한다.|

예수님의 이름으로 기도드립니다. 아멘.

거룩한 날을 구별해주신 하나님,

이 좋은 시간에 하나님을 찾는 것을 즐거워하는 은혜를 주시옵소서. 주님의 이름을 부르는 지체들이 한 자리에 모여 예배할 때, 성령님의 감동하심이 나타나기 원합니다.

부르심을 입은 부름에 합당하게 행하여 살라 하셨으나 부족했음을 고백합니다. 저희들 자신과 이웃을 향해서 모든 겸손과 온유로 하지 못하고, 오래 참음으로 사랑 가운데서 서로 용납하는데 부족하였으며, 평안의 매는 줄로 성령의 하나 되게 하심을 힘써 지키는 것과는 멀었던 행실을 용서해 주시옵소서.

지금, 구원의 주님이신 나의 하나님께 영광을 드립니다. 목사님의 설교에 성령님의 역사가 크게 나타나기를 소망합니다. 저희들은 생명의 샘에서부터 흘러나오는 은혜와 진리의 풍성함을 누리고, 여호와 앞에서 순종하여 주님의 이름을 높이게 하시옵소서.

주일을 복스럽게 지내고자, 첫 시간을 기다려 예배당에 모인 친구들을 축복합니다. 저희들의 죄를 주님의 보혈로 씻김을 받게 하시옵소서. 하나님을 영화롭게 해드리려 여기에 모였으니 영광을 거두어 주시옵소서. 이 은혜로 하나님의 영광을 누리는 예배가 되게 하시옵소서.

| 중·고등부의 비전과 지체들의 상황을 간구한다. |

예수님의 이름으로 기도드립니다. 아멘.

9월 5주_

크고 위대하신 하나님,

복된 날 아침에, 주님의 이름으로 예배드립니다. 하나님의 자비로 우심으로 살아온 날들을 기억하면서, 주님을 경배합니다. 저희들이 입술을 벌려 기도하며 찬송할 때, 영광을 받아 주시옵소서.

말할 수 없이 어리석게 살아온 시간들을 고백합니다. 하나님 앞에서 둔감한 양심으로 살아 죄를 멀리하지 못하였던 삶을 고백합니다. 이웃관계에서 야박하고, 이해하려 하지 않은 편협하기 짝이 없었던 시간들을 고백합니다. 이 모든 것들은 자신의 유익만을 앞세운 나머지 더러워진 마음에서 비롯된 삶이었음을 회개하니 용서해 주시옵소서.

거룩하고, 참되지 못한 저희들의 마음을 주님 앞에 내어 놓습니다. 주님의 은혜로 그것을 깨끗하게 하시옵소서. 이기심이 가득 찬 저희들의 마음을 아버지께 드립니다. 주님의 사랑으로 이기심을 털어내어 주시옵소서. 주님과 같이 마음을 가난하게 해주시옵소서.

저희들의 예배를 받아 주시고, 이 예배를 드린 마음으로 살아가도록 도와주시기 원합니다. 주님의 성령으로 속마음을 더욱 강하게 만들어 주시기 원합니다. 이 예배에서 하나님은 영광을 받으시고, 저희에게는 거듭나는 새로움으로 태어나게 하시옵소서.

| 중·고등부의 비전과 지체들의 상황을 간구한다. |

예수님의 이름으로 기도드립니다. 아멘.

10월 1주_세계성찬주일

주님의 몸에 참여하게 하시는 하나님,

이 시간에, 주님의 은총으로 모이게 하시니 감사드립니다. 저희들은 주님을 십자가에 못 박아 죽으시도록 했던 죄인들이었으나 주님의 살과 피를 기념하러 모이게 하셨습니다.

이제, 중·고등부의 지체들에게 주님의 살과 피를 기념하고, 하늘에서는 하나님만 영광 받으시는 예배를 드리게 하시옵소서. 저희를 위하여 자신의 몸을 나누어 주신 은혜에 감사드립니다.

오늘은 전 세계의 그리스도인들이 주님의 이름으로 모여 성찬에 참여합니다. 이 성찬으로 말미암아 우리를 위해 십자가에 달리셔서 몸을 찢기신 주님을 모든 이들이 알게 하시옵소서. 인류를 위해 자신의 몸을 내어주신 그 사랑이 온 세상에 선포되기를 원합니다.

저희들은 떡과 함께 잔도 듭니다. 이 잔에는 포도주가 부어져 있으나, 이것이 저희를 위하여 흘리신 주님의 피임을 세상 사람들이 알게 하시옵소서. 흠이 없으신 주님께서 죄인들을 위한 속죄의 제물이 되셨음을 모두가 알게 하시옵소서. 주님께 나와 무릎을 꿇게 하시옵소서.

이제는 저희들이 주님께 드리는 것이 있기 원합니다. 저희들의 십자가를 달게 지고 주님께 몸과 마음을 드리게 하시옵소서.

|중·고등부의 비전과 지체들의 상황을 간구한다. |

예수님의 이름으로 기도드립니다. 아멘.

<h1 style="text-align:center">10월 2주_</h1>

영광으로 계신 하나님,

하나님의 사랑으로 지내온 중·고등부의의 지체들이 모였습니다. 하나님께서 거룩하게 정하신 성소에 모이게 하신 성령님의 충만하심을 환영합니다. 저희들로 하여금 영과 진리로 예배하게 하시옵소서.

하나님의 자녀가 된 은혜를 즐거워하는 지체들이 구속의 은혜에 찬양을 드립니다. 이 날을 지켜서 여호와께로 나오게 하셨음에 감사 드립니다. 공부하는 것을 비롯해서 저희들의 모든 일들을 내려놓고, 하늘의 하나님께 나왔으니 찬양을 받으시옵소서.

지금, 사랑하는 지체들이 믿음으로 드리는 예배가 되게 하시옵소서. 기도와 찬송이 하늘의 하나님께 합당한 영광이 되기를 원합니다.

목사님께서 준비하신 말씀이 하나님께 영광이 되고, 저희들 모두에게 격려와 위로가 되게 하시옵소서. 성가대원들의 찬양은 하나님의 영광을 더욱 크게 하고, 저희들에게는 은혜의 즐거움이 되게 하시옵소서. 예배위원으로 봉사하는 지체들의 손길에 신령함을 더하게 하시옵소서.

오늘의 예배로 저희들은 응답하시는 하나님에 대한 신앙을 갖게 하시옵소서. 예배를 받으시는 하나님이 저희들의 삶도 받으시고, 응답해 주심에 대한 기대를 갖고 살아가게 하시옵소서.

| 중·고등부의 비전과 지체들의 상황을 간구한다. |

예수님의 이름으로 기도드립니다. 아멘.

10월 3주_

예배하도록 불러 주신 하나님,

예수님의 이름으로 구원받아 교회를 이루니 감사드립니다. 하나님의 사랑으로 새 가족이 된 형제 자매들이 주 앞에 나왔습니다. 저희들이 이렇게 나옴은 주님을 경배하고자 함입니다. 마음으로 찬송하게 하시옵소서. 마음으로 영광을 드리는 기도를 하게 하시옵소서.

아버지의 크신 은혜를 찬양을 드립니다. 저희들을 돌보아 주셨던 지난 주간의 삶을 기뻐하며 찬양의 예배를 드립니다. 부모님과 함께 하는 가정을 주신 사랑을 감사드립니다. 학교에서의 수업시간에 지혜를 후히 주셨던 자비로우심을 감사드립니다.

이 시간에, 예배하는 저희를 주님의 진리와 평화로 이끌어 주시기 원합니다. 저희들은 하나님께로만 향한 믿음 안에서 한 몸이 되게 하시기 원합니다. 주님의 이름으로 한 마음, 한 영이 되어서 거룩한 한 묶음임을 경험하게 하시옵소서.

예배 후에, 이 곳을 떠나 모두의 삶으로 나아갈 때, 입술을 열어 복음을 전하는 사람들이 되게 하시옵소서. 마음을 다하여 믿은 것은 생활을 통해서 실천하게 하시옵소서. 저희들을 불쌍히 여기셔서, 은총을 베푸사 이 세상 끝 날까지 한 결 같이 주님을 바라보게 하시옵소서.

|중·고등부의 비전과 지체들의 상황을 간구한다.|

예수님의 이름으로 기도드립니다. 아멘.

10월 4주_종교개혁기념주일

자신을 돌아보게 하시는 하나님,

하나님 앞에 설 때, 죄지은 모습을 숨길 수 없어 고백합니다. 주님의 뜻보다는 제 마음에 만족하기를 원했습니다. 생각과 말, 행동으로 하나님이 미워하시는 일에만 힘써 왔음을 고백하니 용서해주시옵소서.

지금은 종교개혁을 기억하면서 예배하는데, 저희들의 믿음은 습관이 되었음을 보게 됩니다. 예배 드림이 마음을 떠나 의식을 치루는 것처럼 형식이 되었음을 용서하시옵소서. 예수님을 사랑함보다 종교적인 행위에 그쳐버린 저희들의 믿음 생활을 용서하시옵소서.

하나님께서 말씀으로 오셔서 새롭게 지어 주시옵소서. 낱낱이 드러내놓아, 참마음으로 뉘우치며 기도하게 하시옵소서. 이제는 자신의 개혁이 일어나 하나님의 말씀으로 새롭게 지어지기 원합니다.

여기에 모인 형제들, 모두 하나님의 품 안에서 걸어가게 하시옵소서. 그리고 자매들 또한 주님의 뜻을 구하며 나아가게 하시옵소서. 성령님의 강권하심으로 저희를 세워주시옵소서.

하나님보다 자신을 좋게 하려던 모든 잘못된 행실에서 돌아서는 용기를 주시옵소서. 오늘, 목사님의 말씀으로 썩어진 부분들을 도려내는 은혜를 체험케 하사 저희들의 공동체를 새롭게 해주시옵소서.

|중·고등부의 비전과 지체들의 상황을 간구한다.|

예수님의 이름으로 기도드립니다. 아멘.

여호와 우리 하나님,

주일에, 저희들을 불러주셨으니 참으로 위대하신 하나님을 경배하게 하시옵소서. 저희를 죄와 죽음으로부터 구원해주신 주님의 이름을 높여드리는 예배로 나아가게 하시옵소서. 저희를 깨닫게 하시고, 의와 진리로 이끌어 주시는 성령을 찬미하는 예배이기 원합니다. 거룩하신 삼위 하나님께서 영광을 거두어 주시옵소서.

주님의 이름으로 모인 지체들이 여호와의 이름을 높여 드립니다. 주님의 보혈로 영생을 얻게 하신 하나님의 이름을 사랑하게 하시옵소서. 빽빽한 구름의 사라짐 같이, 피었다가 지는 안개의 사라짐 같이 저희의 죄를 도말해주시고, 예배하러 나아오게 하셨음에 영광을 바칩니다.

지금, 하늘의 문이 열려지고, 영광이 이 자리에 있기를 간구합니다. 하나님의 이름이 오직 홀로 하늘에서 영광을 받으옵소서. 말씀을 전하시는 목사님께 더욱 성령님의 은혜를 나타내 주시옵소서.

이 자리에 모인 중·고등부의 지체들이 진심으로 무릎을 꿇게 하시옵소서. 주님의 날에 하나님의 자비하신 구원의 은혜를 저희들에게 흡족하게 내려 주시옵소서. 여호와의 이름을 송축하는 예배가 되게 하시며, 하나님의 영광이 이 자리에 가득히 채워지게 하시옵소서.

|중·고등부의 비전과 지체들의 상황을 간구한다.|

예수님의 이름으로 기도드립니다. 아멘_

감사를 생각나게 하시는 하나님,

죄로 말미암아 죽을 수밖에 없던 인류에게 구원의 길을 열어 주신 하나님께 감사와 찬양을 드립니다. 인류를 사랑하셔서, 모든 이들을 구원받게 하심을 감사드립니다.

오늘, 주님을 예배하러 모여 하나님을 높여 드리기 원합니다. 저희들의 작은 입술을 벌려 크신 하나님을 찬송합니다. 성령님, 이 자리에 오셔서 찬양을 드리는 저희들을 도우셔서, 주님께 경배를 드리게 하시옵소서. 하나님을 영원히 하나님으로 모시게 하시옵소서.

하나 밖에 없으신 아들, 예수님으로 말미암아 이 세상에 강림하셨음을 찬양합니다. 세상에 오신 주님의 삶은 저희를 위하여 지극히 거룩한 곳으로 열려진 길이었습니다.

주님의 십자가에 달려 피 흘리시고 돌아가심은 저희의 모든 죄를 대신지고 가시는 사랑이셨습니다. 예수님으로 말미암아 나타나신 하나님의 사랑을 중 · 고등부의 지체들은 영원히 찬송하기 원합니다.

주님의 성령으로 이끄셔서, 영과 진리로 예배드리게 하시옵소서. 진리 안에서 기도하게 하시며, 주님의 아름다우심을 찬양하는 성가대원들이 되게 하시옵소서. 예배하는 지체들에게 은총을 내려 주시옵소서.

| 중·고등부의 비전과 지체들의 상황을 간구한다. |

예수님의 이름으로 기도드립니다. 아멘.

11월 3주_추수감사절

모든 좋은 것으로 넉넉하게 하신 하나님,

주께로부터 받은 것들을 헤아릴 때 감사하려고 모였습니다. 참으로 위대하신 손길로 저희들을 만족하게 하신 하나님의 인자하심에 찬양을 드리는 중·고등부의 지체들이 되게 하시옵소서.

감사의 제단을 마련하고 정성을 모으려고 하는데 저희들의 마음은 어디에 있는지 알 수 없습니다. 마음으로는 하나님을 사랑하고 감사하는 마음이 넘치기를 원하지만 그렇지 못함을 용서해주시옵소서.

저희들이 눈물 골짜기로 통행할 때에, "그 곳으로 많은 샘의 곳이 되게 하며 이른 비로 은택을 입히신" 하나님을 찬양하는 예배가 되게 하시고, 주님의 손길을 느끼게 하여 주시옵소서. 참으로 주님의 손길을 놀라워하며 주의 품에 안기게 하시옵소서.

오늘은 종일 베풀어 주신 것들을 기억하며 찬송하게 하시옵소서. 이 예배를 드리는 한 형제라도 눈이 어두워서 주님의 은혜를 보지 못하는 슬픈 일이 없게 하시고, 저희들은 하나님의 복을 기리게 하시옵소서.

저희들에게 주신 이 감사를 이제 알고, 저희들이 갖고 있는 것을 모아서 다른 사람들에게도 나누어 줄 수 있는 마음을 주시옵소서. 이 자리에 주의 성령이 임재하셔서 영원한 은혜가 넘치게 하시옵소서.

|중·고등부의 비전과 지체들의 상황을 간구한다.|

예수님의 이름으로 기도드립니다. 아멘.

11월 4주_왕이신 그리스도 주일

영화로우신 하나님,

주님의 피로 한 몸 된 지체들이 한 목소리로 여호와의 이름을 부르게 하시옵소서. 하나님의 이름을 부르는 입술이 기뻐서 즐겁게 해 주시기 원합니다. 부르심에 믿음으로 순종하여 나온 지체들이 영과 진정으로 드리는 예배를 받아주시옵소서.

하나님 앞에서 죄를 찾아내어 회개하는 지체들이 되게 하시옵소서. 죄인을 의인으로 만들어 주시는 주님의 피로, 죄를 씻어 주시옵소서. 저희들이 예배하는 이 시간이, 저희를 새롭게 해 주시는 축복된 순간이기를 원합니다.

우리 하나님을 예배할 때, 몸도, 마음도, 생각도, 영도 새롭게 해 주시는 주님의 은총을 받게 하시옵소서. 여호와의 오른손으로 저희들을 붙들어 주시는 은혜에 감격하게 하시옵소서. 목사님께서 복된 말씀을 전해주실 때, 하나님의 구원하심을 확신하게 하시옵소서.

거룩한 아침에, 정해주신 시간에, 영으로 예배하는 친구들이 되게 하시옵소서. 하나님의 이름을 찬양합니다. 저마다 공부와 자신에게 맡겨진 일들로 바쁘게 지내던 친구들이 한 자리에 모였습니다. 지금, 모든 것들을 내려놓고, 여호와께 있음에 만족하게 하시옵소서.

|중·고등부의 비전과 지체들의 상황을 간구한다.|

예수님의 이름으로 기도드립니다. 아멘.

12월 1주_대림절 첫째 주일

영화로우신 하나님,

한 해의 삶을 정리하는 분주한 시기에 대림절을 맞이하였습니다. 오늘부터 대림절이 시작되는데, 아기 예수의 오신 것을 찬양하면서 성탄절을 기다리기 원합니다.

하나님께서 약속하셨던 대로 메시야를 보내 주셨던 사실을 기억하게 하시옵소서. 거룩한 약속을 성취하신 하나님을 찬양하게 하시옵소서. 이미 오신 예수님의 생일을 축하하면서 또 다시 오실 예수님을 기다리는 저희들이 되도록 이끌어 주심을 믿습니다.

믿음의 조상들은 처음 성탄절을 기다렸지만, 저희들은 다시 오실 예수님의 재림을 기다리기 원합니다. 메시야의 약속이 이루어지던 날, 하나님의 아들은 초라하게 오셨지만 다시 오시는 예수님께서는 하나님의 영광 가운데 오시리라 믿습니다.

주님께서 다시 오실 때, 죽은 자와 산 자에 대한 심판이 있을 것을 믿습니다. 심판의 주님께서 오시는 그날에, 저희들은 영원한 생명으로 다시 살아나게 하시옵소서. 저희들은 대림절에 지은 죄를 고백하고 용서를 구하게 하시옵소서. 저희들의 심령에 성령의 충만함이 역사하여, 빛으로 오신 주님을 기억하는 대림절의 믿음을 보이게 하시옵소서.

ㅣ중·고등부의 비전과 지체들의 상황을 간구한다.ㅣ

예수님의 이름으로 기도드립니다. 아멘.

12월 2주_성서주일

말씀으로 세상을 지으신 하나님,

언약하신 말씀대로 이루어 주시는 참 좋으신 하나님을 찬양합니다. 생명의 말씀으로 영원히 살게 된 중·고등부의 지체들, 성서 주일을 기념하여 예배드리고자 머리를 숙였습니다.

여기 모인 저희 모두에게 생명의 말씀을 밝히는 일에 헌신할 것을 다짐하게 하시옵소서. 이 땅에 처음 성경을 주셨던 것처럼, 또 다른 이들에게 성경 나누는 일에 관심을 기울이게 하시옵소서.

이 지구상에는 오늘도 2억이 넘는 이들이 살아가고 있습니다. 그리고 약 6천 여 곳의 방언으로 말을 하고 있습니다. 하나님의 말씀이 모든 민족에게, 그들의 말로 전해지기 원합니다.

저희들은 아직 어리지만 성서공회를 허락하신 하나님께 순종하여, 성서의 보급사업을 위해 기도하기 원합니다. 아직까지도 복음이 전해지지 않은 부족들에게도 성경과 함께 생명의 말씀이 선포되기 원합니다. 어떤 사람이든지, 자기들의 말로 하나님의 사랑을 듣게 하시옵소서.

오늘, 성경의 반포사업을 위해 특별 헌금을 마련했습니다. 이 작은 헌신으로, 한 부족의 성경이 더 만들어지기 원합니다. 성경 번역하는 이들에게도 지혜를 더하셔서 어서 성경이 전해지게 하시옵소서.

| 중·고등부의 비전과 지체들의 상황을 간구한다. |

예수님의 이름으로 기도드립니다. 아멘.

12월 3주_대림절 셋째 주일

약속의 성취를 기다리시는 하나님,

주님의 친절한 팔에 안겨서 지내왔던 삶에 감사드립니다. 세상은 어지럽고, 복잡하지만 아버지의 평강과 안식으로 살아왔음에 감사드립니다. 하나님의 은혜로 오늘 이렇게 교회에 모일 수 있게 하셨습니다. 여기에 모인 이들로 주님을 찬송하게 하시옵소서.

지나온 지난달의 날들을 생각해 볼 때, 얼굴이 붉어집니다. 하나님께서는 저희들을 사랑하셔서 좋은 계절을 주셨으나, 저희들은 주님 앞에서 살아오지 못하였습니다. 지난날의 잘못된 일들에 대하여 회개하니 용서해주시옵소서. 잘못된 일들을 보면서도 불의한 일이라고 용감하게 말하지 못하였음을 용서하여 주시옵소서.

저희들에게 입을 벌려 주님의 위대하심을 찬송하게 하시옵소서. 성가대원들이 주님을 찬양할 때, 한마음으로 찬송하게 도와주시옵소서.

목사님께서 말씀을 전하실 때, 성령님께서 저희를 이끌어 '아멘'으로 말씀을 듣게 하시옵소서. 지금, 하나님께서 저희에게로 오셔서, 들려주시는 음성으로 들을 수 있도록 이끌어 주시옵소서. 참마음으로 드리는 예배로 말미암아, 하나님이여 찬양을 받으시옵소서.

| 중·고등부의 비전과 지체들의 상황을 간구한다. |

예수님의 이름으로 기도드립니다. 아멘.

12월 4주_대림절 넷째 주일, 성탄절(25일)

사랑의 하나님,

오늘은 기쁜 날입니다. 하나님이신 예수님의 오심으로 아버지의 사랑이 저희에게 나타난 것을 즐거워합니다. 아기 예수님의 나심으로, 인류를 구원하시려는 하나님의 뜻이 이루어졌음을 찬양 드립니다. 약속대로 메시야가 오셔서 생명의 길을 열어 주시니 감사드립니다.

"하나님이 세상을 이처럼 사랑하사 독생자를 주셨으니" 감사드립니다. 주님은 인류를 구원하시기 위해 오셨으니, 오늘 성탄절도 구원함에 이르는 날이 되기 원합니다. 예수님을 구주로 믿어 멸망치 않고 영생을 얻는 이들이 있게 하시옵소서.

이 기쁘고 복된 날을 기리게 하시옵소서. 주님의 사랑을 받는 모든 사람들이 다 나와 예배드리기 원합니다. 마음을 다하여, 하나님을 경배하고 나신 아기께 영광을 드리게 하시옵소서. 이제, 성가대원들의 찬양은 하늘의 노래가 되게 하시옵소서.

말씀을 들려주실 목사님에게 은혜를 더하시기 원합니다. 그리고 처음 성탄절의 예수님은 이 땅에 나시었으나, 오늘 성탄절에는 저희들의 마음에 예수님께서 다시 나셨으면 합니다. 그래서 저희의 마음이 구유가 되게 하심을 믿습니다. 그래서 저희의 심령이 새로워지기 원합니다.

| 중·고등부의 비전과 지체들의 상황을 간구한다. |

예수님의 이름으로 기도드립니다. 아멘.

긍휼이 풍성하신 하나님,

지난 한해, 하나님은 중·고등부의 지체들에게 좋으신 아버지가 되어 주셨습니다. 그 사랑과 은혜로 저희들은 살아왔습니다. 저희에게 베풀어 주신 그 모든 은혜를 생각할 때, 끝이 없는 감사를 드립니다.

때를 따라 돕는 은혜로 도우시며, 저희들의 삶이 물댄 동산과 같이 모자람이 조금도 없게 하셨으니 감사드립니다. 오늘 송년 주일의 예배는 주님께서 주신 그 모든 것들을 헤아려 보는 시간이기 원합니다.

저희들의 죄를 고백합니다. 저희들을 불쌍히 여겨 주시옵소서. 지은 죄를 뉘우쳐 회개하고자 하는 형제와 자매들이 되게 하시옵소서. 겸손한 마음으로 모인 자리가 되게 하시옵소서.

새 해를 주시는 하나님 앞에서 저희들도 새롭게 되어, 새 해에는 사랑이 메마른 곳에서 주님의 인자하심을 드러내는 삶을 다짐하게 하시옵소서. 온갖 미혹된 말들이 넘쳐나는 세상에서 복음을 외치는 삶을 다짐하게 하시옵소서.

오늘, 송년주일의 결단을 경험하게 하시옵소서. 지금도 저희들의 귀에 세상의 타락으로 말미암은 신음, 죽음의 소리가 들려옵니다. 이들을 위해 기도하고, 복음을 전하는 용감한 저희들이 되게 하시옵소서.

|중·고등부의 비전과 지체들의 상황을 간구한다.|

예수님의 이름으로 기도드립니다._아멘.

1월 1주_신년주일

새 사람으로 살게 해주시는 하나님,
새로운 해를 여기고, 새 날을 주심을 감사합니다. 지난해는 하나님께 참으로 부끄러운 삶이었으나, 새날을 맞게 하시니 감사드립니다. 사랑하는 저희 가족들, 하나님의 마음에 합한 삶의 시간들로 이 한 해를 살아가게 하시옵소서.
이제, 저희들은 더 이상, 옛 사람들이 아닙니다. 지난해의 삶처럼 유혹의 욕심을 따르지 않도록 도와주시옵소서. 저희의 신분이 그리스도 안에서 새로운 피조물이 되었음을 기억하며 살게 하시옵소서. 예수님의 이름으로 기도드립니다. 아멘.

1월 2주_

예배하도록 불러주신 하나님,
구주의 보혈로 씻어 주시고, 주님을 찬양하도록 예배로 불러 주신 은혜에 감사드립니다. 사랑하는 식구들, 하나님께 합당한 예배를 드리되, 성령님의 인도에 따라, 우리 주님께 찬양을 드리게 하시옵소서.
지난 한 주간에도 주님께서는 저희들과 함께 해주셨습니다. 지금, 주님의 피로 죄를 씻음 받아, 거룩한 모습으로 예배하기 원합니다. 성령님께서 저희들의 마음을 다스리셔서, 하나님께 드리는 한 시간으로 삼아주시옵소서. 주시는 하나님의 말씀을 아멘으로 받게 하시옵소서. 예수님의 이름으로 기도드립니다. 아멘.

1월 3주_

가정을 성소로 삼아주신 하나님,
주님의 긍휼하심으로 살아오던 저희들이 나옵니다. 저희를 구속하
여 자녀로 불러 주신 아버지 앞에 모였습니다. 저희 가족은 신앙적
으로 아직 어리고, 작은 믿음이지만 가족 예배로 모이게 하셨습니
다. 오늘, 저희 가정을 성소로 삼아주시고 받아주시니 감사드립니
다. 이 자리에 모인 저희들 가족이 먼저 드려지는 예물이게 하시옵
소서. 죄인의 성품은 십자가의 피로 씻어내시고, 주님께 향기로운
제물이게 하시옵소서. 저희들의 몸을 하나님께 드립니다. 받아주시
옵소서. 예수님의 이름으로 기도드립니다. 아멘.

1월 4주_

예배를 받으시는 하나님,
이제, 믿음으로 드리는 예배로 이끌어주시옵소서. 저희들의 기도와
찬송이 하늘의 하나님께 합당한 영광이 되게 하시기 원합니다. 참
된 마음으로 머리를 숙인 식구들로부터 영광을 받아주시옵소서. 함
께 말씀을 읽을 때, 말씀에 귀를 기울이게 하시옵소서. 사랑하는 가
족에게 하나님의 말씀을 향해서 마음의 문을 활짝 열게 하시옵소
서. 저희 가정에서는 그 말씀을 생명의 양식으로 받고, 새 생명을 얻
은 기쁨 속에 살아가는 저희들이 되게 하시옵소서. 예수님의 이름
으로 기도드립니다. 아멘.

<h1 align="center">2월 1주_</h1>

은총을 기다리게 하시는 하나님,
오늘 이 예배에 저희 가족을 초청해주시니 감사드립니다. 죄 가운데서 구속해주신 은혜에 감사하는 식구들이 되게 하시옵소서. 부모와 자녀들, 다 죄를 고백하고, 보혈로 말미암은 은총을 기다리게 하시옵소서.
저희 자녀들은 부모의 강요보다 하나님의 은혜로 예배에 임하게 하시옵소서. 죄를 사유해주시는 은혜에 감사하면서 그 감격으로 예배하게 하시옵소서. 사랑하는 식구들에게 주님을 만나는 축복된 자리로 만들어주시옵소서. 하나님의 손길을 느끼게 하시옵소서. 예수님의 이름으로 기도드립니다. 아멘.

<h2 align="center">2월 2주_주님의 산상변모 주일, 설날(16일)</h2>

만물의 주인이신 하나님,
아버지께서 다스리시는 시간 속에서 저희들을 지켜 주셨음에 감사드립니다. 날마다 좋은 것들로 만족하게 하신 하나님께 찬양으로 영광을 드립니다. 저희 가정을 성전으로 삼아주시고 예배하게 하셨으니, 오직 주님을 기쁘시게 해드리는 예배의 모임이 되게 하시옵소서. 저희 가족을 구별해주셨으니, 부모와 자녀 모두가 하나님께 아름답게 세워지기를 원합니다. 삶의 주인이 되시는 하나님께 저희들의 모든 것을 드리게 하시옵소서. 하나님을 찬양하는 삶이 되게 하시옵소서. 예수님의 이름으로 기도드립니다. 아멘.

2월 3주_사순절 첫째 주일

사유하시는 하나님,
여호와의 인자하심으로 저희 가족을 죄에서 용서해주시옵소서. 온
식구들이 사유하심을 받은 기쁨으로 예배드리기 원합니다. 이미 믿
음의 눈으로 주님께서 흘리신 땀과 피를 보았습니다. 이는 모두 저
희들의 죄와 허물 때문이었습니다.
저희들의 마음에 주님의 십자가를 새기게 하시옵소서. 갈보리 산
위에 세워진 십자가에 얼룩진 핏자국을 보려 합니다. 이제, 저희들
은 부활의 그날까지 십자가를 지고서 주님의 뒤를 따라 가게 하시옵
소서. 예수님의 이름으로 기도드립니다. 아멘.

2월 4주_삼일절 기념주일

갇힌 자를 구원해주시는 하나님,
의인을 사랑하시는 하나님의 이름을 높여 드립니다. 고아처럼 되어
버린 이 민족을 구원하시기 위해 대한독립만세를 외치게 하셨던 하
나님께 찬양과 경배를 드리게 하시옵소서.
오늘, 사랑하는 가족에게 우리 민족을 사랑하신 하나님을 경배하게
하시옵소서. 하나님께 소망을 둔 선조들의 자세를 본받아 이 나라
와 이 백성들을 위해 간구하는 시간을 사모하게 하시옵소서. 우리
조국에 대한 사랑으로, 저희들의 가슴이 뜨거워지게 하시옵소서.
예수님의 이름으로 기도드립니다. 아멘.

3월 1주_

하늘을 구하게 하시는 하나님,
주님의 사랑으로 살던 저희들을 보아 주시기 원합니다. 저희 집에
서 성소로 삼은 여기에 사랑하는 식구들이 둘러앉았습니다. 지금,
저희들 자신 속에 있는 교만과 미움, 죄악이 가득함을 봅니다. 주님
의 사랑과 긍휼로 이 더러움을 깨끗이 씻어주시고, 용서해주시옵소
서.
저희 가정에서 부모와 자녀가 하나님을 사랑함에 열심을 더하게 하
시옵소서. 하나님의 영광을 위해 살아드리게 하시옵소서. 하나님께
나 하나님의 일에 대하여 너그러운 마음을 갖게 하시옵소서. 예수
님의 이름으로 기도드립니다. 아멘.

3월 2주_

여호와께로 돌아가게 하시는 하나님,
사랑하는 가족이 머리를 숙인 지금, 회개의 눈물을 쏟습니다. 의의
열매를 맺어야 하는 저희들이 악인의 죄를 즐거워하여, 죄인의 자
리에 앉아있었습니다. 용서해주시옵소서.
이제, 성령님으로 새롭게 하여 주시옵소서. 성령님의 힘으로 악인
의 죄악을 물리칠 수 있는 용기를 갖게 하시옵소서. 보이는 것들보
다는 보이지 않는 신령한 세계를 바라 볼 수 있는 용기를 주시옵소
서. 주님의 뜻이 이 땅에서 이루어짐을 위하여 애쓰고 힘쓰며 살게
하시옵소서. 예수님의 이름으로 기도드립니다. 아멘.

영안을 열어주시는 하나님,
이 시간에, 구원의 은혜와 평강의 복이 넘치게 하신 하나님의 이름
에 영광을 드리는 예배가 되게 하시옵소서. 사랑하는 식구들은 여
호와의 이름을 높이 올리고, 그 이름 아래로 들어가게 하시옵소서.
뜨거웠던 가슴이 어느새 식어지고, 담대하였던 결단이 흐지부지해
지는 저희들을 일으켜 주시옵소서. 이 집에 거하는 모든 이들에게
성령님의 충만하심으로 영안이 열려지게 하시옵소서. 부활하사, 영
원히 주님이 되시는 예수님을 향한 마음으로 새 힘을 누리게 하시옵
소서. 예수님의 이름으로 기도드립니다. 아멘.

3월 4주_종려주일, 고난주간

구원으로 인도하시는 하나님,
손을 높이 들고 여호와의 이름을 찬송하게 하시옵소서. 땅에 있는
것들은 잠깐뿐이라 하면서, 실제로는 땅의 것을 소유하기에 분주했
었음을 회개합니다. 용서해주시옵소서.
이 시간에, 말씀으로 저희에게 여호와 하나님을 사랑하도록 권면하
시는 하나님을 바라보기 원합니다. 온 가족이 말씀으로 새롭게 되
는 은혜를 경험하게 하시옵소서. 오늘도 영생의 말씀으로 저의 삶
을 지어 주시기 원합니다. 오직 말씀에 순종하여 열매를 맺는 삶을
주시옵소서. 예수님의 이름으로 기도드립니다. 아멘.

4월 1주_부활절

경배하게 하시는 하나님,
전심으로 주를 향하여 여호와를 찬양한다 말하게 하시옵소서. 잠깐
의 시간이지만 저희 가정에서 경건함과 거룩함으로 예배함을 경험
하기 원합니다. 생각과 마음을 모아서 여호와를 공경함으로써 예배
하는 저희들이 되게 하시옵소서. 마음을 드려 경배하기 원합니다.
이 시간에, 부모와 자녀들에게 진리의 말씀으로 풍성하게 하심을
믿습니다. 하나님의 말씀으로 저희 가정이 세워져 가기를 소망합니
다. 진리 와 함께 소망의 풍성함에 이르게 해주시옵소서. 예수님의
이름으로 기도드립니다. 아멘.

4월 2주_

하늘과 땅의 하나님,
찬양을 받으실 하나님의 이름을 즐거워합니다. 더러운 죄를 십자가
의 보혈로 씻어 주신 주님께 생명을 드리는 예배의 한 시간이 되게
하시옵소서. 하나님과의 인격적인 만남을 경험하게 하시옵소서.
저희 가족은 주님의 구원을 받은 천국의 백성이 되었습니다. 오늘,
하늘의 말씀을 받게 하시옵소서. 그 은혜로 신령한 양식을 삼게 하
시옵소서. 이로써 천국 백성으로 지내게 하시옵소서. 저희들의 손
과 발을 민첩하게 하사, 주님의 일을 위하여 쓰게 하시옵소서.
예수님의 이름으로 기도드립니다. 아멘.

4월 3주_

영광을 드리게 하시는 하나님

식구들의 삶을 위로해 주시고, 평안으로 이끌어 주시는 여호와를 사랑합니다. 이 시간에, 예배하도록 온 가족이 모이게 하시니 감사드립니다. 가정이 거룩해지기를 사모하며, 여호와를 영화롭게 해드렸습니다.

예배하면서 저희들이 무엇을 하여 주님의 영광을 나타낼 수 있는지 깨닫게 하시옵소서. 하나님의 뜻을 이루어 드리는 손과 발이 되게 하시옵소서. 성경의 사람들이 살았던 것처럼 그 길을 걷게 하시옵소서. 세상을 위하여 일을 하신 하나님의 손길에 찬양을 드리게 하시옵소서. 예수님의 이름으로 기도드립니다. 아멘.

4월 4주_

복을 주시는 하나님,

저희 가정에 승리의 삶을 주신 여호와께 찬송을 드립니다. 생명과 빛으로 오신 주님을 즐거워하면서 머리를 숙였습니다. 영과 진리로 예배하게 하시고, 머리를 숙인 식구들을 산 제물로 받으시옵소서. 저희들, 부모와 자녀가 하나님께서 주신 시간을 아껴 살게 하시고, 성령님의 열매를 맺는데 사용하게 하심을 즐거워합니다. 오직 착한 행실을 통해서 주님을 영화롭게 해드리게 하시옵소서. 주님께로부터 거저 받은 삶입니다. 하나님의 영광을 드러내는 삶을 살게 하시옵소서. 예수님의 이름으로 기도드립니다. 아멘.

4월 5주_

다스려주시는 하나님,
하나님께서 아버지가 되어 주셔서, 저희 가족에게 그리스도인으로
자라나기를 기뻐하게 하시니 감사드립니다. 주님의 품 안에서 모자
람이 없는 삶을 살아갈 수 있도록 날마다 만족하게 하시옵소서.
식구들이 한 마음으로 주님의 다스리심을 즐거워하고, 언제나 구원
의 은혜를 경험하기 원하여 기도드립니다. 이 예배에서 저희들의
영혼이 살아나며 하나님의 은혜를 뜨겁게 체험함이 늘어나게 하시
옵소서. 그리스도인의 성숙한 지식을 갖춤에 대해서도 소망을 품게
하시옵소서. 예수님의 이름으로 기도드립니다. 아멘.

✦

5월 1주_어린이주일

가정에 복을 주시는 하나님,
오늘까지 저희들을 지켜 주신 은혜에 감사드립니다. 온 가족이 날
마다 주님을 섬기며 지내는 복을 주신 하나님을 경배합니다. 저희
가정에서 하나님의 나라가 이 땅에서 이루어지게 하신 주님을 찬양
합니다.
저희들을 사랑하사 가정을 주셨으니, 복 되게 인도해주시옵소서.
모든 복과 은혜를 감사하면서 살아가도록 이끌어 주시옵소서. 이
제, 저희들 가족의 소원은 주님을 더 잘 알기 위한 것이 되게 하시옵
소서. 주님의 가정에서 하나님을 찬양하는 일들만 있게 해주시옵소
서. 예수님의 이름으로 기도드립니다. 아멘.

이름이 아름다우신 하나님,
하늘과 땅을 지으신 날부터 좋은 것으로 채우시는 하나님을 찬양합니다. 이 시간에, 주님의 영으로 충만하여 기쁨으로 예배하게 하시옵소서. 오순절에 성령님의 강림으로 새로워진 제자들을 생각합니다. 사랑하는 식구들에게도 성령님의 충만함이 있기 원합니다.
저희들도 성령님의 말하게 하심대로 말하게 하시옵소서. 성령님께서 믿게 하시는 대로 믿는 가족으로 삼아주시옵소서. 성령님이 이끌어 주시는 대로 순종하는 지체들이 되게 하시옵소서. 예수님의 이름으로 기도드립니다. 아멘.

5월 3주_성령강림주일

생명으로 이끄시는 하나님,
저희 집안 식구들이 하나님을 기쁘시게 해드리는 가정을 이루고자 기도하게 하심을 감사드립니다. 저희 가정이 하나님의 뜻에 순종하게 하시니 참으로 모든 영광이 주님께만 드려지기 원합니다.
이 복된 자리에서, 저희들에게 새 생명을 주신 여호와를 예배할 때, 신령과 진정으로 예배하게 하시옵소서. 구원의 하나님께 예배드림이 마음을 다하고, 뜻을 다하는 생명의 시간이 되게 하시옵소서. 예수님의 참 생명으로 인해서 저희들 모두에게 생명을 회복하게 하시옵소서. 예수님의 이름으로 기도드립니다. 아멘.

5월 4주_삼위일체주일

할렐루야 하나님,
할렐루야 소리로 저희들의 주가 되시는 하나님을 찬송합니다. 이 자리에 모인 식구들에게 경건함과 거룩함으로 예배하게 하시옵소서. 생각과 마음을 모아서 여호와께 예배하는 저희들이 되게 하시옵소서. 하나님의 말씀이 저희들의 심령을 다스리게 하시옵소서.
한 생명을 구하시려는 하나님의 열정을 갖도록 하시옵소서. 저희들이 많은 사람을 옳은 데로 돌아오게 하여 여호와의 뜻을 이루어드리게 하시옵소서. 구원받아야 하는 영혼들에게 저희 가족을 보내주시옵소서. 예수님의 이름으로 기도드립니다. 아멘.

6월 1주_현충일 주일

찬양을 받으시는 하나님,
저희 가정에 여호와께서 주가 되어주셨음에 찬송합니다. 세상을 위하여 일을 하신 하나님의 손길을 찬양하는 저희들로 삼아 주시옵소서. 저희 가정과 식구들에게 면류관을 바라보게 하시옵소서. 한 사람의 낙오자도 없이 승리의 면류관을 받기 원합니다. 하나님의 말씀의 법대로 신앙생활을 하여 영광의 자리에 도달하게 이끌어 주시옵소서.
이에, 성경을 가까이 하고, 성경의 말씀에 순종해서 면류관을 받게 하시옵소서. 말씀으로 기도하게 하시며, 순종하여 봉사하게 하시옵소서. 예수님의 이름으로 기도드립니다. 아멘.

6월 2주_

자비로우신 하나님,
저희 가정에 은총을 베풀어주시고, 저희 식구들에게 날마다 하나님이 되어 주셨음을 인하여 찬양합니다. 눈을 감을 때마다, 주님의 사랑을 느낌이 밀려드는 것을 고백합니다. 언제나 저희들의 편이 되어 주시고, 연약해질 때 힘을 주시는 은혜에 찬양을 드립니다.
개미처럼, 저희들이 해야 할 일을 잘 할 수 있도록 도와주시옵소서. 하나님께서 주지 않으시면 내일은 결코 오지 않는다는 것을 깨달아, 오늘 해야 할 일을 내일로 미루지 않도록 인도해주시옵소서. 예수님의 이름으로 기도드립니다. 아멘.

❦

6월 3주_

소원을 품게 하시는 하나님,
마음의 손을 모아 영광과 존귀를 드립니다. 하나님께 머리를 숙일 때, 죄의 아픔이 커서 고백합니다. 주님이 뜻대로 살겠다고 약속했으면서도 저희들의 뜻을 구하며 지냈습니다. 용서해주시옵소서.
저희 가족을 사랑하셔서, 한 가지 소원을 주시옵소서. 최선을 다하여 하나님을 사랑하는 저희들이 되게 하시옵소서. 주님을 깊이 사랑하고, 주님을 가장 귀하게 여기도록 감동해주시옵소서. 주님의 사랑이 저희들의 가슴에서 싹이 트고 움이 터지게 하시옵소서. 예수님의 이름으로 기도드립니다. 아멘.

6월 4주_한국전쟁일

대사를 행하시는 하나님,

이 시간에, 은혜의 자리로 불러 주셔서 영과 진리로 예배하게 하셨으니 영광을 드립니다. 사랑하는 식구들이 하나님을 예배하려고 머리를 숙일 때, 회개의 영으로 충만하게 하시옵소서. 거저 주셨던 생명의 은혜를 기억하면서 감사로 살지 못한 죄를 용서해주시옵소서. 저희 가정에 주님과 교회를 위하여 열정적으로 사명을 감당하도록 이끌어 주시옵소서. 복음을 전하시던 주님의 열심, 주님의 열성, 주님의 열정이 있게 하시옵소서. 하나님을 위한 열심의 마음을 주시옵소서. 예수님의 이름으로 기도드립니다. 아멘.

7월 1주_맥추감사절

날마다 새로우신 하나님,

저희 가족을 구원하시므로 새 생명을 지으신 하나님께 감사드립니다. 날마다 하나님을 찬양하기 원하였으나, 죄로 얼룩진 자신의 모습 밖에 없습니다. 저희들의 죄를 용서해주시옵소서.

오늘도 저희들의 생명에 새로운 날을 주셨으니, 이 모인 자리를 새롭게 하시옵소서. 주님의 가정이 날마다 은혜로 풍성하게 해 주시고, 이 지역에서 영혼을 살리는 방주가 되게 하시옵소서. 저희들의 소원은 오직 하나, 불신자들에게 빛과 소금으로 사는 것이 되게 하시옵소서. 예수님의 이름으로 기도드립니다. 아멘.

<h2>7월 2주_</h2>

만유의 주 하나님,

만유를 다스리시는 권세가 다 하나님의 것임에 찬송합니다. 이곳에, 회개의 영이 가득해서 자신의 죄를 고백하고, 깨끗함을 받게 하시옵소서. 오늘, 저희들의 영혼을 새롭게 하고, 하나님의 사람으로 세상에 나갈 담대함을 주시는 말씀을 먹여주실 것을 믿습니다.

저희들의 나아가는 걸음을 힘차게 하셔서 죄를 멀리하고, 마귀의 유혹을 물리치며, 자신과 싸워서 이기는 오늘이 되게 하시옵소서. 어디에서, 무엇을 하든지 십자가의 군사가 되게 이끌어 주시옵소서. 예수님의 이름으로 기도드립니다. 아멘.

<h2>7월 3주_</h2>

더하시는 하나님,

후히 주시고 꾸짖지 않으시는 하나님이시니 감사드립니다. 주님의 피 묻으신 손으로 감싸주시고, 새롭게 하심을 경험하게 하시옵소서. 사랑하는 식구들에게 하나님의 나라를 위하여 일을 맡겨 주셨음을 믿습니다. 저희들의 인생의 삶에서, 여호와 앞에 성전이 되어 살아가야 할 길을 열어 주시옵소서. 주님의 뜻에 따라 봉사하게 하시옵소서.

소원을 두고 행하게 하시나니 라고 약속해주셨습니다. 이 약속이 저희 가정에 이루어져서, 부모와 자녀에게 인생의 소원을 품게 하시옵소서. 예수님의 이름으로 기도드립니다. 아멘.

7월 4주_

날마다의 하나님,
저희 가족에게 모든 것이 되시며, 이 시간까지 지켜주셨음에 영광
을 드립니다. 주님의 저희들을 향한 은혜는 한 순간도 놓치심이 없
는데, 저희들은 주님을 잊고 지낼 때가 너무도 많았음을 회개합니
다. 식구들에게 경건함과 거룩함으로 예배하게 하시옵소서. 사랑하
는 식구들이 기도하러 모이고, 열심히 서로 사랑하는 중에 은혜의
풍성함을 보게 하시옵소서. 번성케 하시는 여호와의 손이 임하여
믿음의 부요를 누리게 하시옵소서. 이 시간의 예배로 복에 복을 누
리게 하시옵소서. 예수님의 이름으로 기도드립니다. 아멘.

7월 5주_

살아계신 주 하나님,
사랑하는 가족에게 영원한 생명을 주신 그 은총에 마음을 다해 찬양
을 드립니다. 육신의 미혹에 자신을 내어주었던 행실을 기억할 때,
용서해 주시옵소서. 저희들의 영혼에 항상 성령의 은혜가 생수의
강같이 흘러넘치게 하셔서, 죄를 이기고 사탄을 이기게 하시옵소
서. 예배하는 중에 저희들이 믿음이 말씀의 반석 위에 세워지고, 하
나님의 은혜를 바라는 소망을 말씀 안에서 갖게 하시옵소서. 그 소
망이 기쁨이 되어 즐거움을 누리게 하시옵소서. 예수님의 이름으로
기도드립니다. 아멘.

8월 1주_

위로하시는 하나님,

임마누엘의 복을 주셨음에 찬송합니다. 지금, 저희들의 마음을 내어놓으니 용서해주시옵소서. 주님이 없는 사람이었던 행실을 뉘우칩니다. 사랑하는 가족에게 하나님의 이름을 높이고, 세세무궁토록 영광을 바치는 한 시간이 되게 하시옵소서. 이로써 성령님의 깨닫게 하시는 은혜로 말미암아 기도의 무릎을 꿇게 하시옵소서.

저희 가정은 주님 앞에서 기도하는 가족이 되기 원합니다. 온 성도들이 주님의 뜻을 이루기 위해 기도의 무릎을 꿇게 하시옵소서. 예수님의 이름으로 기도드립니다. 아멘.

8월 2주_광복절주일

사랑을 드리게 하시는 하나님,

이 시간에, 예배하도록 마음을 모아 주시니 감사드립니다. 예배로 살아야 하는데, 저희들의 분주함이 예배를 잊게 하니 용서해주시옵소서. 생활에 집착하도록 하는 죄의 유혹에 쓰러지니 불쌍히 여겨주시옵소서.

사랑하는 식구들이 영혼과 육체를 주님 앞에 드립니다. 저희들의 가슴과 머리를 주님의 뜻으로 채워주시옵소서. 저희 가정에 주님을 향한 사랑이 가득 차게 하심을 믿습니다. 저희들의 삶에서 무엇이든지 주님의 거룩하신 뜻이 드러나게 하시옵소서. 예수님의 이름으로 기도드립니다. 아멘.

8월 3주_

사랑하시는 하나님,

오늘, 사랑하는 주님의 자녀를 모아 주셔서 예배하게 하시니 영광을 드립니다. 예배의 한 시간으로 인해 거룩한 기쁨을 누리게 하시옵소서.

저희들에게 하나님의 말씀을 듣게 하시니 즐겁습니다. 갈 길을 밝히 보이시는 말씀이 되어, 의에 이르게 하시옵소서. 그 은혜로 말미암아 복음으로 사는 저희 가족이 되게 하시옵소서.

이 자리에서, 식구들에게 믿음의 사람이 되기를 소원하게 해주시옵소서. 믿음의 공동체로서 하나님의 일을 나타내는 가족으로 삼아주시옵소서. 예수님의 이름으로 기도드립니다. 아멘.

8월 4주_

은혜를 주시는 하나님,

존귀와 영광이 다 주께 있음을 찬송합니다. 예배하려 머리를 숙이니 불신앙으로 지냈던 죄를 고백하게 됩니다. 용서해주시옵소서.

안타깝게도 요즈음, 저희 가정에는 어려움으로 힘들어 하는 식구들이 있습니다. 그들을 불쌍히 여겨 주시옵소서. 인생의 광풍을 만난 경우에 함께 하셔서 풍랑을 다스려주시고, 평안케 하시옵소서.

사랑하는 식구들이 어려움을 겪으면서 하나님의 은혜를 소망하게 하시옵소서. 풍랑으로 훈련시키시는 주님의 손을 보게 하시옵소서. 예수님의 이름으로 기도드립니다. 아멘.

9월 1주_

새롭게 해주시는 하나님,
예수님의 십자가 보혈로 새롭게 된 것을 감사드립니다. 하나님의 사랑으로 영원한 생명의 삶이 되게 하시니 감사드립니다.
오늘도 믿음으로 주님의 말씀을 받는 시간을 소망합니다. 위로부터 주시는 생명의 말씀을 받아 저희들이 향기로운 제물이 되게 하시옵소서. 진리의 말씀으로 저희들의 영을 새롭게 해주실 은혜를 기대합니다.
저희 가정이 복된 제단이 되어 산 제물을 드리는 은혜를 주시옵소서. 하나님을 영화롭게 해드리는 시간이 되게 하심을 믿습니다. 예수님의 이름으로 기도드립니다. 아멘.

9월 2주_

임마누엘의 하나님,
저희 가정에 임마누엘로 같이 하신 은혜에 감사드립니다. 저희들의 죄를 회개하니 하나님의 일을 생각하지 않은 죄를 용서해주시옵소서. 예배하는 한 시간, 여기에 모인 모두에게 성령님의 능력과 권세에 붙들리게 하시옵소서. 저희 가정과 사랑하는 식구들을 위하시는 하나님의 은혜에 감사하게 하시옵소서.
그 감사로 인하여 이제는 자신의 십자가를 지고, 주님을 따르게 하시옵소서. 하나님의 일이 이루어지는데 힘을 다하도록 하시옵소서. 예수님의 이름으로 기도드립니다. 아멘.

9월 3주_

늘 함께 하시는 하나님,
여호와의 섭리를 깨달으며, 인생이라는 삶을 바라보게 하시니 찬양을 드립니다. 예배하도록 정해주신 시간에 식구들이이 모이게 하셨습니다. 저희들이 지내오던 지난 시간에 받은 은총을 감사하는 예배의 한 시간이기 원합니다. 하나님의 말씀 앞에서는 영원에 이르도록 해주는 말씀을 붙잡고, 평생을 살아가겠노라는 거룩한 다짐이 있게 하시옵소서. 예배할 때, 하나님 아버지를 의지하려는 마음을 더하여 주시옵소서. 저희들 각자에게 하나님과의 동행에 대한 소원을 품게 하시옵소서. 예수님의 이름으로 기도드립니다. 아멘.

9월 4주_추석(24일)

날마다 인도해주시는 하나님,
생명의 삶을 살도록 인도하심에 찬송을 드립니다. 그러나 저희들의 지난 시간에 있었던 삶이 주님을 떠난 것이었음을 회개합니다. 고의적으로 하나님을 사랑하는 길에서 떠나 지냈던 죄를 용서해주시옵소서.
오늘도 하나님의 말씀이 위로가 되고, 즐거움이 되기 원합니다. 이 예배로 인하여 또 다시 삶의 현장에서 살아갈 때, 힘이 되고, 용기가 되도록 이끌어 주시옵소서. 은혜와 진리 안에서 십자가를 지고 인내의 힘과 변하지 않는 믿음으로 그리스도를 따르게 하시옵소서. 예수님의 이름으로 기도드립니다. 아멘.

9월 5주_

자기 백성을 지켜주시는 하나님,
주님의 사랑으로 살던 저희들입니다. 저희 집에서 성소로 삼은 여기에 사랑하는 식구들이 둘러앉았습니다. 지금, 저희들 자신 속에 있는 교만과 미움의 죄악을 깨끗이 씻어주시고, 용서해주시옵소서. 저희 자녀들, 하나님의 은혜로 예배에 임하게 하시옵소서. 죄를 사유해주시는 은혜에 감사하면서 그 감격으로 예배하게 하시옵소서. 사랑하는 식구들에게 주님을 만나는 축복된 자리로 만들어주시옵소서. 하나님의 손길을 느끼게 하시옵소서. 예수님의 이름으로 기도드립니다. 아멘.

10월 1주_

영원하신 하나님,
위대하고 강하신 여호와를 찬양합니다. 오직 마음을 다 드리는 지금, 감사로 제사하는 저희들이 되어 여호와의 영광을 인정하게 하시옵소서. 하나님의 이름을 높이고 영광을 바치는 시간이 되게 하시옵소서.
영생의 말씀을 듣게 하시니 저희들의 심령을 하늘나라에 두기 원합니다. 그것이 저희들에게 기쁨이 되기를 소망합니다. 이로써 주님을 향한 저희들의 믿음이 굳건해지게 하시고, 주님을 사랑함으로 저희 가정과 식구들의 삶이 채워지게 하시옵소서. 예수님의 이름으로 기도드립니다. 아멘.

10월 2주_

거룩하신 하나님,
가정을 성소로 삼아 모인 식구들에게 경건함과 거룩함으로 예배하
게 하시옵소서. 비록 작고, 주님의 영광을 드러내는 것에 미비하다
할지라도 저희들의 모든 것을 드립니다.
예배하는 중에, 겸손하신 주님을 닮게 하시옵소서. 저희들은 겸손
한 마음으로 있게 하시고, 이웃과는 존경과 관대로서 대하는 삶을
보게 하시옵소서. 날마다의 삶에서 예수님의 향기를 드러내도록 이
끌어 주시며, 주님의 약속에 따라 복을 누리게 하시고, 의에 이루게
하시옵소서. 예수님의 이름으로 기도드립니다. 아멘.

10월 3주_

은총을 더하시는 하나님,
주님께 나와 무릎을 꿇게 하시니 감사드립니다. 신앙생활의 게으름
이 저희 가족을 유혹에 빠지게 하였음을 고백합니다. 용서해주시옵
소서.
주님께서는 저희들의 영혼을 맡으셨다고 믿습니다. 주님의 소유로
살아가게 하시옵소서. 사랑하는 식구들 무두에게 주님의 품에서 소
망 가운데 즐거워하고, 사랑으로 불타게 하시옵소서.
오늘이라는 이 삶이 산 제물로 드려지는 생활이 되게 하시옵소서.
가정 안에서 이루어지는 모든 것들이 하나님께 드려지게 하시옵소
서. 예수님의 이름으로 기도드립니다. 아멘.

10월 4주_종교개혁기념주일

은혜를 보게 해주시는 하나님,

저희 가정에 향하신 인자하심이 크시기에 찬송합니다. 주님께서는 이 세대를 본받지 말라 하셨는데, 하나님의 말씀보다 세상의 흐름에 생명을 맡기고, 재산을 맡기고 살았음을 회개합니다. 용서해주시옵소서.

오늘, 하늘의 신령한 복과 땅의 기름진 복이 약속되어 있는 말씀을 받게 하시옵소서. 하나님의 말씀을 듣는 귀를 주사 죽어 수족이 동여매졌던 나사로를 살리셨던 주님의 은혜를 보게 하시옵소서. 저희들을 옭아매고 있는 것들을 주님의 이름으로 푸는 은혜를 누리게 하시옵소서. 예수님의 이름으로 기도드립니다. 아멘.

11월 1주_

예배로 만나주시는 하나님,

아무 것도 염려하지 않고 감사함으로 하나님께 아뢰게 하심에 감사드립니다. 거짓된 마음으로 예배할 때가 많았음을 고백하니 지금은 마음을 다하여 예배하고, 주님을 섬기게 하시옵소서.

거룩한 마음으로 하나님의 말씀을 받아 그 법도를 지키기를 소망합니다. 끊임없이 찾아오는 근심을 말씀으로 날려 버리게 하시고, 소망을 품게 하시는 하나님께 늘 찬양을 드리게 하시옵소서. 저희들의 심령이 주님의 은혜 안에서 아무 것도 두렵지 않게 하시옵소서. 예수님의 이름으로 기도드립니다. 아멘.

11월 2주_

믿음의 주이신 하나님,
예수님 안에서 하나님과 새로운 가족이 되게 하신 뒤부터 지금까지 지켜 주심에 감사드립니다. 아버지를 의지하여 주 안에서 살게 하시는 은혜에 찬양을 드립니다.
기도를 드릴 때, 저희들의 눈을 뜨게 해주시기 원합니다. 믿음의 눈을 떠서 하나님을 아버지로 보게 해주시옵소서. 그리고 주님께서는 잠시도 떠나지 않으시고, 계심을 알게 하시옵소서. 주님을 향한 마음을 뜨겁게 하시고, 임마누엘의 신앙으로 이기도록 이끌어 주시옵소서. 예수님의 이름으로 기도드립니다. 아멘.

11월 3주_추수감사절

복을 내려 주시는 하나님,
거두어들인 것들이 많아 여호와의 도우심을 찬송합니다. 제게 베풀어 주시는 은혜를 생각할 때, 참으로 감사드립니다. 은혜 가운데서 날마다 지켜 보호하여 주심을 깨달을 때, 더욱 더 감사를 드립니다. 주님께서 주셨음을 생각하여, 작은 일에도 감사하는 심령으로 만들어 주시옵소서. 시시때때로 복을 내리셔서 저를 지켜주시고 건강과 힘을 더하시며, 또한 먹을 것과 입을 것을 주시고, 생활의 모든 안락함과 일용품을 허락하여 주신 은혜 또한 진심으로 감사드립니다. 예수님의 이름으로 기도드립니다. 아멘.

11월 4주_왕이신 그리스도 주일

인도해주시는 하나님,
사랑을 받는 식구들이 감사의 찬송으로 할렐루야를 부릅니다. 지금, 저희들의 모습을 보니, 악한 행실에 몸을 내어주었던 것을 회개합니다. 겉으로 드러나지는 않으나 마음에 품은 죄악을 용서해주시옵소서. 저희들이 살아가는 자리에서 믿음으로 살기를 소원으로 삼게 하시고, 언제나 주님과 동행하도록 이끌어 주시옵소서. 주님의 은혜가 저희들로 하여금 친구가 되게 해 주셨으니, 저희 가정에 언제나 임마누엘로 함께 하시옵소서. 주님의 뜻을 이루어드리는 삶이 되게 하시옵소서. 예수님의 이름으로 기도드립니다. 아멘.

12월 1주_대림절 첫째 주일

약속을 주시는 하나님,
좋은 날들을 주시고, 가족의 사랑이 풍성함에 감사드립니다. 지금, 감사로 제사하는 저희들이 되어 여호와의 영광을 인정하게 하시옵소서. 하나님의 이름을 높이고, 세세무궁토록 영광을 바치기 원합니다. 지난 시간의 삶은 사실, 죄와 허물로 얼룩졌으나 이 예배로 새롭게 해 주시옵소서. 하나님의 말씀을 듣는 자들이 새로운 삶을 살고 주님위해 변화된 삶을 사는 역사로 바뀌었던 사실이 식구들의 고백이 되기 원합니다. 말씀으로 새롭게 된 초대교회의 은혜를 체험하게 하시옵소서. 예수님의 이름으로 기도드립니다. 아멘.

12월 2주_성서주일

진리로 이끌어주시는 하나님,

한 해의 삶을 시작하게 하시고, 여기까지 인도하신 사랑을 즐거워
합니다. 지금, 저희들은 주의 자녀라 하기에는 너무 초라해 회개합
니다. 주님의 제자로서의 삶을 다하지 못했으니 용서해주시옵소서.
이제, 간절히 바라기는 말씀으로 새 교훈을 받게 하시고, 종일 묵상
하는 가족으로 삼아주시옵소서. 하나님의 말씀을 아멘으로 받고,
순종하려는 감격으로 가슴이 뜨거워지게 하시옵소서. 겸손히 주님
의 말씀을 받아들이고, 힘을 다하여 그 말씀을 이루어드리게 하시
옵소서. 예수님의 이름으로 기도드립니다. 아멘.

12월 3주_대림절 셋째 주일

찬양을 받으실 하나님,

식구들이 모여 앉은 지금, 하나님의 이름에 합당한 영광을 드리는
예배가 되게 하시옵소서. 저희들의 모습은 죄로 더러워졌습니다.
온갖 허물로 얼룩졌습니다. 보혈로 용서받는 이 시간이 되게 하시
옵소서. 저희들의 심령을 지극히 은혜로우신 주님의 사랑으로 채워
주시옵소서. 거룩한 시간에 하나님의 말씀으로 저희들을 심령을 새
롭게 해 주시옵소서. 그리하여 저희들이 순종 안에서 주님과 함께
살고 주의 사랑 안에서 죽으며, 다시 일어나 주님의 영광 속에서 있
게 하시옵소서. 예수님의 이름으로 기도드립니다. 아멘.

12월 4주_대림절 넷째 주일, 성탄절(25일)

영광을 받으실 하나님,
성탄절에 예수님을 만나 경배하려는 사모의 마음을 주셨음에 찬송합니다. 성탄절을 기다리는 저희들에게 믿음의 눈으로 예수님을 뵙게 하시옵소서. 주님을 만나 경배하는 성탄절이 되도록 도와주시옵소서. 동방의 박사들이 별을 보고 나섰던 여행길의 경험을 주시옵소서. 이미 오신 예수님을 기뻐하고, 주님께 합당한 경배를 드리게 하시옵소서. 최고의 것, 최대의 것으로 예물을 준비하면서 성탄절을 즐거워하며 감사하게 하시옵소서. 성탄의 영광으로 저희 가정이 넘치게 하시옵소서. 예수님의 이름으로 기도드립니다. 아멘.

12월 5주_송년주일

시간의 주이신 하나님,
신실하게 베풀어주셨던 은혜로 다사다난했던 한 해의 마지막 날을 보내고 있습니다. 이 시간에, 추한 모습을 회개합니다. 주님께 로서의 삶을 살아야 했지만 그렇지 못한 소위를 불쌍히 여겨주시옵소서. 금년 한 해를 살아오는 동안에 주님의 말씀이 저희들을 새롭게 하셨으니, 이 진리에서 떠나지 않게 하시옵소서.
한 해가 어김없이 지나가듯이, 저희들의 인생도 지나가고 있습니다. 결산을 해야 하는 지혜를 갖고, 심판을 준비하면서 살게 하시옵소서. 예수님의 이름으로 기도드립니다. 아멘.

1. 임종예배

생애에 약속되었던 복을 누리게 하신 하나님,

지금 이 가정에 주님의 긍휼이 있기를 원합니다. 날마다 큰 은혜 안에서 지내던 중, ○○○ 장로님의 임종을 위해서 머리를 조아렸습니다. 자신의 죽음 앞에서도 흔들림이 없으신 장로님의 모습에 감사합니다.

하나님 앞에서 의롭게 살아오셨던 ○○○ 장로님의 돌아가심을 앞에 놓고 예배합니다. 귀하게 쓰임을 받으시다가, 주 아버지의 품으로 돌아가시려 하오니 감사드립니다. 신앙의 본이 되셨던 장로님과 함께 예배를 드리던 시간을 기억할 때, 하나님께 영광을 드립니다. 장로님의 자손들과 성도들이 모여 예배하게 하시니 오직 영광을 받아주시옵소서. 장로님의 손을 잡아주시며, 저의 평생에 선하심으로 인도하셨던 주님을 묵상하는 한 시간이기를 소망합니다. 그 말씀 한 마디도 땅에 떨어지지 않고 마음 밭에 새겨져 열매를 맺게 하시옵소서.

거룩한 시간에, 사탄이 틈을 타지 않도록 막아주시옵소서. 슬퍼할 수 밖에 없는 가족에게 천국을 소망하는 기쁨을 안겨주시옵소서. 복을 누리는 가정으로 ○○○ 장로님 부부가 신앙에 모범이 되게 하시고, 자녀들 역시 부모의 경건을 본받아 의롭게 살게 하셨습니다. 종의 생애에 약속되었던 복이 남김없이 유족들에게 이루어주시옵소서.

| 장례예식을 치르는 가정에 채워져야 할 하나님의 은총을 간구한다. |

위에 계신 친구, 예수님의 이름으로 기도드립니다. 아멘

2. 위로예배

인생의 뜻을 깨닫게 하시는 하나님,

참으로 오랫동안 저희들과 같이 지냈던 고 ○○○ 집사님을 기억합니다. 고인이 본향으로 돌아가셨으니, 삶의 진리를 확실히 깨달아 하나님은 주시는 분이시며, 취하시는 분이심을 잊지 않게 하시옵소서.

오직 믿음으로 사셨으며, 하나님께의 영광을 구하셨던 고인을 알고 지냈던 것으로 저희들에게는 감사였습니다. 성령님과 동행하기를 즐거워했고, 성령님의 충만한 종이셨습니다. 그의 헌신과 수고로 말미암아 교회가 크게 부흥하였음에 감사드립니다.

이 자리에 있는 저희들은 영원한 집의 관문을 바라보게 하시옵소서. 이 예배로 인하여 영광을 하나님께 드리고 인생의 뜻을 깨닫게 하시옵소서. 말씀으로 위로하실 목사님께 은총을 더하여 주시옵소서.

고 ○○○ 집사님의 가족을 축복합니다. 고인께서 누리셨던 신영한 복이 귀한 자녀들에게로 이어지고, 믿음의 세계에서만 아니라, 세상에서도 머리가 되고, 남들을 지도할 만한 위치에 있게 하시옵소서.

사랑하는 지체와 이별한 슬픔을 틈타서 사탄이 역사하지 못하도록 막아주시옵소서. 성령님께서 유족과 이 가정을 보호해주시옵소서.

ㅣ장례예식을 치르는 가정에 채워져야 할 하나님의 은총을 간구한다.ㅣ

나의 심령에 계신 주, 예수님의 이름으로 기도드립니다. 아멘

3. 입관예배

평생을 하나님을 사랑하며 살게 하시는 하나님,

인간의 생사화복을 주장하시는 주님의 다스림 속에서 고 ○ ○ ○ 님이 살아오셨습니다. 살아계시는 동안 하나님의 은혜를 입은 고인께서는 장수의 복을 누리시어 세까지 살아오셨으니, 이제까지 붙들어 주신 여호와의 이름을 높여드립니다.

저희들의 곁을 떠나신 고인을 생각할 때, 닛시의 하나님을 묵상하게 됩니다. 주님께서는 고인의 삶 속에서 승리하셨습니다. 평생을 하나님을 사랑하면서 사셨던 고인이 천국에서 승리의 찬양을 부르실 것이라 믿을 때, 감격스러움을 고백합니다.

인생의 끝에 질병으로 시달리셨으나, 주님의 신부처럼 단장하여 사셨던 고 ○ ○ ○ 님의 몸을 입관하려 합니다. 하나님께서 주신 거룩한 몸을 잘 보존했다가 흙으로 돌아가게 하셨으니 즐겁습니다. 사랑하는 이가 죽었으니, 저희들에게는 슬픔이 큽니다.

저희들에게 부활과 영생을 보증해 주셨음을 감사합니다. 천사장의 나팔소리와 함께 영광의 몸으로 부활하게 하사 주님의 영광 속에 영원히 거하게 하시옵소서. 장례예식이 진행되는 기간에, 사탄이 일체 틈을 타지 못하도록 하시며 오직, 하나님께서 이 기간을 지켜주시옵소서.

| 장례예식을 치르는 가정에 채워져야 할 하나님의 은총을 간구한다. |

면류관의 보장이 되신 예수님의 이름으로 기도드립니다. 아멘

4. 장례예배

흰 옷을 입혀주시는 하나님,

고○○○ 님의 영혼을 거두어 주시니 감사드립니다. 고인께서 그가 생전에 믿었던 믿음을 지키고, 천국에 가심으로써 우리 하나님께 영광이 되고, 유족들에게는 소망이 되었습니다.

오늘, 고인의 장례예배를 성령님께서 주관해주시고, 영광을 받으시옵소서. 고인이 저희들과 한 지체로서 유익한 자이셨음에 영광을 드립니다. 고인께서는 늘 교회를 중심으로 사셨음을 추억합니다.

주님의 보좌 앞에서 예배할 때, 천지의 만물이 우리 하나님의 위엄을 찬송하기 원합니다. 하나님, 유족과 함께 한 저희에게 말씀하시옵소서. 저희는 그 말씀을 듣겠습니다. 목사님께서 전해주시는 말씀의 축복 속에 저희들 모두에게 격려를 받게 하시옵소서.

유족을 위해 간구합니다. 함께 살던 이를 먼저 천국으로 가게 하신 후, 섭섭해있을 저들을 주님의 품으로 품어주시옵소서. 간절히 비니 죽음으로 인하여 슬퍼하는 이들의 마음을 위로해주시옵소서.

고인과 함께 삶을 나누었던 지체들을 축복합니다. ○○교회 안에서 성도의 교제를 통해 한 몸의 삶을 살았던 이들이 고인과의 정을 가슴에 묻습니다. 이제, 영원한 하늘나라에서 기쁜 얼굴로 만나게 하시옵소서.

| 장례예식을 치르는 가정에 채워져야 할 하나님의 은총을 간구한다. |

편히 쉬게 해주시는 예수님의 이름으로 기도드립니다. 아멘

5. 하관예배

감사로 예배하도록 이끌어주신 하나님,

고○○○ 님의 몸을 흙으로 돌려보내드리는 엄숙한 시간에, 이 자리에 모인 무리들에게 경건함과 거룩함으로 예배하게 하시옵소서. 생각과 마음을 모아서 여호와를 예배하는 저희들이 되게 하시옵소서. 영과 진리로 충만하게 하시옵소서.

고인의 생명을 거두신 하나님 앞에서 겸손한 마음으로 머리를 숙였습니다. 사랑하는 유족, 인간의 언어로는 그 어떤 말로도 위로할 수 없는 이들에게 은혜가 되는 하관예식이 되게 하시옵소서. 고인과 교제했던 시간들을 즐거워하면서 감사로 예배하게 하시기를 소망합니다.

이 예배로 하나님께 영광이 드려지고, 저희들은 천국의 위로를 경험하는 사건이 되게 하시옵소서. 주님께서는 모든 성도들의 피난처가 되시고, 사랑하는 유족의 믿음을 온전케 하시는 산성이 되어 주셨습니다.

고인의 몸에 흙을 덮는 유족을 위로해주시옵소서. 저들을 평안하게 해 주시고 주님의 경륜을 밝혀 주셔서 생명의 안식을 얻게 하시옵소서. 그리고 저희들에게는 진실한 마음으로 믿음을 지키게 하시옵소서.

이 거룩한 자리에서 예수님을 구주로 영접하는 은혜를 내려 주시옵소서. 하늘나라를 사모하는 마음을 갖게 하시옵소서.

| 장례예식을 치르는 가정에 채워져야 할 하나님의 은총을 간구한다. |

영원을 약속해주신 예수님의 이름으로 기도드립니다. 아멘

6. 귀가예배

영원한 삶을 약속해주신 하나님,

장례의 모든 일들을 마치게 해주신 여호와의 이름을 높여드립니다. 지금, 고○○○ 님과 함께 지내도록 하셨던 은혜를 기뻐하면서 예배하는 이들에게 복된 시간이 되게 하시옵소서.

이제, 고인의 유해마저도 다시 볼 수 없다는 사실이 서운하게 하지만 목사님의 설교가 소망과 위로의 메시지가 되게 하시옵소서. 말씀을 전해 주실 목사님에게 성령의 능력이 더하시게 해주시옵소서.

고인과 함께 나그네 길의 삶을 나누었던 지체들을 축복합니다. 저희들은 엊그제까지만 해도 고인과 더불어 바울 사도처럼 예수를 본받으면서 살기를 다짐했었습니다.

고○○○ 님의 자녀들의 심령이 연약할 때 더욱 강건케 하여 주시옵소서. 고인께서 땅에서 지내는 동안 간구하셨던 모든 기도가 자녀들의 사는 날 동안에 다 이루어지기를 축복합니다.

이 시간에, 과연 저희들은 주님께서 부르실 때, 어떻게 나아가겠는가를 묵상하게 하셔서, 저희들이 잊고 지내는 것을 깨달아 알기를 원합니다. 영원한 삶을 약속해 주시고 있을 곳을 예비해 두신 주님을 기쁜 낯으로 대하게 하시옵소서.

| 장례예식을 치르는 가정에 채워져야 할 하나님의 은총을 간구한다. |

천국에의 확증을 주신 예수님의 이름으로 기도드립니다. 아멘

7. 첫 성묘예배

온 세계 위에 영광이 되시는 하나님,

아버지의 품으로 가신 고○○○ 님의 묘소를 찾은 복된 날에, 하나님의 영광이 온 세계 위에 높아지기를 원합니다. 고인의 가정을 사랑하기에 모인 저희들입니다. 영광으로 주님을 찬송하게 하시옵소서.

지금, 성령님의 충만하신 인도로 하나님을 찬송하게 하시옵소서. 저희들의 눈에 보이는 것은 고인의 몸이 누어있는 산소이지만, 하늘에 계실 고인의 영혼을 바라보게 하시옵소서.

이 시간에, 시간과 사건 속에서 영원토록 주의 이름이 영광이 되기 원합니다. 예배의 순서마다 거룩하심의 은혜가 있게 하시고, 참여하는 성도들을 복되게 해주시기를 빕니다. 목사님께서 주님의 말씀을 선포하실 때, 능력으로 함께 하시옵소서.

유족이 한 결 같이 주님의 뜻대로 사는 종들이 되기를 소망합니다. 예배를 통해서 천국을 상속받기 위해 경건한 자녀로 살려는 다짐이 있게 하시고, 주님의 백성답게 지내기를 원합니다.

고인의 신앙을 최고의 유산으로 받아서 하나님께 영광을 드리는 유족에게 복을 내려 주시옵소서. 사랑하는 유족이 여호와 앞에서 살아가는 것과 이 땅에서의 생활을 책임져 주시옵소서.

| 추모예식을 치르는 가정에 채워져야 할 하나님의 은총을 간구한다. |

생명의 길을 주신 예수님의 이름으로 기도드립니다. 아멘

8. 설날 추모예배

하늘에 영광을 드리게 하시는 하나님,

이 땅에서 지내시는 동안에 하나님의 사랑을 입으셨던 고○○○ 님을 추억하게 하시니 감사드립니다. 이 가정을 여호와께 올려드리니 하나님께만 영광을 드림이 되게 하시옵소서.

사랑하는 식구들이 이 예배로 주님을 맞아드리려 합니다. 주님의 이름을 높여드리고, 자녀로서 아버지가 누리셔야 하는 영광을 바치기를 원합니다. 이 시간에, 마음으로 무릎을 꿇게 하시고, 하늘의 영광을 취하시옵소서. 조상의 신앙을 잇는 복을 경험하게 하시옵소서.

전에는 몰랐으나, 과연 하나님께서는 고 ○○○ 님으로 하여금 신앙의 본이 되도록 하셨습니다. 그 하나님의 이루심을 저희들도 보게 하시옵소서. 이 시간에, 성령님의 충만하심을 간구합니다.

생전의 고인과 함께 이 모습, 저 모습으로 예배하며 누리던 은혜를 이 시간에도 내려 주시옵소서. 복된 자녀들에게서 하나님을 소망하는 삶을 통해서 조상의 신앙을 잇는 믿음을 보는 은혜를 주시옵소서.

고인께서 자신의 평생을 여호와께 맡겨서 형통의 삶을 살았던 은혜를 이 가정에 내려 주시옵소서. 자녀들도 여호와께서 이루어주시는 복을 누리는 생활을 하게 해주시옵소서.

|추모예식을 치르는 가정에 채워져야 할 하나님의 은총을 간구한다.|

망령된 행실을 끊게 해주신 예수님의 이름으로 기도드립니다. 아멘

9. 한식 추모예배

영과 진리로 예배하게 하시는 하나님,

한식을 맞이한 첫 시간에 고○○○ 님을 기억하면서 예배하게 하시옵소서. 고인께서 우리의 곁을 떠나시고 ○년이 지났지만 추모 예배의 시간으로 늘 고인과 함께 지내게 하셨음에 감사드립니다.

지난해에도 고인의 믿음을 본받아 살게 하시고, 이 시간에는 하나님의 뜻에 따라 살기를 다짐하게 하시니 감사드립니다. 온 가족이 둘러앉았으니, 영과 진리로 예배하도록 이끌어 주시옵소서.

오늘, 말씀을 전하시게 되시는 목사님께 성령님의 능력과 권세가 더하시기를 빕니다. 그 말씀이 저희 가정에 주시는 하나님의 음성이기를 빕니다.

오벧에돔이 하나님의 궤를 집에 모셨던 열심의 은혜가 고인을 통해서 이 가정에 있었던 것처럼 이제는 자녀들이 그 믿음으로 살게 하시옵소서. 하나님을 가까이 하는 후손, 하나님의 말씀으로 살아가는 후손이 되게 하시옵소서.

오래 전에, 하나님의 부르심을 받으신 고○○○ 님의 믿음과 삶의 도리를 자손들이 본받기를 원합니다. 고인으로 말미암아 이 가정에 베풀어 주신 은혜를 묵상하는 복된 시간이 되게 해주시옵소서.

| 추모예식을 치르는 가정에 채워져야 할 하나님의 은총을 간구한다. |

은혜의 주, 예수님의 이름으로 기도드립니다. 아멘

10. 추석 추모예배

하나님께 열심을 내도록 하시는 하나님,

추석의 풍요로움을 주신 하나님의 은혜에 감사하면서 저희들에게 고 ○○○ 님을 기억하게 하시옵소서. 저희들의 자녀들 중에는 고인을 직접 뵈온 적도 없는 아이들이 있습니다.

저희들의 기억에는 고인께서 평생을 불평 한 마디 없이 가정과 자녀들을 위하여 사셨습니다. 고인의 손길을 통하여 자녀들이 장성하도록 인도해주신 하나님의 사랑 앞에서 거룩한 결단의 은혜를 주시옵소서.

다윗의 길에서 떠나지 않았던 아사를 따르게 하시옵소서. 저희들이 자라는 동안에 ○○○님께서 평생의 삶에서 보여 주셨던 하나님께 열심이었던 그 신앙을 저희들의 것으로 삼는 은혜를 주시옵소서. 언행이 일평생 여호와 앞에서 온전하기를 사모하도록 이끌어 주시옵소서.

오늘, 하나님의 말씀으로 축복과 함께 위로의 시간이 되게 하시옵소서. 저희들 지체에게 꼭 주여야 하실 말씀을 받게 하시옵소서.

고인을 기억하면서 명절의 즐거움을 누리려 할 때, 이 가정의 자손들에게 하나님 우편에 계신 주님을 바라보게 하시옵소서. 그리스도와 함께 살리심을 받은 지체들이 하늘에 소망을 두도록 이끌어 주시옵소서. 믿음의 대를 이어가겠다는 결단을 다짐하게 하시옵소서.

| 추모예식을 치르는 가정에 채워져야 할 하나님의 은총을 간구한다. |

영생복락이 되어주신 예수님의 이름으로 기도드립니다. 아멘

11. 기일 추모예배

언제나 넉넉하게 해주시는 하나님,

하나님께 영광과 존귀를 드립니다. 우리에게 자비로우신 부모가 있게 하신 그 사랑에 감사하여 예배하는 저희들이 되게 하시옵소서. 부모가 있으므로 하나님께서 계신다는 확신을 갖게 하시옵소서. 고 ○○○ 님께서 저희들과 함께 살았던 시간들로 말미암아 감사드립니다.

고인께서는 참으로 하나님께만 영광을 드리는 것에 집중하며 사셨습니다. 이 시간에, 고인이 즐겨 부르시던 찬송을 할 때, 저희들에게 기쁨이 충만해지기를 소망합니다. 고인과 함께 예배하였던 지난 시간을 추억하면서 찬미의 제사를 드리게 하시옵소서.

목사님께서 천국의 말씀을 전하실 때, 성령님의 역사하심으로 큰 감동이 있게 하시옵소서. 그 말씀으로 유족들이 힘을 얻고, 저희들도 위로의 메시지에 은혜를 받게 하시옵소서.

언제나 넉넉하게 해주시는 은혜의 하나님을 소망하면서 간구하니, 이 가정에 재정의 풍성함을 허락해 주시옵소서. 자녀들이 장성하면서 학비를 비롯하여 돈이 쓰여 질 부분이 많으니, 소용되는 대로 모자람이 없게 하시옵소서. 이 가정을 도우신 하나님의 손길을 소망합니다.

| 추모예식을 치르는 가정에 채워져야 할 하나님의 은총을 간구한다. |

함께 눈물을 흘려주시는 예수님의 이름으로 기도드립니다. 아멘

12. 성묘 추모예배

경배를 받으실 거룩한 이름의 하나님,

고○○○ 님의 가정을 복되게 하셔서, 이 시간에 성묘하며 예배하게 하셨음에 감사드립니다. 마음 깊은 곳에서 우러나오는 믿음과 감격으로 주님의 이름을 높여드립니다. 하나님의 이름을 높여드립니다.

저희들로부터 경배를 받으실 거룩한 이름 아래 무릎을 꿇었으니 예배를 받으옵소서. 소제를 받으시고, 번제를 거두시는 하나님께 자신을 바치는 예배의 거룩한 시간이 되게 하시옵소서.

여호와께서 이 가정에 복음의 빛을 비추어 주셨음에 감사드립니다. 이 집안의 지체들에게 거룩한 소명을 주셨으니, 저들이 각각 자신의 자리에서 성령님께 붙들려 복음의 일꾼으로 살게 하시옵소서.

믿음의 자손들이 여호와의 영광을 구하며, 가정을 위해 언제나 기도하는 은혜를 주시옵소서. 사랑하는 지체들에게 사탄이 틈을 타지 않도록 보호해주시고, 하나님의 권속으로 강건히 지내도록 인도해 주시옵소서.

영광의 나라에 들어가셔서 생명복락을 누리고 계실 고인을 뒤따르기 바라오니, 하나님의 이름을 찬송하는 귀한 이 자리에 영광을 나타내 주시옵소서. 사랑하는 저희들, 후손을 새롭게 하여 주시는 하나님께 영원히 영광을 드리는 예배가 되기를 소망합니다.

| 추모예식을 치르는 가정에 채워져야 할 하나님의 은총을 간구한다. |

날마다 힘이 되어주시는 예수님의 이름으로 기도드립니다. 아멘

4편」

심방 예배 대표기도문

1. 임신

나는 만물을 지은 여호와라

임마누엘의 하나님,

또 한 사람의 인생을 위하여 거룩한 일을 하신 하나님께 감사드립니다. "생육하고 번성허리라"는 약속을 이 가정에 이루어주신 하나님의 사랑에 감사드립니다. 기쁨을 주신 하나님께 영광을 드리는 한 시간이 되게 하시옵소서. 이 가정의 모든 식구들이 그렇게 사모하던 새 생명이었음에 감사드립니다.

저희들에게 생명의 은혜를 허락해주신 하나님께 영광을 드립니다. ○○○ 집사님께서 기도하시는 가운데 잉태의 기쁨을 누리게 하셨으니 새 아기를 축복합니다. 집사님께서 출산의 날을 기다리실 때, 순간마다 성령님의 은총이 있기를 원합니다.

저희들은 지금, 어미와 아기의 생명이 성령님의 충만하심의 은혜 안으로 들어가게 하셨음을 봅니다. 태중의 아기는 정녕 지어지기 전부터 어미의 기도를 받았으니 복된 생명임을 확신합니다.

이 시간에, ○○○ 집사님의 가정을 우리 하나님께 성소로 올려 드립니다. 머리를 숙인 저희들에게 영과 진리로 예배하는 한 시간이기를 원합니다. ○○○ 집사님께서 임신하도록 하신 하나님께서 받으시는 복된 예배의 자리가 되게 하시옵소서.

아기를 선물로 받은 이 가정의 식구들이 우리 하나님께 감사로 경배하는 시간이기를 진심으로 원합니다. 주님의 이름을 찬양하며, 이에 합당한 예배가 되게 하시옵소서.

귀한 딸에게 그동안 간구한대로 생명을 주시므로 여호와의 보시기에 존귀한 자가 되게 하심을 즐거워합니다. ○○○ 집사님의 하나님이 집사님의 힘이 되셨으니 참으로 기뻐합니다. 하나님 앞에서 조금도 부족함이 없는 어미가 되게 하시고, 주님께로부터 받은 아기를 통하여 주님을 영화롭게 하시옵소서.

집을 세우시는 하나님이십니다. 이 가정에 새 생명의 복을 주셨음에 영광을 드립니다. 복된 집안에 머무르는 식구들은 다 같이 새 아기의 청지기가 되었으니, 아기의 건강한 생명을 위해서 산모를 돕는 마음으로 즐겁게 하시기 원합니다. 이 기쁨으로 이 가정에서는 날마다 즐겁고 좋은 일들만이 일어나게 하시고, 물질의 풍성함도 허락하시옵소서.

실로, 오랫동안 기다리던 아기이오니, 사랑하는 ○○○ 집사님께서는 기도하시면서 태 안의 아기를 잘 키우게 하시옵소서. 이 아기는 다른 아기들과 구별되어, 태 안에서부터 하나님의 사람으로 자라게 하시기를 간절히 소망합니다.

| 이 가정의 개인적인 상황에 하나님의 응답을 간구한다. |

예수님의 이름으로 기도드립니다. 아멘

경건한 자손을 얻고자

찬양을 받으실 하나님,

주님의 피로 세우신 믿음의 가정에 모인 저희들이 찬양을 드립니다. 이 가정에 새 생명을 안겨 주셨으니, 저희들이 찬송으로 즐거워하기를 소망합니다. 여기에 모인 이들로 주님의 이름을 높이게 하시옵소서.

세상에 태어난 아기를 축복합니다. 우리 하나님께서 이 아기의 생명을 지으시고, 사랑하는 ○○○ 집사님의 태 안에서 귀하게 길러 주시니 감사드립니다. 하나님께서 정하신 시간에 저희들에게로 보내주셨고, 만나게 하셨습니다. 저희들은 이 아기로 말미암아 하나님께 영광을 드리고 이 시간을 복 되게 하시옵소서.

이 아기는 복 중에 지어졌을 때부터 ○○○ 집사님과 함께 예배당을 출입하게 하시고, 경건한 부모를 갖는 은혜를 허락하셨으니 감사드립니다. 성령님께서 이 아기를 어루만져 주시고, 여호와 앞에서 사는 날 동안에 성령님의 사람이 되게 하시옵소서.

높은 곳에 계신 하나님이십니다. 새 아기를 저희들이 만난 오늘, 모든 만물이 주님의 사랑을 기뻐하여 찬양합니다. 주님 앞에서 저희들의 마음이 피어나는 꽃 같사오니, 오직 하나님께만 향기를 드리기 원합니다. 이 자리에 크고 위대하신 하나님의 감화가 충만해지기를 소망합니다.

이 가정에 먼저 세상에 태어난 형제들을 위해서 기도합니다. 이 아이들이 귀한 동생을 맞이했으니, 사랑으로 동생을 보게 하시옵소서. 동생이 잘 자라도록 어머니를 양보하는 마음, 형제우애의 마음을 주시옵소서. 형제들이 서로를 향해서 이웃 사랑의 첫 손을 내어밀게 하시고, 형제의 화목함으로 부모에게 기쁨을 드리는 자녀들이 되게 하시옵소서.

여호와 앞에서 복 된 가정에 경건한 자손을 허락해주셨으니, 아가의 성장을 여호와께 맡깁니다. 저가 자라가면서 필요한 모든 것을 하나님께서 친히 공급해주시기를 간절히 구합니다. 하늘로부터 임하는 은혜로 신령한 인격을 갖추게 하시고, 여호와를 아는 데서 지시에 지식을 더하게 하시며, 삶에 필요한 재정도 마련해 주시옵소서. 일용할 양식을 주시고, 소용되는 그대로 재물을 취하게 하시옵소서.

이 시간에, 마음으로 무릎을 꿇게 하시고, 하늘의 영광에 찬양을 드리니 받아주시옵소서. 복스럽게 아기에게 복에 복을 더 하사 모자람이 없고, 평생에 머리가 되는 삶을 살게 하시옵소서.

이제, 사랑하는 ○○ 교회의 성도들은 이 아이를 볼 때마다 저를 위하여 기도하기를 잊지 말게 하시옵소서. 신령한 뜻에서 저희들 모두가 영적인 은혜 안에서 이 아이의 부모가 되게 하시옵소서.

| 이 가정의 개인적인 상황에 하나님의 응답을 간구한다. |

예수님의 이름으로 기도드립니다. 아멘

내 몸에서 그리스도가 존귀히

존귀하신 주여,

사랑을 입은 주님의 자녀들이 나왔습니다. ○○○ 성도님의 생일에 저희들 모두 함께 거룩한 예배의 자리로 모였으니, 전능하신 하나님을 찬양하게 하시옵소서. 성도님을 세상에 보내시고, 함께 교회를 이루게 하신 하나님, 오늘에 저희들에게 기쁨이 되게 하시옵소서.

○○○ 성도님을 도우셔서, 늘 주님의 향기를 뿜어낼 수 있는 말을 하게 하시기 원합니다. 성령님의 인도하심으로 말미암아 저의 말이 주님께서 주신 능력을 약하게 하지 않게 하시옵소서. 성령님께서 충만하게 임하셔서 그들의 마음이 세상의 더러운 것들로 파괴하는 일이 되지 않게 하시옵소서. 더욱 ○○○ 성도님의 마음을 훈련시키셔서,

영화로우신 하나님이십니다. 지금, 저희들은 주님 안에서 ○○○ 성도님의 생일을 맞이하여 예배합니다. 마음과 뜻과 힘을 다하여 경배 드리니 받아주시옵소서.

모든 만물이 주님의 사랑을 기뻐하여 찬양합니다. 주님 앞에서 저희들의 마음이 피어나는 꽃 같으니, 오직 하나님께만 향기를 드리기 원합니다. 이 자리에 크고 위대하신 하나님의 감화가 충만해지기를 소망합니다.

사랑하는 ○○○ 성도님의 마음이 주님께서 계시는 동산이 되게 하시옵소서. 저의 심령은 철따라 꽃을 피우고, 신령한 노래로 입술의 열매를 맺는 나무가 되게 하시옵소서. 그래서 저의 마음은 언제나 예수님의 향기로 가득한 뜰이 되기 원합니다. 저에게 믿음의 눈을 주셨으니, 이 눈으로 보이는 세상보다 보이지 않는 더 넓은 세상을 바라보게 하시옵소서. 저의 입술이 주님의 사랑을 전하는 도구가 되게 하시기를 소망합니다.

크게 인자하신 여호와께 간구합니다. 성도님이 주님의 거룩하신 사랑을 세상에 선포하는 찬양의 삶을 원합니다. 인간은 연약해서 때때로 ○○○ 성도님이 하나님 앞에서 어긋나실 수도 있으시지만, 그의 영혼은 늘 주님을 바라기 원합니다. 성도님께서 착한 행실로 모든 이들에게 즐거움을 베풀게 하시옵소서. 하나님 앞에서 두렵지 않은 진실한 사람으로 살아가게 하시옵소서.

여호와 앞에서 귀한 가정을 구별해 주셨음에 감사드립니다. 찬양으로 주님과 함께 걷는 매일 매일이 되어 주님의 영화로우심을 송축하는 가정이 되기 원합니다. 고단하고, 힘든 나그네 길의 삶에서 집사님이 생일을 맞이해 즐거움을 나누게 하신 은혜를 나누는 식구들이 되도록 이끌어 주시옵소서.

|이 가정의 개인적인 상황에 하나님의 응답을 간구한다.|

예수님의 이름으로 기도드립니다. 아멘

모든 것이 살 것이며

전능하신 하나님,
주님의 이름은 언제 불러도 못 다 부를 그리움입니다. 오늘, 감사하게도 ○○○ 장로님의 회갑에 성도들이 모였사오니, 복된 자리, 영광의 그늘이 되게 하시옵소서. 저의 노년 생애를 축복하며 예배합니다.

주님의 이름으로 ○○○ 장로님을 축복합니다. 여기까지 장로님을 도우신 주님의 성호는 묵상만 해도 가슴을 뜨겁게 합니다. 성령님을 모셔 들이고, 순종하여 그의 생애가 복되게 하시옵소서. 허락하신 가정에 차고 넘침이 있는 삶을 주셨고, 농사를 짓는 인생의 모습을 보듯이, 장로님께서는 수확의 철인 인생의 가을에 참 많은 것을 거두셨습니다.

저희들에게 지금, 장로님의 회갑의 기쁨을 주신 하나님이십니다. 성령님께서 복된 시간을 주장해 주시고, 60회의 생일에 다시 한 번 인생에 도전을 하시는 장로님께 결단의 은혜가 주어지기를 소망합니다. 여호와 앞에서 오늘 이후에도 복 된 생애를 결단하게 하시옵소서.

저희들이 예배할 때, 거룩하신 성령님과 주님의 기쁨으로 노년의 삶을 영광스럽게 해주시옵소서. 복스러운 성령님의 임하심이 단비처럼 저의 심령과 생활현장에 부어지기 원합니다. 오늘도 예배하는 거룩한 자리에서 하나님을 찬양하는 소리가 메아리쳐지기를 원합니다.

장로님께서 회갑을 맞으시면서 그의 마음 한 쪽에서 육체의 연약함을 두려워하지 않게 하시옵소서. 하나님의 은혜는 저의 연수와 상관이 없이 강건하게 하실 줄로 믿습니다. 성령님의 도우심으로 저가 오히려 더욱 강건해지실 수 있음을 믿습니다. 하나님을 더욱 소망하게 하시옵소서. 사탄이 참소하는 연약함에 마음을 내어주지 않게 하시옵소서.

복을 주시는 하나님께 간구합니다. 회갑잔치를 준비하신 장로님을 기뻐하여 이 가정에서 예배드리는 성도들에게 큰 은혜가 내려지기를 원합니다. 저희들에게도 장로님의 생애에 나타나셨듯이 주님이 도와주시면 열매를 맺을 수 있음을 믿습니다. 이 시간에 심은 대로 거두는 주님의 원리에 따라 많이 심기를 다짐하는 저희들로 만들어 주시옵소서.

아버지의 전능하신 힘이 ○○○ 장로님 안에 있을 때, 열매를 맺을 수 있사오니 성령님의 충만하심을 허락하시옵소서. 그리하여 저로 하여금 사랑과 희락의 삶을 살게 하시옵소서.

오늘, 여호와께 존귀한 ○○○ 장로님께서 지나온 날들의 시간을 돌아보게 하시옵소서. 이제까지도 ○○○ 장로님에게서 영광을 받으셨듯이 앞으로도 종에게 새 인생으로서 노년의 삶을 허락해주시옵소서. 저의 생활에서 자비, 양선, 충성, 온유, 절제가 드러나게 하시옵소서.

| 이 가정의 개인적인 상황에 하나님의 응답을 간구한다. |

예수님의 이름으로 기도드립니다. 아멘

반드시 너를 복주고 복주며

오 하나님 아버지시여,

○○○ 성도님을 예수 이름으로 구원받게 하시고, 고희를 맞이하시는 지금까지 지켜 주시니 은혜를 찬양합니다. 하나님을 사랑하고, 하늘의 의를 구하는 삶을 살아온 저의 삶을 통하여 영광을 받아 주시옵소서.

주님의 크신 사랑에 찬송과 감사로 아버지를 영화롭게 하기 원합니다. 생명의 말씀으로 만물을 지으시고, 그 언약하신 말씀대로 ○○○ 성도님께서 복을 누리며 살게 하시는 하나님을 높입니다. 성령님의 충만하심을 사모하면서 평생을 살아오게 하셨음에 찬양합니다.

저의 생애 동안에 날마다, 일마다 성령님의 역사가 드러나고, 주님의 은혜로 장수의 복을 누리도록 하시옵소서. 사랑하는 종에게 성령님의 기름 부으심으로 ○○○ 성도님의 삶을 복 되게 하시옵소서.

우주를 다스리시는 여호와이십니다. ○○○ 성도님의 고희에 잔치를 즐기기 전, 예배로 영광을 드립니다. 지금, 성도님의 가족과 ○○ 교회의 성도들이 한 자리에 앉았사오니, 예배를 받아주시옵소서.

주님의 자녀들이 ○○○ 성도님의 70회 생신을 기뻐하여 한 마음으로 주님을 기리고 찬송을 드리게 하시옵소서. 이 복된 날에, 목사님의 말씀에 큰 은혜가 나타나기를 소망합니다.

○○○ 성도님께 생명을 주신 시간동안 저의 삶이 주님께 드려지는 산 제물이 되기 원합니다. "너희 몸을 하나님이 기뻐하시는 거룩한 산 제사로 드리라"는 말씀을 아 하나님을 영화롭게 해드리는 시간들이 되게 하심을 믿습니다. 노년의 아름다운 인생이 생명의 면류관으로 영화롭게 되시기를 원합니다. 날마다 집사님의 마음이 작은 성전이 되어서, 소망의 빛으로 기도하시는 생애가 되게 하시옵소서.

신실하신 하나님께 간구합니다. 그동안에, 저희들에게 임했던 주님의 능력은 크셨으며, 주님의 지혜 또한 무한하십니다. 이 시간에, ○○○ 성도님의 고희를 통해서 깨닫게 된 주님의 은혜를 사모하여 드리는 기도가 주님 보시기에 합당한 것이 되게 하시옵소서. 아버지 하나님께서 사랑의 오른팔을 펴서 약속하신 말씀이 이루어지는 복되시기를 소망합니다.

저희들도 노년의 성도님을 본받아 주님의 말씀과 주님의 뜻에 대하여 더 깊게 이해할 수 있도록 노력하게 하시옵소서. 믿음의 확신과 보다 훌륭한 용기와 보다 충실한 주님께의 충성을 허락하시옵소서. 저희들이 예배할 때, 성령님의 충만하심이 나타나기를 구합니다. 저희들 모두에게도 번성하고 번성케 하시는 은혜를 기다리게 하시옵소서.

|이 가정의 개인적인 상황에 하나님의 응답을 간구한다.|

예수님의 이름으로 기도드립니다. 아멘

6. 약혼

보기에 심히 아리땁고

살아계신 주 하나님,

인생의 나그네 길에 즐거움이 있게 하시니 감사와 영광을 드립니다. 날마다 주 하나님의 은혜로 자라 성인이 된 ○○○ 형제와 ○○○ 자매를 약혼예식을 치룹니다. 남자와 여자를 한 몸으로 하시기 원하시는 하나님의 시간을 맞이했습니다. 이 기쁜 날에 두 사람에게 복을 더하여 주시옵소서.

신부와 신랑, 두 사람이 장성해서 서로에게 반려자가 되기를 소망하고 있으니, 오늘의 예식이 행복한 시간이기를 원합니다. 하나님의 계획 속에서 세상에 보내진 이들이 주님의 은혜 안에서 성인으로 자랐음에 감사드립니다. 하나님의 은혜에 따라, 이들에게 반려자가 필요한 시간에 한 몸을 이루게 하신 성령님의 역사에 감사드립니다.

영광중에 함께 하시는 하나님이십니다. ○○○ 형제와 ○○○ 자매는 자기들의 약속만으로 결혼을 준비하지 않고, 예배를 드리니 받아주시옵소서. 거룩하고 의로운 예식에 주님의 이름이 찬양을 받으시고, 위로부터 내려지는 은혜를 누리는 두 사람이 되기를 소망합니다.

귀한 자리에서 선포되는 말씀이 하나님께 영광을 선언하고, 저희들에게는 격려의 메시지로 주시옵소서. 목사님께서 말씀을 준비하셨음에 감사드립니다.

약혼을 하는 두 사람을 축복합니다. 지금까지 복을 주셨지만 약혼 예식을 통해서 더욱 복을 누리게 하시옵소서. 이 일은 사람의 뜻으로만 된 것이 아니라 하나님 원대하신 섭리와 사랑으로 되어진 일인 줄 믿사옵고 감사드립니다. 하나님께서 짝지어 주셨으니 이제 성령님을 두 사람에게 보내시어 이 거룩한 장소에서 맺은 약속이 평생 동안 지켜질 수 있도록 감독하시고 도와주시옵소서.

기도를 들으시는 주여, 간구합니다. 이 험악한 세상 살아가는 동안 사랑의 힘으로써 이기고 남음이 있도록 도와주시옵소서. 이들이 서로를 사랑하면서 살아야 하는 날들이 많습니다. 서로를 주님의 선물로 여기고 존귀하게 여기면서 성실하게 대우하게 하시옵소서. 이들의 결혼준비로 양가의 가문이 사돈으로 맺어졌으니, 두 가문에도 복을 주시옵소서.

이제, 이 두 사람 속에 하나님의 사랑을 닮은 청순하고 희생적인 사랑을 보내 주시옵소서. 사랑으로 감싸고 돕는 배필로 채워주면서 두 사람이 가장 아름다운 한 몸이기를 소망합니다. 이를 위해서 예배하오니 축복된 사건이 되고, 신령과 진정으로 경배하게 하시옵소서.

| 이 가정의 개인적인 상황에 하나님의 응답을 간구한다. |

예수님의 이름으로 기도드립니다. 아멘

7. 결혼

하나님이 그들에게 복을 주시며

축복의 날을 주시는 여호와여,

오늘 결혼하게 된 신부 ○○○ 자매와 신랑 ○○○ 형제가 결혼예식을 위하여 주님 앞에 섰사오니 두 사람으로부터 영광을 거두시기 원합니다. 결혼의 기쁨이 천국에 가는 그날까지 이어지게 하시옵소서.

하나님께서 지으신 원리에 따라 새 가정을 창조하려고 모인 이 자리에서 영광을 드립니다. 성령님의 기쁘신 뜻에 따라 혼인예식이 거룩하게 진행되게 하시옵소서. 두 사람을 한 몸으로 맺어주신 하나님은 영광을 받으옵소서. 이 예식을 주관하시는 주님의 간수하심과 지켜주심이 지금부터 영원까지 하시기를 원합니다.

변함이 없으신 주님께 감사드립니다. 지금, 주님의 자녀들이 한 마음으로 주님을 기리고 찬송을 드리게 하시옵소서. ○○○ 형제와 ○○○ 자매의 한 몸이 되는 예식을 즐거워해서 예배하기 원합니다.

저희들이 예배하는 시간에, 성령님의 충만하심이 나타나게 하시옵소서. 목사님께서 선포해 주시는 생명의 말씀으로 저희들의 아름다운 생활이 시작되게 하시옵소서.

우리 주님의 이름으로 신랑과 신부를 축복합니다. 오늘을 위해서 그동안 참으로 많은 날들을 기도로 살아온 저들입니다. 오늘을 기다리며 서로 사랑해온 존귀한 자매와 형제이오니 이 시간부터 저들두 사람에게 연초부터 연말까지, 웃을 때나 눈물 흘릴 때나, 일할 때나 쉼을 누릴 때나 눕거나 일어나는 생활 전폭에, 평탄을 허락하여 주시옵소서.

오 하나님, 귀를 기울여주시옵소서. 높이 계신 하나님께서 이 두 사람을 돌보아 주셨으니 머리를 숙였습니다. 행복한 시간을 주시니 감사드립니다. 이제부터 두 사람의 삶의 계획과 구상을 붙드셔서 순간순간이 행복의 시간이 되게 하시기를 소망합니다. 사랑과 희망 기도하는 모든 것이 진실케 되며 아름다운 꿈으로 꽃피며, 주님께로부터 받은 사랑으로 서로 섬기게 하시옵소서.

아버지 하나님께서 사랑의 오른팔을 펴서 약속하신 복이 이루어지는 은혜의 시간이기를 소망합니다. 이 두 사람으로 맺어지는 가정에, 주님께서 호주가 되어주시옵소서. 거룩한 교회를 경험하는 새 가정을 만들어주시옵소서.

주님의 사랑이 두 사람을 한 몸이 되도록 하셨으니, 이제 신랑은 연약한 신부를 위해서 교회를 보호하시는 주님의 사랑으로 아내를 사랑하겠노라는 다짐이 있게 하시옵소서. 또한, 신부는 남편을 위해서 돕는 배필이 되기를 각오하여 신랑을 섬기도록 아름답고도 거룩한 은혜를 주시옵소서.

| 이 가정의 개인적인 상황에 하나님의 응답을 간구한다. |

예수님의 이름으로 기도드립니다. 아멘

오직 마음에 숨은 사람을

보금자리의 집을 주시는 주여,

새 가정을 이룬 신랑과 신부에게 좋은 장막을 주셔서 감사드립니다. ○○○ 형제와 ○○○ 자매가 주님의 사랑으로 새 살림을 시작하기 원합니다. 이곳에 기거하면서 하나님을 영화롭게 해드리게 하시옵소서.

복된 이 자리에 성령님을 모셔드립니다. 이 집에서 사는 동안에 ○○○ 형제와 ○○○ 자매가 성령님의 충만하심을 누리며 하나님의 나라에 대한 비전을 품게 하시기를 소망합니다. 저들이 생명이 있는 동안에 주님을 위해서 살게 하시옵소서. 주님께서 준비해 주신 보금자리에서 한 몸의 사랑으로 여호와께 영광을 드리는 삶을 살게 하시옵소서.

지금도 살아계신 하나님이십니다. 높이 계신 하나님께서 낮고 천한 저희들을 돌보아 주셨으니 머리를 숙였습니다. 오늘은 새 집을 마련한 신랑과 신부를 축복하기 위해서 성도들 모여 예배하게 하시니 오직 영광을 받아주시옵소서.

뜻과 마음 그리고 생각을 다하여 경배하는 한 시간이 되기를 소망합니다. 새 가정에 주시는 하나님의 말씀을 기다립니다. 목사님께서 천국의 말씀을 들려주실 때, 진리로 충만하게 하시옵소서.

○○○ 형제와 ○○○ 자매를 축복합니다. 두 사람을 향하신 주님의 신실하심과 은혜로 저들이 복되기를 소망합니다, 이 집을 통하여 날마다 거룩하게 하시며 도우시는 주님을 생각할 때, 감사의 영광을 드립니다. 주님께서 저들을 아시기에 언제나 합력하여 선을 이루시는 그 손길을 기뻐하여 고백하는 두 사람이기를 축복합니다.

좋으신 하나님, 간구합니다. ○○○ 형제가 아름다운 아내를 맞아들여 새 가정을 꾸몄기에 기도드립니다. 간절히 바라오니, 부모님께서 주님을 모시고 저들을 길러 주셨던 것처럼, 이 가정도 주님을 모시고 사는 복된 보금자리가 되게 하시옵소서. 두 사람의 가정에 성령님께서 충만해주시기를 빕니다.

두 사람에게 새 부모를 주셨습니다. 이들 부부가 살아가면서 양가의 부모님을 따르게 하시옵소서. 믿음으로 사셨던 모습이나, 서로 사랑하는 모습에서 부모님의 삶을 이어가게 하시옵소서.

이제, 이 두 사람이 해야 하는 일이 사소한 일일지라도, 그 일을 통하여 하나님의 영광을 찾게 하시옵소서. 하나님이 계획에 따라 둘이 한 몸이 되었음에 감사하게 하시옵소서. 그리하여 모든 이들의 유익을 위해서 부름을 받았다는 사명감으로 살아가게 하시옵소서. 이들의 작은 헌신으로 모든 이들이 하나님을 찬양하도록 인도해 주시옵소서.

| 이 가정의 개인적인 상황에 하나님의 응답을 간구한다. |

예수님의 이름으로 기도드립니다. 아멘

하나님이 재물과 부요를 주사

복을 주시는 여호와여,

○○○ 장로님을 사랑하셔서 아름다운 집을 주셨음에 감사드립니다. 여호와의 자비하심으로 복을 내려 주시옵소서. 장로님과 이 가정을 위해서 하늘의 아름다운 보고를 열어주시기를 소망합니다.

이사를 계획하도록 하시고, 좋은 보금자리를 주셨으니, 이곳이 성령님을 모시는 자리가 되게 하시옵소서. 즐거운 예배를 드리고 여호와 하나님을 노래하는 가정이 되기를 소망합니다. ○○○ 장로님과 ○○○ 권사님 그리고 사랑하는 자녀들이 기도를 해온 그대로 좋은 곳으로 이사하셨으니, 이 가정이 한걸음 더 주님께 가까워지게 하시옵소서.

하늘에 계신 하나님을 바라봅니다. 이 자리에 모인 저희들에게, 신령과 진정으로 예배드릴 수 있게 하시옵소서. 하나님의 거룩하심에 알맞은 경배를 드리게 하시옵소서. 예배의 순서를 통하여 하나님께만 거룩함을 나타내게 하시옵소서.

이 가정을 위하여 말씀을 준비해주신 목사님께 기름을 부어주시옵소서. 목사님께서 말씀을 전해주실 때, 하늘의 은혜를 맛보게 하시옵소서. 장로님의 가족에게는 반석의 말씀이 되기를 원합니다. 진리의 말씀에 응답해서 주님의 뜻과 계획에 온전히 순종하게 하시옵소서.

○○○ 장로님을 축복합니다. 장로님께서는 일찍이 부모님을 잃으셨기에, 자수성가의 고단한 삶을 살아오셨습니다. 그러나 주님께서는 한 순간도 저의 손을 놓지 않으시고, 잡아 주셨으니 감사드립니다. 하나님의 손이 이끌어주시는 '신수성가'로 가사를 이루어주셨습니다.

이제까지 하나님의 교회를 위하여, 자녀들을 키우시기 위하여, 형제들의 보살핌을 위해서 살아오신 장로님의 삶을 축복합니다. 고생과 수고가 그쳐져도 좋을 시간에 좋은 집을 소유하도록 도우셨으니, 감사드립니다. 하나님의 집, 거룩한 성소로 삼아주시옵소서.

은혜로우신 하나님, 간구합니다. 이 가정에 천사도 흠모할 만한 복을 주시옵소서. 때를 따라 비를 내리시고, 손으로 하는 모든 일에 복을 주시는 은혜를 허락하시옵소서. 이제까지도 그렇게 하셨지만 앞으로는 더욱 많은 이들에게 꾸어주고, 거저주고, 도와주는 장로님의 생활이 되시기를 원합니다.

임마누엘의 하나님이십니다. 저희들이 주님을 찬양할 때, 이 자리는 하나님의 자녀들에게 기쁨이 있는 잔치의 자리가 되게 하시옵소서. 주님을 간절히 찾는 자가 만날 것이라는 은혜를 체험하게 하시고, 부귀와 장구한 재물이 주님께 있음을 고백하도록 인도해 주시옵소서.

|이 가정의 개인적인 상황에 하나님의 응답을 간구한다.|

예수님의 이름으로 기도드립니다. 아멘

10. 개업

너희를 위하여 메뚜기를 금하여

번성케 하시는 하나님,

○○○ 성도님을 사랑하시며, 여호와의 눈으로 ○○○ 성도님을 지켜주시니 그 이름을 높여드립니다. 자기 백성을 인도해주시는 은혜 안에서 성도님께 개업이라는 복을 주셨습니다.

이 사업장을 하나님의 기업으로 거룩하게 해주시고, 성도님께는 날마다 받은 복을 헤아리는 은혜를 주심을 믿습니다. 여호와 앞에 복된 기업이 되게 하시옵소서.

주님의 이름은 선하시며 의로우십니다. 주님의 이름은 자기 백성을 돌아보시고, 좋은 것을 만족케 하십니다. 성령님의 충만하심으로 은혜를 내려 주시옵소서. 지금, 주님의 자녀들이 한 마음으로 주님을 기리고 찬송을 드리게 하시옵소서. 그 거룩하신 이름에 약속되어 있는 복이 개업예배를 드리는 이 자리에 내려지게 하시옵소서.

우주를 다스리시는 하나님이십니다. 주님을 사랑하는 ○○○ 성도님이 새 사업을 시작하면서 예배로 영광을 드릴 때, 받아주시옵소서. 목사님께서 하나님의 말씀으로 권면하실 때, 아멘으로 화답하게 하시고, 특별히 ○○○ 성도님께는 축복의 메시지가 되기 원합니다.

말씀을 통하여 주의 영광이 드러나게 하시고 주님께서 귀하게 쓰시는 기업으로 삼아 주시기 원합니다. 하나님의 영광이 말씀을 마음에 받는 온 성도들에게 임하게 하시옵소서.

이 시간에, ○○○ 성도님을 축복합니다. 주님께서 ○○○ 성도님과 그의 가족을 위해서 큰 일을 사적하셨습니다. 오늘 개업 예배를 드리는 이 시간부터 이 기업을 여호와께 맡기는 은혜를 ○○○ 성도님에게 주시옵소서. 저가 하나님 앞에서 복된 사람이 되게 하시옵소서. 이 기업이 주님의 영광을 위해서 번창한 일터가 되기를 소망합니다. 함께 일하시는 분들의 손길도 축복합니다.

주 우리 여호와여, 간구합니다. 복된 가정에 분깃을 주셨으니, 청지기로서 사명을 감당하는 ○○○ 성도님이 되시기를 축복합니다. 하나님 앞에서 성실하게 일할 선한 일꾼들도 보내주시기를 간절히 원합니다. 이 사업을 위한 돕는 손길의 사람들도 많이 만나게 하시옵소서. 이 기업으로 말미암아 재물과 부요를 누리게 하시옵소서.

높이 계신 하나님께서 저희들을 돌보아 주셨으니 머리를 숙였습니다. 성도님의 개업에 형제의 사랑을 보일 수 있게 하심에 감사드립니다. 저희들이 예배할 때, 성령님의 충만하심이 나타나게 하시옵소서. 저희들 모두에게 이 일을 자신의 사업처럼 여기는 마음을 주시옵소서.

| 이 사업장의 개인적인 상황에 하나님의 응답을 간구한다. |

예수님의 이름으로 기도드립니다. 아멘

하나님의 은혜로 번성해진 기업

자비로우신 하나님,

○○ 기업의 창립 ○ 주년을 맞이하게 해주시니 즐거워합니다. 하나님께서 이 기업을 지켜주셨습니다. 아무 것도 없던 보잘 것 없음에서 이만큼 창대케 하신 주님의 이름을 높여드립니다. 이 업종에서 이름을 날리는 회사가 되었음에 감사드립니다.

자고 나면 기업이 문을 닫는 상황에서 오늘까지 지켜주신 여호와 우리 주님의 이름을 기뻐합니다. 성령님께서 이 기업의 후원자가 되어주셔서 오늘까지도 넘어지지 않는 회사가 되게 하셨음을 감사드립니다.

○○○ 장로님에게 성령님께 충만하심의 은혜를 주셔서 저가 부지런히 경영을 함으로써 풍부하게 이르렀으니 주님의 이름을 찬양합니다. 이 기업으로 성취하시려는 하나님의 뜻을 위하여 봉사하시는 장로님을 축복합니다.

시온에 계신 하나님이십니다. 여기에, 회사의 창립을 기뻐하며 예배하려고 직원들과 사랑하는 성도들이 한 자리에 모였습니다. 하나님의 은혜로 ○○ 기업이 발전되어 왔으니, 이 영광을 주님께 드립니다.

이 회사의 창립에 복을 주시는 하나님의 말씀을 전하시는 목사님께 은총을 더하시옵소서. 그 말씀을 즐겁게 받고, 저희에게는 아버지의 영광을 찬양하는 예배를 드리도록 하시옵소서.

주님의 거룩하신 이름으로 ○○○ 장로님을 축복합니다. 그이 손길
로 세우신 ○○ 기업을 축복합니다. 그리고 ○○○ 장로님을 도와
서 회사를 운영하는 직원들을 축복합니다. 직원들의 애사심과 단결이
오늘의 영광을 가져왔으니, 큰 복을 내려 주시옵소서. ○○○ 장로님
과 모든 종사자들이 한 결 같이 주님의 청지기가 되게 하시옵소서.

여호와께서 머리가 되게 해 주심을 믿습니다. 이 기업을 주님의 이름
으로 세우신 ○○○ 장로님에게 지혜와 명철을 더하사, 이 땅에서 주
님의 뜻을 나타내 드리는데 일조하는 회사가 되게 하시옵소서.

시대적으로 한 순간만 쓰임을 받는 기업이 아니라, 하나님의 영광
을 선포하는 영영한 회사가 되기 원합니다. 이 기업에 성령님의 기
름을 부으심이 충만하게 하시옵소서.

주님께서 원하시는 대로 이 기업을 주관하여 주시되, 주님의 일을
위하여 쓰게 하시옵소서. 고난을 당하고 있는 자들과 외로운 자들
에게 위로의 손길을 펴는 회사가 되기를 소망합니다. 하늘을 향해
서는 주님께 영광을 드리고, 사회에는 꼭 유익한 도구로서의 기업
이 되도록 하시옵소서.

| 이 사업장의 개인적인 상황에 하나님의 응답을 간구한다. |

예수님의 이름으로 기도드립니다. 아멘

1. 부교역자의 가정

네가 적은 일에 충성하였으매

일꾼을 찾으시는 여호와여,

주님께 쓰임을 받고 있는 종이 그의 가정을 만세 반석 위에 짓게 하신 여호와께 찬송을 드립니다. ○○○ 강도사님께서 교회를 위하여 자신의 몸을 드리고 있으니, 주님의 재림 시에 큰 상이 있음을 믿습니다.

노아와 그의 아들들의 예배를 받으시고, 생명의 언약을 하셨던 은혜가 이 가정에 있기 원합니다. 하나님께 예배하기를 즐겨하고, 여호와를 의지하며 살아가는 귀한 지체들에게 하늘로부터 은총이 내려지고, 이 가족들에게만 베풀어주시는 주님의 손길을 기다립니다. 이 시간에 신령과 진정으로 예배할 때, 생명의 언약을 경험하게 하시옵소서.

예배를 받으시는 하나님이십니다. 구원의 주님이신 나의 하나님께 영광을 드립니다. 예배하는 한 시간, 성령님의 충만하심으로 무릎을 꿇은 권속들의 가슴을 벅차게 하시옵소서. 마음의 문을 열어 주님의 이름을 크게 부르며, 머리를 숙여 참으로 겸손히 예배하게 하시옵소서.

오늘, 이 가정을 위하여 목사님을 세워주셨습니다. 목사님께서 준비하신 말씀에 기름을 부으시옵소서. 종이 전해주시는 진리의 말씀으로 ○○○ 강도사님의 가정에 은혜를 누리게 하시옵소서. 이 복된 시간에, 말씀으로 다가오시는 하나님을 찬송합니다.

이 귀한 가정의 식구들이 성경대로 생육하며 번성하며 하나님의 복을 받은 땅에서 잘 지내시게 된 것에 감사드립니다. ○○○ 강도사님께서 저희 교회에 오셔서 더욱 열매를 맺는 모습을 보니 즐겁습니다. 하나님께서 복을 주시니 그동안에도 찬송으로 살아온 가족들입니다. 하나님께서 하늘의 문 을 여시니 자녀들도 다 잘 됨을 감사드립니다.

여호와께서 저희들에게 이김이 되어주심을 믿습니다. 선으로 악을 이기게 하셨음에 감사드립니다. 이 가정은 그리스도의 지체이므로 사탄이 아무런 권세도 행사할 수 없음을 믿습니다.

존경하는 강도사님의 복스러운 가정이 교회 안에서도 모범이 되게 하시고, 교회의 부흥에 크게 쓰여 지게 하시옵소서. 강도사님과 이 가정의 식구들은 하나님께 속하였고, 사탄을 이기게 하셨으니, 마귀가 틈을 타지 못함을 믿습니다.

강도사님의 기도와 사랑으로 이 가정의 식구들이 행복하게 지내는 것을 볼 때, 저희들에게도 즐거움입니다. 아침과 저녁으로 기도하는 가운데 화목하게 하신 주님의 사랑이 가득한 가정이 되게 하시옵소서. 세상에 있는 그 어떤 돈으로도 살 수 없는 복된 가정을 이루도록 이끌어 주시옵소서.

| 심방을 받는 가정에서 기다리는 하나님의 응답을 간구한다. |

예수님의 이름으로 기도드립니다. 아멘.

자신을 하나님 앞에 드리기를

여호와 우리 주여,

이제까지도 ○○○ 장로님이 하나님의 교회를 통해서 좋은 나무가 되어 아름다운 열매를 맺도록 하신 하나님께 찬양과 경배를 드립니다. 장로님께서 오직 주님만을 사랑하고 교회를 섬기심에 감사드립니다.

주님 앞에서 귀하게 쓰임을 받으시는 ○○○ 장로님 내외에게 가정이라는 아름다운 삶의 울타리를 주시고 평안 속에 거하게 하시니 감사드립니다. 성령님께 온전히 붙들린 바가 된 두 분이 되시도록 인도해주시옵소서.

○○○ 장로님과 ○○○ 집사님이 남편과 아내로서 사랑으로 하나 되게 하시옵소서. 좋은 부모에게 착한 자녀들을 주셨으니, 자녀들이 주님 안에서 서로 섬기는 아름다운 관계를 이루어가게 하시옵소서.

예배의 주가 되시는 여호와이십니다. 주 하나님의 사랑을 입고 지내던 지체들이 나왔습니다. 하나님은 저희들에게 좋으신 아버지셨습니다. 크고 놀라우신 은혜를 마음에 새롭게 하게 하시옵소서. 주님의 손길이 함께 하셨던 그동안의 일들을 감사하게 하시옵소서. 소경들의 눈을 만지시고, 그들의 믿음대로 되라 하셨던 기적이 이 가정에 그대로 이루어지기 원합니다.

장로님께 책망할 것이 없으신 일군으로 봉사하시는 은혜를 내려 주시옵소서. 개인적으로 신령한 삶에 힘을 쓰셔서 그의 삶이 곧 성도들에게 가르침이 되게 하시고, 목회자를 잘 받들어 섬기는 동역의 은혜를 내려 주시옵소서. 가정의 생활에서는 아내를 사랑하고, 자녀들을 아끼는 분으로 소문이 나서 행복한 가정의 모델이 되게 하시옵소서. 일꾼에게 은혜를 주시는 하나님께 영광을 드립니다.

마귀를 몰아내시는 주 하나님께 간구합니다. 지금까지 주님께서 장로님과 함께 하셔서 해를 두려워하지 않게 하셨음에 감사드립니다. 주님의 말씀과 주님의 성령이 마귀의 공격을 이기게 하시고, 죄의 유혹을 물리치게 하셨습니다.

이제도, 주님의 십자가로 사탄의 궤계를 물리치게 하시고, 자녀들 또한, 죄에 빠지지 않게 하심을 믿습니다. 늘 성령님의 충만하심으로 죄를 마귀의 궤계에 예민하여 물리치는 은혜를 누리게 하시옵소서.

장로님께 은혜를 주셔서 더욱 성실하신 종이 되시게 하시옵소서. ○○교회를 위하여 성실함을 다하시는 일꾼이 되게 하시옵소서. 베드로가 밤이 맞도록 그물을 내렸듯이, 장로님께서도 눈에 보이는 결과에 아랑곳하지 않으시면서 최선을 다하시게 하시옵소서.

| 심방을 받는 가정에서 기다리는 하나님의 응답을 간구한다. |

예수님의 이름으로 기도드립니다. 아멘.

오직 하나님의 능력을 따라

선택의 복을 주시는 여호와여,

○○○ 집사님을 사랑하시고, 택함을 받은 이 가족을 지켜 주셔서 모든 환난을 면하게 하셨음에 찬양을 드립니다. 주님의 십자가에서 이루어진 사랑으로 귀한 지체들이 영생의 은혜를 누리게 하시옵소서.

여호와의 은혜가 귀한 믿음의 가정에 나타나기를 소망합니다. 성령님께서 이 가족을 다스려지고, 부모와 자녀들이 신앙으로 가정의 기초를 두고 있음에 감사드립니다. 가산이 적어도 여호와를 경외하는 것이 크게 부하고 번뇌하는 것보다 났다고 하신 말씀을 믿습니다.

여호와를 경외하는 것을 제일로 하시는 ○○○ 집사님의 가정에 예비하는 복을 허락하심을 믿습니다. 은혜로 세워지는 집안이 되게 하시옵소서. 성령님께서 기름을 부어 주시옵소서.

시온에 계신 하나님이십니다. 저희들 모두 함께 거룩한 예배의 자리로 나아갑니다. 목소리 합하여 전능하신 하나님을 찬양하고, 우리들의 부끄러운 모든 죄를 고백하고 용서함을 받기 원합니다.

이 가정을 위해서 하나님께서 준비해주신 말씀을 기다립니다. 목사님께서 말씀을 전하실 때, 성령님의 역사를 허락하시옵소서. 간절히 원하기는 이 자리로 불러 주신 하나님을 예배하게 하시옵소서.

우리에게 능력이 되시는 주님 안에서 모든 것을 할 수 있게 해주셨음을 믿습니다. 바울 사도를 따라서 부하거나 가난하던지, 주님이 우선이기에 모든 것에 감사할 수 있게 하셨습니다. ○○○ 집사님이 여호와를 기뻐하심으로 힘을 얻게 하시옵소서. 여호와 하나님이 생명이 되고, 능력이 되어 주시며, 어떤 경우에도 이기게 하심을 원합니다.

수종을 들게 하시는 하나님 앞에서 ○○○ 집사님이 부끄럽지 않은 일꾼이 되게 하시옵소서. 집사님의 아름다운 봉사를 보면서 성도들이 거룩한 일에 도전하도록 해주시옵소서.

이름 없이 섬기는 충성으로 인해서 배나 존경을 받게 하시옵소서. 여호와께 존귀한 종이 하나님과 교회를 위하여 수고할 때마다 하늘의 문이 열려 땅의 기름짐을 누리게 하시옵소서. 가정이 평안하고, 자녀들은 잘 자라게 하시옵소서.

지금, ○○○ 집사님께서 마음을 바쳐 예배할 때, 거룩함을 온전히 이루어가는 삶을 다짐하게 하시옵소서. 하나님을 두려워하는 종이 되어, 자신을 깨끗하게 하려는 은혜를 주시옵소서. 복음과 함께 받는 고난을 기쁨으로 여기게 해주시옵소서. 성령님으로 충만해지시기를 사모하게 하시옵소서.

| 심방을 받는 가정에서 기다리는 하나님의 응답을 간구한다. |

예수님의 이름으로 기도드립니다. 아멘.

선행을 배우며 정의를 구하며

온전히 거룩하게 하시는 하나님,

이제까지 하나님이 친히 ○○○ 권사님이 경건한 소망으로 지내시니 참 좋습니다. 권사님과 가족들이 영과 혼과 몸이 우리 주 예수님께서 강림하실 때에 흠 없게 보전되게 하심을 기뻐하여 찬양을 드립니다.

예수님께서 시몬의 집에 오셨을 때, 주님의 머리에 향유를 부은 여인의 은혜를 저희들에게 주시옵소서. 지금, 여기에 홀연히 이루어지는 성령님의 충만하심에 따른 역사를 내려 주시옵소서. 이 시간에 심방을 받으시는 권사님의 가정을 축복합니다. 함께 예배하는 저희들에게 주님을 영화롭게 해드린 마리아의 사랑을 경험하게 하시옵소서.

이름이 송축을 받으실 여호와이십니다. 하나님의 이름을 부르는 입술이 기뻐서 즐겁게 해주시기 원합니다. 이 한 시간에, 오직 하나님만이 경배를 받으옵소서. 우리의 모든 생각과 정성 그리고 사랑을 모아 예배하기 원합니다.

주님의 은혜로 불러 주셨으니, 그 부르심에 믿음으로 순종하여 나와서 신령과 진정으로 드리는 예배를 받아주시옵소서. 사랑하는 권사님을 위해서 준비된 말씀을 함께 받도록 하시옵소서.

이제까지도 교회와 교역자들을 위해서 남모르는 수고를 한 여종을 기억하시옵소서. 저가 교역자들을 위하여 불철주야로 기도하게 하셨음을 감사드립니다. 저희 교회에는 많은 성도들이 있어서, 오늘도 헤아릴 수 없는 일들이 일어나는데, 권사님의 기도가 악을 대적하는 방패가 되기를 소망합니다. 교회 안에서 여 성도들의 어머니, 때로는 맏언니로서의 역할을 잘 감당하도록 은혜를 주시옵소서.

재물을 취하게 하시는 하나님께 간구합니다. 여호와께서 그리스도 예수로 인하여 영광 가운데 지내게 하셨음에 감사드립니다. 주님의 풍성하심에 따라 권사님의 생활이 넉넉하게 해주셨음을 믿습니다. 이제까지와 같이 앞으로도 모든 쓸 것이 채워지는 은총을 주시옵소서. 권사님께서 주님을 위하여, 교회를 위하여 돈을 쓰시려 할 때, 아무 부족함이 없게 하시옵소서. 이 가정의 재정은 하나님께 있음을 다시 한 번 믿게 하시옵소서.

권사님에게 하나님의 심장을 직접 만지는 것을 경험하는 열정을 주시옵소서. 저가 옷을 찢지 않고, 마음을 찢는 만큼, 권사님의 개인을 넘어 ○○ 교회에 부흥의 열정이 뜨겁게[불게 하시옵소서. 권사님께서 하나님을 가까이 하심으로써 여호와의 응답이 강력하게 나타나고, 성령님의 역사하심을 저희들이 누리게 하시옵소서.

|심방을 받는 가정에서 기다리는 하나님의 응답을 간구한다.|

예수님의 이름으로 기도드립니다. 아멘.

세속에 물들지 아니하는

믿음으로 살도록 도우시는 주여,

불같은 시험들이 여러 번 있었으나 그때마다 믿음으로 이기신 ○○○ 집사님으로 인해 찬송을 드립니다. 주님의 일을 평생의 소원으로 삼고 계시는 저에게 성령님의 충만하심과 은혜를 내려주시옵소서.

하나님께서 귀한 ○○○ 집사님의 지체들에게 복을 주셔서 아름다운 가정에서 지내게 하셨음에 감사드립니다. 이 가정에는 자녀들이 많아도 하나 같이 쉽게 양육되게 하심을 즐거워합니다.

이제도 지난날과 같이 하나님을 잘 섬기는 식구들이 되어 잘 되는 중에, 자녀들은 이 나라에 영향을 끼치는 인물들로 성장하기를 소망합니다. 오늘, 주님의 이름으로 심방한 이 자리에 기름을 부으시옵소서.

천국 백성에게 앙망하게 하시는 하나님이십니다. 주님의 이름을 찬양할 때, 우리의 입술이 기뻐하고, 가슴은 떨려옵니다. 오늘, 예배하는 시간 동안에, 여호와 그 이름에 마땅한 영광을 드리며, 하나님을 즐거워하기 원합니다.

이 자리에 모인 거룩한 백성들이 진심으로 무릎을 꿇고 찬양하게 하시옵소서. 말씀을 대언하시는 목사님께 더욱 성령님의 은혜를 나타내 주시고, 저희들에게는 복된 메시지가 되게 하시옵소서.

하나님께로부터 받은 지혜를 사용해서 섬기는 일에 다하는 아름다운 종이 되게 하시옵소서. 담임 목사님의 기대에 어긋나지 않고, 그때그때 순종을 다하여 목회에 열매를 맺게 하는 일꾼이 되게 하시옵소서. 저의 가정생활도 하나님 앞에서 무흠하여 그 칭찬과 덕스러움이 교회에 유익이 되게 하시옵소서. 주님의 영광을 구하는 종이기를 원합니다. 아름다운 사랑의 열매를 맺어가는 귀한 가정으로 새로워지게 하시옵소서.

승리의 주 하나님께 간구합니다. 주 안에서 집사님의 길에 생명이 있고, 사망이 없게 하셨음에 감사드립니다. 지금, 주님의 이름으로 명할진대, 집사님과 이 가정을 훼방하려던 귀신의 역사는 물러갈지어다.

집사님은 하나님의 말씀을 행하는 자요, 그가 하는 일들에서 복을 누리 권세가 있으니, 시기하는 영은 물러갈지어다. 집사님과 이 가정을 멸망시키려고 틈을 보는 악한 세력을 물리쳐 주심을 믿습니다.

오늘도 정결하고 더러움이 없는 경건을 바라시는 집사님이 복되기를 소망합니다. 하늘의 신령한 은혜로 감사가 넘치기 원하고 있으니, 예비하신 그대로 복을 내려 주시옵소서. 일용할 양식으로 즐거운 식탁을 보게 하시고, 흔들어 누르고, 차고 넘치는 생활을 즐기게 하시옵소서.

| 심방을 받는 가정에서 기다리는 하나님의 응답을 간구한다. |

예수님의 이름으로 기도드립니다. 아멘.

너희 자신의 것이 아니라

하늘에 영광을 두르시는 하나님,

사랑하는 ○○○ 구역장님이 푸른 초장과 쉴만한 물가의 삶을 사시도록 인도하시는 여호와를 찬송합니다. 구역장님의 가정에 평생에 주님의 선하심과 인자하심이 함께 하시기를 소망하면서 예배합니다.

여호와께서 이 가정을 교회로 삼아주셨습니다. 이 가정에 생명의 빛이 비치고, 온 식구들이 영생의 복락을 누리게 하셨음에 감사드립니다. ○○○ 성도님이 하나님 앞에서 믿음으로 살게 하시고, 구역강의 직분을 섬기는 중에 복이 넘치는 가정이 되게 하셨음을 고백합니다. 이 가정의 부부가 주님께서 베풀어주시는 만나와 메추라기를 먹게 하시옵소서.

주님의 은혜가 있었기에 평안했던 찬양하면서 예배하는 한 시간이 되기 원합니다. 자기 백성을 버리지 않으시는 하나님의 열심을 찬양하게 하시옵소서.

이 시간에 전해지는 하나님의 말씀을 온 몸으로 받아 여호와의 율례를 쫓으며, 규례를 지키는 은혜를 누리게 하시옵소서. 간절히 바라오니 저희들이 예배하는 이 시간에 하나님께서는 즐거워하시기를 소망합니다.

구역장님에게 믿음의 방패를 주시고, 악한 자가 쏘는 모든 화전을 소멸시켜 주시는 성령님을 찬양합니다. 우리 구역장님이 갈보리에서 흘리신 주님의 보혈로 마귀의 권세를 이겼기에, 사탄은 얼씬도 못할 것을 믿습니다. 죽이고 멸망시키려는 사탄의 세력을 물리쳐 주시옵소서. 아브라함의 가정에서 누렸던 은혜가 이들의 것이 되게 하시옵소서. 매일 승리하는 종이 되게 해주시옵소서.

열매를 맺게 해주시는 하나님께 간구합니다. 오늘도 구역장님의 소원은 오직 구역의 식구들을 섬기는 데 있게 하시옵소서. 여종의 수고와 노력으로 주님의 몸 된 공동체는 더욱 건강하게 되어 지고, 믿는 이들이 많아지게 하시옵소서.

사랑하는 종에게 오직 교회를 위하는 마음을 주시고, 담임 목사님에게 성실하고, 충성된 일꾼으로 봉사하는 은혜를 주시옵소서. 그의 섬김을 다함에 따른 상급이 있어 땅에서 잘 되고, 형통함을 보기 원합니다.

구역장님의 소망 중에, 하나님을 가까이 하기를 제일로 하게 하시옵소서. 부모와 자녀들이 거룩한 성전을 만들어가는 아름다운 가정이 되게 하시옵소서. 이제, 이 가정은 주님과 교제하는 축복된 자리가 되게 하시기 원합니다. 여호와는 때마다, 일마다 이 가정의 식구들을 도우시니 하나님에게 소망을 둡니다.

| 심방을 받는 가정에서 기다리는 하나님의 응답을 간구한다. |

예수님의 이름으로 기도드립니다. 아멘.

주야로 금식하며 기도함으로

영광을 나타내게 하시는 주여,

주님의 영광의 풍성함을 따라 그의 성령으로 ○○○ 권사님의 속 사람을 능력으로 강건하게 하신 은총을 기립니다. 하나님의 뜻대로 이 가정의 권속들이 주 안에서와 그 힘의 능력으로 강건해지게 하시옵소서.

주님께서 복을 주시는 ○○○ 권사님의 가정에 하늘의 신비스러운 복의 원리가 있기를 소망합니다. 이 가장을 위하여 계획하신 하나님의 은혜를 내려주시옵소서. 하나님께서 저희들에게 주신 질서가 바로 서있는 가정이 되게 하시옵소서.

먼저, 자녀들이 부모에게 순종하고, 부모를 공경하는 것을 보게 하시옵소서. 그리고 부모는 자녀를 노엽게 하지 않음으로써 천국의 거울이 되는 거룩한 가정을 만들어 나가도록 하시옵소서. 자녀들은 부모의 믿음을 물려받게 하시옵소서.

하나님은 주 여호와이십니다. 은혜를 입어 거룩한 자리에 나왔사오니, 여기에 모인 이들을 거룩하게 하시옵소서. 목사님의 설교에 성령님의 역사가 크게 나타나기를 소망합니다.

저희들은 생명의 샘에서부터 흘러나오는 은혜와 진리의 풍성함을 누리고, 여호와 앞에서 순종하여 주님의 이름을 높이게 하시옵소서. 그리하여 마음을 다하고, 뜻을 다하여 예배하기 원합니다.

권사님께서 주님의 이름으로 마귀를 대적할 수 있는 권세를 가지셨음을 믿습니다. 저가 예수님의 이름으로 마귀를 대적하실 때, 한 길로 왔다가 일곱 길로 도망갈 것을 믿습니다. 하나님의 말씀이 영영히 이 가정에 있으므로, 사탄은 기웃거리지 못할지어다. 성령님의 충만이 모든 침노하는 세력을 물리쳐 주시고, 평안으로 인도해 주시기 원합니다.

헌신을 즐기시는 주님께 간구합니다. 권사님의 봉사로 인하여 교회가 이만큼 부흥했음에 감사드립니다. 이제도 권사님께서는 시무하시던 때와 같이 열심을 다하여 담임 목사님께 협력하는 종이 되게 하시옵소서. 권사님을 본받아 많은 이들이 하나님 앞에 선한 일꾼으로 세워져 자기들의 몫을 다하게 하셨습니다. 교회가 지상에서의 사명을 완수하기 위해서는 권사님의 수고가 필요한 줄로 믿습니다.

권사님에게 성전을 떠나시지 않고, 기도하도록 하셨으니, 그 응답으로 이 가정이 복되기를 소망합니다. 하늘의 신령한 은혜와 땅에서 얻는 소득으로 감사가 넘치기 원하시니, 물 쏟듯이 부으시는 복을 보게 하시옵소서. 일용할 양식으로 즐거운 식탁을 보게 하시고, 흔들어 누르고, 차고 넘치는 생활을 즐기게 하시옵소서.

| 심방을 받는 가정에서 기다리는 하나님의 응답을 간구한다. |

예수님의 이름으로 기도드립니다. 아멘.

오직 온전하고 공정한

영광을 하늘 위에 두신 주여,

○○○ 성도님이 평안을 누리게 하셨음에 찬양을 드립니다. 귀한 종의 기도와 헌신의 수고로 온 식구들이 복에 복을 더하게 하시옵소서. 택함을 받은 가정에서 날마다 천국의 모습을 보게 하심에 감사드립니다.

가버나움에서 백부장을 영접하신 주님께서 그의 중풍병으로 누어 있는 하인을 고쳐주신 은혜를 기억합니다. 하나님의 영으로 충만하게 하시고, 치유의 은혜를 보게 해주시옵소서.

하나님의 종이 방문했으니, ○○○ 님의 가정에 있는 말 못할 문제를 해결해 주시는 은혜를 나타내시옵소서. 저주의 사슬이 풀어지고, 마귀의 참소가 쫓겨나며, 육체의 질병에서도 고침을 받는 역사를 이루어 주시옵소서.

존귀와 영광의 하나님이십니다. 하나님, 그 이름이 높임을 받으시는 예배를 드리게 하시옵소서. 우리가 구원의 첫 은혜를 누렸을 때, 꿈꾸던 것 같았던 감격으로 예배드리게 하시옵소서.

주님의 이름으로 이 가정을 찾아주신 목사님의 입술을 빌려 놀라운 역사를 나타내 주시옵소서. 오늘, 예배의 은총으로 이 가정의 자녀들은 주 안에서 화목을 이루어 하나님이 기억하시는 가족이 되게 하시옵소서.

하나님의 사랑의 입은 ○○○ 성도님의 가정이 복되고 형통한 은혜를 보게 하심에 감사드립니다. 때마다, 일마다 성령님의 역사가 나타나고, 도우시는 은혜를 내려 주시옵소서. 진리의 말씀과 번성케 하시는 은혜로 이 가정이 범사에 잘 되는 것을 보게 해주심을 믿을 때, 감사드립니다. 여호와의 능하신 손으로 구원하실 것을 바라며 전심으로 섬기며 살아가도록 복을 주시옵소서.

의를 이루시는 여호와여, 간구합니다. ○○ 교회에는 우리가 친히 담당하고 섬겨야 할 일들이 많이 있음을 성도님이 보게 하시옵소서. 저가 거룩한 몸의 한 지체로서 교회의 일꾼이 되어 섬길 때, 그리스도의 빛이 비추어지고, 그리스도의 맛이 나는 은혜를 주시고, 저 자신도 성도로서의 온전함을 구비해가는 기쁨을 보게 하시옵소서. 성도님에게 있는 달란트를 사용하는 지혜를 내려주시옵소서.

지금, 저희들은 주님을 구하지 않고 지내는 성도들을 많이 봅니다. 주의 성령님이 성도님을 만져주셔서 저가 하늘의 사람으로 살아가도록 인도해 주시옵소서. 하나님의 음성을 듣기 위해 무릎으로 나아가게 하시고, 여호와의 손이 되어 주의 나라에 영광을 돌리게 하시옵소서.

|심방을 받는 가정에서 기다리는 하나님의 응답을 간구한다.|

예수님의 이름으로 기도드립니다. 아멘.

우리에게 큰 대제사장이 계시니

여호와 우리 주여,

여호와께서 ○○○ 성도님과 함께 하사, 이 집안의 권속들이 어디에서, 무엇을 하던지 형통하게 하신 은혜에 감사드립니다. 성도님의 가족이 언약의 말씀을 지켜 행하는 중에 예비하신 복을 누리게 하시옵소서.

이 땅에 많은 가정들이 있지만, ○○○ 성도님과 ○○○ 집사님의 가정을 거룩하게 해주셨음에 감사드립니다. 온 가족이 하나님을 경외함으로써 서로를 이해하고 사랑하는 가정이 되게 하시옵소서. 남편과 아내가 사랑으로 하나 되게 하시고, 부모와 자녀가 그리스도 안에서 서로 섬기는 아름다운 관계를 이루어가게 하시옵소서.

높고 위대하신 하나님이십니다. 저희들, 선택받았음에 즐거워하면서 예배하러 나왔습니다. 이 땅에서 부모를 공경하듯이, 영의 아버지이신 하나님을 공경하는 예배를 드리도록 인도하시옵소서.

지금, 스스로 정결하게 하고 여기에 모인 성도들에게 복을 내려주시옵소서. 목사님께서 전하시는 말씀에 감격하는 은혜를 누리게 하시옵소서. 한 마디, 한 마디의 말씀에서 진리를 구하게 하시고, 지키고 따를 생명의 길로 받게 하시옵소서.

오늘, 성도님을 지켜주심을 믿습니다. 이제까지 그를 사랑해 주셨던 손길로 만져 주시옵소서. 하나님의 사랑이 무한하신 얼굴을 그에게 돌리시어 오늘이 복 되게 하시옵소서. 크신 은총으로 참 평강을 누리게 하시고, 그 얼굴로 말미암은 은혜가 해 같이 빛나기를 원합니다, 성도님을 시기하고, 모함하려던 사탄의 세력은 결박당하게 하시고, 주님의 은혜를 기뻐하면서 찬양으로 영광을 돌리게 하시옵소서.

자비를 나타내시는 여호와여, 간구합니다. 사랑하는 성도님께서 젊을 때, 제자로 부름을 받으셨으니, 힘을 다하여 여호와를 섬기고, 맡겨진 직무에 충성하게 하시옵소서. 그의 기도와 그의 헌신이 주님의 교회를 더욱 교회답게 하고, 거룩한 헌신을 통해서 생명의 열매가 맺어지는 은혜를 저의 것으로 삼게 하시옵소서.

사랑하는 지체의 마음을 다하고, 뜻을 다하는 봉사를 통해서 천국 창고에 보화를 쌓게 하시옵소서. 하나님께 영광이 되게 하시옵소서.

주님 앞에서 귀한 성도님께서 믿는 도리를 굳게 잡고 지내시도록 복을 주시옵소서. 이 가정에 불행은 없게 하시고 행복의 꽃이 피어나는 은혜를 주시옵소서. 성도님과 이 가정이 세상으로부터 복된 지체들로 구별함을 받았으니, 그 은혜로 이 가정이 복되어서 흔들어 누르고, 차고 넘치는 생활을 즐기게 하시옵소서.

| 심방을 받는 가정에서 기다리는 하나님의 응답을 간구한다. |

예수님의 이름으로 기도드립니다. 아멘.

그 마지막은 영생이라

이 가정을 사랑하시는 하나님,

○○○ 성도님과 식구들에게 복을 주사 너를 번성하게 하신 여호
와의 이름을 높여드립니다. 성도님께서 지내시는 은혜를 베푸시며,
포도주와 기름을 풍성하게 하시고, 번성하게 하셨음을 즐거워합니
다.

사람들의 교만이 탑을 쌓도록 할 때, 여호와의 은혜가 간섭으로 나
타났듯이, 이 시간에 하나님의 도우시는 간섭이 있기를 소망합니
다. 저희들이 어리석어 혹시 범죄하게 될 때, 막아주시고, 하나님의
영광을 나타내도록 간섭해 주시옵소서. 여호와께 존귀한 성도의 가
정을 성소로 구별해주시옵소서. 하나님의 사자의 심방을 통해서 이
가정에 준비하신 복을 넘치도록 부어 주시옵소서.

만유의 주 여호와께 머리를 숙였습니다. 주님의 이름으로 하나 된
지체들이 온 마음과 정성을 모아 예배드리려 합니다. 찬양의 소리
가 예배당 안에 퍼질 때, 하나님은 영광을 받으시기 원합니다. 주님
의 이름에 합당한 영광을 돌리게 하시옵소서.

하나님의 말씀을 받으려 할 때, 저희들에게 들을 귀를 주시옵소서.
목사님께 영력을 더하셔서 생명의 말씀으로 저희들이 배부르게 하
여 주시옵소서. 진리가 없어서 방황하는 자가 위로를 받게 해주시
옵소서.

하나님을 사랑하고, 그 뜻대로 살려고 애쓰시는 ○○○ 성도님의 가정에 주님의 은총이 더하기를 소망합니다. 이 가정의 축복이 여호와를 경외하는데서 출발함을 믿고 있으니, 금년에는 온 가족이 주일을 온전히 지키는 데서 복을 누리기 원합니다. 가족이 한 마음으로 주일을 지킴에서 신령한 복을 누리게 하시옵소서.

사탄을 대적하도록 이 가정에 능력을 내려 주시옵소서. 하나님의 사랑을 찬양하며 지내시는 성도님에게 사탄은 틈을 보지 못함을 믿습니다. 죄에서 구원을 받아 의의 자녀가 되었으니, 주님께서 기뻐하실 일들을 바라보며 살아갈 때, 성령의 열매를 맺게 됨을 믿습니다. 다시는 마귀에게 종노릇을 하지 않음을 믿습니다. 오직 주 안에서 서는 믿음의 삶을 살도록 이끌어 주시옵소서. 주님께서 예비해 두신 면류관을 다 받을 수 있는 영광을 주시옵소서.

○○○ 성도님이 오늘까지 하늘의 복으로 살아오게 하셨음에 감사드립니다. 저에게 수고의 떡을 먹게 하시는 은혜가 번성의 복으로 나타나게 하시옵소서. 저에게 서른 배, 육십 배, 백 배로 돌려받는 은혜를 누리게 하시고, 성도님께서 소망하시는 일들에 하나님의 도우시는 간섭이 나타나며, 공부 중에 있는 자녀들에게는 지혜로 간섭하시옵소서.

| 심방을 받는 가정에서 기다리는 하나님의 응답을 간구한다. |

예수님의 이름으로 기도드립니다. 아멘.

1. 주일 성수에 게으른 자

은혜의 보좌 앞에 담대히

하나님 우리 아버지,

사람이 노력으로 하나님께 나갈 자가 한 사람도 없음을 압니다. 죄인들을 구원하시는 은혜를 ○○님에게 선물로 주시옵소서. 값없이 주시는 선물로 말미암아 여호와의 사랑에 가슴이 뜨거워지기 원합니다.

여호와께서 찾아오시자, 단을 쌓고 예배했던 아브라함의 신앙을 저희들이 닮게 하시옵소서. 성령 하나님께서 ○○님의 가정에 충만하심으로 임하셔서 이 심방이 사람만 다녀가는 방문이 아니라, 주님의 영이 충만하게 하시옵소서. 귀한 식구들이 하나님께서 계획하신 복을 받아 영혼이 잘 되고, 범사가 잘 되며, 형통케 되는 역사를 보게 하시옵소서.

만왕의 왕이 되시는 주님이십니다. 예수님의 이름으로 모이게 하셨음에 찬양을 드립니다. 이 거룩한 집에서 신령과 진정으로 드리는 예배가 되게 하시옵소서. 하나님께서 받으시기에 합당한 자세로 예배하게 하시옵소서.

저희들을 위해서 준비된 하늘의 말씀을 허락해주시옵소서. 그 말씀으로 저희들을 향한 주님의 뜻이 무엇인지 분별하여 새로워지게 하시옵소서. 이 은혜로 하나님의 영광을 누리는 예배가 되게 하시옵소서.

오늘도 ○○님은 자신이 여호와의 사랑을 받고 있는 자녀라는 사실을 잊지 않게 하시옵소서. 저가 여호와 앞에서 하나님께서 의도하신 성도의 삶을 살도록 은혜를 주시옵소서. 소유나 쾌락에 마음을 빼앗기지 말고, 하늘의 거룩함을 소망하게 하시옵소서. 마귀가 저의 영혼을 더럽히고, 하나님의 자녀 된 권세를 누리지 못하도록 유혹할 때 물리치게 하시옵소서.

의를 이루시는 하나님께 간구합니다. 성도님께서 그리스도 안에서 자신에게 속하는 모든 것을 누리게 하시옵소서. 하나님의 은혜에 목마른 심정으로 여호와 앞에 서는 다짐이 있게 하시옵소서. 자기 백성들이 하나님을 예배하는 날로 구별해주신 주일에 대하여 민감하기를 다짐하게 하시옵소서. 위로는 하나님께 영광을 드리고 베풀어 주시는 은혜를 기다리게 하시옵소서.

옛 원수 사탄이 ○○님을 미혹해서 방탕함에 빠지지 않도록 성령님의 지켜주심을 기다립니다. 마귀에게 틈을 내어주지 않도록 붙잡아 주시옵소서. ○○님은 하나님의 자녀요, 거룩한 백성이니 마귀가 그에게 상처를 입힐 수 없음을 믿습니다. 저가 혹시 유혹의 욕심에 넘어졌다 할지라도 속히 깨닫게 하시고, 일어나게 하시옵소서. 삼손을 회복시켜 주신 은혜가 저에게도 있게 하시옵소서.

|심방을 받는 자의 영적인 삶과 관련된 소망을 간구한다.|

예수님의 이름으로 기도드립니다. 아멘.

그의 길을 걷는 자마다

인자하심이 풍성하신 여호와여,
하나님의 사랑을 받고 계신 ○○님께서 주님의 영으로 감격하게 하
시옵소서. 하루를 주님과 함께 걸으면서 날마다 주님께 친백성으로
지내기 원합니다. 주님의 말씀을   아 살려는 거룩한 욕망을 주시
옵소서.

주님의 십자가 보혈로 ○○님의 심령이 정결하게 씻음을 받는 은혜
를 주시옵소서. 저가 하나님의 긍휼에 힘을 얻어 담대히 여호와의
보좌 앞에서 지내는 생활을 하게 하시옵소서.

주 예수님으로 말미암은 생명의 빛, 진리의 빛에서 떠나지 않게 하
시옵소서. 지금, 하나님 앞에 거리끼는 것이 생각나거든 회개할 수
있는 은혜도 허락해 주시기를 소망합니다.

찬양으로 영광을 받으시는 주님이십니다. 이 가정에 모인 이들로
하여금 주님의 영광을 찬양하고 영화롭게 하시옵소서. 전심으로 주
를 찬송하고, 영원토록 주님의 이름에 영광을 돌립니다. 영광 가운
데 계신 주님의 이름을 높여드립니다.

말씀을 준비하신 목사님께 성령으로 감동해주시고, 하나님의 뜻이
온전히 선포되기 원합니다. 미천한 자들을 돌아 보사 영원한 복을
허락하시는 은혜를 다 받아 누리는 소망의 시간으로 만들어 주시옵
소서.

하나님의 자녀가 되는 선물을 받은 동시에 주님의 권세와 인도하심에 순종해야 하는 특권을 받았음을 고백합니다. 자녀로서 아버지에게 순종하고, 아버지가 바라시는 삶을 사는 것에 도전하는 은혜를 주시옵소서. 자기 삶의 일부만 주님께 드리지 말게 하시고, 좋은 것을 모두 드리는 은혜를 주시옵소서. 그 드림을 통하여 풍성해지게 하시옵소서.

은혜로우신 하나님이시라 간구합니다. 사랑하는 가족들의 입술에서 자신을 나무라는 부정적인 말을 하지 않게 하시옵소서. 할 수 없다는, 또는 부족하다는 투의 부정적인 말들이 나오지 않기를 소망합니다.

결코 못한다, 어렵다, 없다는 등의 말을 내뱉지 않게 하시옵소서. 이 귀한 집의 지체들 중에 누구라도 자신을 인정하지 않거나 학대하는 어리석음을 버리게 해주시기 원합니다.

여호와의 은혜로 ○○님께서 자신을 지켜 세속에 물들지 않게 하시옵소서. 저가 하나님을 두려워하는 중에 거룩함을 온전히 이루는 삶을 소유하기 원합니다. 하나님이 거룩하시니 ○○님도 거룩함에 이르게 될 때, 저가 여호와의 영광에 참예할 줄로 믿습니다. 자신을 깨끗케 함에 예민하여 거룩함을 지니도록 하시고, 거기에서 빚어지는 주님의 영광을 보게 해주시옵소서.

|심방을 받는 자의 영적인 삶과 관련된 소망을 간구한다.|

예수님의 이름으로 기도드립니다. 아멘.

다시 살리심을 받았으면

살아계신 주 여호와여,
오늘도 ○○님이 교회를 통해서 하나님이 나라를 바라보시는 은혜를 받게 하시옵소서. 성령님의 충만케 하심을 바라보게 하시옵소서. 주님의 음성을 들을 때, 어디에서라도 아멘으로 받고, 순종하게 하시옵소서.

예수님께서 본 동네로 가셨을 때, 중풍병자를 고쳐주신 것처럼, 오늘 하나님의 사람들이 방문한 ○○님의 가정에 성령님의 역사가 나타나기를 소망합니다. 중풍병자를 침상에 메고 온 사람들의 믿음을 보시고 그를 고쳐주셨듯이, 저희들의 믿음을 보시고 이적을 베풀어주시옵소서. 믿음으로 기도할 때, 하늘의 문이 열려지게 하시옵소서.

예배를 기뻐하시는 하나님이십니다. 사랑하는 지체를 방문한 주님의 권속이 한 마음이 되어 하늘 영광 보좌를 향해 영광을 드립니다. 날마다, 순간마다 저희를 사랑과 은혜와 보호 속에서 살게 하신 주님의 이름에 영광을 드립니다.

저희들 모두, 목사님의 설교를 순종함으로 듣고 그 말씀을 따르게 하시옵소서. 귀한 종이 하나님의 위로를 전해주시는 오늘의 말씀으로 저희를 새롭게 하시옵소서. 이 시간의 예배를 통해서 병들고 허약해진 마음을 강하게 붙들어 주시옵소서.

주님께서는 하실 수 있으니 ○○님을 축복합니다. 저의 생각과 행동을 다스려 주시옵소서. 자신에게 있는 모든 것이 하나님으로부터 왔음을 인정하고, 기쁘게 드림을 경험하게 하시옵소서.

특히, ○○○ 님의 가정에 사람으로서는 어찌 해볼 도리가 없는 문제를 해결해 주시기 원합니다. 이제, 간절히 빌기는 하나님의 사람이 매일의 삶에서 하나님의 인도하심을 경험하기 원합니다.

가까이 해주시는 여호와께 간구합니다. 오직 여호와로 만족할 때, 그의 삶이 복락으로 넘치는 것을 확인하게 하시옵소서. 만일, 주님의 손이 그에게서 멀어진다면, 죽을 수밖에 없는 모습을 바라보게 하시옵소서. 저희들 각자는 예수님의 보혈로만 하나 될 수 있음을 깨닫기 원합니다. 그 보혈의 은혜가 아니면, 사람들로부터 실망할 수밖에 없음을 알게 하시옵소서.

여호수아처럼 하나님께 순종하는 삶에 온전한 헌신을 경험하게 하시옵소서. 여호수아가 가나안 족속을 몰아내기를 원하셨던 하나님의 기대가 오늘, 저희들에게 있음을 깨닫습니다. 오직 하나님의 뜻에 저희를 드려서 이 시대의 가나안 족속을 몰아내는데 쓰임을 받게 하시옵소서. 하나님 앞에서 한 뜻, 안 마음으로 전심을 다 드림이 있게 하시옵소서.

| 심방을 받는 자의 영적인 삶과 관련된 소망을 간구한다. |

예수님의 이름으로 기도드립니다. 아멘.

스스로 하나님과 원수 되는 것

만유에 영원하신 하나님,
○○님께서는 육신적으로는 이 세상에서 살아가지만 하늘나라에
속하여 구별된 백성으로 살아가고 있습니다. 이에, 성령님의 감동
하심에 따라 하나님의 말씀을 삶의 원칙으로 삼고 지내도록 이끌어
주시옵소서.

죄악이 관영하고, 유혹의 파도가 거센 상황에서 저의 영혼을 지켜
주시는 하나님을 찬양합니다. ○○님께서 주님의 영광을 구하시는
소원에 따라 죄에 빠지지 말게 해주시고, 악에서 구원해주시는 주
님의 손을 보게 하시옵소서. 행여 저의 말이나 행동, 생각으로 죄의
열매를 내지 않게 하시고, 다른 이들을 실족케 하는 죄도 짓지 않게
하시옵소서.

자기 백성을 돌아보시는 주님이십니다. 주님의 이름으로 모였기에
그 이름을 찬양하는 예배를 드리게 하시옵소서. 신령과 진정을 다
해서 하늘 영광 보좌를 향해 예배하게 하시옵소서. 찬양으로 하나
님의 이름을 높이고, 우리를 다스리시는 하나님께 영광을 드리도록
하시옵소서.

이 가정과 저희들에게 말씀을 주시는 하나님께 주목합니다. 하나님
의 말씀을 기다리는 저희들, 기름 부으심을 경험하게 하시옵소서.
설교를 위하여 말씀을 준비하신 목사님께는 영육간의 강건함을 주
시옵소서. 그 말씀으로 교훈을 받고, 책망도 받으며 순종을 다짐하

는 아름다움을 경험하게 하시옵소서.

저희들이나 ○○님의 안에는 주님을 사랑하는 인격과 세상에서 인정을 받으려는 세속적인 인격이 있음을 고백합니다. 그래서 때로는 이 두 인격 사이에서 헷갈리기도 합니다. 이미 옛 사람은 그리스도와 함께 십자가에서 죽었습니다. 저희들은 하늘에 속한 사람이니 천국 시민의 인격으로 살아가게 하시옵소서.

우리 주 하나님께 간구합니다. 존귀하게 택하심을 받은 ○○님에게 오래 참음의 은혜를 주셨음에 감사드립니다. 주님의 십자가를 생각하면서 어떤 어려움도 참아내게 하심을 즐거워합니다.

하나님을 섬기는 삶이 때로는 세상으로부터 고통을 받게 하고, 마귀의 공격을 받게 하지만 그때마다 넉넉히 참게 하셔서 오래 참음의 열매를 맺는 삶을 살게 해 주시옵소서.

하나님의 인도하심에 자신을 맡기고, 성령님께서 이끄시는 그대로 순종하여 유혹을 이겨내게 하시옵소서. 하나님만 믿고 살아가는 것이 때때로 자신을 힘들게 할 수도 있으나, 주님 앞에서 자신을 단장한 신부처럼 살아가도록 이끌어 주시옵소서. 때로는 외로울지라도 하나님의 백성으로 살게 하시옵소서.

| 심방을 받는 자의 영적인 삶과 관련된 소망을 간구한다. |

예수님의 이름으로 기도드립니다. 아멘.

만날 만한 때에, 가까이 계실 때에

전능하신 주 여호와여,
하나님의 은혜 안에서 ○○님이 거룩하심을 사모하여 자신을 정결케 하는데 힘쓰도록 이끌어 주시옵소서. 오직 하나님의 말씀과 성령님의 감동하심에 순종하여 자신을 정결하게 하도록 노력하게 하시옵소서.

온전히 하나님께 마음을 두는 은혜를 경험하게 하시옵소서. 위에서 부어지는 성령님께 촉촉이 젖게 하시고, 주님의 인도에 자신을 내어 맡기도록 하시옵소서. 이 시간에, 하나님을 기다리게 하시옵소서.

진리 가운데로 인도하시는 하나님을 더 가까이 하기 위해서 기도하도록 하시옵소서. 하나님을 찾는 간구의 시간이 복되게 하시옵소서. 잠깐의 즐거움으로 자신을 더러움에 내어주지 않게 하시옵소서.

진토에서 건져주시는 하나님이십니다. 성령님께서 저희 마음을 주관하시고, 하나님께서 기뻐 받으시는 예배를 드리게 하시옵소서. 전심으로 주님을 찬송하고, 영원토록 주님의 이름에 영광을 돌립니다. 영광 가운데 계신 주님의 이름을 높여드립니다.

오늘의 예배에서도 말씀을 듣게 하시니 감사드립니다. 저희들이 꼭 듣고, 순종해야 할 말씀이 선포되게 하시옵소서.

여호와의 은혜로 살아가기를 원하시는 ○○님에게 세례 요한을 따르게 하시옵소서. 광야에서 회개를 외치고 세례를 베풀면서 주님의 길을 예비했던 그의 행적이 지금 님의 것이 되어, 지금 이 땅에서 주님의 길을 예비하는 종이 되게 하시옵소서. 적막한 광야에서 오직 하나님만을 묵상하면서 지낸 요한의 경건을 배워서 이 시대에 선지자의 역할을 감당하며, 그의 헌신과 충성을 자기의 것으로 삼게 하시옵소서.

영화로우신 주여, 간구합니다. 하나님의 말씀과 대면하고, 그 말씀의 진리에 반응하기를 즐거워하게 하시옵소서. 순간마다 하나님을 사랑한다고 고백하고, 여호와의 원하심에 순종하는 헌신의 시간을 보내게 하시옵소서. ○○님이 말씀에 순종해서 살 때, 여태껏 경험해보지 못한 놀라운 일들을 보게 하시옵소서. 하나님의 일하심에는 실패가 없음을 확신하고 자신을 드리게 하시옵소서.

○○님에게 오래 사시는 부모님이 계시니 감사드립니다. 장수의 복을 누리고 계신 부모님을 아침마다 건강으로 새롭게 하시옵소서. 부모님께서 자손들과 함께 하시는 동안 이 가정에는 효도의 아름다움이 넘치기 원합니다. ○○님과 온 식구들이 효도하면서, 하나님께서 약속하신 복을 다 받게 하시옵소서. 효도로 말미암아 땅에서 잘 되게 해주신다는 형통의 복을 받게 하시옵소서.

|심방을 받는 자의 영적인 삶과 관련된 소망을 간구한다.|

예수님의 이름으로 기도드립니다. 아멘.

더욱 네 마음을 지키라

여호와 우리 하나님,
오늘, 하나님께서는 ○○님의 목자가 되심에, 부족함이 없다는 고백을 하게 하시옵소서. 풍성한 은혜로 이끄시고, 넘치는 은총으로 인도하심을 믿습니다. 여호와의 도우심을 기다리는 넉넉한 마음을 주시옵소서.

이 좋은 시간에 하나님의 찾아오심을 경험하는 하나님의 심방이기를 소망합니다. 우리 주님을 믿는 것을 인생의 힘으로 여기시는 ○○님의 가정에 하늘의 문이 열리는 은총이 나타나게 하시옵소서.

혈루증을 앓던 여자가 예수님의 겉옷만 만져도 구원을 받겠다했던 간절함으로 예배하게 하시옵소서. 심방을 준비한 이 가정에 예비된 은혜를 허락하시옵소서. 그 은혜의 기쁨에 저희들도 감격하게 하시옵소서.

존귀하신 주 여호와이십니다. 하나님을 영원히 하나님으로 모시고, 항상 기뻐하면서 찬양으로 영광을 드리는 저희들이 되게 하시옵소서. 마음의 문을 열어 하늘의 하나님께 영광을 드립니다.

이제, 마음을 모아 찬송을 드림으로써 주님께만 영광을 드러냅니다. 이 한 시간 온전한 마음으로 말씀을 받게 하시고 정성된 기도를 드릴 수 있도록 성령님께서 주관하시옵소서.

○○님께서 여호와의 도우심으로 선한 행실에 힘쓰게 하시며, 오직 하나님께 영광을 두는 자녀가 되게 하시옵소서. 저희들의 재산은 금이나 은이 아니고, 주님과 친밀하게 교제하는 영성의 풍성이기를 소망합니다. 주님의 뜻을 따르고, 이 땅에서 이루시려는 하나님의 일에 동참으로써 천국의 땅을 넓혀나가는 ○○님이 되게 하시옵소서.

막힌 담을 허시는 하나님이시라 간구합니다. 이 시간에, 이 예배의 응답으로 ○○님께서 하나님의 형통함을 보기 원합니다. 저가 손을 하려는 일들에 복을 주셔서, 잘 되게 하시고, 발을 옮길 때마다 길이 열리게 하시옵소서.

오늘, 저희들의 간구에 응답하사 지체의 앞길에 막혀있는 문제들이 해결되도록 도와주시옵소서. 어려울 때마다 돕는 손길의 은혜를 보게 하시옵소서. 하나님의 함께 하심에 감사하는 ○○님이 되게 하시옵소서.

저희의 온갖 구하는 것이나 생각하는 것에 더 넘치도록 능히 하시는 하나님을 찬양합니다. 이 시간에 ○○님에게 믿음의 삶에 대한 도전을 다짐하게 하시옵소서. 저의 믿음은 오직 여호와의 말씀으로 말미암으니, 하나님의 말씀을 가까이 하고, 그 말씀의 진리에 귀를 기울이는 사모함을 주시고, 마음에 간직하게 하시옵소서. 하나님의 말씀으로 양식을 삼는 다짐의 은혜를 주시옵소서.

| 심방을 받는 자의 영적인 삶과 관련된 소망을 간구한다. |

예수님의 이름으로 기도드립니다. 아멘.

경건에 이르도록 연단하라

주 여호와 하나님,
여호와 하나님께 자신을 내어드리는 ○○님에게 날마다 복의 자리
로 인도해 주시옵소서. ○○님의 가정을 아침마다 새롭게 하시고,
기도의 응답으로 살아가게 하시옵소서. 저의 삶이 범사가 잘 되게
하시옵소서.

하나님을 의지하고 계시는 ○○님이 잠시 눈에 보이는 어려움으로
말미암아 흔들리지 않게 하시옵소서. 진리의 편에 서서 당당하게
이겨내도록 하늘의 힘과 위로를 받게 하시옵소서. 어떤 경우에라도
인내함을 보게 하시기 원합니다. 위기의 순간마다 성령님의 역사하
심을 느끼도록 해주시며, 결코 악에게 지지 않겠다는 다짐의 은혜
를 주시옵소서.

사람의 길을 정하시는 여호와이십니다. 이 예배에 모인 이들이 거
룩하신 주님을 마음껏 찬양하게 하시옵소서. 저희들이 마음을 묶어
예배할 때, 참 평안과 즐거움을 갖게 하시옵소서. 이 시간의 예배를
통해서 하나님의 영광을 선포합니다.

많은 이들 중에서 저희를 구별하시고 지켜주셔서 선택받은 백성으
로 예배하게 하셨으니 영광을 드립니다. 선포되는 주님의 말씀에
우리의 흐트러진 모습을 발견하게 하시고 신앙으로 바로 서게 하시
옵소서.

하나님께서는 자유로운 삶, 기쁨으로 충만하고 하늘의 영광을 소중히 여기며 살라고 우리를 지으셨음을 믿습니다. ○○님에게 하나님의 원하심에 대하여 예민한 반응을 보이는 은혜를 주시옵소서. 여호와의 뜻에 마음을 쏟고, 주님의 손과 발이 되어서 사는 기쁨을 누리게 하시옵소서. 만일 저희들이 온전히 드리지 않으면 기쁨도 없음을 깨닫습니다.

여호와 앞에서 올바르게 판단할 지혜를 주시옵소서. 오직 주님의 간섭하시는 손길을 바라보고 기도하는 님이 되게 하시옵소서. "너는 범사에 그를 인정하라 그리하면 네 길을 지도하시리라"고 약속하신 것을 이루어 주시기 원합니다. 하나님의 지도하심으로 인생이라는 바다를 항해하게 하시옵소서.

평생 은총의 하나님께 간구합니다. 하나님의 손길에 자신을 내려놓는 저가 복되기를 소망합니다. 여호와의 은혜에 소망을 두고 가족들이 축복의 언어로 하루를 시작하게 하시옵소서. 이 가정에서 하나님의 나라를 경험하게 하시옵소서.

부모는 자녀들은 축복하고, 자녀들은 부모에게 효도를 다하는 심정으로 축복하게 하시옵소서. 축복의 말에 마귀는 한 길로 왔다가 도망가게 하시고, 하늘의 신령한 은혜와 땅에서 얻는 소득으로 감사가 넘치기 원합니다.

| 심방을 받는 자의 영적인 삶과 관련된 소망을 간구한다. |

예수님의 이름으로 기도드립니다. 아멘.

1. 갑자기 병에 걸리는 경우

육체의 건강이 되는 말씀

긍휼하신 주 하나님,
먼저 ○○님을 위로해주시옵소서. 그리고 이 가정의 식구들을 위로해주오소서. ○○님에게 이처럼 어려움이 생긴 것은 하나님의 일하심임을 믿습니다. 여호와의 회복해주시는 은혜가 임하기를 축복합니다.

주 안세서 사랑을 받고 계신 ○○님이 건강하신 것이 하나님의 뜻이라 믿습니다. 갑작스럽게 어려움을 만나 ○○님을 간호하고 수발하는 가족들 위로합니다. 성령님의 만져 주심과 감당할 만한 힘을 주실 것을 소망합니다. 저가 건강을 도로 찾는 그 시간까지 기도할 가족들에게 힘을 주시옵소서. 이 기회로 하나 되는 가족들이 되게 하시옵소서.

의를 이루시는 주님이십니다. 인간적으로는 슬픔에 닥쳤으나 성령님께서 위로해 주시고, 하나님께 예배하도록 심령에 은혜를 주시니 감사드립니다. 지금까지 ○○님과 이 가정에 은혜를 베풀어 주신 여호와를 기억하고 감사함으로 예배합니다.

이제, 겸손한 마음으로 하나님의 말씀을 받겠습니다. 목사님께서 하나님의 말씀을 전하실 때, 성령의 능력이 드러나게 하시고, 저희들은 은혜 속에서 듣기를 원합니다.

주님께서 한 문둥병자를 민망히 여기사 깨끗하게 하신 은혜가 님의 것이 되기 원합니다. ○○님이 자신을 고통으로 몰아넣은 병에서 고침을 받고자 주님의 손길을 사모하게 하시옵소서. 성령님의 은혜를 통해서 주님의 손이 저의 몸에 대어지기를 소망합니다. 간절히 구하오니, 님이 질병에서 고침을 받는 일이 하나님의 원하심이 되게 하시옵소서. 하나님이 원하시면 지금 당장 치료되고, 낫게 될 것을 믿습니다.

크고 위대하신 하나님 앞에서 선포합니다. 주 예수님의 이름으로 명하니, 건강한 육체로 회복될지어다. 이 시간에 위기의 순간을 맞게 하여 두려움으로 몰아가는 세력은 묶음을 받을지어다. 놀라고 초조하게 하도록 하는 사탄의 역사를 주님의 이름으로 결박하노라.

주님께서 주신 권세에 의지하여 주의 이름으로 명령했으니 사탄의 세력이 결박당함을 믿습니다. 다시는 저주의 그림자가 택하심을 받은 가정에 얼씬거리지 못함을 믿습니다.

이제, 목사님께서 예수님의 말씀에 순종해서 형제의 다친 부위에 손을 얹으실 때, 병든 사람에게 손을 얹으면 낫게 하시겠다고 약속하셨으니, 말씀대로 이루어질 줄로 믿습니다. 주님의 종이 오직 말씀을 믿고 손을 얹으실 때, 주님의 손이 되어 다친 부위를 치료해 주시고, 회복시켜 주시옵소서.

|환자가 병상에서 치유와 회복의 은총을 경험하도록 간구한다.|

예수님의 이름으로 기도드립니다. 아멘.

합력하여 이루어지는 선

위로하시는 여호와여,

이 시간에 ○○님께서 졸지에 어려움을 만나셨으나 여호와의 은혜가 나타남을 믿습니다. 이 일을 통해서 하나님께서 ○○님을 얼마나 사랑하시는지, 또한, ○○님의 거족을 얼마나 위하시는지를 보여주시옵소서.

사랑하는 ○○님에게 에서의 사백 명 군대를 마주할 때, 오직 하나님만을 바라보았던 야곱의 은혜를 주시옵소서. 지금은 가슴이 무너져 내릴 듯하지만, 이 순간에 하나님을 만나게 하시옵소서. 역경에 맞닥뜨리는 순간을 통해서 우리를 깨닫게 하시는 하나님의 섭리를 배우게 하시옵소서. 어려움을 통과한 다음에는 주님 앞에서 더 나은 모습으로 변화되어 있는 자신을 보게 하시옵소서.

진리로 인도하시는 하나님이십니다. 불의의 사고가 일어나 현장에도 하나님이 계심을 믿습니다. 우리 주님의 십자가로 지켜 주셨음을 찬송하면서 예배하려 합니다.

이 시간에 사고 중에도 보호하심을 받은 ○○님을 반가워하면서 우리 하나님을 높이게 하시옵소서. 그리고 성산에 계신 여호와께 합당한 예배를 드리게 하시옵소서. 이 병상에서 하나님의 거룩하심이 선포되기 원합니다.

거라사의 광인을 군대 귀신의 들림에서 구원하신 주님을 기억합니다. 그에게 주어졌던 은혜가 오늘, 저의 것이 되게 하시옵소서. 지금 님과 함께 저희들 다같이 주님께 부르짖사오니 끔찍한 일을 만나게 한 흑암의 세력을 물리쳐 주시옵소서. 이제, 상처를 속히 치료해 주시옵소서. 이로써 하나님의 만져 주심으로 말미암아 저와 함께 저희들 모두가 과연 예수님은 하나님의 아들이심을 믿게 해주시옵소서.

복의 근원이 되시는 주님께 간구합니다. 우리 주님께서 친히 ○○님의 연약한 것을 담당하시고, 병을 짊어지셨으니, 지금, 저를 일으켜 주시옵소서. 사탄은 저를 고통으로 몰아넣고, 시험하기를 원하나 사탄을 이기신 주님의 능력이 ○○님에게 임하기를 축복합니다. 성령님의 손길이 아픈 부위를 만져주시고 곧 낫게 하심을 믿습니다. 주님의 이름으로 일어날 것을 믿고 감사드립니다.

갑자기 일어난 어려움 때문에 많은 돈이 쓰여 지는 형편이니 여호와께서 재정을 공급해 주시기를 원합니다. ○○님께서 재정의 어려움 때문에 마음에 염려로 눌리지 않게 해주시옵소서. 이 사고를 일으킨 피의자와의 원만한 합의가 이루어지게 하시고, 보험회사와의 관계에서도 하나님의 돕는 손이 개입하시는 것을 보게 하시옵소서.

|환자가 병상에서 치유와 회복의 은총을 경험하도록 간구한다.|

예수님의 이름으로 기도드립니다. 아멘.

선행을 기억하시는 하나님

기쁨을 주시는 여호와여,

절망으로 낙심에 빠지고, 슬픔이 너무 커서 희망이 없는 것처럼 보이는 이 가정에 위로자가 되어 주시옵소서. ○○님의 머리 끝부터 발 끝까지 치유해주시는 하나님의 은혜를 기다리는 가족들을 위로합니다.

이 시간에, ○○의 상한 심령을 치유해 주시고, 하늘에 소망을 두게 하시옵소서. 성령님의 충만하심이 치료의 역사, 위로의 역사로 이 자리에 임하시기 원합니다. 오랜 지병으로 낙심에 처한 ○○님과 가족들의 심령을 소성케 하시고, 슬픔 대신에 화관을 주시는 여호와의 은혜를 바라게 하시옵소서.

강건하게 해주시는 하나님이십니다. ○○님께서 누워계신 이 자리를 거룩하게 하신 여호와의 은혜를 기립니다. 이 자리를 구별하여 예루살렘이 되게 하신 하나님께 영광을 드리는 예배의 한 시간으로 이끌어 주시옵소서.

우리 하나님 여호와를 신뢰하는 기쁨과 즐거움이 예배의 한 시간에 드러나게 하시옵소서. 목사님의 입술을 통하여 말씀을 전해질 때, 저희들의 심령을 새롭게 하시는 하나님의 말씀만 선포되기 원합니다.

여호와의 도우심만을 의지하는 지금, 한 문둥병자가 치료받기 원하여 깨끗하게 해주셨던 주님의 은총을 보게 하시옵소서. 이 시간에, ○○님께서 자리를 털어내고 일어나기 원하니 주님의 일으키심을 보여주시옵소서.

불쌍히 여기사 예수님의 피 묻은 손을 저에게 내어 밀어 주시옵소서. 이제는 오랜 고통으로 연약해질 대로 약해진 심령을 붙들어 주시고, ○○님을 강건하게 하시옵소서.

기도를 들으시는 주님께 간구합니다. 지금, 하늘의 문이 열리고, ○○님께서 어서 속히 병사에서 일어나시는 것은 하나님의 구속 계획에 들어있음을 믿습니다. 주님의 죽으셨던 무덤을 빈 무덤으로 만드셨던 기적의 역사를 이 가족들에게 보여 주시옵소서. 여호와의 은혜가 나타날 것을 기다리니, 오늘도 간호하느라 피곤해진 가족들을 주님이 인자하심으로 위로해 주시옵소서.

오랜 병고로 시달리시지만 ○○님의 몸을 사용하시는 여호와의 손을 보게 하시옵소서. 지금 겪고 계신 어려움만 보면 낙심하고, 또는 절망에 이를 수도 있으나, 어떠하든지 주님의 손길이 나타나기를 바라게 하시옵소서. 하나님의 뜻 안에서 저가 회복의 은혜를 누리게 하시옵소서.

| 환자가 병상에서 치유와 회복의 은총을 경험하도록 간구한다. |

예수님의 이름으로 기도드립니다. 아멘.

우리는 나음을 받았도다

도우시는 주 여호와여,

주님께서 각색 병든 자들을 고치실 때, 능력으로 역사하셨던 성령님이 고통으로 신음 중이신 ○○님을 만져 주시기 원합니다. 병을 고쳐서 저희들이 강건하기를 원하시는 성령님의 은총을 보여 주시옵소서.

하나님께서 사랑사시는 자녀를 주님의 이름으로 축복합니다. 이 자리에 충만하심으로 함께 해주시옵소서. 혈루증으로 고통을 받던 여인이 믿음으로 나았다면, 그 역사와 은혜가 그대로 나타나기를 축복합니다. 지금, 성령님의 치료하시는 은총이 나타난 것을 확신합니다. 저의 믿음이 주님의 미음에 합하여져서 선한 역사를 보게 하ﻼ 주시옵소서.

목자가 되시는 하나님이십니다. 질병으로 인한 고통이 심해져도 하나님을 경외하는 마음이 식지 않게 하셨음을 기뻐합니다. 이 자리에 심방 온 성도들과 함께 ○○님의 하나님을 경배하려 하니, 영광을 받아 주시옵소서.

비록 적은 수의 성도들이 머리를 조아리지만 신령과 진정으로 예배하게 하시옵소서. 이 시간에 목사님께서 말씀을 전하실 때, ○○님에게 치유의 역사가 나타나는 말씀이기를 소망합니다.

안타까운 가슴을 붙잡고, 앞을 보지 못한 소경을 민망히 여기셨던 주님의 은혜를 구합니다. 소경의 눈을 만지시고 곧 보게 하셨던 은혜에 ○○님이 동참하게 하시옵소서. 주님께로부터 고침을 받겠다는 믿음에 치유로서 응답해 주신 은혜를 저도 누리게 하시옵소서. 주님 앞에서 ○○님도 자신의 믿음이 인정을 받아 나음의 은혜를 입게 하시옵소서. 이 시간에 주님이 원하시면 능력이 나타날 줄로 믿습니다.

복을 예비하시는 하나님이시라 간구합니다. 주님께서는 때로, 저희를 위로해 주시기보다 싸움을 걸어오실 때가 있음을 깨닫습니다. 이해하기 힘든 일들 앞에서 하나님의 뜻을 분별하는 예지를 허락하시고, 환경을 사용하여 결국에는 선한 결실을 보게 하시는 은혜를 기다리게 하시옵소서. 하나님을 기다립니다.

하나님의 자녀들이 겪게 되는 고통의 배후에는 특별히 주시려는 놀라운 은혜가 있음을 알게 하시옵소서. 그 고통으로 자기 백성을 사랑하시는 하나님을 배우게 하시옵소서.

이제, 주님의 이름으로 이 가정을 참소하려 엿보는 사탄을 대적하기 원합니다. 하나님의 자녀를 죽이고, 멸망시키려는 마귀의 역사는 물러갈지어다. 주의 이름의 영광을 훼방하려는 온갖 궤계는 십자가의 능력 아래 거꾸러질지어다.

| 환자가 병상에서 치유와 회복의 은총을 경험하도록 간구한다. |

예수님의 이름으로 기도드립니다. 아멘.

치료하는 광선을 비추리니

환난에서 끌어내시는 여호와여,
하나님을 예배하는 이 시간에 주님의 자비하심을 보게 하시옵소서.
병든 이를 측은히 여기셨던 은혜가 오늘, ○○님의 것이 되게 하시
옵소서. 모든 질병으로부터 자유하게 하시는 여호와의 은혜를 기다
립니다.

저희들의 심방에 동행하신 예수님께서 ○○님을 불쌍히 여겨 주시
옵소서. 모든 속박에서 자유하게 하시고, 모든 질병으로부터 자유
하게 하시는 여호와의 은혜를 기다리면서 간호하는 ○○님을 붙들
어 주시옵소서. 질병의 고통 중에 계신 ○○님께서 주님의 보혈로
치료함을 받으시는 것이 하나님의 뜻임을 믿고, 기도할 때, 속히 응
답해 주시옵소서.

인자와 긍휼의 하나님이십니다. 지금, 하나님을 사랑하는 자들이
입술로 주님을 찬양하려 합니다. 저희들은 잠시 다녀가지만, 성령
님께서 ○○님을 보호하시고, 그의 기도와 찬송을 받으시면서 영화
롭게 하셨으니 찬미의 제사를 드리게 하시옵소서.

말씀을 들고 서신 목사님과 함께 하셔서 생명을 구원하는 능력의 말
씀을 전하실 수 있도록 인도하시옵소서. 이 시간에 하나님이 기뻐
하시는 거룩한 산 제물로 저희의 몸을 드리는 예배가 되게 하시옵소
서. 하나님께서 받으시는 축복의 시간이 되게 하시옵소서.

지금, 가정에서 자녀들과 단란한 시간을 보내야 하건만 이렇게 병상에 있습니다. 주님의 손길로 유쾌하게 되는 시간이 오게 하시옵소서. 부족한 종에게 확신을 주시니 감사드립니다. 구하라는 말씀을 믿고 순종하여 주님의 이름으로 간구하니, 주님의 말씀이 되어서 낫게 해주심을 믿습니다.

여호와 우리 주님께 간구합니다. 웃음이 꽃피어야 하는 가정이 우환으로 근심 중에 있으니 이 어두움의 세력을 몰아내 주시옵소서. 온 식구들이 마음의 고통 중에 있으니, 서로 서로 더욱 친절을 베풀게 하시고, 관대하게 하시옵소서.

이 시간에, 주님이 저희 안에 계시며, 저희들의 간구를 통해 역사하심을 믿습니다. 예수님의 피로 죄를 씻음을 받고 구원을 받았으니, 사탄이 얼쩡거리지 않게 하시옵소서.

믿는 자는 주님의 일을 할 것이요, 또한 이보다 큰 것도 하시게 해주신다는 말씀에 소망을 둡니다. 저희들의 기도와 ○○님에게 손을 얹은 제 손을 통해서 일으키심의 은혜를 나타내시옵소서. 살리시는 능력을 보여 주시옵소서. ○○님의 고통이 저에게는 참기 힘든 것이지만, 그 고통의 몸을 사용하여 저희들에게는 소망을 품게 하시옵소서.

| 환자가 병상에서 치유와 회복의 은총을 경험하도록 간구한다. |

이 모든 간구를 응답하시는 예수님의 이름으로 기도드립니다. 아멘.

치료하고 살리시는 여호와

불쌍히 여기시는 주 여호와여,

지금, ○○님이 여호와의 은혜로 낫는다는 확신을 갖게 하시옵소서. 의사들의 손을 통해서 성령님이 수술을 집도하시기 원하며, 병든 부위를 성령님의 불로 태워주시옵소서. 성령님의 칼로 도려내어 주시옵소서.

○○님의 몸을 세상에 보내주신 하나님의 영광이 수술을 통해서도 나타날 것을 바랄 때, 소망으로 찬송을 드립니다. 늘 한 결 같이 ○○님을 찬송으로 지내오게 하셨던 하나님의 손길이 집도하는 의사들의 손에 나타날 것을 기대합니다. ○○님의 수술이 진행되는 동안에도 저의 영혼에서는 성령님의 충만하심으로 찬송이 울려 퍼지게 하시옵소서.

자유케 해주시는 하나님이십니다. 이제, ○○님의 수술을 앞두고서 예배할 대, 이스라엘의 하나님 여호와께서는 영원부터 영원까지 영광을 받으옵소서. 저희들 평생에 주를 송축하며, 주의 이름으로 말미암아 손을 들도록 하신 하나님을 경배합니다.

하나님께 자신의 몸을 내어 맡기면서 예배하는 ○○님은 수술이 진행되는 동안에도 영으로 예배드리게 하시옵소서. 이 시간에 성령님께서 저의 몸을 안아주시는 신령한 은혜에 들어가게 하시옵소서.

주님께서 안수해 주시자, 등이 꼬부라졌던 여인이 똑바로 일어설 수 있었던 은혜를 ○○님도 자기의 것으로 받게 하시옵소서. 치료하는 계획에 의해 수술을 받게 되었으니, 의사들의 집도 이전에 성령님의 치료하심이 있기를 소망합니다. 의사들은 단지 몸 안의 몹쓸 부분을 떼어내고, 어긋난 부분을 바로 맞추는 일만 하게 하시옵소서. 수술이 진행되는 동안에 ○○님의 생명을 주님께서 안아 주시옵소서.

생명의 주 여호와여, 간구합니다. 말씀을 보내어 저희를 고치사 위경에서 건지시는 하나님을 믿습니다. 수술이라는 생명을 걸어야 하는 시간에 하나님의 만져주시는 손길을 바라게 하시옵소서. '여호와 라파' 의 은혜를 보여주시옵소서.

인간적으로 가장 두려운 시간에 하나님께 매달리는 은혜를 경험하게 하시옵소서. 자신의 목숨을 의사에게 맡기는 어려운 시간을 통해서 생명을 주관하시는 은혜를 경험하게 하시옵소서.

지금 간절히 구하니, ○○님이 수술을 받는 상황을 통해서 하나님의 뜻이 이루지는 것을 보게 하시옵소서. 삶의 위기와 시련의 시간을 통해서 새 진리로 깨우쳐 주시는 하나님에 대한 고백을 하기 원합니다. 이 어려움이 ○○님의 개인적으로나, 가족들에게 그리고 ○○교회의 성도들에게 깨닫게 하시려는 하나님의 일이 이루어지게 하시옵소서.

|환자가 병상에서 치유와 회복의 은총을 경험하도록 간구한다.|

예수님의 이름으로 기도드립니다. 아멘.

자유를 주신 그리스도

자유케 하신 하나님,

병에서 놓여나게 하심에 감사드립니다. 다시는 질병이 찾아오지 않게 하시고, 이 고통으로 인한 사탄의 참소가 있지 않게 하시옵소서. 육체의 치료와 함께 역사하던 사탄의 궤사도 물리쳐 주셨음을 확신합니다.

이제는 여호와 앞에서 건강한 육체로 살아갈 것을 축복합니다. 주님께서 기꺼이 ○○님의 죄를 용서하셨던 그 은혜로 질병에서 낫게 해주셨음에 감사드립니다.

○○님이 앞으로 사시는 동안, 자신을 향하여 언재나 선하시며, 인자하심이 영원한 하나님을 찬양하면서 지내시게 하시옵소서. 병들게 하고, 가난하게 하고, 죽이며, 멸망시키려 했던 마귀는 쫓겨난 것을 확실히 믿습니다.

진리로 풍성케 하시는 주님이십니다. 하나님께서 연약한 육체를 지켜주시고, 잃었던 건강을 회복하게 하셨음에 감사하는 한 시간이기를 소망합니다. 치료가 되어 회복기에 들어선 ○○님과 저희들이 참 마음으로 주께 감사하며 그 이름을 송축하게 하시옵소서.

이 시간에 드리는 예배로 여호와의 영예를 말하는 것이 되며, 머리

를 숙인 지체들이 하나님의 거룩하신 이름을 영원히 송축하는 표현
이 되게 하시옵소서.

십자가의 은혜로 저가 건강을 도로 찾고, 회복기에 있게 하심을 즐
거워합니다. 하나님의 궁휼로 덤으로 사는 생명을 누리게 되었으
니, 이제는 주님의 것으로 살아가게 하시옵소서. 깨어지는 고난의
시간을 보내게 하셨던 은혜로 저를 회복시켜 주셨으니, 주님의 영
광만을 위해서 생명을 드리는 아름다운 종이 되게 하시옵소서.

소망을 주시는 주님께 간구합니다. 우리를 사랑하시되, 값없이 은
혜를 베푸시는 여호와의 손길로 ○○님이 하나님 앞에서 사명자의
삶을 살게 하시옵소서. 어려운 시간을 보내면서 여호와의 인도하심
을 소망하게 하시고, 목이 마르고, 맑은 상태에서 하나님을 찾게 하
셨음은 귀한 기회였습니다. 땅이 변하든지, 산이 흔들려 바다 가운
데 빠지든지 자를 지켜주실 것을 믿습니다.

하나님의 완전히 치유하시는 은혜를 소망하면서 아무 것도 원망하
지 않게 하시옵소서. 힘든 시간을 보내는 동안에 오직 주님만 찾게
하셨으니 이 믿음이 더욱 굳세어지게 하시옵소서. 병상에서 만났던
여호와, 병상에서 저의 손을 잡아주셨던 주님을 더욱 의지하는 ○
○님이 되도록 능력을 주시옵소서.

| 환자가 병상에서 치유와 회복의 은총을 경험하도록 간구한다. |

이 모든 간구를 응답하시는 예수님의 이름으로 기도드립니다. 아멘.

5 편」

1.

은혜 위에 은혜의 하나님,

여호와의 인자하심으로 나날이 살아가고 있음에 감사드립니다. 지금, 세상은 저를 위로해 줄 수 없음을 고백합니다. 오히려 도움이 되시는 하나님을 바라보게 하시옵소서. 사랑하는 지체를 위하여 좋으신 하나님이 되어주심을 믿습니다.

우리 하나님은 고난 중의 위로가 되어주시는 하나님이심을 믿습니다. 하나님의 위로하시는 은혜를 받게 하시려고 재난을 선물해 주신 것으로 여기게 하시옵소서. 감사로 받으면, 무익한 것이 하나도 없고, 뜻이 없는 일이 하나도 없음을 알게 하시옵소서.

이 재난이 육체적으로는 어려움을 겪을지라도, 제 영혼을 위한 하나님의 섭리였음을 깨닫게 하시옵소서. 저의 영혼이 거룩하게 보전되기 위해서 재물의 일부를 손해를 보는 고통을 주셨음을 깨닫게 하시옵소서.

어려움을 당한 이 모습이 힘들게 합니다. 지체의 심령이 하늘에 집중될 수 있도록 하기 위해서 주신 역경임을 믿습니다. 이 시간을 하나님께 드릴 최고의 영광으로 삼아주시옵소서.

실로 엄청난 일을 당하여 슬픔이 북받쳐 오르는데, 침묵하게 하시는 성령님의 은혜를 누립니다. 어떤 말의 간구도 저의 상한 심령을 토설해 주지 못함을 아시기에, 오히려 침묵하게 하시는 은혜를 묵상하게 하시옵소서. 이 역경을 은혜로 받고, 감사를 드리게 하시옵소서.

예수님의 이름으로 기도드립니다. 아멘.

2.

나의 소망이신 여호와,

하나님의 긍휼히 여기시는 손길로 말미암아 이 어려움에서 넉넉히 이겨내게 하심을 믿습니다. 잠시 받는 연단으로 여기게 하시고, 하나님의 더욱 크신 은혜에 소망을 두게 하시니 감사드립니다.

어떻게 손을 써 볼 수 없는 어려움을 만났지만, 하나님의 해결을 기다리게 하시옵소서. 이 일로 말미암아, 저의 믿음이 더욱 깊어지고, 하나님을 아는 지식이 넓혀지게 하시옵소서. 환난 중에 만날 큰 도움을 받고, 살아계신 하나님을 체험하는 은혜를 받게 하시옵소서.

하나님 아버지,

지금까지 지내오는 동안에, 사실 환난은 남의 일에 지나지 않았습니다. 곤경은 나와 거리가 먼 것으로 여겼습니다. 저의 삶에서 환난을 직시하는 용기를 이 재난의 역경에 대하여 하나님의 은혜로 견디는 용기를 주시옵소서. 이로써 하나님께서 환난을 주장하고 계심에 찬양하게 하시옵소서.

역경을 당하였으나, 홀로 있도록 내버려 두지 않으셨음을 묵상합니다. 성령님께서 찾아오셔서 강하게 붙잡아 주셨음이 새롭습니다. 이제, 환난의 두려움을 믿음으로 물리치게 하시옵소서. 이어서 환난 중에 참 좋으신 하나님을 만나는 은혜, 저를 회복시켜 주시는 은혜를 누리게 하시옵소서.

예수님의 이름으로 기도드립니다. 아멘.

3.

믿음을 주시는 여호와여,

하나님의 자비하심으로 평안을 누리며 지내왔음을 감사드립니다. 하나님은 저에게 사랑의 주님이 되어, 위로해 주심을 믿습니다. 재물에는 손해를 보았으나 영혼은 더욱 성결하게 하시옵소서.

재난의 손실로 망하게 된 것 같음이 하나님의 은혜라면 감사함으로 받아들이게 하시옵소서. 이제까지 여호와 앞에서 의롭게 살고자 애를 써왔는데, 느닷없이 닥쳐진 환난이 납득될 수는 없음도 받아들이게 하시옵소서. 헛된 자만에 빠져 하나님의 은혜에 집중하지 못한 죄를 보게 하시옵소서. 하나님만이 힘이 되어주십니다.

하나님 아버지,

이제까지 지내오는 동안에 소유의 즐거움을 주신 여호와를 기억하게 하시옵소서. 저를 사랑하셔서 언제나 풍성하게 하셨던 여호와 하나님이십니다. 여호와의 그 은혜가 저에게 봉변을 당하게 하심에는 거룩한 뜻이 있으리라 확신합니다.

기도를 잊고 지낼 만큼 삶이 분주했기에, 기도의 시간을 주셨습니다. 임마누엘의 복을 누림이 기도 가운데서 풍성하기에, 손을 모으게 하신 은혜로 받아들이게 하시옵소서.

사랑하는 그를 절망처럼 보이는 곳으로 몰아넣고, 기도하게 하시는 하나님을 바라보게 하시옵소서. 하나님께 영광이 되게 하시옵소서.

예수님의 이름으로 기도드립니다. 아멘.

4.

여전히 사랑하시는 하나님,

여호와께서 늘 함께 해 주시며, 저의 짐이 무거울 때마다 대신 져 주신 은혜에 감사드립니다. 졸지에 당한 재난이 인간적으로는 슬픔뿐이자만, 하나님의 위로의 통로가 되게 하시옵소서.

제가 재난을 당해서라도 회개해야 하는 죄가 있습니까? 아니면, 깨달아야 하는 은혜가 있습니까? 세상의 재물과 세상에서의 삶에 몰두되어 하나님의 은혜를 잊고 지냈는지요?

참으로 이해하기 힘든 이 상황에서 하나님의 가르치심을 구하게 하시옵소서. 하나님께는 애매한 환난이 아닌 줄로 믿습니다. 이 어려움이 은혜로 바뀌게 하시옵소서.

재난을 당한 것이 저에게 유익이 되게 하시는 하나님을 바라봅니다. 여호와께서 이 고통을 선하게 인도하시는 것을 기다리게 하시옵소서. 억울해하거나 분을 품지 말고, 여호와의 인도해 나가심을 잠잠히 기다리게 하시옵소서. 오히려, 이 재난이 저의 영혼을 지키기 위하시는 하나님의 열심인 줄도 모릅니다. 하나님의 뜻을 깨닫기까지 잠잠하게 하시옵소서.

두려움으로 떨거나 재난이 가져오는 손해에 낙심하지 않게 하셨음에 감사드립니다. 오히려 저의 신뢰하는 아버지인신 하나님께서 이 상황을 처리해 주심을 기다리게 하심에 위로를 얻습니다.

예수님의 이름으로 기도드립니다. 아멘.

5.

찬송을 받으실 여호와여,

날마다 크신 은혜를 내려주셔서, 감사로 지내게 하셨음을 묵상합니다. 졸지에 만난 이 어려움에 넘어지지 않고, 천국 백성의 연단을 달게 받게 하시옵소서. 성령님의 충만하심으로 신령한 눈을 열어 주시옵소서.

이 고통을 외면하지 않으시는 하나님의 사랑에 감사드립니다. 저의 인생이 흔들려지는 아픔을 통하여 온전함을 갖추게 하시옵소서. 이 기회에 하나님 중심, 말씀 중심, 교회 중심으로 세워지게 하시옵소서.

잃어버린 재물의 회복보다도, 제 영혼이 건강해지기를 간구합니다. 고통스러운 재난 앞에서 모든 문제를 해결해주실 하나님의 손을 찬양하게 하시옵소서.

이 재앙의 역경이 억울하기도 하고, 분노가 치밀기도 하지만 여호와의 일하심을 보게 하시옵소서. 하나님이 될 수 없는 세상의 것들에 대하여 하나님으로 섬기지는 안았는지를 돌아보게 하시옵소서.

이 일이 제가 가야 할 좋은 길로 인도되어 지게 하시옵소서. 그리하여 곤경을 만난 것이 하나님의 은혜가 되게 하시옵소서. 이 역경으로 인하여 울며 부르짖게 하시고, 영원한 도움이 되시는 하나님을 찾게 하셨음에 은혜를 더하게 하시옵소서.

아울러, 하나님의 말씀으로 고난의 시간을 보내게 하시며, 하나님의 약속에 소망을 두게 하시옵소서. 하나님을 붙드는 시간을 주시옵소서.

예수님의 이름으로 기도드립니다. 아멘.

6.

사랑이 깊으신 하나님,

여호와만이 저의 도움이 되시고, 여호와께 피할 때, 저의 기쁨이 있음을 믿습니다. 하나님이 사랑이 회복시켜 주실 것을 확신합니다. 영혼이 눌림으로 엎드려질 수밖에 없으나, 하나님의 일으켜 주심을 믿습니다.

새 힘을 얻게 해 주시옵소서. 만일, 이 재난이 사탄의 흉계로 말미암은 것이라면, 저주를 물리쳐 주시옵소서. 사탄의 궤계에 굴하지 않게 해주시옵소서. 담대하게 믿음으로 일어나 독수리가 날개 치며 올라감 같을 것을 보게 하시옵소서. 잃어버린 재물에 대한 서운함을 위로해 주시옵소서. 눈물의 고생을 담보로 모아 온 것들을 한 순간에 잃어버린 억울함을 풀어 주시옵소서. 그러나 이 기회에 땅의 것으로는 하늘의 것을 이룰 수 없음을 아는 지혜로 이끌어 주시옵소서.

혹시라도 제가 하나님의 일보다 소유하고 있는 것들에 더 마음을 둘까하여 어려움을 보게 하셨음을 깨닫습니다. 이 땅에서 얻게 되는 모든 것들이 하나님 될 수 없음을 분명히 하게 하시옵소서.

오직 사랑하고, 섬겨야 할 이는 하나님이심을 붙잡게 하시옵소서. 하나님이 아닌 것들이 유혹할 때, 물리치게 하시옵소서. 하나님께로 향한 마음을 어지럽게 하는 이들에 대해서는 단호하게 물리치게 하시옵소서.

예수님의 이름으로 기도드립니다. 아멘.

7.

돌아보시는 하나님,

오늘도 여호와의 사랑이 된 제게 한이 없는 하나님의 은혜가 내려질 것을 기대하여 감사드립니다. 참아 견디기 어려운 고통을 통해서 여호와의 도우심을 구합니다. 하나님을 사랑하는 마음을 잃지 않게 하시옵소서.

이 재난의 슬픔이 저를 강한 사람으로 단련시키는 기회가 되게 하시옵소서. 언제나 좋아야만 한다는 허상을 깨뜨리시고, 하나님의 은혜가 더 소중하다는 것을 깨닫게 하셨습니다. 하나님보다 안락함을 더 즐겼던 죄를 발견하게 하셨음에 감사드립니다.

고난의 역경으로 말미암아 소유의 넉넉함에 좌우되지 않고, 여호와께 정결하게 되게 하시옵소서. 제가 당하는 환난에서 하나님의 일하심을 보게 하시옵소서.

하나님께서 자기 백성을 사랑하시고, 천국의 일꾼을 만들어 가시는 비전을 보게 하시옵소서. 이 고난이 정녕 애매한 고난이 아니고, 하나님의 일하심이심을 깨닫게 하시옵소서.

환난의 시간을 통해서 저의 인생을 아름답게 만드시는 여호와의 손길을 보게 해 주시기를 빕니다. 이 어려움이 견딜 만하고, 연단의 시간이 지나면 저의 삶에 더해지는 유익으로 감사하는 사건이 되게 하시옵소서. 이 시간으로 성령님의 충만하심으로 들어가게 하시옵소서.

예수님의 이름으로 기도드립니다. 아멘.

8.

은혜가 족하신 하나님,

물이 부어지듯이 내려 주시는 은혜로 여태 살아왔음에 감사드립니다. 몸이 연약할 때나 마음이 연약할 때, 큰 힘이 되어주셨던 하나님의 사랑을 기억합니다. 이 고난이 잠시에 지나지 않음을 확신합니다. 회복시켜 주시고, 갑절의 은혜를 주실 것을 기대합니다.

재난의 환난에 주저앉지 않게 해 주셨음을 묵상합니다. 하나님께 복을 받은 자로서 언제나 안전하다고 여겼던 죄악을 회개합니다. 신앙적인 허영에 빠져서 교만했던 죄를 회개하게 하시옵소서. 이 재난을 당함이 저를 발견하게 하시고, 하나님께 주목하도록 하셨으니 영광을 받으시옵소서.

오늘, 역경의 시간이 여호와 앞에서 저의 삶에 유익이 되게 하시옵소서. 흠과 티도 없이 하나님의 사람으로 온전해짐에 소망을 둘 때, 큰 위로가 됩니다. 그리스도의 장성한 분량에 이르는 은혜를 내려 주시옵소서.

손이 부르르 떨리는 두려움에서도 하나님을 찾게 하셨으니, 속히 건져 주시는 구원을 기다리게 하시옵소서. 마음을 짓누르는 괴로움에서도 낙심하지 않고, 의지할 여호와의 손을 주시옵소서. 어려움이 도리어 하나님께로 가까이 나아가게 하시니 기쁨의 날을 주시는 날을 기다리게 하시옵소서.

예수님의 이름으로 기도드립니다. 아멘.

9.

자기 백성을 위로하시는 하나님,

여호와의 은혜를 누리며 이제껏 살아온 것을 생각할 때, 감사를 드릴 뿐입니다. 육신의 눈으로 볼 때, 이보다 더 큰 아픔이 어디 있으련만, 신령한 눈을 떠서 하나님의 인도하심을 바라보게 하시옵소서.

이 재난이 하나님께서 허용하신 사건이라면, 재앙이 아니라 축복으로 받아들이게 하시옵소서. 그리하여 재난으로 말미암은 손해만 따질 것이 아니라, 하나님의 은혜가 어떻게 임하는지를 기다리게 하시옵소서. 합력해서 선을 이루시는 여호와의 일하심에 기대를 품게 하시옵소서.

지금은 견디기가 무척 힘들지만, 이것이 저를 위한 하나님의 선물임에는 틀림이 없음을 깨닫게 하시옵소서. 이 재앙으로 저와 저의 가족이 겪어야 하는 어려움도 능히 성령 하나님의 도우심으로 견디게 하심을 믿습니다. 견딤을 배워서 이로 말미암아 하나님을 끝까지 붙드는 삶을 배우게 하시옵소서.

재앙도 하나님의 것이라 깨닫습니다. 인생을 단련하시기 위하여 재앙을 사용하시는 하나님이십니다. 이에, 재앙을 주신 하나님께서 참아 이기도록 위로해 주심을 믿고, 기다리게 하시옵소서.

곤란한 중에도 저를 너그럽게 하셔서 견디게 하시옵소서. 눈물을 흘리는 동안에 오히려 영혼이 맑아지고, 마음에 깊은 평안이 찾아옴을 감사드립니다. 견딤의 시간이 유익이 되게 하시옵소서.

예수님의 이름으로 기도드립니다. 아멘.

10.

출입을 지키시는 여호와여,

찰싹거리는 파도와도 같은 어려움들을 물리치고, 깊은 바다의 고요함을 누리게 하시는 은혜에 감사드립니다. 재물의 손실 때문에, 앞으로 지낼 것이 막막하지만, 하나님의 인도하심을 더욱 의지하게 하시옵소서.

감당하기 어려운 재난의 환난이 은혜의 시간이 되기를 빕니다. 저의 마음에 성령님의 충만하심이 임하여 하나님께 집중하게 하시옵소서. 성령님의 강권에 기도하도록 하시옵소서.

저의 의지로는 기도할 수 없음을 고백합니다. 성령님의 강권하심으로 기도하게 하시옵소서. 감사하는 기도를 드리는 중에, 하나님의 영광을 보게 하시옵소서. 간구를 하는 시간을 원하셔서 지금, 이렇게 되어졌음을 깨닫게 하시옵소서.

하나님께서 재앙의 아픔을 주셨으니, 이를 통해서 만족을 구하게 하시옵소서. 저에게 믿음으로의 삶을 위하여 재앙을 겪도록 하심을 믿습니다. 저를 위한 하나님의 도구가 재앙이었음을 받아들이게 하시옵소서.오늘, 모든 것을 잃은 슬픔에 두려워하지 않고, 천국을 바라보게 하시옵소서. 이 시간에도, 저에게 소망의 약속이 되시는 여호와를 바랐으니, 구원하심을 보게 될 것으로 믿습니다. 이 고난에서도 자유로움을 누려 하나님의 영광이 되게 하시옵소서.

예수님의 이름으로 기도드립니다. 아멘.

11.

소망을 주시는 하나님,

아침에 새롭게 하시고, 언제나 이김이 되게 하셨던 은혜를 묵상하며 감사드립니다. 갑자기 당한 슬픔으로 희망이 사라진 듯하지만, 하늘의 평안을 주시옵소서. 고요히 들려오는 하나님의 음성을 듣게 하시옵소서.

저의 삶을 한 순간에 무너뜨릴 것 같은 재앙이지만, 이 재앙 뒤에서 기다리고 있는 하나님의 축복을 보게 하시옵소서. 여호와 앞에서 보다 가난한 심령이 되어, 천국을 볼 수 있는 눈을 열어 주시옵소서. 저를 찾아와 안아 주시는 하나님을 느끼게 하시옵소서.

이제까지도, 저의 삶을 통하여 하나님의 영광을 보기 원하셨던 것처럼, 이 환난도 하나님께 영광이 되게 하시옵소서. 이 큰 재앙이 저에게 손해를 끼치고 끝날 것으로 보지 않습니다.

저의 영혼을 죽음으로 끌고 가는 것이 아님을 믿습니다. 만일, 하나님이 계시지 않는 환난은 시험일뿐이니, 저에게 손을 내미시는 하나님을 보여 주시옵소서.

여호와께서는 저를 살리시는 하나님이시지, 죽이시지 않으심을 믿습니다. 역경으로 인하여, 여호와 앞에서 더욱 성결해지게 하시옵소서. 저의 고통을 받으시고, 하나님을 영화롭게 해드리는 데 쓰여지게 하시옵소서.

예수님의 이름으로 기도드립니다. 아멘.

12.

여호와 나의 주여,

하늘로부터 임하는 성령님의 충만하신 위로가 마음에 차서 소망으로 즐겁게 지내었음에 감사드립니다. 말로 다 형용할 수 없는 아픔이지만, 이것도 하나님의 은혜입니다. 풍랑의 바다를 건너가게 하시옵소서.

어떤 힘으로 살 수 있을는지, 소망을 잃은 저에게 하늘을 보게 하셨음에 감사드립니다. 두려움과 근심이 너무 커서 숨조차 쉴 수 없으나 하나님의 은혜에 소망을 두게 하시옵소서.

만일, 이 환난이 하나님의 뜻이라면, 감사로 받아들이게 하시옵소서. 이 고난으로 불평하지 않게 하시옵소서. 이 고난을 사용하셔서 무엇으로 응답해주시겠는가를 기다리게 하시옵소서. 하나님을 기다림이 온전함에 이르는 시간이라 믿습니다.

제게 있는 모든 것을 받기 원하시는 하나님의 계획에 저의 고난도 포함되어 있는 줄로 믿게 하시옵소서. 이 역경의 시간이 저를 보다 의롭고, 경건하게 하시려는 하나님의 계획이기를 빕니다. 이 고통의 시간을 견디어서 하나님의 영광을 구하는 것이 되게 하시옵소서.

환난의 고통이 세상에 대하여서는 하늘에서 이루어진 일이 땅에서도 이루어지는 시간이 되게 하시옵소서. 이 시간을 보내면서 믿음을 지키도록 두려움에서 벗어나게 하심을 믿습니다. 그 은혜로 평강을 누리게 될 것을 조용히 기다리게 하시옵소서.

예수님의 이름으로 기도드립니다. 아멘.

13.

신실하신 주 하나님,

여호와의 은혜가 임하여 어둠, 슬픔의 무거운 짐을 사라지게 해 주셨음을 기억합니다. 자녀를 아끼시는 하나님의 사랑으로 능히 일어나게 하심을 믿어, 감사드립니다. 하나님의 저를 위해 주심을 믿습니다.

재난의 환란을 통해서 아직도 온전해지지 못한 저의 품성을 단련시켜 주심에 감사드립니다. 그 무엇으로도 저를 훈련할 수 없어, 재난을 사용하시는 하나님의 손을 보게 하시옵소서. 잃은 물질보다, 제게 향하시는 여호와의 만져주심을 보게 하시옵소서. 강철이 수많은 풀무질과 망치질로 강해지는 은혜를 깨닫게 하시옵소서.

오늘, 제가 겪어야만 하는 역경이 하나님의 은혜가 되기를 빕니다. 지금, 소유하고 있는 것들에 마음을 빼앗겨 잠시라도 하나님의 나라를 잊고 지내지는 안았는지를 돌아보게 하시옵소서. 장차 임하게 될 하나님의 나라에서 누리는 영광과는 비교가 되지 않게 하시옵소서.

재앙의 두려움에서 건져주시는 여호와께 그 이름을 높여드리게 하시옵소서. 간구를 들으시고, 속히 건져 주시는 여호와를 찬양하게 하시옵소서. 모든 환난에서 구해 주시는 하나님을 영원히 사랑하게 하시옵소서.

예수님의 이름으로 기도드립니다. 아멘.

14.

은혜를 베푸시는 여호와여,

저의 삶에서 때마다, 일마다, 늘 순간순간을 함께 해 주셨던 하나님을 사랑합니다. 하나님의 도우심을 의지하는 것만이 저의 피난처가 됨을 믿습니다. 그 도우심에서 잃었던 평안을 도로 찾게 하시옵소서.

제가 여호와 앞에서 온전하게 세워질 수 있게 하시옵소서. 하나님께서는 저를 죽이시려고 재앙을 만나게 하지 않으셨음을 믿습니다. 오히려 넘치는 기쁨을 보게 하시려고, 잠시의 재앙을 보게 하셨으니 감사드립니다.

세상에서 얻은 재물과 보화로 거룩해지지 않음을 알게 하시려고 재난을 보게 하셨다면, 순종을 받게 하시옵소서. 하나님 앞에서 거룩해짐이 세상의 재물로 말미암지 않음을 깨닫게 하셨음에 감사드립니다. 이 일로 말미암아 세상의 재물에 대한 저의 시각이 교정되기를 빕니다. 하늘에 속한 사람의 눈을 갖게 해 주시기를 빕니다.

이 일에 간섭하시는 은혜를 기다리게 하시며, 하나님의 말씀에서 평안을 구하게 하시옵소서. 하나님의 말씀으로 위로를 찾게 하시며, 그 말씀에서 지혜를 얻어 슬기롭게 극복하도록 하시옵소서. 이제, 이 어려움을 슬기롭게 이겨내어 여호와 앞에서 지혜의 사람으로 세워지게 하시옵소서.

예수님의 이름으로 기도드립니다. 아멘.

15.

복의 근원이신 하나님,

오직 주님을 바라보고, 그 도우심으로 지내온 지난날들을 묵상합니다. 밤이 깊고, 비바람이 몰아치는 것 같은 어려움일지라도 하나님의 위로가 있어, 당당히 이기게 하심을 믿습니다.

힘들고 어려운 지금이 바로 주님만 바라보는 시간이게 하시옵소서. 기도하면서 더욱 하나님을 신뢰하는 은혜를 내려 주시옵소서. 인간의 눈으로는 부정적일 수밖에 없지만, 하나님의 함께 하심에 소망을 두고, 고난의 시련이 축복으로 바뀔 것을 믿게 하시옵소서.

이 재난이 주는 환난을 통해서 제가 얻어 누리는 이 땅의 모든 것들보다 저 자신을 존귀하게 여기시는 하나님을 깨닫게 하시옵소서. 제가 소유하고 있는 재물보다 저 자신이 더욱 중요하기에 이 역경으로 저를 지켜 주셨음을 깨닫게 해주시기를 빕니다.

환난의 시간 동안에 저의 믿음과 삶이 다스려짐을 감사드립니다. 여호와 앞에서 정결해지고, 거룩함에의 소망을 갖게 하셨습니다. 고난의 유익을 누리게 하셨으니, 이제는 고난을 물리쳐 주실 여호와의 손길을 기다리게 하시옵소서.

하늘의 평강으로 인도해주실 것을 믿습니다. 하나님께서 의도하셨던 대로 이끌어주실 것을 믿습니다. 하나님께서 영광을 취하시도록 섭리해주실 것을 믿습니다. 하나님의 영으로 충만하게 하시옵소서.

예수님의 이름으로 기도드립니다. 아멘.

16.

긍휼을 베푸시는 여호와여,

하나님의 사랑과 늘 보호하심으로 살아온 지난날을 기억합니다. 눈앞에 보여 지는 손해와 안타까움에 마음의 평화를 잃지 않게 하시옵소서. 하나님의 사랑이 넉넉하게 견디게 하심을 믿습니다.

어떻게 수습해야 할지 그저 안타깝기만 합니다. 그러나 모든 것을 잃었어도, 하나님을 사랑하는 믿음을 잃지 않았음에 감사드립니다. 이 시련이 저와 저의 식구들에게 받아들여야 할 것이었다면, 감사하는 마음을 주시옵소서. 그 은혜로 이 시간을 지내게 하시옵소서.

갈보리의 십자가에서 흘리신 피로 심령을 적셔주시옵소서. 그 피가 생각을 바꾸고 마음을 바꾸게 하시옵소서. 이로써 천국의 백성, 주님의 뜻에 합당한 그릇으로 만들어지는 비전을 주시옵소서.

저에 대한 하나님의 사랑이 재난을 통해서 나타났음을 믿게 하시옵소서. 하나님의 사랑의 특별함을 이 역경을 통해서 보기 원합니다. 고통을 사용하여 풍성한 열매를 맺으시는 하나님을 기다리게 하시옵소서. 저의 고난이 고난으로 그치지 않고, 열매를 맺게 해주시되, 이웃을 향해서 복음을 증거하는 기회가 되게 하시옵소서.

이 역경에 하나님의 섭리가 있음을 믿으니, 이로 말미암아 찬송하게 하시옵소서. 환난 중에, 찬송을 함으로써 주의 영광을 구하게 하시옵소서. 하나님의 뜻이 저의 삶에서 이루어지는 즐거움을 보게 하시옵소서.

예수님의 이름으로 기도드립니다. 아멘.

17.

영의 하나님,

성령님의 충만하신 감동에 가슴이 뜨거워지게 하시고, 하늘나라를 바라보는 것만으로도 만족하게 하셨음을 기억합니다. 눈을 떠도 캄캄하고, 어떻게 수습해야 할이지 염려할 것뿐이지만, 성령님의 도우심을 바라보게 하시옵소서.

인간적으로는 눈물과 한숨의 골짜기에 떨어졌지만, 하나님 앞에서 도가니의 시간이 되기를 빕니다. 하나님께서 정해주신 시간이 지나면 영광으로 드려짐이 될 것이라 믿습니다.

하나님께서 계시므로 환난이 저에게 새로운 의미가 됨을 소망합니다. 이제, 이 은혜를 주신 하나님의 자비하심으로 말미암아 고난의 시간을 견디어 내고, 이후에 올 평안의 시간을 맞이할 준비를 하게 하시옵소서. 하나님 앞에서 참고, 기다리게 하시옵소서.

곤란 중에도 소망을 주시옵소서. 환난의 풍랑을 지나 잔잔한 바다에 이루게 하시는 하나님을 바라보게 하시옵소서. 환난으로 다듬어진 저의 삶이 여호와께 아름다움을 드리게 하시옵소서. 이 고난을 통해서 남들의 어려움에도 동참하게 하시옵소서.

이 재난이 도리어 은혜의 수단이 되어, 하나님의 사람을 만들어지는 축복이 되게 하시옵소서. 연단을 통하여 하나님께서 다듬으시려는 모습이 단련되게 하시옵소서.

예수님의 이름으로 기도드립니다. 아멘.

18.

선한 목자이신 하나님,

하나님의 긍휼하신 은혜로 하늘에 마음을 두고 살아온 것을 기억합니다. 오늘, 이 자리에 임마누엘이 되어 주시고, 저에게 하늘의 위로로 힘을 얻게 하심을 믿습니다. 성령님의 은총으로 더욱 신령해지게 하시옵소서.

남들에게서만 보아왔던 아픔을 겪게 하셨음을 묵상하게 하시옵소서. 이 재난이 저와 저의 가족의 삶을 힘들게 할지라도, 요동하지 않게 하시옵소서. 하나님은 재난보다도 저에게 관심을 갖고 계심을 깨닫게 하시옵소서. 하나님을 사랑하는 시간으로 삼게 하시옵소서.

시련을 통해서 위로하시는 하나님의 섭리를 깨닫게 해 주시기를 빕니다. 하나님께서 만들어 가시는 은혜에 들어가게 하시옵소서.

저에게 이 곤란함을 하나님의 은혜로 여기게 하시옵소서. 성령님의 감동하심과 위로하심으로 이 곤고함에서 하나님의 뜻을 발견하게 하시옵소서. 그 깨달음을 통해서 재앙을 당한 것이 도리어 저에게 유익이 되었음을 고백하도록 이끌어 주시옵소서.

지금은 전심으로 여호와의 이름을 부르는 시간인 것을 깨닫게 하시옵소서. 그 이름이 주는 은혜를 갈망하게 하시옵소서. 눈물의 시간을 희락으로 바꾸어 주시는 하나님의 선물을 기대하게 하시옵소서. 고난도 하나님의 은혜라 감사로 순종하게 하시옵소서.

예수님의 이름으로 기도드립니다. 아멘.

1.

사랑이 많으신 하나님,

세상이 지어지기 전부터 ○○○ (성도)님을 구원하시기로 작정하셨던 은혜가 나타났음에 감사드립니다. 교회에 출석하여 예배를 드리면서 처음으로 느껴보는 하나님의 은혜를 즐거워하게 하시니 감사드립니다. 성령님께서 ○○○ (성도)님에게 예배드리기를 사모하는 마음을 주셨음에 찬양합니다.

우리 주님께서 십자가에서 대신 지불해주신 피 값을 통해서 의롭게 되었으니, 날마다 그 은혜를 찬송하며 지내는 ○○○ (성도)님이 되시기를 빕니다. 이제, 하나님 앞에서 하나님을 아버지로 인정하는 고백을 하게 하시옵소서. 우리를 자녀로 삼으신 하나님께서 약속하시기를, "너는 범사에 그를 인정하라. 그리하면 네 길을 지도하시리라"고 하셨습니다. 주님의 피 공로에 감격해하면서, ○○○ (성도)님이 하나님을 아버지로 부르면서 날마다의 삶을 시작하게 하시옵소서.

부족한 종에게 ○○○ (성도)님을 위하여 무릎을 꿇는 시간을 즐거워하게 하시고, 그가 마음을 다하여 전적으로 여호와를 의뢰하도록 중보하게 하시옵소서.

자녀들은 자기의 부모가 악한 사람일지라도 의지하는 것처럼 ○○○ (성도)님께서 하나님을 의지하여, "너의 길을 여호와께서 맡기라. 저를 의지하면 저가 이루시고 네 의를 빛같이 나타내시며 네 공의를 정오의 빛같이 하시리로다"(시 37:5-6)라는 복을 받게 하시옵소서.

예수님의 이름으로 기도드립니다. 아멘.

2.

하늘에 계신 아버지여,

여호와께 존귀한 ○○○ (성도)님과 이 가정을 축복합니다. 우리가 서로 주 안에서 한 지체가 되어 하나 되게 하셨음을 찬양합니다. 마음으로 하나님의 사랑을 품어 ○○○ (성도)님에게 다가가게 하시며, 짧은 시간이지만, 그를 위하여 두 손을 모으게 하시니 감사드립니다.

사랑하는 ○○○ (성도)님이 오늘을 살아가는 동안에, 하나님 앞에서 우리 스스로 지혜롭다고 생각하지 말도록 인도해 주심을 빕니다. 그의 생각이나 말에서 하나님을 신뢰하는 증거가 나타나게 하시옵소서.

하나님보다 자신을 더 지혜롭다고 생각하는 것처럼 미련하고 교만한 것은 없다는 사실을 잊지 말게 하시옵소서. 자녀들이 겸손하게 부모를 따르듯이, 우리는 내 생각의 머리를 굴리지 말고, 하나님께 겸손해야 함을 마음에 새기게 하시옵소서.

하나님은 우리보다 지혜로우시므로 우리가 생각지도 않은 길로 인도하실 때가 있으심을 고백합니다. 오늘도, 하나님께서 ○○○ (성도)님께 좋으신 아버지가 되셔서 인도해 주시기를 빕니다.

이 시간에, 주님의 이름으로 평안과 복을 빌 때, 하늘의 문을 여시고 응답해 주시옵소서. 흔들어 누르고, 차고 넘치도록 풍성하게 하시는 하나님의 자비하심을 바라봅니다. 오직 하늘에 마음을 두고 사는 복된 한 날이 되게 하시옵소서.

예수님의 이름으로 기도드립니다. 아멘.

3.

인애하신 하나님,

주 안에서, ○○○ (성도)님을 사랑하게 하셨음에 감사드립니다. 그이 이름을 떠올릴 때마다 하늘로부터 강권하시는 사랑을 느낍니다. 용광로에서 쏟아지는 쇳물의 뜨거움으로 ○○○ (성도)님의 이름을 입술에 담게 하시니 감사드립니다.

이 사랑이 하나님의 사랑인 것을 깨닫습니다. 이 은혜가 주님께서 십자가에서 쏟아주신 보혈인 것을 깨닫습니다. 우리 주님께서 저희를 사랑하시되 끝까지 사랑하셨던 것처럼 ○○○ (성도)님을 대하게 하심을 빕니다.

아담과 하와의 범죄로 말미암아 이 세상에는 고난과 슬픔이 떠나지 않음을 생각합니다. 이런 세상에 살다보니 수많은 고통을 맛볼 수밖에 없습니다. 그럼에도 ○○○ (성도)님께 구원의 길을 열어 주셨으니, 하나님의 자녀가 되게 하셨음을 기억합니다.

목이 마른 사슴은 혀를 축이기 위해서 한 입의 물을 그리워하며 시냇물을 찾기에 갈급해 합니다. 이천국 백성이 된 ○○○ (성도)님에게 여호와의 은혜로 살아가기 위해서 하나님을 찾기에 갈급해하는 마음을 주시옵소서. 여호와께서 내 편이 되어 주심을 기다리게 하시옵소서.

오늘도 예비하신 하늘의 복으로 ○○○ (성도)님과 그의 가정을 둘러 주시옵소서. 성도의 교제를 나누면서 예배하게 하셨으니 이 가정의 지체들이 아브라함의 제단에 내려진 복을 받게 하시옵소서.

예수님의 이름으로 기도드립니다. 아멘.

4.

인생을 주관하시는 하나님,

오늘, 하늘의 문을 여시고, ○○○ (성도)님께 복을 내려 주시옵소서. 우리의 시민권은 하늘에 있으나 이 땅에서 죄의 결과로 말미암은 고통의 삶을 오직 인내로서 이겨야 할 것에 대한 깨달음과 은혜를 내려 주심을 빕니다.

염려와 실패의 홍해를 건너게 하시며, 좋은 것으로 기쁨이 되게 하시는 일들로 말미암아 만나와 메추라기의 기적을 보게 하시옵소서. 때마다, 일마다 나를 도우시는 하나님께 찬양을 드리는 귀한 가정이 되게 하시옵소서.

사랑하는 ○○○ (성도)님이 기도의 인내함으로 하루, 하루의 삶을 살아가도록 이끌어 주시옵소서. 죄의 형벌로 말미암아 하나님의 심판 아래 놓여 진 이 땅에서의 삶은 낙심하게 하고, 불안하게 한다는 것을 직시하게 하시옵소서.

그러나 우리에게 소망이 있음은 하나님을 바라봄입니다. 사람이 자기 자신을 바라보면 하나님을 보지 못함으로 인하여 실망할 수밖에 없음을 기억하게 하시옵소서.

사실, 저희들은 사회적으로 소외되고, 무능하며, 실패한 자신을 생각하면 낙심하게 됩니다. 자신을 보기를 거절하고, 여호와께서 나를 위하여 도우시는 것을 기대하게 하시옵소서. 하나님은 우리에게 보장이 되시고, ○○ (성도)님께 든든함이 되어 주심을 믿습니다.

예수님의 이름으로 기도드립니다. 아멘.

5.

영원히 영광을 받으실 여호와여,

창세 전부터 ○○○ (성도)님에 대한 구원을 계획하신 하나님의 사랑을 묵상합니다. 구원에 이를 때가 되어서 그에게 예수님을 구주로 모셔 들이게 하시고, 하나님을 아버지로 부르게 하셨음을 즐거워합니다.

이 시간에, ○○ 교회의 권속이 되신 ○○○ (성도)님을 축복합니다. 그에게 하나님을 사랑하며 교회를 좋게 여기는 마음을 주시니 감사드립니다. 예수님을 구주로 영접한 그 날부터 교회를 사랑하게 하신 성령님을 찬양합니다.

사랑하는 지체가 예배를 존귀하게 여기게 하시며, 하나님의 이름에 합당한 찬양을 드림을 사모하게 하시옵소서. 다윗의 유일한 소원은 그가 사는 평생 동안 하나님의 전에 거하며, 하나님과 친밀한 교제를 갖는 것이었습니다. 그 마음을 ○○○ (성도)님께서 자기의 것으로 삼게 하시옵소서.

하나님께서 그에게 사모해야 할 처소를 한 곳 더 주셨으니 곧 교회를 자기의 집처럼 여기게 하시옵소서. 그가 교회를 가까이 하는 동안에 환난 날에 그의 피난처가 되어 주시는 은혜를 자기의 것으로 삼게 하시옵소서.

성전에 깃들일 수 있는 제비와 참새를 부러워했던 다윗의 마음을 ○○○ (성도)님께 내려 주시옵소서. 그리하여 살아가는 동안에, 극한 곤경 중에서도 대적에게 마음을 빼앗기지 않게 하시옵소서.

예수님의 이름으로 기도드립니다. 아멘.

6.

좋은 것으로 채워주시는 하나님,

우리 주님의 이름으로 ○○○ (성도)님과 복된 가정을 위하여 빕니다. 저는 어리석어서 그를 위하여 다 빌지는 못하니, 성령님께서 이 시간에, 빌 바를 알려 주시고, 간구하게 하시옵소서.

하늘의 문을 여시고, 큰 복을 내려 주시옵소서. ○○ 교회의 새 식구가 되어 지체로 섬기게 된 ○○○ (성도)님을 사랑하게 하시니 감사드립니다. 오늘, 한 시간의 간구를 통해서 저희들이 주 안에서 하나가 되게 하셨음에 영광을 올려 드립니다.

믿음의 생활을 시작하신 ○○○ (성도)님에게 하나님을 만나는 장소로서 교회를 받아들이게 하시옵소서. 하나님께서는 자기 백성에게 성소를 짓도록 하시고, 그곳에 계시겠다고 하셨습니다. 성소에서 자기 백성을 만나 주시는 은총이 ○○○ (성도)님께도 경험되기를 빕니다.

이로써, 교회는 사람들의 공동체이지만, 하나님이 계시는 거룩한 장소임을 깨닫는 은혜를 즐기게 하시옵소서. 그 은혜로 주님의 교회가 사랑스럽다고 고백하게 하시옵소서. 마귀의 역사로 교회에 대한 회의가 스며올 때, 성령님께서 물리쳐 주시옵소서.

우리와 같이 ○○○ (성도)님께서도 하나님께서 영광을 받으시는 교회를 사랑하게 하시옵소서. 그의 교회를 향한 사랑이 바로 하나님께 바치는 사랑으로 경험되게 하시옵소서. 마음을 다하여 교회를 사랑하는 저희들이 되게 하시옵소서.

예수님의 이름으로 기도드립니다. 아멘.

7.

나의 주, 나의 하나님,

오늘도 머리를 숙일 때, ○○○ (성도)님의 이름을 저의 입술에 담게 하시니 감사드립니다. 주 안에서 그를 사랑하게 하시고, 주님의 보혈로 맺어진 지체로서 받아들이게 하셨으니 섬기게 하시옵소서.

○○○ (성도)님께서 믿음의 생활을 시작하시고, 지금까지는 잘 지내셨으나 마귀가 두루 삼킬 자를 찾아 우는 사자와 같이 덤벼들고 있으니 성령님으로 무장하여 물리치게 하시옵소서. 사탄에게 틈을 주는 일이 없게 하시옵소서.

○○○ (성도)님에게 교회를 중심으로 살기를 좋아하게 하신 것을 생각합니다. 그에게 교회를 통하여, 하나님을 예배하기 위해서 세상으로부터 구별된 장소의 은혜를 누리게 하시옵소서. 그의 삶에서 복을 주는 교회로 경험하게 하시기를 빕니다.

하나님께서 베풀어 주신 은총에 감사하고, 그 이름을 찬송할 때, ○○○ (성도)님에게도 언제나 여호와의 이름에 합당한 찬송을 올려 드리려는 소원을 품게 하시옵소서. 삶의 현장에서 힘들고, 지치게 되었던 상황들이 교회 안에서 회복되는 은혜를 즐거워하게 하시옵소서.

이 시간에, 세상을 살아가면서 여러 가지의 상황들에 부딪칠 때, 사람의 힘으로 풀려지지 않는 문제들이 해결되는 복을 받게 하시옵소서. 나아가 무시로 기도하는 것들이 응답되어서 범사에 형통함을 보는 은혜를 내려 주시옵소서.

예수님의 이름으로 기도드립니다. 아멘.

8.

여호와 우리 주여,

전에는 알지도 못했던 ○○○ (성도)님을 주님의 십자가 아래에서 만나게 하시니 감사드립니다. 우리가 예수님을 몰랐더라면, 우리가 하나님을 아버지로 부르지 않았더라면 그를 만나지도 못했을 것입니다.

십자가에서 흘리신 주님의 보혈이 우리 안에 흘러서 한 지체로 살되, 뜨거운 사랑으로 지내게 하시옵소서. 주님의 은혜로 저희들이 ○○ 교회의 존귀한 지체가 되었음을 감사하게 하시옵소서. 이 땅에서 저희들이 하나 됨을 누리도록 주신 교회 안에서 ○○○ (성도)님을 섬기게 하시옵소서.

저희들 서로가 이 땅에서 사는 날 동안에 사랑으로 섬기기를 더하게 하시옵소서. 주님의 보혈로 맺어진 지체들이 되었으니 희락의 공동체가 되게 하심을 빕니다.

○○○ (성도)님의 이름을 부를 때, 하나님께 영광이 되시기를 빕니다. ○○○ (성도)님을 축복할 때, 하나님께는 받으실 만한 영광이 되시옵소서. 이로써 초대 교회의 성도들처럼 사도들에게 가르침을 받으면서, 함께 교제하며 떡을 나누는 사랑으로 들어가게 하시옵소서.

하나님의 말씀이 없는 교제는 사랑의 공동체를 만들지 못한다는 것을 깨닫습니다. 말씀의 가르침에서 서로를 섬기면서 필요를 채워주게 되는 저희들이 되게 하시옵소서. 주니;a의 사랑이 저희들의 사랑이 되어 서로 섬기게 하시옵소서.

예수님의 이름으로 기도드립니다. 아멘.

9.

세상을 다스리시는 주여,

하나님의 은혜 안에서 ○○○ (성도)님께서 믿음으로 살게 하시니 감사드립니다. ○○ 교회의 한 지체가 된 그날부터 오늘까지 온전히 자라가게 하심을 즐거워합니다.

그가 구원의 은혜에 감사하면서 주님의 장성함에 이르게 하시옵소서. 날마다 은혜의 보좌 앞으로 나아가게 하시옵소서.

이 시간에는 하나님께서 우리에게 주신 선물 두 가지인 기도와 찬송을 묵상합니다. 사랑하는 ○○○ (성도)님이 하나님께서 베풀어 주신 은혜에 대한 인간의 응답이 바로 기도와 찬송임을 깨닫게 하시기를 빕니다. 그리고 기도와 찬송을 통하여 자기에게 필요한 것을 하늘의 아버지께 요청하는 은혜를 누리게 하시옵소서.

바울이 복음을 전하다가 억울하게 감옥에 갇혔을 때, 감옥에서 실라와 함께 기도하고 찬송을 올려 드렸습니다. 감옥에 갇히게 되니 그가 할 수 있는 것은 기도하는 것이요, 찬송을 부를 뿐이었습니다. 이 은혜가 ○○○ (성도)님의 것이 되게 하시옵소서.

때때로 하나님께서는 우리에게 기도의 시간을 갖게 하심을 믿습니다. 또한 우리에게 아무 것도 할 수 없는 환경을 만드시고 찬송하게 하심도 믿습니다. ○○○ (성도)님을 기도와 찬송으로 살아가는 은혜의 주인공으로 삼아주시옵소서. 하나님께 영광이기를 소원하시는 중에, 믿음의 사람으로 굳게 세워지게 하시옵소서.

예수님의 이름으로 기도드립니다. 아멘.

10.

우리의 부르짖음이 되시는 주여,

하나님의 사랑을 받고 있는 ○○○ (성도)님께 기도하게 하시며, 찬송을 부르게 하시니 참으로 감사드립니다. 예수님을 구주로 영접한 그 날부터, 기도 안에서 살아가게 하심을 기뻐합니다. 이제는 찬송의 곡조도 틀리지 않고, 찬양의 영광을 누리게 하심에 감사드립니다.

이 땅에서 지내는 동안에, 어떤 어려움이 저희들에게 닥쳐와도 기도하는 혀를 막지 못하고, 찬송하는 입술을 닫지 못함을 믿습니다. 하나님의 은혜에 소망을 두고 있는 ○○○ (성도)님에게 기도와 찬송으로 살아가고자 결단하게 하시옵소서.

우리에게는 하나님의 손을 움직이는 기도의 열쇠, 찬송의 열쇠가 있다는 것을 감사해야 함을 묵상합니다. 먼저, 하나님의 은혜를 맛본 저희들이 기도와 찬송을 잃지 않아, ○○○ (성도)님에게도 기도와 찬송이 삶의 무기가 되게 하시기를 빕니다.

기도와 찬송의 성도는 삶의 실패를 경험할 때, 쓰러지지 않음을 믿습니다. 혹시 사업에 실패하고, 직장에서 곤고한 일을 당할지라도 낙심하지 않음을 믿습니다. 나아가 망막함과 따분함을 경험하게 되어도 소망을 갖게 됨도 믿습니다.

사랑하는 지체에게 내가 기도할 수 있다는 것과 찬송을 할 수 있다는 사실은 나를 위한 하나님의 복임을 새기게 하시옵소서. ○○○ (성도)님의 하루가 기도와 찬송으로 채워지게 하시옵소서.

예수님의 이름으로 기도드립니다. 아멘.

11.

긍휼이 풍성하신 여호와여,

우리를 사랑하시는 하나님의 사랑으로 ○ ○ ○ (성도)님을 사랑하게 하심에 감사드립니다. 이제는 그를 위한 간구가 기도의 습관이 되게 하셨으니, 지금도 중보의 영으로 충만하게 하시옵소서.

저희들이 한 지체가 되어, 교회에 모이던지, 구역으로 모이던지 하나님을 예배할 때, 흠향하시고, 준비하신 복을 내려 주시옵소서. ○ ○ ○ (성도)님과 그이 가정을 위해서 하나님의 긍휼이 풍성하기를 빕니다.

아울러, ○ ○ ○ (성도)님을 향하신 하나님의 계획이 오늘도 이루어지는 가운데, 믿음에서 믿음으로 이르는 복을 취하는 은혜를 내려 주시옵소서. 그가 여호와께 복 된 자녀가 되어 성령님께 충만함으로써 자기를 지키게 하시옵소서. 의의 자녀로 살기에 조금도 모자라지 않게 하시기를 빕니다.

하나님의 말씀을 따라 자기를 삼가는 은혜를 보게 하시옵소서. 이로써, 성도의 행실을 사랑하게 하시옵소서. 성경을 우리에게 주심은, "모든 성경은 하나님의 사람으로 온전케 하며 모든 선한 일을 행하기에 온전케 하려 함이니라"에 있음을 믿습니다.

성령님께 충만하여 육체의 모습을 거절하고, 오직 영에 속한 행실의 열매를 맺는 삶이 되게 하시옵소서. 죄를 멀리 하기를 소원하였던 다윗과 함께 자신의 행위로 범죄 하지 않은 것을 자랑으로 삼기를 평생의 기도로 여기게 하시옵소서.

예수님의 이름으로 기도드립니다. 아멘.

12.

우리를 사랑하시는 하나님,

자기 백성에게 내리시는 하나님의 자비하심, 측량할 수 없는 크신 은혜로 저희들의 삶을 보장해 주시니 감사드립니다. 이 시간에 머리를 숙이니, 베풀어 주신 은혜가 감격스러워 눈물이 고입니다. 아무 공로가 없음에도 여호와의 자비하심을 누리니 감사할 따름입니다.

이 시간에, 우리의 삶의 모든 영역에서 우리가 믿고, 의지할 분은 하나님이심을 고백합니다. 주 안에서 ○○○ (성도)님이 자신의 모든 것을 진정한 신뢰의 대상이 되신 하나님께 맡기겠다는 마음을 주시옵소서. 이러한 자세가 하나님의 뜻을 인지하고 발견하기 위한 신앙의 근본적이고 제일가는 원리라는 사실을 깨닫게 하시옵소서.

○○○ (성도)님께서 자신이 하나님의 친 백성이라는 증거를 지니게 하시옵소서. 여호와를 그의 마음에 모심으로써 천국 백성임을 스스로 증거 하게 하시옵소서. 그 은혜가 그의 삶 모든 부분에 나타나게 하시옵소서. ○○○ (성도)님이 하나님의 말씀을 마음에 새길 때, 믿음이라는 물이 고이는 것을 경험하게 하시기를 빕니다.

여호와께 존귀한 ○○○ (성도)님과 그의 가정을 축복합니다. 하나님께서 선택해 주신 가정에 복을 내리시는 여호와의 이름에 찬양을 드립니다. 하늘의 이슬과 땅의 기름짐이 되어주시기를 빕니다. 하늘의 하나님께 소망을 두고, 오직 기도와 감사로 지내는 은혜가 그에게 풍성하게 하시옵소서.

예수님의 이름으로 기도드립니다. 아멘.

13.

여호와 우리 주여,

주 안에서, ○○○ (성도)님을 축복할 때, 그를 처음 만났을 때의 사랑을 기억하게 하시옵소서. 성령님의 보내심을 느끼며, 그이 이름을 불렀던 은혜의 시간을 기억하게 하시옵소서. 제가 그를 위하여 중보하는 것이 형식적으로 흐르지 않기를 빕니다.

○○○ (성도)님께도 첫 시간의 은혜를 간직하게 하시옵소서. 여호와를 바라는 신아의 삶이 형식적이 되지 않기를 소망합니다. 하나님의 강권하심의 은혜 안에서 예수님을 구주로 고백하였던 뜨거움을 다시 만나게 하시옵소서.

하나님께서는 마음을 다하여 여호와를 신뢰하는 자와 함께 하심을 확신합니다. 하나님께 자신을 맡길 때, ○○○ (성도)님과 함께 하시고, 인생을 인도해 주시는 복을 그가 경험하기를 빕니다. 이 은혜를 통해서 그 자신이 하나님과 사람 앞에 인정받게 되는 영광에 이르게 하시옵소서.

사랑하는 성도님의 삶에 하나님의 인도를 구하기를 축복합니다. 하나님의 사람으로 살려는 그에게 마귀의 유혹이 침범하지 못하게 하시고, 구원을 받기 전의 더러운 생활에 대한 미혹을 받지 않게 하시옵소서. 마음으로 생각하는 것이나 그의 인생에 계획되는 모든 것을 여호와께 맡김으로써 하나님이 그에게 주님이 되어 주시옵소서. 이제, 하나님의 계획이 ○○○ (성도)님과 그의 집안의 식구들에게 있기를 축복합니다.

예수님의 이름으로 기도드립니다. 아멘.

14.

영과 진리로 인도하시는 주여,

하나님의 사랑 안에서 ○○○ (성도)님을 섬기게 하시니 감사드립니다. 그를 위하여 기도하도록 이끌어 주시고, 새 신자로서의 성장을 돕도록 저에게 섬김의 시간을 주셨음에 감사드립니다.

그를 사랑하는 동안에, 진실로 저 자신이 성장하고 있음을 경험합니다. 그의 이름을 부르는 시간이 저에게는 은혜가 되었고, 이웃을 섬기도록 하신 하나님의 사랑은 오히려 저에게 축복이 되었으니 감사드립니다. 성령님께서 인도해주시는 대로 기도를 계속하게 하시옵소서.

이 시간에, 하나님의 구원하시는 열심이 ○○○ (성도)님께 있기를 소망합니다. ○○ 교회를 주님의 몸으로 받아들이게 하시고, 교회 공동체에서 하나 된 성도들을 섬기는 희락을 자신의 기쁨으로 삼게 하시옵소서. 주 안에서 한 몸을 이루어 지내도록 인도해주시옵소서.

다윗이 그의 대적들의 악한 행동과 자신이 그들을 대했던 선한 행동을 대조한 사실을 기억합니다. 다윗은 그의 친구들이 병이 들었을 때에 굵은 베옷을 입고 금식하며, 그의 마음을 겸허하게 하여 그의 아픔이 동참했었습니다. 그 마음으로 ○○○ (성도)님을 섬기게 하시옵소서.

다윗이 친구들의 슬픔을 자기 슬픔처럼 생각했으며, 그들의 아픔을 자기의 아픔으로 생각했고, 그들의 죄를 자기의 죄인 것처럼 알고 회개했던 행실을 ○○○ (성도)님도 배우게 하시옵소서. 그리하여 진리 안에서 자라가는 은혜를 보게 하시옵소서.

예수님의 이름으로 기도드립니다. 아멘.

15.

우리에게 귀를 기울이시는 여호와여,

사랑하는 ○○○ (성도)님이 구주 예수님에 대한 믿음과 성령님의 동행하심에 대한 소망 그리고 하나님의 사랑에 감격하면서 지내게 하시니 감사드립니다. 그가 주님을 영접한 날부터 이 날까지 교회의 지도를 잘 받으며 양육 받게 하심을 기뻐합니다.

이제, ○○○ (성도)님께서 하나님의 자녀로서 복을 받기 위하여 그에 맞는 삶을 준비하도록 하시옵소서. 성경은 말씀을 준행하는 삶을 살면 복을 주신다고 약속하셨습니다. ○○○ (성도)님이 하나님의 뜻을 따르는 은혜 안으로 들어가게 하시옵소서.

이로써, 하나님과 화목하고 평안하게 하시기를 빕니다. 우리가 여호와께 복 된 인생이 되려면 창조자인 하나님과 바른 관계를 가져야 함을 믿습니다. 전에, ○○○ (성도)님에게 환난이 닥쳤던 것은 하나님을 떠나 있어서 그렇게 된 줄로 믿습니다.

하나님께서 그를 인정해 주실 때, 그의 삶이 평안한 것을 확신하게 하시옵소서. 그이 삶에서 영혼이 잘 되고, 범사가 잘 되어 강건하게 되는 주 안에서 ○○○ (성도)님과 그의 가족이 여호와를 바라는 중에 풍성케 하셨으니 그 이름을 높여드립니다. 하나님께서 신실하심과 자비를 내리시는 ○○○ (성도)님에게 신앙생활의 은혜를 더해 주시기를 빕니다. 하나님과의 화목을 사모하는 가운데 하늘로부터 임하는 희락을 맛보게 하시옵소서.

예수님의 이름으로 기도드립니다. 아멘.

16.

신실하신 주 여호와여,

이 시간에, ○○○ (성도)님을 사모하게 하신 하나님의 성령을 찬양합니다. 그의 이름을 사랑하게 하시며, 그를 위하여 무릎을 꿇기를 귀찮게 여기지 않게 하시니 감사드립니다. ○○○ (성도)님을 사랑하시는 하나님의 열심을 묵상합니다.

사탄에게 종노릇을 하던 그를 빼어내어 하나님의 자녀가 되게 하셨으니, 이제는 ○○○ (성도)님에게 자녀로서 아버지에게 충성을 다하게 하시옵소서. 하나님의 나라를 소망하는 의의 자녀로 조금의 부족함도 없게 하시옵소서.

부모와 함께 여행길에 나선 자녀는 언제나 부모의 손을 잡고 있어야 함을 깨닫습니다. ○○○ (성도)님이 하나님의 자녀가 되셨으니, 인생이라는 여행길에서 하나님의 손을 꼭 잡게 하시옵소서. 하나님의 은혜를 즐거워하는 자녀가 되게 하시옵소서.

○○○ (성도)님께서 하나님의 나라를 바라보고, 이 땅에서 지내는 동안에 하나님과 동행하게 하시옵소서. 혹시라도, ○○○ (성도)님이 어려운 문제에 봉착했을 때, 하나님께로 돌아가도록 인도해 주시옵소서. 하나님은 모든 탕자들을 반기시고 복을 내려 주심을 믿습니다.

오늘도, ○○○ (성도)님과 그의 가족을 사랑하시는 은혜가 임하기를 빕니다. 그리하여 땅의 기름진 것을 먹되 풍족히 먹도록 하시고, 때마다 일마다 놀라운 일을 행하시는 하나님이 되어 주시옵소서.

예수님의 이름으로 기도드립니다. 아멘.

17.

교회로 모이게 하시는 하나님,

주님을 사랑하고, 교회를 즐거워할 ○○○ (성도)님께서 어려움을 겪고 계십니다. 이 시간에, 주님의 이름으로 그를 축복합니다. 어서 빨리 그가 어지러움으로 벗어나 진리 안으로 들어오게 하시옵소서.

우리에게 하나님을 사랑하고, 마음을 굳게 하도록 해주는 울타리가 있는데 바로 교회임을 확인합니다. 우리는 하나님의 집인 교회에서 마음을 굳게 하는 은혜의 자리로 들어가게 하시옵소서.

지금, 사탄이 ○○○ (성도)님에게 틈을 타서 미혹할 때, 주님의 피 공로로 물리치게 하시옵소서. 죄를 이기고 의를 행하는 자녀가 되게 하시옵소서. 주님의 재림 때 흠이 없게 되는 은혜를 보게 하시옵소서.

○○○ (성도)님을 혼란스럽게 하기 위해서 사탄은 여러 가지의 역사를 일으키고 있습니다. 그의 생각과 마음에 침투해서 온갖 더러운 역사를 일으키고 있는 마귀를 붙잡아 주시옵소서. 성령님께서 ○○○ (성도)님의 영혼을 다스려 주시옵소서.

사탄이 여러 가지의 일로 그와 그의 가정을 괴롭히지만 성도님께서 오직 인내로 이기시도록 위로해 주시옵소서. 교회공동체를 통해서 하나님의 은혜를 맛보게 하시고, 천국의 신비를 경험하게 하시옵소서.

마귀의 역사가 강할수록 성령님의 함께 하시는 능력이 더욱 강하게 나타나기를 빕니다. 그의 영혼을 구원하셨으니, 누구도 방해하지 못하게 하시옵소서.

예수님의 이름으로 기도드립니다. 아멘.

18.

주일을 구별하게 하시는 주여,

죄로 말미암아 죽을 수밖에 없는 우리를 살리시려고 하나님께서 자기의 독생자를 십자가에 내어 주셨으니 ○○○ (성도)님이 구속의 은혜를 감사하면서 지내게 하시옵소서.

주님의 십자가를 생각할 때마다 ○○○ (성도)님이 죄가 자신을 정복하지 못하도록 민감하게 하시옵소서. 하나님께서 미워하시는 일에 대하여 관심을 갖지 않게끔 거절하는 용기를 주시옵소서. 하나님의 영광을 추구하지 않는 것이면 가까이 가지 않도록 막아 주시옵소서.

먼저 신앙생활을 하지만 부족하기 그지없음을 고백합니다. ○○○ (성도)님 앞에서 자신의 우둔함을 깨닫게 하시옵소서. 사랑하는 지체의 양육을 위해서 실족하지 않도록 모범을 보이게 하시고, 기도하기를 게으르지 않게 하시옵소서.

우리는 자기를 즐겁게 해 주는 것을 따르는 성향을 갖고 있음을 고백합니다. 이때, 자기를 즐겁게 하는 것들의 대부분은 죄와 연결되어 있음을 깨달아 늘 자신을 지키게 하시옵소서.

사랑하는 ○○○ (성도)님과 이 가정의 지체들에게 여호와의 임재를 소망하게 하시니 감사드립니다. 저가 옛 사람의 행실을 이미 버렸으니, 하늘로부터 보내심을 받은 자로서 살게 하시옵소서.

예수님의 이름으로 기도드립니다. 아멘.

19

생명의 주 여호와여,

하나님께서 자녀로 삼아주신 ○○○ (성도)님이 이전에 즐기던 땅의 것들을 거절하고 하나님의 나라에 마음을 두고 지내 온 것에 감사드립니다. 그 자신이 설영님께 충만하기를 사모하고, 위엣 것에 마음을 두면서 믿음의 진보를 보이게 하셨습니다. 그를 위하시는 하나님의 열심을 봅니다.

마음을 죄악이 주관치 못하게 하려면 하나님의 말씀이 나를 주관해야 함을 묵상합니다. ○○○ (성도)님이 여호와를 향하여 복 있는 지체가 되기를 소망하니, 그의 모든 언행심사의 바탕이 말씀 위에 있게 하시옵소서.

오직 하나님의 말씀이 그의 삶을 받쳐주지 못하면 ○○○ (성도)님의 삶은 죄악이 주관하게 되어 있음을 확인합니다. 자기의 모든 삶의 뿌리가 말씀에 닿아 있어야만 자신의 마음이 안정되고, 죄악에 흔들리지 않고, 견고하게 됨을 기억하게 하시옵소서.

이제, 혹시라도 사탄의 유혹에 넘어져서 교회를 멀리하지 않게 하시며, 주일을 사모하며 기다리는 마음을 갖게 하시옵소서. 먼저, 여호와께 구별되어야 할 것을 구별하는 데서 신령함에 이르게 하시옵소서. 하나님께 집중하는 삶이 그의 원칙이 되기를 빕니다.

○○○ (성도)님께서 하나님 앞에서 복 있는 사람이 되게 하시옵소서. 사랑하는 지체와 그의 가족이 신령한 복을 누리게 하시옵소서.

예수님의 이름으로 기도드립니다. 아멘.

20.

목자가 되시는 주여,

성령님의 임재 안에서, ○○○ (성도)님이 시시각각으로 유혹해 오는 육체의 욕심을 멀리하고, 하나님의 뜻을 구하며 지내게 하시니 감사드립니다. 주 안에서 우리가 함께 교제하는 동안에, ○○○ (성도)님께서 온전함에 이르는 모습을 보니 즐겁습니다.

그가 우리 하나님 앞에서 아름다운 나무로 세워지기를 바라고 있으니 늘 성령님으로 충만하게 하시고 성령님께 속한 열매를 맺게 하시옵소서. 그러나 때때로 ○○○ (성도)님의 연약함이 넘어지고, 쓰러지게 합니다. 마귀가 그의 약한 것에 틈을 타서 육체의 소욕으로 몰아갑니다. 영의 분별을 하지 못하고, 자기의 마음을 죄에게 내어주곤 하니, 그의 심령을 붙들어 주시옵소서. 저희들은 연약해서 때때로 하나님을 멀리 할 때가 있음을 고백합니다.

"너는 말씀을 가지고 여호와께로 돌아오라" 하신 하나님을 찬양합니다. 우리가 돌아가면 언제라도 맞아주시는 하나님을 사랑합니다. 하나님의 사랑과 초청에 근거하여 ○○○ (성도)님께서 하나님 앞으로 나아가도록 강권해 주시옵소서.

죄악을 고백하는 은혜를 내려 주시옵소서. 자기의 지었던 죄를 회개하고, 하나님께로 돌아온 선한 행실을 귀하게 여겨달라고 간구하게 하시옵소서. ○○○ (성도)님에게 꼭 필요한 은혜를 내려 주시고, 그가 평소에 간구하던 기도의 응답을 보는 복 된 시간이 되기를 빕니다.

예수님의 이름으로 기도드립니다. 아멘.

21.

나의 주 나의 하나님,

사랑하는 ○○○ (성도)님을 축복하며 부르짖도록 하신 하나님을 찬양합니다. 그의 이름을 저의 입술에 담아주시고, 오늘까지 40일을 기도하게 하시니 감사드립니다. 한 사람의 영혼을 붙잡고 40일을 지키게 하셨으니 하나님이 이기셨습니다.

○○ 교회의 식구가 된 ○○○ (성도)님이 저희들과 함께 천국 백성의 삶을 살게 하셨으니, 영광을 올려 드립니다. 중보로 섬기는 중에, ○○○ (성도)님에게 성령님의 충만하심이 더해지게 하시옵소서. 모든 것들이 주께로부터 왔으니 주께 돌려 드린다는 심정을 품게 하시옵소서.

사람은 자신이 관심을 갖고 있는 것을 찾게 됨을 생각합니다. 만일, 재물에 관심을 가지면 더 많은 재물을 얻으려고 눈을 크게 뜨고. 명예에 관심을 가지면 자신의 이름을 드러내려는 것에 몰두하게 된다는 것을 ○○○ (성도)님이 깨닫기를 빕니다.

그가 하나님을 찾기 위해서 때로는 자신에게 있는 재물도 사용되어져야 할 때 주저하지 않게 하시옵소서. 재물은 하나님을 사랑함의 증거가 될 것으로 믿습니다. 하늘의 하나님께 마음을 두고 살아가는 은혜가 ○○○ (성도)님께서 즐기게 하시옵소서.

오늘도 우리에게 복을 주시고, 좋은 일들로 만족하게 하실 여호와를 사랑합니다. ○○○ (성도)님을 향하신 하나님의 강권하심이 있어 간구하게 하셨으니, 성령님의 함께 하심을 빕니다.

예수님의 이름으로 기도드립니다. 아멘.

1.

우리의 보호자가 되시는 여호와여,

복음을 전하는 일에 열정을 품게 하시는 하나님을 찬양합니다. 한 영혼을 구하여 천국 백성으로 삼으시려는 하나님의 사랑으로 저의 가슴이 뜨거워지게 하시옵소서. 전도가 어렵다거나 말 주변이 없어서 전도가 힘들다든지, 전도는 은사를 받은 사람만이 할 수 있다는 생각을 버리게 하시옵소서. 주님의 보내심으로 나아가기 원합니다.

죄인을 구하시려는 하나님의 사랑이 저의 마음에 타오르기를 빕니다. 저의 심령이 영혼을 구하는 일에 목마르게 하시며, 성령님께서 강권해 주시옵소서. 저의 마음이나 말, 또는 행동을 사용하여 죄인의 영혼을 구하시려 하시는 하나님의 마음을 품게 하시옵소서. 제가 복음을 전할 수 있도록 구원을 사모하는 영혼을 붙여주시옵소서.

주인이 자기의 종에게 일러, "길과 산울가로 나가서 사람을 강권하여 데려다가 내 집을 채우라했음이 하나님의 심정인 것을 깨닫기 원합니다. 죄인이 돌아오기를 기다리시는 하나님의 심정으로 복음을 전하여 교회를 채우게 하시옵소서.

죄인의 생명을 귀하게 보시고, 예수님께서 대신 죄 값을 치러 구원에 이르게 하셨음을 확인합니다. 오늘, 저에게 이 복음을 전하도록 들어야 할 자를 만나게 하시옵소서. 복음을 들어 믿음에 이르고, 예수님을 구주로 영접하는 사건을 보게 하시옵소서.

예수님의 이름으로 기도드립니다. 아멘.

2.

인생을 주관하시는 하나님,

주님의 제자가 될 때, 사람을 낚는 어부가 되게 하시겠다고 저에게도 말씀하셨음을 기억합니다. 새벽에 기도하실 때, 전도를 위하여 간구하시며 바로 전도를 위하여 세상에 오셨다고 말씀하신 주님의 일을 이어가게 하시옵소서.

주님을 따라 전도자로 살려는 비전을 품기 원합니다. 복음을 받았으니, 이 복음을 거저 주고자 하는 대상을 만나게 하시옵소서. 저의 전도로 말미암아 하나님의 자녀가 될 사람을 만나게 하시옵소서. 고기를 잡는 어부가 그물을 바다에 내리듯이, 저에게도 전도를 위하여 복음을 전할 만한 사람을 찾게 하시옵소서. 부지런히 사람들에게로 가서 복음을 전하게 하시옵소서.

오늘, 영혼을 구하려는 마음을 주셨음에 감사드립니다. 저의 입술로 복음을 증거해서 생명으로 인도할 영혼을 만나게 해 주시옵소서. "구하라 그러면 얻을 것이요"라고 약속하신 말씀대로 전도할 영혼을 구합니다. 하나님께서 구원하시기로 작정하신 영혼을 저에게 붙여 주시옵소서. 죄인을 미혹한 길에서 돌아서도록 하라는 말씀에 순종할 준비를 갖추게 하시옵소서. 자기의 죄에 빠져 허우적거리는 이를 찾아가는 구원에의 열정을 품게 하시옵소서. 불의를 모르고, 패역한 상태에 놓여 진 심령을 찾아가는 열정을 품게 하시옵소서.

예수님의 이름으로 기도드립니다. 아멘.

3.

영원히 영광을 받으실 여호와여,

오늘, 하나님을 사랑하기에, 우리의 형제가 되는 불신자들의 영혼을 품게 하시옵소서. 우리 주님을 믿던지, 믿지 않든지를 떠나 그들을 위하여 기도하게 하시옵소서. 저에게 불신자들을 위하여 간구하는 은혜를 풍성하게 하시옵소서. 그리하여 이 기도를 통해서 그들에게 전도자로 다가가게 하시옵소서. 영혼을 사랑하시는 전도의 영으로 제 가슴이 뜨거워지기를 소원합니다.

늘 마주쳤던 사람들 중에, 전도대상자로 선택하여 태신자로 삼게 하시옵소서. 그의 영혼을 가슴에 품고 구원함에 일도록, 천국의 백성이 되도록 기도하게 하시옵소서. 제가 태신자를 품음으로 말미암아 하나님의 나라가 이 땅에서 이루저지기를 빕니다.

제가 늘 욕심이 많되, 그 욕심을 영혼에 두게 하시기를 빕니다. 지옥에 갈 수 밖에 없는 영혼을 구하여 하나님의 자녀로 올려 드리게 하시옵소서. 생명을 하나님께 바치는 은혜를 경험하게 하시옵소서. 영혼을 구원하는 일꾼이 되어 사는 한 날이 되기를 빕니다.

성령님께서 저의 마음을 강권하셔서 복음을 들을 자들을 찾아내게 하시고, 그를 사랑으로 섬기게 하시옵소서. 저를 통해서 세상에 드러내어야 하는 하나님의 사랑을 태신자를 품어 복음을 전하는 일로 나타내게 하시옵소서.

예수님의 이름으로 기도드립니다. 아멘.

<h1 style="text-align:center">4.</h1>

나의 주, 나의 하나님,

제가 복음을 전할 영혼을 만나게 하시옵소서. 죽어가는 죄인을 위하여 기도하게 하시며, 전도로 말미암은 상을 바라보게 하시옵소서. 영혼을 구하는 일이 저에 대한 부름의 상임을 깨달았으니, 제가 품어야 할 태신자를 섬기기를 원합니다.

지금, 하나님의 구원해 주심에 목말라 있는 영혼에게로 저를 보내 주시옵소서. 구원의 진리에 갈급해 있는 불신자를 만나게 하시옵소서. 제가 오늘, 길을 가던지 혹시 어떤 사람을 만나게 되던지 사람에게 주목하여 구원을 기다리는가를 살피게 하시옵소서.

우리의 허물과 죄 때문에 고난을 당하신 주님의 사랑이 저로하여금 태신자를 품게 하시기를 빕니다. 우리가 죽어야 마땅함에도, 우리를 살리시려고 예수님께서 우리 대산 십자가에 달려 피를 흘려주신 은혜를 나누기 위하여 태신자를 삼게 하시옵소서. 제가 태신자를 삼을 때, 비로소 복음의 빚을 갚을 수 있음을 기억합니다.

하나님께서 구원을 기뻐하시며, 제가 품어야 할 태신자가 누구인지 알려 주시옵소서. "주 예수를 믿으라 그리하면 너와 네 집이 구원을 얻으리라"는 약속이 성취되는 은혜를 보여 주시옵소서. 저를 통해서 생명의 복음이 모든 이들에게로 흘러들어가는 은혜를 경험하게 하시옵소서. 이 일을 위하여 늘 기도로 살아가도록 인도해 주시옵소서.

예수님의 이름으로 기도드립니다. 아멘.

5

하늘에 계신 하나님,

하나님의 사랑의 대상인 ○○○ (형제)를 태신자로 품게 하셨음에 감사드립니다. 저의 기도와 사랑을 통해서 그를 출산하는 날까지 품게 하시옵소서. 오직 ○○○ (형제)가 교회로 인도되기까지 영적인 임신의 기쁨을 즐거워하게 하시옵소서.

태신자를 작정하고, 그의 영혼을 품으며 기도하게 하시는 하나님을 찬양합니다. 하나님께서 구원하시기로 작정한 사람을 전도대상자로 삼아 마음의 태에 갖게 하심을 즐거워합니다. 그에게 다가가서 사랑의 관계를 형성하고, 그 관계 안에서 그리스도를 전해 주고, 하나님의 사랑을 나누게 하시옵소서. 저의 사랑을 통하여 하나님의 자비하심이 보여지게 하시옵소서.

저에게도 영혼을 추수할 수 있는 거룩함을 주셨으니 새 생명을 낳는 순산할 때까지 대가를 지불하려는 결단을 경험하게 하시옵소서. 그에게 복음을 전할 때, 아멘으로 응답하여 구원을 받는 기쁨을 주시옵소서. 그리고 그 복음으로 진리를 아는 데까지 이르게 하시옵소서.

이를 위하여 저에게 ○○○ (형제)를 전도대상자로 삼게 하셨으니, 교회로 인도할 그날까지 오직 기도와 하나님의 말씀으로 섬기게 하시옵소서. 십자가에서 흘리신 주님의 보혈이 저의 섬김을 통하여 그에게 전해지게 해주시옵소서.

예수님의 이름으로 기도드립니다. 아멘.

6.

저에게 죽어가는 형제의 영혼을 구하는 열정을 주셨음에 감사드립니다. 마귀에게 종노릇을 하며, 육신을 위해서 살아가고 있는 ○○○ (형제)를 불쌍히 여겨 주시옵소서. 그를 사랑하시는 하나님의 마음을 품고, 그에게 복음을 전화는 제가 되게 하시기를 빕니다.

하나님 앞에서, 그를 위하여 간구할 기도를 알려 주시옵소서. 죄와 저주로 이미 죽은 바 된, 그의 영혼이 거듭나기를 바라는 소원을 저의 것으로 여기게 하시옵소서. 악한 길에서 떠나 생명으로 인도되도록 간구하게 하시옵소서.

저에게 그의 영혼을 태신자로 섬기게 하셨으니, 주님께서 구원에로 초청하시는 그 시간까지 생명을 품는 은혜를 감당하게 하시옵소서. 이 기회로 말미암아 우리를 위하시는 하나님의 사랑을 배우게 하시며, 주님의 보혈에 감사하게 하시옵소서.

오늘, ○○○ (형제)에게 하나님의 사랑을 보여줄 수 있는 기회를 만들어 주시옵소서. 그를 만났을 때, 그에게 집중하게 하시옵소서. 그를 인격적으로 섬기면서, 혹시 제가 도와야 할 일이 있으면 주저 말고 섬기게 하시옵소서.

그의 구원을 위해서라면 무엇에라도 대가를 지불할 수 있는 마음을 갖게 하시옵소서. 하나님의 사랑이 예수님에 의해서 우리에게 온 것처럼 저의 한 가지 행동으로 하나님의 사랑을 전하게 하시옵소서.

예수님의 이름으로 기도드립니다. 아멘.

7.

살아계신 주여,

전도하는 것에 소원을 품게 하시고, 한 영혼이 하나님의 자녀로 살아가는 것을 바라며 기도하게 하시니 감사드립니다. 이제껏 지내오면서 한 사람에게 마음을 두고, 기도하면서 그를 위해 본 적이 없는데, 전도를 통해서 하나님의 사랑으로 살게 하셨음을 기억합니다.

하나님의 사랑 안에서 ○○○ (형제)를 태신자로 품기 위해서 이제까지 기도해 오게 하신 하나님을 묵상합니다. 태신자 전도에 대한 열정을 느끼게 하시고, 오늘까지 20일 동안 기도해 오게 하신 성령님의 인도에 감사드립니다.

성령님의 감동에 따라 지옥으로 끌려가는 영혼을 불쌍히 여기게 하시옵소서. 그 영혼, 제가 사랑하고, 섬겨야 할 존재라는 것을 가슴에 담게 하시옵소서. 하나님의 사랑이 저에게 임하여 구원을 받게 하심 같이, ○○○ (형제)에게도 그 사랑이 임하기를 빕니다.

그를 하나님께로 인도하고자 기도하는 시간에, 영혼에 대한 사랑을 배우게 하시옵소서. 제 몸을 사랑하듯이 ○○○ (형제)의 이름을 부르게 하시옵소서. 죄로 말미암아 죽어갈 수밖에 없는 사람을 살리는 일에 쓰임을 받게 하셨으니 감격하게 하시옵소서. ○○○ (형제)를 위하여 기도하는 시간에 게을리 하지 않게 하시옵소서. 저의 간절함이 하늘에 상달되어 구속의 은혜가 그에게 임하기를 빕니다.

예수님의 이름으로 기도드립니다. 아멘.

8.

여호와 우리 주여,

오늘, ○○○ (형제)를 만났을 때, 그를 사랑하게 하시옵소서. 제가 복음을 전하기 전에, 그가 하나님의 사랑을 느끼게 되게 하심을 빕니다. 저에 대한 감동이 ○○○ (형제)에게 하나님께로 이르는 동기가 되게 하시옵소서. 단지, 그에게 복음을 전하려는 수단으로 사랑하지 많게 하시옵소서. 하나님의 사랑을 갖고, 진심으로 그를 사랑하여 섬기게 하시옵소서. 그리하여 우리 안에 하나님의 사랑이 풍성해지는 즐거움을 누리게 하시옵소서.

그를 사랑하는 저의 전도가 거저 받았으니, 거저 주는 심정으로 이루어지게 하시옵소서. 저의 전도하는 행위를 하나님께 올려 드리게 하시옵소서. 지금, 그가 어떤 곤경에 처해 있다면 그것을 도움으로써 하나님의 영광을 구하게 하시옵소서. 지금 그가 주린 형편이나 목이 마른 형편, 나그네 된 심정이거나 벗고 있다면 돕게 하시옵소서. 이에, 한 영혼을 구하는 것에 투자되는 것을 사랑으로 감당하게 하시옵소서.

○○○ (형제)에게 하나님의 사랑을 드러내기 위해서 시간을 드리게 하시옵소서. 영혼을 구하는 일에, 물질이 사용되어져야 한다면 기쁨으로 감당하게 하시옵소서. ○○○ (형제)가 예수님을 구주로 영접하여 건강한 생명으로 출산되기까지 기도를 쉬지 않게 하시옵소서. 무엇이라도 그의 구원을 위해 쓰여 지도록 준비하게 하시옵소서.

예수님의 이름으로 기도드립니다. 아멘.

9.

우리를 인도하시는 하나님,

오늘, 주님의 보내심으로 ○○○ (형제)에게 다가가서, 사람이 하나님의 사랑을 받지 못하고, 아버지의 은혜를 누리지 못함에 대하여 들려주게 하시옵소서. 사람이 하나님께 죄를 지었으므로 하나님께로부터 분리되어 비참함에 이른 사실을 말해주기 원합니다. 그에게 다소 마음이 언짢을지 몰라도 원죄와 자범죄에 대하여 담대히 알려주고, 죄를 시인하도록 이끌게 하시옵소서. 구원의 진리를 알아듣기 쉽도록 설명하게 하시옵소서.

하나님께서 ○○○ (형제)가 예수님을 믿어 구원을 받게 하려는 것이 하나님의 소원임을 전해 주게 하시옵소서. 그를 자녀로 선택하시고, 왕 같은 제사장으로 삼으시려는 은혜의 계획에 대하여 알려 주게 하시옵소서. 저를 제자로 삼아 이 땅에서 하나님의 나라가 이루어지기를 간구하게 하신 주님이십니다. 주님의 뜻에 따라 사랑하는 ○○○ (형제)를 바라보게 하시옵소서. 그에게 주님께서 얼마나 사랑하시는지를 알려주도록 은혜를 내려 주시옵소서.

제가 그에게 복음을 전하면서, 하나님께서 그를 거룩한 나라로 삼으셔서 하나님의 영광을 나타내려 하심도 알려 주기를 원합니다. 이 시간에, 성령님께서 저의 입술을 사로잡아 천국의 비밀을 증거하게 하시옵소서. 그를 위하시는 하나님의 자비를 들려주게 하시옵소서.

예수님의 이름으로 기도드립니다. 아멘.

10.

신실하신 주 여호와여,

어제와도 같이 사랑하는 ○○○ (형제)에게 복음을 전하도록 기회를 열어 주시옵소서. 오늘은 그에게, 마음으로 믿고 입으로 시인하여 구원에 이르는 결단을 촉구하도록 은혜를 내려 주시옵소서. 그가 자기의 구원을 위해서 결단하려 할 때, 사탄의 훼방이 없게 하시옵소서.

○○○ (형제)의 결신을 돕기 위해서 영접 기도를 할 수 있게 하시기를 빕니다. 제가 인도하는 영접 기도를 그가 따라서 간구하도록 은혜를 내려 주시옵소서. 예수님의 보혈로 자신의 죄를 씻어 주시기를 진심으로 빌게 하시옵소서. 이로써, ○○○ (형제)의 영혼을 죄와 사망으로부터 구하시기를 원하시는 하나님의 일에 협력하게 하시옵소서. 하나님의 뜻을 이루어드림이 저의 소원이 되기를 빕니다.

제가 전도의 영에 뜨겁게 인도되어서, 하나님께서 사랑하시는 ○○○ (형제)를 위하여 무릎을 꿇게 하시옵소서. 그에게 복음을 들을 만한 역사가 임하도록 중보하게 하시옵소서. 성령님의 구원 역사를 위해서 밤에 일어나 부르짖게도 하시옵소서. 오직 저의 소원이 ○○○ (형제)를 죽음의 땅에서 하나님의 나라로 옮겨지는 것임이 되게 하시옵소서.

이어서, 영접 기도 후에, ○○○ (형제)가 하나님의 자녀가 되었음을 선포하도록 저에게 담대함을 주시옵소서. 살아계신 주님께서 그의 안에 계시며, 그의 삶을 인도하신다는 사실을 전하게 하시옵소서.

예수님의 이름으로 기도드립니다. 아멘.

11.

교회로 모이게 하시는 하나님,

저에게 ○○○ (형제)를 주님의 교회로 인도하려는 소원을 주신 하나님을 사랑합니다. ○○○ (형제)를 성도로 부르시는 하나님의 은혜를 보게 하시옵소서. 그리하여 그가 교회에 대하여 관심을 나타내고, ○○ 교회에 가자고 할 때, 거절하지 않게 하시옵소서.

우리가 ○○ 교회에 대하여 이야기를 나눌 때, 마귀가 준동하지 않게 하시옵소서. 이제까지 그를 지배하고 있던 사탄의 세력을 무찔러 주시고, 성령님께서 그의 마음을 다스려 주시옵소서. 그가 구원의 은혜를 받는 것을 훼방하는 사탄의 세력을 주님의 이름으로 무찔러 주시옵소서, 우리의 구원과 영생에 이르는 삶을 위하여 이 땅에 있을 동안에 누리는 복락으로서 교회를 주셨음을 ○○○ (형제)가 깨닫기 원합니다. 제가 부족한 지혜로 교회에 출석할 것을 권면할 때, 하나님께서 그에게 주시는 선물로 받아들이게 하시옵소서.

○○○ (형제)가 교회에 초대되어, 구원의 방주로 들어가는 은혜에 이르기를 소원합니다. 교회에 소속해서 이 땅에서 천국의 삶을 맛보고, 영광의 참 실체인 하나님의 나라를 소망하게 하시옵소서. 성령님의 인도하심에 따라 교회에 발을 들여놓고, 지금까지 경험했던 자리와는 다른 하나님의 집을 맛보게 하시옵소서.

예수님의 이름으로 기도드립니다. 아멘.

영으로 간구하게 하시는 주여,

○○○ (형제)를 사랑하는 자녀로 삼으시고, 이 땅에서 지내는 동안에 하나님 나라의 백성으로 살아가게 하시려는 은총을 ○○○ (형제)에게 베풀어 주시옵소서. 저의 주홍 같았으나 눈과 같이 희어지게 하시고, 진홍 같이 붉었지만 양털 같게 하신 하나님의 은혜를 기억합니다. 그 은혜가 ○○○ (형제)에게도 임하게 하시옵소서. 이에, 제가 담대히 교회의 출석을 권고하도록 성령님께서 역사해 주시옵소서.

주님의 피로 말미암아 죄 사함의 은혜를 받게 하시려는 하나님의 사랑이 ○○○ (형제)에게 교회에로의 출석으로 이루어지게 하시옵소서. 교회의 지체가 됨으로써 하나님의 자녀가 되어, 천국시민의 권세를 즐기게 하시옵소서.

○○○ (형제)가 교회에 소속되기를 원하는 마음을 갖게 해 주시기를 빕니다. 성령님께서 그의 생각과 마음을 주장하셔서 교회를 사모하게 하시옵소서. 부모의 품을 그리워하는 것처럼, 고향의 집을 그리워하듯이 영원히 돌아가야 하는 하나님의 품을 그리워하게 하시옵소서.

그에게 교회에 가서 예배드릴 것을 권유할 때, 성령님께서 그의 마음에 반가운 소리가 되게 하시옵소서. 지금까지 그를 다스리고 있었던 마귀의 역사를 물리쳐 주시고, 사탄의 권세에서 놓여나게 하시옵소서.

예수님의 이름으로 기도드립니다. 아멘.

모음 」

세계 위인들의 기도문

1. 손양원 목사의 기도

열 가지의 감사

1. 나 같은 죄인의 혈통에서 순교의 자식들이 나게 하셨으니, 하나님께 감사합니다.

2. 허다한 많은 성도들 중에서 어찌 이런 보배를 주께서 하필 내게 맡겨 주셨는지, 주께 감사합니다.

3. 삼남삼녀 중에서도 가장 아름다운 두 아들 장자 차자를 바치게 된 나의 축복을 감사드립니다.

4. 또한 한 아들의 순교도 귀하다 하거든 하물며 두 아들의 순교리요, 감사합니다.

5. 예수 믿다가 누워 죽는 것도 큰 복이라 하거든, 하물며 전도하다 총살 순교 당함이리요. 감사합니다.

6. 미국 가려고 준비하던 내 아들 미국보다 더 좋은 천국 갔으니, 내 마음 안심되어 감사합니다.

7. 나의 두 아들을 총살한 원수를 회개시켜 내 아들 삼고자 하는 사랑하는 마음 주신 하나님께 감사합니다.

8. 내 두 아들의 순교의 열매로 말미암아 무수한 천국의 아들들이 생길 것이 믿어지니, 우리 아버지 하나님께 감사 감사합니다.

9. 이 같은 역경속에서 이상 여덟가지 진리와 하나님의 사랑을 찾는 기쁜 마음, 여유 있는 믿음을 주신 우리 주 예수 그리스도께 감사, 감사 합니다.

10. 끝으로, 나에게 분수에 넘치는 과분한 큰 복을 내려 주신 하나님께 모든 영광을 돌립니다.

2. 주기철 목사의 기도

다섯 제목의 나의 기도문

첫째, 나의 기도는 '죽음의 권세로부터 이기게 하여 주시옵소서' 입
니다.

둘째, 나의 기도는 '장시간의 고난을 이기게 하여 주시옵소서' 입니다.

셋째, 나의 기도는 '내 어머니와 처자를 내 주님께 부탁합니다' 입니다.

넷째, 나의 기도는 '의에 살고 의에 죽게 하시옵소서' 입니다.

다섯째, 나의 마지막 기도는 '내 영혼을 내주님께 부탁합니다' 입니다.

내 영혼을 주님께 부탁하나이다. 아멘

3. 성 프란시스의 기도

평화의 기도

주여 나를 평화의 도구로 써 주소서

미움이 있는 곳에 사랑을

상처가 있는 곳에 용서를

분열이 있는 곳에 일치를

의혹이 있는 곳에 믿음을 심게 하소서

오류가 있는 곳에 진리를

절망이 있는 곳에 희망을

어둠이 있는 곳에 광명을

슬픔이 있는 곳에 기쁨을 심게 하소서

위로받기 보다는 위로하며

이해받기 보다는 이해하며

사랑받기 보다는 사랑하며

자기를 온전히 줌으로써 영생을 얻기 때문이니

주여 나를 평화의 도구로 써 주소서

4. 언더우드 선교사의 기도

지금은 아무것도 보이지 않습니다

오 주여. 지금은 아무것도 보이지 않습니다.

주님, 메마르고 가난한 땅, 나무 한 그루 시원하게 자라 오르지 못하고 땅에 저희들을 옮겨와 앉히셨습니다. 그 넓고 넓은 태평양을 어떻게 건너왔는지 그 사실이 기적입니다. 지금은 아무것도 보이지 않습니다. 보이는 것은 고집스럽게 얼룩진 어둠뿐입니다. 어둠과 가난과 인습에 묶여 있는 조선 사람뿐입니다. 그들은 왜 묶여 있는지도, 고통이라는 것도 모르고 있습니다. 고통을 고통인 줄 모르는 자에게 고통을 벗겨 주겠다고 하면 의심부터 하고 화부터 냅니다. 조선 남자들의 속셈이 보이지 않습니다. 이 나라 조정의 내심도 보이지 않습니다. 가마를 타고 다니는 여자들을 영영 볼 기회가 없으면 어찌하나 합니다. 조선의 마음이 보이지를 않습니다.

그리고 저희가 해야 할 일이 보이지 않습니다. 그러나 주님, 순종하겠습니다. 겸손하게 순종할 때 주께서 일을 시작하시고 그 하시는 일을 우리들의 영적인 눈이 볼 수 있는 날이 있을 줄을 믿나이다. '믿음은 바라는 것들의 실상이요. 보지 못하는 것들의 증거이니…'라고 하신 말씀을 따라 조선의 믿음의 앞날을 볼 수 있게 될 것을 믿습니다. 지금은 우리가 서양 귀신, 양귀자라고 손가락질을 받고 있사오나, 저희들이 우리 영혼과 하나인 것을 깨닫고, 하늘나라의 한 백성, 한 자녀임을 알고 눈물로 기뻐할 날이 있음을 믿나이다. 학교도 없고 그저 경계와 의심과 멸시와 천대만이 가득한 곳이지만, 이곳이 머지않아 은총의 땅이 되리라는 것을 믿습니다. 주여. 오직 제 믿음을 지켜주시옵소서. (한국의 초대 선교사 언더우드가 남긴 기도문)

5. 더글라스 맥아더의 기도

주여, 내 아이가 이런 사람이

주여, 내 아이가 이런 사람이 되게 하시옵소서.
약할 때 스스로를 분별할 수 있는 힘과
두려워질 때 자신감을 잃지 않는 대담성을 가지고,
정직한 패배에 당당하고 부끄러워하지 아니하며,
승리의 때에 겸손하고 온유한 사람이 되게 하시옵소서.
노력 없이 대가를 바라지 않게 하시고
주님을 섬기며 아는 것이 지혜의 근본임을 깨닫게 하시옵소서.
바라옵건대, 그를 요행과 안락의 길로 인도하지 마옵시고, 자극받아 분발하게 고난과 도전의 길로 이끄소서.
폭풍우 속에서도 용감히 싸울 줄 알고, 패자를 불쌍히 여길 줄 알도록 하여 주시옵소서.
내 아이가 이런 사람이 되게 하시옵소서.
마음이 깨끗하고 높은 이상을 품은 사람,
남을 다스리기 전에 자신을 다스리는 사람,
미래를 향해 전진하면서도 과거를 결코 잊지 않는 사람이 되게 하시옵소서. 이에 더하여 유머를 알게 하시어 인생을 엄숙히 살아가면서도, 삶을 즐길 줄 아는 마음과 자기 자신을 너무 드러내지 않고,
겸손한 마음을 갖게 하시옵소서.
또한 참으로 위대한 것은 소박함에 있음과 참된 힘은 너그러움에 있다는 것을 항상 명심하도록 하시옵소서.
그리하여 그의 아버지인 저도 헛된 인생을 살지 않았노라고 나직이 고백할 수 있도록 하시옵소서.

6. 타고르의 기도

하나님께서 내 손목을 꽉 잡고 계심을

위험으로부터 벗어나게 해주시기를 간구하게 마옵시고,

위험에 처하여도 겁을 내지 말게 해주시기를 기도하게 하시옵소서.

고통 속에서 벗어나게 해주시기를 간구하게 마옵시고,

고통 속에 처하여도 그 고통을 이길 수 있는 용기를 달라고

기도하게 하시옵소서.

인생의 싸움터에서 동료자를 찾게 해주시기를 간구하게 마옵시고,

인생과 싸워서 이길 스스로의 힘을 달라고 기도하게 하시옵소서.

근심스러운 공포 속에서 구원해주시기를 간구하게 마옵시고,

공포를 내가 싸워서 이길 용기를 달라고 기도하게 하시옵소서.

겁쟁이가 되고 싶지 않습니다. 도와주십시오.

너무너무 내가 기쁘고 성공했을 때만

하나님이 나를 도와주신다고 생각하게 마옵시고,

매일매일 내가 슬프고 괴롭고 남이 나를 핍박하고 내가 배고플 때

하나님이 내 손목을 꽉 잡고 계신다는 것을 믿게 하시옵소서.

7. J. 놀든의 기도

날마다 하나님을 찾을 수밖에

오 선하신 하나님,

저는 날마다 하나님을 찾을 수밖에 없나이다.

그런데 하나님께서 내가 찾을 때마다 나에게 나타나 주셨나이다.

가정에서나 들에 서나 예배당에서나 또는 길거리,

어디서나 주님을 찾을 때마다 주님께서는 나타내 주셨나이다.

무엇을 할 때나 주는 나와 함께 하셨나이다.

먹을 때나 마실 때, 글을 쓰거나 일할 때, 차를 타고 어디를 가거나 책을 읽거나 명상을 하거나 기도할 때 주는 나와 함께 하시나이다.

제가 무엇을 하 거나 내가 어디 있거나 저를 향한 주님의 자비와 사랑을 느끼나이다.

오, 하나님,

이 고마운 친절함을 영원히 계속하여 베풀어 주시옵소서.

세상 사람이 다 주님의 무한하신 능력과 자비와 사랑을 깨닫고,

나의 원수들까지도 주님의 자비는 영원한 것임을 알게 되기까지 계속하여 주시옵소서. 아멘.

8. 리들리의 기도

이 불쌍한 죄인에게

지혜와 이해와 능력의 근원이 되시는 하나님 아버지,
당신의 독생자 이신 우리 구주 예수 그리스도의 공로를 힘입어
간절히 비옵나이다.

주여,
이 불쌍한 죄인에게 자비를 베풀어 주시옵소서.
주님의 성령을 나의 마음속에 임하게 하여 주시어 당신의 지혜로
말미암아 이 시험을 어떻게 견디고,
어떠한 말로 저들의 물음에 대답할 것을 가르쳐 주실 뿐 아니라,
제가 하 나님의 영광스러운 이름을 위하여 싸우러 나갈 때에
당신의 오른팔로 나를 붙들어 주셔서 담대하게 주님의 믿음과
진리를 고백할 수 있게 하시며,
나의 생명이 다할 때까지 이를 위하여 최선을 다할 수 있게 하여
주시옵소서.

주 예수 그리스도의 이름으로 비옵나이다. 아멘.

9. 마틴 루터의 기도

성령의 능력으로 말미암아

오, 나의 하나님,

세상의 모든 지혜와 이성보다도 주님께서 나의 곁에 서 계셔 주시옵소서.

오, 주여,

나의 소원을 들어주시옵소서. 오직 주님의 지혜와 뜻으로만 내게 맡겨 주신 책임을 이루게 하여 주시옵소서. 나의 지혜나 뜻으로 하지 않게 하시고, 주님의 뜻으로만 이루어지게 하시옵소서. 나 자 신의 지혜와 뜻으로는 나를 대적하는 세상의 큰 세력을 감당할 수 없습니다. 나 자신의 뜻대로 한다면 편안을 원하여 모든 시끄러운 일에서 벗어나려고 할 것입니다. 그러나 주님의 지혜와 뜻은 의롭고 영원하십니다.

오, 참으로 영원하신 하나님,

나와 함께 하여 주시옵소서. 나는 어느 사람 도 믿을 수 없고 믿을 만한 것이 못 됩니다.

오, 하나님,

나의 소원을 안 들어 주십니까? 주님이 돌아가셨습니까? 아니올시다. 주님은 절대로 돌아가실 수 없습니다. 주님은 오직 숨어 계실 따름입니다. 주님, 나를 과연 이 일을 할 일군으로 택하셨습니까?

이것이 주님의 뜻이면 어떻게 해야 이를 확실히 성취할까를 가르쳐 주시옵소서. 나의 일생에 있어서 나의 능력으로는 이러한 큰 세력에 대항하여 책임을 지고 일해 본 기억이 없습니다.

오, 하나님,

나의 편이 되어 주시옵소서. 예수 그리스도의 이름으로 인하여 나의 편이 되어 주시옵소서. 그는 성령의 능력으로 말미암아 나의 방패가 되시고 피난처가 되시며 나의 견고한 요새가 되시겠나이다.

하나님, 나를 도와주시옵소서.
예수의 이름으로 비옵나이다. 아멘.

10. 윌리암 바클레이의 기도

맡은 일을 위한 기도

오, 하나님,

오늘 나의 맡은 일을 감당하기 위해서 필요한 능력을

내게 허락하시고,

그것을 보다 잘 하기 위해서 필요한 성실함을 허락하시며,

비록 나를 지켜보고 칭찬하거나 잘못을 지적해주는 사람이

없을지라도,

열심히 노력하는 자기 훈련을 쌓게 하시옵소서.

자신을 높이는 만큼이나 일에 최선을 다하게 하시며,

나와 함께 생활하고 같이 일하는 자에게 친절하고

그들의 입장을 헤아리므로

저들로 마음의 평안을 누릴 수 있게 하시옵소서.

오늘 하루를 이렇게 삶으로 내가 가는 곳마다

행복감이 더해지게 하시옵소서.

주 예수 그리스도의 이름으로 기도드립니다. 아멘.

11. 어거스틴의 기도

당신의 사랑으로 채워주소서

전능하신 하나님 아버지,

우리의 심령 속에 들어오셔서 당신의 사랑으로 채워 주시옵소서. 그리하여 모든 죄악 된 생각을 버리고 유일한 선의 근원이신 주님만 모시고 살게 하시옵소서.

오 하나님,

저에게 자비를 베푸셔서 하나님이 나와 어떠한 관계가 있음을 알게 하옵시고, '나는 너의 구원이니라' 고 저의 영혼에게 말씀하여 주시는 음성을 듣게 하여 주시옵소서. 저의 심령을 맡기오니 그 귀를 여셔서 주님의 음성을 듣게 하옵시고 그 음성만 따라서 살게 하시옵소서.

오 주여,

제가 주님을 찾사오니 주님의 얼굴을 숨기지 마옵시고, 나의 영혼이 너무도 편벽되오니 이를 넓히시고 친히 들어와 계시옵소서. 저의 영혼의 집이 너무도 황폐하게 되어 있사오니 주님께서 계시기에 합당하도록 수리하여 주시옵소서.

오 하나님,

우리의 주이시며 성부 와 성령과 함께 이제와 영원까지 살아 계실 하나님의 독생자 예수 그리스도의 이름으로 기도하오니 들어 주시옵소서. 아멘.

12. 존 웨슬레의 기도

경건을 간구 하는 기도

〈거듭남〉

오, 주님, 주님께서는 저희가 원하고 바라는 그 모든 것들을 넘치도록 풍부하게 가지고 계심을 압니다. 저희들 모두가 주님의 그 풍요로움을 함께 누릴 수 있게 하시옵소서. 그리고 은혜에 은혜를 더하셔서 저희들의 죄를 사해 주옵시고 저희의 죄악을 모두 소멸하게 하시옵소서. 그 은혜 가운데에서 저희가 의롭다함을 얻고 저희 심령이 성화 되어 정결한 영혼으로 주님의 성도들의 기업을 물려받는 저희들이 되게 하시옵소서.

〈예비함〉

지극히 은혜로우신 주님, 당신께서는 세상을 극진히 사랑하사 스스로를 내어 주시므로 세상을 구원하셨습니다. 또한 저희 죄악 된 인간을 구원하시기 위하여 인간으로서의 고통을 꺾으시려고 스스로를 낮추어 인간의 몸이 되셨습니다. 저희의 심령을 주님의 그 놀라우신 사랑으로 채워주시옵소서. 그리하여 저희들이 순종 안에서 주와 함께 살고 주님의 그 사랑 안에서 죽으며, 다시 일어나 주님의 영광 속에서 주님과 함께 영원히 즐거워 할 수 있게 하시옵소서.

<구원>

영원하신 섭리로써 육체라는 배에다 저희들의 영혼을 실으신 하나님 아버지, 험한 바다와 같은 이 세상 그 어느 곳에도 저희를 정박하지 않게 하시고 이 바다를 곧 바로 지나 아버지의 영광스러운 나라로 향하게 도와주시옵소서. 그리고 사방 곳곳에서 저희를 향해 몰려드는 거센 위험들로부터 저희를 안전하게 보호하여 주시고 거룩한 계시를 받을 수 있도록 저희들의 속사람이 온전히 준비될 수 있게 하여 주시옵소서. 그리하여 성령님의 인도하심을 받아 힘차게 앞으로 향해하여 우리 주 예수 그리스도를 통하여 내려 주신 영원한 구원의 항구에 마침내 행복하게 이룰 수 있도록 하시옵소서.

13. 토마스 아켐피스의 기도

경건의 은혜를 빌며

오, 우리 하나님, 우리 주여!

주님은 우리의 전부이며 또한 모든 선이옵니다.

주님께 기도드리는 우리는 도대체 누구입니까?

당신의 종들 중에서도 가장 비천한 자이오며 천하기가 벌레와

같으며 스스로 생각하고 표현하기보다 더 비천하고 값없는

존재이옵니다.

그러하옵고 주님, 우리는 아무것도 아니오며 아무것도 갖지

못했으며, 또 아무것도 할 수 없는 자이옵니다.

주님,

주님만이 선하시고 또 의롭고 거룩하시옵니다.

주님만이 모든 일 하실 수 있는 분이시며 모든 만물을 채우시고

악한 자에게는 공허함을 주시지만 모든 것 베푸시는 분이십니다.

오, 주님. 주의 자비를 생각하셔서 주님의 은총으로 우리를 채워

주시옵소서.

주님이 원하시는 일은 어느 하나라도 가치 없는 것 없으십니다.

주의 자비와 은총으로 우리를 강하게 하시지 않으시면

어찌 이 슬픔 많은 세상을 괴로움을 참고 견딜 수 있사오리까?

주여,

주님, 우리에게서 돌이키지 마소서.

주님, 우리에게 오심을 지체치 마옵고

물 없는 사막처럼 되지 않게 하기 위하여 주의 위로를

우리에게서 걷어 가지 마옵소서.

오, 주님!

주님의 뜻대로만 행하옵고 주의 면전에서 보람 있게,

또 겸손하게 살도록 하시옵소서.

주님께서 우리의 지혜 되시며, 주님이 참으로 우리를 알아주시며,
이 세상이 만들어지기 전 우리의 형체를 이루기 전부터 이미

우리를 아셨기 때문이옵니다.

십자가 위에서 구속하신 예수 그리스도 이름으로 빌며, 아멘.

14. J. 갈로의 기도

우리를 인내하는 자 되게

주님,

우리 안에 사랑의 마음을 부추기시어 어떠한 일에도 굴하지 않는

강한 인내를 가르쳐 주십시오.

우리를 인내하게 하시어, 모든 시련과 고뇌를 극복하는

굳센 마음을 길러 주십시오.

우리를 인내하게 하시어 초조한 마음을 누르고 안에서

소용돌이치는 생각을 가라앉히는 법을 가르쳐 주십시오.

우리를 인내하는 자 되게 하시어, 예의에 벗어나는 말이나 가혹한

대답이 입 밖으로 나오려 할 때 입을 다물고 침묵하는 법을 가르쳐

주십시오.

우리를 인내하는 자 되게 하시어, 필요할 때에는 즐겨 양보하고

기다리는 법을 가르쳐 주십시오. 우리를 인내하는 자 되게

하십시오.

주님,

우리로 주님의 자비로우신 섭리에 마음을 의지하고, 억지로 고치려
하지 말고 오히려 참고 견디는 법을 가르쳐 주십시오.

우리의 모든 것을 이끄시는 주님의 자비에 몸을 맡기며 차분한 마음
으로 살게 해 주십시오.

우리를 인내하는 자 되게 해 주십시오. 어떠한 어려움 앞에서도
주님의 자비를 힘입어 극복할 수 있다는 확신을 가지고 평화스런 마
음으로 모든 것을 보게 해주십시오.

우리를 인내하는 자 되게 하시어, 이웃의 결점을 감싸주는 자 되게
하시옵소서. 이웃과 사귀는 것이 어려울 때에도 평화와 미소를
잃지 않게 해 주십시오.

갈보리산 위에서 십자가의 고통을 겪으신 주님의 인내와 하나
되어, 세계의 구원을 위해 인내롭게 스스로를 바치는 법을
가르쳐 주십시오.

15. 윌 하프톤의 기도

이 세계를 사랑하소서

주여 저를 통해서 이 세계를 사랑하시옵소서.

이 세상의 깨어진 사람들을,

주여 당신은 죽음으로써 사랑하셨나이다.

오, 저를 다시 사랑하시옵소서.

주여, 사람들은 절망 속에 있나이다.

오, 제가 알고 보살피게 하시옵소서.

사람들이 제 인생을 볼 때 그들이 당신도 보게 하소서

오, 저를 통해서 이 세계를 사랑하시옵소서.

16. 라인홀드 니버의 기도

하나님이여

하나님이여,

나에게 내가 변화시킬 수 없는 일에 대해서는

그것을 받아들일 수 있는 평정을 주시고,

내 힘으로 고칠 수 있는 일에 대해서는

그것을 고칠 수 있는 용기를 주시며,

그리고 이 두 가지 차이를 깨달아 살 수 있는

지혜를 허락해 주시옵소서.

17. 로세티의 기도

가장 낮은 곳

제게 가장 낮은 곳을 주시옵소서.
감히 제가 그곳을 청해서가 아니라
당신 곁에서 살고
당신의 영광을 함께하도록
당신께서 죽으셨기 때문입니다.

제게 가장 낮은 곳을 주시옵소서.
그곳이 제게 너무 높다면
한층 더 낮은 곳을 주시옵소서.
거기 앉아 나의 하나님을 바라보며
사랑할 수 있도록

18. 하디 선교사의 기도

회개

주님, 용서하여주십시오. 나의 교만을 용서하여주십시오.
성령의 도우심과 인도하심을 의지하지 아니하고 나의 능력을
의지했습니다. 조선 사람들은 미개한 민족이라고 생각했습니다.
그들은 진정으로 당신을 만날 수 없을 것이라고 생각했습니다.
오, 주님. 오, 주님.
나의 자만심을 회개합니다, 오직 당신의 능과 힘으로
당신의 일을 행하시옵소서. 성령으로 역사하여주시옵소서.

19. 드와잇 L. 무디의 기도

나의 주 나의 구세주시여
무엇을 위해서든지 나를 써 주시옵소서.

어떤 일에서든지 나를 쓰시고 어떤 방법으로든지
주께서 나를 요구하시옵소서.

여기 내 가난한 심령이 있사옵나이다.
빈그릇인 나를 주의 영광으로 채워 주시옵소서.

여기 죄스럽고 번민하는 내 심령이 있사옵니다.
그것을 뒤엎고 주의 사랑으로 새롭게 하시옵소서.

주님 계신 곳에 내 마음을 드립니다.
내 입으로 주님의 영광을 널리 알리게 하시옵소서.

주님을 의지하는 백성들을 위하여
내 사랑과 내 힘을 드리옵니다.

결코 흔들림없는 확고부동함과

내 신앙의 신뢰가 강해지게 하여 주시옵소서.

그리하여 마음으로부터

"예수님이 나를 필요로 하시오매 내가 곧 나서리라."는 말이

가능하게 하시옵소서.

아멘

20. 토마스 모어의 기도

자신을 위한 기도

주여, 저에게 건강을 주시되

필요한 때 의미있게 사용할 수 있도록

그 건강을 잘 보전케 하여 주시옵소서.

저의 영혼을 거룩하게 하시고

선하고 맑은 것을 알아보게 해 주시옵소서.

악에 굴복하지 않고

두려워하지 말게 해 주시며

사물을 자연 질서대로 지킬 수 있는 방법을

발견할 수 있게 해 주시옵소서.

지루함을 모르고

원망과 탄식과 부르짖음을 모르는 영을 주소서

나 자신에 너무 집착하지 말게 해 주시며

너무 걱정하지 않게 해 주시옵소서.

행복하게 살며 그 행복을

다른 이들과 함께 나눌 수 있도록

저에게 유머를 이해하는 친절과

풍자를 포용하는 은혜를 주시옵소서.

21. 김현승의 기도

가을의 기도

가을에는

기도하게 하소서…….

낙엽들이 지는 때를 기다려 내게 주신

겸허한 모국어로 나를 채우소서.

가을에는

사랑하게 하소서…….

오직 한 사람을 택하게 하시옵소서.

가장 아름다운 열매를 위하여 이 비옥한

시간을 가꾸게 하시옵소서.

가을에는

호올로 있게 하소서…….

나의 영혼,

굽이치는 바다와

백합의 골짜기를 지나,

마른 나뭇가지 위에 다다른 까마귀같이.

22. 박목월의 기도

평온한 날의 기도

아무런 근심도 걱정도 없이
평온한 날은
평온한 마음으로 주님을 생각하게 하십시오
양지 바른 창가에 앉아
인간도 한 포기의
화초로 화하는
이 구김살 없이 행복한 시간

주여
이런 시간 속에서도
당신은 함께 계시고
그 자애로우심과 미소지으심으로
우리를 충만하게 해주시는
그 은총을 깨닫게 하여 주십시오

그리하여
평온한 날은 평온한 마음으로

평온한 날의 기도

당신의 이름을 부르게 하시고
강물같이 충만한 마음으로
주님을 생각하게 하십시오.

순탄한 시간을 노 젓는
오늘의 평온 속에서
주여
고르게 흐르는 물길을 따라
당신의 나라로 향하게 하십시오.

3월의 그 화창한 날씨 같은 마음속에도
맑고 푸른 신앙의 수심(水深)이 내리게 하시고
온 천지의 가지란 가지마다
온 들의 푸성귀마다
움이 트고 싹이 돋아나듯
믿음의 새 움이 돋아나게 하여 주십시오

52주 종합 대표기도문

2018년 11월 20일 초판 1쇄 발행

감　수　| 김상복
발행인　| 김수곤
발행처　| 도서출판 선교횃불
등록일　| 1999년 9월 21일 제 54호

　　　　　전화 : (02)2203-2739

　　　　　팩스 : (02)2203-2738

등록처　| 서울 송파구 백제고분로 27길 12(삼전동)
이메일　| ccm2you@gmail.com
홈페이지　| www.ccm2u.com

ⓒ 도서출판 선교횃불

ISBN 978-89-5546-413-9 03230